Susongfa xiugai yu jiancha zhidu de fazhan wanshan

诉讼法修改与检察制度的发展完善

第三届中国检察基础理论论坛文集

中国检察学研究会检察基础理论专业委员会 编

中国检察出版社

图书在版编目（CIP）数据

诉讼法修改与检察制度的发展完善：第三届中国检察基础理论论坛文集/中国检察学研究会检察基础理论专业委员会编． —北京：中国检察出版社，2014.10
ISBN 978 – 7 – 5102 – 1295 – 6

Ⅰ.①诉… Ⅱ.①中… Ⅲ.①诉讼法 – 中国 – 文集 ②检察机关 – 司法制度 – 中国 – 文集 Ⅳ.①D925.04 – 53 ②D926.3 – 53

中国版本图书馆CIP数据核字（2014）第233034号

诉讼法修改与检察制度的发展完善
第三届中国检察基础理论论坛文集
中国检察学研究会检察基础理论专业委员会　编

出版发行：	中国检察出版社
社　　址：	北京市石景山区香山南路111号（100144）
网　　址：	中国检察出版社（www.zgjccbs.com）
编辑电话：	（010）68650028
发行电话：	（010）68650015　68650016　68650029　68686531
经　　销：	新华书店
印　　刷：	保定市中画美凯印刷有限公司
开　　本：	787mm×1092mm　16开
印　　张：	36.5印张　　插页10
字　　数：	847千字
版　　次：	2014年10月第一版　2014年10月第一次印刷
书　　号：	ISBN 978 – 7 – 5102 – 1295 – 6
定　　价：	98.00元

检察版图书，版权所有，侵权必究
如遇图书印装质量问题本社负责调换

▶ 第三届中国检察基础理论论坛会场

▶ 中国检察学研究会检察基础理论专业委员会理事会议会场

▶ 中国检察学研究会检察基础理论专业委员会主任、湖北省人民检察院检察长敬大力致辞

▶ 江西省人民检察院检察长刘铁流致辞

▶ 中国刑事诉讼法学研究会名誉会长、中国政法大学终身教授陈光中致辞

▶ 中国检察学研究会检察基础理论专业委员会常务副主任、最高人民检察院法律政策研究室主任陈国庆讲话

▶ 中国检察学研究会秘书长、最高人民检察院检察理论研究所所长王守安讲话

前　言

为了不断推进和深化检察基础理论问题研究，推动检察工作科学发展，由中国检察学研究会检察基础理论专业委员会主办，江西省人民检察院承办的以"诉讼法修改与检察制度的发展完善"为主题的第三届中国检察基础理论论坛于 2013 年 9 月 28 日至 29 日在国家检察官学院井冈山分院召开。最高人民检察院、全国各省市检察机关代表和高校、科研机构、律师界专家学者共 90 余人参加论坛。最高人民检察院研究室主任陈国庆、最高人民检察院检察理论研究所所长王守安莅临论坛指导。

本届论坛分"检察机关组织体系和办案组织建设"、"检察机关诉讼监督工作的制度化、规范化、程序化、体系化建设"和"诉讼法贯彻实施与检察机关执法办案转型发展"三个专题进行研讨，从弘扬法治精神、建设法治国家的新要求、新期待出发，站在遵循司法规律和检察工作规律、巩固和发展中国特色社会主义检察制度的高度，深入研讨检察机关贯彻落实修改后刑事诉讼法、民事诉讼法（以下简称"两法"），完善检察工作机制的新途径、新方法，共谋破解制约检察事业科学发展的体制性、机制性、保障性障碍之良策，对确保修改后"两法"在检察工作中得到正确实施，全面提升检察机关法律监督工作的规范化水平和执法公信力，进一步深化检察改革进行了有益探讨。席间，来自知名高等院校、法学科研机构专家学者对交流发言内容作了精彩点评。

《诉讼法修改与检察制度的发展完善》是在第三届中国检察基础理论论坛文集基础上编辑整理的。本书由五个部分组成，第一部分是领导致辞，第二部分是检察机关组织体系和办案组织建设，第三部分是检察机关诉讼监督工作的制度化、规范化、程序化、体系化建设，第四部分是诉讼法贯彻实施与检察机关执法办案转型发展，第五部分是论坛综述，收录了与会专家、学者，检察基础理论专业委员会理事和一些省市检察机关的领导、检察业务专家的优秀论文。

第三届中国检察基础理论论坛取得了丰硕的成果，凝聚了专家学者、最高人民检察院领导及全国检察机关同仁的心血和智慧。中国检察学研究会检察基础理论专业委员会将继续在中国检察学研究会的领导下，团结动员检察系统内外研究力量，牢牢把握正确的政治方向，坚持"百花齐放、百家争鸣"的方针，自觉服务检察工作实践，努力推进检察基础理论发展；从人民群众反映强烈的突出问题和影响司法公正、制约监督能力的关键环节入手，加强对法律监督职能和自身执法活动监督制约中的重点难点问题的研究；紧紧围绕关系检察工作全局性、战略性的重大问题，加强基础性、系统性、前瞻性研究，科学认识检察制度的基本原理和法律监督的运行机理，为深化检察改革、推动检察事业科学发展、完善中国特色社会主义司法制度作出积极贡献。

编　　者
2014 年 5 月

目　　录

领导致辞

进一步深化检察改革　不断推进中国特色社会主义检察制度发展与完善
　　……………………………………………………湖北省人民检察院　敬大力（ 3 ）
加强检察基础理论研究　推动检察工作科学发展
　　……………………………………………………江西省人民检察院　刘铁流（ 6 ）
认真贯彻落实修改后刑诉法　全面正确履行法律监督职能
　　……………………………………………中国刑事诉讼法学研究会　陈光中（ 8 ）

第一专题　检察机关组织体系和办案组织建设

关于检察官办案责任制的综合研究报告
　　………………………………………最高人民检察院检察理论研究所　谢鹏程（13）
关于实行主办检察官办案责任制的几点思考
　　——以湖北省检察机关实践为范本
　　……………………………………………………湖北省人民检察院　郑　青（20）
论检察机关依法独立行使检察权
　　——以法治思维的提出为契机
　　………………………………………………………………南开大学　高　通（28）
依法独立公正行使检察权的制度保障
　　………………………………………………江苏省苏州市人民检察院　闵　钐（37）
对主办检察官办案责任制的几点思考
　　………………………………………………湖北省人民检察院汉江分院　罗堂庆（44）
浅析主办检察官办案责任制的制度保障
　　…………………………………湖北省咸宁市人民检察院　罗继洲　郑继伟（49）

主办检察官办案责任制浅析
——以嘉鱼县人民检察院主办检察官办案责任制实践为视角
.... 湖北省嘉鱼县人民检察院 邓佛国(55)

主办检察官办案责任制下的监督制约机制研究
.... 湖北省仙桃市人民检察院 刘 阳 胡文学(60)

主办检察官职责权限研究
.... 湖北省武汉市东湖新技术开发区人民检察院 尹 恒 崔珍珍(66)

主任检察官制度：理念、内容、实施
——基于与我国台湾地区的比较
.... 上海市宝山区人民检察院 胡巧绒(72)

防范刑事冤错案件机制之检察官办案责任制初探
.... 江苏省徐州市经济技术开发区人民检察院 佟光喜 张 晨(78)

论上下级检察机关领导关系的规范化
——对检察工作一体化机制的反思与检讨
.... 江西省鹰潭市人民检察院 罗庆华 颜 翔(84)

铁路运输检察组织体系的变革与思考
——兼论跨区域专门交通运输检察组织体系的建立
.... 江西省人民检察院南昌铁路运输分院 丁高保 王 晖(90)

关于完善检察组织结构的思考
.... 江西省上高县人民检察院 左国新(99)

主办检察官制度的完善与检察改革
.... 江西省人民检察院 孙 怡
江西省广昌县人民检察院 罗菁婷 (105)

加快主办检察官制度建设的思考
.... 江西省瑞昌市人民检察院 冯祖兴(111)

第二专题 检察机关诉讼监督工作的制度化、规范化、程序化、体系化建设

刑事诉讼目的转型与诉讼法律监督
.... 中国政法大学 樊崇义(119)

我国的泛法律监督之困境及其出路
....华东政法大学 蒋德海(127)
民事诉讼法修改与检察权配置新问题研究
....最高人民检察院 张步洪(139)
论刑事诉讼监督"建议更换办案人"机制的构建
　　　　　　　　　　　　　　辽宁省人民检察院 周习武
....　　　　　　　　　　　　　　　　　　　　　　　(146)
　　　　　　　　　　　　辽宁省沈阳市人民检察院 徐立颖 赵福平
刑诉法修改后死刑复核法律监督机制的构建与完善
....湖北省武汉市人民检察院 孙应征 罗永鑫(153)
加强刑事诉讼监督工作制度化建设的思考
....湖北省黄石市人民检察院 杨武力(160)
诉讼监督工作程序化的目标与构建
....湖北省随州市人民检察院 洪领先(167)
刍议诉讼监督的程序化
....湖北省襄阳市人民检察院 常本勇(174)
检察监督与刑事审判监督程序完善
....浙江省绍兴市人民检察院 范小云(182)
法律监督统一立法的现实与理想
　　——立足于法律监督地方性立法的定性与定量分析
....北京市人民检察院第二分院 李 斌(191)
刑事诉讼监督的难点与破解
　　——以立法论为视角
....江苏省南京市建邺区人民检察院 李 勇(209)
检察机关执法办案监督之新探
　　——以公民参与检察为切入点
　　　　　　　　　　广西壮族自治区桂林市广播电视大学 诸葛旸
....　　　　　　　　　　　　　　　　　　　　　　　(216)
　　　　　　　　　　广西壮族自治区桂林市人民检察院 陈丽玲
绩效考评引导诉讼监督职能实现的冲突困惑及完善对策的理性探析
....广西壮族自治区人民检察院 刘元见(228)
检察机关诉讼职权与监督职权优化配置的路径选择
....北京市人民检察院第二分院 孙春雨(236)

侦查取证的监督机制研究
　　——以北京市 A 区检察院检委会 2006~2010 年期间法定不诉和存疑不诉
　　　的案件为样本
　　　　　　………………………………………北京市昌平区人民检察院　吴　锋　史　焱(248)
浅析诉讼监督职能的完善
　　——审前羁押问题之考量
　　　　　　……………………………………山东省济南市天桥区人民检察院　盛　波(256)
浅议职务犯罪侦查监督机制
　　　　　　…………………………………………湖北省恩施州人民检察院　谭　明　王　岚(263)
检察机关贯彻修改后民事诉讼法第 209 条探微
　　——以推进涉法涉诉信访改革为视角
　　　　　　……………………………………………………湖北省人民检察院　阮志勇(271)
论民事再审检察建议的法理转向
　　——从"对抗"到"协同"的嬗变
　　　　　　………………………………河北省秦皇岛市山海关区人民检察院　刘　阳(279)
民事执行监督机制之构建
　　——基于检察监督视角
　　　　　　……………………………………江苏省南京市玄武区人民检察院　陆宁平(286)
试论民事申诉制度改革对检察监督的影响及应对
　　　　　　……………………………………………湖北省房县人民检察院　郑　轩　李　君(292)
论民事调解检察监督的制度构建
　　　　　　……………………………………………………福建省人民检察院　许志鹏(299)
论民事检察监督的对象与民事裁判种类的关联
　　　　　　……………………………………………………………国家检察官学院　胡思博(306)
纠正与引导：侦查活动监督路径研究
　　——以公安机关"另案处理"检察监督工作为例
　　　　　　……………………………………………江西省南昌市人民检察院　徐胜平(316)
检察机关对指定居所监视居住的规范适用与法律监督
　　　　　　………………………………………江西省南昌市青云谱区人民检察院　熊玉明(323)
试论如何构建看守所在押人员投诉处理机制
　　　　　　……………………………………………江西省万年县人民检察院　江民林(329)

刑事诉讼法修改与暂予监外执行制度的完善
······················· 江西省萍乡市安源区人民检察院 郭　军（334）

诉讼监督的程序化与监督程序的法定化
　　——以刑事诉讼监督为视角
······················· 江西省安福县人民检察院 杨林生（341）

论新刑事诉法法框架下刑事诉讼监督的完善
······················· 江西省人民检察院 张玉华
······················· 江西省赣州市章贡区人民检察院 陈娟娟 （348）

刑罚执行同步监督制度的完善
······················· 江西省新余市人民检察院 李泽新（355）

第三专题　诉讼法贯彻实施与检察机关执法办案转型发展

我国公诉人的角色定位
　　——新刑事诉讼法背景下的思考
······················· 四川大学 万　毅（365）

检警关系背景下的"提前介入"制度化研究
······················· 中国地质大学 田圣斌（371）

检察机关听取意见的实践路径与方法
······················· 河南省社会科学院 刘　旭（379）

谈检察机关执法方式转变
······················· 吉林省人民检察院 张书华（386）

非法证据排除规则对公诉工作的影响及应对
······················· 甘肃省人民检察院 金　石（394）

遏制刑事"冤假错案"法治理念的再造
······················· 新疆生产建设兵团人民检察院 周　平（401）

新型检律关系研究
······················· 北京李晓斌律师事务所 李晓斌
······················· 国家检察官学院 陈　晨 （407）

新型检律关系中的信任机制建设
······················· 湖北省宜昌市人民检察院 孙光骏 杨立凡（414）

对抗与协作：我国刑事诉讼中检律关系的反思与展望
………………………………… 湖北省十堰市人民检察院 白章龙(420)
新刑事诉讼法视角下检察机关如何保障律师的执业权
………………………………… 湖北省荆门市人民检察院 刘光圣(428)
在构建新型检律关系中推动反贪侦查工作转型发展
………………………………… 湖北省人民检察院 毕奎明(431)
构建对抗与合作的新型检律关系
………………………………… 湖北省人民检察院 尹晔斌 赵 慧(437)
刑事诉讼中检察机关保障律师权利的功能定位与基本原则
………………………………… 北京市人民检察第一分院 张际枫
 北京市朝阳区人民检察院 黄福涛 (440)
参与、对话、共享：试论新型控辩关系的构建
………………………………… 浙江省奉化市人民检察院 沈广应(446)
职务犯罪侦查权优化配置研究
　　——基于检察领导和管理的视角
………………………………… 海南省人民检察院 陈马林 刘 建 李清立(456)
职务犯罪侦查模式转变的实践思考
………………………………… 湖北省黄冈市人民检察院 冯新华(464)
完善职务犯罪案件办理机制研究
　　——以职务犯罪案件一审判决同步审查工作为契机
………………………………… 天津市人民检察院第一分院 杜国伟(471)
完善检察机关与纪检监察机关协调配合机制研究
………………………………… 湖北省人民检察院 梁 莉(477)
诉讼化：审查逮捕程序的变革与反思
　　——以新刑事诉讼法实施以来实践效果为视角
………………………………… 广东省东莞市第二市区人民检察院 黄元超(484)
不断转变侦查方式 努力提高侦查能力 推动反渎职侵权工作科学发展
………………………………… 湖北省孝感市人民检察院 肖元院(490)
摒弃零和思维 构建合作博弈的新型检律关系
………………………………… 湖北文理学院 邱文华
 湖北省襄阳市襄州区人民检察院 吕晓斌 (495)

刑事诉讼法修改对量刑建议带来的转变
　　……………………………………………江西省人民检察院　张国轩（500）
检察机关独立执行技术侦查措施可行性研究及制度构建
　　——以检察机关侦查模式转变为视角
　　…………………………………江西省抚州市人民检察院　何　刚（508）
平衡与合作：新型检律关系的建构路径
　　…………………………………江西省吉安市人民检察院　谢　健
　　…………………………………江西省永新县人民检察院　刘　毅（517）
对附条件不起诉对象监督考察帮教机制的完善
　　………………………江西省南康市人民检察院　马维新　黄　胜（526）
对检察机关完善规范执法倒逼机制的思考
　　…………………………………江西省新余市人民检察院　黄润芳（534）
对检察机关介入侦查若干问题的探讨
　　——以贯彻实施修改后刑事诉讼法为视角
　　…………………………………江西省新余市人民检察院　肖巍鹏（540）
现状、问题与对策：试论检察机关执法办案风险评估预警机制
　　………………………江西省抚州市人民检察院　李晓君　余德峰（546）
提高检察机关诉讼监督实效的思考
　　………………………………江西省景德镇市人民检察院　袁向民（553）
渎职侵权案件立案模式研究
　　…………………………………江西省瑞金市人民检察院　邓荣平（561）

论坛综述

贯彻落实修改后诉讼法　促进检察制度发展完善
　　——第三届中国检察基础理论论坛观点综述
　　………………………………湖北省人民检察院　匡茂华　阮志勇（569）

领导致辞

进一步深化检察改革
不断推进中国特色社会主义检察制度发展与完善

敬大力[*]

很高兴在革命圣地井冈山与大家相聚一堂，召开第三届中国检察基础理论论坛，共同研讨诉讼法修改与检察制度的发展完善。在此，我谨代表中国检察学研究会检察基础理论专业委员会，向出席今天论坛的各位领导、各位专家和检察同仁们表示热烈的欢迎！向为筹备论坛进行精心准备、做出大量工作的江西省人民检察院表示衷心的感谢！

改革创新是我国新时期最鲜明的特点和时代精神的核心，是推进中国特色社会主义伟大事业、实现中华民族伟大复兴"中国梦"的必然要求，也是发展完善中国特色社会主义检察制度的必由之路。习近平总书记强调，改革开放只有进行时没有完成时，要做到改革不停顿、开放不止步。李克强总理多次指出，改革是最大的红利。党的十八届三中全会，对全面深化改革包括司法体制改革作出重大部署。中国特色社会主义检察制度，是我们党领导人民在法治领域进行的伟大创举，具有强大的生命力。检察制度从产生以来一直在不断调整，改革从未停止，也未完全定型，现在正处于发展完善的关键时期和攻坚阶段。认真贯彻中央决策部署，进一步深化检察改革，不断推进中国特色社会主义检察制度的发展与完善，是我们面临的重大理论与实践课题。我们要以更大的勇气、智慧和韧劲，冲破思想观念的障碍，突破模式固化的樊篱，不断寻求解决办法，使中国特色社会主义检察制度顺应改革开放潮流不断发展，紧随法治建设步伐不断完善，在回应人民群众对公平正义的呼唤中彰显优势。

2013年是修改后的刑事诉讼法、民事诉讼法正式实施的第一年，我们这次论坛以"诉讼法修改与检察制度的发展完善"为主题，具有很强的现实性和针对性。诉讼法相关内容的调整、制度的改变、程序的增加，必然对检察机关职权配置、运行机制和工作模式产生重大影响。如何顺应诉讼法的修改，巩固和发展中国特色社会主义检察制度，成为摆在我们面前的重大课题。其中三个方面的问题亟待从理论层面给予科学回应，适应实践对理论指导的迫切需求。

一是加强检察机关组织体系和基本办案组织建设。组织体系及基本办案组织建设对于整个检察工作至关重要，具有支撑和保障作用。当前检察机关组织体系中存在的机构设置不够科学、职能配置不够合理、一线检力资源不够充足等问题，制约和妨碍了检察职能的充分发挥。解决这些问题，很重要、很根本的一个途径就是通过优化组织体系，促进现有检察资源的合理配置和充分利用，为检察机关充分履职提供可靠的组织保障。推进组织体

---

[*] 湖北省人民检察院检察长。

系建设，需要我们在理论上、概念上进一步廓清组织体系的内涵，重点研究检察机关组织结构、检察机关组织机构、基本办案组织形式等重大问题；需要我们在实践中对科学设置内设机构优化职能配置，深化基层检察院内部整合改革，在建立健全派出机构设置、组织运行和管理制度，建立主办检察官办案责任制等诸多方面不断探索创新，更加有力地保障和促进检察事业发展进步。

二是推进检察机关诉讼监督工作制度化、规范化、程序化和体系化。全面强化诉讼监督是2012年刑事诉讼法、民事诉讼法修改的重要内容，这对检察机关提出了不少新要求，赋予了很多新任务。当前法律对诉讼程序的规定相对完备、具体、成型，而对诉讼监督的规定相对概括、原则，规定不够具体，缺乏明确的工作程序，而且比较零散，分散于诸多法律规定，在一定程度上影响了监督效果。这就要求我们按照中央关于司法权力运行机制改革任务和最高人民检察院提出的敢于监督、善于监督、依法监督、规范监督、理性监督要求，积极推进诉讼监督工作制度化、规范化、程序化、体系化"四化"建设。我认为，制度化就是要着力健全和完善诉讼监督工作具体的可操作性的制度，增强制度的刚性约束；规范化就是要坚持依法规范监督，克服随意性、无序性；程序化就是要重点完善涵盖各项诉讼监督工作全过程、全方位的工作程序，使诉讼监督各环节有效运转、有序衔接；体系化就是要努力使诉讼监督工作形成一个全面系统、上下统一、整体配套、运行有序的有机整体。通过推进诉讼监督"四化"建设，不断强化诉讼监督职能，增强诉讼监督实效。

三是推进检察机关执法办案工作转变模式、转型发展。刑事诉讼法、民事诉讼法的修改，体现了公平正义、保障人权、监督制约、诉讼民主等理念，对检察工作提出了新的更高要求，迫切需要我们在工作方式、办案模式、工作机制等方面转变、改进、创新和完善。比如构建新型检律关系，完善检察机关与纪检监察机关协调配合机制，建立听取意见、听证制度，完善受理或立案前的审查与初查程序，完善执法办案风险预警、处置、防范工作体系，做好司法审查性质的执法办案工作等，都是我们在推动执法办案转型发展中需要重视和解决的紧迫课题。

为建设和发展中国特色社会主义检察制度提供理论支持和科学指引，是检察基础理论研究的永恒课题，也是中国检察学研究会检察基础理论专业委员会的基本宗旨。专业委员会自2011年1月成立以来，在中国检察学研究会的正确领导和各省检察机关、专家学者的大力支持下，积极加强对检察工作基础理论问题的研究和学术交流，先后举办了两届"中国检察基础理论论坛"，主题分别为"十二五时期检察工作的总体思路和基本要求研讨会"、"强化'五个意识'与贯彻修改后的刑诉法研讨会"，编辑出版了《检察基础理论论丛》（第1卷），形成了一部有影响的理论研究成果，为推进检察基础理论研究深入发展作出了积极贡献。借此机会，我谨代表专业委员会，对所有支持和参与专业委员会建设的专家学者和同志们致以最衷心的感谢！在今后的工作中，检察基础理论专业委员会将继续团结动员检察系统内外研究力量，坚持"百花齐放、百家争鸣"的方针，加强理论研究和学术交流，推进检察基础理论的发展。一是牢牢把握检察理论建设的正确方向，坚持以中国特色社会主义理论体系为指导，坚持中国特色社会主义政治发展和法治建设道路,坚持正确的执法理念和发展理念,推进构建更加科学完备的中国特色社会主义检察理论体系;二是进一步突出研究重点,深入研究检察理论体系、检察制度、检察政策、检察权、检察机构和组织体系等重大问题,推动检察基础理论研究的大发展、大繁荣;三是切实增强研究实效,努力推出有广泛影响的检察理论精品力作,更加重视研究成果的转化应用;四是不断完善工作机制,创新论坛、研讨会方式,探索建立专业委员会课题制、理论研究激励机制和成果转化机制,为检察基础理论研究营造良好的条件和氛围。

中国特色社会主义检察制度正面临着发展完善的广阔空间,深化检察基础理论研究责任重大、使命光荣。我坚信,在最高人民检察院、中国检察学研究会的正确领导下,在各级领导、专家学者、检察同仁的关心支持下,检察基础理论专业委员会一定会为检察基础理论研究的大发展、大繁荣作出积极贡献。诚挚希望参加本次论坛的各位代表畅所欲言,发表真知灼见,为发展与完善中国特色社会主义检察制度贡献智慧。

最后,预祝论坛圆满成功!

加强检察基础理论研究　推动检察工作科学发展

刘铁流*

金秋九月，硕果飘香。在这充满收获的美好季节，我们在中国革命摇篮井冈山举行第三届中国检察基础理论论坛。在此，我谨代表江西省人民检察院，对莅临论坛的各位领导、各位嘉宾表示热烈的欢迎，对最高人民检察院、湖北省人民检察院等兄弟省市检察机关对本次论坛的支持和参与表示衷心感谢！

深化检察改革是中央的明确要求，也是发展完善中国特色社会主义检察制度的必然要求。2013年是全国各级检察机关认真总结第二轮司法体制和工作机制改革以来取得的成果和经验的关键之年，也是统筹部署新一轮检察改革的开局之年。过去的五年，最高人民检察院按照中央的部署和检察改革规划，坚持检察机关的宪法定位，不断强化检察机关法律监督职能，积极开展改革方案的顶层设计，主动联系有关方面，协调解决改革中的重大问题，完成了牵头的改革任务，促进了中国特色社会主义检察制度的发展与完善。这些检察改革成果，在修改后刑事诉讼法、民事诉讼法（以下简称"两法"）中得到了很好的体现。今天，我们结合修改后"两法"的实施情况，以"诉讼法修改与检察制度的发展完善"为主题，举办第三届中国检察基础理论论坛，会聚实务界与理论界的专家学者，集中研讨健全完善检察机关的组织体系和管理制度、加强诉讼监督、推进执法办案转型发展等重大问题，对于推进检察改革的基础理论研究，具有十分重要的意义。相信有各位的热情参与和观点交锋，本次论坛必将对推进新一轮检察改革、促进检察工作科学发展起到建言献策的积极作用。

借此机会，我向各位介绍一下江西省的人文和经济社会发展情况，以及江西检察工作情况。

江西自古以来享有"物华天宝、人杰地灵"的美誉。全省土地面积16.69万平方公里，辖11个设区市、100个县（市、区），4500余万井冈儿女。江西生态环境优美，全省森林覆盖率达63%以上，位居全国第二。省内有井冈山、庐山、三清山、龙虎山、仙女湖等11个国家级风景名胜区，有中国最大的淡水湖——鄱阳湖。"春到井冈赏杜鹃，夏到匡庐觅清凉，秋到三清探奇峰，冬到鄱湖观候鸟"，江西一年四季都给人以美的享受。

江西有着光荣的革命传统，被誉为"四大摇篮"，即中国革命的摇篮、人民军队的摇篮、人民共和国的摇篮、中国工人运动的摇篮。井冈山上开辟了第一个农村革命根据地，南昌起义打响了中国共产党独立领导武装斗争的第一枪，瑞金建立了中华苏维埃共和国临时中央政府，安源是工人运动的发源地。在长期的革命斗争中，江西人民前赴后继，浴血

---

* 江西省人民检察院检察长。

奋战，为新中国的成立作出了卓越贡献。仅在第二次国内革命战争时期，江西有名有姓的革命烈士就有25万多人，占全国的六分之一。无数英烈用鲜血和生命培育的井冈山精神，激励一代又一代人在风雨历程中克服困难、不断进取、谋求发展。

江西又是人民检察制度的发源地。1931年，中华苏维埃共和国中央工农检察人民委员部在江西瑞金成立，标志着人民检察制度的诞生，开启了中国法制建设的新纪元。中华苏维埃时期人民检察制度的艰辛探索，积累了宝贵的实践经验，为新中国检察制度的建立和检察工作的开展奠定了坚实的基础。从此，在中国共产党领导下，人民检察事业开始了光辉曲折的发展历程。

新中国成立以后，江西的历史翻开了崭新的一页。改革开放特别是进入21世纪以来，江西走过了极不平凡的发展历程。江西人民在中国共产党的领导下，大力弘扬伟大的井冈山精神，科学应对国际金融危机和各种自然灾害的严重冲击，取得了改革开放和社会主义现代化的巨大成就。尤其是鄱阳湖生态经济区建设和赣南等原中央苏区振兴发展上升为国家战略，"龙头昂起、两翼齐飞、苏区振兴、绿色崛起"区域发展格局的明确、主攻工业战略的实施以及工业化、城镇化同步的推进，为持续发展、再创辉煌奠定了坚实基础。2012年，全省经济总量、财政总收入和固定资产投资，分别比2000年增长5.46倍、10.9倍和18.5倍。今年上半年，全省生产总值5901.6亿元、财政总收入1255.9亿元、固定资产投资5600.9亿元，同比分别增长10.2%、15.9%和22%，主要经济指标增幅高于全国平均水平。相信在"发展升级、小康提速、绿色崛起、实干兴赣"发展总思路的指导下，必将不断取得建设富裕和谐秀美江西的新辉煌，如期实现江西与全国同步全面建成小康社会的宏伟目标！

江西经济社会发展取得的成就，为江西检察工作的平稳健康发展提供了坚实的基础。目前，全省检察机关共有123个检察院，其中市、分院12个，基层院110个；共有检察人员7289人，第一学历为国民教育法律本科以上的干部比例为27%。2013年以来，在高检院和省委的领导下，在兄弟省（市、区）检察院的关心支持下，全省检察机关认真贯彻党的十八大和习近平总书记关于法治建设、政法工作的一系列重要讲话、指示精神，深入开展以为民、务实、清廉为主题的群众路线教育实践活动，着力强化法律监督、强化自身监督、强化队伍建设，各项检察工作取得新进展，为建设富裕和谐秀美江西作出了积极贡献，得到了省委、省人大和全省人民的充分肯定。在此，我代表江西省院、代表全省检察干警，对一如既往支持江西检察工作的领导和同志们表示衷心感谢！真诚希望各位领导、同志们对江西的工作，特别是对江西的检察工作多提宝贵意见，并在江西多走走、多看看，亲身体验红色摇篮、绿色家园的美丽景致和赣鄱大地的风土人情。

最后，预祝本次论坛圆满成功，祝各位领导和同志们身体健康，工作顺利，生活愉快！谢谢大家！

认真贯彻落实修改后刑诉法
全面正确履行法律监督职能

陈光中*

今天很高兴参加第三届中国检察基础理论论坛，并且有机会在这个开幕式上致辞。昨天晚上，我在休息前简单地看了一下论文。这次主题是"诉讼法修改与检察制度的发展完善"，这个题目相当宽、相当广泛，所以提交的论文是多方面的。就这个主题和相关论文，我谈点感想。

首先，就这次刑事诉讼法的修改来说，民主化、法治化、科学化这方面迈出了一大步。尤其是对检察院来说，在加强法律监督方面提出了许多具体制度、具体举措。为加强检察机关的法律监督，迈出了坚实的一步。2013年是实施刑事诉讼法（以下简称刑诉法）的第一年，从今年上半年的开局来看，总体上是比较好的。尽管身在学校，但我对实务部门的情况还是比较关注的。今年上半年包括暑假，结合课题，到一些检察机关进行了调研，其中包括在江西抚州市检察院召开了座谈会，基本了解了一些情况。要把刑诉法一些新的规定理解好、实施好，这是最重要的，因为法律的生命在于实施。我国目前的刑诉法总的来说是进步的。进步的地方，我们落实了没有？将其落到实处，我们的司法才能有进步。我们应该看到，刑诉法的实施总体情况是好的。正因为刑诉法的实施，给我们的司法带来了可喜的进步。比如说，律师辩护权的保障，会见难、阅卷难这些问题，据我所知，基本上解决了。无论是在公安、检察院，还是在法院，这个问题都解决得比较好。其他方面，比如说，四个特别程序解决得也不错。证据方面，非法证据排除等原则也都在维持。

总的感觉，在很多方面大家都在努力贯彻。但还是有些问题有待于探索、有待于推进、有待于完善。虽然公检法对刑诉法都做了司法解释，但不是所有的问题，都可以一下子解决。比如说，非法证据排除原则是证据制度改革的一个重要亮点，此次正式写入刑诉法。检察机关在非法证据排除方面，处于中间位置，前面连接着侦查，后面连接着审判。在批准逮捕、审查起诉阶段，如何进行非法证据排除，法律规定得不是很明确，司法解释规定得也不是很具体。有一些具体问题，如排除的范围、证明的标准，尤其是检察机关在审查起诉阶段排除的具体程序，并没有解决得很好。再如，对强制措施，检察院具有法律监督职责，这对于保障人权很重要。检察院既强化了权力，同时也是一份重要的职责。对于逮捕的人，没有继续羁押必要性的应及时释放，超期羁押的要及时解决。这些问题落实得怎么样，效果怎么样，还需要进一步研究。另一个重要问题就是指定居所监视居住问题。对于检察院而言就是权力。主要是对数额特别巨大的职务犯罪，相关司法解释界定为

---

* 中国刑事诉讼法学研究会名誉会长。

贪污贿赂数额50万元以上。这个标准对公安机关来说数量比较少，对检察院来说数量比较大。指定居所监视居住，由谁来执行，规范性不够，做法不一。现在的司法解释，执行权在公安机关，检察院协助。公安又不愿多管检察院这一块，实际上，检察院协助就自己执行了。自己执行，规范性不够。是分散执行，还是适当集中执行？是县一级执行，还是地市集中搞若干个点？如何讯问？如何录音录像？如何加强管理？看守所的管理，现在是相当规范化了。指定居所监视居住如何管理？规范性不如看守所。因为究竟是几个点，没有确定。如果规范性管理解决不好，就可能有问题。出了问题也就为刑讯逼供、非法取证开了绿灯。因此，要看到刑诉法实施取得的成绩，更要关注仍然存在的问题，这些需要我们进一步去研究推进。研究推进的过程是长期的，也就是我们改革没有终结的时候。因为改革没有完成时，只有进行时。诉讼法修改加强了法律监督的内容，大部分是加强人权保障。从某种意义上说，加强法律监督就是加强人权保障。

其次，最高人民检察院根据中央政法委的安排，开始在某些方面进行改革试点。湖北省检察院在试点主办检察官制度。主办检察官现在看来，是改革试点的一个主要内容。谢鹏程研究员专门举办了小组研究，也写出了一些意见，提出了文化试点的具体规定。

我和龙宗智教授8月在《中国法学》第4期发表了一篇特稿文章，标题就是"关于深化司法改革若干问题的思考"。对当前的司法改革，综合性地提出了六个方面的看法，涉及什么是司法规律，如何确保审判权、检察权的独立行使，正确认识、理性对待公、检、法三机关的关系，大要案如何规范办案程序，去司法行政化，司法官如何专业化以及司法官必要待遇保障的问题。针对方方面面谈了些自己的看法，未必成熟，但在一定范围内引起了关注。结合主办检察官的问题，有一个现象是值得我们注意的。最高人民法院对合议庭的独立没有做过自上而下的布置，怎么试点法。广东佛山，还有深圳是自下而上地搞合议庭的独立，让庭一级的领导虚化。这个经验究竟怎么样，现在还在观察。检察院这一块，我感觉比法院要积极。主办检察官是从上而下进行的改革。我长期担任最高人民检察院专家咨询委员会委员，记得很早以前，张思卿检察长任职时，就搞主诉检察官，现在就发展到主办检察官。主办检察官涉及方方面面，如果从责任制的角度出发，出了错案，要终身负责。没有相对的独立，你怎么追究责任？但主办检察官不单纯是为了这个目的，而是为了更好地法治化、科学化，同时还讲究效率。公安办案人员的独立同检察官的办案独立有所不同，检察官的办案独立与法院合议庭、审判长的独立也有所不同。因为，实事求是地说，公安始终是属于各级人民政府下面的一个部门，检察院和法院是"一府两院"的架构对人大负责。所以检察院与公安不一样，与法院也不一样。法院实行各级法院独立审判，而且刑诉法也规定了合议庭相对独立审判。对于一般案件，合议庭按照法律进行审判，必要时，提请给审判委员会。1996年是这么写的，到现在没改。法律给它的独立性是比较大的，但在实践中，法院的行政化比较严重。既有庭长的庭务会议，也有主管院长的把关，最后还有审判委员会。按照法律规定，就是合议庭和审判委员会。审判委员会按照法律规定，也不是院长负责制。法院上下级是监督关系，而不是领导关系。所以，法院的合议庭独立起来，理由是非常充分的。即便这样，现在还独立不起来。且不说党的领导，行政的干预这方面的因素，即便是法院内部也独立不起来。但是检察院体制上不一样，宪法规定检察院是专门法律监督机关，领导是一体化的，这是法律规定的。最高人民检察院检察长领导全国各级人民检察院，地方各级检察长领导地方检察院，这是宪法和检察院组织法规定的。诉讼法没有规定检察官可以独立。审判委员会相比检察委员会的权力，是民主集中制，少数服从多数。检察院没有说少数服从多数，检察院是检察长负责制。上下级检察院是领导关系，不是监督关系，这是法律规定，从宪法的角度，我个人认为近期还不会有修改的可能性。即便我们要修改组织法，宪法的框架范围也很难突破。因为这种体制来源于我们法律监督的职能，所以现在这个情况下，我们主办检察官如果独立，独立到什么程度，办案范围内权力多大。主办检察官在权力范围内，要负全部的、相对的、独立的办案责任。权责相结合，现在中国框架下的主办检察官制度需要探索。法院的合议庭应该独立到什么程度，我们检察院的主办检察官应该独立到什么程度，这些涉及理论问题，涉及法律框架问题，也涉及现实问题。怎么实施，可以使它更加民主化、更科学化、更加法治化，同时效率的价值也跟上去。

　　所有这些问题，我们要走一步，看一步，走一步，总结一步，才能够把事情做得既符合法律框架，又能解决问题。归根结底就是使我们的检察特色发挥得更加出色，使我们的检察职能行使得更加有效，使我们检察机关完成自己的任务更加顺当，使我们的检察制度在整个国家法制建设中能更好地起作用，为国家的建设以及长治久安更好地发挥作用。我就讲这点，很不成熟，欢迎大家批评指正，谢谢大家。

第一专题
检察机关组织体系
和办案组织建设

关于检察官办案责任制的综合研究报告

谢鹏程[*]

2013年1月7日，中央政法委员会孟建柱书记在全国政法工作电视电话会议上的讲话中提出了"落实法官、检察官、人民警察办案责任制"的要求，并将其纳入司法权力运行机制改革的范畴。最近，最高人民检察院检察长曹建明强调："改革和完善执法办案指导决策机制，完善办案组织形式，深化检察官办案责任制改革。"实行检察官办案责任制是检察业务管理科学化和检察工作司法化、法治化的要求，是保障检察权依法独立公正行使、提升检察机关执法公信力的重要机制。同时，检察官办案责任制改革实质上是检察管理方式的革命，不仅涉及干部人事制度、检察业务工作流程、检察权内部配置和监督制约、检察官职务保障等体制和机制问题，而且会遇到传统观念抵触、法律依据不足和积极性不高等方面的障碍。这就决定了推行检察官办案责任制是一个长期的、复杂的、渐进的过程，在每一阶段都会遇到一系列挑战和不同选择。

2013年3月检察理论研究所经孙谦副检察长批准成立了由谢鹏程（组长）、邓思清、蔡巍、蔡雅奇组成的检察官办案责任制研究课题组。课题研究分为两个阶段，第一阶段主要进行三项专题研究，形成了《关于三诉（办）检察官制度的反思》、《关于主任检察官制度改革探索情况的调研报告》和《国外境外检察官办案工作机制比较研究》。第二阶段主要在前期专项研究成果的基础上，研究拟定了《检察官办案责任制实施规则（试点范本）》（附件一），形成综合研究报告。课题组计划下一步进行实证研究，拟选择不同区域的基层检察院进行试点，并在总结试点情况的基础上，形成总体研究报告和《检察官办案责任制实施规则（建议稿）》。通过前两个阶段的课题研究，我们形成了以下认识和观点：

一、建立健全检察官办案责任制是检察权运行机制改革的重要内容

经过两轮中央统一部署的司法改革以后，司法权优化配置、队伍建设和检务保障等方面都取得了长足的进展，经费问题基本解决，影响队伍建设和执法办案质量的主要障碍是，业务工作机制和相应的职业保障机制中存在一些不符合检察工作规律和特点的制度设置和实际做法。集中表现为办案工作机制的行政化。检察官办案责任制是克服办案工作行政化的有效措施，也是国外境外检察官办案工作机制的基本做法。

检察官办案责任制，是指以检察官为主体的办案组织享有一定范围的办案决定权，独立承担相应责任，并受到监督制约和职业保障的检察业务工作机制。它是在现行内设业务

---

[*] 最高人民检察院检察理论研究所副所长、法学博士。

机构的基础上突出检察官的办案主体地位，建立健全办案组织，下放办案权力，明晰权责对应关系，强化监督制约与职业保障，改变以往办案只见机构不见人、决定者不办案，办案人无决定权、层层审批、集体决策、主体模糊、责任分散的业务工作机制和做法。

办案主体与决定主体应当统一。只有亲自参加办案的人员才能全面了解案件的证据情况、当事人和诉讼参与人的意见和主张，才能正确适用法律，做出合法判断。只靠听取汇报、审阅书面材料和选编的证据材料，很难了解案件全貌，把握案件事实，难以正确适用法律。因此，必须改革办案主体与决定主体分离的业务工作机制，逐步实现办案主体与决定主体的合一。这是司法亲历性的必然要求，而亲历性原则是体现司法工作规律和特点的基本原则，是司法工作不同于行政工作的重要特征。

权力与责任的对应关系应当明确。"有权必有责，用权受监督，违法受追究"是《关于实行党政领导干部问责的暂行规定》确立的重要原则。长期以来，特别是在检察人员业务素质不高的历史条件下，检察机关的办案审批制和检察委员会集体决策机制发挥了重要的把关作用。然而，审批制是一种行政决策机制，集体决策是一种适合议会民主的间接合议机制（审判庭的合议制是直接合议制），都不是典型的司法决策机制。将审批制和间接合议制作为辅助性检察决策机制尚可，以其为主导性决策机制则不符合检察权运行规律。近年来，审批制和集体决策制在检察业务工作机制中造成的弊端日益暴露出来，突出的表现是，层层审批难以杜绝层层舞弊，集体决策难以避免无人负责。权力的链条越长、环节越多，寻租的机会就越多，防治权力滥用的成本就越高。检察官办案责任制的核心制度安排就是要逐步实现由集体负责向个人负责转变，使违法办案者责无旁贷、无可推脱。

检察官办案责任制的完善程度直接影响办案质量和队伍素质。这些年来，我们通过政治思想工作、培育培训、内部监督制约、纪律监察、检务督察等措施和专项教育活动，努力加强检察队伍建设，着力提高办案质量和水平，虽然取得了很大的成效，但总是难以达到预期的目标。其中一个重要的原因是，业务工作机制中缺乏内在的动力机制和责任机制。政治素质或者业务水平差的人容易滥竽充数，甚至还可能得到提拔重用；领导决策层的专业素质不但难以提升，反而有退化的危险。只有建立健全检察官办案责任制，让素质和能力不适应岗位职责的人不敢、不能担任相关职务，才能有效地激发检察人员钻研业务、提高素质的活力，才能培养大批政治和业务过硬的检察队伍，才能保证办案质量和办案效果，提升检察机关的执法公信力。

二、实行检察官办案责任制的主要制约因素

实行检察官办案责任制是检察业务工作机制从行政化管理转变为司法化管理，从层层审批和集体决策转变为检察官负责。这是一次检察机关内部管理方式的革命。这项改革将面临多方面的障碍和制约因素，必须与党和国家的政治体制改革协调发展，因而将是一个长期的、渐进的过程。

（一）观念上的制约因素

有人说，现在层层审查和多方监督制约尚且难以防止检察权的滥用，如果把检察权交给检察官个人，岂不更加危险？这种担忧恰恰是法治的逻辑起点，也是推行检察官办案责任制的逻辑起点。将检察权授予检察官不是基于对检察官的绝对信任，相反地，是基于不信任，是为了防止检察官推脱责任。只有赋予其完整的权力，才能让其承担完全的责任。还可能有人会担心，现在我们检察官的素质和能力足以承担这样的责任吗？回答是肯定的。我们不用担心农民不会种地，也不用担心检察官不会办案。近三十年来法学教育空前发展，培养了大批法律专业人才，择优录用，优中选优，亦取之不尽；况且这些年从通过司法考试的人中已经录取了相当规模的优秀法律专业人才，检察队伍的整体专业水平是比较高的，只有局部地区需要适当的调剂。问题不在于有没有专业人才，而在于现在的检察业务工作机制是否需要和容纳高素质的专业人才。

（二）法律上的制约因素

从不利于推行检察官办案责任制的法律条款来看，宪法第3条规定："中华人民共和国的国家机构实行民主集中制的原则。"人民检察院组织法第3条规定："各级人民检察院设检察长一人，副检察长和检察员若干人。检察长统一领导检察院的工作。各级人民检察院设立检察委员会。检察委员会实行民主集中制，在检察长的主持下，讨论决定重大案件和其他重大问题。如果检察长在重大问题上不同意多数人的决定，可以报请本级人民代表大会常务委员会决定。"第4条、第5条等条款还规定，人民检察院是行使检察权的主体。这种"检察长统一领导"、"检察委员会民主决策"和"人民检察院行使检察权"的检察体制和业务管理机制给检察官办案责任制留下的空间是有限的，但不构成实质性障碍，因为检察长可以授权检察官代表人民检察院行使检察权，实际上，人民检察院行使检察权都是通过检察官来进行的，而且法律没有限制授权的范围。从有利于推行检察官办案责任制的法律条款来看，检察官法第2条规定："检察官是依法行使国家检察权的检察人员，包括最高人民检察院、地方各级人民检察院和军事检察院等专门人民检察院的检察长、副检察长、检察委员会委员、检察员和助理检察员。"第6条还规定："检察官的职责：（一）依法进行法律监督工作；（二）代表国家进行公诉；（三）对法律规定由人民检察院直接受理的犯罪案件进行侦查；（四）法律规定的其他职责。"这给检察官办案责任制的实行提供了一定的法律基础。在检察长统一领导和检察委员会民主决策的前提下，检察官可以经检察长的授权，代表国家行使各项检察权。不过，检察长授予检察官多大范围的权力和如何领导检察官，这是实行检察官办案责任制过程中需要研究和解决的问题。

（三）动力上的制约因素

实行检察官办案责任制，首先是检察长和主管业务的副检察长的自我革命。下放给检察官的权力越多，检察长和副检察长的权力就越小，其影响力就会降低。当然，在现行体制下检察长可能更担心的是权力失控，政治责任难以承担。这些因素归根结底是利益上的考量，有其客观基础，但合理性不足。通过调查研究，我们发现只有在"人少案多"、办案压力大的检察院，才坚持实行主诉（办）检察官制度，才有探索试行"主任检察官"制度的积极性，其他检察院则采取限制或者减少下放权力等暗度陈仓的做法，消极应付，名义上实行主诉（办）检察官制度，实际上仍然实行原来的层层审批制度。解决这个问题，要么通过渐进式改革逐步推进，要么通过国家立法或者司法政策来强制推行。课题组倾向于渐进式改革。

三、实行检察官办案责任制的关键性制度安排

检察官办案责任制的最终目标是实现每个检察官独立办案、独立负责。但是，在现行司法体制和干部人事管理体制下，在大部分检察院办案压力不大的情况下，推行检察官办案责任制必须经过若干过渡形态，分阶段实施。我们主张，先搭起"主任检察官"的机构框架，建立相对稳定的办案组织，逐步下放办案决定权，完善相应的职务保障和监督制约。

（一）制度定位

主任检察官是依法行使检察权的、相对稳定的办案组织，也是一种相对独立的检察院内设机构，而不仅仅是一种身份、职务，也不是一种临时的办案小组。相关部门负责人对主任检察官具有业务监督权，分管检察长对主任检察官具有业务监督和业务指导的权力，但是部门负责人和分管副检察长都没有指挥主任检察官的权力，除非分管副检察长直接担任主任检察官。主任检察官只对检察长和检察委员会负责，对其报告工作，受其领导。依照公务员法第54条的规定和检察一体原则，如果主任检察官认为检察长或者检察委员会的决定明显违法，可以请求检察长移转案件，检察长有权将案件移交其他主任检察官。

（二）主体资格

担任主任检察官必须具备检察员资格并从事检察业务三年以上，择优选拔，条件成熟一个选拔一个，可以先在某一个或者几个业务部门实行，也可以先由退居二线的院领导担任。担任主任检察官即享受部门副职以上职级待遇。因年龄退居二线的院领导干部愿意担任主任检察官的，优先安排。目前，一些基层检察院的副检察长过50岁后就退居二线，对业务出身的领导干部来说，这是一种很大的人力资源浪费，可以通过主任检察官制度，调动其积极性，发挥其业务专长。

（三）职责范围

主任检察官既可办案，也可办事。办事主要是重大问题调查研究、重大专项活动策划筹办等。在初期，办案主要承办新型案件、疑难案件、社会关注案件、重信重访案件，也可分担一些业务部门的案件。在普遍实行后，主任检察官可以承办各种类型的案件和事项。办案决定权的下放也可以分阶段进行。在初级阶段，检察长或者分管副检察长保留立案、撤案、适用强制性侦查措施和强制措施、不批准逮捕、撤销逮捕、不起诉、变更起诉、撤回起诉、提出纠正违法意见或者检察建议、抗诉、回复下级人民检察院请示等决定权，主任检察官行使这些办案权应当报请审查批准。在下一阶段可以进一步放权，检察长或者分管副检察长仅保留消极性检察权即关于停止诉讼活动或者撤销诉讼行为的决定权，将积极性检察权即有关诉讼活动向前推进的决定权全部下放给主任检察官，因为这些权力将受到内部考核、当事人和法院等方面的监督制约。

（四）办案组织

主任检察官由一名检察员担任，配备辅助人员二至四人，包括一至三名检察员、助理检察员，一名书记员，形成相对稳定的办案组织，合称"主任检察官办公室"。主任检察官由检察长经检察委员会或者院党组决定任命，辅助人员实行双向选择。对于特别重大复

杂的案件，检察长可以决定临时合并若干主任检察官办公室，形成临时性办案组织，任命一名副检察长或者资深主任检察官担任主任检察官。主任检察官及其辅助人员相对固定，必要时可以临时调整辅助人员。临时抽调部分辅助人员的，必须保留至少一名检察官。

（五）工作机制

对于主任检察官，分派案件和日常业务监督由案件管理部门负责，违纪违法行为的处理由纪检监察部门负责，业务指导由分管副检察长负责，业务领导和人员配备由检察长和检察委员会负责，任免、考评、奖惩和晋升由政治部协助院党组和检察委员会进行。主任检察官全权负责主任检察官办公室的工作，辅助人员必须服从主任检察官领导，对主任检察官负责。辅助人员不服从主任检察官的工作安排，或由于不负责任使工作出现重大失误的，主任检察官可以向分管副检察长、检察长建议更换或者依照相关程序予以惩戒。辅助人员认为主任检察官的指令违法或者违纪的，可以提出不同意见，主任检察官不接受意见的，可以向相关部门、分管副检察长、检察长书面反映情况；对于完全按照主任检察官指令执行的行为，由主任检察官承担责任；对于超出主任检察官指令范围或者不按照主任检察官指令执行的行为，由本人承担责任。

（六）保障机制

建立检察官等级、办案决定权、职级待遇三合一的保障机制。在各级检察院，按照检察官法律职务的等级设置主任检察官办公室，配置相应的办案决定权，享有相应的工资津贴等福利。打破以行政职级替代法律职务的格局，解决检察官法律职务空转的问题，打通业务检察官的晋升通道，避免实际存在的行政职务决定法律职务晋升的现象，使从事业务的检察官在法律职务上可以晋升到相当于副检察长的职级，从而调动和激发检察官从事业务工作的积极性，使办案一线留得住优秀的检察官。

检察官办案责任制对于检察改革犹如联产承包责任制对于农村经济改革，可以解决一些基本问题（前者如司法腐败、司法不公，后者如粮食短缺、出工不出力），但不可能解决所有问题（前者如检察职能的整体效能，后者如集约经营）；它的实施会导致检察院内部权力结构和利益格局的调整，但不会动摇现行的检察体制；它是一面旗帜、一个方向，只要把普通检察官动员起来，他们会创造出我们意想不到的完美制度。因此，我们课题组所提供的《实施规则》是一个开放的体制、弹性的制度，有待于广大检察官的创新和实践去充实和完善。

附件：检察官办案责任制实施规则（试点范本）

根据中央关于司法改革的精神，在总结主诉（办）检察官办案责任制经验和主任检察官制度试点情况的基础上，借鉴国外境外主任检察官制度，结合我国现行检察制度和检察工作实际，制定主任检察官办案责任制实施规则。

第一条　实行主任检察官办案责任制，是在法律规定的范围内，遵循检察工作规律，改革检察机关业务工作机制，建立健全办案组织，明晰权责关系，减少审批环节，强化检察官主体地位，保证检察机关依法独立公正行使检察权，保障检察机关执法办案高效廉洁，完善中国特色社会主义检察制度。

第二条　检察机关在实行主任检察官办案责任制过程中，应当结合本院实际，研究制订工作方案，可以分步实施。先实行主任检察官办案责任制与现行各业务部门并行的"双轨制"，条件成熟后，撤销业务部门，全面实行主任检察官办案责任制。

第三条　主任检察官办案责任制是检察业务工作机制。人民检察院设立若干主任检察官办公室，由一名主任检察官领导二至四名检察官和书记员等辅助人员开展检察业务工作。

主任检察官及其辅助人员相对固定，必要时可以调整、合并。临时抽调人员，必须保留至少一名检察官。办理重大复杂案件，需要合并若干主任检察官办公室的，可以指定一名副检察长或者资深主任检察官担任临时主任检察官。

第四条　主任检察官办公室是检察机关的内设业务机构，受相关内设业务部门负责人监督，受主管副检察长监督和指导，受检察长和检察委员会领导，依法独立行使检察权，办理检察长、主管副检察长指派或者案件管理机构分派的相关案件和事项。

第五条　主任检察官办公室是经检察长授权代表人民检察院行使检察权的办案组织，对其承办业务工作向检察长和检察委员会全面负责。

辅助人员必须服从主任检察官领导，对主任检察官负责。辅助人员不服从主任检察官的工作安排，或由于不负责任使工作出现重大失误的，主任检察官可以向分管副检察长、检察长建议更换或者依照相关程序予以惩戒。

辅助人员认为主任检察官的指令违法或者违纪的，可以提出不同意见，主任检察官不接受意见的，可以向相关部门、分管副检察长、检察长书面反映情况；对于完全按照主任检察官指令执行的行为，由主任检察官承担责任；对于超出主任检察官指令范围或者不按照主任检察官指令执行的行为，由本人承担责任。

第六条　主任检察官决定立案、撤案、适用强制性侦查措施或者强制措施、不批准逮捕、撤销逮捕、不起诉、变更起诉、撤回起诉、提出纠正违法意见或者检察建议、抗诉、回复下级人民检察院请示的，应当报请分管副检察长审查或者检察长批准。检察长、分管副检察长提出书面意见或者检察委员会作出决定的，主任检察官应当执行。

主任检察官认为检察长或者检察委员会的指令或者决定明显违法或者违纪的，有权请求检察长将其承办业务移转其他主任检察官或者内设机构。

第七条　对于重大疑难案件，在认定事实或者适用法律上存在认识分歧的，主任检察官可以提请分管副检察长召开检察官业务咨询会议；也可以报请检察长提交检察委员会研究决定。

检察官业务咨询会议由三名以上主任检察官、检察官，两名以上相关法律专业人员组成，由分管副检察长主持，会议意见供主任检察官参考。

第八条　相关部门对主任检察官办案活动有监督权，对主任检察官的违法、违纪行为，可以向分管副检察长、检察长提出意见和建议，由检察长责成有关部门调查和处理。

第九条　担任主任检察官须具备如下条件：

（一）检察员；

（二）三年以上检察业务工作经验；

（三）具有担任内设机构副职以上职务的资格。

第十条　主任检察官由检察长提请检察委员会或者院党组任免。检察长可以根据竞争上岗程序或者主任检察官任职考评意见、奖惩意见提名，也可以根据工作需要，直接提名。

检察委员会任免主任检察官实行民主集中制，半数以上票通过的，方可作出任免决定。

被任命主任检察官的，按照本人职级和资历，由相关部门办理任职手续后，享受部门副职以上的相应职级待遇。

检察委员会按年度对主任检察官进行考评和奖惩。分管副检察长、政治部、案件管理部门等相关部门协助检察委员会对主任检察官进行考评并提出考评意见或者奖惩意见。考评意见或者奖惩意见经主任检察官附署后，由检察长提交检察委员会作出决定。

关于实行主办检察官办案责任制的几点思考

——以湖北省检察机关实践为范本

郑 青[*]

今年以来,中央、最高人民检察院着眼于进一步深化司法体制改革,对完善检察机关执法办案责任体系、健全检察机关执法办案组织形式作出了一系列部署。在2013年7月召开的全国大检察官研讨班上,最高人民检察院明确提出要"深化检察官办案责任制改革,探索建立有利于突出检察官执法办案主体地位,有利于依法独立行使职权的办案组织,形成以检察官为主体的岗位管理和执法管理模式",并将其作为2013~2014年两年检察改革的重点任务。今年8月,湖北省检察院根据中央、最高人民检察院司法改革精神,在反复调研论证的基础上,制定下发了《关于开展主办检察官办案责任制试点工作的实施方案》,在全省59个检察院开展改革试点。本文拟结合湖北实际,就实行主办检察官办案责任的基本依据、主旨要求和主要内容谈几点看法。

一、主办检察官办案责任制改革的理论和现实依据

我们理解的主办检察官,是指经检察长授权,依法履行执法办案职责,享有一定范围的办案决定权并承担相应责任的检察官。实行主办检察官办案责任制,旨在完善办案基本组织形式和运行模式,解决影响司法公正、制约司法能力的突出问题,提高执法办案的质量和效果。在现行法律框架内推行主办检察官办案责任制,有其合理性和必要性。

(一)实行主办检察官办案责任制的理论依据

我国宪法和人民检察院组织法规定了"检察长统一领导人民检察院的工作"、"人民检察院行使检察权"等原则。三大诉讼法对于检察权的行使,均以人民检察院为主体,如由人民检察院决定起诉和决定不起诉,人民检察院提出抗诉等。但这些规定与实行主办检察官办案责任制并不存在根本冲突。首先,检察官法为实行主办检察官办案责任制提供了依据。根据检察官法第2条、第6条、第9条的规定,检察官是依法行使国家检察权的检察人员,享有相应职权和工作条件。通过检察长授权形式,赋予主办检察官一定的办案决定权,正是落实检察官法要求的具体体现。其次,检察权的行使需要体现为检察官的具体办案活动。"人民检察院行使检察权"的规定不能否认这样一个现实,即检察机关作为一个组织本身不可能去审查决定案件,只能由个体——承办案件的检察官去实施。同时,检察官行使检察权,仍然以检察院名义整体对外,权力行使的具体方式并未导致权力主体的变更。最后,主办检察官办案责任制与"检察长统一领导"并不矛盾。一方面,主办

---

[*] 湖北省人民检察院副检察长、全国检察业务专家。

检察官办案责任制以坚持检察机关领导体制和检察工作一体化运行为前提，并没有将检察官当成独立的诉讼主体，也没有赋予其对抗上级指令的权力（明显违法的除外），是检察机关在现行法律框架下调整内部权力结构的尝试。另一方面，主办检察官的办案决定权来源于检察长授权，检察长不仅可以改变主办检察官的决定，还可以撤销授权。

（二）实行主办检察官办案责任制的现实必要性

主办检察官办案责任制是基于检察实践，为解决实际问题而提出并推行的改革措施。当前，我国检察机关实行以"检察人员承办，办案部门负责人审核，检察长或者检察委员会决定"的"三级审批制"。这种办案方式在避免检察权的滥用或误用、保证国家法律的统一正确实施方面发挥了重要作用。特别是在检察官素质相对较低，法治化水平不高的时代，这种办案方式的合理性、有效性比较明显。但是，随着法治建设的深入推进和检察官专业素质的显著提升，"三级审批制"办案方式已不能完全适应社会发展和符合司法规律内在要求，主要体现在四个方面：一是审批层级过多，办案效率不高。在传统办案模式下，审批环节较多，程序繁琐，超期办案、案件积压现象时有发生，特别是一些事实清楚、适用法律简单的案件，仍然要经过层层审批，无法体现繁简分流，不符合诉讼效率的要求。这一问题，在修改后的刑事诉讼法、民事诉讼法增加检察职能，加重工作任务的情况下，更显突出。二是"审而不定，定而不审"，不符合诉讼活动规律。诉讼活动要求亲历性和直接性，即承办人亲身经历整个程序，直接审查证据和事实并作出判断。与审判权不同，检察权强调上命下从、一体运作，其行使具有统一性、整体性和层级性，检察官的职务行为可以继承转移，但不能因此否认检察工作，特别是公诉、批捕等诉讼职能的司法运作特征，淡化司法亲历性、判断性要求。特别是修改后的刑事诉讼法增加设置了审查逮捕听取意见、羁押必要性审查等制度，赋予检察机关刑事诉讼程序性救济权，对增强承办检察官的司法亲历性、判断性提出了更高要求。在原有的办案机制下，直接办理案件的检察官没有决定权，而不直接办理案件的检察长、检委会却对案件具有决定权，造成审定脱节，难以保证案件处理的准确性，难以适应执法办案的新形势、新任务。三是执法责任分散，责任追究难以落实到人。"三级审批制"导致实践中"办案的不负责、负责的不办案"的现象，使承办人员产生了依赖情绪，办案积极性不高、责任心不强；而"层层把关、集体负责"的制度看似是人人负责，实际上却是无人负责，执法责任难以落实到执法个体。四是承办人办案责任意识不强，队伍整体素质难以提升。在"三级审批制"下，检察官不是相对独立的办案责任主体，一些检察官习惯了案件由领导层层把关的惯性思维，易于形成盲从和随大溜的行为模式，职业化水平难以改进提高。这些问题的存在，严重制约了检察机关办案质量和效率的提升，客观上需要我们对检察机关传统的办案方式进行改革完善。

（三）实行主办检察官办案责任制具有实践可行性

推行一项改革创新，不仅要考虑其正当性和必要性，还需要综合考虑实施条件，确保能够持续深入推进。当前，实行主办检察官办案责任制已经具备比较成熟的条件。检察机关恢复重建以来，引进了大批法律专业人才，检察队伍专业化程度不断提高，为实行主办检察官办案责任制储备了宝贵的人才资源。正在进行的检察人员分类管理改革，要求按照职责和工作性质对检察人员进行科学分类和管理，有利于打破检察机关行政化的管理模式，建立起以检察官为主体的岗位管理模式。1999年以来，全国各级检察机关围绕健全执法办案工作机制进行了一些尝试，相继推出了主办检察官、主诉检察官、主任检察官等改革举措。2009年起，湖北省院在部分地区开展基层院内部整合改革试点工作，实际运行中取消科长等行政职务，逐渐形成以检察官为主体的岗位管理模式，以检察官为主体、检察官向副检察长负责、副检察长向检察长负责的执法办案模式。这些实践探索，为实行主办检察官负责制积累了经验。

二、主办检察官办案责任制改革的主旨要求

改革的主旨就是改革的努力方向。探索实行主办检察官办案责任制，需要把握"突出办案主体作用、健全基本办案组织、优化规范办案审批、强化执法办案责任"四个方面的主旨要求。

（一）突出办案主体作用

传统执法办案机制强调层层把关、层层负责，检察官的执法办案主体作用得不到尊重与体现，难以激发办案人员的责任心和自主性。因此，实行主办检察官办案责任制，要强调通过明确权限、严格责任、优化保障，实现"权责利"相统一，突出检察官执法办案的主体作用。明确权限，就是依照现行法律规定，通过检察长授权形式，明确主办检察官的职责权限，使一线检察官有职有权，成为相对独立的执法办案主体。严格责任，就是在明确权限的基础上，科学界定检察长、检察委员会、主办检察官各自担责范围，健全完善相关制度机制，使责任追究落到实处。优化保障，就是为主办检察官及其办案组提供充足必要的办案条件，建立相关激励和执法保障机制。

（二）健全基本办案组织

探索开展主办检察官办案责任制改革，是检察机关组织体系建设的重要方面。检察机关组织体系，是指检察机关的构成形式及其相互关系、运转模式问题，主要包括组织结构、组织机构、基本办案组织形式三个层面。其中，检察机关组织结构是指各级检察机关的设置及相互关系；检察机关组织机构是指检察机关内设机构及其职能的具体配置；基本办案组织形式是指一线检察官进行执法办案的基本工作形式，是检察机关执法办案最基本的"组织单元"，直接影响办案质量和效率。实行主办检察官负责制，就是要建立检察机关科学的基本办案组织形式及工作模式，形成符合检察工作规律，职权明确、协作紧密、制约有力、运行高效的专业化办案组织，通过微观层面的办案组织形式建设推动检察机关组织体系的健全完善。

（三）规范优化办案审批

当前，理论界对检察机关案件审批制度提出了很多质疑，认为案件审批制是一种典型的行政管理模式，不符合司法工作规律。我们认为，检察机关作为国家法律监督机关，其权力性质具有复杂性。这一点反映在检察权运行方式上，表现为既有检察工作一体化、上命下从等类似行政化的运行方式，又有中立性、客观性、亲历性、裁量性等类似司法权的运行方式，具有多样性、复杂性的特点。案件审批制度正是检察领导体制和检察工作一体化规律在检察机关执法办案活动中的重要体现，理应坚持。与此同时，现行"三级审批制"办案方式的确存在办案效率不高，制约检察官和检察队伍素质提升，以及与当前刑事诉讼法、民事诉讼法修改后检察机关承担的繁重任务不相适应的问题。因此，在坚持案件审批制度的前提下，从工作机制层面规范和优化办案审批程序，使之更加符合执法办案规律、符合当前执法办案需要，是开展主办检察官负责制改革必须解决的一个重要问题。

（四）强化执法办案责任

有权必有责、用权受监督、违法受追究，是建立健全执法办案责任体系的应有之义。当前制约检察机关执法办案质量提升的一个关键因素就是责任不明、追责不严。因此，明确各个层级的执法主体担责范围，健全并落实执法办案考核、过错责任追究、办案责任终身负责等制度机制，强化检察官执法办案的责任意识，解决办案不负责、把关不严格、追责不到位的问题，也是此项改革的主旨之一。

三、主办检察官办案责任制改革的主要内容

主办检察官办案责任制是一项涉及面广、综合性强的改革举措，核心是明确主办检察官的"权责利"，主要内容包括主办检察官的定位、组织形式、选配考评、权限划分、审批流程、监督制约、责任界限、履职保障等。

（一）主办检察官的定位

准确把握主办检察官的职能定位，是确保改革沿着准确轨道深入的基本前提。我们认为，主办检察官是检察机关内具有较高业务能力的专业人才，其性质是一种执法岗位和能力席位，而不是检察职务或者内设机构。首先，主办检察官是检察机关根据执法办案需要设置的一种执法岗位，而不是职务。根据检察官法，检察官包括检察长、副检察长、检委会委员、检察员、助理检察员，除助理检察员外都需要提请国家权力机关任命。因此，检察机关不能违反法律规定，在人大任命之上再行任命新的检察官职务。其次，主办检察官是一种能力席位，而不是一个机构。主办检察官的能力素质与岗位要求应当相适应，做到人岗相适。主办检察官应当发挥办案骨干作用，不能成为"小科长"或者新的办案审批层级。最后，主办检察官的办案决定权来源于法律规定、检察长授权。检察院组织法规定了"检察长统一领导"、"检察委员会民主决策"和"人民检察院行使检察权"等原则。检察官法规定了检察官是依法行使国家检察权的检察人员，享有履行检察官职责应当具有的职权和工作条件。实践中，检察权的行使体现为检察官的具体办案活动，不必也不可能将一切权力集中于对外代表检察院、对内行使领导职能的检察长。因此，检察长可以依法授权主办检察官行使一定权力，并由主办检察官承担相应责任。这种授权实质上是检察长行使职权的一种具体方式，既没有突破法律规定，也符合办案工作的实际需要。

（二）基本办案组织形式

实行主办检察官办案责任制，应当建立主办检察官、其他检察官及检察辅助人员的主办检察官办案组，由主办检察官主持、组织办案组工作，并承担相应责任。根据检察官法和《人民检察院工作人员分类管理制度改革意见》，主办检察官办案组成员中的"其他检察官"是指依法行使国家检察权的检察人员，包括检察员、助理检察员；"检察辅助人

员"是指协助检察官履行检察职责的工作人员,包括检察官助理、书记员、司法警察、检察技术人员等。在办案组的具体构成形式上,鉴于不同地区间人员力量、素质差异较大,可以考虑采取固定办案组、临时办案组以及临时指派办案三种形式。一是固定办案组形式,由主办检察官配若干固定成员组成办案组。二是临时办案组形式,办案组成员不固定,承办不同案件可进行不同的人员组合,由若干检察人员,包括承办其他案件的主办检察官组成办案组,并明确具体承办案件的主办检察官。三是临时指派办案形式。人数较少的基层院,可以将现有机构整合为若干业务部门和案件管理、综合管理部门,并将其他检察官、检察辅助人员归口案件管理部集中统一管理,形成"人力资源池",根据办案需要,临时指派其协助主办检察官工作。以上三种形式均有其自身的特点,实践中可以根据人员情况、案件特点,以利于提高办案质量及办案效率为原则灵活确定。在办案组的工作模式上,办案组承办案件可以采取有分有合的模式进行,一般案件由一个办案组在主办检察官的主持下具体推进;需要集中力量、抽调人员、专案办理的案件,可以由多个办案组分别承担一定任务,并由检察长、反贪局局长、反渎局局长或者内设机构负责人统一指挥。

(三) 主办检察官的选配和考核

在选配条件方面,应当以能力席位要求为重,兼顾法律职称、从事本业务工作年限等资格条件。主办检察官原则上应当从检察员中择优选配;对于政治过硬、业务精通、综合能力强、作风优良的助理检察员,也可以选配为主办检察官,给予有能力但资历稍浅的干警担任主办检察官的机会。在选配程序方面,应当坚持党管干部原则和竞争择优的办法,由政工部门根据检察官的政治品行、司法经验、业务能力、职业操守等进行综合评议,择优提出人选后报本院党组审定。在主办检察官考核方面,可以考虑实行年审制,形成能上能下的用人机制,突出对执法数量、质量、效率、效果、规范和纪律等检察业务实绩的考核,年审合格方可继续履行主办检察官职责。

(四) 主办检察官的工作职责

依法合理授权,明确主办检察官在执法办案工作中的职责权限,是优化审批程序、明确执法责任的基础,是主办检察官办案责任制必须解决的核心、关键问题。明确职责权限必须依法进行,同时考虑权力性质和影响,坚持检察长、检委会对重大案件、重大事项的领导和指挥,赋予主办检察官与其履职相对应的执法权限:一是属于法律明确规定应当由检察长、检察委员会行使的职权,原则上应当由检察长、检察委员会行使;除经检察长、检察委员会明确授权外,主办检察官不得越权行使。二是对于法律监督调查,发出检察建议、书面纠正违法意见等具有监督性质、影响其他执法司法机关的权力,也要强调集中统一,由检察长、检察委员会决定。三是对办案中的非终局性事项、事务性工作,主办检察官有权独立作出决定。四是根据办案具体情况,检察长可以将重大、复杂、疑难案件以外的其他案件授权主办检察官决定处理。以上四个方面的总体原则,可以形象地称为"抓两大、放两小"。需要指出的是,主办检察官的决定权均来源于检察长的授权,包括一般授权和特别授权两种形式。前者指检察长以概括授权形式,比如向检察官颁发主办证书,将执法办案工作中的非终局性事项和事务性工作赋予其决定。后者指在办案过程中,检察长以"一案一授"形式,将重大、复杂、疑难案件以外的其他案件的处理决定权赋予主办检察官行使。

按照"抓两大、放两小"的基本思路,可以明确主办检察官在具体业务工作中的执法权限。如在审查起诉工作中,讯问犯罪嫌疑人、询问证人等诉讼参与人、听取辩护律师意见,要求侦查机关(部门)对证据收集的合法性作出说明,要求侦查机关(部门)补充完善证据等程序性事项和事务性工作,因其不涉及案件的实体处理,可以由主办检察官独立做出决定;符合提起公诉条件的一般性案件和所有简易程序案件,为体现繁简分流、提高诉讼效率,检察长可以授权主办检察官直接决定起诉。

(五)规范、优化办案审批、指挥和指令

实行主办检察官办案责任制,应当在落实检察机关领导体制、坚持案件审批制的前提下,优化办案审批程序,解决层级过多、效率低下的问题;同时通过完善程序、健全制度,进一步规范检察长、检委会的办案指挥、指令。

一是实行"扁平化"改革,减少中间层级,简化办案流程。对由检察长、检察委员会决定的事项,主办检察官应当提出拟办意见,通过内设机构负责人报请检察长决定。内设机构负责人对主办检察官所承办案件有不同意见的,可以提出自己的意见一并呈报检察长,必要时可以召集本部门主办检察官进行讨论,并将会议讨论意见和自己的倾向性意见呈报检察长,供检察长决策参考。主办检察官可以自行决定是否采纳内设机构负责人意见或者部门讨论意见。对主办检察官有权决定的事项,主办检察官应当独立作出决定,并承担相应责任。主办检察官难以作出决断的,可以提请内设机构负责人组织召开检察官会议讨论,讨论意见供主办检察官参考,多数意见与主办检察官意见不一致的,内设机构负责人应当将讨论意见呈报检察长,检察长可以改变主办检察官的决定。主办检察官有权决定的事项,需要检察长签署相关法律或工作文书的,主办检察官应当制作文书并报请检察长签署。此种"签署"是一种形式审查,并非审批程序,办案责任仍由主办检察官承担。

二是规范案件审批程序。检察长、检察委员会在办案审批、指挥、指令过程中,应当依据确实充分的案件材料,全面了解熟悉案情,依法作出决定,不能作出违背法律规定的指令。对需要检察长、检察委员会审批、指挥、指令的事项,主办检察官应当提供确实充分的案件材料,全面、客观地汇报案件情况,不得瞒报、漏报影响案件定性与处理的事实和证据。

三是规范检察长、检察委员会指挥、指令权。检察长、检察委员会对执法办案的决定和指令,应当记录在案,其中作出重大决定和指令应当采取书面形式。主办检察官认为检察长和检察委员会作出的决定、指挥、指令违反法律和相关规定的,有权提出异议;检察长和检察委员会不改变该决定、指挥、指令并要求立即执行的,主办检察官应当执行,但明显违法的决定、指挥和指令除外。

(六)听取意见、公开审查和听证程序

在实行主办检察官办案责任制、减少中间审查环节的情况下,有必要对传统的办案方式进行改革,由主办检察官主持听取意见、公开审查、听证等程序,增强司法亲历性、判断性,做到兼听则明,同时强化对检察官执法办案的监督制约。主办检察官主持听取意见的案件有两类：一类是修改后的刑事诉讼法、民事诉讼法明确规定检察机关应当听取意见的情形，主要包括主办检察官在办理审查批捕、审查起诉、羁押必要性审查、延长侦查羁押期限、重新计算侦查羁押期限、抗诉审查、未成年人刑事案件、当事人和解的公诉案件时，听取侦查人员、犯罪嫌疑人、辩护人、被害人、申诉人等诉讼参与人意见。另一类是根据刑事诉讼法第47条、第115条和民事诉讼法第208条、第235条，受理审查当事人、辩护人、诉讼代理人、利害关系人对司法机关及其工作人员侵犯其诉讼权利或者违法侦查行为提出的申诉、控告。检察机关行使此类刑事、民事诉讼程序性监督权、救济权，目的在于判断是否存在诉讼违法行为，具有司法审查性质，在审查方式上应当进行诉讼化改造，兼听各方意见。主办检察官主持公开审查、听证的案件包括：认定事实、适用法律存在较大争议的案件，具有较大社会影响的案件，拟作出不批捕、不起诉、不抗诉等决定的案件，重大信访申诉案件。

（七）监督制约

在突出检察官主体地位、合理放权的条件下，必须充分考虑、高度重视监督制约问题，通过工作机制层面的安排，确保检察权依法正确行使。对主办检察官的监督制约主要包括以下几个方面：一是检察长、检察委员会对执法办案活动的领导和监督。检察长、检察委员会可以随时监督、检查主办检察官办案组工作，有权变更、撤销主办检察官的决定；检察长和检察委员会的决定，主办检察官应当执行。二是内设机构负责人对执法办案活动的监督。在实行主办检察官办案责任制的情况下，内设机构负责人应当转变职能角色，负责本部门的执法办案管理工作，监督、检查、协调主办检察官、其他检察官及检察辅助人员的执法办案工作，通过思想政治工作、业务培训、案件评查、执法考评、绩效考核、办案管理等，监督检查主办检察官行使职权及廉洁自律情况。三是主办检察官与办案组成员之间的相互监督。主办检察官负责组织、指挥办案组工作，办案组成员不服从主办检察官的工作安排，或者由于严重不负责任致使工作出现重大失误的，主办检察官有权向内设机构负责人申请更换。办案组成员可以对主办检察官的履职行为进行监督，对于主办检察官承办的案件，可以向主办检察官提出自己的意见建议；对于主办检察官在办案中存在滥用职权、徇私舞弊等违反检察官法第35条的行为，应当及时向检察长、纪检监察部门或者内设机构负责人报告。四是案件管理、纪检监察等专门监督管理机构对执法办案活动的监督制约。

（八）责任划分

权力是履行职责的保障，责任是正确行使权力的条件，只有当主办检察官所承担工作责任范围与其职权相适应时，才能调动和激发检察官的工作积极性和责任感。如果责任大于权力，往往导致责任不明，责任心不强，积极性不高效率低下等；如果权力大于责任，则容易产生滥用权力的现象。因此，探索实行主办检察官办案责任制，应当根据主办检察官、检察长、检委会在执法办案中的职责权限，明确各自担责范围。属于检察长或检察委员会决定的事项，主办检察官对事实和证据负责；检察长或检察委员会作出的决定，主办检察官对决定不承担责任；检察长或主管检察长对主办检察官的决定改变或部分改变的，主办检察官对改变的部分不承担责任。同时，为进一步完善执法办案责任体系，有必要建立执法责任终身制，即检察人员对其办理的每一起案件终身负责，执法责任追究不受职务变动、岗位调整和退休的影响。

（九）履职保障

主办检察官理应享有必要的履职保障和待遇，这是由主办检察官所享有的权利和承担的责任决定的。如果主办检察官的权责与其得到的执法保障、相关待遇不匹配，必然会挫伤主办检察官的工作积极性，降低主办检察官岗位的吸引力。主办检察官的履职保障主要包括两个方面：一是主办检察官在办案过程中的履职保障；二是主办检察官的激励机制和保障机制，包括落实主办津贴、优先晋级提职等。

论检察机关依法独立行使检察权

——以法治思维的提出为契机

高 通*

《中华人民共和国宪法》(以下简称宪法)第131条规定:"人民检察院依照法律规定独立行使检察权,不受行政机关、社会团体和个人的干涉。"这条规定以国家根本大法的形式确立了我国检察机关依法独立行使职权。这一原则在刑事诉讼法、检察官法等法律中都得到确认。但这一原则在司法实践中贯彻落实得并不十分理想。虽然近些年来中央政法委、最高人民检察院等部门出台了一些司法改革措施,在人财物等方面给予各级检察院一些保障,但检察机关行使检察权受制于地方的问题仍然没有从根本上解决,而且检察机关存在进一步地方化和行政化的趋势。党的十八大报告在"全面推进依法治国"部分提出"法治思维",要求"提高领导干部运用法治思维和法治方式深化改革、推动发展、化解矛盾、维护稳定能力。党领导人民制定宪法和法律,党必须在宪法和法律范围内活动。任何组织或者个人都不得有超越宪法和法律的特权,绝不允许以言代法、以权压法、徇私枉法"。法治思维的提出,对于破解检察机关地方化迷局大有裨益。

一、历史语境中的检察机关依法独立行使检察权

我国检察制度肇始于清末变法,吸收借鉴德国、日本检察制度,最初于大理院以下各地方审判厅设置检察局。但检察机关并无独立于行政机关之权,如1907年《高等以下各级审判厅试办章程》第97条规定:"检察官统属于法部大臣受节制于其长官对于审判厅独立行其职务……"[①] 虽然时局变迁,但民国时期检察制度一直奉承行政权之定性,在外部上受司法行政部门节制;内部上奉行检察一体化原则,检察长领导检察署工作。新中国成立伊始,中共中央下发《关于废除国民党的六法全书与确定解放区的司法原则的指示》,要求"司法机关应该经常以蔑视和批判国民党《六法全书》及其他一切反动法律、法令的精神,以蔑视和批判欧美日本资本主义国家的一切反人民的法律、法令的精神,来从事法制建设"。当然,依据国民党法律建构起来的检察制度也被废除。旧有法律和体制被废除后的首要问题,就是如何建立适合新中国的法律和司法体制问题。在特殊的历史背景下,新中国以苏联法律和司法体制为蓝本,吸收借鉴革命时期的司法经验,逐渐建构起新中国的法律和司法体制。新中国的检察体制就是在这样一种背景之下建立起来的。

---

* 南开大学法学院讲师、法学博士,主要从事刑事诉讼法学、证据制度、司法制度等研究。
① 闵钐:《中国检察史资料选编》,中国检察出版社2008年版,第10页。

（一）检察机关依法独立行使检察权的确立依据

1949 年《中央人民政府最高人民检察署试行组织条例》第 2 条在法律上首次确立检察机关依法独立行使职权的原则，"中央人民政府最高人民检察署依中央人民政府组织法第五条及第二十八条之规定，为全国人民最高检察机关，对政府机关、公务人员和全国国民之严格遵守法律，负最高的检察责任。全国各级检察署均独立行使职权，不受地方机关干涉，只服从最高人民检察署之指挥"。这一内容在 1954 年宪法中得到确认，第 83 条规定"地方各级人民检察院独立行使职权，不受地方国家机关的干涉"。检察机关依法独立行使检察权的规定，来自我国"一府两院"的政治架构。新中国成立后，废除了民国时期的三权分立体制，实行人民代表大会制度。同时，为了实现权力的分立与制衡，我国吸收借鉴苏联的政治架构，建立起我国"一府两院"的国家权力结构。如 1949 年中央人民政府组织法第 5 条规定"中央人民政府委员会组织政务院，以为国家政务的最高执行机关；组织人民革命军事委员会，以为国家军事的最高统辖机关；组织最高人民法院及最高人民检察署，以为国家的最高审判及检察机关"。在"一府两院"构造下，政务院、最高人民检察院、最高人民法院同属于中央人民政府，分别行使行政权、检察权和审判权。这既体现了社会主义国家权力的集权，也体现了权力的分立与制衡。

苏联检察机关的构想和实践，主要源自列宁对检察机关的认识。列宁指出："检察机关和任何行政机关不同，检察机关丝毫没有行政权，对任何行政问题都没有表决权"，"检察长有权利和义务做的只有一件事：注意使整个共和国对法制有真正一致的理解，不管任何地方差别，不受任何地方影响。"① 苏联宪法明确规定："各级检察机关独立行使职权，不受任何地方机关的干涉，只从属于苏联总检察长。"② 由此可见，列宁认为检察机关的主要任务就是克服司法地方化，维护国家法制的统一。在这种情况下，当然需要特别强调检察机关的独立性，这也是苏联检察制度实行垂直领导体制的主要原因。新中国成立初期，虽然我国也存在司法地方化、各地司法不统一的情况，但经过土地改革、社会主义改造、三反五反等运动，党对地方的控制力急剧增强，苏联法制不统一的情况在新中国并不是十分严重。而且，检察机关力量严重不足，③ 无力承担法律监督职责。因此，检察机关依法独立行使检察权在新中国成立初期就无法得到贯彻落实，地方化问题逐步显现出来。如 1951 年秋冬举行的全国编制工作会议决定精简国家机关时，更提出让检察机关"名存实亡"，只保留名义，不设机构，不配备干部，工作由公安机关兼办。1951 年 12 月，政务院下达《关于调整机构紧缩编制的决定（草案）》，规定公、检、法三机关合署办公。④ 公安机关是地方的治安保卫部门，属于地方政府的一个部门。合署办公导致的一个直接问题就是检察机关的地方化。可见，虽然法律上确立检察机构依法独立行使检察

---

① 王建国：《列宁司法思想研究》，法律出版社 2009 年版，第 304 页。
② 李建明：《检察权独立行使的相对性——兼论列宁关于检察机构垂直领导的思想》，载《政法论坛》2004 年第 1 期。
③ 如董必武在 1954 年第二届全国检察工作会议上讲道，全国已有检察机构 930 个，检察干部 5665 人。冈钞：《中国检察史资料选编》，中国检察出版社 2008 年版，第 521 页。
④ 韩大元、于文豪：《法院、检察院和公安机关的宪法关系》，载《法学研究》2011 年第 3 期。

权，但新中国成立初期的司法实践中这一原则并未很好地行使。

（二）"法律虚无主义"对检察机关依法独立行使检察权的冲击

影响检察机关依法独立行使检察权的另一个因素，就是新中国成立初期"法律虚无主义"的盛行。从 1957 年下半年开始，我国政治生活中"左"的思想占据上风，反"右"扩大化现象严重。"这种思潮在政法战线上的表现，就是法律虚无主义，轻视法律，否定法制，主要任意性。在这种思想指导下，竟然批判法律上规定的'独立审判'和在适用法律上一律平等等各项原则，批判检察机关的法律监督职能。"① 1958 年第四届全国司法工作会议，也对司法"右倾"提出批判，认为司法工作"对法有了迷信，甚至使法成了自己的紧箍咒，用法律束缚对敌斗争的手脚"。② 接着便开始了政法工作"大跃进"，提出"一长代三长，一员顶三员，下去一把抓，回来再分家"。③ 这次会议的直接结果就是，1960 年 11 月 11 日，中共中央发出《关于中央政法机关精简机构和改变管理体制的批复》。批复中说，中央书记处决定："1. 中央公安部、最高人民法院、最高人民检察院合署办公。对外，三机关名称不变，保留三块牌子，三个大门出入；对内，由公安部党组统率，两院各出一人参加公安部党组，以加强工作联系。2. 三机关合署办公后，最高人民检察院保留二三十人，最高人民法院保留五十人左右，各设一个办公室，分别处理检察、法院的必要业务工作。""文化大革命"期间，又提出"砸烂公检法"。1968 年，毛泽东批示《关于撤销高检院、内务部、内务办三个单位，公安部、高法院留下少数人的请示报告》，先后将最高人民检察院、军事检察院和地方各级检察院撤销。"法律虚无主义"的盛行，使得不仅检察机关难以行使检察权，甚至随时可能陷入被撤销的危险之中。

（三）"政法工具论"对检察机关依法独立行使检察权的影响

法律工具主义在西方和中国都有着深厚的渊源。受苏联工具主义影响，新中国成立初期党和国家领导人对法律的认识也是一种工具主义，法是阶级统治的工具。如李六如认为公检法三机关的工作"同是一个重大的总任务——巩固人民民主专政，保障共同纲领所规定的政治、经济、文化等日益健全与发展，由新民主主义走向社会主义道路"。④ 在法律工具主义影响下，公检法三机关之间"同质化"现象严重，三机关间人员相互调任的现象也十分常见。在这种情况下，检察机关依法独立行使检察权是无法实现的。

"文化大革命"之后，国家恢复重建检察机关，重新确立了检察机关法律监督地位，依法独立行使检察权，但法律工具主义仍然影响着司法实践，如阶级工具论、经济工具论、国家工具论、政策工具论、道德工具论等。⑤ 随着国家向经济建设重心的转变，政法机关也越来越成为保障经济发展的重要工具。如在 1980 年五届人大第三次会议《关于最高人民法院工作报告和最高人民检察院工作报告的决议》中指出，"人民法院和人民检察院应

---

① 王桂五：《论检察》，中国检察出版社 2008 年版，第 12 页。
② 蔡定剑：《历史与变革——新中国法制建设的历程》，中国政法大学出版社 1999 年版，第 97 页。
③ 崔敏：《第四届全国司法工作会议的回顾与反思》，载 http://blog.sina.com.cn/s/blog_4a20485e0102du4g.html，访问时间 2013 年 6 月 22 日。
④ 韩大元、于文豪：《法院、检察院和公安机关的宪法关系》，载《法学研究》2011 年第 3 期。
⑤ 谢晖：《法律工具主义评析》，载《中国法学》1994 年第 1 期。

当按照党和国家的方针政策,按照国家的法律、法令,进一步发挥审判机关和法律监督机关的职能,严格依法办事,独立进行审判,独立行使检察权;应当协同公安机关继续整顿、加强社会治安工作,准确、及时地打击现行犯罪活动,恢复和建立良好的社会秩序;应当建立和健全经济法庭和经济检察机构,加强经济司法工作,以保障我国社会主义现代化建设事业的顺利进行"。此外,在有些地方,检察机关还承担着招商引资、经济创收等工作。因此,法律工具主义也是检察机关难以依法独立行使检察权和检察权地方化的重要原因。

二、法治思维下的检察机关依法独立行使检察权

鉴于对"文化大革命"期间肆意侵犯人权现象的反思,党的十一届三中全会指出要"加强社会主义法制",要求"检察机关和司法机关要保持应有的独立性;要忠实于法律和制度,忠实于人民利益,忠实于事实真相;要保证人民在自己的法律面前人人平等,不允许任何人有超于法律之上的特权"。① 1979年人民检察院组织法再次明确人民检察院依法独立行使检察权原则,第9条规定:"人民检察院依照法律规定独立行使检察权,不受其他行政机关、团体和个人的干涉。"同年出台的《中共中央关于坚决保证刑法、刑事诉讼法切实实施的指示》第1条规定"严格按照刑法和刑事诉讼法办事,坚决改变和纠正一切违反刑法、刑事诉讼法的错误思想和做法",指出"不允许以各种理由,指令公安、检察机关违反刑法规定的法律界限和刑事诉讼法规定的司法程序,滥行捕人抓人;或者背离法律规定,任意判定、加重或减免刑罚。"但在过去三十年间,检察机关依法独立行使检察权在司法实践中的运作并不理想,检察机关地方化、受地方干涉现象十分严重,检察机关依法独立行使检察权的规定有流于形式的危险。为了保障依法治国基本方略的实现,自党的十四大报告中提出"保障人民法院和检察院依法独立进行审判和检察"以来,党的历届工作报告均将"确保审判机关、检察机关依法独立公正行使审判权、检察权"作为司法改革的重要内容。这反映了党和国家对包括检察机关在内政法机关作用的认识,正逐渐摆脱法律工具主义的困扰。党的十八大报告中提出"法治是治国理政的基本方式",在此基础之上进一步提出"法治思维",要求"提高领导干部运用法治思维和法治方式深化改革、推动发展、化解矛盾、维护稳定能力"。法治思维的提出,对于检察机关依法独立行使检察权原则的实现也大有裨益。

第一,法治思维是对法律虚无主义和政法工具论的修正,为检察机关依法独立行使检察权提供思想基础。

法律虚无主义和政法工具论的盛行,导致检察机关沦为地方党委和政府的附庸,成为地方名副其实的"刀把子"。但随着我国民主法治建设的快速发展,社会公众对公正司法的要求越来越高,党和国家也逐渐修正对法律虚无主义和政法工具论的观点,越来越重视法治在国家治理中的作用。如2010年《国务院关于加强法治政府建设的意见》第3条规定:"行政机关工作人员特别是领导干部要带头学法、尊法、守法、用法,牢固树立以依法治国、执法为民、公平正义、服务大局、党的领导为基本内容的社会主义法治理念,自

---

① 参见《党的十一届三中全会公报》。

觉养成依法办事的习惯,切实提高运用法治思维和法律手段解决经济社会发展中突出矛盾和问题的能力。"法治思维要求必须以法治作为处理问题的基本手段。为了保障法治的顺利实现,党和国家提出要建立公正高效权威的社会主义司法制度。而建设公正高效权威的社会主义司法制度,主要着眼点就在于"推进司法改革,从制度上保证司法机关依法独立公正行使职权"。2008 年 12 月,中共中央转发《中央政法委员会关于深化司法体制和工作机制改革若干问题的意见》,确定了"优化司法职权配置、完善宽严相济刑事政策、加强政法队伍建设、改革司法保障体制"四个方面的 60 多项改革任务。为了保障检察机关依法独立行使检察权,本次司法改革从人财物等多方面对检察机关的独立性进行了保障。如从 2009 年起,中央将基层政法机关"分级负担、分级管理"的经费保障体制,改革为"明确责任、分类负担、收支脱钩、全额保障"的体制。因此,法治思维为检察机关依法独立行使检察权提供理论基础。

第二,法治思维有利于检察机关内部的完善,为检察机关依法独立行使检察权提供内部支持。

检察机关作为行使国家公权力的机关,本身也应当坚持法治思维。虽然法律将检察机关规定为法律监督机关,应当依法行使检察权,但由于受传统办案思维和方式的影响,检察机关在办案实践中"重打击,轻保护"的现象十分常见,侵犯人权现象也屡有发生。近些年来不断曝光的冤假错案等问题,大大降低了检察机关的公信力,也使人越来越怀疑检察机关能否依法公正行使检察权。因此,执法公信力问题越来越成为困扰检察机关办案的重要问题。如胡锦涛总书记在全国政法工作会议代表和全国大法官、大检察官座谈会上指出:"政法机关的执法能力,集中体现在执法公信力上。执法公信力来源于严格、公正、文明执法,来源于全心全意为人民服务的良好形象。"① 检察机关要提高司法公信力,首先就是转变思想认识,以实现司法公正为基本目标。依据内容不同,公正又分为实体公正和程序公正。长期以来,出于对客观真实孜孜不倦的追求,司法实践中一直秉承"重实体,轻程序"的理念。"轻程序"的主要表现就在于限制或剥夺当事人的程序参与权、程序控制权,当事人在诉讼程序中的主动性无法发挥出来。"轻程序"不仅可能造成冤假错案,还压制了当事人对诉讼程序的民主性要求,不利于服判息诉目的的实现,造成社会不稳定。法治思维要求检察机关在实现检察权时,不仅要监督其他机关是否以法治思维和法律手段作为处理问题的依据,更要求检察机关本身具有法治思维。

究竟什么才是法治思维?姜明安教授认为,领导干部在行使公权力时,无论是决策,还是执行,或者是解决社会矛盾、纠纷,都应不断审视其行为目的的合法性、权限合法性、内容合法性、手段合法性,以及程序合法性。如在行为过程中发现有违反法律的地方,应及时主动纠偏。② 具体到检察实践中,法治思维要求检察机关行使检察权也要有目

---

① 胡锦涛:《立足中国特色社会主义事业发展全局扎扎实实开创我国政法工作新局面——在全国政法工作会议和大法官、大检察官座谈会上的讲话》,载《人民法院报》2007 年 12 月 26 日第 1 版。

② 《"法治思维"首次写入报告》,载 http://zqb.cyol.com/html/2012-11/12/nw.D110000zgqnb_20121112_5-01.htm,访问时间 2013 年 6 月 22 日。

的合法性、权限合法性、内容合法性以及程序合法性。唯有此,检察机关才能更好地行使检察权,检察权的行使也才能获得更多的认同,从而为检察机关依法独立行使检察权提供内部支撑。

第三,法治思维是对公权力运作的限制,为检察机关依法独立行使检察权提供外部保障。

法治思维更重要的是为检察机关依法独立行使检察权提供外部保障。检察机关依法独立行使检察权最大的问题就是党委、地方政府等机关对检察权的非法干涉。针对"文化大革命"期间公检法被砸烂后乱象的反思,1979年《中共中央关于坚决保证刑法、刑事诉讼法切实实施的指示》指出"加强党对司法工作的领导,最重要的一条,就是切实保证法律的实施。充分发挥司法机关的作用,切实保证人民检察院独立行使检察权,人民法院独立行使审判权,使之不受其他行政机关、团体和个人的干涉",并指出"党对司法工作的领导主要是方针、政策的领导。各级党委要坚决改变过去那种以党代政、以言代法,不按法律规定办事,包揽司法行政事务的习惯和做法"。但这一指示在司法实践中贯彻并不理想,党委、政法委、地方政府以及个别领导人干涉检察机关依法独立行使检察权的现象屡见不鲜。如在佘祥林案中,在湖北省高级法院发回重审的情况下,佘祥林案的处理结果是经过市、县两级政法委组织有关办案单位、办案人员协调,并有明确处理意见后,由两级法院作出的判决。据一位知情法官介绍,按政法委协调会议的意见,就是要将案件从荆门中院降格到基层法院处理,要求京山县法院"一审拉满",也就是判15年,中院二审维持原判。① 在我国,行政权力一支独大,检察权、司法权不仅无法对其形成有效制约,反而成为行政权的附庸。这也是为何法治思维最早在行政领域提出,要求行政机关领导干部运用法治思维和法律手段处理问题的重要原因。党的十八大报告中进一步指出"党领导人民制定宪法和法律,党必须在宪法和法律范围内活动。任何组织或者个人都不得有超越宪法和法律的特权,绝不允许以言代法、以权压法、徇私枉法"。如郑成良教授认为,在一个社会中,法治能否取得成功,直接依赖于该社会的公共决策者和私人决策者是否普遍接受了与法治理念相适应的思维方式,是否能够按照这种思维方式去形成预期、采取行动,评价是非,是否肯于承认并尊重按照这种思维方式思考问题所形成的结论,尤其是在此种结论与自己的意愿、计划和利益相抵触的时候。② 因此,法治思维的提出,可以为检察机关依法独立行使检察权提供良好的外部环境。

当然,检察机关依法独立行使检察权对法治思维的形成也有重大的推动作用。法治思维并非自动生成的,需要良好的监督执行机制。检察机关作为国家的法律监督机关,职司检察权,对"叛国案、分裂国家案以及严重破坏国家的政策、法律、法令、政令统一实施的重大案件"等行使检察权。检察机关通过对滥用职权、贪污腐败等犯罪行为进行追诉,使有关机关、人员惮于违法犯罪,为法治思维的形成提供最后的支持。

---

① 《佘祥林案法官透露:政法委"协调"审判铸冤案》,载 http://news.qq.com/a/20050408/000314.htm,访问时间2013年6月23日。
② 郑成良:《论法治理念与法律思维》,载《吉林大学学报》(社会科学版)2000年第4期。

三、检察机关依法独立行使检察权机制的完善

法治思维的提出为检察机关依法独立行使检察权原则的实现提供了绝佳的契机。为了保证该原则实现，我们需要从检察机关外部和内部两方面保障检察机关依法独立行使检察权。

（一）完善检察机关的外部独立机制

宪法第131条规定："人民检察院依照法律规定独立行使检察权，不受行政机关、社会团体和个人的干涉。"此即为检察机关的外部独立机制，即检察机关在外部是独立于行政机关、社会团体和个人的，不受其干涉。这也是摒弃检察权地方化的重要依据。但在实践中，该条的贯彻却十分困难。检察机关不仅在人财物等方面与地方政府存在千丝万缕的联系等，而且检察机关要服务于地方经济发展的大局，检察机关自然无法独立于地方政府而存在。极端情况下，检察机关甚至充当地方政府发展经济的"打手"角色。对此，我们认为，检察机关服务于地方经济发展大局并没有错，但检察机关服务地方应以依法独立行使检察权为基础，为地方经济发展创造良好的法治环境。如2009年最高人民检察院《关于充分发挥检察职能为经济平稳较快发展服务的意见》强调，要综合运用打击、保护、监督、预防等职能，着力维护市场经济秩序，着力促进农村改革发展，着力保障和改善民生，着力维护社会和谐稳定，找准服务经济平稳较快发展的切入点。因此，检察机关服务地方并非在个案中只维护地方经济的发展，而是要通过法律监督为地方经济发展提供良好的法治环境。

近些年来，随着网络的快速发展，网络舆论与检察机关依法独立行使检察权的关系也日益紧密。通过舆论监督，检察机关可以更为公正地行使检察权，检察机关甚至可以借助舆论来屏蔽来自各方面的压力，从而保证检察机关依法独立行使检察权。但舆论也是把"双刃剑"，在一定程度上也会干涉检察机关依法独立行使检察权。对此，检察机关需要高度重视，避免不当舆论造成检察机关公信力的减弱。具体来说：第一，检察机关应当继续通过检务公开、加大当事人对程序的参与程度、人民监督员制度等，促进司法民主性，降低乃至消除当事人和社会由于对检察机关缺乏了解而产生的误解。第二，提高检察机关办案能力，依法独立行使检察权。当前社会各界对检察机关办案的质疑，更多的是对于是否存在内幕交易等的担心，如在药家鑫案件中社会公众对药家鑫家属的调查等。为了减少社会各界对检察机关受各方面压力影响而不当行使检察权，检察机关自身需要隔断来自行政机关、社会团体和个人的非法干涉，依法独立行使检察权。从某种意义上讲，这也促进了检察机关依法独立行使检察权原则的实现。第三，对于不当舆论，在不影响案情的情况下，检察机关应适当回应这些言论，如利用检察机关新闻发言人制度、微博等方面对部分不当舆论进行回应。

检察机关外部独立并不意味着检察机关要脱离党的领导，但检察机关与党的关系的确是检察机关依法独立行使检察权中的核心问题。新中国成立初期，检察机关面临数次被撤销的危险，他们的主要理由就是检察机关否定党的领导。如检察机关的各项职能受到批判和否定，各项业务工作被削弱，认为宪法和组织法赋予检察机关的法律监督职能是将专政

的矛头对准人民内部，对准国家机关和干部，并批判宪法规定的检察机关实行垂直领导就是不受党的领导，向党闹独立性等。① 作为回应，检察机关时刻强调自己坚持党的领导。如张鼎丞在第四次全国检察工作会议上提出，"关于服从党委领导的问题，我感到广西壮族自治区的桂林分院检察长宋德荣同志在这次会议上介绍了鹿寨县检察院的例子，是比较好的……县委对他们的评价是'检察院是一贯听党的话的'。这个例子，值得各地参考。"② "文化大革命"之后虽然检察机关不再受到"左"倾思想的影响，但之前惨痛的教训使得检察机关不敢不重视党对检察机关的领导。因此，检察机关依法独立行使检察权与党的领导的关系一直处理得不好。随着党和国家对党的领导的认识不断加深，提出党的领导是政治领导、思想领导和组织领导。今年召开的全国政法工作会议上，孟建柱同志指出，"要进一步理顺党委政法委与政法各单位的关系，支持审判机关、检察机关依法独立公正行使审判权、检察权，支持政法各单位依照宪法和法律独立负责、协调一致地开展工作"。③ 因此，检察机关依法独立行使检察权必须要正确处理和党的领导的关系。

（二）检察一体与检察官相对独立

为了保障检察机关独立，大陆法系国家和地区大都采用检察一体化的设计。检察一体化的主要特征就是内部指令权和上命下从。如《日本检察厅法》第12条规定："检事总长、检事长和检事正可以自行处理其指挥监督下的检察官的事务，也可以使其指挥监督下的其他检察官处理。"④ 自十五大报告提出"推进司法改革，从制度上保证司法机关依法独立公正地行使审判权和检察权"以来，最高人民检察院也开启了对检察机关工作体制的改革。1999年《检察工作五年发展规划》第23条指出："健全上级检察院对下级检察院的领导体制，加大领导力度，形成上下一体、政令畅行、指挥有力的领导体制，确保依法独立高效行使检察权"，"逐步建成全国各级检察机关之间互相支持、互相配合、互相协调的检察一体化的工作机制。" 2000年出台的《检察改革三年实施意见》更为明确地提出 "为确保检察机关依法独立公正地行使职权，继续完善上下一体、政令畅通、指挥有力的检察机关领导体制"。2006年《关于进一步深化检察改革的三年实施意见》则为检察一体化的继续推进提供人财物等方面的保障措施，如第31条规定"落实宪法和法律规定的上下级人民检察院的领导体制，采取措施加大上级人民检察院对下级人民检察院领导班子的协管力度，探索实行上级人民检察院对下级人民检察院检察长人选的提名制度"；第36条规定："探索建立人民检察院的业务经费由国家财政统一保障、分别列入中央和省级财政预算的制度，在有条件的地方探索实行省级以下人民检察院的业务经费由省级财政统筹保障、省级人民检察院统一管理的试点工作。" 从当前来看，我国还会继续推进检察机关一体化的建设，逐渐强化最高人民检察院对地方各级人民检察院的控制。这对于摒弃检

---

① 刘建华：《检察机关宪政地位历史演进的探究》，载 http://www.jcrb.com/procuratora e/procuratorforum/201205/t20120529_872650.html，访问时间2013年6月23日。
② 闵钐：《中国检察史资料选编》，中国检察出版社2008年版，第614页。
③ 孟建柱：《进一步明确党委政法委的职能定位》，载 http://www.ce.cn/xwzx/gnsz/gdxw/201302/17/t20130217_24116529.shtml，访问时间2013年6月23日。
④ 李忠诚、张建伟：《论检察一体化原则》，载《国家检察官学院学报》1996年第3期。

察地方化是大有益处的。

与检察一体化并存的另一种趋势,就是检察官的独立性问题。虽然检察官在国外大都被定义为行政权的范畴,检察系统需坚持上命下从的体制,但各国更是着重要求检察官在履行检察权能的过程中必须承担严格依照法律行使职权的客观义务,以使其具有相对独立之特征。① 虽然我国检察改革是以强化检察系统上下级领导为重要内容,检察官的独立性并不如大陆法系国家那样被强调。但随着检察改革的深入,检察官的独立办案问题也逐渐被提出来。《检察改革三年实施意见》提出从 2000 年起,在起诉部门全面推行主诉检察官办案责任制。《最高人民检察院办公厅关于在审查起诉部门全面推行主诉检察官办案责任制的工作方案》规定:"主诉检察官在检察长的领导下,独立承办案件,负责处理相关事项。"当然,当前我国的检察官独立性问题仍然任重而道远,仍然存在诸多理论和法律上的障碍,需要在日后的研究和立法工作中予以克服。

---

① 邵晖:《检察一体的历史与现实》,载《国家检察官学院学报》2013 年第 1 期。

依法独立公正行使检察权的制度保障

闵 钗*

一、问题的提出

党的十八大报告提出，要进一步深化司法体制改革，坚持和完善中国特色社会主义司法制度，确保审判机关、检察机关依法独立公正行使审判权、检察权。如何结合检察工作实际，抓住检察改革的契机，破解在检察工作中妨碍司法公正的体制机制方面的难题，确保检察机关依法独立公正行使检察权，让人民群众在检察工作中切实感受到公平正义，为全面建成小康社会提供有力的司法保障，这是检察理论实践研究的一个紧迫课题。

独立行使检察权的原则是中国特色社会主义检察制度的一项基本原则。在1954年人民检察院组织法中，独立行使检察权首先是作为垂直领导的原则来规定的。这种独立，体现为检察体系内部的上下级垂直领导，即1954年人民检察院组织法第6条规定：地方各级人民检察院独立行使职权，不受地方国家机关的干涉。地方各级人民检察院和专门人民检察院在上级人民检察院的领导下，并且一律在最高人民检察院的统一领导下，进行工作。同时最高人民检察院对全国人民代表大会负责并报告工作；在全国人民代表大会闭会期间，对全国人民代表大会常务委员会负责并报告工作。上述原则的确立，带有较为明显的"苏联色彩"，是苏联检察制度中一般监督和垂直领导这两条基本原则的必然体现。1979年检察院组织法确立了双重领导的原则，检察院在上级院领导下同时对同级人大负责并报告工作。检察改革很重要的一个方面是克服司法的地方化倾向，检察机关是国家的法律监督机关，维护法制的统一尊严权威更是我们的基本职责。在法律监督的理论体系中，列宁也提出过"中央检察权"的概念，检察权具有较为明显的中央权属性。另一方面，我们也要充分考虑到我国长期处于社会主义初级阶段建设法治国家的背景。

新中国检察的历史经验教训表明，从苏联学习借鉴来的检察制度，特别是一般监督和垂直领导，在与中国的本土化结合过程中，存在重大问题。因此，我们的制度设计和检察改革，要充分考虑中国国情，不能盲目移植。长期以来，如何依法独立公正行使检察权这个问题存在两个方面的倾向。一是检察权完全地方化，把党的领导简单理解为地方党委对同级检察机关的绝对领导，甚至是异化为党委个别领导人的领导，人财物各方面的保障等以地方为主或者完全依赖于地方，为个别人违法干预司法打开了方便之门。检察机关因为方方面面的制约，在一些案件上未能按照司法规律充分发挥诉讼监督职能，在坚守防止冤假错案的底线方面存在明显不足。二是也存在片面强调独立行使检察权而未能处理好与同

---

* 江苏省苏州市人民检察院党组成员。

级党委领导,接受人大监督等方面的关系问题。

二、改革的意义和原则

当前,检察实践中还存在和面临一些问题,这也成为进一步完善检察制度的迫切的现实需要。这些问题主要表现在:一是法律监督的职能履行有待更进一步提升,监督工作还不到位,有缺位,包括对刑事、民事、行政诉讼的监督;二是惩治与预防职务犯罪的综合效果有待更进一步的提升,包括在坚持"两手抓两手都要硬"上仍有很大空间;三是检察队伍的力量配备、能力建设有待更进一步提升,案多人少,专业骨干力量薄弱的问题需着力解决;四是检察机关的自身改革,特别是对内设机构设置的研究有待更进一步提升;五是有些地区把司法、检察作为党委政府解决长期改革积累的社会矛盾的工具,成为解决改革发展所积累的社会矛盾的"维稳"手段,一定程度上干预了检察机关的执法办案活动。

这些问题的存在有着方方面面的原因,其中很重要的一个方面是和建立和完善依法独立行使检察权的保障机制有着密切联系。司法的第一要义就是公正,这是司法的本质属性。司法的公正程度直接关系到法治得到维护和实现的程度。从这个意义来说,司法公正是法治的根本保障和核心内容。培根有段论述十分生动,"一次不公的判决比多次不公平的举动为祸尤烈,因为这些不平的举动不过弄脏了水流,而不公的判决则把水源败坏了"。① 因此,检察机关作为司法机关,依法独立公正行使检察权也是司法权的本质属性。② 公正不仅是司法的基本要求,也是群众对司法的基本需求。宪法规定"一切权力属于人民"。我们的国家性质,决定了检察工作人民性的政治基础。人民检察院是国家机器的重要组成部分,由人大产生、对人大负责、受人大监督、向人大报告工作。同时从机构功能上看,在人民代表大会之下设置检察机关,行使专门的法律监督权,加强对行政权、审判权、侦查权等国家权力行使的合法性进行监督,制约其非法扩张和滥用,形成了适应人民代表大会制度的平衡的国家权力结构体系,体现了"一切为了群众"的制度设计③。因此,司法公正与公民的权利密切联系,检察机关依法行使检察权,公正司法,维护社会公平正义,与新形势下贯彻群众路线,坚持执法为民、立检为公的理念,是内在统一的。只有通过深化依法独立公正行使检察权的制度保障相关改革,才能进一步破解妨碍司法公正的若干体制机制的难题,回应人民群众对司法公正的迫切需要,使人民群众在案件中感受到公平正义。

---

① 转引自刘雁冰、吴小鹏:《法治视野下的司法公正》,载《理论导刊》2008 年 11 月;原载于[英]培根:《培根论说文集》,商务印书馆 1983 年版,第 193 页。

② 在我国"司法"主要是一个法学概念,在宪法中人民法院属"审判机关",人民检察院属"法律监督机关",并无"司法机关"的表述。但是在其他的一些法律或政治文件中,也有明确将检察机关确定为司法机关的表述,如 2006 年中共中央在《关于进一步加强人民法院、人民检察院工作的决定》指出"人民法院和人民检察院是国家的司法机关";党的十八大报告也有"进一步深化司法体制改革……确保审判机关、检察机关依法独立公正行使审判权、检察权"的明确表述。

③ 游巳春:《民生检察的本源、价值和实现路径》,载《人民检察》2013 年第 3 期。

深化改革首先要坚持正确的政治方向。检察改革是政治体制改革的重要组成部分，必须符合人民民主专政的国体和人民代表大会制度的政体，坚持走中国特色社会主义政治发展、法治建设道路，坚持检察机关的宪法定位，推动中国特色社会主义检察制度自我完善和发展，更好地实现党的领导、人民当家做主和依法治国有机统一。同时，还要充分体现科学发展观和社会主义法治理念的要求，把"六观"、"六个有机统一"和"四个必须"等检察工作正确发展理念和执法理念落实到各项体制机制建设中，为检察工作科学发展提供理论指引。

其次，要坚持符合国情的检察独立，尊重司法规律。我国的司法独立（审判独立和检察独立）不同于西方三权分立原则下的司法独立，我们所遵循的"独立"应当是有自身特点的。这个特点就是坚持党的领导的政治原则与法律层面依法独立行使检察权的法律原则的有机统一。作为政治原则，检察机关要坚决服从党的领导；作为法律原则，则要进一步完善相关的法律制度和工作制度，形成党政个别领导对执法办案不但不干预，而且不能、不敢干预的司法环境。

最后，要坚持以维护司法公正、维护人民群众的根本权益为核心。改革不是为了改革而改革，也不是简单地扩张或收缩有关部门的职权，其出发点和落脚点在于维护司法公正，维护人民群众的根本权益。检察官是"依法言法，客观公正的守护人"①。我国的检察机关是国家的法律监督机关，守护法律，在各个环节坚守公平正义、坚守法律的底线，是我们义不容辞的责任。现在披露的一些冤假错案，探寻其背后的原因，在检察环节来说，和我们没有坚守底线，没有充分发挥法律监督职能有很大的关系。

三、依法独立公正行使检察权的相关制度改革

（一）机构设置和职权配置问题

1. 化解机构设置与升格的冲动。目前检察机关内设机构越设越多，行政化色彩日益严重，没有很好地体现司法属性。从1949年最高人民检察署的一厅三处，到现在地市级检察院普遍20多个内设机构，越设越多，越分越细。而且还有升格的冲动，如设立公诉局、民行局等内设二级机构。基层院作为科级行政建制，升格内设机构的冲动更为明显。虽然有工作发展、任务繁重的客观需要，但是不可否认，通过多设机构、升格机构可以解决更多的职数，有利于人员安排。这样发展下去容易导致一种极端的倾向，似乎只要开展一项新的工作，就要设机构，配备专人。内设机构分设过多的弊病是较为明显的，一是力量分散，麻雀虽小五脏俱全，难以形成合力；二是增加行政管理和协调成本，容易导致摩擦，层级过多，检令不畅；三是检察人员办案的主体地位和责任划分难以明确，与司法规律有所违背。改革的基本思路是通过实行主任检察官制度，提升检察人员的职务职级待遇，建立以检察长、检察委员会、分管副检察长、主任检察官、检察官为主体的内部业务管理体制，实行扁平化管理。一方面吸收大陆法国家检察官是"独任官厅"的一些特点，另一方面结合我国的检察委员会制度，实现检察官个人负责与集体领导、检察一体、上命

---

① 林钰雄：《检察官论》，台北学林文化事业有限公司1999年版，第17页。

下从相结合。把对案件的处理的主体和形式，从目前的在各内设业务机构之间流转改为在主办、承办的检察官之间流转，同时在各个诉讼环节，辅之以上级的监督。同时，为防止只有担任内设机构负责人才可能解决职务职级的弊端，可以改为通过检察官职务序列的晋升反套行政职级，使得专业化的检察官可以安心在其所擅长的岗位上发挥积极作用。

2. 规范内设机构名称及挂牌。检察院内设机构名称各不统一，反映我们对检察权的内涵认识不太一致。比如，承担侦查活动监督的被称作侦查监督部门，但是承担对法院刑事审判监督的则是公诉部门，而没有称为审判监督部门；另外，还有保留"检察"称谓的部门，如民行检察、控申检察、监所检察。既有"监督"，又有"检察"，这恰恰反映了我们在检察权的认识上存在"监督"和"检察"两个重心。既没有用"监督"一以贯之，也没有用"检察"一以贯之。建议应当规范检察机关内设机构的设置，尤其是设定统一的名称，树立检察院行使检察权的整体形象。包括内设二级机构的设置，不能给外界一种独立化倾向，以为反贪局和反渎局是独立于检察院的机关。例如现在很多检察院的大楼不仅挂着检察院的牌子，而且旁边挂上反贪局、反渎局的牌子，容易让群众认为是多个部门合署办公。名称及挂牌虽然仅是形式，也涉及检察机关的整体形象，涉及外界对检察机关的社会认知。

3. 完善人民监督员和基层检察室制度。从2003年8月29日高检院试点人民监督员制度开始已经有整整十年，也制定了《最高人民检察院关于实行人民监督员制度的规定》，但不同于法院的人民陪审员制度，没有上升到法律的高度。人民监督员制度对于强化外部监督，提升检察机关的司法公信力方面发挥了一定的积极作用。但是由于人民监督员系检察机关选任并发放工作津贴，使得监督员与检察院之间越来越配合，这种配合将直接影响该制度的价值。建议设计一个广义的陪审制度，吸收公民参与司法，参与检察和审判，人员由人大常委会任免。特别是对职务犯罪侦查中检察机关的一些终局性的决定，撤案、不起诉等，将成为公民参与检察，进行监督的重点，并以此为基础最终将人民监督员制度上升到法律层面。

基层检察室建设是延伸法律监督触角的制度建设的主要方面。1982年全国第一个乡镇检察室在广东潮州庵埠镇设立。近30年来，基层检察室的设、撤、并的发展历程，大体可以分为探索起步（1982～1989年）、蓬勃发展（1989～1997年）、整顿停滞（1998～2000年）、调整控制（2001～2008年）和规范重构（2009至今）五个时期①。基层检察室在密切联系群众方面起到了积极作用，但是仍然存在职能不够明确，范围和职责不够明确，与院内设各机构关系不够明确等诸多问题。延伸法律监督触角，发挥和延伸监督的力量，既可以有机构的延伸，也可以有信息化技术手段辅助下的实际监督能力的延伸。在完善主任、主办检察官制度的情况下，在基层可以设置一些检察室，结合采取检察官巡回检察的方式，收集社情民意，化解矛盾纠纷，发现案件线索，承担一定的案件办理。但是不宜把检察室搞成一个解决级别和待遇的闲置机构，无事可做或所做工作与检察职权联系不紧密；或者赋予它独立的执法权等。这都将带来很大的负面作用。可以由一名主任检察官

---

① 苏州市人民检察院课题组：《延伸基层检察工作触角的思考和实践》，载《检察研究》2012年第6卷。

带若干人员派驻检察室，一方面承担检察室的工作，另一方面承担院内一定的办案任务，定期轮换。

（二）人员管理问题

1. 深化检察人员任免的改革。检察人员的任免，从法律层面来说有选举制和任免制。宪法第3条第3款规定，国家行政机关、审判机关、检察机关都由人民代表大会产生，对它负责，受它监督。这种责任是检察院对同级人大承担的一种整体上的政治和法律责任。对案件的处理，是检察权、审判权范围的事情，一般来说不在人大监督之内。检察长由同级人大选举产生，这已经体现了同级人大作为权力机关的作用。人大审议检察工作报告，也体现为对检察院工作的整体评价。事实上，一旦报告不通过，检察长就要承担责任。而检察长以外的检察人员，可以采用系统内的任免制，副检察长、检委会委员、检察员都可以不必由人大常委会任免。建议修改人民检察院组织法，省级院副检察长、检委会委员、检察员，由省级检察院检察长提请最高检检察长任免；地市级、县级检察院副检察长、检委会委员、检察员、助理检察员全部都由该省级检察院检察长任免。从党内的组织人事制度来说，要科学划分上级检察院党组和同级党委对检察机关领导干部的管理权限，推动建立上一级检察院党组管理为主、地方党委管理为辅，检察长和领导班子其他成员人选由上级检察院党组考察、推荐、提名的检察干部管理体制。探索建立省级以下（含省级）检察院检察官由省委管理、省级检察院提名、地方本级人大及其常委会任免制度。探索建立检察人员编制由省级检察院统一管理制度。即实现检察人员的任免，省级检察院在省委的领导下统一管理。

2. 逐步实现检察官的统一调派。建议省级检察院的检察官实现在全国范围内统一调派；地市级的检察官实现在全省范围内统一调派；特别是基层院的检察官，一般要在地市范围内统一调派，工作经历积累到一定程度，就应当到上一级检察院工作，避免相同学历层次的初任检察官，因为起点不同，而在法律职务的晋升上产生明显的差别。通过这种制度设计，使得检察官成为代表国家，由上级检察机关派到各个地市、基层院来履行检察官法律职责的司法工作人员。这种改变，将有利于树立上级院的权威，体现领导关系，同时也符合"一府两院"的人大制度和体制。

3. 适当提高基层检察官的职级待遇。目前，基层院检察人员起点低，上升空间小，职业忠诚度较低。确定待遇时先确定行政职级，然后反套法律职务的层级，使得法律职务晋升被虚化。基层院规格低，因职级待遇上升空间有限，一些年轻干警，更愿意调到党政部门，认为发展空间更大。有必要建立一套制度，使得一些业务能手，即便不走上领导岗位，通过检察官法律职务的晋升，反套相应的职级待遇，也能获得职业的荣誉感，而无须千方百计都去争着当处长、科长。此外，初任法官、检察官职业门槛较高，需要通过司法考试，人员素质也较一般公务员高，进入检察院工作后就应当获得相当于同学历层次普通公务员工作六七年的资历待遇。在配备职数时，还应当将案件量作为一个重要的考量因子，以平衡工作任务和强度方面的地区差别。

（三）办案组织问题

检察系统内曾经试行过主诉检察官制度①，取得了一定的成效，但近些年来这一改革停滞不前。主要原因在于责任与待遇不能匹配，主诉检察官承担了责任，却没有相应的权利保障，尤其是职级待遇等方面不能得到体现，很多地区实行阳光工资后，主诉检察官的津贴待遇也随之取消。有必要进一步深化办案组织负面的相关改革。

1. 明确承办检察官的主体地位和责任。一般来说，亲自参加办案的检察官能全面了解案件的证据情况，以及相关诉讼参与人的意见和主张，并以此为基础，作出法律适用的准确判断。目前，案件的决定主体与办案主体并不完全统一，作出案件决策的检察长、检委会只能听取汇报、审阅选编的证据材料，有时难以了解案件的全部情况，进而难以把握准确事实。要进一步明确承办检察官的主体地位和责任，尊重承办检察官的意见，体现司法工作亲历性的规律。同时，对于重大疑难复杂案件，发挥主任检察官、检察长和检察委员会的监督、决策作用。对于上级的决定和命令认为存在明显违法情形时，承办检察官具有依法抗命的权利，并赋予其越级上报的权利。

2. 探索主任检察官制度。深化主办（主诉）检察官制度，要与精简内设机构相配合。检察官按照司法职业的资历、办案的考绩等，晋升其法律职务，然后自然对应一定的职级待遇。"主任检察官"可相当于中层正职。内设机构适当合并后，主任检察官人数可适当多于内设机构数量。一部分主任检察官担任内设机构负责人，其他主任检察官则专职办理案件，但仍然担任中层职务享受中层待遇。实践中，上海市浦东区新区检察院开展主任检察官制度试点工作②，主任检察官的办案组织由主任检察官、检察官（检察员、助理检察员）和书记员组成，且根据不同部门业务工作的实际情况和办案需要，配备检察官及书记员；主任检察官依法独立行使检察办案职权，但受检察长的领导，授权范围由检察长决定，服从检察长的指挥、决定和命令；业务部门的负责人是首席主任检察官，部门负责人对主任检察官办理的案件，认为主任检察官作出决定不当时，可以提出意见供主任检察官参考，但不能直接否定或者责令主任检察官更改；主任检察官与组内其他检察官是指导与被指导的关系，包括指导办案、组织案件讨论、决定案件处理。完善主任检察官制度后，将实现行政化管理向司法化管理的转变，实现科层制管理向扁平化管理的转变，检察机关的司法属性得到进一步增强。

3. 明确办案责任，确立责任司法。审批制实际上是一种行政决策机制，而集体决策是一种间接合议机制，都不是典型的司法决策机制。要逐步实现办理案件由集体负责向个人负责转变，明确违法办案的责任追究。通过建立健全检察官办案责任制，突出检察官的办案主体地位，有效激发检察人员钻研业务、提高素质的活力，进一步理顺办案主体与决策主体的关系，保证检察机关的办案质量和办案效果。

（四）经费保障问题

从司法改革的方向看，应当建立与检察机关行政、人事和业务管理体制相适应的检察

---

① 最高人民检察院办公厅曾在 2000 年颁布了《关于在审查起诉部门全面推行主诉检察官办案责任制的工作方案》，实行主诉检察官制度。

② 参见上海市浦东新区检察院工作资料。

经费保障体制，减少其对同级财政的依赖，从制度上保障检察机关依法独立公正的行使检察权。在当前条件下，探索和建立基层检察机关"省级财政统筹"的经费保障制度，不失为解决目前检察经费保障诸多问题的有效办法。但在选择路径上，完全由省级财政统一划拨全省各级检察机关所有经费，在实践操作中还有诸多困难，建议应当分步实施：

1. 日常公用经费、业务经费建议由省级统筹。目前可以实行"业务经费省级统筹"的经费管理体制。即由省级财政部门会同省检察机关根据全省检察业务工作需要，对业务经费据实预算，并以不低于全省一般性财政支出增长的速度逐年增长。经费来源有四种：一是中央财政进一步加大对政法机关专项转移支付力度，增加检察经费的总额和所占比例；二是省级财政自身承担一部分；三是地、县两级财政按照一定比例向省级财政上缴财政收入；四是对省以下检察机关办案中追缴的赃款等收入，可以规定在诉讼终结后按照一定比例上缴省级财政。以上业务经费上缴后的划拨，由省级财政拨归省级检察院，再由省级检察院下达到基层检察院；或由省级财政部门拨归各级财政部门，再由财政部门划拨至基层检察院。

2. 人员经费建议由地方承担。为了建立稳定的保障机制，减少检察经费划拨、使用中的人为因素，对于检察机关所需的人员经费建议由本级财政予以保障。由于地方经济发展不平衡，不同地区检察经费保障水平参差不齐，而人员经费不可能完全脱离本地区经济发展水平和消费水平，否则将会造成新的不公平。以江苏苏州为例，苏州地区的经济发展规模已经超过了个别省的规模，居住人口和案件数量均已经不是地级市的标准，但是检察人员编制还是一般地级市的标准，造成案多人少的困境，在地方财政的支持下，通过增加行政附属编制、增招速录员等举措一定程度上解决了人员不足的矛盾。而这个问题在同省的其他地区就不一定存在。省级经费中就很难及时考虑这部分人员经费，因此由省级财政负担这部分经费存在困难。所以，建议可以由省级检察机关会同省级财政部门根据各地区检察工作的实际需要和各类经费的特点，制定各地区的检察机关人员经费基本保障标准，每个基层检察院根据标准编报适合本单位具体工作的预算，由政府报人大批准后执行。

3. 基础设施建设经费建议分级承担。检察机关的基础设施建设，原则上应作为政府实事项目，纳入同级地方经济与社会发展计划，以地方解决为主，中央和上级财政补助为辅。

4. 经费拨付方式可因地制宜。可以由省级财政统一进行核拨，也可以统一核拨到省检察院，再由省检察院下拨到各个基层院。在核拨经费时，应当遵循公开、公正、合理、灵活的原则。即公开明确基层检察机关经费保障范围和保障标准；公正对待客观差异，综合考虑地方经济差异，区别对待；合理调整地区性差异，逐步缩小差距；灵活调整财政科目，具体问题具体分析。

对主办检察官办案责任制的几点思考

罗堂庆[*]

如何健全完善检察官办案责任制，凸显检察官的主体地位，建立科学的基本办案组织，优化配置检察职权，进而推动检察机关的执法办案和诉讼监督工作发展，事关检察机关自身建设，事关检察工作长远发展，是我们必须深入思考和认真解决的重要课题。一直以来，全国各级检察机关对检察官办案责任制进行了一些有益的探索，如上海市检察院在部分基层院探索主任检察官制度，2013 年 8 月湖北省检察院在包括省检察院在内的 59 个检察院部署开展主办检察官办案责任制的试点工作等。本文试着对主办检察官办案责任制作一些探讨，以期对推动这项工作有所裨益。

一、主办检察官办案责任制概述

主办检察官，是指经检察长的授权，在职务犯罪侦查、审查批捕、公诉、民事诉讼监督等工作中，依法履行执法办案职责，享有一定范围的办案决定权并承担相应责任的检察官。主办检察官办案责任制，是指包括主办检察官、主办检察官办案组在内，以及它们选任、组成、运行、监督、管理等方面的总和。主办检察官办案责任制与主任检察官制度等的显著区别主要体现在以下三个方面：

（一）主办检察官的选任更加严格

主办检察官是享有一定范围的案件决定权的检察官，因此，必须具备相应的素质才能胜任。一是政治上要立场坚定，具有良好的职业道德；二是文化上一般应当具有法律本科以上学历；三是业务上一般应当有相当年限的岗位工作经历，精通业务，熟悉法律，具有较强的组织协调能力，能够主持执法办案工作；四是职务上一般应具备检察员资格或者是表现特别优秀的助理检察员，助理检察员担任主办检察官的，应当及时依法提请任命为检察员；五是资历上一般应当担任检察官达到一定年限。

（二）主办检察官办案组织的形式更加灵活

主办检察官办案责任制的运作形式是主办检察官办案组，配备若干名检察官和检察辅助人员，由主办检察官主持办案组的工作并承担相应责任，办案组成员应当服从主办检察官的指挥。主办检察官办案组可以采取三种形式：一是固定办案组，由主办检察官配备若干固定成员组成；二是临时办案组，成员并不固定，而是根据办案需要组合人员，并明确具体承办案件的主办检察官；三是临时指派办案，在人数较少的检察院，可将其他检察官、检察辅助人员集中管理，根据办案需要临时指派其协助主办检察官办案。

---

[*] 湖北省人民检察院汉江分院检察长，全国检察理论研究人才。

（三）主办检察官的赋权更加科学

主办检察官办案责任制的实质是放权，也就是赋予主办检察官履行执法办案职责所必需的权力。主办检察官的职权应当分为决定权、建议权、一定的对抗指令权。

1. 决定权。经检察长授权，主办检察官主要决定并负责处理下列事项：（1）在职务犯罪侦查工作中，组织、指挥初查、具体侦查活动，组织实施强制性侦查措施等；（2）在审查批捕工作中，讯问犯罪嫌疑人、询问证人、听取辩护律师意见。对普通刑事案件介入侦查引导取证，对一般性案件批准或者决定逮捕，决定延长侦查羁押期限等；（3）在公诉工作中，退回补充侦查、自行补充侦查，讯问犯罪嫌疑人、询问证人、听取辩护律师意见，追加漏罪及增加罪名，建议或同意适用简易程序，提出量刑建议。对一般性案件和所有简易程序案件提起公诉等；（4）在民事诉讼监督工作中，对本院受理的非重大、疑难、复杂案件提请抗诉，对下级院提请抗诉的非重大、疑难、复杂案件提出抗诉，组织实施开展法律监督调查等。

2. 建议权。主办检察官对应当由检察长或者检察委员会决定的事项，应当提出处理意见。主要包括：（1）在职务犯罪侦查工作中，提出适用强制措施和强制性侦查措施的意见，提出延长侦查羁押期限和重新计算侦查羁押期限的意见等；（2）在审查批捕工作中，对重大、疑难、复杂案件提出批准或决定逮捕的意见，提出追捕漏犯的意见等；（3）在公诉工作中，提出对职务犯罪案件和重大、疑难、复杂案件起诉的意见，提出不起诉的意见，提出提请、决定或者撤回抗诉的意见等；（4）在民事诉讼监督工作中，对本院受理的重大、疑难、复杂案件提出提请抗诉的意见，对下级院提请抗诉的重大、疑难、复杂案件提出抗诉的意见等；（5）建议更换办案组成员，办案组成员不服从主办检察官的工作安排，或者由于严重不负责任致使工作出现重大失误的，主办检察官可以申请更换。

3. 一定的对抗指令权。主办检察官应当执行检察长或者检察委员会的决定，但主办检察官认为检察长和检察委员会作出的决定、指挥、指令违反法律和相关规定的，有权提出异议；检察长和检察委员会不改变该决定、指挥、指令并要求立即执行的，主办检察官应当执行，但明显违法的决定、指挥和指令除外。

二、主办检察官办案责任制的价值分析

对主办检察官办案责任制进行价值分析，能够阐明设立该制度的合法性、合理性和必要性，同时可以推动制度的完善。

（一）主办检察官办案责任制与宪法法律并无直接冲突

从我们国家法治进程，尤其是从司法改革的实践来看，在与宪法和法律没有直接冲突的情况下，先行改革，特别是自下而上的改革，而后通过立法完善的做法，具有普遍性。人民检察组织法、检察官法对检察机关的领导体制，对检察长、检察官的法律地位、作用、职责都作了明确规定。根据检察官法第2条、第6条规定，检察官是依法行使国家检察权的检察人员，其职责是：依法进行法律监督工作；代表国家进行公诉；对法律规定由人民检察院直接受理的犯罪案件进行侦查；法律规定的其他职责。因此，检察官作为行使检察权的主体，应当履行职责，也应当享有相应的权力，这必然也应该包括对某些问题的决定权。主办检察官经检察长授权,依法履行执法办案职责,享有一定范围的办案决定权并承担相应责任,将过去属于检察长和内设机构负责人的部分案件决定权授权给主办检察官,与现行宪法法律并无直接冲突,属于检察机关内部在法律框架下对权力的合理配置。

（二）主办检察官办案责任制符合司法规律

一般认为,判断性、亲历性是司法的重要特征。我国宪法规定,检察机关是国家的法律监督机关。2006年《中共中央关于进一步加强人民法院、人民检察院工作的决定》明确指出:"人民法院和人民检察院是国家司法机关。"从宪法和法律赋予检察机关的职能来看,职务犯罪侦查、审查批捕、公诉、民事诉讼监督等工作都属于司法活动,具有较强的司法属性。主办检察官办案责任制,是检察机关内部在法律框架下对权力的合理配置,其实质是放权给主办检察官,有利于解决现行办案制度带来的"办案的不审案、审案的不定案"的突出问题,使检察官真正成为执法办案的主体,充分调动检察官的积极性和自主性,增强检察活动的判断性和亲历性。由此可见,主办检察官办案责任制符合检察活动的要求,符合司法规律。

（三）实行主办检察官办案责任制是检察工作的现实需要

1. 实行主办检察官办案责任制是推进检察改革、健全基本办案组织的现实需要。2013年年初,在全国政法工作电视电话会议上,孟建柱书记指出要落实法官、检察官、人民警察办案责任制。2013年8月,中央政法委出台首个关于切实防止冤假错案的指导意见,要求法官、检察官、人民警察在职责范围内对办案质量终身负责,建立健全合议庭、独任法官、检察官、人民警察权责一致的办案责任制。在2013年年初全国检察长会议上,曹建明检察长强调要把进一步完善检察机关组织体系作为深化检察改革的一项重点。2013年7月,高检院组织召开全国大检察官研讨班,专题研讨检察改革的相关问题,明确提出要"深化检察官办案责任制改革,探索建立有利于突出检察官执法办案主体地位,有利于依法独立行使职权的办案组织,形成以检察官为主体的岗位管理和执法管理模式",并将其作为今明两年检察改革的重点任务。因此,实行主办检察官办案责任制,是贯彻落实中央、高检院的决策部署,深入推进检察改革,健全基本办案组织的现实需要。

2. 实行主办检察官办案责任制是优化办案审批,提高工作效率的现实需要。一直以来,检察机关的案件审查实行的是"检察人员承办—内设机构负责人审核—检察长或者检察委员会决定"的"三级审批制",而且无论是案件的程序性事项,还是实体处理,事无巨细都要检察长审批决定。实行主办检察官办案责任制,减少案件请示、汇报、层层审批环节,实现办案程序方式的"扁平化管理",可以节省办案时间,缩短办案周期,提高办案效率,有效地应对检察机关人少案多的矛盾。

3. 实行主办检察官办案责任制是突出主体地位,加强检察队伍专业化、职业化建设的现实需要。建设专业化、职业化的检察队伍,是检察机关的专门性质和特殊职责决定的,是在新的历史条件下推动检察事业科学发展的必然要求。但在检察工作实践中,"三级审批制"还带来权限不明、责任不清的问题,一些案件承办人习惯于层层把关,对内设机构负责人和检察长过于依赖,办案责任心不强,进取心不足,对案件质量不求过得硬,只求过得去。实行主办检察官办案责任制,突出检察官的办案主体地位,通过权责利的统一，可以增强检察官办案的积极性和创造性，促使检察官主动加强学习，不断提高法律素养和业务水平，从而推动检察队伍专业化、职业化建设。

三、实行主办检察官办案责任制必须处理好的几个问题

主办检察官办案责任制是检察制度的新生事物，符合司法规律，其方向无疑是正确的。实行主办检察官办案责任制，笔者认为，要重点抓好以下三个方面的问题。

（一）大胆放权

实行主办检察官办案责任制的实质是放权，要赋予主办检察官履行执法办案职责所必需的权力，使主办检察官成为执法办案的真正主体。应在"抓两大、放两小"的原则范围内，大胆向主办检察官授权，即对法律明确规定应当由检察长、检察委员会行使的职权，以及检察长、检察委员会认为应当由其行使的职权，应当由检察长、检察委员会行使；对具有监督性质、相关行为和决定影响其他执法司法机关的权力，应当由检察长或检察委员会决定；对办案中的非终局性事项、事务性工作，主办检察官有权独立作出决定；对于重大、复杂、疑难案件以外的其他案件，检察长可以根据具体情况授权主办检察官决定和处理。授权之后，不能放了又收或者明放暗收，仍然采用以往的办案制度，层层把关，实行审批，甚至主办检察官成为新的审批层级，使主办检察官办案责任制流于形式。

（二）强化监督制约

授予权力和对权力进行监督，是实行主办检察官办案责任制的一对基本矛盾。既要最大限度地让主办检察官充分行使其应当具有的权力，又要最大限度地防止权力的滥用。对内，检察长、检察委员会可以随时监督、检查主办检察官办案组的工作，有权变更、撤销主办检察官的决定；应当成立检察官管理委员会及其办事机构对主办检察官实行年审制，突出对执法办案数量、质量、效率、效果、规范、安全等方面的考核；内设机构负责人应当通过案件评查、执法考评、绩效考核等方式，加强对主办检察官的日常监督；主办检察官办案组成员对主办检察官在执法办案中的违法违纪行为，应当及时向检察长或者纪检监察部门报告。对外，主办检察官及其办案组应当自觉接受人大监督、民主监督和社会各界监督，树立检察机关的良好社会形象，提高检察机关执法公信力。要建立健全主办检察官退出机制，对于在执法办案中出现严重案件质量问题的、有违法违纪情形的、年审不合格的主办检察官，检察官管理委员会应决定取消其主办检察官资格，并作出相应处理。

（三）正确处理主办检察官与内设机构负责人的关系

一直以来，检察机关的内设机构负责人既是各业务部门的行政领导，又是业务领导。实行主办检察官办案责任制，将过去内设机构负责人行使的部分案件决定权划分给主办检察官，强化了主办检察官的权力和责任，弱化了内设机构负责人的权力。因此，正确处理主办检察官与内设机构负责人之间的关系，是有必要的。

1. 参与、建议和监督。内设机构负责人对主办检察官办理的案件应当有适度参与和提出建议的权力。对应当由检察长、检察委员会决定的事项，内设机构负责人对主办检察官所承办案件有不同意见的，可以提出自己的意见一并呈报检察长；对主办检察官有权决定的事项，主办检察官难以作出决定和处理的，可以提请内设机构负责人组织召开检察官

会议进行讨论，讨论意见供主办检察官参考，检察官会议多数意见与主办检察官意见不一致的，内设机构负责人应当将会议讨论意见呈报检察长。同时，为强化对主办检察官办理案件的监督制约，内设机构负责人还应承担所在部门的执法管理工作。

2. 案件分配。由于案件分配并不涉及案件的实体处理，且内设机构负责人负责本部门的执法办案管理工作，案件分配工作宜由内设机构负责人承担。对于行政性事务，如考勤、学习培训等，仍应由内设机构负责人负责。

实行主办检察官办案责任制意义重大，涉及面广，这项改革是否具有顽强的生命力最终取决于是否被法律固化。应当及时总结成功经验，逐步解决实践中遇到的困难和问题，不断健全完善相关制度，适时作出明确的立法规定。

浅析主办检察官办案责任制的制度保障

罗继洲[*] 郑继伟[**]

主办检察官办案责任制，又称检察长领导下主办检察官负责制，是指在既定法律制度框架内，以检察长领导为前提，以主办检察官团队为主体，以相对独立执法办案与承担相应责任，并受到监督制约和职业保障的一种执法办案组织形式与管理模式。它是遵循检察工作规律、符合检察职业特点、适应法律监督要求的一项重大改革举措，是加强基本办案组织建设，贯彻落实中央、高检院部署关于完善执法办案责任制、健全办案组织形式，推进分类管理改革等方面改革任务的重要形式和大胆探索。自 1999 年全国检察机关开始推广主办检察官办案责任制以来，在 14 年的司法实践中，主办检察官制度改革取得了一定的效果，但由于缺少健全完备的制度保障，各地做法不尽统一规范，呈现出复杂的多极化现象，未能达到改革的预期目标，"其中一个重要的原因是，业务机制中缺乏内在的动力机制和责任机制。"[①] 因此，在认真积累成功经验的基础上，着重抓好主办检察官办案责任制的制度建设，对推进主办检察官办案责任制具有重要意义。

一、关于主办检察官办案责任制制度保障的必要性分析

所谓制度，系指共同遵守的办事规程、行为准则或一定条件下的规范体系。古人云："凡将立国，制度不可不察也"，"制度时，则国俗可化，而民从制"。邓小平同志曾深刻地指出，制度问题带有根本性、全局性、稳定性和长期性，"制度是决定因素"。古今中外的历史经验表明，良好的制度保障对于优化管理、激发活力、推动工作深入开展具有重要的基础性作用。作为最高人民检察院 1999 年推行的六项改革举措之一，实行主办检察官办案责任制的重要性不言而喻，但由于该制度在我国尚处于初步建立和探索阶段，有大量的理论问题和实践问题需要研究和探讨，因此，必须加强制度保障，通过系列关键性制度的健全完善和贯彻实施，确保主办检察官办案责任制试点工作顺利进行，从而实现检察改革红利最大化。

（一）人员选任随意问题要求构建规范、有序的主办检察官选任机制

主办检察官是改革的主体，主办检察官选好了，主体作用发挥正常了，改革才会有基本的支撑。鉴于主办检察官的主体身份，决定了其选任标准要严于一般检察官，选任程序也应有所区别。但当前不少检察院对主办检察官的选任把关不严，随意性较大，缺乏统一

---

[*] 湖北省咸宁市人民检察院检察长。
[**] 湖北省咸宁市人民检察院法律政策研究室副主任。
[①] 参见谢鹏程：《关于检察官办案责任制的综合研究报告》，载《司法体制改革研究》。

性、规范性和科学性，有的地方按资历选任，有的地方按学历文凭选任，个别地方甚至仅凭领导喜好选任。如有的将部门负责人统一转换为主办检察官，造成选出来的主办检察官水平达不到独立行使职权的要求。另外，主办检察官的选任没有统一的程序，没有统一规定主办检察官的任期等也在一定程度上影响了主办检察官办案责任制效率的提高。

（二）考核管理脱节问题要求建立配套、合理的主办检察官考核机制

现行的检察管理制度多采取行政化模式，受此影响，许多地方对主办检察官的考核仍然沿用对公务员的考核和奖惩措施，忽视了行政工作人员和司法工作人员的职业差别，与主办检察官的业务能力高低在很大程度上是脱节的，导致有些检察机关成立了主办检察官考评委员会（小组），但由于可操作性不强，检察院的编制、干部级别和职数在很大程度上受制于地方，所以仍然难以突破原有的行政特色，不能真正承担考评责任。

（三）监督制约相对滞后问题要求构建科学、有效的主办检察官监督机制

孟德斯鸠说过："一切有权力的人都容易滥用权力，这是万古不易的一条经验。"实行主办检察官办案责任制，就是要把检察长和分管副检察长的权力向主办检察官适度分权，将执法办案的具体承办权和案件的执行权适度授予主办检察官。然而现行的监督制约机制难以实现对主办检察官的有效监督，因此，在充分放权、还权于主办检察官的同时，为保证其正确行使权力，建立相应的监督制约机制显得尤为重要。

（四）责权利不相统一问题要求构建明晰、全面的主办检察官履职保障机制

责权利相统一，是实行主办检察官制度的基本要求，也是主办检察官制度得以实行和发展的根本保证。首先，推行主办检察官办案责任制的关键在于"放权"，赋予主办检察官多大的权力，才能保障其充分地行使职权，是实践中难以把握的问题。另外，在现行体制下，有些地方可能会过多地考虑权力失控，政治责任难以承担等问题，采取限制或者减少下放权利等暗度陈仓的做法，消极应付，背离改革初衷。其次，享有一定独立职权的主办检察官在办理案件中，应当承担什么责任、承担多大的责任，目前尚无明确规定，各地实践中对这一问题研究也不透彻，导致出现实体、程序方面的违法问题，主办检察官仍然没能承担相应责任。最后，在享有权利、承担责任的前提下，应给予主办检察官相应的待遇。但经过几年实践，由于情况变化，主办检察官的职务津贴难以得到财政支持，同时，现行的行政职级替代法律职务的格局，导致主办检察官职位上没有继续晋升的空间，成了职级孤岛，"在主办检察官办案责任和压力未减的情况下，其利益的减少大大挫伤了主办检察官的积极性，导致主办检察官责任心减弱"①，影响了主办检察官岗位的良性循环，造成主办检察官制度一度萎缩甚至在部分检察院名存实亡。

二、开展主办检察官办案责任制制度保障的实践性探索

（一）国内主要做法

在开展主办检察官办案责任制改革的全国各地检察院中，北京、上海等十个省市在1999年就被最高人民检察院确定为改革试点，是国内最早开展主办检察官试点工作的一

---

① 参见邓思清：《主诉（办）检察官制度改革回顾及启示》，载《人民检察》2013年第14期。

批单位。他们在中央、最高人民检察院关于深化司法体制改革的重要背景下,坚持原则、结合实际、积极探索,形成了一些有效经验。

北京检察机关在海淀区检察院试行的检察官"检控分离"的基础上,按照最高人民检察院《检察改革三年实施意见》精神,从2000年起,在起诉部门试点推行主诉检察官办案责任制。经过一段时间的实践和探索,在充分借鉴吸收主诉检察官制合理内核的基础上,2007年开始,又先后在试点检察院侦查部门、公诉部门试行主办检察官制,将优化责权利协调统一作为主办检察官制度设计的重点,一定程度上平衡了主办检察官的责权利,增强了主办检察官队伍的吸引力和凝聚力,提升了办案效率。

1999年,上海在全国较早开始了公诉部门主诉检察官办案责任制的试点工作,2002年在全市检察机关主要业务部门全部建立了主诉、主办检察官办案责任制。主办办案责任制中的主办组具有了办案组织的萌芽,但未上升到办案组织的制度层面予以固定。2011年开始,上海检察机关在试点检察院侦查监督部门试行主办检察官制的探索,2012年10月进一步扩大试行面,在公诉、金融检察和未成人刑事检察三个部门也进行了该制度的深化运用。在个别试点检察院明确规定,主办检察官任职期间,其职务不与行政职级挂钩,并根据不同工作实际和办案需要,确定不同的人员配备。同时,建立了主办检察官联席会议制度、办案督导制、履职保障机制和主办检察官执法档案,从而构建了比较完备的主办检察官办案保障机制。

2009年起,湖北省检察机关在部分地区开展基层院内部整合改革试点工作,实行纵向扁平化,横向大部制,整合机构、人员和办案流程,实际运行中取消科长等行政职务,减少中间层次,逐渐形成以检察官为主体的岗位管理模式,以检察官为主体、检察官向副检察长负责、副检察长向检察长负责的执法办案模式,为开展主办检察官改革试点工作积累了宝贵经验。在充分享受检察工作一体化机制、法律监督调查机制、实行"两个适当分离"、加强检察机关组织体系建设等一系列检察改革创新"红利"的基础上,湖北省人民检察院顺应新时期、新形势下检察工作改革趋势以及人民群众新期待,于2013年8月印发了《关于开展主办检察官办案责任制试点工作的实施方案》,决定在省、市、县三级共59个检察院推行主办检察官办案责任制试点工作。在制度保障方面,湖北省人民检察院赋予了各试点院一定的探索空间,积极支持主办检察官按照规定的职权、程序履行职责,并建立健全工作运行机制、选配管理机制、素能养成机制、监督考评机制等相应的责任与保障机制,有利于在充分发挥试点院首创精神的基础上保障改革试点工作的有效运转。

(二)域外相关经验

从世界各国和地区看,我国的主办检察官办案责任制和两大法系中域外检察官办案责任制大同小异,都是要求把检察官作为履行办案职责过程中的办案主体,并都赋予其在一定范围内独立行使检察权的权利。为了保障检察官独立行使职权,有效履行办案职责,使检察官办案责任制落到实处,域外比较注重对检察官选任、晋升和制约制度的规范。一是规范检察官任命、考核程序。为了保护独立办案的检察官,首先,将对检察官任免、惩戒的权力交给专门的机构。如德国在检察机关内部设立纪律委员会,法国在司法部设立专门负责检察院司法官纪律惩戒的有权机构,日本的检察官适格审查会等。其次,各国还建立专门的任免和惩戒程序,规范针对检察官的任免、惩戒行为。如美国要求各州提供并维持一套检察官解职程序,以明确解职的前提以及向检察官提供告知、听证与正当程序保护。二是设立检察官职务晋升制度。在实行检察官终身制的德国,为了保障检察官享有公平晋升的权利,在检察长、主任检察官出现职位空缺后,实行公平、公开选择。并规定检察官职务晋升由司法部决定,防止检察官因坚持己见受到检察长打击报复。而法国则设立由最高法院院长、检察长、司法部司法事务总督察以及法官、检察官等20名司法官组成的晋升委员会,对检察院司法官进行考核,选择个别司法官进入更高等级。三是构建符合自身特点的监督制约机制。主要是内部和外部两个方面。内部监督制约主要是指检察机关上下级之间的监督,以及来自行业组织与职业规范的监督制约,如大陆法系国家检察机关内部依靠检察一体的制度设计实现内部监督制约;外部监督制约有议会监督模式和诉讼监督模式两种,前者主要是来自立法权的监督,后者来自法院的司法审查,如美国的预审程序以及德国监督检察官公诉裁量权的"强制处分审查程序"等。

三、加强主办检察官办案责任制制度保障的可行性对策

(一) 启示与借鉴

开展主办检察官办案责任制,是司法权力运行机制改革的重要内容之一。在该制度建立和探索初期,尤其是在全国性的改革框架出台之前,难免会遇到一些阻碍,但各地以及域外的实践经验证明,此项改革的总体方向是正确的,可以给我们一些启示与借鉴:

1. 职业化和专业化的主办检察官队伍,是保障主办检察官办案责任制顺利实施的重要基础。实行主办检察官办案责任制,目的之一就是凸显检察官队伍的主体地位,保证检察官依法独立办案,提高检察官独立办案能力,对主办检察官队伍提出了更高要求。因此,必须严格主办检察官的录用、选拔、晋升,加强职业素能培训,实行分类管理,为主办检察官办案责任制改革提供优质的主体保障。

2. 配套的监督制约和考核机制,是实现主办检察官办案负责制改革目标的有力保证。配套的监督制约和考核机制,能够有效保证主办检察官依法公正办案。国内各地和域外国家在赋予检察官较大独立权力的同时,都相应建立了配套的监督制约机制,保证了主办检察官履行执法办案具体承办权、行使执行权公正规范清廉文明,保证了检察官的办案质量。

3. 完善的激励保障措施,是推动主办检察官办案制改革深入开展的不竭动力。回顾国内各地关于主办检察官制度的改革历程,不乏"被搁置"、"难以为继"甚至"名存实亡"的失败案例,其重要原因之一就是由于制度实行过程中缺乏有效的激励机制予以保障,致使改革"动力源"枯竭。因此,妥善解决主办检察官的职级、待遇问题,是主办检察官办案责任制改革能否实现预期目标、获得发展完善的关键所在。

(二) 路径选择

1. 建立主办检察官选任制度。主办检察官不是与生俱来的,也不是单纯行政指派的,它应该通过一定的机制竞争产生。首批主办检察官在公开、公平、公正条件下,通过个人

报名、部门推荐、公开选拔、组织考核、检察长（或上级检察机关）任命的程序产生。作为一种机制它的积极意义不仅仅体现在首批选聘，更重要的是一种观念的转变。一是严格选任条件。主办检察官的任职条件，改革方案中有明确的规定，要综合考虑政治、专业、能力、身体素质等各方面条件。在建立选任制度确立条件时要充分考虑这些因素，设计一些阶梯性条件。二是规范选任程序。程序是内容实现的保证，只有建立公正、公平、公开的选任程序，才能达到选好、选优、选强的选拔目的。建立完善的选任程序的关键在于分析、把握和防止在选拔过程中可能出现的问题。湖北检察机关目前推行的选任程序具有一定的借鉴意义，其规定由政工部门根据选配条件和资格，深入考察，酝酿比对，认真听取业务部门意见，提出主办检察官建议人选，再由各院党组从检察官的政治品行、司法经验、业务能力、职业操守等方面对主办检察官建议人选进行综合评议，慎重讨论决定人选，并报上级院备案，最后由省院统一印制主办检察官证书，由各试点院检察长采取适当形式或仪式向主办检察官颁发，该套程序符合独立的结果公正标准和保证结果公正的程序这两个关键要素。

2. 建立主办检察官办案监督制度。权力具有强烈的排他性和扩张性，当权力处于没有制约和监督的条件下，就会被滥用。实施主办检察官办案责任制后，主办检察官在职责范围内有直接处分案件的权力，这就有必要在放权的同时建立必要而严格的监督机制。首先，要增强监督的规范性、预防性。对主办检察官办案的监督不能简单等同于在行政管理模式下的审批，对主办检察官办案的监督事项要有明确的规定。有必要规定部门负责人对主办检察官办理的案件，产生分歧意见时的处理办法，对主办检察官办案的监督应当规范操作，更多地体现它的预防功能。其次，定位在事后监督。提出事后监督并不是讲消极监督，而是根据主办检察官办案责任制改革的特点而提出的一种监督要求，它的含义是指设立一种专门机制，对检察环节已完成的案件进行专门检查。这种监督的重要条件是建立在检察环节在各种规范的规定下严格执行的基础上，以达到提高办案质量的目的。

3. 建立主办检察官办案考核制度。主办检察官办案责任制改革尚在试点阶段，主办检察官既不是法定的检察法律职称，又不是行政职级，也不是终身制。要使主办检察官真正成为最富活力的办案群体，就应强化对主办检察官工作业绩的综合考核，建立一整套适合主办检察官办案责任制改革的考核制度。首先，对主办检察官办案法律文书考核是考核的一个重点。在主办检察官办案责任制模式下需要研究的问题，一是解决好取消行政批案与审结报告中部门负责人意见的关系；二是在多元组合办案模式下非主办检察官直接承办案件的审结报告中如何体现主办检察官的办案责任。其次，要办案质量考核。如对公诉部门而言，出庭支持公诉是主办检察官第一位的职责，出庭效果不仅仅表现在打击犯罪，它是检察工作的窗口，是检察工作社会效果的综合体现，指控是否准确，抗辩是否有力，震慑力是否大，形象是否完美等都会在庭审活动中反映出来。因此，考核其办案质量的标准应体现在对案情把握的详尽程度、法律适用的熟悉程度、言词表达的优劣程度及出庭形象的完美程度上。其他主办检察官考核也应结合自身工作职能。

4. 建立主办检察官职级待遇保障制度。职级晋升是每个检察官的职业追求，也是体现检察机关对每个检察官职业关怀的重要指标。各级检察机关的领导要提高认识，明确主办检察官办案责任制的推行对检察改革的重大意义，着力提高主办检察官的各项待遇，要关心、支持主办检察官工作，注意科学配置检察资源，为主办检察官执法办案提供充分必要的保障，在政策允许范围内解决相关待遇问题。在向内挖潜的同时，及时向地方党委、人大汇报试点工作的重要意义和存在的实际困难，争取政府相关部门的理解与支持，有效解决改革涉及的履职保障问题。着力打破行政职级替代法律职务的格局，解决检察官法律职务空转的问题，打通主办检察官的晋升通道，从而调动和激发主办检察官的主动性和积极性，推动主办检察官办案责任制度的可持续发展。

主办检察官办案责任制浅析

——以嘉鱼县人民检察院主办检察官办案责任制实践为视角

邓佛围*

主办检察官办案责任制度，是指以检察官为主体的办案组织，享有一定范围的办案决定权，独立承担相应责任，并受到监督制约和职业保障的检察业务工作机制。嘉鱼县人民检察院随着内部整合改革试点工作的推进，建立健全检察长领导下的主办检察官办案责任制，既是突出检察官办案主体地位的制度创新，更是适应内部整合改革后减少管理层级、明晰办案权责、提高办案效率的现实需要。为此，我们结合内部整合改革试点工作，围绕主办检察官办案责任制的理论认识与工作实践作简要分析。

一、主办检察官办案责任制具有鲜明的职业特点

主办检察官办案责任制度发源于国外，在我国也经历了十几年的探索历程。这项制度有其鲜明的特点：一是突出检察官的主体地位和独立性。英美法系国家的检察机关内部部署不是按照等级关系，"检察机关的内部设置很简单，除了承办案件的检察官就是负责领导检察机关的检察长"。[①] 二是限制检察首长的权力。英美法系国家中，检察官拥有极大的自主权，甚至有权力"对抗检察首长的指令、独立履行办案职责"[②]。三是将检察官独立与检察长领导有机结合。突出检察官的独立性并不代表弱化检察长的领导，而只是规范检察长的权力行使方式。例如在法国"如果上级指令要求对某个案件提起公诉，即使下级检察官有异议，他也必须提起公诉，但是在法庭上他可以在陈述公诉意见之外提出自己的个人看法"。[③]

（一）主办检察官办案责任制体现了执法办案活动的司法属性

检察机关兼有司法属性和行政属性，但检察机关作为国家专门的法律监督机关，司法属性应该是第一属性。而司法属性的重要体现就在于检察官依法独立行使检察权，最大限度地淡化行政色彩。由于我国现行法律中只规定了检察机关的职权范围和民主集中制的决策机制，没有对检察官的职权及其与检察长权力的关系作出明确规定，导致检察机关内部权力配置更倾向于集中和行政化管理，检察官办案缺乏必要的独立性。随着主办检察官办案责任制的推行，突出检察官执法办案主体地位，赋予主办检察官更多办案职权，并在检察长的领导之下承办案件，根据案件事实处理案件，尽可能不受其他因素干扰，体现出较

---

* 湖北省嘉鱼县人民检察院检察长，湖北省检察理论研究人才。
① 蔡巍：《检察官办案责任制比较研究》，载《人民检察》2013年第14期。
② 蔡巍：《检察官办案责任制比较研究》，载《人民检察》2013年第14期。
③ 魏武：《法德检察制度》，中国检察出版社2008年版。

强的司法独立性。同时,主办检察官直接接触案件当事人,较为全面地掌握案件的真实情况,有利于客观准确地认定案件事实,符合司法活动的客观性与亲历性要求。

(二)主办检察官办案责任制体现了执法办案活动的检察属性

根据宪法和法律规定,上级检察院领导下级检察院工作,检察长领导检察院的工作,确定了检察机关的领导体制。这一体制也确立了一条重要的检察工作规律,即检察机关必须坚持在党委领导和人大监督下,实现"上下统一、横向协作、内部协调、整体统筹",增强检察工作的整体性与统一性。推行主办检察官办案责任制,明确主办检察官在检察长的领导下依法行使职权,既贯彻了检察领导体制要求,也遵循了检察工作一体化规律,并将检察权的运行规律与执法办案的司法规律有机统一起来,体现了检察机关法律监督的性质、地位与作用,其检察属性进一步凸显。

(三)主办检察官办案责任制体现了执法办案活动的社会属性

检察机关是国家的法律监督机关,维护社会和谐稳定,服务经济社会又好又快发展,是检察机关的重要历史使命。建立主办检察官办案责任制,在赋予主办检察官更大办案职权的同时,实际上也让主办检察官承担起更多维护社会公平正义的社会责任。在这种强烈社会责任感的驱动下,主办检察官必须进一步强化大局意识,自觉将其执法办案活动置于社会发展的全局中思考,讲求执法办案的法律效果、社会效果、政治效果的有机统一;必须努力顺应执法办案形势与任务的变化,不断改进执法办案的方式方法,统筹好办案的数量、质量、效率、效果、规范与安全的关系;必须树立成本效益理念,优化办案组织各类保障资源的配置,提高资源的使用效率,最大限度地节约司法成本,减少社会资源损耗。因此,主办检察官办案责任制建立起来后,推行"扁平化"管理,一线检力下沉,直接参与办案,"适度放权"与"强化责任"有机结合,使权与责相匹配,司法资源利用效率最大化。

二、把握"六个结合"推行主办检察官办案责任制

我院内部整合改革后,按照"两个适当分离"(即诉讼职能与诉讼监督职能适当分离,案件管理与案件办理适当分离)原则精神,将原15个内设机构撤并整合为"七个部",每个部下设若干主办检察官岗位,实行扁平化管理。并根据省检察院关于主办检察官办案责任制试点工作要求,联系实际,把握"六个结合",积极探索推行主办检察官办案责任制,突出检察官执法办案主体地位。

(一)集权与分权相结合,合理界定主办检察官的职责权限

权责不够统一,直接影响主办检察的办案积极性与工作责任感。为此,在主办检察官办案责任制度设计上,把合理界定主办检察官的职权边界作为首要任务,使之与主办检察官承担的办案责任相适应。一方面,以部为单位,将行政管理、执法保障等工作任务与主办检察官岗位职责相分离,交由部负责人即分管检察长负责,保证主办检察官集中精力主办案件。另一方面,严格按照省检察院印发的《关于开展主办检察官办案责任制试点工作的实施方案》,明晰主办检察官的办案职权。即对于法律明确规定应当由检察长、检察委员会行使的职权,以及检察长、检察委员会认为应当由其行使的职权,由检察长、检察

委员会行使；对于具有监督性质、相关行为和决定影响其他执法司法机关的权力，应当由检察长或检察委员会决定。对于办案中的非终局性事项、事务性工作，主办检察官独立作出决定。检察长、检察委员会可以根据办案需要，依法将部分决定权授予主办检察官行使，如一般性刑事案件的批准逮捕、提起公诉可由主办检察官直接决定。

（二）审批与签署相结合，规范主办检察官办案指挥程序

由于主办检察官被授予对一般性刑事案件的终局决定权，原"三级审批制度"办案模式也将发生一定的变化。主要分为两种：第一种是针对一般案件，在坚持案件审批制度的基础上，由主办检察官牵头主持办案组的工作，负责安排和推进具体办案活动，对于非终局性决定，需要检察长签发相关文书的，主办检察官应当制作文书后报请检察长签署，其他可以自行决定；第二种是针对较为复杂的案件，对于应当由检察长、检察委员会决定的事项，主办检察官应当提出处理意见，经部门负责人审核后报请检察长决定。部门负责人对主办检察官所承办案件有不同意见的，可以提出自己的意见一并呈报检察长；必要时可以召集本部门检察官进行讨论，并将会议讨论意见和自己的倾向性意见呈报检察长，实现由检察长统一组织、指挥、协调和管理。

（三）"静态"与"动态"相结合，因势利导主办检察官办案组织形式

嘉鱼检察院现有在岗人员52人，检力不足与办案任务繁重的矛盾较为突出，加之，执法办案活动在不同岗位、不同阶段均会表现出不同的任务特点。与之相适应，主办检察官的办案组织形式也应随执法办案工作任务的调整而变化。实践中，我院根据各执法办案岗位特点确定相对固定的主办检察官办案小组，也随执法办案工作任务变化，及时调整组合人员力量，确保执法办案工作顺利进行。如我院内部整合改革后，在职务犯罪侦查部成立了三个主办检察官办案小组，每个小组由一名副科职主办检察官带两名协办检察官开展执法办案活动，组织形式相对固定，呈现一定程度上的"静态"。一旦出现职务犯罪窝串案，就需要举全院之力，由检察长根据具体案情，及时调配办案力量，办案组织形式必然随之相应调整，即体现出一定程度的"动态"。

（四）竞岗与转任相结合，因地制宜选任主办检察官

主办检察官素质决定执法办案工作质量，是推行主办检察官办案责任制的核心要素。我院把干部人事制度改革要求、内部整合改革的人员整配方案贯彻落实到选任主办检察官工作中，采用竞争选拔与转换任命相结合的方式，选任主办检察官19名，既体现人才选拔任用上的公平、公开、公正，也营造了良好的争先创优氛围。如对5个副科职主办检察官突出三个关键环节进行差额竞岗。一是差额竞职。5个副科职岗位共有12人报名，在资格审查阶段有3人因不符合条件取消资格，其余9人全部进入竞职演讲环节。竞职演讲环节由县委组织部从评委库中随机抽取7人组成面试小组对演讲情况进行评分。二是差额考察。为保证选人的公平性和差额空间，所有参与竞职演讲的人选都进入考察环节，广泛征求和听取干部职工、服务对象的意见建议，考察情况作为分析研判的依据。三是差额票决。根据综合得分，结合考察研判情况，以5:7的比例提交县委常委会进行差额票决，将"判断性表决"变为"选择性票决"。同时全程嵌入监督。在县纪委监督下，由县委组织部实行全程纪实，竞岗前公布岗位要求、竞岗时间，统一竞职演讲，当场宣布竞职成绩，

并邀请市检察院领导、县委常委、检察院机关干部30余人观摩。

（五）考评与督察相结合，加强主办检察官的监督与管理

为了保证主办检察官权力的正确行使，在提高办案效率的同时保证办案质量，我院积极探索建立相应的配套机制，以实现对主办检察官履行职权的监督制约。一是确定主办检察官的岗位目标。根据主办检察官的执法岗位特点和年度工作任务，拟定岗位目标任务，为年度工作考评提供依据。二是建立案件质量督察预警监督机制。通过案件管理部对主办检察官所办案件，进行流程管理和节点控制；检务督察人员对主办检察官的办案活动进行不定期督察，并负责对全面办结案件回访，对主办检察官的办案活动实行全程动态监督，促使主办检察官严格规范公正文明执法。三是落实"五个一"管理机制。即"一部一表"，以部为单位，列出主办检察官的职权分配表；"一部一图"，以部为单位，制定主办检察官的职权运行流程图；"一案一评"，主办检察官每办结一件案件都要填写一张案件评查表；"一人一档"，院检察官管理办公室对每名主办检察官建立一份执法档案；"一年一审"，院检察官管理委员会每年对主办检察官的执法办案情况全面审查一次，并报上级检察院备案。

（六）激励与支持相结合，强化主办检察官履职保障

一是注重教育引导。以党的群众路线教育实践活动为载体，不断加强队伍的思想政治建设，促使主办检察官充分认识到肩负的职责与使命，做爱岗敬业、勤勉奉献的表率。二是改善履职条件。根据主办检察官履职需要，合理调配人员力量，优化办案经费与装备保障，确保主办检察官执法办案有序开展。三是争取重视支持。积极争取县委重视与支持，通过竞争上岗，晋升了5名主办检察官的职级，改善了主办检察官队伍的职级结构，激发了主办检察官的工作热情。

三、试行主办检察官办案责任制几点启示

（一）提升了工作效能

主要体现在三个方面：一是办案一线检力提升。主办检察官办案责任制推行以后，由分管检察长兼部负责人，直接承担组织管理职责并带头主办重大疑难案件，各部人员重新优化组合，一线检力上升至85%。二是干警工作积极性提升。"想事、谋事、干事、成事"成为主办检察官的思想主流，"一人多岗、一专多能"成为共识，干警注重学习、提素增能、争当"主办检察官"的主动性明显增强，创先争优氛围浓厚。三是主要业务工作绩效提升。截至七月，立案侦查职务犯罪案件同比上升90%，刑事诉讼监督办理监督案件同比增长100%，民事诉讼和行政诉讼监督受理民事行政申诉案件同比增长25%，其他业务工作也在稳中竞进。

（二）有利于增强检察权的运行效果

现代管理学认为当管理层次减少而管理幅度增加时，金字塔状的科层组织结构就被压缩成扁平状的组织形式，有利于提高管理效率。推行主办检察官办案责任制度，改变以往执法办案单一的"三级审批"模式，将部分案件的决定权下放，增强了主办检察官的主观能动性，提高了执法办案活动的管理效率，从而使检察权的运行效能得以提升。

（三）有利于拓展检察官的职业前景

限于当前检察机关的管理体制、用人机制和考评体系，检察官面临着司法职级晋升和行政职级晋升的双重压力。由于行政职务的强势及其带来的各种待遇，一些检察官往往把行政职级的晋升作为个人政治发展和职业前景的出路。从长远来看，主办检察官从检察官队伍中择优产生，带领检察官办理各类案件。因此，精英化路线成了主办检察官的必然趋势。精英化的路线会要求主办检察官自身具备卓越的法律素养和人文素质，也要求各项保障制度将主办检察官从层级森严的行政体系中解放出来，为精英人才开辟一条专业职级上升的通道，成就司法人员所特有的职业荣誉感。在这个路径下，检察官的职业前景广阔，流动性增强，将极大地调动主办检察官的积极性，使其不断提高自身综合能力。

主办检察官办案责任制下的监督制约机制研究

刘 阳[*] 胡文学[**]

湖北省检察院在部分地市州分院和基层院试点主办检察官办案责任制,这是继最高人民检察院在全国检察机关公诉部门实行主诉检察官办案责任制后,我国检察制度的一项重大改革。主办检察官办案责任制的主要内容是实行"扁平化"改革,取消部门负责人审批案件的环节,突出检察官的办案主体地位,这一改革措施对建立符合司法工作规律的办案机制,加强检察机关组织体系和办案组织建设,提高办案质量、效率和执法公信力具有重大的意义。但是,"绝对的权力必然导致绝对的腐败",在"放权、分权"的同时如何"限权",即如何加强对主办检察官的监督制约,成为摆在我们面前不能回避的新课题,笔者就此抛砖引玉,谈谈个人的见解。

一、现行制度下检察官监督制约机制及评价

我国现行检察制度设计和检察权的配置上已经考虑了对检察官办案的监督制约,概括起来主要有:

(一)案件层层审批制

按照刑事诉讼法和《刑事诉讼规则》的规定,案件承办人办理案件,基本上每个环节都要审批,从立案、采取强制措施、批捕或不捕、起诉、不诉、抗诉等,都需要承办人提出意见,报科长审批,最后报分管检察长审批。科长、分管检察长可以否决承办人的意见。

(二)检委会讨论决定制度

检委会讨论决定制度,即对重大案件、复杂案件或不诉案件,由承办人报科长、分管检察长同意后,科室形成集体意见,提交检委会讨论决定。

(三)"一岗双责"责任制

"一岗双责"责任制,即部门负责人既要管人,又要管事。对本部门检察官的执法办案、个人廉洁负有监督管理的职责,对出现的问题承担领导责任。

(四)监察、督察制度

监察、督察制度,如监察部门对自侦案件建立"一案三卡"制度;检务督察部门对全院的执法办案、执行办案纪律等进行日常督察。

---

[*] 湖北省仙桃市人民检察院检察长。
[**] 湖北省仙桃市人民检察院检察委员会专职委员。

（五）外部监督

外部监督包括人大代表、人民群众的控告申诉，人大常委会的任免、考察、述职等。

基本评价：层层审批、多级把关在一定程度上保证了案件质量，但是这种行政化管理模式不符合司法规律，至少有四个方面的弊端：①

1. "审而不定，定而不审"，违背诉讼活动规律。诉讼活动要求具备亲历性和直接性，即案件承办人员亲历整个程序，直接审查证据和事实，而在原有的办案机制下，直接办理案件的检察官没有决定权，而不直接办理案件的检察长、检委会都对案件具有决定权，造成审定脱节，从而难以保证案件处理的公正性。

2. 办案环节多、程序繁琐，造成办案效率低，浪费司法资源。实践中超期办案、积案现象时有发生，特别是对于一些事实清楚、证据确实充分的案件，本来可以做到及时解决，却仍然要经过层层审批，无法体现诉讼效率，不符合诉讼原则的要求。

3. 办案责任不明确。"三级审批制"导致实践中"办案的不负责，负责的不办案"的现象，"层层把关，集体负责"的集体讨论制度看似人人负责，实际上却是无人负责。

4. 办案人员积极性不高、责任心不强。由于最终的决定者是检察长或检委会，这使得承办人员产生了依赖情绪，不利于检察官主观能动性的发挥，不利于检察官综合能力素质的提高，不利于检察队伍的建设。

二、实行主办检察官办案责任制后面临的新情况、新问题

主办检察官办案责任制是对现行司法制度的一个重大改革举措，它的推进必将对检察机关执法办案工作机制带来深远的影响，同时对主办检察官的监督制约提出了新的更高的要求。

（一）主办检察官的范围增加

1999年最高人民检察院推行的主诉检察官办案责任制，其实施范围仅在公诉部门，而主办检察官办案责任制的实施范围包括自侦部门、侦查监督部门、公诉部门、民事诉讼监督检察部门及其他执法办案和法律监督业务部门，涵盖了绝大多数业务部门。对不同部门的主办检察官，在监督方式方法选择上是有区别的，更为纷繁复杂。

（二）主办检察官的权力增大

主办检察官责任制的核心是分权、放权，即把应当由部门负责人或检察长行使的一部分权力下放给主办检察官行使，大量案件直接由主办检察官决定，而不报经部门负责人或分管检察长。据较早试行主任检察官办案责任制的上海市浦东新区检察院统计，这一数据高达80%。同时，分权后，主办检察官办理案件设立主办检察官办案组，配备若干检察官或检察辅助人员，由主办检察官主持办案组的工作，并指挥办案组成员的工作，从某种意义上来说，每个主办检察官就是一个"小科长"、"小主任"、"小处长"，其权力并不比部门负责人小多少。由于放权主办检察官，又带来某些主办检察官滥用手中的权力，放纵犯罪，滋生司法腐败。

---

① 参见陆文奕：《我国主诉检察官办案责任制改革与完善思考》，华东政法大学2008年硕士学位论文，第3页。

(三) 主办检察官的责任加大

在现行案件多级审批制的模式下，检察官的责任界定模糊，作为案件承办人的检察官只是提出对案件的处理意见，批准权和决定权在部门负责人和检察长那里。实行主办检察官办案责任制，主办检察官对大部分案件都具有处理权。权力的增大也意味着责任的增大，主办检察官对在职权范围内作出的决定依法承担相应的责任。

(四) 对主办检察官的要求更高

在主办检察官办案责任制下，主办检察官既要独立办案，独立决定案件的全过程，并独立承担责任。同时，还要组织、指挥办案组的工作，对办案组的工作及人员进行管理，有的有多个主办检察官组成的临时办案组，还要管理其他主办检察官。这一切都对主办检察官的素质和能力提出了新的、更高要求。主办检察官要以各个方面提高自身素养，提高驾驭统率、综合协调能力，增强责任心、使命感、荣誉感，才能适应办案实践的需要。

(五) 对主办检察官的监督制约减少

由于主办检察官办案责任制是探索性的工作，现有的法律框架对检察官的监督制约制度已不适应形势发展的需要。主办检察官虽然是检察官，但两者又有一定区别，主办检察官可以说是管检察官的检察官，原有的法律制度对检察官的监督制约要么滞后，要么空白，建立一套适用该体制的监督制约机制显得尤为迫切，原有的监督制约规定也需要进一步完善。

"四增一减"现象的存在，说明了对主办检察官加强监督制约的重要性和必要性，建立科学有效的主办检察官监督机制加强对检察官的监督，是建立规范高效的主办检察官制度的必要手段。

三、建立主办检察官监督制约机制的构想

(一) 监督主体

监督主体即有权对主办检察官实施监督的部门机构或人员。笔者认为，对主办检察官的监督可分为内部监督和外部监督，同样，监督主体也可分为内部监督主体和外部监督主体。

1. 内部监督主体。按自然人分，有权对主办检察官监督的人员是：部门负责人、检察长；按机构分，则为检察委员会、案件管理部门、纪检监督部门、相关业务部门等。

2. 外部监督主体。按自然人分，可以是人民群众、人大代表、人民监督员、当事人、律师等；按机构分，可以是上级检察机关、人大常委会、公安部门、法院等。

(二) 监督的分类

从监督的具体对象上划分，对主办检察官的监督可分为对事的监督和对人的监督。对事的监督主要是对办案质量、管理工作的监督，对人的监督主要是对主办检察官个人廉洁自律、公正执法的监督。从监督的空间来划分，可分为案前、案中和案后监督；从监督的性质可划分为程序性的监督和实体性的监督。

对主办检察官的监督是一个综合的系统工程，各类监督方式都是统一的、有机的整体，不可偏废，我们在构建监督机制上要统筹兼顾，综合考虑。

（三）对主办检察官监督应坚持的原则

对主办检察官的监督如何寻找"放权"与"限权"的结合点，避免"一限就死，一放就乱"的情况发生，这就需要遵循一定的原则。笔者认为，对主办检察官的监督要遵循五个基本原则：

1. 有利于提高办案质量的原则。提高办案质量是主办检察官办案责任制的根本目标，对主办检察官的监督也要始终围绕这一目标进行，要通过监督避免出现案件瑕疵，甚至冤假错案，避免主办检察官因关系、人情、金钱等随意处置案件。

2. 有利于提高办案效率的原则。实行主办检察官办案责任制除了解决办案质量的问题外，还有一个重要因素就是提高办案效率的问题。当前，刑事案件增多而办案力量又相对不足是各级检察机关面临的突出问题，节约司法资源，提高司法效率成为必然要求。主办检察官办案责任制的确立，是减少办案环节，缩短办案周期，提高工作效率，实现诉讼经济的具体要求。因此，确立主办检察官监督制约机制要兼顾实际办案的效率要求，防止程序繁琐而造成工作效率下降。

3. 职、责、权一致的原则。即主办检察官的职务、权力与责任要相一致，享受多大的权力就要相应承担多大的责任。在科学界定主办检察官的职责权的前提下，对主办检察官的监督过程中，特别是进行责任追究中，既不能增加其责任，也不能减少其责任。

4. 公开监督原则。它包括监督制度、方式、方法的公开，监督程序的公开，监督结果的公开等。

5. 整合力量的原则。如前所述，对主办检察官监督的主体多种多样，监督种类、方式也不尽相同，如果一哄而上既不利于监督工作的开展，也不会取得好的效果。要整合不同渠道、不同监督系统、不同监督方式、不同监督力量，形成统一、有效的机制和措施，使之有机统一，紧密衔接，互相支持，互相配合，相辅相成，发挥综合优势和整体效应。

（四）监督制约的制度设计

1. 案件质量保障机制。该机制包含日常监督检查机制、主任检察官联席会议制度、检察长决定或检委会讨论决定机制、案件评查机制、法律文书报备制度五个方面。

（1）日常监督检查机制。有人认为，实行主办检察官办案责任制后，部门负责人不再具体管案件，对本部门的案件质量不再负责。这种观点有失偏颇。笔者认为，虽然部门负责人不再具体管案件，但是对案件质量还负有监督检查的责任。部门负责人对所在部门的各主办检察官办案组的分案、办案效率、执行制度规范、依法办案及个人廉洁自律的情况进行经常性的监督检查。由于案件受理后部门负责人向主办检察官分配案件，在分案过程中部门负责人对案件事实、性质、危害程度等有了大概了解，监督起来比较直截了当，不走过场、不流于形式，有利于日常考核。部门负责人的日常考核有利于及时建议纠正违反程序法和实体法现象的发生，把问题解决在萌芽状态，保证案件质量；部门负责人也可以及时掌握重点案件的动向，及时向检察长汇报，便于领导对少数重点案件办理情况的了解和指导。

（2）主任检察官联席会议制度。对于一些疑难案件，主任检察官可提请部门负责人召开本部门的主任检察官联席会议进行讨论。但是，联席会议形成的意见仅供该主办检察官参考，最终由承办案件的主办检察官作出决定并独立承担责任。

（3）检察长决定或检委会讨论决定机制。对于法律明确规定应当由检察长、检委会行使的职权，以及检察长、检委会认为应当由其行使的职权，应当由检察长或检委会决定，对检察长的决定，检委会讨论的决定，主办检察官应当严格执行。

（4）案件评查机制。现在各级检察机关都成立了案件管理部门，实行主办检察官办案责任制后，要充分发挥案管部门的职能作用，并赋予其案件质量评查检查职能。通过建立个案评、月通报、季评审、年讲评的机制，由案管部门对主办检察官办案质量进行检查、考核、评估。同时，案管部门要抓住立案、批捕、起诉的关键节点，加强流程管理和节点控制。

（5）法律文书报备制度。对刑事、民事诉讼过程中终极性、标志性和决定性的重要法律文书实行备案。如自侦部门的立案决定书、侦查监督部门的批捕或不批捕决定书、民行部门的再审检察建议、侦查部门的起诉意见书、起诉部门的起诉书、法院的判决书。主办检察官应将自己所办案件的上述文书提交部门负责人进行备案审查，部门负责人应及时行使审查监督权，认真审核，如发现有违反程序法或附卷材料不完备的情况，可提出修改建议，通过主办检察官接受作出修改。如发现有适用法律不当或错漏引法律条款或其他需补充、变更或纠正的，可提出建议后提交检察长或检委会决定，使存在的问题得到及时纠正。法律文书的备案可以对案件进行全面的覆盖性的审查，对主办检察官的工作进行初步的监督和考核，并从中发现问题，进而引起对整个案件的全面复查，更加细致地对主办检察官的工作进行监督和考核。

2. 考核评价机制。对主办检察官的绩效考核要由全院统一组织实施，一年一次。考核可以成立专门的机构，如检察官管理委员会负责考核。考核既要坚持全面考核，又要突出对业务实绩的考核。主办检察官年度考核称职的，可获得连任；年度考核被确定为不称职等次的，应取消主办检察官资格。主办检察官受到党纪、政纪处分，执法办案严重不负责任、违规违法造成一定后果的，年度考核一票否决。

3. 监察督察机制。一是部门负责人、纪检监察部门、检务督察部门要全面掌握主办检察官的履职情况，廉洁自律情况，有无违反党纪、政纪及办案纪律的情况发生，有无办关系情、人情案、金钱案，接受吃请及其他可能影响公正执法的服务，一次发现，要严格追究，严惩不贷。二是建立完善主办检察官执法档案，将主办检察官的执法、执纪情况、个人廉洁自律情况等记入档案。三是落实案件回访制。纪检监察部门对自侦案件定期做好发案单位回访工作，听取案发单位的意见和建议，了解办案人员在执法活动中有无违反办案纪律规定，做好案件的跟踪监督。

4. 内外部监督制约机制。在内部制约方面，一是办案组内部要有一定的制约。主办检察官办案组的成员要服从主办检察官的指挥和安排，主办检察官有权向部门负责人申请更换办案组的成员。主办检察官在办案过程中要充分发挥民主，充分听取办案组其他成员的意见、建议。办案组成员对主办检察官在办案中的违规行为，应当及时向部门负责人报告。二是上、下环节的业务部门要严格履行职责，做好监督制约工作，建立业务部门之间相互制约的工作机制，对执法活动每一个环节相互制约监督，重点对撤销案件、不捕、不诉三类案件上相互把关，确保撤案、不捕、不诉案件的准确性和合法性。在外部制约方面，主办检察官要自觉接受公安部门、法院、上级检察机关及人大常委会、人大代表、人民群众、人民监督员的监督。

5. 履职保障机制。在主办检察官的选任上，要走精英化路线，贵精不贵多，真正把高素质、高能力、高水平的检察官选任为主办检察官。加大职业教育培训，不断提高主办检察官的法律素养、业务素质、政治素质。主办检察官在同等条件下，优先晋级晋职，提拔任用，主办检察官无重大过错，不得免职，其履职行为不受追究。

6. 惩戒机制。惩戒性制约，即对主办检察官在办理案件过程中的违法、违纪行为进行惩戒。这种制约包括案后的办案追踪、错案责任追究制等。通过法律文书备案，使考核人员有针对性、有重点地对法律文书中反映出来的有较大差异、较大争议和处理结果有较大变化的案件进行事后的追踪调查监督。如发现法律文书所反映的对案件事实、法律适用等问题上存在较大的差异，直接影响到案件的终局性结果，如定性与量刑等，就可以调取案件的全部诉讼卷宗，对该卷宗进行全面审查。通过审查，认为由于主办检察官严重不负责任、失职或严重业务失误造成案件办理程序违法、实体处理错误或其他严重后果的，主办检察官考核机构应对此提出"不胜任主办检察官"的建议，经主管领导批准，提交主办检察官任命机构讨论，取消其主办检察官的资格。在对主办检察官进行考核的过程中，如果发现主办检察官在办理案件的时候有违法违纪的线索，主办检察官考核机构应及时将线索转交到纪检部门处理。经纪检部门查实确有违法违纪的，主办检察官任命机构应作出取消其资格的决定。

在层层审批制模式下，办案责任难以界定，因此，错案责任追究基本上成了一句空话。主办检察官责任制大大改善了这种状况，为错案责任追究制的顺利实行创造了条件，特别是为实行办案责任终身负责制铺平了道路。通过实行办案责任终身负责制，可以有效地增强主办检察官的办案的责任心和荣誉感，提高其自我约束的主动性和自觉性，从而起到提高办案质量和预防冤假错案的作用。

主办检察官职责权限研究

尹 恒[*] 崔珍珍[**]

主办检察官是经检察长授权，依法履行执法办案职责，享有一定范围的办案决定权并承担相应责任的检察官。主办检察官拥有合理的职责权限直接关系到检察官办案责任制运行的有效性和充分性。本文试从主办检察官职责权限研究入手，深刻反思我国主办检察官办案责任制的改革实践探索，分析总结这项制度取得的成效和存在的问题，然后通过比较研究两大法系国家检察官职责权限设置方面的特色，为完善我国主办检察官办案责任制提出一些合理可行的建议。

一、主办检察官办案责任制在我国的实践探索

20世纪90年代末，为了从制度上保证检察机关依法独立行使检察权，不断完善具有中国特色的社会主义检察制度，检察机关率先在公诉部门进行了主诉检察官办案责任制的改革。主诉检察官办案责任制改革的成功促使了检察机关其他部门的改革，自侦部门随后试行了主办检察官办案责任制。

主办检察官办案责任制是从借鉴主诉检察官办案责任制的基础上发展而来的，全国多个检察机关相继进行了实践和探索。在模式上，广州市白云区检察院创造性地尝试了主办侦查员办案责任制，上海浦东区检察院等大部分检察院推行了主办检察官办案责任制；在范围上，试点的检察院首先尝试了在反贪侦查部门推行主办检察官办案责任制，后来逐步将范围扩大到检察院所有的业务部门。

主办检察官办案责任制改变了过去用行政方法管理检察工作的模式，把部门负责人和检察长审批案件的部分权力直接交给主办检察官，在实践中取得了良好的成效。首先赋予了主办检察官较大的权力，逐步实现了检察官行使职权的独立性和减少行政干预的制度设计目标。其次压缩了管理层级，简化了审批环节，节约了司法资源，提高了办案效率。同时也适应了基层检察工作的特点，把检察干警充实到办案一线，在一定程度上淡化了"官本位"的思想，促使检察干警加强业务学习，提高自身素质。

实践是检验真理的唯一标准。主办检察官办案责任制在实践的过程中也存在一些问题。首先，主办检察官的责权利不统一。主办检察官被赋予了更大的权力，更重的责任，但是在利益、待遇、职级晋升方面，却没有充分的保障，职业前途陷入困境，难以调动主

---

[*] 湖北省武汉市东湖新技术开发区人民检察院副检察长。
[**] 湖北省武汉市东湖新技术开发区人民检察院干部。

办检察官的工作积极性,导致大批人才流失,主办检察官队伍不稳定。其次,主办检察官的职责权限不清晰,权力受限。各地对于主办检察官的职责权限规定不一,但总体来看,主办检察官拥有的实权较小,很多决定权依然掌握在部门负责人、检察长或者检察委员会那里。最后,主办检察官办案责任制在不同的部门以相同的模式运行,不符合检察工作规律,给实际工作带来了诸多困扰,改革的呼声逐渐高涨。

二、域外检察官职责权限的借鉴

（一）英美法系国家检察官的职责权限概况,以澳大利亚、美国为例

在澳大利亚,检察院的主要职能是对刑事案件提起公诉。检察官行使的职权主要有:一是代表国家对所有的刑事犯罪提起诉讼（比较严重的犯罪在区法院和最高法院由一名法官和陪审团共同审理）;二是在地方法院对由治安法官审理的案件进行听审;三是在地方法院起诉部分轻微的即决犯罪案件;四是代表国家对刑事案件提起上诉;五是处理与刑事起诉有关的其他诉讼事务,并为警察和其他侦查机构提供法律建议。① 检察官在对可起诉犯罪进行起诉前,要在治安法官面前举行一次预审听证,目的是确认是否有足够的证据将被告人提交给法官和陪审团审判。在被告人被提交审判后,检察长必须在一个月内（也可以延长）向法庭提交起诉状。在此期间,皇家检察官会与被告人进行指控协商（Charge Negotiation and Agreement）。指控协商是指在辩护方与控方之间就继续诉讼的指控所涉及的协商。这种协商可能导致被告人对少于他或他所面临的指控,或者更轻的指控或更少的指控进行有罪答辩,剩下的指控或者不再继续进行,或者不考虑在定罪程序之内。指控协议中有关合适的量刑部分对法官不具有任何约束力。

美国检察职权的核心是追诉犯罪,并对政府官员职务犯罪行使侦查权。美国的检察官作为政府律师在刑事案件中负责侦查、决定是否起诉、传唤证人、进行辩诉交易、根据有罪判决建议刑罚。触犯联邦刑法的刑事犯罪案件,由联邦检察官向法院起诉;对重罪案,由联邦检察官向大陪审团提供证据和法律咨询,并决定是否起诉;大陪审团决定起诉,检察官则成为公诉的执行者。在辩诉交易中,美国的检察官享有极大的自由裁量权。检察官不但可以决定起诉多个犯罪嫌疑人中的哪一个,而且也可以决定对某一犯罪嫌疑人的多种犯罪行为起诉哪几种罪;同时还拥有降格起诉、撤回起诉和拒绝起诉的权力;既可以就指控罪名与被告人和辩护律师商讨,也可以就量刑问题进行协商。

（二）大陆法系国家检察官的职责权限概况,以法国、德国为例

大陆法系检察制度诞生于法国。法国检察官的职权比较广泛:在刑事诉讼中,不仅负责提起公诉,而且直接参与诉讼全过程,包括接受告发和控告、指挥所在法院辖区范围内的司法警察进行侦查活动、将案件提交预审法官进行预审、对预审过程中采取的措施进行法律监督、运用公共力量保证判决的执行等;在民事诉讼中,检察官可以代表国家和公共利益参与诉讼活动,同时,为防止法律的错误适用,检察官拥有在审判时到庭陈述意见、

---

① 季美君:《中澳检察制度比较研究》,北京大学出版社2013年版,第133页。

监督审判的权力;在行政诉讼中,检察官在具有一般管辖权的行政法院中仅仅是法律的捍卫者,而在具有特殊管辖权的行政法院中,检察官则是特殊行政机关利益的代言人;在行政管理领域,检察官具有对经纪人、公证人、律师等职业人员以及户籍管理等人员的活动进行法律监督等职能。①

德国检察官的职权主要限于刑事诉讼方面:一是负责对刑事犯罪和违法行为进行侦查,有权指挥、监督警察机关的侦查活动;二是提起和支持公诉权;三是刑事审判执行权;四是刑事审判监督权。德国检察官享有独立的起诉权,且以检察官提起公诉为主,公民个人提起自诉为辅。无论提起诉讼或中止诉讼,检察官都可以独立自主地决定。被害人享有申诉权,当被害人对检察官作出的不起诉的决定不服时,可以向法官提出申请,法官如果认为被害人的申请有理由,可以命令检察官起诉,这被称为"强制起诉程序",对检察官的自由裁量权起到一定的限制和制约作用。

(三) 域外检察官职责权限对我国的启示及借鉴

1. 检察官享有较大的自由裁量权。检察官的自由裁量权是指检察官在审查起诉时,赋予检察官以作出起诉、不起诉、酌情起诉以及撤诉的权力。② 美国的辩诉交易制度,澳大利亚的指控协商制度都赋予了检察官极大的自由裁量权,这不仅有利于提高诉讼效率,节约有限的司法资源,同时也有利于实行程序正义。

2. 检察官对警察机关的侦查活动可以进行监督和制约。比如在法国,检察官有权指挥所在法院辖区内司法警察或司法警官的一切活动,有权采取拘留措施,享有法律授予司法警察的一切权力和特权,以此来监督和制约警察机关的侦查活动,提高指控的成功率。

3. 检警配合密切,同为控方。无论是英美法系国家还是大陆法系国家,警察总是和检察官密切配合,友好合作,共同做好刑事案件的控诉工作。美国的检察官无权指挥警察,但是当警察完成侦查工作将案件提交检察官审查起诉时,如果检察官觉得缺少某一方面的证据,警察会积极地进行补充侦查。美国是世界上警察出庭率最高的国家,警察与检察官并肩作战,共同将犯罪分子送上法庭接受审判。

三、完善主办检察官办案责任制的设想

(一) 主办检察官职责权限设置的基本原则

1. 法定原则。主办检察官的职责权限范围,应当有法律的依据,不能违反法律越权办案。目前,主办检察官办案责任制还只是在试点推行阶段,没有正式立法,各地检察机关也只是在检察长的内部授权下开展工作。当主办检察官办案责任制在全国大范围试点推行并被证明是符合检察工作规律,顺应司法改革和检察改革潮流的时候,建议将其正式立法,使主办检察官运用权力时有法可依。

---

① 徐汉明:《转型社会的法律监督理念、制度与方法》,知识产权出版社 2011 年版,第 248 页。
② 龙宗智:《检察官自由裁量权研究》,载张智辉主编:《中国检察》(第 8 卷),北京大学出版社 2005 年版。

2. 相当原则。主办检察官被赋予了较大的权力和一定程度的独立性，但是法律不能覆盖方方面面，主办检察官拥有一定的自由裁量权。如何正确看待和运用这一权力，是主办检察官需要认真思索和慎重考虑的。主办检察官作出决定的权力应与该决定的性质和重要程度相适应。比如那些社会影响及其重大的案件决定权，就不宜由主办检察官单独决定。

（二）完善主办检察官办案责任制的可行性措施

1. 逐步扩大主办检察官的自由裁量权，加强主办检察官的独立性和司法属性。检察官的自由裁量权主要体现在起诉阶段，来源于起诉便宜主义。我国的起诉原则以起诉法定主义为主，起诉便宜主义为辅。根据新刑事诉讼法的规定，检察机关对公安机关侦查终结的案件，在审查起诉的过程中有权作出不起诉的决定，即绝对不起诉、相对不起诉和存疑不起诉。绝对不起诉是起诉法定主义的表现，相对不起诉和存疑不起诉是起诉便宜主义的表现。检察官的自由裁量权只能运用在相对不起诉和存疑不起诉中。在我国，检察官对于不起诉只有建议权，而没有决定权，只能报部门负责人或者检察长或者检察委员会层层审批之后决定。从检察实务来说，这是不利于提高诉讼效率的，且行政审批的色彩浓厚。改变这一状态，必须逐步扩大主办检察官的自由裁量权，赋予主办检察官起诉和不起诉的决定权。同时要取消部门负责人的审批权限，去行政化把责权利直接交给主办检察官，主办检察官直接对检察长或检察委员会负责，缩减管理层级，提高办案效率，加强主办检察官办案的独立性和司法属性。把部门负责人级别的科处长从繁忙的行政事务中解放出来，投放到办案一线，使办案资源向一线集中。

2. 构建多元化的检察官办案责任制模式。我国的主办检察官办案责任制试点范围已从最初的侦查部门逐渐扩大到检察院所有的业务部门。不同的部门享有不同的职权和属性，工作机制也必然不同，赋予主办检察官不同的职责权限，进一步探索构建多元化的检察官办案责任制模式，使之更加适应部门工作特点，更加符合检察工作客观规律势在必行。

对法律明确规定应当由检察长、检察委员会行使的职权，以及检察长、检察委员会认为应当由其行使的职权，应当由检察长、检察委员会行使。对于法律监督调查，发出检察建议、书面纠正违法意见等具有监督性质、影响其他执法司法机关的权力，要强调集中统一，由检察长、检察委员会决定。对办案中的非终局性事项、事务性工作，主办检察官有权独立作出决定。根据办案具体情况，检察长可以将重大、疑难、复杂案件以外的其他案件授权主办检察官决定处理。

职务犯罪侦查工作的下列事项经检察长授权，由主办检察官决定并负责处理：（1）研究提出初查工作方案，制定侦查方案、安全防范预案、风险工作预案，组织、指挥办案组成员实施具体的侦查活动；（2）调取、查封、扣押书证、物证、视听资料、电子数据，勘验、检查、侦查实验、鉴定、辨认；（3）提出适用强制措施和强制性侦查措施以及延长侦查羁押期限和重新计算侦查羁押期限的意见；（4）其他经检察长授权由主办检察官决定并负责处理的事项。

审查批捕工作的下列事项经检察长授权，由主办检察官决定并负责处理：（1）对普通刑事案件介入侦查引导取证，要求侦查机关（部门）对证据的合法性作出说明；（2）对符合逮捕条件的一般性案件批捕或者决定逮捕（市州分院决定逮捕的自侦案件除外），决定延长侦查羁押期限；（3）对符合和解条件的案件建议当事人和解，对情节较轻的诉讼违法行为提出口头纠正意见；（4）其他经检察长授权由主办检察官决定并负责处理的事项。

公诉工作的下列事项经检察长授权，由主办检察官决定并负责处理：（1）对普通刑事案件介入侦查引导取证，要求侦查机关（部门）对证据的合法性作出说明，退回补充侦查、自行补充侦查，对证据材料进行复查、勘验、鉴定；（2）对符合和解条件的案件建议当事人和解，对情节较轻的诉讼违法行为提出口头纠正意见，在法定量刑幅度内提出量刑建议；（3）对符合提起公诉条件的一般性案件和所有简易程序案件，直接决定起诉，在审查起诉中追加漏罪、改变案件定性或者减少原认定的事实（对量刑会产生较大影响的除外）；（4）其他经检察长授权由主办检察官决定并负责处理的事项。

诉讼监督工作的下列事项经检察长授权，由主办检察官决定并负责处理：（1）对应当由检察长、检察委员会决定之外的民事申诉案件，决定提请抗诉（抗诉仅指对下级院提请抗诉的案件），出席再审法庭；（2）对不提出抗诉的案件，做好服判息诉工作；（3）对民事审判活动监督案件和民事执行活动监督案件，进行线索评估，提出调查方案，组织实施调查，对轻微违法行为提出口头监督意见；（4）其他经检察长授权由主办检察官决定并负责处理的事项。

3. 建立主办检察官权力运行的监督制约机制。主办检察官被赋予了较大的权力，有权必有责，用权受监督。在强调主办检察官独立行使办案权的同时，应建立一套完善的监督制约机制。监督制约的方式可采用以下几种：一是检察长和检察委员会可以随时监督、检查主办检察官办案组工作；二是充分发挥案件管理部门的内部监督制约作用，这是近年来检察机关加强内部监督制约的有效机制，案件管理部门负责对外受理案件线索，对内分流案件线索，并跟踪案件办理过程，通过对主办检察官所办每一件案件法律文书的签批审查，对案件质量进行监督，及时纠正主办检察官办案中存在的问题；三是加强相关业务部门的案件审查监督，如批捕公诉部门可以对职务犯罪侦查部的案件进行监督审查；四是严格落实错案责任追究制，加强主办检察官办案主体意识和责任意识；五是对主办检察官实行年度考核，合格者继续履行主办检察官职责，不合格者取消资格。

4. 深化落实检察人员分类管理改革。要根据最高人民检察院部署，坚持从我国国情和检察工作实际出发，落实《人民检察院工作人员分类管理制度改革意见》等文件，实施检察官单独职务序列，建立检察官管理委员会，完善检察官考评和惩戒制度，推进检察委员会专业化建设；合理划分人员类别，明确工作职责，建立检察辅助人员、司法行政人员管理制度，使各类检察人员各得其所，各司其职；建立健全分类管理相关配套制度，形成分类科学、结构合理、职责明晰、管理规范的工作机制。深入细致地做好思想政治工作，确保人员平稳过渡，将分类管理制度改革与检察工作机制改革有机结合，进一步推进检察业务工作。

5. 建立健全激励机制和职务晋升机制，提高主办检察官待遇，稳定主办检察官队伍。完善主办检察官办案责任制必须做到责、权、利的统一，主办检察官拥有较大的权力，更重的责任，相应的待遇保障也应该完善。要建立健全激励机制，提高主办检察官待遇，激发主办检察官工作的积极性，使那些能力突出的主办检察官脱颖而出。要完善职务晋升机制，增强主办检察官职位的吸引力和凝聚力，使主办检察官可以通过相关渠道晋级提职，稳定主办检察官队伍。

主任检察官制度：理念、内容、实施

——基于与我国台湾地区的比较

胡巧绒[*]

党的十八大明确提出，要进一步深化司法体制改革，坚持和完善中国特色社会主义司法制度，确保审判机关、检察机关依法独立公正行使审判权、检察权。为此，建立符合检察机关的办案组织，确保检察官独立办案，是遵照和遵循司法规律的体现，是保障检察权独立公正行使的前提。2007年以来，北京市人民检察院第一分院（以下简称北京一分院）、上海市浦东新区人民检察院（以下简称浦东区院）、闵行区人民检察院（以下简称闵行区院）纷纷试行了主任检察官制度。由于主任检察官制度参照蓝本主要来源于我国台湾地区，因而有必要对台湾主任检察官制度的运作模式和背景作细致的分析，剖析我国改革试点的主任检察官制度在实施中遭遇的障碍或"瓶颈"，以期该项制度在探索中不断完善。

一、台湾地区主任检察官制度的概述

（一）台湾地区主任检察官制度的内容

主任检察官的名称来源于我国台湾地区。台湾采行审检分隶制，规定各级法院及分院配置检察署，首长称"检察长"，各级检察机关检察官名额在六人以上者，分组办案，每一组设一名"主任检察官"，监督该组事务。在台湾，主任检察官是检察体系的一个职级，是检察体系金字塔形组织中的一个层级。一个检察官就是一个办案单位，六个以上的检察官组成一个组。台湾检察制度根据业务一般分设三类组：侦查组、公诉组、执行组，其中业务量较大的侦查组，又分设若干组，如侦查甲组、侦查乙组等，也有根据案件类型设"扫黑组"、"肃贪组"等。主任检察官是组的业务领导，对办案起领导、统御的作用，也是检察长的"助手"。

根据台湾地区《地方法院及分院检察署处务规程》，主任检察官的职权包括：本组事务的监督、本组检察官办案文书的审核、本组检察官承办案件行政文稿的审核或决议、本组检察官及其他职员的工作、操作、学识、才能的考核与奖惩的拟议、人民陈述案件的调查及拟议、法律问题的研究、检察长交办事项及其他有关事务的处理。此外，主任检察官还享有分案建议权、经检察长授权命令报告及调阅卷宗权、异议权、法律文书核定权、羁押必要处分权以及考核拟议权。高等法院检察署以下各级法院及其分院检察署的主任检察

---

[*] 上海市宝山区人民检察院法律政策研究室副主任。

官的任免、转任、迁调、考核及奖励事项,由设于法务部的检察官人事审议委员会负责。①

(二)台湾地区主任检察官制度的运作环境

曾有一位学者说过:"单从字面意思上去理解难免会出现想当然的理解,我们总是选择性地看到我们喜闻乐见的一部分,选择性地忽视了我们应该看到的制度本身是如何构建和维持运转的。"因为任何制度的存在都有适合其生存的"本土资源",或者说任何制度的构建都应该与其司法环境等相适应。我们在借鉴台湾主任检察官制度的同时,也应当一并考察其制度的背景,寻找制度渊源的异同。

首先,从台湾地区检察权运作的外部环境看,台湾地区的机关组织设计受孙中山先生的权能区分及五权分立理论的影响,将政府组织设为行政院、立法院、司法院、考试院、监察院,分别行使行政、立法、司法、考试和弹劾五权,五院地立平等、分权制衡、分工合作。② 台湾地区的检察机关定位为刑事诉讼原告机关,为行使刑事追诉的侦查机关。在整个政治体制中,检察机关隶属于"行政院"的"法务部"。"法务部长"仅仅对检察行政事务享有指挥监督权力,并没有个案的指挥监督权。③ 所谓的检察行政事务主要是经费、人事、职务上注意事项的发布以及检察官废弛职务、侵越权限或行为不检者发布警告处分等事务。④ 但值得注意的是,台湾地区检察体系实行"垂直领导",检察机关的人、财、物配备统一由"中央"财政预算编列和分配,不依赖于地方县、市"政府"或者"议会",同时,地方各级检察机关的检察首长及检察官人事任免、调迁等统一由内设于"法务部"的"检察官人事审议委员会"负责,与地方县、市"政府"和"议会"无关。

其次,从台湾地区检察权运行的内部环境看,台湾地区的检察制度遵循检察一体原则,并且以检察官—主任检察官—检察长为检察权的运行模式。检察官以本人的名义对外行使检察权,个人承担责任。但与检察官独立行使检察权相对应的是检察一体原则,即以上命下从的行政关系以及职务转移、职务继承等行政性制度要素为其支撑条件,这也是检察工作本身的特性所决定的。值得注意的是,为了防止检察首长借检察一体原则行干预检察官独立办案之实,对检察一体原则予以制度化及透明化,明确了检察独立与检察一体之间的界限,如检察首长指挥监督应书面进行、指定分案应具备一定条件且以书面附理由进行、检察长指定检察官协同办案的,应征询主办检察官对协同人选的意见等。这些规定都确保检察官在规范化与制度化的范畴内独立办案。⑤

(三)台湾地区主任检察官制度的运作状况

台湾地区主任检察官制度的运作虽然也遭到了一些争议,有观点认为,主任检察官制度具有经验传承及统合小组办案的功能,应当维系。但也有观点认为,主任检察官必须分

---

① 参见万毅:《台湾地区主任检察官制度的介绍与借鉴》,上海市检察官协会、上海市浦东新区人民检察院2013年4月2日举办的"检察机关基本办案组织研讨会"会议材料。
② 熊先觉:《中国司法制度新论》,中国法制出版社1999年版,第401页。
③ 万毅:《两岸检察机关领导体制比较》,载《东方法学》2012年第1期。
④ 林钰雄:《检察官论》,法律出版社2008年版,第31页。
⑤ 万毅:《两岸检察机关领导体制比较》,载《东方法学》2012年第1期。

担行政事务，长期减少办理刑事侦查案件的做法，造成基层检察官负荷沉重，并浪费了有经验的资深检察官。从媒体对检察制度的舆论监督中，主任检察官制度也发生了一些变化，如为了防止被认作对检察官独立办案的不当干预，主任检察官一般不对承办人进行积极的监督，而且监督和指导的范围严格限制在实务技术的层面，不涉及法律处分层面，最大限度地尊重检察独立原则。从"陈水扁舞弊案"的侦办中我们也可以发现，无论是检察独立，还是主任检察官制度下的检察官独立，都是我国大陆地区不可想象的。

综合以上三个方面，我们可以发现，台湾地区的主任检察官制度首先是建立在检察官独立和检察一体的原则之下，且检察一体的原则具有制度的规范。该主任检察官制度得以运行的重要保障还在于检察权的外部独立，虽然台湾的检察机关在组织结构上隶属于行政机构，但行使的是司法功能。法务部仅仅对检察行政事务进行领导，且检察机关完全独立于所在地方县、市"政府"和"议会"。

二、我国主任检察官制度的内容

近年来，我国为深化检察人事制度改革、推进检察人员分类管理、改革检察机关业务工作机制，北京一分院于2007年率先在全国施行主任检察官办案责任制、2011年闵行区院、浦东区院也纷纷进行了主任检察官制度的实践和探索。两地三院的实践与探索主要如下：

（一）主任检察官制度的定位

北京一分院将主任检察官制度定位为主任检察官办案责任制，即在检察长领导下，建立以检察官为中心的专业化办案组的办案模式，在业务部门实行的以主任检察官为主要负责人的检察官办案制度。浦东区院与闵行区院将主任检察官制度定位为办案组织，是指在检察长领导下，以主任检察官为办案责任主体的扁平化的检察办案组织体系，包括主任检察官、主任检察官办案组的构成、权利义务、办案运行模式，主任检察官的选拔任命、考核奖惩、监督制约和配合保障等机制的总和。然而，由于处于改革的试点阶段，上述单位的内设机构不发生改变，主任检察官与科、处长并存，上海两个单位的科、处长依然保留一定办案职权，因而目前施行的主任检察官尚未成为真正独立的办案组织。

北京一分院在公诉部门施行主任检察官制度。浦东区院在派出院、反贪、反渎、侦监、公诉、未检、控申、民行、监所、驻监狱检察室设置了主任检察官。闵行区院则在侦监、公诉、金融、未检四个业务部门设置了主任检察官。主任检察官配备若干检察员、助理检察员、书记员作为助手。

（二）主任检察官的选任

北京一分院的主任检察官选任，由设在政治部的主任检察官考评委员会负责初选，政治部复核，统一组织主任检察官考试，确立主任检察官的岗位数，最后由院党组决定任命。闵行区院的主任检察官选任采取个人申报、科室推荐和组织审定的方式进行，由院党组决定。浦东新区通过在全院范围内遴选，由检察长任命主任检察官。

两地三院对担任主任检察官的资格的规定虽然各有差异，但总体而言，即要求主任检察官必须具有检察员资格，并有精湛的检察业务能力。

(三) 主任检察官的职责

在我国，检察权由检察长集中行使，主任检察官实际上是在各自的办案小组中代理检察长行使权力的执行者，因此，其只对所办案件享有有限的决定权，且检察长或检委会的命令，主任检察官必须执行。北京一分院规定改变管辖、不起诉处理、撤回起诉等十二项职责，主任检察官享有建议权，由检察长或检委会决定；对退回补充侦查、移送起诉等十二项职责以及检察长、检委会授权的其他事项具有决定权。浦东区院根据不同的事项，区分为由主任检察官决定、主任检察官提出拟办意见报部门负责先行审核后报检察长决定以及主任检察官提出拟办意见由部门负责人决定三种情形。闵行区院根据其制定的《审查批捕、起诉案件质量风险控制实施办法》的规定①，将案件风险分为四级，二级以下风险的案件由主任检察官决定，三级风险案件由科室或者主任检察官联席会讨论后由分管检察长审批决定，四级风险案件由科室或主任检察官联席会讨论后，由分管检察长决定是否递交检察委员会讨论决定。

在主任检察官与检察官之间，北京一分院和闵行区院采主任检察官审批制，主任检察官为第一责任人，即对组内检察官办案具有审批决定权。浦东区院实行主任检察官审核制，即检察官对所办案件承担责任，主任检察官仅负责审核、把关，不能改变检察官的决定。

从上述规定可以发现，北京一分院以及闵行区院试行的主任检察官制度实为主任检察官独立，其他检察员实为主任检察官的辅助人员。如果不区分情形，一律由主任检察官审批决定，依然有违检察独立原则。而且在目前的试点中，浦东区院、闵行区院依然保留了科、处层级，而且科、处长享有一定的办案职权，这就使主任检察官制度保留了一定的行政色彩，这些都与台湾地区的主任检察官制度有所差异。

(四) 主任检察官的监督制约

北京一分院规定检察长有权随时检查主任检察官的办案工作，部门负责人有权受检察长委托向主任检察官了解办理案件的进度和对有关事项进行处理的情况。浦东区院也有上述相似规定，同时规定了主任检察官联席会议制度，对一些疑难复杂案件，主任检察官可提请部门负责人召开本部门的主任检察官联席会议进行讨论。联席会议形成的意见供主任检察官参考。通过个案评、月通报、季评审、年讲评等机制，由案管处督导员对主任检察官办案的质量进行检查、考核和评估。

三、我国主任检察官制度的实施

主任检察官制度是检察业务管理科学化和检察工作司法化、法治化的要求，是保障检

---

① 闵行区院的案件风险划分主要是指案件可能或认定为无罪处理的风险大小，如审查逮捕案件的一级风险是指犯罪嫌疑人作有罪供述，主要犯罪事实已有查证属实的证据证明，部分不影响定罪的证据虽有欠缺，但经过进一步侦查可以取得的；二级风险是指犯罪嫌疑人从未作出有罪供述或者在作出有罪供述之后又翻供，但犯罪事实有其他已查证属实的证据佐证，或者案件定性存在争议，但不影响定罪的；三级风险是指犯罪嫌疑人从未作出有罪供述或者在作出有罪供述之后又翻供，其他证明犯罪嫌疑人有罪或无罪的主要证据之间存在矛盾，但可以确认优势证据的；四级风险是指仅有犯罪嫌疑人的有罪供述，而无其他已查证属实的证据佐证的等九种证据不足以证明犯罪事实的情形。

察权依法独立公正行使，提升检察机关执法公信力的重要机制。北京、上海等地检察院对主任检察官制度改革的试点与运行，在实践中也取得了一定成效。由于主任检察官被赋予独立办案的职责，工作责任心和职业荣誉感增强，更专心于案件的办理，案件质量逐年上升，北京一分院公诉部门办理的A类案件不断上升，2008年为30件，2009年为35件，2010年为37件，2011年为63件，2012年达118件。此外，由于简化了行政化的审批程序，办案效率也显著提高。北京一分院公诉二处2009年的结案率为82.86%，2010年为92.6%，2011年达98.73%；浦东区院公诉部门2012年人均办案84.86件，同比上升32.3件，审结率为98.4%，同比上升6.7%，平均办案期限同比减少7.72天。在人才培养方面，通过主任制优化配置主任检察官和办案组成员，使组内成员的知识结构、经验及特长等形成互补，有效发挥了人才的辐射引领作用。通过专业化的办案组分工，也为培养某一领域内的专家人才提供了土壤，如北京一分院推行主任制以来，公诉部门在全市两届检察技能比武中，取得了四名十佳、三名十优的好成绩。

当然，由于主任检察官制度改革实质上是检察管理方式的革命，涉及干部人事制度、检察业务工作流程、检察权内部配置和监督制约等多方面问题，会受到传统观念、现有工作运行模式以及体制等各个方面的抵触与冲突，主任检察官制度在施行中也遇到一定的障碍与制约，对此分析如下：

（一）主任检察官制度的法律制约

首先，我国宪法第131条规定，人民检察院依照法律规定独立行使检察权，不受行政机关、社会团体和个人的干涉。人民检察院组织法第4条、第5条还规定，人民检察院是行使检察权的主体。可见，我国强调的是检察院整体独立，而非检察官独立，因此，主任检察官制度下的检察官独立没有宪法和法律基础。其次，人民检察院组织法第3条规定，各级人民检察院设检察长一人，副检察长和检察员若干人。各级人民检察院设立检察委员会。可见，主任检察官身份目前也没有立法上的确认。因此，推进主任检察官制度势必需要相关法律的修改。

（二）主任检察官制度的外部制约

我国的检察制度，是根植于我国特定的政治、经济、文化体系，具有中国特色的社会主义检察制度。我们必须坚持在共产党的领导下，接受同级人大及其常委会的监督。宪法明确了检察机关独立行使检察权，不受行政机关、个人、团体的干涉。但由于地方各级检察机关的人、财、物均受制于地方政府。虽然在法理上，这并不构成在主任检察官的制度下检察官独立行使检察权的障碍，但在实践中，检察机关为了不断"财物"，必须看行政机关的"脸色"。正如前文所述，台湾主任检察官制度的有效运行是建立在检察官独立的基础之上，而台湾检察官之所以可以独立办案是由于检察权的运行独立于政府或者议会，而检察权独立运行的有效保障之一是其人、财、物不受地方的制约。

（三）主任检察官制度的内部制约

主任检察官制度的内部制约主要是指检察机关上下级之间的领导关系以及检察机关内部管理体制。正如本文前面所言，台湾地区主任检察官制度遵循检察官—主任检察官—检察长的权力运行轨迹，上下级检察机关之间的领导关系以检察一体原则为规范，并且以规范化的检察一体原则保障检察官的独立。我国检察机关的上下级之间究竟如何行使领导关系，一直以来都没有受到理论界和实务界的关注，实践中，就存在上级机关的检察官绕开下级机关的检察首长而直接对下级机关的检察官进行指令。这种领导方式势必架空检察官—主任检察官—检察首长的检察权运行轨迹。当然，主任检察官制度的改革不能动摇上级检察机关对下级检察机关的领导，但为了使主任检察官制度的有效运作，必须使上级检察机关对下级检察机关的领导通过检察首长之间的指令进行，且这和指令应当限定在检察一体的原则之下。从而使主任检察官制度下的检察官能真正独立行使检察职权。

由于主任检察官制度改革的目的在于凸显检察的司法性，去除检察办案中的行政性。但不能否认检察机关的部分职责也具有行政的特质。目前检察机关内部的管理体制尚未清晰区分司法与行政的不同特点。为使主任检察官制度改革有效推进，检察机关内部的管理体制也有必要遵循规律进行，司法的职责以司法的方式运行，行政的工作以行政化的方式管理，形成既统一又协调的管理模式。

四、结语：圆梦主任检察官制度有赖于检察官独立

从司法工作的独立、亲历、兼听、公开的特点看，检察官应当成为执法办案的主体，依法独立行使检察权。也只有检察官真正成为执法办案的主体，才能充分激发其强烈的荣誉感和责任感。主任检察官制度的改革符合司法的特点和规律，也是深化司法体制改革，完善中国特色的社会主义司法制度的重要举措，应当值得肯定。然而，我们在借鉴其他国家或地区的检察制度时，也应仔细分析"本土资源"，防止制度移植的"水土不服"。如台湾地区的主任检察官制度是建立在"检察官是侦查官"的体制下，而我国的检察官具有多项职能，因而在具体制度设计时，需要对侦查、刑检、监督等不同业务作不同的制度安排。台湾地区的主任检察官制度是建立在检察官独立办案、检察一体原则为主要保障的基础之上，而我国检察官独立的立法、外部环境与内部制度都存在一定制约，均需作配套的改革才能使主任检察官制度得以有效运行。

防范刑事冤错案件机制之检察官办案责任制初探

佟光喜* 张 晨**

一、刑事冤错案件的根源

当前，法治建设虽然取得了巨大进步，但繁华表面难掩中国法治化道路的困境，冤假错案的消息屡见报端，早有佘祥林案、赵作海案、聂树斌案等，近有张高平叔侄强奸案、上海两梅杀人案和福清纪委爆炸案等，一系列冤假错案的报道导致司法公信力极度下滑，司法权威受到严重挑战。相对于全国总人口，蒙受冤屈者虽是沧海一粟，但对于这些不幸的个人，此种不白之冤却是灭顶之灾，同时他们的生死沉浮考问着现行司法体制。事实上，在刑事诉讼程序中，在强大的国家力量面前，被追诉者简直不堪一击，其不管曾经多么风光骄横，一旦成为被追诉者，都会感觉束手无策，四顾茫然，这个时候，他实际上仅有刑事诉讼法可供利用，从这个角度，修改后的刑事诉讼法担负着防范刑事冤错案、尊重和保障人权的使命。然而，徒法不足以自行，没有执法机器的合理设计，法律的执行就会达不到立法的初衷，尊重和保障人权的理念和防范刑事冤错案的目的就无法真正实现。如今，中国的法治化道路走到了十字路口，是继续沿原有的模式前行、向左拐大胆激进地改革还是向右拐"摸着石头过河"[①]，是对每个法律人的诘问。

为了防范刑事冤错案的发生，我们首先应当探究发生冤假错案的根源。从目前曝光的刑事冤错案的情况看，无论是赵作海杀人案、张高平叔侄强奸案还是福清纪委爆炸案，案件本身并不复杂，认定犯罪事实的证据存在疑点，且检察院法院办案人员对证据存在的瑕疵都有所认识，并由此导致案件一而再、再而三地被退回补充侦查或发回重审。如果公检法任何一个机关能够坚守法律底线，坚持定案证据标准，可以说不需要业务多么精通就能够作出正确判断，就可以避免悲剧的发生。但遗憾的是，就是这样一些案件经过公检法层层关口，经历慢长时日，大多仍然是以"疑罪从有"、"疑罪从轻"的"留有余地判决"而告终。缘何？为了服务地方和谐稳定的大局而放弃了法律的底线。办理案件时以维护社会和谐稳定为宗旨本没有错，刑事诉讼法第1条就规定了立法宗旨"惩罚犯罪，保护人民，保障国家安全和社会公共安全，维护社会主义社会秩序"，但是过度强调"服务地方和谐稳定的大局"而忽视"尊重和保障人权"就会产生两只无形的手——外部干预和刑讯逼供，正是这两只无形的手最终导致了一个个冤假错案的出现。

---

* 江苏省徐州市经济技术开发区人民检察院检察长。
** 江苏省徐州市经济技术开发区人民检察院检察员，中国法学会会员。
① 习近平总书记在中共中央政治局第二次集体学习时提到，"摸着石头过河，是富有中国特色、符合中国国情的改革方法"。

刑讯逼供是社会公众和学界普遍认为的冤假错案的症结所在，于是乎，新刑事诉讼法出台了非法证据排除、限制监视居住、"不得强迫自证其罪"等一系列规范侦查权的规定，事实上，为了防范刑事冤错案的出现，限制侦查权确实是一个最直接的途径。然而，我国的侦查手段较狭窄、侦查技术不够先进、警力不足、证人证言获取难度大等司法实践现状，以及国家对社会和谐稳定的要求高、民众对社会治安的期待大、"以牙还牙以眼还眼"的观念强等现实国情导致了司法实践中不能对侦查机关苛求太多，过度限制侦查权必然会以挫伤侦查机关积极性和放纵犯罪影响社会治安为代价，在司法实践现状和现实国情尚无法提供"侦查机关完全规范办案、犯罪嫌疑人享有沉默权"这样理想土壤的现阶段，检察机关的法律监督职能就显得尤为重要，必须承认，在一系列冤假错案的背后，检察机关法律监督的缺位是无法回避的事实。

至于外部干预，越来越多的学者和司法实践者意识到这个因素，北大法学家贺卫方即认为"许多案件之所以不公平，恰是因外部干预导致的最后判决结果不纠正……也正是因为这种名义上的决策者与实际上的决策者之间的分离，既淡化了法官在司法过程中的责任心，增大了判决的随意性，同时也导致一些冤案揭露后却无法及时平反。聂树斌案就是一个典型"。① 外部干预过多，源自司法不独立。司法不独立包括外部不独立和内部不独立，外部不独立是指办理案件时过多地受到其他组织和社会舆论的声音的干扰，内部不独立，是指办理案件时遵从于行政领导式的权威式命令，而非自身的司法判断。当法官检察官的司法业绩甚至前途，不能由自己的司法判断左右，而必须以是否与外部或内部的指令一致来考量时，法官、检察官就不会基于司法理性而是倾向于屈从外部或内部权力，因为这是化解司法风险或者说个人风险的最佳方式。在一种非司法理性支配下作出司法决定，产生冤假错案也就不足为奇。

当然，社会公众所关心的司法腐败问题也是存在的，尽管因司法腐败而产生的刑事冤错案并不多，毕竟对于死刑案件很少有人会为了金钱美色而拿别人的生命或是自己的前程做赌注，但是权力的稀缺性、权力行使的任意性和制度的缺陷性致使司法腐败总是不可避免。对此，贺卫方认为，"不能简单把法官腐败归结为个人操守问题，这实际上是一个综合性的体制问题。大家应逐渐认识到，司法腐败的问题根源在哪里，不应该满足于对个别被揭露出来的法院院长或者法官个人私德的斥责。治理司法腐败需要从制度上进行艰巨的努力"②。

二、检察官办案责任制构架

鉴于此，笔者建议，为了防范刑事冤错案，消弭外部干预和刑讯逼供两只无形手的影响，治理司法腐败提升司法公信力，应当构建检察官办案责任制。近日，中央政法委出台

---

① 2011年10月25日，北京大学法学家贺卫方和北京理工大学教授徐昕在北京大学法学院举办了一场题为"司法改革的顶层设计"的讲座，这段话来自贺卫方在讲座中的发言。

② 出自《财经》记者与北京大学法学家贺卫方、浙江省高级法院原新闻发言人、京衡律师集团董事长陈有西就司法改革相关问题的对话。

了首个关于切实防止冤假错案的指导意见，要求法官、检察官、人民警察在职责范围内对办案质量终身负责，并建立健全冤假错案的责任追究机制；而深圳福田法院已于2012年7月启动了审判长负责制改革，建立了"每位审判长带着2名普通法官、3名法官助理和其他辅助人员，组成专业化审判团队"的机制，寄望通过此次改革"逐步消除、削弱法院行政化的倾向"，改变"不审案子的人，决定案子裁决"的现象①；此外，最高人民检察院曾在2000年推行审查起诉部门主诉检察官办案责任制，虽未取得预期效果，但其制度设计值得借鉴。可见，检察官办案责任制已经有了探索和试行的土壤。笔者提出如下架构模式：

（一）团队化办案模式，实现"审"、"决"合一

检察官办案责任制实行团队化的办案模式，由一个主办检察官和若干个普通检察官、书记员共同组成检察官办案团队，包括公诉团队，批捕团队，民事行政检察团队，控告申诉检察团队，职务犯罪侦查团队等。②办案团队由主办检察官领导，团队成员均对主办检察官负责。主办检察官享有相对独立完整的办案职权，包括案件审理、案件分配、工作安排、人员调度、文书签发以及案件的最终决定权。

那么，团队化办案模式应该如何具体操作呢？是由主办检察官亲自办理所有案件，其他团队成员从事辅助性工作，还是团队其他检察官也独立承办案件，案件审结后交由主办检察官签字批准？前者会导致主办检察官业务量过大而势必影响办案效率和办案质量，团队其他检察官也得不到应有的锻炼；而后者似乎与目前承办人独立承办案件、向部门负责人和分管检察长汇报的机制在形式上并无太大不同，"审"、"决"分离的现象仍然存在。为了保证案件质量，防范刑事冤错案，应当最大限度地保证"审"、"决"合一，尽可能避免"不审案子的人，决定案件结果"的情况，因此，笔者建议，检察官办案责任制实行这样的办案模式：重大疑难复杂案件由主办检察官亲自审查并决定，团队其他检察官可从事辅助性工作；案件事实清楚、证据充分、被告人认罪的简易程序案件，由团队其他检察官审查并决定，但需交主办检察官复核批准。虽然案件均由主办检察官最后"拍板"，并不意味着其他检察官不能发表自己的观点，案件讨论制度仍然是探究事实证据、辨析案件定性的必不可少的手段之一，而主办检察官必须具有善于听取其他团队成员观点和意见的专业素养，否则只会成为主办检察官的"一言堂"。

（二）高度职权和权责统一

检察官办案责任制的核心之一就是"放权"，即赋予主办检察官办理案件的高度职权，使主办检察官以自身的专业度、经验度、司法理性和职业道德确保案件质量，防范刑事冤错案的出现，打破传统办案机制层层请示、层层把关、重大案件通过检委会规避风险、错案无人担责的现象。最高人民检察院曾推行的主诉检察官制度之所以没有取得预期

---

① 2013年3月14日的《南方周末》刊发文章《深圳福田审判长负责制改革：不审案的人，不能判案了》，详细报道了深圳福田法院启动的审判长负责制改革。

② 职务犯罪侦查团队，因其职能的特殊性，在具体办案模式上与其他检察官办案团队也会有所不同，在此不再赘述。

效果，一方面是因为一些地方将主诉检察官制度当成了提拔干部行政级别的"踏板"，通过任命主诉检察官来解决干部的副科级行政职级。另一方面就是因为实践中，要么"放权"有名无实，主诉检察官无法享有案件的最终决定权，在行政、业务上仍受科长和分管检察长领导，办理案件仍要层层请示、汇报；要么"放权"不到位，将重大、疑难、复杂的案件，改变侦查机关认定的事实和定性案件，改变强制措施的案件，追加漏罪、漏犯的案件等列为主诉检察官无权决定的事项，那么事实上其能自主决定的事项已经所剩无几。

为了避免重蹈覆辙，检察官办案责任制必须将"放权"落到实处，由主办检察官享有所有案件的最终决定权，包括重大疑难复杂案件。那么，什么样的案件提交检察委员会讨论呢？《人民检察院检察委员会议事和工作规则》规定，检委会审议的案件主要包括有重大社会影响或者重大意见分歧的案件以及向上一级人民检察院提请抗诉和复议的案件，而司法实践中提交检委会讨论的多是不起诉和抗诉案件。由于在召开检委会时，承办人和承办部门会针对案件发表倾向性观点，而其他检委会委员未曾阅卷和审查案件，其观点表达只能基于对汇报提纲的阅读和对承办人现场汇报的倾听，检委会很难起到应有的屏障作用。因此，笔者建议，重大社会影响、重大意见分歧、不起诉和抗诉案件均可交由主办检察官及其团队决定，但是，应交由案件监督团队备案审查①。如果案件监督团队对公诉、批捕等团队的决定提出异议而后者又不采纳，应在检察长决定后将案件提交检委会讨论，由持不同观点的主办检察官提交汇报提纲并在检委会上陈述观点，检委会委员据此审议并发表意见，并由检委会对案件的结果负责。

检察官办案责任制的另一核心就是"权责统一"，与主办检察官高度职权相对应的是主办检察官必须对自己职权范围内决定的所有案件承担终身责任。那么一旦出现刑事冤错案，将直接追究主办检察官的责任，在监管上和责任倒查上都更加清晰。当法官检察官的司法业绩甚至前途，不再以是否与外部或内部的指令一致作为考量，而仅由自己的司法判断所决定，那么主办检察官在办理案件和作出司法决定时一定会更加地理性和审慎，更加严格地坚持以事实为依据、以法律为准绳，更加冷静地坚持职业操守。对于一个被提起公诉、批准逮捕或侦查终结的案件来说，其完全是主办检察官及其团队恪守法律和良心的产物，而绝非屈从行政领导的威权式命令、社会舆论的压力或金钱美色交易下的产物，那么司法公正就可以得到最大限度的保证，刑事冤错案也可以得到最大限度的避免。

（三）监督制约机制

当权力的稀缺性和集中性同时存在时，即使案件背后的责任会增强主办检察官的司法理性，但仍不能排除某些人会凭侥幸心理，为了一己私利或其他案外因素而拿自己的前途和人生冒险。因此，检察官办案责任制必须涵盖相应的监督制约机制。笔者建议，成立专门的检察监督部门并设立相应的检察官团队。

这就涉及检察权的功能定位问题。检察权本质上应当是一种法律监督权，但实践中，由于检察机关控诉职能的存在和行使，其法律监督职能常有弱化之嫌。究其原因，控诉职

---

① 案件监督团队是指对案件进行实体监督的检察官办案团队，下文"监督制约机制"中会详细介绍。

能与监督职能实际上存在一定的"功能冲突":检察机关一旦向法院提起公诉,则追求所指控的犯罪能够成立就成为其天然的倾向,公诉人会努力寻找证据来获得有罪判决,如果已公诉的案件被判决无罪则会被视为检察机关的"错案"而被追究。在此情形下,希望公诉人能够始终站在被告人的立场上努力监督侦查机关的侦查行为是否合法,这与其本身的控方利益相冲突,因而缺少自洽性。尤其对于检察机关自己的职务犯罪侦查行为的监督而言,这种冲突表现得更为明显。此外,在刑事诉讼中承担控诉职能的检察机关如果再享有批捕权,不但直接打破了作为现代刑事诉讼核心机制的控辩平等原则,致使诉讼机制失去了最低限度的公正性,而且使得检察权的运行表现出极强的主观随意性,极有可能在司法实践中使被告人、犯罪嫌疑人的诉讼地位呈客观化趋势,其权利保障也会受到弱化和侵害。①

鉴于此,笔者认为,有必要将专门的法律监督职能从公诉部门和批捕部门剥离出来,成立专门的检察监督部门。而检察监督部门内可根据具体的法律监督职能设立非法证据排除团队、继续羁押必要性审查团队、审判监督团队及案件监督团队等。这里着重谈一下非法证据排除团队和案件监督团队。非法证据排除制度是新刑事诉讼法为了遏制刑讯逼供而采取的一个有力武器,笔者认为应该由专门的检察官办案团队使用该"武器",而非交由批捕团队或公诉团队运用。因为,审查批捕的期限较短,在较短的期限内同时完成案件的审查批捕和非法证据的调查核实显然不现实;而公诉团队的首要职责是控诉,虽然其有对案件的非法证据进行调查核实并排除的义务,但让其在履行此义务时保持完全绝对的客观公正却很难,不是检察官的职业道德问题,而是与其控诉职能从根本上相抵触。因而由独立的第三方进行此项工作方能做到客观公正最大化,方能最大限度地实现非法证据排除制度的价值,发现刑讯逼供行为,拦截刑事冤错案。

案件监督团队,是一个实体监督团队,并不同于目前检察机关的案件监督管理部门,其工作机制是:对公诉、批捕等检察官办案团队提交的案件三书备案审查,对于重大社会影响、重大意见分歧、重大信访隐患和不起诉案件,予以重点审查,必要时可调阅卷宗,如果案件监督团队主办检察官对案件的处理持不同观点,应向公诉、批捕等检察官办案团队的主办检察官提出异议,后者不予采纳的,提交检委会讨论决定。由同样职业化的主办检察官及其团队复核审查案件,显然会比有些司法同仁提出的纪委监察室或是行政领导复核审查起到更有效的监督制约作用。

(四)选任和保障机制

众所周知,西方国家对法官、检察官都设置了较高的门槛,在美国,只有在大学法学院毕业并获得 JD 学位(即法律职业博士),经过严格的律师资格考试,并有若干年律师职业经验才具有担任联邦法院法官的资格,而真正被提名为联邦法官候选人的年龄多在50岁以上。拥有高度职权并肩负重大责任的主办检察官在任职资格上也应严格要求,简言之,接受过正规的法学教育,通过严格的资格考试,较长时间的司法执业经验,过硬的

---

① 国家法官学院副院长郝银钟在《批捕权的法理与法理化的批捕权》一文中认为,检察机关不应再享有批捕权。

业务水平，良好的政治素养和职业操守都是必备的任职资格。此外，"疑罪从无"、"尊重和保障人权"、"程序正义"等法治理念是在选任主办检察官时必须考量的要素和在培训时必须灌输的理念。

保障机制主要来源于身份上的改变。启动审判长负责制改革的深圳福田法院的做法值得借鉴，实行审判长负责制后，审判长成为职业化的法官，只管安心专心办案，繁杂的行政事务都剥离给非审判长处理，该院下一步还将寻求法官职业化和法官单独职务序列管理上的突破，旨在破除法官行政化，"让法官不再追求当'长'，而把法官作为终身职业"。① 事实上，在检察院内部，有一些检察官虽法律功底深厚、业务水平过硬，却因不善于人情世故和处理行政事务而得不到重用，检察官办案责任制给了这个群体施展才能和实现理想的机会。较高的任职门槛、相对独立的检察职权、专业化的办案团队、职业化的身份保障，再加上高于普通公务员的薪酬待遇，会使主办检察官们拥有高度的职业自豪感。贺卫方认为，"一个行业的职业伦理要获得内心的深刻体认，这关乎职业本身的自尊心和尊荣感。西方的法律职业，整个训练中注重一个人综合素质的修养。具有为人所需要的基本美德，比如如何诚实、对苦难具有同情心、对法律持有敬畏、对腐败保持抗拒，以及如何运用理智去判决案件。这些方面，中国还比较缺乏。法官作为一个职业并不特殊，社会地位一般，收入微薄……"② 显然，较高的职业荣誉感会使主办检察官们更加珍惜自己的职业，以更审慎的态度对待自己手中的权力，以更强烈的责任心对待每一起案件。

当行政事务不再成为困扰、领导职务不再成为追求、上级命令不再为之妥协、人情往来不再为之动摇，唯一的使命是把案子办好，不在自己手中出现一件冤假错案，唯一的追求是百姓的认同、律师的认同和同行业的认同，司法独立和法治化离我们也就不遥远了。

---

① 2013年3月14日的《南方周末》刊发文章《深圳福田审判长负责制改革：不审案的人，不能判案了》，详细报道了深圳福田法院启动的审判长负责制改革。
② 出自《财经》记者与北京大学法学家贺卫方、浙江省高级法院原新闻发言人、京衡律师集团董事长陈有西就司法改革相关问题的对话。

论上下级检察机关领导关系的规范化
——对检察工作一体化机制的反思与检讨

罗庆华[*]　颜 翔[**]

针对地方检察院"对上级人民检察院的要求和部署贯彻执行不力、敷衍应付甚至自行其是的现象",最高人民检察院于1999年开始进行检察工作一体化机制改革。[①] 经过十余年的努力,目前检察机关上级院的领导力度已经得到显著加强,下级院的执行力度也有了质的提升。然而在遏制检察权过度地方化的同时,上下级检察机关领导关系却出现了令人担忧的过度行政化倾向,这不仅会损害检察机关的法律监督职能,还会影响到检察机关的司法公信力。对此,笔者针对目前上下级检察机关领导关系的现状及存在的问题,通过对检察工作一体化机制的反思和检讨,谈谈对上下级检察机关领导关系进行规范化的一些看法。

一、上下级检察机关领导关系的过度行政化

无论将检察机关定位于司法机关还是行政机关,世界上绝大多数国家检察机关的内部组织架构都是根据检察一体化原则搭建起来的。一般认为,检察一体化原则包括三个方面的内容:第一,检察机关是一个不可分割的整体;第二,在上下级检察机关、上下级检察官之间实行"上命下从"的领导关系;第三,下级检察机关和下级检察官在履行职责的过程中具有相对独立性。检察一体化原则不仅是检察机关通过内部阶层式结构实行垂直领导的理论基础,更是检察机关对外独立行使检察权的制度保障。

（一）我国的检察工作一体化机制

在我国,检察机关领导体制经过了六次调整,在垂直领导、地方领导、双重领导之间变换了几次。[②] 总体而言,上下级检察机关"上命下从"的领导模式未受太大影响。尤其是目前反腐败形势日趋严峻,党和国家迫切地希望检察机关进一步加强对国家公务人员的

---

[*] 江西省鹰潭市人民检察院检察长。
[**] 江西省鹰潭市人民检察院反贪局干部。
[①] 1999年高检院在《检察工作五年发展规划》中明确提出了,健全上级检察院对下级检察院的领导体制,加大领导力度,形成上下一伍、政令通畅、指挥有力的领导体制。2006年高检院通过《关于健全职务犯罪侦查工作一体化机制的若干规定》,在自侦部门开始力推检察工作一体化;2007年高检院又通过《关于加强上级人民检察院对下级人民检察院工作领导的意见》,将检察一体化推向全部检察工作。
[②] 1949年《中央人民政府最高人民检察署试行组织条例》规定上级检察机关垂直管理;1951年《中央人民政府最高人民检察署暂行组织条例》及《各级地方人民检察署组织通则》改为上级检察机关和地方人大及常委会双重领导;1954年宪法和人民检察院组织法重新规定垂直管理;1957年实行双重领导;1978年宪法规定实行地方领导;1979年人民检察院组织法和1982年宪法改为双重领导。

法律监督，特别是加大对职务犯罪案件的查办力度。"上令下从"的行政领导模式更是得到了进一步强化。在目前的双重领导体制中，检察机关主要受地方领导①，而地方党委和政府为了地方利益和经济发展，势必会发生以言代法、以权压法的情况。② 甚至出现台湾地区检察官陈志铭先生所言的情形：一个不习惯依法行政的政府，自然会对有主动侦查权的检察机关百般掌控，以防止自己的违法行为成为侦查对象。③ 因此要控制这一局面，排除地方利益掣肘，维护法制统一，强化上下级检察机关之间的"上命下从"具有极其重要的意义。

（二）过度行政化的倾向及弊端

然而，从目前检察工作一体化机制改革现状来看，在上下级检察机关领导关系方面出现了过于追求管理效能和执行力而影响法律监督职能正常行使的过度行政化的倾向。

1. 过度行政化的体现。第一，片面强调下级院的服从义务，将检察机关之间的"上命下从"理解为下级院的绝对服从。例如《关于加强上级人民检察院对下级人民检察院工作领导的意见》第1条第2款和《人民检察院刑事诉讼规则（试行）》第7条都明确规定，下级院发现上级院的决定有错误也必须执行。类似规定完全剥夺了下级院的相对独立性，不仅背离检察一体化原则，不符合依法治国的要求，更与法律监督机关的司法属性相冲突。第二，部分领导权能没有合法性来源。如《人民检察院刑事诉讼规则（试行）》规定上级人民检察院有权撤销、变更、纠正下级人民检察院决定，这显然超出了刑事诉讼法对各级人民检察院职权的规定，其合法性值得商榷。④ 另外，根据侦查一体化机制规定，上级院可以通过交办或指定异地管辖等方式将自侦案件交给非犯罪行为发生地、结果地、犯罪嫌疑人居住地的其他下级院立案侦查，这一做法同样也超出了刑事诉讼法的规定。没有法律规范的约束，领导权运行会呈现出随意性和威权色彩，这都是过度行政化的体现。第三，过分强化行政效能，领导权行使较为随意，没有程序约束。如实际中，就存在上级院以电话、口头方式发布指令；发布指令用语模糊，甚至指令内容无法执行的情况。

2. 过度行政化的弊端。目前最显著的弊端就是上级院对下级院的内部监督流于形式。我国没有预审法官制度，防止检察权滥用和减少错案发生概率主要依靠检察机关上下级之间的内部监督。例如，下级院在办理自侦案件时采取逮捕、指定居所监视居住、技术侦查等措施，其正确性都需要通过上级院的监督予以保障。但是过于紧密的上下级领导关系让上级院无法处于超然中立的地位，监督也就失去了其公正性。实践中，上级院在采取交办、参办、督办、提办和指定异地管辖等方式办理重大职务犯罪案件的过程中，为求工作效率和办案效果，往往会不自觉地弱化对下级院监督，降低强制措施的准用门槛。更为甚者，为了规避审查批准逮捕、指定居所监视居住等措施需要上提一级审批的内部监督程序，部分上级院还会将本该自己管辖的案件交由下级院立案，由下级院按程序向自己报

---

① 晋改言：《强化检察机关上下级领导关系》，载《检察日报》2004年12月8日。
② 张智辉：《检察改革宏观问题研究》，载《中国检察》（第7卷），北京大学出版社2004年版，第36页。
③ 转引自郭旭：《浅析中国检察一体化及其实现》，内蒙古大学2006年硕士学位论文，第12页。
④ 郝战红：《上下级人民检察院工作领导关系新探》，载《法学杂志》2009年第8期。

批,从而形成自己监督自己的局面。①

其次,过度行政化的另一突出弊端就是下级检察院主体意识弱化,"等靠要"思想严重,缺乏责任感和敢于担当的精神。正如毛泽东同志所言:"盲目地表面上完全无异议地执行上级的指示,这不是真正在执行上级的指示,这是反对上级指示或者对上级指示怠工的最妙办法。"② 部分基层检察机关为推诿责任,将"上命下从"机械地理解为"唯命是从,无命不从",事无巨细均向上级检察机关请示汇报,在没有得到明确回复的情况下,对法律所赋予的应当履行的职责亦不履行。更有少数基层检察机关甚至将本单位降格为上一级检察院的一个职能部门,彻底放弃了其作为一级检察机关的宪法定位。

最后,过度行政化造成下级院权力缺失,加大了上级院滥权的风险。"权力越集中,滥权的问题越严重,上级权力比下级更大,滥权的可能性绝不会比下级小。"③ 权力需要制衡,缺乏制衡的权力定会被滥用。分权制衡不仅包括横向分权,还包括纵向分权,即上级向下级让渡部分权力,下级通过"表示异议"和"不服从"等方式对上级权力进行制衡,而过度行政化要求下级院对上级指令必须绝对服从,破坏了这一制衡机制,降低了上级院权力滥用的成本,增加了滥权的风险。

二、对我国检察工作一体化机制之检讨

虽然上下级检察机关领导关系过度行政化在目前还只是一种倾向或苗头,其弊端亦未对整个检察工作一体化机制改革造成严重危害,但是一叶知秋,如果方向性的错误得不到及时纠正,接下来所作的努力就有可能成今后工作的阻力。经过对检察工作一体化机制进行反思和检讨,笔者以为,除历史文化原因之外,导致上下级检察机关领导关系过度行政化的主要症结在于以下几个方面:

(一)上级检察机关缺乏权力理性的意识

在希腊帕特农神庙的门柱上有这么一句箴言:认识你自己。这句话由苏格拉底念响之后,成了整个西方哲学思想的根基,造就了西方文化的理性传统。理性,就是对自身的认识,理性的核心就是自我发现和自我克制。自我发现是指我们能够发现自己的不足,从而承认自己的不足;自我克制是指我们在面对自己不足的时候,能够从容接受和坦然应对。权力理性就是拥有权力者认识并承认自己能力的不足和权力本身的不足,在行使权力时保持谨慎和克制。权力理性的经典表述就是:"一切有权力的人都容易滥用权力,这是万古不变的一条经验。"上级检察机关作为检察工作一体化机制决策者,如果对检察权和自身的领导权缺乏足够的理性认识,那么在制定规则和行使权力的过程中,就将命令当作真理,片面地强调下级的服从义务,会不自觉地忽视检察机关作为司法机关的角色定位,忽视检察权行使的目的是维护法制统一和社会公平正义,忽视自身也需要监督的客观事实,

---

① 高检院意识到类似情况的存在,已于近期出台了《人民检察院直接受理立案侦查职务犯罪案件管辖规定》,对上一级检察机关向下交办案件作了更为严格的规定。
② 《毛泽东选集》(第1卷),人民出版社1991年版,第111页。
③ 谢小剑:《检察一体化中"上命下从"的界限》,载《行政法学研究》2009年第4期。

忽视"上命下从"的客观义务界限，最终导致过度行政化的结果。

（二）实践中对检察一体化原则的片面理解

在实际工作中，由于思维的惰性往往会简单地将检察一体化原则限缩为"上命下从"，将"上命下从"等于"唯命是从"。"上命"并不意味着上级院可以做出任意、违法的命令；"下从"更非下级院绝对服从以致盲从。根据检察一体化原则，"上命下从"虽然是检察一体化原则的核心，但不是全部。"上命下从"除了"要以客观性义务为界限"① 外，还必须符合法律规定，遵照法定程序。更为重要的是必须保证下级的相对独立性，如下级对错误的命令有权提出异议并拒不执行，或者申请将职务转移出去。②

（三）行政领导关系和法律监督职能的界限不清

宪法在将检察机关界定为法律监督机关的同时，还从宏观上确定了上下级人民检察院之间的领导关系。法律监督的司法属性③和领导关系的行政色彩④的交融不仅导致了人们在宏观上对检察机关及检察权的性质产生争议，更为重要的是它造成了检察权在微观运行上出现了两个逻辑起点：一是监督必须保持客观公正和中立的地位；二是行政追求的却是效率和执行力。两个逻辑起点在理论上虽然可以理解为内外之差，但是如前文所述，当需要上级院行使领导权对下级院进行内部监督的时候，上级院该如何抉择？行政领导关系和法律监督职能界限不明，极易导致上级院的领导权借助权力惯性而超越其界限，从而出现权力滥用的危险。

（四）尚未形成一套严密的法律规范体系

宪法虽然原则性地规定了上下级检察机关的领导关系，但是我国法律没有明确该领导关系的具体内容。在实践中，检察工作一体化机制改革还处于理论创新阶段，没有形成完整严密的规范体系。没有规范体系作为框架对权力进行指引和约束，权力必定会在没有合法性基础的道路上渐行渐远。

三、上下级检察机关领导关系规范化的基本思路及实现

检察工作一体化作为检察权运行的一项基本原则，其合理性和科学性经由大多数学者充分论证并在世界上大多数国家通过了验证，在我国现阶段它的存在还具有一定的时代特征和历史必然性。因此，对检察工作一体化机制进行检讨的目的并不是去否定检察工作一体化机制，而是在增强司法属性、遏制过度行政化的基础上，对该机制进行规范化。

（一）规范化的基本思路

首先，规范化的理论前提是公正至上，效率次之。规范化的过程是建章立制的过程，秉承怎样的理念就会建成怎样的制度。就目前上下级检察机关领导关系的现状而言，笔者

---

① 孙谦：《维护司法的公平和正义是检察官的基本追求——〈检察官论〉评介》（二），载《人民检察》2004年第3期。
② ［德］克劳思·罗科信：《刑事诉讼法》，吴丽琪译，法律出版社2003年版，第67页。
③ 陈光中、徐静村主编：《刑事诉讼法学》，中国政法大学出版社1999年版，第61页；刘佑生：《检察权运作中的若干问题》，载《国家检察官学院学报》2008年第1期。
④ 朱孝清、张智辉主编：《检察学》，中国检察出版社2010年版，第12页。

认为强化领导权的公正性比单纯地追求工作效率更重要。虽然行政关系讲求效率和执行力，但是背离了客观公正的立场，上下级检察机关通过"上命下从"所形成的"监督合力"就会剑走偏锋，其结果最终会事与愿违。尤其是当公正和效率发生冲突之时，效率应当退居其次，这也是检察机关的司法属性使然。

其次，规范化的基本任务是遏制上下级检察机关领导关系的过度行政化。相对于上下级人民法院的监督关系，上下级检察机关的领导关系的行政属性更为明显。① 但是，与行政机关的上下级领导关系亦不同，检察机关是司法机关。法律监督职能的运行必须遵循中立超然的司法原则，必须恪守客观公正的义务。如当上级检察机关的指令与客观事实、法律政策相冲突的时候，下级检察机关有权向上级检察机关申请复议并暂停执行，而不是边执行边报告。

再次，规范化的重点对象是上级检察机关的领导行为，而不是下级检察机关的服从义务。由于历史文化的原因，我国国家体制和社会结构均呈现出较为典型的自上而下的特征。"如果腐败和专横来自上级领导，这种腐败和专横往往难以抗拒"，② 因此加强对上级检察机关领导行为的规范，是建构新型的上下级领导关系的重中之重。从技术角度看，居高声自远，非是借秋风，从上级领导行为入手进行规范化，可以借助上行下效的榜样效应，能起到事半功倍的效果。

最后，规范化的主要目标是增强上级检察机关领导行为的合法性。对行为进行规范的意义不是单纯地将该行为纳入预定的轨道，更重要的是为该行为提供正当性基础，即让该行为合乎正义，能够被绝大多数人所接受。根据法教义学的标准，行为正当性最主要的理据就是法律法规的授权和逻辑自洽。目前法律没有对上下级检察机关领导关系作明确的规定，大多数人只是将其简单地理解为"上命下从"的基本原则，但对"上命下从"的具体内容也是语焉不详。诸如领导权运行程序、救济途径、法律责任、制约限度等都处于无章可循的状态。要改变这一情形，我们首要的工作就是建立健全相关的法律法规。

（二）规范化的实现路径

1. 明确上级检察机关领导权能内容和界限。"界之云者，所以限其义之所指，使无越畔也。"③ 有学者基于目前检察机关内部组织机构设置的现状，将上级检察机关领导权细分为信息知悉权、工作部署权、办案指挥权、业务考评权、检察培训权及检务督察权。④ 从检察体制改革的角度出发，笔者建议应当进一步贯彻落实检察工作一体化机制，逐步增加上级检察院对下级检察院的人事任免惩戒权和经费保障参与权，并最终实现检察机关上下级垂直领导。但是需要保持清醒认识的是，领导权能的扩充，并不意味着领导权力的漫无边界。首先，必须坚持党的领导；⑤ 其次，必须坚持客观公正义务；再次，必须坚持宪

---

① 龙宗智：《相对合理视角下检察机关审判监督问题》，载《四川大学学报》2004年第2期。
② 张建伟：《刑事司法体制原理》，中国人民公安大学出版社2002年版，第237页。
③ 《马氏文通》正名卷之一。
④ 向泽选：《检察权宏观运行机制研究》，载《人民检察》2012年第1期。
⑤ 党的领导是检察权的保障，但是党的领导主要是保证检察机关严格按照宪法和法律，依法独立行使职权。并不意味着党委代替检察机关的职能，直接办案，参见《中共中央关于全党必须坚决维护社会主义法制的通知》。

法和法律至上的原则；最后，必须保证下级检察机关能够完整、独立地行使其法律监督职责。

2. 细化和区分不同的领导事项。检察机关法律监督职能大致可以分为职务犯罪侦查、公诉、控告申诉、侦查监督、民事行政及监所监督等。由于对司法亲历性的要求，法律监督对象和方式等不同，上级院对下级院的领导不能以一概全，而必须分类而行。比如以职务犯罪侦查和侦查监督、公诉业务的领导关系为例，侦查行为要求严密的组织纪律性，适合纵向行政领导；侦查监督的主要职能审查批准逮捕权就具有类似与法院中立裁判的性质，更强调相对独立；而公诉活动中司法性与行政性相互融合比较明显，对其领导应当介于上述二者之间。

3. 对领导权运行进行程序化。程序正义的价值在检察权运行过程中依然存在。对检察机关领导权的运行做严格程序规定，不仅可以增强领导权运行的可预见性，而且可以有效地防止外部指令随意干涉内部事务。如实践证明了对撤案、不起诉案件设定严格报批程序规定，不仅能够彰显司法公正性，而且有效地预防了外来干扰。根据领导权运行模式的程序化要求，我们必须对所有领导权能的行使作出相应的程序规定。笔者建议，可以参照检委会议事制度和工作机制，对上级检察机关的领导权和下级检察机关的服从义务作出明确的程序性规定，具体如上级院决策的制定、下级院在何种情形下职能应当转移等也是如此。另外，有两点需要点明的：一是程序设计时必须为下级检察机关预设异议权，以保障下级检察机关的相对独立性；二是领导权的行使必须公开透明和书面化，甚至可以规定将指令装入案卷，以保持权力行使的准确性和规范性，① 以利于接受社会的监督和制约。

4. 增强上级检察机关领导权的司法属性。强化上级检察机关的司法属性，弱化行政管理色彩，一方面，可以防止出现"下级院以案情重大等为事由，将一些本不该请示的案件向上级请示，反之上级院也以案件影响大为由，而随意派员介入下级办案，以示重视等不正常情形"；② 另一方面，强化司法属性，要求上级院行使领导权时要保持超然中立，抛弃群体性偏私，即在下级院的利益和社会利益、群众利益甚至国家利益发生冲突的时候，上级院能够依法作出客观公正的决断。笔者建议，在执法办案尤其是处理公民重大人身权利和财产权益等重大事项时，适当参照人民法院的审级模式来规范上下级检察机关的领导关系，以最大限度地降低侵害公民权利的风险。

5. 建立科学公正的责任追究制度。检察工作一体化机制要真正得到贯彻和落实，必须有刚性的责任追究制度作为保障和后盾。现有的《执法过错责任追究条例》、《关于司法工作人员在诉讼活动中的渎职行为加强法律监督的若干规定（试行）》均没有对上级检察机关错误行使领导权，下级检察机关拒不执行上级命令等情形作明确的规定。对此，笔者认为可通过两种途径解决：一是就检察工作一体化机制的运行制定专门的责任追究条例；二是在对领导权运行进行程序化的过程中，就不同问题配以不同的惩戒规定。

---

① 吴春波编译：《官僚制度统治》，民族出版社1988年版，第4页。
② 孔璋：《检察一体制的原则与规制》，载《人民检察》2008年第23期。

铁路运输检察组织体系的变革与思考

——兼论跨区域专门交通运输检察组织体系的建立

丁高保* 王 晖**

著名法学家、人民检察理论主要奠基人王桂五认为,在我国所有国家机关中,领导体制的反复变动以检察机关最为频繁,而无出其右者。① 这在铁路检察机关的体制变化中表现得尤为突出。2012年,在我国铁路检察机关恢复重建30周年之际,酝酿多年的铁路检察院移交工作尘埃落定,铁路检察机关的组织体系在经历了反复变动后似乎趋于稳定。同时,我们也要看到,铁路检察(以下简称铁检)制度并不是世界各国普遍设置的制度,我国铁检制度的发展历经波折,理论依据和实践基础相对薄弱。一项制度的合理性,归根结底要通过实践来检验。② 认真研究铁路检察体制的深层次问题,揭示专门检察制度的属性和价值,完善检察组织体系,具有重要的现实意义。

一、导论:铁路专门检察组织体系的演变过程

铁路检察组织体系的设立可以追溯到新中国成立之初,我国引进苏联的社会主义检察制度,其中包括专门检察制度,设置专门检察院。新中国成立以来,铁路检察机关的发展随着历史环境的不同而有不同的组织形式。

(一)铁检专门机关的初期建立

国家在铁路运输系统设立专门的检察机关,始于1953年。1953年10月,天津铁路沿线专门检察署成立,这是新中国设立的第一个铁路专门检察机关。③ 1954年9月颁布的人民检察院组织法将建立"专门检察院"写入法律中,专门检察院得到迅速发展。1955年1月,最高人民检察院建立了铁路水上运输检察院,部分地方也相继建立了铁路运输检察院和水上运输检察院。④ 到1956年年初,铁路运输检察院的各级机构普遍建立,在15个铁路局建立了铁路运输检察院,在50个铁路分局建立了铁路运输检察分院,铁路专门检察业务工作全面展开。因历史原因,至1957年中断。

(二)恢复重建后不断完善发展

党的十一届三中全会后,铁路运输检察院于1980年开始筹备重建,1982年恢复成立

---

* 江西省人民检察院南昌铁路运输分院检察长。
** 江西省人民检察院南昌铁路运输分院研究室主任。
① 王桂五:《论检察》,中国检察出版社2013年版,第1页。
② 2012年8月13日,曹建明在全国铁路运输检察工作会议上的讲话。
③ 龙平川:《76个铁路检察院全面移交29个省市区》,载《检察日报》2012年7月3日。
④ 庄永廉:《专门人民检察院的职责及发展历程》,载http://news.9ask.cn/xsss,访问时间2011年12月27日。

了以全国铁路运输检察院为领导的三级铁检机关,从1982年5月1日铁路检察院正式办案。重建后的铁路运输检察院分三级设置,即全国铁路运输检察院;铁路运输检察分院;基层铁路运输检察院。1987年,撤销了全国铁路运输检察院,在最高人民检察院内设置铁路运输检察厅;保留铁路运输检察分院和基层铁路运输检察院,变原来的三级建制为二级建制。铁检分院和铁检基层院由各铁路局管理,检察业务划归各铁路运输检察分院所在地的省、自治区、直辖市人民检察院领导。

(三) 进入体制改革转型时期

进入21世纪,铁路检察院管理体制改革被纳入中央司法体制和工作机制改革的总体部署。2009年7月,中央有关部门下发铁路公检法管理体制改革的通知,提出了铁路检察院人财物管理与铁路部门、企业全部分离,一次性纳入国家司法管理体系,移交给驻在地省(自治区、直辖市)党委和省级检察院,实行属地管理的总原则。历经3年时间,至2012年6月30日,全国17个铁路检察分院和59个铁路运输基层检察院全部移交给29个省市区。铁路检察院移交后,两级铁路检察院均作为省级院派出机构,由所在省级有关机构直接管理。省级检察院领导设置在本省(自治区、直辖市)区域内的铁检分院或基层铁检院的人财物等管理工作,铁检分院领导设置在本省(自治区、直辖市)区域内的基层铁检院,同时领导属于本铁路局域范围但设置在外省(自治区、直辖市)区域内的基层铁检院业务工作。①

从演变过程可以看出,我国铁路专门检察组织体系的发展历经波折,逐步形成为中国特色的检察制度之一。

二、特性:铁路检察机关的专门属性分析

铁路检察机关的基本任务是通过依法履行法律监督职责,保障法律的统一正确实施,保护人民生命财产和国家铁路资产安全,维护铁路安全稳定和正常秩序。②

(一) 适应专门管辖而生的检察机关

专门人民检察院是根据检察工作的需要,在特定的组织系统内设置的、具有专属管辖性质的人民检察院。专门人民检察院与地方人民检察院的主要区别是:专门人民检察院不是按照行政区划设置,而是在特定的组织系统内形成完整体系,在最高人民检察院的领导下对特定范围的案件实行专属管辖。③ 根据宪法第130条规定:"中华人民共和国设立最高人民检察院、地方各级人民检察院和军事检察院等专门检察院。"人民检察院组织法第2条也作出同样规定。这表明,铁路专门检察机关是根据中国国情,顺应国家法制建设需要,依据国家法律设立的,在铁路运输系统履行法律监督职能,维护国家法律在铁路系统统一正确实施的专门法律监督机关,这是铁路检察机关的法律属性。

---

① 龙平川:《76个铁路检察院全面移交29个省市区》,载《检察日报》2012年7月3日。
② 2012年8月13日,曹建明在全国铁路运输检察工作会议上的讲话。
③ 庄永廉:《专门人民检察院的职责及发展历程》,载http://news.9ask.cn/xsss,访问时间2011年12月27日。

（二）对应系统范围的专门检察体制

铁路检察机关由铁路运输检察分院、基层铁路运输检察院组成。铁路检察机关的主要职责是在铁路系统范围内依法独立行使检察权。对涉铁职务犯罪案件行使侦查权；对铁路公安机关执法活动进行监督；对铁路公安机关和铁路检察机关侦查部门办理的案件审查批准或决定是否逮捕、审查决定是否提起公诉或不起诉；出席法庭支持公诉，对铁路法院的审判活动是否合法进行监督等。铁路检察制度是有中国特色社会主义检察制度的重要组成部分，也是区别于西方检察制度的特色之一。

（三）发挥专门的社会法制保障作用

铁路运输检察制度与我国幅员辽阔、人口众多、发展不平衡，以及铁路系统管理高度集中统一、案件管辖跨行政区域的特点相适应，在有效惩治犯罪、维护法制统一等方面发挥着十分重要的作用。铁路检察机关恢复重建正式办案以来，依法批准逮捕、提起公诉和出庭公诉累计近30万件，立案查办1万多件职务犯罪案件，挽回经济损失20多亿元。① 尤其在"抓逃"、"严打"和铁路领域重大犯罪惩处中作用明显，2011年"清网行动"行动中，全国铁路公安机关清网率达到96.84%，共抓获潜逃10年以上在逃人员502名，抓获杀人、抢劫等重点在逃人员127名，其中公安部督捕在逃人员13名，将数千名潜逃多年的犯罪嫌疑人绳之以法，使每一个车站、每一趟列车成为在逃人员的"终点站"。② 通过依法严厉打击各类刑事犯罪，维护铁路畅通和铁路运输生产安全，体现铁检机关专门性；通过严肃查办和预防职务犯罪，保证铁路改革健康发展，体现铁检机关监督性；通过树立平和执法理念，打造专业化检察队伍，体现铁检机关公正性。

三、现状：铁路检察体制的变化与冲突

如果我们能把视野从铁路系统内部转到国家司法体制层面，铁路公检法改革应为整个司法体制改革"探路"。③ 我们有必要从专门检察属性出发，分析铁检体制的现状和利弊。

（一）铁路运输检察体制变革的进步

1. 司法属性的回归。2012年6月30日，全国17个铁路运输检察分院和59个基层铁路运输检察院全部与铁路运输系统脱钩，移交给地方属地管理，铁路司法系统整体地纳入了国家司法管理体系。这标志着我国铁路司法体制改革基本完成，是近五年来司法体制改革的一项重大举措。④ 此前，铁路检察两级院从人、财、物的管理上隶属于铁路，很多人把铁路检察人员称作"穿着检察制服的铁路干部"。将铁路检法机关与铁路运输企业分离，铁路司法系统纳入国家司法管理体系，是司法属性的回归。

2. 铁检体制的进步。以铁检管理体制改革的基本完成为标志，铁检工作站在了一个新的起点上。铁检机关正式纳入国家司法管理体系后，既强化了铁检机关的司法属性，又

---

① 阎敏才：《铁路运输检察制度改革创新若干问题研究》，载《人民检察》2011年第11期。
② 吕向蕙、梁西征：《全国铁路公安机关全力开展"清网"追逃行动纪实》，载http://news.xinhuanet.com，访问时间2011年12月26日。
③ 傅达林：《铁路司法转制要有"大视野"》，载《法制日报》2009年7月30日。
④ 陈光中：《铁路司法体制改革的成就与展望》，载《中国法律》2012年第5期。

进一步调动了地方检察机关的积极性,为更好地发挥铁检机关的本制机制优势、履行专门职责创造了良好条件。铁检改革从停滞到骤然加速,终于回归司法轨道,是新近中国司法体制改革的一项重要措施。

(二) 铁路检察专门体制改革后的冲突

在铁路检察机关改制移交之前,铁路检察机关管理体制曾经饱受非议。但改制移交只是人、财、物、主管方的变更,并没有进行专门司法体系的改革统筹,显现出一些新的问题和冲突,需要进一步解决和完善。

1. 管理体制不顺畅。铁检体制改革后的状况是:人事任免、财政经费隶属各铁检机关所在地的省级检察院,业务保持铁检原有的上下级领导关系,归分院及分院所在地省级检察院领导。这种行政管理体制与业务管理体制的割裂管理,容易导致法律意义上的检察院上下级领导关系工作矛盾的产生。比如南昌铁检分院,下辖南昌和福州基层铁检院。改制后,福州铁路检察院将出现两个"婆婆"。人财物"婆婆"属于福建省,业务"婆婆"属于江西省。在铁路基层检察院的移交中,基层铁路检察院就普遍出现了双重领导的理解。这种理解与法律精神并不相符,人民检察院组织法明确规定上级人民检察院领导下级人民检察院的工作。① 作为基层铁路检察院的上级检察院只对应检察分院,但事实上人、财、物跨级的直接归省级检察院管理,而检察业务又跨省的归分院领导的体制确实让人觉得错综混乱,不明就里。

2. 法律适用不统一。存在与铁路公安机关垂直管理不对应的执法问题,跨省办理案件的司法不统一的问题等。在转制的过程中,铁路公检法没有作为一个整体定位,铁路公安机关先行改制,改制后作为中央直属单位实行垂直管理,而铁路检察机关是整体移交所在省级院管理。铁路公安机关为跨行政区域管辖,与铁路检法机关管辖不吻合,忽略了现行宪政体制下公检法三部门的应然关系。同时,由于我国区域差异较大,刑事立法在规定犯罪构成时较多地采用了开放的犯罪构成,如情节犯中的"情节严重",数额犯中的"数额较大"、"数额巨大"等。② 具体的犯罪追诉标准在司法实践中存在地域的差异。以盗窃犯罪为例,北京市、天津市规定,盗窃2000元以上属于盗窃"数额较大";河北省规定,盗窃800元以上为"数额较大"。铁路的刑事案件具有流动性的特点,在不同省可能会有不同的处理结果。那么作为铁检基层院究竟是适用驻在省的执法标准,还是执行跨省铁检分院执法标准?还有诸如不辖铁检分院的省级院,能否向不具有业务领导关系的本省铁检基层院指定管辖、提出案件指导意见等问题。这就产生了专属管辖与属地管辖司法适用的冲突。

3. 长效机制不健全。从目前完成的铁检体制改革来看,预期和实际有较大的差距,一是改革后的属地管理体制,使得两级三院的体制割裂,长期以来形成的管理制度、团队精神和检察文化被破坏,干警的归属感和稳定感丧失。二是检察人员的管理划归各省属地管理。而各省院有的既管分院又管基层院,有的只管到基层院一级,导致在

---

① 《中华人民共和国人民检察院组织法》第10条第2款,1983年9月2日修订。
② 陈兴良:《本体刑法学》,商务印书馆2001年版,第224~225页。

检察人员人事管理、法律职务的任用程序与检察业务的领导之间不对应。三是监督机制不明确，铁路两级检察院是否都对应省级人大常委会监督，应当向哪级人大报告工作，如何报告工作，也都不明确。四是铁检体制前途不明，从目前来看，显然与国家大交通的改革发展方向不相协调，过渡性倾向明显。改革后的铁检机关留存问题仍然存在悬念。

（三）铁路检察机关专门性体现得不足

现行人民检察院组织法中仅仅明确了军事检察院是专门人民检察院，铁路运输检察院是否属于专门检察院，没有明文规定。改制后的铁路检察院是属于专门检察院还是派出检察院依然身份不明而且更加模糊。也同时出现"两级铁路检察院均作为省级院派出机构"和"铁检机关是国家依法设置的专门检察院"的混淆说法。① 在地域管辖上，铁路检察机关的管辖是以铁路网管理划定，造成有的省设多个铁检基层院而没有分院，有的分院跨区域管几个省基层院的现状。与铁路脱钩后，铁检机关设置仍将延续现有设置，从组织结构上看毫无条理，显然有悖于法律监督的规范性和严肃性。

四、借鉴：俄罗斯交通运输检察组织体系的参考

在司法实践中，俄罗斯交通运输检察机关在国家检察组织体系中一直发挥重要作用。因此，客观地参考俄罗斯联邦的检察体系，借鉴其值得我们学习的制度，对我们不无裨益。

（一）俄罗斯交通运输检察机关的状况

俄罗斯交通检察机关源于苏联，在发展中也几经周折。第一阶段，从20世纪30年代开始，苏联各加盟国内设立专门铁路运输检察机关、水上运输检察机关；到卫国战争胜利后，因交通运输领域治安形势的需要，各级铁路运输检察院和水上运输检察院分别合并为交通运输检察院，苏联"大交通运输检察模式"基本建立。第二阶段，1960年撤销交通运输检察机关，仅在苏联检察院保留交通运输情况监督局。交通运输检察机关撤销后，交通运输领域治安混乱、工程建设领域腐化现象严重，严重影响了苏联经济复苏，运输检察机关的重建逐渐成为各界共识。1977年恢复区一级交通运输检察院，1980年，恢复跨地区运输检察院。第三阶段，苏联解体后，2001年俄罗斯对交通运输检察体制再次进行改革，撤销州一级的跨区交通运输检察院，保留基层运输检察院由各联邦检察院领导。但在此后的五年间，交通领域的犯罪问题日益突出，这项改革的很多弊端显露出来，由于跨区运输检察机关的撤销，使得专门检察机关的专业优势和上下联动的优势无法体现，特别是在打击交通领域犯罪上很难形成合力，办案效率低下，相关各类犯罪日渐猖獗。同时在俄罗斯实施行政体制改革时，将联邦交通部和俄罗斯联邦运输部合并为"大运输部"。② 为此，俄罗斯于2006年开始恢复"大运

---

① 龙平川：《76个铁路检察院全面移交29个省市区》，载《检察日报》2012年7月3日。
② 刘向文：《谈俄罗斯联邦现任政府的机构改革》，载《俄罗斯中亚东欧研究》2005年第6期。

输检察机关"建立,确立起统一的现行交通运输检察机关体系。① 其体系由三级组成,分别是:第一层级是俄罗斯联邦总检察院驻7个联邦区的7个总局。第二层级是在7个联邦区设置的8个跨区交通运输检察院。第三层级是136个区级交通运输检察院,隶属于8个跨区交通运输检察院,交通运输检察机关在不同层级均有设置使其形成了一个相对完整的体系。

(二)俄罗斯交通运输检察机关的职权

俄罗斯交通运输检察机关的职能比较广泛,其管辖范围包括正在从事运输的行业和从事交通运输工程建设的行业和相关运输辅助行业。值得一提的是,俄罗斯交通运输检察机关的管辖范围由法律进行了明确规定,有效地避免了与普通检察机关、其他专门检察机关的管辖冲突。以莫斯科中央联邦区跨区交通运输检察院为例,一是负责铁路、航空、海上、水上、海关等领域的安全监督。二是负责对具体交通营运单位进行监管。三是对执法机关在交通运输领域的活动进行监管。四是保障旅客、消费者在交通运输领域的权益。五是对运输公司工作人员的权益保护。

(三)俄罗斯交通运输检察机关的管理形式

俄罗斯交通运输检察机关实行垂直管理、各级交通运输检察院检察长由总检察长以检察长命令的形式任免,各联邦主体的立法机关、行政机关或其他单位、人员均无权干涉,这点与俄罗斯普通检察机关有所区别。交通运输检察机关的经费来源全部由中央财政统一划拨,不得接受任何单位、个人的资助和捐赠。交通运输检察机关的内设机构没有与普通检察机关内设机构相对应设置,而是以充分发挥交通运输法律监督职能为出发点,设置符合交通运输检察特点的内设机构,② 例如莫斯科中央联邦区跨区交通运输检察院就专门设有运输法律监督处、海关法律监督处等。

(四)俄罗斯交通运输检察体系的借鉴意义

俄罗斯交通运输检察体系是对苏联社会主义检察体系的发展和创新,历史积淀较长,积累了丰富的经验。因历史渊源关系,中俄两国在很多方面的相似性使其具有较强的借鉴意义。第一,两国地理人文特点具有相似性,两国同样地大物博,民族众多,地域经济文化存在较大差距;这种地理人文特点的相似性导致两国的交通运输的独立性、系统性比较强。第二,两国的经济体制具有相似性,中俄两国同样正在从计划经济走向市场经济,交通运输在两国经济中均具有举足轻重的作用。第三,两国检察体制具有相似性,我国检察制度是20世纪50年代借鉴苏联的经验基础上建立起来的,铁路运输检察机关更是"以苏为师"的产物,发展到现在,我国铁路运输检察机关需要新模式。第四,俄罗斯及苏联对交通运输检察机关的多次改革重建,用实践验证了交通运输检察机关存在的作用和必要性。以俄罗斯交通运输检察机关为参照,对我国铁检体系的专门性应当进行加强和拓展,而俄罗斯的交通运输检察制度值得我们借鉴。

---

① 刘向文、王圭宇:《俄罗斯联邦运输检察机关体系的改革》,载《俄罗斯中亚东欧研究》2010年第6期。
② 刘建刚:《论我国铁路运输检察机关的专门性》,载《人民检察》(铁检版)2012年第1期。

五、设计:跨区域专门交通运输检察机关组织体系的构想

当前铁检体制的深化改革仍是司法改革的重点课题之一。司法改革的终极目标是通过制度变革塑造良好秩序的法治国家。① 对此,铁路运输检察组织体系的理论依据和实践基础都值得深入探索。

(一) 探索改进铁路运输专门检察组织体系是完善中国特色社会主义检察制度的需要

加强和改进铁检工作,是更好地服务经济社会科学发展的迫切要求;加强和改进铁检工作,是更好地推动检察事业科学发展的客观需要;加强和改进铁检工作,是完善中国特色社会主义铁路运输检察制度的必由之路。② 因此,应立足于铁检专门制度的既有属性,从完善中国特色社会主义检察制度的角度,来积极研究和探索交通运输检察组织体系的可行性。

(二) 发展交通运输检察组织体系的法理和实践基础

1. 从法理层面看。我国宪法第132条规定有专门人民检察院的设置,并明确最高人民检察院领导地方各级人民检察院和专门人民检察院的工作。检察院组织法规定专门检察院的设置、组织和职权由全国人大常委会另行规定,为专门铁路检察机关的设立提供了法理基础,预置了发展空间。

2. 从实践层面看。若以铁检机关为基础,完善发展为跨区域交通运输专门检察组织体系,是一个不断发展补足的过程,不需要经历从无到有的阶段。30多年的铁路检察实践,已经为我们提供了相当丰富的、可以借鉴的跨区域交通检察经验和教训。以现有铁路检察机关两级相对独立的组织体系和框架为基础,根据时代发展和司法改革的要求,加以调整和完善,应是一种涉及面窄、成本低、震动小、可操作性强的改革方案。

3. 从操作层面看。目前全国铁检机关分布在全国除台湾以外的31个省市区。在办理具有交通运输特色的相关案件方面,更具有丰富的专业知识和实践办案经验。但近年来,随着铁路安保措施的提高和综合治理的成效,铁路系统的案件发生数量大幅下降,铁路检察机关办案工作处于不饱和状态。铁路检察机关扩展承办所有交通运输类案件,不仅可以有效地利用现有的司法资源,而且可以提高诉讼效率,具有铁路检察机关向交通运输检察机关发展的坚实基础。

(三) 我国交通运输专门检察组织体系的可行性分析

1. 在交通运输这一特殊重要领域设置专门检察机构,是已被国外模式认可、实践效果良好的现代司法体制模式之一。

2. 坚持我国四级检察体制,探索跨区域管辖范围,将我国铁检扩能改建为专门交通运输检察院,有现实基础,切实可行。

3. 根据我国国情看,目前仅设立铁路运输检察机关,与国内大交通运输的发展趋势已不相符合,有改进发展的需要。铁路、航空、水运、海关、海事等交通运输网是我国经

---

① 谢佑平:《中国司法改革的合法性危机》,载《理论参考》2003年第10期。
② 2012年8月13日,曹建明在全国铁路运输检察工作会议上的讲话。

济社会发展的命脉之一，共同形成我国综合交通网。而且这些交通系统都实行条线管理，不直接隶属于省地市，其管理体制及法律关系，具有系统性、专业性、流动性、相对独立性的特点。国家在铁路、民航、水运等都设置专门公安机关，在海事设置有专门法院，从完善法律监督角度，也亟须健全跨区域专门交通运输检察机关。因此，在现有的铁检运行组织基础上，探索建立跨区域交通运输专门检察组织体系，既是对铁路检察制度的传承和发展，也是对中国特色检察制度的积极探索。

（四）跨区域交通运输检察组织体系的设置

对铁路、民航、水运和海事海关领域的检察设置、职能管辖进行整合归类，将现存的铁路运输检察院改造为交通运输检察院。

1. 设立组织机构。按照我国交通运输布局跨行政区域的特点，参考国家铁路、航空监管机构的设置，并结合港航、海事和海关设置的区域特点，设立9个地区交通检察分院和31个交通运输检察院。一是以现有沈阳、北京、成都、上海、广州、南昌、兰州7个跨省管辖铁路检察分院为框架，建立7个地区交通运输检察分院。二是整合西安、太原、呼和浩特铁检分院为地区检察分院，选择民航和铁路的主要区域管理机构所在地西安为地区检察分院所在地；整合武汉、郑州铁检分院为地区检察分院，选择铁路和长江航运的主要区域管理机构所在地武汉为地区检察分院所在地。三是对原有的59个铁路基层检察院进行整合，保留每个省（直辖市、自治区）设立一个基层交通运输检察院，共31个基层院。交通运输检察机关实行三级二审的司法建制，对于三级审级的问题，有三种解决方案参考：一是设立全国交通检察院，对应高级法院的审级；二是指定一家省级检察院如北京市、上海市或湖北省人民检察院办理各地区交通分院提交的案件；三是由各地区交通检察分院所在地的省级院履行第三级审级的法律监督职责。

2. 明确管辖范围。高检院通过司法解释明确交通运输检察机关的案件管辖范围。一是专属管辖：负责对危害和涉及铁路、民航、水运、海关和海事等交通运输和生产经营，严重破坏交通设施，在交通运输工作区域，在交通工具上实施的犯罪；违反交通管理规章制度，造成重大事故或严重后果，交通运输单位职工在执行职务中发生的犯罪的管辖；以及发生在交通行业内部和在交通基础建设中发生的依照刑事诉讼法规定由人民检察院直接受理的案件的侦查。二是级别管辖：地区交通检察分院对应刑事诉讼法中级法院的管辖范围，管辖恐怖活动案件，可能判处无期徒刑、死刑的案件，以及重大职务犯罪案件；基层交通运输检察院管辖本辖区的普通刑事案件。三是地域管辖：交通检察分院管辖本区域的案件；基层交通运输检察院管辖本省（自治区、直辖市）内的案件。

3. 完善管理体系。实行全国统一的交通检察管理体系，人、财、物实行中央垂直管理，将最高人民检察院铁路运输检察厅更改为交通运输检察厅，负责两级交通检察机关人财物的领导管理，指导各交通运输检察院的检察业务工作，行使规划、部署、指导、督办、协调、考核等领导职能。在党的领导方面：地区交通运输检察分院作为最高人民检察院的派出院，最高人民检察院委托交通运输检察厅管理分院党组，委托分院党组管理基层院党组。在法律职务任免方面：两级交通检察机关检察官职务可由地区交通检察院分院检察长提请分院所在省人大常委会任免。在财政管理方面：实行两级交通检察机关统筹预算，中央财政保障体制，实行收支两条线。在机构设置方面：最高人民检察院应当会同中编办、中组部共同协商，规定各地三级交通运输检察机关的统一编制，包括人员定编、级别定编、内设机构编制等，规范统一各地机构设置。

4. 规范法律适用。由最高人民检察院组织，与全国人民代表大会、最高人民法院和公安部等相关部门沟通，按照依法治国的要求，构建起交通运输领域的司法规则体系。在检察院组织法层面上，明确规定交通运输检察专门检察机关的性质，制定交通运输检察院组织法，加强交通检察工作的组织保障，保证交通检察机关的设置做到有法可依，明确交通运输检察机关的司法属性。定位于中国社会发展特色，构建多位一体的专门交通运输检察体系，对强化专门法律监督，完善中国特色社会主义检察组织体系具有一定意义。

关于完善检察组织结构的思考

左国新[*]

当代中国的检察制度,是以移植为主要途径的制度创建形式,随着社会经济发展和社会制度变迁,在实现依法治国的进程中,检察制度同样要顺应其发展的要求,实现现代化发展。作为检察权行使之载体的组织结构,决定着中国检察权的权力禀赋,如何改革和完善检察组织结构,对促进检察权的依法独立行使,以及加强和完善检察队伍建设有着至关重要的作用。

一、检察组织结构的有关概念

通常认为,检察机关的组织结构所要解决的主要问题是检察机关在国家机构中如何建制以及检察机关的不同级别之间和一个检察机关内部如何组织起来,形成一个有机系统,保证检察权的有效运作。亦即,检察机关的组织结构包括组织体系和内部组织机构。而人民检察院组织法在第二章规定了"人民检察的机构设置和人员的任免"。其中第20条规定:"最高人民检察院根据需要,设立若干检察厅和其他业务机构。地方各级人民检察院可以分别设立相应的检察处、科和其他业务机构。"表明"内部组织机构"这个概念通常是指检察机关的内设机构。以此,检察机关组织结构可以从检察组织体系和检察内设机构两个方面进行解构。检察机关的组织体系,是指在国家机构体系中,各级、各类检察院如何建制,包括中央和地方各级人民检察院及其派出机关或机构、各类专门检察机关的设置,以及各检察院之间的关系等,解决的是检察权在国家权力结构中的地位以及在国家体制中的地位问题,包括检察权在各个阶位的关联关系,即领导体制问题等,进而决定中国检察权的权力禀赋。检察机关内部机构设置,即人民检察院内部的职能分工,包括内部机构的名称、构成和权能的配置,具体指各级人民检察院内部的领导机构、业务机构和综合管理机构的设置,是检察机关内部职能分解、权力析分和管理形式问题。对于检察权的运行而言,内设机构提供一种工作机制上的影响和保障。

二、现行检察组织体系存在的问题与缺陷

根据宪法和人民检察院组织法规定,我国检察组织体系实行四级制,即最高人民检察院,省级人民检察院,地市级人民检察院和县级人民检察院及军事检察院等专门人民检察院和省一级、县一级人民检察院根据工作需要设立的派出检察院。领导体制实行"上级院领导、人大监督"的双重领导体制,上级院主要通过业务工作实现对下级院的领导,各级人大

---

[*] 江西省上高县人民检察院政工科科长。

通过人事任免和实施监督等实现对同级检察院的领导,地方各级党委还通过干部管理等方式对地方各级检察院实施组织领导。在各级检察机关的设置上,以与行政区划相重合的方式设置;人员管理和物质保障实行分级负责,归属地方政权。随着社会主义市场经济体制的建立完善和社会主义和谐社会建设的推进,这种组织体系日益暴露出制度设计上的缺陷以及与党和国家对检察机关独立公正行使检察权要求的不适应。主要表现在:

(一)执法不独立

实行由地方负责组织人事领导、上级院负责业务领导,是我国检察组织体系的特色。但由于现行宪法和检察院组织法对上级院实施领导的范围、条件、方式和程序等均没有明确的规定,特别是缺乏程序性及制约性的监督机制,同时存在人民代表大会对检察机关的领导监督关系不够明确、监督的方式方法有待规范等问题,导致不少地方党政领导通过对地方检察机关的组织领导和物质保障等优势,对检察工作不断实施影响和渗透,弱化了上级院的业务领导权,形成检察执法为地方政权服务的现状。当检察机关进行法律监督时,尤其是办理职务犯罪案件时,如对地方管理的干部进行初查、立案侦查或采取强制措施之前,不少地方党委均规定检察机关要向党委实行报告的制度,甚至上党委常委会讨论,就案件的性质、是否构成犯罪等问题"达成共识",地方检察机关由于组织管理体制等因素的影响而不得不按地方党政领导意见行事。这种情况各地均有不同程度的存在,制约着检察执法的独立进行。

(二)检察官队伍非专业化

根据党管干部原则和现行检察院组织法的规定,检察机关对干部的考核、调配是按照当地党委和上级检察机关双重管理的原则和权限分级进行,地方党委是管理、考核同级检察机关干部的主管机关,上级检察机关是协助地方党委管理、考核下级检察机关干部的"协管"机关。实际上,上级院的"协管"范围仅仅限于下级院的检察长,对副检察长、检察委员会委员及中层干部等无权"协管"。从实践看,上级检察机关的"协管"并不起决定作用。若上级院与地方党委意见不一致时,往往以地方党委意见为主。地方注重干部的政治素质而往往忽视检察业务的实际需要,以行政手段进行干部的调配。这虽然有利于检察人员在系统内外的交流与使用,却造成检察机关既缺乏干部但高学历人才进不来、虽有补员但补充的很大一部分人员不符合检察官条件。对检察官的管理实行的也是两条线平行管理制度,行政级别由地方党委确定、法律职务由地方人大任命,而检察官的工资和其他待遇等却套用行政级别。这种对检察官采取过于行政化和属地化管理的模式,模糊了检察官与一般行政人员的界限,忽视了检察官的司法属性。既强化了检察官的"官本位"思想,使检察官过于热衷和追求行政级别;又不利于增强检察官的职业荣誉感、责任心,造成检察官队伍非专业化现象严重。

(三)经费困难

分级财政、分灶吃饭是我国财政管理体制的特色,检察机关也是按照这个体制解决经费问题。但由于各地政府工作重点和区域经济发展的不平衡等因素,检察机关的经费出现严重不足,业务发展与经费不足的矛盾日益明显和突出。很多检察机关尤其是基层检察机关的交通工具、物资装备等相当落后,办案经费、教育培训经费、办公经费、技术装备和基本建设经费难以保障，有的地方甚至连正常的行政经费、工资都无法保障。同时，由于检察经费正常供给严重不足，许多地方仍实行按比例返还赃款的办法来补充，"吃皇粮"和"收支两条线"的政策没有完全落实，使检察执法受经济利益驱动现象时有发生，为检察机关公正执法增加了不确定因素。

三、现行检察机关内部机构设置存在的问题与缺陷

现行检察机关内部的机构设置，基本上是按照诉讼法的流程而相应建立并带有强烈的行政色彩。随着我国改革的不断深入、社会主义市场经济的确立，这些配置的缺陷也逐渐凸显出来。主要表现在：

（一）级别不统一

"一府两院"的格局确立了检察机关的领导班子的级别应高于一般行政机关，但是，在少数基层检察机关副检察长职位仍然没有明确"正科级"；在政治部门和反贪部门的设置上，有的地方将其列为正科级、有的列为副科级，还有的干脆不明确级别，这对政治部门和反贪部门的内外工作关系极为不利。在检察机关内部，一般说来，政治部门和反贪部门的级别又相对高于其他科室，特别是政治部门和反贪部门的主要负责人一般都进入了本级院的党组，这就对确定中层干部职数和检察官等级以及开展干部轮岗带来难题，不利于人事制度改革；在中层干部职位的级别确定上仍然沿用的是20世纪90年代制定的"比例确定级别"的办法，年轻的中层干部无法明确级别，不利于干部的成长，也严重影响了检察干警的提拔和任用。

（二）结构不合理

目前，基层检察院普遍存在内设机构存在分工过细、环节过多、贪多求全和职能交叉重叠等问题，造成重复劳动和忙闲不均，"一人科"、"二人科"过多，力量分散。如我院51人，内设和派出机构15个，有"一人科"3个、"二人科"6个。在历次的检察机构改革中，行政部门不是减少而是增加了，造成行政部门过多、行政人员的比例过高。众多内设机构中，政工、办公室、技术、行政装备、纪检监察、服务中心及法警等非业务机构在基层院内设机构中占30%至40%，比例过大，降低了业务属性和司法职能。检察机关内设机构全国没有统一而明确的规定，如对于职务犯罪预防机构，有些地方将之作为反贪局的内设科室，有的则并列于其他业务部门。这些不规范的机构设置，既不利于上下级检察机关之间开展工作，也有损检察机关的整体形象。

（三）称谓不科学

从检察系统纵向来看，检察机关四级设置的名称不严谨。当前撤县建市的地方越来越多，县级市检察院和设区的市检察院均称"某市人民检察院"，这容易被误解为同级单位，既影响上下级之间的隶属关系严肃性，又给工作带来不必要的麻烦；从横向来看，检察院之间的同一机构设置和名称不统一，检察机关内部有厅、局、处、科、队及室等各种称呼，这些称呼均带有浓重的行政色彩，不能反映检察机关的特点，缺乏应有的法律底蕴；从机构设置的主要职能来看，机构称谓不能涵盖主要职能，如将审查批捕部门更名为侦查监督部门，本意是为了凸显侦查监督职能，但审查批捕部门具有审查批捕、立案监督

和侦查监督三大职能，仅取其一显然有失偏颇。

由上可见，我国现行的检察权配置不仅不科学、不合理，而且带有浓厚的计划经济时代的行政化色彩。如不对其进行改革，不仅跟不上时代发展的潮流，也势必会影响检察工作的全面开展。

四、改革我国检察组织结构的构想

构建我国检察组织结构，可以在现行宪法的框架内，按照检察一体化组织原则的要求，建立保障检察机关依法独立行使检察权的外部管理体系和保障检察机关依法独立行使检察权的内部制度，把我国检察机关由地方化趋势改造成为统一而不可分割的整体，实现最高人民检察院统一指挥和领导全国各级检察机关，下级检察机关接受上级检察机关和最高检察机关领导的组织体系。

（一）建立保障检察机关依法独立行使检察权的外部管理体系

1. 改革检察机关的人事管理体制，上收地方检察官的任免权。检察官作为"国家官员"是现代法治的必要条件。从长远看，应将地方三级检察机关的人事管理权限上收至最高人民检察院管理，全国所有检察官统一由最高人民检察院检察长提名、由全国人大常委会任命，以确立检察官"国家官员"法律地位。这种体制，也是国外现代法治国家的通行做法。但考虑到目前的实际情况，可采用省级人民检察院检察长，经最高人民检察院检察长提名，由本级人民代表大会选举产生；省级以下（含省级）人民检察院检察官由省委管理、省级人民检察院提名、地方本级人大及其常委会任免的制度模式，待条件成熟后再过渡为完全由全国人大常委会统一任命。这不仅不违背"党管干部"的原则，而且有利于加强党对检察工作的领导。因为上收检察官人事管理权，仅是把检察官人事管理权从地方党委上收至中央，检察官的人事管理权仍然控制在党组织手中，而没有游离于组织之外；同时，将检察官人事管理权限上收，可以使地方党委从人事调动等具体的事务中解脱出来，把更多的精力放到对地方检察机关执行党的路线、方针和政策等方面的领导，这更有利于加强党对检察机关的领导。

2. 改革检察物质保障体制，实行独立经费预算。检察机关所需经费受制于地方行政权，是导致检察权地方化的重要因素。"分级财政、分灶吃饭"的检察经费保障体制，既助长地方保护主义，又造成许多财政困难的地方检察机关经费得不到切实保障，使检察执法不可避免地受利益驱动，负面效应较大。应借鉴国外检察经费方面的成功做法，实行检察经费在国家预算中单列，经全国人大审议通过后，由最高人民检察院逐级下拨，真正保证检察机关"吃皇粮"。同时，实行严格的"收支两条线"，各级检察机关办案中没收的赃款、赃物必须全部上缴国库。这样，既可以消除地方保护主义的影响，又可以确保检察机关履行法律监督职能不受利益驱动，真正做到立检为公、执法为民。

3. 改革检察机关设置体系，淡化检察权的地方色彩。我国目前的检察机关设置体系是按行政区划设置的，这种设置方式强化了地方检察机关对地方行政权的依附性。必须改变这种设置方式，实行司法辖区与行政辖区相分离，检察机关不按行政区划设置，而是根据人口及案件的数量、经济发展状况和交通通讯状况等划分司法辖区，按司法辖区设置检察机关，构建独立于各级行政机关的检察机关，形成跨省、跨市（县）的检察组织体系。依这种设置方式建立起来的检察组织体系，既可以增强检察执法的抗干扰能力，有效地解决检察权地方化问题，也可以更好地落实检察工作"服务中心、服从大局"的方针。因为按司法辖区建立起来的检察组织体系，可以有效地减少检察权行使的地方依附性，执法地位相对较为超脱，无疑对提高检察执法的抗干扰能力是十分有益的。检察执法能力的提高，能真正做到确保宪法和法律的统一正确实施，这从根本上说就是对"服务中心、服从大局"方针最好的贯彻落实。通过检察管理体制的其他配套措施改革，也会从另一个角度解决好对检察工作的监督和检察机关的发展问题。这在国外有成功的经验可循，如美国联邦检察机关的设置就是按司法辖区设置的。在国内也有成功的实践，如中国人民银行1999年的成功改制，将原来的按行政区划设置改为按金融辖区设置，成功地建立了跨省、市（县）的央行体系，从根本上解决了国家金融地方化的问题。

（二）建立保障检察机关依法独立行使检察权的内部制度

我国检察权在性质上具有行政性和司法性的特征，其性质要求检察机关的内部管理制度既要体现检察权行政属性的要求，又要符合检察权的司法属性需要，按照司法规律进行管理。

1．明确检察官的法律地位。修改检察官法，明确规定检察官不再套用行政级别，采用检察官等级序列进行管理，检察官的工作权限和待遇与检察官等级挂钩。

2．强化检察官独立原则。建立检察官享有独立办理案件的权力和对自己不正确或错误的决定承担完全责任的制度。这种权力和责任相统一的制度，将使检察官增强执法理性，谨慎行使权力，确保公正执法。

3．建立检察官职业化制度。（1）检察人员分类管理制度。检察机关内部应对检察人员按照不同职位进行划分，并分别按照相应的职务序列进行管理。一类为检察官。包括检察长、副检察长、检察委员会委员和检察员，依照检察官法实行检察官等级管理制度，包括提高检察官的待遇、加强任职保障、建立科学的晋升制度等。二类为检察辅助人员。包括主诉检察官助理、书记员、检察技术人员和司法警察等协助检察官履行检察职责的人员。检察技术人员按照公务员专业技术类职务序列进行管理；司法警察按照警察的有关职务序列进行管理；主诉检察官助理、书记员按照单独序列进行管理。三类为检察综合管理人员。除检察官、检察辅助人员以外，承担综合管理以及机关内部管理等职责的人员，按照公务员综合管理类职务序列进行管理。实施检察人员分类管理，应按照老人老办法，新人新办法逐步推行。（2）建立严格的检察官遴选制度。担任检察官须具备大学本科以上学历、通过国家司法考试并在政法部门经过若干年的实习后，首先在基层检察机关开始任职。上级院的检察官应从下级院的优秀检察官中遴选。同时坚持和完善检察官培训制度、考评制度、晋升制度、定期交流制度和检察官惩戒制度等管理制度，确保检察官队伍的高素质。（3）改革检察官职务保障制度，建立检察官任职终身制。检察官任职终身制是指除法定原因外，不得以任何理由被免职、调离或被降职降薪。以保证检察官在行使职权过程中没有后顾之忧，只忠实于法律，不受任何其他组织或个人的干扰。同时，赋予检察官履行职务的特权保障，规定检察官在履行职务时相关的单位或个人有办助的义务。

4. 规范检察机关机构设置。检察机关内设机构的设置应当既要有利于检察权的全面、正确行使,又要有利于检察资源的有效配置和法律监督职能的充分发挥;既要提高工作效率,又要保证工作质量。因此,在机构安排上应把握好三个原则:一是精简效能原则。要尊重目前检察机关普遍存在的经费不足、人员不够的现实,实事求是地设置内部机构,不宜贪大求全,过多设置。应着力精简非业务部门,充实业务部门,在编制、结构上尽量向业务部门倾斜,加强一线办案力量,充分发挥检察机关的整体效能。二是科学合理原则。要围绕法律监督职能即公诉权、职务犯罪侦查权、逮捕权、诉讼监督权的行使来安排,调整职能,理顺关系,根据工作需要按业务性质进行重构,最大限度地解决职能相近、工作交叉、任务重叠的问题。三是规范统一原则。内设机构的名称和规格,应统一规定,不宜各自为政。

建议采用"三局两部一办"模式。"三局"包括:刑事检察局(侦查监督、公诉),职务犯罪侦查局(反贪、反渎、预防),诉讼监督局(民行、控申、监所);"二部"包括:政治部(政工、纪检),事务部(办公室、行装、技术、法警);"一办"是指:检察长办公室(人民监督员、检委会办公室、法律政策研究室)。

内设机构整合后,要注意解决以下几个问题:一是目前检察官晋升与行政职级晋升是在各自不同轨道上运行的,行政职级待遇并不与检察官岗位直接挂钩,因此内设机构整合后,检察官特别是主诉(主办)检察官的职业地位需要得到相关制度保障。二是内设机构整合后二级机构设置以及相关工作机制建设问题。人员编制规模较大的部门需要分设二级机构,将要面临横向分设还是纵向分设的选择。三是内设机构整合后,领导职位数相应减少,这就需要会同有关部门协调解决其相应的职级待遇问题,保证干警相应的职级待遇不降,使他们感到虽然不是领导职务,但与领导岗位职级是相同的,避免大家争挤职务、职级晋升的"独木桥"。

主办检察官制度的完善与检察改革

孙 怡[*] 罗菁婷[**]

随着社会主义法制建设的加强和刑事诉讼法的修改,检察机关内部行政化的管理模式在新形势下暴露出诸多弊端,改革传统的行政化管理模式以适应检察权运行规律成为一项极为紧迫的工作。主办检察官制度就是其中一项积极的尝试。不可否认,主办检察官制度在推行之初显示了强大的生命力,被视为改革传统行政化管理模式的一剂"灵丹妙药"。但是,随着改革的推进,主办检察官制度在发挥自身优势的同时也暴露出一些问题和不足,改革难以进一步向纵深发展。因此,如何克服不足,完善制度构建,成为当前保障主办检察官制度深化发展亟须解决的问题。

一、主办检察官制度的实践

长期以来,我国检察机关实行"办理案件,由检察人员承办,办案部门负责人审核,检察长或者检察委员会决定"的办案方式,[①] 简称"三级审批制"。该办案方式区分承办、审核与决定三个环节,以上命下从的管理机制,将决定权集中于检察长。[②] 承办案件的检察官对绝大部分事项都需要逐级汇报,层层审批。在这种办案模式下,检察权带上了浓重的行政色彩,且存在办事拖拉、效率低下,不负责任,冤假错案发生后责任不明的问题。[③]

20世纪90年代,检察机关启动了被称为"主诉检察官办案责任制"、"主办检察官办案责任制"(后因涉及面较宽而改为"主诉检察官制度"、"主办检察官制度",以下合并称为"主办检察官制度")的改革。这一项改革起因于1996年刑事诉讼法的修改,为适应实践需求,一些基层检察院试行主办检察官办案责任制,效果良好。比较典型的有北京市海淀区检察院试行的检察官"检控分离"、广州市白云区检察院试行的主办侦查员办案责任制、河北省唐山市检察院试行的主办检察官责任制。1999年11月,最高人民检察院出台《关于检察机关反贪污贿赂工作若干问题的决定》,规定"主办检察官办案责任制是在检察长和侦查部门负责人的领导下,以主办检察官为直接责任人,全权决定职责范围内

---

[*] 江西省人民检察院干部。
[**] 江西省广昌县人民检察院干部。
① 最高人民检察院发布的《检察机关执法工作基本规范(2013年版)》第1·9条。
② 在检察长负责制之下,检察委员会即使形成与检察长意见不同的多数意见也不能改变检察长的决定。此时,对案件可以报请上一级人民检察院决定;对事项可以报请上一级人民检察院或者本级人民代表大会常务委员会决定。详见《检察机关执法工作基本规范(2013年版)》第1·102条。
③ 孙谦、童建明:《依法治国与司法改革》,载《国家检察官学院学报》2000年第1期。

事项的一种办案制度……"这是最高人民检察院第一次以文件的形式规范主办检察官制度。2000年最高人民检察院出台《检察改革三年实施意见》①，明确改革检察官办案机制的目标，在2000~2002年三年内全面建立主诉、主办检察官办案责任制。到2003年年底，全国共有2897个检察机关实行了主办检察官制度，任命了12633名主办检察官。到2004年12月，全国90%以上的检察机关都实行了主办检察官制度。②

主办检察官制度实行以后，产生了较大影响，取得了明显效果。一是转变了传统的行政管理模式，逐步采行司法业务运作模式，主办检察官可以直接决定案件，体现了"审定合一"的司法亲历性；二是打破了层层审批的办案惯例，减少了办案环节，提高了诉讼效率；三是保证了案件质量，主办检察官都是经过严格选拔、有能力、有经验的优秀检察官，由他们来承办案件，可以有效提高并保证案件质量；四是充分调动了检察官的办案积极性和主观能动性，有利于提高检察官队伍的职业化和专业化；五是落实了办案责任主体，过去案件是集体讨论决定的，有的是检委会作出的决定，错案追究很难落到实处，实行主办检察官制度后，办错案就可以由主办检察官承担责任。实践证明，主办检察官制度的启动和推进，打破了检察机关"上命下从"的行政化工作方法，突出了检察官职务的司法属性，也进而为检察机关的工作改革找到了突破口，奠定了基础。

二、我国实践主办检察官制度中存在的主要问题

主办检察官制度经过十余年的实践，不仅培养锻炼了检察干部，也有力推进了检察工作。但实践中也还是出现了一些问题，如主办检察官权力受限，名不副实。同时，主办检察官在作用有限的情况下，责任心减弱，不能发挥主办的主导作用，而且行政职级仍为检察官地位、待遇的依据，主办检察官的待遇问题没有解决，岗位缺乏吸引力等。有些地方搞"全员主办"，"换汤不换药"，主办检察官制度名存实亡；有些地方则已经完全退回原位，恢复传统办案机制。③

（一）法律依据不够充分

主办检察官制度是在现行的法律规定之下进行的突破和创新。我国的检察官法对于检察官的规定是："依法行使国家检察权的检察人员，其职责是依法进行法律监督工作，代表国家提起公诉"④等。然而，我国现行的宪法法律等都没有关于主办检察官的规定。比如我国法律规定检察院实行"检察长负责制"，然而主办检察官制度却要求"主办检察官为直接责任人，全权决定职责范围内事项"，其法律依据何在？主办检察官制度已推行十余年，若要继续深化推进这一制度，必须要先在法律上明确主办检察官的地位，否则主办检察官制度难免被质疑与诟病。

（二）职责权限不够明确

首先，现阶段主办检察官的权力仍然受到相当大的限制，比如主办检察官享有部分案

---

① 2010年1月10日最高人民检察院第九届检察委员会第五十二次会议通过。
② 邓思清：《主诉（办）检察官制度改革回顾及启示》，载《人民检察》2013年第14期。
③ 龙宗智：《检察机关办案方式的适度司法化改革》，载《法学研究》2013年第1期。
④ 中华人民共和国检察官法第2条、第6条。

件的审查起诉权,但是对于案件的不起诉、撤回起诉、抗诉等仍要实行三级审批制。由此可见,主办检察官的权力仍然非常有限。其次,在主办检察官有限的权力范围之内,对于主办检察官责任的追究相当严格,特别是一旦出现错案,对于主办检察官责任的规定相当苛刻,在有限的权力之下,主办检察官承担了较为严苛的责任。最后,在享有相应的权力并且承担相应的责任的情况下,理应提高主办检察官的待遇,并对其职业发展提供相应的保障,但是在主办检察官制度实行十多年以来,并没有关于提高主办检察官待遇的相关规定。而在主办检察官的职业发展方面,也并没有相关的规定保证主办检察官可以获得更好的晋升机会,而仅仅在有关规定中有提及优先考虑主诉检察官,但是却无具体的操作规范和标准。在权责利不统一的状况之下,造成的突出后果就是主办检察官队伍不稳定,流失率非常高。相比较之下行政职务的晋升对于检察官有更大的吸引力,而在主办检察官待遇不能得到相应提升的情况下,主办检察官队伍的稳定性也难以得到保证。对主办检察官需要"隆其地位,优其待遇",但实际上往往只停留于"口号",难以落实。

(三) 制约机制不够健全

主办检察官制度缺乏配套的制度支持。由于主办检察官产生的形式不同,各地选任主办检察官的方式也不同,有的地方主办检察官的选任只是"走形式、走过场",导致主办检察官的水平参差不齐。再如主办检察官制度要求主诉官承担一定的责任,也相应地要赋予其一定的地位和相应的待遇,但是在主办检察官制度推行之后,并没有相关的规定,当选主办检察官之后,待遇也没有相应的改变。主办检察官不应与行政级别挂钩,更不能把它当作一种荣誉称号来弥补行政职级不足的矛盾。

三、域内外主办检察官制度的比较借鉴

为了更深入地探讨主办检察官制度,有必要参考域外的法治经验。我国台湾地区和德国的检察官制度对完善中国特色的主办检察官制度具有借鉴意义。

(一) 我国台湾地区的主办检察官制度

我国台湾地区的检察官拥有较大的权力,形成以主任检察官为指挥官的组织化领导体制。"各级法院及分院检察署检察员额在六人以上者,得分组办事,每组以一人为主任检察官,监督各该组事务。"主任检察官对检察长的指示有意见时,可以陈述理由,但仍应服从检察长的命令;主任检察官与检察官意见不同,应报请检察长决定。检察官执行职务撰写的法律文书应当送请主任检察官核定以后,报检察长决定。由20世纪末开始,台湾地区自上而下推动检察改革。实施了"检察一体制度透明化实施方案"等改革措施,加强了对检察官独立的保障以及对检察首长指令权的限制。如要求检察首长在对检察官行使指令权时,应以书面附具理由,以防止检察首长的不当干预。① 如果检察首长自身或者指令下级承办检察官违反起诉法定原则而为诉讼上的处分,不但违法,而且可罚,该当台湾刑法第125条第1项第3款之要件;若系下令为之,下级承办检察官有抗命义务,不然可能与

---

① 施庆堂:《检察职权之变迁与展望》,载倪英达、严大和主编:《海峡两岸检察实务研究》,中国检察出版社2011年版。

下令者成为共犯。① 在法务部设"检察官人事审议委员会",审议高等法院检察署以下各级法院及其分院检察署主任检察官、检察官之任命、转任、迁调、考核及奖惩事项。②

（二）德国的检察官制度

在德国,检察人员大致分为四类：检察官、副检察官（检察事务官）、书记员和其他公务员。检察官是行使检察权的官员,包括检察长、主任检察官和普通检察官。副检察官职能与检察官类似,主要负责轻罪案件的起诉,但是属于国家公务员,不属于检察官序列,地位低于检察官。书记员和其他公务员负责行政事务、文秘等工作,统一为检察官提供服务。检察官的选任要经过非常严格的程序,一旦被录用终身任职,非因法定事由不被免职。德国检察机关内部设有纪律委员会,通过专门的纪律诉讼程序,对检察官的执法行为进行监督,对违规行为进行惩罚。③ 德国的检察官是司法体系的一员,其权利义务受法官法调整,与法官任职可以互换。法律与实务十分强调其作为法治守护人的职责。检察官被设置为较为独立的司法官员,相对独立地处理所承办的案件。虽然德国检察制度强化一体制和检察首长指令权,但"从总体上看,检察官职务独立是第一位的,是原则,检察一体是第二位的,甚至只是补充或者例外"。④

如果将中国的检察制度与域外相比较,笔者认为,中国检察机关的司法功能体现得最强,但办案方式又缺乏司法性。"三级审批制"的行政管理方式,充分体现了指令权的决定作用和承办检察官独立性和决定性不足,凸显改革的必要性。他山之石,可以攻玉。虽然政治背景、法律体制有差异,但我国台湾地区和德国的一些做法却能给我们以启示和借鉴：一是检察官享有一定的独立办案职权,检察长和部门负责人不得随意干涉,检察官在其职权范围内,有权拒绝检察长的不当干预;二是对检察官实行分类管理,提高检察官的准入资格,保证检察官队伍的职业化和专业化;三是建立了完善的检察官晋升职级制度、身份保障制度和监督制约机制,保证检察官能依法独立办案,公正行使职权。

四、司法体制改革下进一步完善主办检察官制度的方向

随着修改后刑事诉讼法的施行,执法办案方式的转变将成为检察机关面临的重要任务和挑战。修改后的刑事诉讼法,工作范围更广,内容更加丰富,需要检察官个人决定的事项也明显增加。不断推进主办检察官制度的完善是深化司法体制改革的一项重要任务。推进和深化主办检察官制度改革,关键是深化主办检察官责任制改革。需要明确,主办检察官是指经检察长授权,依法履行执法办案职责,享有一定范围的办案决定权并承担相应责任的检察官。主办检察官是一种执法岗位,而不是职务;主办检察官的办案决定权来源于法律规定、检察长授权;主办检察官是一种能力席位,而不是一个机构,其能力素质与岗位要求应当相适应,做到人岗相适,不能成为新的办案审批层级。

---

① 林钰雄：《检察官论》,法律出版社2008年版,第36页。
② 蔡巍：《检察官办案责任制比较研究》,载《人民检察》2013年第14期。
③ 蔡巍：《检察官办案责任制比较研究》,载《人民检察》2013年第14期。
④ 魏武：《法德检察制度》,中国检察出版社2008年版,第135页。

（一）强化主办检察官的独立性

主办检察官制度不是"官制"，缺乏体制地位。现行法律与主办检察官制度之间可能存在某些"软冲突"，但尚未发现直接违背法律的"硬冲突"。主办检察官制度改革的实质是检察权配置方式的变化：将过去属于检察长和处、科长的一部分对案件的决定权划归检察官，即放权"检察官"。① 办案检察官既有办案职责，又有相对独立的案件决定权，这种做法与现行的检察制度的某些原则存在软性冲突，这与我们惯用行政方式管理检察机关有关。但实际上检察官办案责任制的改革只是检察权行使机制的调整，并不改变检察权行使主体的法定性。因此，主办检察官制度与既有的法律体系并没有硬性冲突，是在现行法律框架内对检察权配置和运行方式的改良。

深化主办检察官制度改革，可以考虑在适当的时机修改人民检察院组织法和检察官法，明确主办检察官制度和主办检察官的职权范围。主办检察官职权范围主要依据应遵循"法定原则"和"相当原则"。"法定原则"指的是，主办检察官行使权力，应当有法律的依据，不能违反法律越权办案。"相当原则"指的是，主办检察官享有的权力应与案件的性质和重要程度相适应。即使不违法，但对影响检察工作的重大业务事项，也不宜由主办检察官决定。"相当原则"应考虑以下几点因素。一是决定事项的性质，是属于程序性事项还是实体性处理。程序性事项可以由主办检察官决定，但实体性处理，在目前检察机关的体制和司法状况下，暂时不宜由主办检察官决定。二是决定事项的影响程度，是属于一般决定还是重大决定。一般决定可以由主办检察官决定，但重大决定还是由检察长或检察委员会集体讨论决定较为适宜。三是决定事项本身的属性，是事实证据问题还是法律问题。事实问题主要对证据的直观审查建立内心确信，可以由主办检察官决定并对其负责，而法律问题还是由检察长或检察委员会集体讨论决定较为适宜。

（二）加强对主办检察官的监督制约

权力不受监督必然导致腐败，"一切有权力的人容易滥用权力，这是万古不易的一条经验"。② 实行主办检察官制度的同时，应建立行之有效的监督制约机制，以防止主办检察官滥用职权，徇私舞弊。一是领导监督。对于大案要案，社会影响大的疑难案件，除重要工作事项由检察长或检察委员会决定外，部门负责人可以要求主办检察官汇报，若部门负责人与主办检察官意见不一致时，可报检察长或检察委员会决定。二是办案组的互相监督制约。办案小组成员与主办检察官对主要犯罪事实、证据、定性等认定及其他检察事项的决定有分歧时，办案小组成员可以向部门负责人汇报，部门负责人可以要求主办检察官将案件提交本部门报请检察长决定。三是考评小组的监督制约。考评小组可根据《主办检察官考评办法》和检察官法的有关规定，对主办检察官进行定期或不定期考核，以监督制约其正确行使职权。

（三）构建多元化的检察官办案责任制形式

检察机关兼具司法性和行政性的双重属性，要根据修改后刑事诉讼法和《刑事诉讼

---

① 龙宗智：《主诉检察官办案责任制的依据和实施条件——二论主诉检察官办案责任制》，载《人民检察》2000年第2期。
② ［法］孟德斯鸠：《论法的精神》（上册），张雁深译，商务印书馆1995年版，第104页。

规则》赋予的职权,细化和合理确定主办检察官的职权以及职权行使方式等。

起诉部门检察官的司法官特征比较明显,尤其是其出庭的活动。检察行为取决于出庭检察官的个人行为,因此,应强调其个人负责、独立办案。这就是在全国检察机关推行十余年的"主诉检察官制度"。主诉检察官是检察队伍中的精英,给他们配备助手,有权独立地决定案件的起诉,独立地实施案件的公诉;对法律规定的必须由检察长和检察委员会决定,不起诉、抗诉等事项,有建议的权力。起诉部门的领导改变为一般的行政协调人,案件质量的监督人以及行政事务的负责人,在案件处理的业务问题上不再具有指令权。

而自侦部门强调严密的组织协调,充分协同配合,因此侦查部门具有行政化的性质。在刑事侦查活动中,各侦查人员没有法律上的独立性,应当坚决服从上级指令,完成上级分配的任务。尤其是在重大、复杂,取证涉及面广的侦查活动,有的甚至需要整个侦查机构,多个侦查机构的密切协同。因此,在自侦部门推行主办责任制,只是承担主办责任的检察官,切实负责地、相对独立地完成上级交给的具体任务。在具有诉讼意义的环节,一般而言,主办检察官不具有决定权。譬如,案件的初查、立案,决定逮捕、侦查终结、决定起诉,还是应当经过慎重研究和审批程序。

(四) 深化检察人员分类管理改革

最高人民检察院于2009年年初下发的《关于贯彻落实〈中央政法委员会关于深化司法体制和工作机制改革若干问题的意见〉的实施意见》中提出:"改革和完善人民检察院机构设置。根据检察权运行规律合理设置人民检察院内设机构,有效整合人力资源,形成分工合理、权责明确、相互配合、相互制约、运行高效的工作机制。"为贯彻这一改革要求,有必要以骨干检察官为中心,在每个业务部门形成多个办案单元。同时改变目前检察机关内部划分过细,部门林立的状况,在一定层级的检察机关内实行大部门体制,强化多点分布的办案单元功能,适当弱化业务部门职权,弱化行政性纵向关系,检察机关的组织机构和检察权运行机制都围绕如何有效地履行法律职能来设置和运转,检察官拥有相对独立行使检察权的主体地位。由此形成检察机关以办案组为中心和主体,符合检察规律和国际惯例的业务组织模式。即由"纵强横弱"的行政模式,走向压缩纵向关系的所谓"扁平化"管理模式。

管理模式的确立,同时应考虑检察机关的工作任务和不同条件区别对待。在基层院,尤其是较小的基层院,这种"扁平式"管理模式更有必要。较小的基层院,按传统模式设置业务部门,官多兵少,效率低下。① 应当"整合人力资源",形成"扁平化"管理模式和有效率的组织结构。而在市、分、州院,对应中级法院,仍有相当重的办案任务,建立"多点式办案单元"及"扁平化"管理模式也有重要意义。但在省级院和最高检,工作重点是指导而非办理具体案件,在目前情况下,以部门为基本单位展开业务也许更为适当。办案单元设置,应当注意遵循专业化原则。即以案件类型为基础,同时考虑办案主体特点以及程序类型对办案组作专业化分工,使检察官和办案组术业有专攻,有利于提高办案质量。

---

① 尹吉:《试论检察管理中的主要问题》,载方晓林主编:《检察研究》(第1卷),中国检察出版社2012年版,第208页。

加快主办检察官制度建设的思考

冯祖兴*

进入 21 世纪，我国司法界开始了一系列改革。2000 年，最高人民检察院（以下简称高检院）推出了检察制度的改革方案，其中包括"健全、落实检察业务工作中的主诉、主办检察官办案责任制"。十几年过去，主诉检察官办案责任制得到一定程度的推行，但主办检察官办案责任制却偃旗息鼓。近期，高检院正在酝酿出台《关于进一步深化检察改革的意见（2013~2017 年工作规划）》，主办检察官的改革又一次提上了议事日程。

按照高检院《关于在检察机关侦查部门开展主办检察官办案责任制试点工作的意见》的规定，所谓主办检察官办案责任制是在检察长和侦查部门负责人的领导下，以主办检察官为直接责任人，全权决定职责范围内事项的一种办案制度。本文试就加快建立主办检察官制度相关问题进行粗浅的探讨。

一、主办检察官制度的实践

2000 年以来，各地检察机关按照高检院的部署，开始了主办检察官办案责任制的探索，但随后的试水情况却不容乐观，多数检察机关行政科层制没有改变，主办检察官没有成为相对独立的办案组织，与一般的办案组模式没有作出科学、适当区分，集体讨论、领导决定的现象并没有多大改观，这一改革尝试陆续无疾而终，修成正果者寥寥。

2000 年 3 月，北京市东城、西城、海淀、昌平四区检察院的反贪部门作为主办检察官办案责任制试点单位按照不同的模式制订出实施方案，从主办检察官应具备的条件、选任、职责和权力、监督制约、奖惩和考试等方面作了具体的规定，随即开始试行。① 但不到两年时间先后停止了主办检察官的试点。

河南省郑州市金水区检察院 2001 年开始推行主办检察官办案责任制，赋予主办检察官相对独立的办案权利，明确规定主办检察官是一个独立的办案单位，独立以自己的名义承办案件，直接对案件负责。主办检察官采取高标准和严格的程序选任。每名主办检察官选聘若干名助手，实行小组制的办案运行模式，赋予了主办检察官一定范围内的案件处理自主权，主办检察官直接对案件负责，行政上受部门负责人领导，业务上受部门负责人监督。该院将主办检察官划分为三级，不同层级的主办检察官所要完成工作任务的数量和质量不同，待遇方面也有差别。② 主办检察官办案责任制成为破解办案难题的一把"金钥

---

* 江西省瑞昌市人民检察院副检察长。
① 王治国、白锡喜、赵晓星：《北京将试行主办检察官制》，载《检察日报》2000 年 3 月 15 日。
② 丁海骧、王金辉：《职业检察官制度在郑州金水区"试水"》，载《新华每日电讯》2010 年 10 月 12 日。

匙"，据统计，该院以全省0.8%的人力，完成了全省2.5%的案件量。2010年该院被评为全国模范检察院。

上海市检察机关自2002年开始在全市反贪侦查中实行主办检察官办案责任制，但在实践中发挥作用不突出。2011年，该市站在探索基层院办案组织建设的高度，开始在闵行区、浦东新区检察院试点推行主任检察官制度改革。① 将主任检察官作为检察院办案组织的主体，依法独立行使检察办案职权，主任检察官主要通过考核选任和竞岗选任两种程序进行遴选产生，主任检察官任职期间享受相当于上一职级的特殊职务津贴，从而在现行法律框架内较好地解决了"责、权、利"的问题。

近年来较为成功的还有湖北省黄石市。2012年8月，黄石市检察院制定了《黄石市各城区人民检察院内部整合改革方案》，启动深化改革后首批主办检察官的选任工作，内部改革由"物理整合"转变为"化学整合"。在黄石港、西塞山、下陆、铁山4个城区检察院共选任了54名主办检察官。黄石的经验主要是：赋予主办检察官案件处理权，并对执法质量负责，实行执法责任追究和错案责任追究，优化主办检察官考评激励措施。② 2013年5月初，高检院曹建明检察长到黄石调研时称赞："黄石基层检察机关改革效果很好，符合检察工作运行规律，符合今后发展的方向，为全国创造了很好的经验。"

二、加快主办检察官制度建设的必要性和紧迫性

尽管对建立主办检察官制度有不同的声音，但相当数量的学者和检察系统的专家都主张全面推进主办检察官制度，赋予主办检察官独立办案的权力。中国人民大学法学院陈卫东教授认为，我国过于强调检察一体化，而对检察一体的另一面检察官独立则关注不足。③ 高检院推行主办检察官制度改革，其目的就是将检察机关传统的行政管理模式转变为司法业务运作模式，将集体负责制转化为检察官个人相对负责制，建立以主办检察官为核心的办案单元，推动检察官的职业化、专业化、精英化进程。

（一）加快主办检察官制度建设是检察官职业化的内在要求

当前，检察机关职务犯罪侦查工作主要采取的是"小组承办，部门负责人审核、检察长或检察委员会讨论决定"的办案模式。实践证明，这种以上命下从的行政性关系为特点的办案责任机制强化了内部监督，保证了一体化的领导，但办案效率低下，办案质量不高，承办者职责不清，责任不明，已不能适应新形势下打击贪污贿赂、渎职侵权等职务犯罪的需要。尽管检察官职业无疑是一种专门性法律职业，但现行检察机关人事管理将检察官辅助人员、管理人员一体视为检察官，不利于检察官职业化发展。不少著者认为，我国司法职业恰恰不具有职业化的特点，相反表现出大众化的特征。据统计，我国目前有三分之一的检察官从事的不是检察业务工作，从事业务工作的往往同时还承担一些行政职能，检察人员混编混岗现象突出。

---

① 陈乃保：《探索主任检察官办案组织形式》，载《检察日报》2013年4月2日。
② 黄璐等：《省检察院内部整合改革观察："基层小院"活力迸发》，载《湖北日报》2013年5月10日。
③ 陈卫东：《司法改革背景下的检察改革》，载《检察日报》2013年7月23日。

(二) 加快主办检察官制度建设是检察官专业化的必然选择

职业化的检察官有着独特的法律地位、专业的法律知识、丰富的经验和高尚的职业道德，这四点是检察官职业化的基本特征，表明了检察官脱离了大众化，成为具有一定素质的专门人才。① 检察机关的人、财、物受制于地方，导致检察官流动失范，党政官员频频进入检察官序列，优秀检察官为解决职级而转入党政部门发展等现象，影响了检察官队伍的专业化建设。那些未经专业化训练而摇身变为司法人员的人员，往往缺乏对社会目标和职业使命的统一认识和坚定信念，于是，就不仅成为可能沦丧职业操守，心怀非分之想，妄取分外之利，不尽职内之责。

(三) 加快主办检察官制度建设是检察官精英化的迫切需要

再好的法律也要高素质的人来执行，现代社会纷繁复杂的变迁和"法律守护人"的使命，要求检察官尤其是主办检察官必须精英化。在词源语义上，"精英"（elite）通常与"民众"相对应，指的是在社会生活中具有超凡能力的人。检察官的精英化，就是要求检察官少而精，能够以一当十，甚至以一当百。"夫法之善者，仍在有用法之人，苟非其人，徒法而已。"②《三国演义》第57回讲述了这么一个故事：庞统投刘备初未受重用，仅委以耒阳县宰。庞统到任百日，不理政事。张飞奉命前往巡查，庞统唤吏将百日所积公务，都取来剖断。"统手中批判，口中发落，耳中听词，曲直分明，并无分毫差错。民皆叩首拜伏。不到半日，将百日之事，尽断毕了。"优秀的检察官，需要具有庞统之能。包拯、海瑞之所以被称为"青天"而名垂青史，是因为他们的杰出才能和人格魅力获得了民众的广泛认同。

三、关于检察官独立性的域外考察

许多国家和地区的法治实践证明，只有名义上的司法机关集体独立而没有司法官独立，是难以形成现代司法体制的，也难以真正保障司法机关最终摆脱行政化和地方化。所以现代国家在相继确立法院独立和法官独立后，又在一定程度上确立了检察机关独立和检察官的相对独立。注重检察官的任职保障和行使职权的相对独立性已经成为国际共识。联合国《关于检察官作用的准则》第3~8条规定了检察官的地位和服务条件，包括职业荣誉和尊严、职务独立、身份保障等内容。其中，关于检察官职务的独立性，第4条规定："各国应确保检察官得以在没有任何恐吓、阻碍、侵扰，不正当干预或不合理地承担民事、刑事或其他责任的情况下履行其专业职责。"国际检察官联合会《关于检察官的职业责任标准和基本义务与权利》（1999年）第2条第1款至第3款对检察官的独立性作了如下规定："在承认检察官自由裁量权的国家里，检察自由裁量权应当独立地行使，不受政治干涉。"

不论是英美法系还是大陆法系，许多国家先后确立了相对独立的现代检察官制度。美国的联邦检察官与地方检察官互不统辖。日本检察厅法规定，检察官是"为了国家，对

---

① 参见程德文《检察官职业化问题研究》，载《检察论丛》（第12卷），法律出版社2008年版，第359~360页。
② 沈家本：《历代刑法考》，中华书局1985年版，第51页。

检察事务自行决定国家的意思,并对外部具有表示权限的机关"。"检察官因为是独任制机关,本身具有独立的性质。这对保障检察权的行使及绝对公正,不受其他势力操纵,以及检察官的职务行为必须直接产生确定的效力,都是必不可少的。"[1] 德国将检察人员分为检察官、检察事务官、书记员和其他公务员四类。检察官是行使检察权的主体,包括检察长、主任检察官和普通检察官。检察官的选任要经过非常严格的程序,一旦被录用终身任职,非因法定事由不被免职。[2]

检察内部一体化在国际上也广泛采用,从一些国家和地区的实践来看,检察官在检察一体化的前提下保持着较大的独立性。检察官接受上级检察机关和本级检察长的一体化领导,但上级领导主要是通过审查、劝告、指导等方式行使指令权,检察官在依法对上负责的前提下保留一定的拒绝本人认为不合理或涉嫌违法指令的权力。在日本,对于检察事务,检察官以自己的名义作出决定并由此承担责任。在我国台湾地区,一个检察机关内部比较普遍地实行检察长—主任检察官—检察官这样权力配置方式和责任链,实行相对独立性与行政隶属性的协调统一。侦查方面,台湾检察官实行精密的侦查,其经验一是建立团队办案模式,提升办案深度、广度、精致度;二是建立专组办案模式,实现侦办的专业性;三是善用检察事务官;四是正确施行"检察一体"。[3]

可见,各地检察官制度虽有差别,但共同点是检察官是检察权行使的主体,对一定范围内的检察事项有处置权。

四、加快主办检察官制度建设的构想

主办检察官制度实质上是检察机关内部重新配置侦查权的一项制度改革,其核心是创新办案组织,要义是充分发挥精英化侦查人才的作用。由于该制度还只是内部授权性质的改革措施,尚未得到立法的确认,在法源上存在先天不足。而立法部门、实务部门和检察官本身对于设立主办检察官在理念上也存在歧见,在具体制度设计上更是各行其是。因此,笔者以为,加快主办检察官制度建设,必须从立法、理念、制度入手,进行系统化废旧立新。

(一)立法上确立主办检察官制度

权力来源、权力授受关系以及权项内容的明晰化,是现代政治文明的要求。[4] 检察机关推行的主办检察官改革,因为没有法律的授权而缺乏正当性,需要予以立法完善。

笔者建议,条件成熟时,应当修改检察官法、检察院组织法和诉讼法,明确主办检察官的法律地位,以主办检察官为办案基本单元,将主办检察官与普通检察官区分开来,将检察官与检察官辅助人员、管理人员实行分类管理,业务上实行检察长—主办检察官—检察官等级管理模式。

---

[1] 日本法务省刑事局编:《日本检察讲义》,杨磊等译,中国检察出版社1990年版,第7页。
[2] 潘祖全:《主任检察官制度值得进一步探索》,载《检察日报》2013年6月28日。
[3] 龙宗智:《"和而不同"的两岸检察》,载《检察日报》2013年8月6日。
[4] 詹复亮:《职务犯罪侦查的热点问题研究》,中国检察出版社2005年版,第77页。

(二) 理念上牢固树立三种理念

设定一项新的制度，必须以理念为先导。"如果制度行动者缺乏对制度机理的认知，该制度将注定走向扭曲。"①

在当前我国检察队伍中，信仰坚定、素质全面、能力突出的检察官所占比例非常小，据不完全统计，进入地市级以上侦查人才库的平均每个院不到2人，评为地市级以上检察业务尖子和业务专家1个地市也只有寥寥几人。因此，笔者建议，主办检察官制度应当坚守以下理念：一是树立大局理念，坚持"三个至上"，把好思想关，着力培育忠诚为民的优秀品质和公平正义的法治精神；二是树立人才理念，坚持宁缺毋滥，把好选任关，对于主办检察官的信仰素质能力等条件基本具备方可运作，不可随意凑数；三是树立改革理念，坚持权责对等，把好用权关，既放权又定责，加强对主办检察官履行职务活动的监督。

(三) 制度上全面设计主办检察官责任制

毋庸讳言，我国立法者、司法者和社会大众在法治理念上与发达国家存在较大差距。对于国外法治国家的先进制度设计，我们可以借鉴、可以移植，但是，对于深入法治社会内部、支撑法制运行的精神和气质，我们却无法生搬硬套，它需要我们花大力气、用长时间去浸润、培养。②

就主办检察官具体制度而言，应当从以下4个方面予以确立：

1. 法理定位。应当明确主办检察官为办案基本单元，在检察院内部处于相对独立的地位，为办案组织的核心。除接受检察长和检察委员会的业务指导外，与本院其他主办检察官没有隶属关系，但在协助其他主办检察官办案时，应当服从其他主办检察官的工作安排。

2. 权限内容。在侦查工作中，除传讯、立案、采取强制措施、移送起诉等权力由检察长或检察委员会决定外，其他诸如侦查过程中询问、调查、查询等权力均可由主办检察官行使。

3. 制度设计。(1) 严格的选任制度。主办检察官应当具备以下任职条件：一是要有较强的政治素质和良好的职业道德；二是要具备检察员的法律职务；三是从事侦查工作五年以上或检察工作八年以上；四是有较高的政策法律水平和组织、指挥、协调能力。(2) 刚性的独立行使职权制度。规定主办检察官在以下方面独立作出决定：提出初查方案并组织指挥初查；制订侦查计划，确定侦查谋略和侦查范围，并组织指挥侦办；决定采取任意性侦查措施，如询问证人、进行司法鉴定、向有关单位调取物证书证、视听资料等；对立案、起诉、涉及人身强制措施、处置财产方面侦查措施有建议权。(3) 科学的培训晋升制度。应树立对检察官终身培训的观念，以使主办检察官素质始终能适应社会情势变化而保持高水准。新任和新晋升的检察官在正式任职前要接受6个月以上的脱产学习，内容应以理念、职业道德、检察实务和业务技能为主。我国检察官的等级规定为四等十二级，对主办

---

① 冯军、卢彦芬等：《刑事司法改革：理念与路径》，中国检察出版社2007年版，第54页。
② 蒋剑鸣主编：《转型社会的司法：方法、制度和技术》，中国人民公安大学出版社2008年版，第2页。

检察官每晋升一级都要遵循奖勤罚懒、优胜劣汰的原则结合其任职年限、工作能力、工作绩效等因素综合予以评定，对于不合格者应予以调整、降级降职甚至辞退。（4）完备的监督制约制度。对内健全领导监督、办案组监督、流程监督、家庭监督和纪检监察监督等制度，对外广泛接受社会各个层面的监督，做到全天候无缝监督。（5）切实的身份和经济保障制度。要规定检察官非经法定事由不被免职，并通过保障检察官职业收入，实行检察官工资和退休金高于一般行政人员的待遇保障政策，增强职业的吸引力和向心力。（6）严厉的责任制和责任追究制。主办检察官应为案件的直接责任人，对立案、侦结、起诉和判决的事实、证据负责到底，对本人作出的决定负完全责任。对于发生的冤假错案，要进行责任追究，促进检察官积极追求司法公正、维护公平正义。

4. 主体信仰。人是事业成败的决定因素，马克思指出"法官除了法律，没有别的上司"。① 检察官也一样，只有把职业当成事业来追求，把法律当成圣旨来遵从，才能产生职业荣誉感和尊崇感，才能对检察职业达到信仰的程度。一方面，通过去行政化和高薪化，引导检察官将检察事业作为自己的追求目标，使检察官们真正做到清正廉洁、刚正不阿、执法如山、护法为民，培养社会认可并尊敬的职业检察官群体。另一方面，要大力宣传优秀检察官事迹，在全社会形成尊崇检察官的氛围，让检察官忠诚为民的形象深入人心。

---

① 马克思、恩格斯：《马克思恩格斯全集》（第1卷），人民出版社1959年版，第76页。

第二专题
检察机关诉讼监督工作的制度化、规范化、程序化、体系化建设

刑事诉讼目的转型与诉讼法律监督

樊崇义*

一、刑事诉讼目的的转型

诉讼目的决定着法律监督的任务、范围和方法。因此,搞好刑事诉讼中的法律监督,首先要明确刑事诉讼中的目的。

我国的刑事诉讼目的正处于转型期。长期以来,无论从理论研究,还是从司法实务,均把刑事诉讼的目的定位于查明事实真相,惩罚犯罪。以"严打"为中心的刑事诉讼一直在进行着。但随着我国民主与法制的进步与发展,由于尊重和保障人权,是法治国家依法治国的重要内容和显著特征,世界各国的经验证明,法治越发展,人权越得到尊重和发展。在我国,1991年,中国政府首次发表《中国的人权状况》白皮书,指出:"享有充分的人权,是长期以来人类追求的理想。"1997年,党的十五大提出"尊重和保障人权"。江泽民同志在2001年"七一"讲话中提出"促进人的全面发展"。2003年,党的十六届三中全会提出"坚持以人为本"。这些思想和原则,体现在法治上,就是尊重、保障、促进、发展人的权利和自由。2004年,十届全国人大通过宪法修正案,将"国家尊重和保障人权"载入国家根本法,我国人权事业进入全面发展的新阶段。2012年刑事诉讼法的修改,为了贯彻落实宪法人权保障原则,又把尊重和保障人权载入我国刑事诉讼法,把尊重和保障人权作为我国刑事诉讼的一项重要的任务规定在刑事诉讼法第2条之中。立法的这一项历史性的变化,从刑事诉讼的理论和诉讼实务而言,必然带来诉讼目的的转型。即从单一的"惩罚犯罪"转向双重的"惩罚犯罪与保障人权",在诉讼活动中,不能只讲打击,不讲保权,更不能为了"严打",为了"维稳"而不择手段查明事实真相。诉讼活动、诉讼行为要严格依法进行,"公正"才是刑事诉讼的价值目标。

(一)大陆法系刑事诉讼目的的转型

诉讼目的的转型是世界各国的必然选择,尤其是大陆法系各国均经过了一个转变的过程。"在最近20年间,德国刑事诉讼法发生的重大变化可以说是被害人论的兴起和合意论(Absprachen)的确立。这些新的刑事司法动向,迫切要求对传统的刑事程序的目的论进行修正或者构建新的刑事司法框架。"[①] "德国在20世纪60年代以后对刑事诉讼目的论进行了大量研究。1961年在德国通说代表人物E. 施密特古稀纪念论文集中,施密特黑尔斯发表了论文批判有关诉讼目的的通说观点。其后,在20世纪70年代的争论中,福尔克

---

* 中国政法大学诉讼研究院名誉院长,教授,博士生导师。
① [日]田口守一:《刑事诉讼的目的》,中国政法大学出版社2001年版,第68页。

于 1978 年发表了关于诉讼条件的研究论文，对诉讼目的的概念进行了梳理。到了 20 世纪 80 年代，犯罪被害人论受到重视，1989 年魏根特发表了大量有关犯罪被害人论的论文，其中概括性地论述了诉讼目的论的问题。到了 20 世纪 90 年代，对当事人的非正式协议问题展开了争论，这个问题也与诉讼目的论有关。由此可见，德国法在刑事诉讼基础理论的发展过程中，许多基本问题都涉及刑事诉讼目的到底是什么这一根本问题。"① 关于德国法中刑事诉讼目的变迁与发展，根据以上论文研究的成果，归纳为：第一，实体真实追求说和刑法实现说。即刑事诉讼的目的是发现实体真实和刑法的实现。"实体真实追求说与实体刑法实现说，是表里关系。即通说把追求实体真实作为诉讼目的，并由此可能'根据真实获得正确的判决'，因此这里所说的'正确的判决'就是指实现实体刑法。E. 施密特明确地指出，刑事诉讼法是为实体刑法服务的。这种理解可以说是德国刑事诉讼法的传统观点。"② 第二，个人和国家利益调整说。这种学说"从调整发现实体真实或实现实体刑法这一国家利益与保护个人利益这两种利益关系出发，强调刑事诉讼的目的。即以'调整公共社会对刑罚的关心和国家适用刑罚对个人的保护'为诉讼目的，或者以从社会以及作为社会组织化的权力机关的国家来保护个人为诉讼目的。"③ 第三，法的平和恢复说。"关于诉讼目的，施密特黑尔斯批判了通说的观点，并提出了诉讼目的的'法的平和（Rechtssfrieden）'这一概念，后来这个概念逐渐被学术界接受，'刑事诉讼是创造法的平和'这一观点现在得到了广泛的赞同。但是，法的平和概念的含义是多种多样的，也存在许多对立的见解。"④ 这些见解包括：其一，"纠纷处理说。程序的结果超过诉讼终结的范围并对法律社会发挥效果时，就是法的平和，这也是诉讼的目的。施密特黑尔斯理解的法的平和，是刑罚规定的法律权益有受到侵害的嫌疑时，社会使被侵害的法律权益得到安定的状态（beruhigen）。如果彻底贯彻这种观点，那么通过解决社会纠纷恢复法的平和才是刑事程序的研究课题。"⑤ 其二，"社会平和说。魏根特提倡的社会平和包括以下内容：社会平和因犯罪行为受到双重侵害，因此必须清除对社会平和的双重侵害所造成的混乱。要清除犯罪行为的结果，即清除社会共同体中的不安、混乱、不稳定这一结果。恢复到以前的法律状态，就意味着法律的平和。"⑥

综上，可以看出德国关于刑事诉讼目的研究，也正处于转型之中，即从传统的实体追求和刑法实现说，开始转向个人和国家利益调整说，进而走向法的和平恢复说。这一变化的过程的突出特点是不仅要调整公共社会对刑罚的关心，更要关注国家适用刑罚对个人的保护，即人权保障，把刑事诉讼的功能的单一性，调整为多元性，一要查清事实追究犯罪；二要以权利保障为前提；三要以社会的和平安全为最终目标，那种不择手段去追求实体真实，打击犯罪，甚至以牺牲公民个人权利为代价的刑法实现说和实体追求说正在为历

---

① ［日］田口守一：《刑事诉讼的目的》，中国政法大学出版社 2011 年版，第 29 页。
② ［日］田口守一：《刑事诉讼的目的》，中国政法大学出版社 2011 年版，第 32 页。
③ ［日］田口守一：《刑事诉讼的目的》，中国政法大学出版社 2011 年版，第 32 页。
④ ［日］田口守一：《刑事诉讼的目的》，中国政法大学出版社 2011 年版，第 34 页。
⑤ ［日］田口守一：《刑事诉讼的目的》，中国政法大学出版社 2011 年版，第 35 页。
⑥ ［日］田口守一：《刑事诉讼的目的》，中国政法大学出版社 2011 年版，第 68 页。

史所抛弃。

日本关于刑事诉讼目的的确立同样经历了一个几乎和德国相同的转型。"日本在战前就从德国刑事诉讼法学中学习刑事诉讼法学的基础理论,尽管在战后采用了英美法,但还是继承了德国法的内容,其核心理论之一就是当时德国刑事诉讼法学中的有关诉讼目的的传统观点,即'刑事诉讼法为实体刑法服务'。因此,可以说施密特的批评也是对当时日本的诉讼目的通说的批评。施密特提出这个问题是由于他洞察到刑事实务没有充分考虑尊重犯罪嫌疑人、被告人的权利和人的尊严,这种状况或许不是从国家机关的权力中产生的,而是从追求绝对正义的价值取向中产生的。以这种'追求绝对正义的价值取向'诉讼理论作为诉讼目的论的,是实体刑法实现说,其前提是实体真实追求说。施密特认为,刑事诉讼法独特的诉讼目的是'恢复法的平和'的概念。这个问题提出后引起了许多争论,同时也出现了许多理论和实务方面的研究成果。在这个观点的发展过程中,也给日本法带来了许多启示。"① 因此,战后日本的刑事诉讼法第1条明确规定:"本法对于刑事案件,以维护公共福祉和贯彻保障个人的基本人权,查明案件事实真相,正确迅速地适用刑罚法令为目的。"这一规定把刑事诉讼法的目的分为三项,一是维护公共福祉和贯彻人权保障;二是查明事实真相;三是适用刑罚法令。日本学者将此三项归纳为"人权保障和查明事实真相才是刑事诉讼的目的"。②

立法和学理研究中的上述变化,说明日本在第二次世界大战以后,关于刑事诉讼的目的,同样实现了从单一的刑法实现说转向人权保障和刑法实现二元说。当前在日本刑事诉讼法中正处于如何正确全面贯彻二元说的讨论中。"是为了查明真相而牺牲保障人权,还是为了保障人权而牺牲查明事实真相,两者是矛盾的、对立的。在这种情况下,只能强调其中的哪一个价值处于优先地位。日本刑事诉讼法第1条毕竟对追求的理想作出了宣言,但这种宣言好像说得很全面,又好像又什么也没说。因此在价值选择时首先必须考虑宪法的规定。宪法中有许多关于刑事程序的规定。其核心内容是宪法第31条规定的正当程序条款。该条款所采用的价值对刑事诉讼法具有指导意义(被称为宪法中的刑事诉讼法规定)。在现行刑事诉讼法中,重要的内容是,从重视处罚犯人向重视保障被告人人权方向转化,这是以宪法为基础的诉讼理念的转变。另外,刑事诉讼法并不是与时代的思潮没有关系的。在强烈要求维护社会秩序的时代,价值取向倾向于处罚;在和平的时代,价值取向倾向于保障人权。因此,历史学、社会学的考察是非常重要的。当今时代应当如何认识这个问题,需要认真研究。"③

(二)英美法系刑事诉讼法目的的转型

作为英美法国家的代表美国,关于刑事诉讼的目的,一般而言应该是发现实体真实与法律正当程序的结合。美国法当然也承认诉讼的理念是发现真实,但是"实体真实主义这一概念并不是支撑美国刑事程序的积极的构成要素。依照正当程序得出的裁判结果当然

---

① [日] 田口守一:《刑事诉讼的目的》,中国政法大学出版社2011年版,第30页。
② [日] 田口守一:《刑事诉讼的目的》,中国政法大学出版社2011年版,第45页。
③ [日] 田口守一:《刑事诉讼的目的》,中国政法大学出版社2011年版,第46页。

被看作是正确的结果,其重点是程序的正当性。发现案件的真相只不过是在一般情况下人们多期待的可能结果"。① 但是,如果认为相对于重视发现真实来说,美国法更重视正当程序,就有些夸大其词了。美国法也重视发现真实以外的价值,无论如何不能说美国法轻视发现真实。② "相反,真实是最基本的价值(basic value),当事人主义是发现真实的最有效、最公正的方法之一。我所强调的是,在重视尊重个人的社会里,追求真实并不是绝对的价值,而是从属于其他目的的"。③ 美国的刑事诉讼法中,发现真实,追求真理是最基本的目的,但追求真实的目的不是绝对,而是从属法律正当程序,如果程序违法,当然也包括侵犯了当事人的基本人权,将会引起严重的法律后果,诉讼将以有利于当事人裁决而终结。

人权保障问题已经成为世界各国刑事诉讼目的的转型与变迁的核心问题。无论从大陆法系的德国、日本,还是英美法系国家的美国,或者英国,关于刑事诉讼目的的确立和变化历程,无不在惩罚犯罪发现真实的基本目的上,增加或者加强人权保障这一重要的目的。包括我国在内,2012年刑事诉讼法的修改,把"尊重和保障人权"写进刑事诉讼法第2条之中,笔者认为它既是刑事诉讼法的一项基本任务,又是刑事诉讼法的一项重要的目的和指导思想。这一变化和世界各国刑事诉讼目的变迁与发展是完全一致的。其原因有四,一是人权保障是一个法治国家的显著特征和重要标志;二是人权问题是各个国家各个民族发展的一项重要的核心价值观,人类社会发展经济,走向文明,就是要解决自由、平等、民主等问题,这些问题的核心就是"人权";三是世界人权斗争的潮流,促进任何一个社会的发展,无不紧紧围绕人权问题而展开,因为人权的保障与发展,是一个法治国家的本质和重要使命;四是刑事诉讼要科学发展,要严格按照诉讼规律进行,其核心是"以人为本",诉讼的每个阶段每个程序,无不围绕和面临着诉讼利害关系人,每一个利害关系人的"诉讼权利"问题是诉讼法律关系的重要内容,权利得以保障诉讼才能健康地进行。因此,人权保障问题理所当然应该成为刑事诉讼的一项重要的内容和目的。

二、刑事诉讼法律监督

2012年刑事诉讼法的修改,以立法上应该说完成了刑事诉讼目的转型,实现了惩罚犯罪与保障人权二元目的,结束了刑事诉讼只是为了惩罚犯罪,追求实体真实的单一目的论。但是,刑事诉讼目的转型与变化,检察机关在刑事诉讼中的法律监督怎么办?这是我国检察机关在履行职权中必须回答的一个问题。因为长期以来,我们把诉讼中的法律监

---

① [日]松尾浩也:《刑事诉讼的原理》,东京大学出版会1974年版,第90~95页。
② [日]井上教授指出:"有人认为美国等国对查明事实的要求并不那么强烈,但事实上并不是这样。"(井上正仁:《对刑事裁判的建议》,载《司法研修所论集》1991年,第85号,第93~103页);宇川检察官也认为,"裁判中的事实认定的正确性,是正义观念的最根本要求,美国的判例和论文都频繁地涉及这个问题。因此,那种过分地强调实体的真实主义,认为美国人似乎是轻视真实的观点,是值得商榷的"(宇川春彦:《司法交易的思考》,载《判例时报》1997年第1586号,第26页)。
③ Monroe Fressdman, "Judge Frankel's Search for Truth", 123 *U. Pa. L. Rev.* 1060 (1975); A Kenneth Pye, "The Role of Counsel in the Suppression of Truth", 1978 *Duke L. J.*, 1065.

督，习惯地理解为对公权力的制约、制衡，即通过制约和监督侦查权、审判权、执行权来履行法律监督的职责，很少有人从人权保障的角度来对待法律监督。关于对公权力的法律监督问题，我国 2012 年刑事诉讼法采取了重要的措施，把诉讼中的"抽象监督"转变为"具体监督"，检察机关的法律监督贯穿于刑事诉讼的各个环节之中。同时，我国检察机关关于侦查监督、审判监督以及执行监督也积累了比较丰富的经验，思路清楚，措施具体。当前，主要的问题是刑事诉讼目的变化，人权保障进了法典，如何实现这一目的，围绕人权保障各级人民检察院在刑事诉讼中采用什么样的措施和方法？这是摆在检察机关面前必须进行认真探讨的问题。

（一）解放思想，充分认识和估计在人权保障问题上的难度和阻力

"在人权保障问题上，我们主要受两方面的制约：传统特权思想影响，轻视、漠视人权以及'左'的思想束缚，怀疑、抵触人权。由于种种原因，在过去很长一段时间里，人们不敢讲、不愿讲人权。直到 20 世纪 90 年代，这种状况才发生根本性改变。"① 在我国，"尊重和保障人权"2004 年才形成宪法修正案入宪，人权问题的发展历史短暂，人们的认识还有相当差距，尤其是在刑事诉讼中，更是难上加难，仅就一个辩护权，直到今天在诉讼中任意剥夺的案例还在发生。除了历史的原因还有我国社会传统的"差序格局"所形成的社会伦理关系还在禁锢着人们的思想。"我国著名社会学家费孝通在《乡土中国》中用'差序格局'来概括中国传统社会的伦理关系：'在差序格局中，社会关系是逐渐从一个一个人推出去的，是私人联系的增加'、'在这种社会中，一切普遍标准并不发生作用，一定要问清了，对象是谁，和自己是什么关系之后，才能决定拿出什么标准来。'这意味着，当代中国在传统'差序格局'中建设法治国家可能面临社会伦理关系困局。"在刑事诉讼中，更是如此，多数认为刑事被告人、犯罪嫌疑人是追诉的客体，是"坏人"，刑事辩护是为坏人说话的，如此等等。这种传统的差序格局，就是特权、等级传统思想观念在作怪。因此，推行"尊重和保障人权"的观念，阻力重重。所以，2012 年刑事诉讼法实施中，关于"不能强迫自证其罪"、关于严禁刑讯逼供的法定措施、关于排除非法证据等一系列人权保障措施的推行，并不是一帆风顺的。在两种认识、两种思想的博弈中，作为法律监督机关首先要解放思想，提高认识，要充分地看到尊重和保障人权的难度和阻力，而采取有力的措施。

（二）要把"人权保障"与"权力制衡"放到同等重要的位置，努力克服重权力制衡轻人权保障的片面认识和做法

公共权力必须受到制约和制衡，这是现代法治国家中权力配置和权力运作的重要特征，更是现代法治的重要内容，公权力失去监督必然走向腐败。这些道理是无可置疑的。但是，人权保障问题，同样是法治国家的显著特征和重要内容，建设法治国家也是尊重和保障人权的不断发展的过程。可以设想，一个国家一个民族，在人权保障方面出了问题，其严重后果同样是不可想象的，尤其是在刑事诉讼中，刑讯逼供成风，冤假错案不断发生，司法失去了公平，法治的天平倾斜，人们形象地称之为"天就要塌下来了！"由此可

---

① 沈春耀：《建设法治国家的主要难点》，载《检察日报》2013 年 7 月 2 日。

知，人权保障所处的位置和在建设法治国家中的功能和作用。因此，检察机关要像重视对公权力监督、制约那样，重视尊重和保障人权，要像对侦查、审批、执行所采用的监督措施那样，采取得力措施，把人权保障落实在诉讼的各个环节中。按照刑事诉讼法的二元目的之要求，既要严厉打击与惩罚犯罪又要高度重视人权保障，在刑事诉讼法律监督的范围与对象上作出调整：（1）把法律监督功能的单一性调整为多元性，不能只限于对公权力的制约、制衡和监督；（2）把法律监督的单向性调整为双向性，以往的法律监督只是单向进行，如诉讼监督只能事后提出建议，新刑事诉讼法突破了这种单向监督的格局，即把诉讼救济制度引入监督过程；（3）把诉讼中法律监督的对象从对公权力的制衡扩大到对私权的法律保障，尤其对所有诉讼利害关系人的权利保障，都纳入法律监督的视野。

（三）把"尊重和保障人权"作为刑事诉讼的一项重要任务

1996年刑事诉讼法第2条关于刑事诉讼的任务规定了三项：一是保障准确及时地惩罚犯罪；二是保障无罪的人不受刑事追究；三是教育公民自觉遵守法律。新刑事诉讼法第2条又增加了尊重和保障人权。这一新增内容是理解为刑事诉讼任务的一项独立内容，还是理解为包含在原有的三项任务之中，要在理论上加以深入的探讨。我个人理解，这一次刑事诉讼法的修改，不仅是把尊重和保障人权写进第2条，而且刑事诉讼的每一个阶段和每一个程序都体现了这一点，从而提升了刑事诉讼的过程民主和程序的公平、正义。另外，鉴于人权保障的时代意义和宪法原则的贯彻实现，应当把刑事诉讼法的任务由三项调整为四项，即把"尊重和保障人权"列为刑事诉讼的一项独立的任务。刑事诉讼任务的调整，意味着法律监督的对象和任务也要调整。如前所述，法律监督不仅是对侦查权、审判权、执行权等公权力的制衡和监督，还包括对私权的保障，亦即所有利害关系人的权利加以保护。只有这样才能达到刑事诉讼的目的要求，更能体现我国宪法第129条关于人民检察院是国家的法律监督机关的规定。

（四）调整法律监督的手段和措施

关于诉讼中的法律监督的手段，长期以来，无论是理论界还是实务界都普遍认为，"法律监督"只是个抽象的提法，有同志甚至认为其是个"法律白条"，因为立法没有规定具体的监督手段和方法，法律监督的后果也只是"建议"，没有具体的措施。因此，很多人批评说诉讼法律监督是"软"监督、"豆腐监督"……这次刑事诉讼法的修改，充实了监督的内容，扩宽了监督的范围，完善了监督的方法，增强了监督的刚性，使法律监督从抽象走向具体。特别应当指出的是，笔者认为，新刑事诉讼法已经把诉讼监督的方式和手段上升为司法审查和司法救济，使我们看到了具有中国特色的司法审查和司法救济制度的萌芽。其具体表现为以下各个条款的规定：

首先，刑事诉讼法第47条规定："辩护人、诉讼代理人认为公安机关、人民检察院、人民法院及其工作人员阻碍其依法行使诉讼权利的，有权向同级或者上一级人民检察院申诉或者控告。人民检察院对申诉或者控告应当及时进行审查，情况属实的，通知有关机关予以纠正。"

其次，刑事诉讼法第93条规定："犯罪嫌疑人、被告人被逮捕后，人民检察院仍应当对羁押的必要性进行审查。对不需要继续羁押的，应当建议予以释放或者变更强制措施。有关机关应当在十日以内将处理情况通知人民检察院。"

另外，刑事诉讼法第115条规定："当事人和辩护人、诉讼代理人、利害关系人对于司法机关及其工作人员有下列行为之一的，有权向该机关申诉或者控告：（一）采取强制措施法定期限届满，不予以释放、解除或者变更的；（二）应当退还取保候审保证金不退还的；（三）对与案件无关的财物采取查封、扣押、冻结措施的；（四）应当解除查封、扣押、冻结不解除的；（五）贪污、挪用、私分、调换、违反规定使用查封、扣押、冻结的财物的。受理申诉或者控告的机关应当及时处理。对处理不服的，可以向同级人民检察院申诉；人民检察院直接受理的案件，可以向上一级人民检察院申诉。人民检察院对申诉应当及时进行审查，情况属实的，通知有关机关予以纠正。"

上述各条款规定的内容，说明我国刑事诉讼中的法律监督已经从对公权力的制衡和监督，转向了惩罚犯罪与人权保障相结合，即对诉讼中公民人身权利、财产权利、民主权利的保护和保障，检察机关要按照尊重和保障人权的要求，行使法律监督权。其具体体现，就是刑事诉讼法第47条关于公、检、法机关及其工作人员阻碍辩护人、诉讼代理人依法行使诉讼权利的法律监督的规定，刑事诉讼法第93条关于羁押必要性审查的规定，刑事诉讼法第115条关于当事人和辩护人、诉讼代理人、利害关系人对于司法机关及其工作人员侵犯其法定的人身权利、财产权利行为的法律监督的规定。

上述各条款规定的检察机关法律监督的程序，已经显现出具有中国特色的司法审查制度和司法救济制度。司法审查制度是一种国家权力对另一种国家权力的监督制约制度，即法院通过诉讼程序审查并纠正不法行为，以保护公民和组织的合法权益免受公权力侵害。西方的司法审查均由法院通过诉讼程序进行，而我国的权力结构模式不同于三权分立的国家，具有中国特色的审查模式，不一定照抄照搬西方国家的做法。考虑到我国人民检察院属于司法机关，享有批准逮捕权，新刑事诉讼法第93条赋予人民检察院以羁押必要性的审查权，并规定，对不需要继续羁押的，应当建议予以释放或者变更强制措施，尤其还规定有关机关应当在十日以内将处理情况通知人民检察院。这些规定不仅有授权，而且有救济措施，更有比较刚性的监督结果，使我们比较明显地看到我国萌生司法审查制度和司法救济制度有了法律依据，也使法律监督的手段、方式更加规范和法制。刑事诉讼法第47条关于公、检、法机关阻碍辩护人、诉讼代理人依法行使诉讼权利的申诉、控告的规定，以及刑事诉讼法第115条关于当事人和辩护人、诉讼代理人、利害关系人对于司法机关及其工作人员侵犯其人身、财产等权利的申诉和控告的规定，详细地规定了人民检察院对申诉、控告的受理、审查、调查及纠正程序。特别是规定，"情况属实的，通知有关机关纠正"。这些规定向我们昭示，人民检察院的法律监督已经被纳入正当法律程序的轨道，初步形成了法律救济体系。它不仅完善了我国刑事诉讼法在人权保障诉讼救济程序方面的空缺，更是检察机关法律监督程序的升位和提高，把法律监督提升到诉讼救济制度的位阶。

（五）落实法律监督的机构和人员

按照2012年刑事诉讼法规定的诉讼目的和任务的要求，法律监督的范围扩大了，监督的任务加重了，监督的内容增多了，监督的手段、方式、结果更加规范了，尤其是由对公权力的监督和制约扩大到尊重和保障人权。监督权的延伸和扩大，意味着各级人民检察院原有的履行监督职能的机构、人员以及监督模式可能均不适应新刑事诉讼法的要求了。特别是长期以来所使用的混合式监督模式，由于既履行公诉职能，又履行监督职能，其科学性、正当性已引起多方质疑。因此，笔者主张诉、监分离，成立专门的监督机构、增加专门的监督人员以专门履行监督职责，做到机构设置、人员和监督程序三落实，只有这样才能把新刑事诉讼法规定的监督任务落到实处。

关于法律监督的程序问题，笔者认为，当前要加强三个方面的建设：一是对申诉、控告等的受理程序；二是发现违法事实的调查程序；三是处理结果纠正违法的程序。

上述设想涉及监督体制和机制的改革问题，尤其关系到人员和机构编制问题，要在实践中落实可能会面临很多困难。对此，笔者认为要以十八大深化依法治国、推进社会主义民主与法治的精神为指导，解放思想，提高认识，从国家权力建设的高度来看待。改革势在必行，当前这种"软"监督的状况必须改变，如何由"软"变"硬"，势必要在机构设置和人员安排上作出回应。

我国的泛法律监督之困境及其出路

蒋德海*

随着这一轮司法体制改革的落幕，我国法学界关于法律监督的争议虽然还没有平息，但通过二十多年的讨论，有些基本问题已达成共识。本文试就如何完善法律监督提出一些设想，求识者指正。

一、检察机关的泛法律监督困境

法律监督作为检察权的本质特点是迄今为止主流检察学界的观点，其基本倾向是把我国的检察权归结于法律监督权，即"检察—法律监督一体论。"① 这个观点在实践和理论中都存在较大的不足。从实践来看，当检察机关屡次抗诉都没有获得人民法院的支持后，人们就会对抗诉所体现的法律监督感到无奈，甚至不少检察官自己也认为法律监督苍白。但反过来讲，如果检察机关一行使抗诉权，人民法院就必须支持，则人民法院依法独立审判的原则又当如何体现？理论上的问题是检察机关发挥法律监督的效能，如何与人民法院依法独立审判的原则相一致。用一句双赢的话来说，检察机关既要发挥法律监督的效能，又不能违背依法独立审判的原则。那么在确保人民法院依法独立审判的前提下如何有效地约束审判权呢？由于这个问题长期没有解决，我国检察机关的法律监督，无论在理论上还是在实践中都不得不面对诸多挑战：

（一）检察权的法律监督定位长期受到质疑

有的学者指出：宪法和法律将检察机关的性质规定为法律监督机关，缺乏法理的依据，带有极强的主观色彩。② 有的学者认为，党政机关都担负着法律监督的职责，从这意义上讲，在我国，党和国家机关都是法律监督机关。③ 还有学者认为，检察院作为法律监督者，破坏了刑事诉讼的三角形关系，无形中造成控辩双方在诉讼程序中诉讼地位的不平等，破坏了法官中立和程序对等的原则，可能导致审判不公。④ 有些学者甚至提出了"中

---

* 华东政法大学教授、博士研究生导师。

① 检察—法律监督一体论是笔者对主流检察观点的概括，主要是把我国检察权的本质归结于法律监督。检察系统内外都有不少学者为此进行论证。如有的学者指出：从职能的角度来说，检察机关的性质可以分为两类：一是国家公诉机关；二是国家法律监督机关。多数资本主义国家的检察机关属于前一种类，而社会主义国家的检察机关属于后一种类。参见陈宝音：《国外社会主义宪法论》，中国人民公安大学出版社1998年版，第450～451页。

② 参见郝钟银：《检察权质疑》，载《中国人民大学学报》1999年第3期。

③ 参见张步文：《论人民检察院制度的改革和完善》，载《中国律师》1998年第8期。

④ 参见王迎曙：《检察机关在刑事审判中的两种职能及其关系》，载《西安政治学院学报》1999年第3期。

国检察院体制应予取消"的主张。① 所有这些观点对中国检察制度和理论提出的挑战是十分严峻的,它涉及我国法律监督制度的理论基础,涉及检察权和法律监督权的关系,涉及法治国家控制和约束国家权力的基本机制。虽然近些年来,这些尖锐的观点已不再提了,但不能说这些问题已经解决。应当说,这些质疑确实反映了我国现行检察制度的理论基础、基本概念等还有欠科学之处,还有待于在理论和实践中进一步发展和完善。

(二)法律监督虽然被解读为我国检察制度的本质特点,但法律监督总使人感到硬不起来

问题显然不是出在检察机关不重视上,检察机关也作了大量努力。比如,为了使法律监督硬起来,有的学者提出"变事后监督为事先监督,变被动监督为主动监督"②,也有一些学者提出监督应当分为硬性的和软性的等,甚至检察机关的主流观点也提出了"制约型监督"和"督察型监督",③ 应当说,所有上述观点,都是力图化解我国检察机关既当"裁判员"又当"运动员"的困境,这是一个进步。但这些提法的科学性都值得商榷。例如把制约和监督混在一起,并试图用制约的思想来解释刑事诉讼中的检察职能。其实这种将制约和监督强扯在一起的做法,恰恰反映了主流检察理论将公诉、抗诉称为法律监督的信心不足。依笔者之见,将审查批捕、审查起诉、公诉、抗诉等明确定位为制约,并不影响法律监督的地位。反之,只有当检察权的制约职能明确定位以后,法律监督才能真正清晰明确起来。强调法律监督却又不能坚持监督的真义,这是法律监督始终硬不起来最主要的原因之一。

(三)法律监督的手段长期不受重视,导致法律监督面临一种名存实亡的境遇

早在 20 世纪 90 年代,就有学者指出:宪法规定的法律监督实际上没有实施,现代国家对法律的监督已经多元化,不可能由一个机关统揽法律监督权。④ 如果不改变现行检察院对庭审实行法律监督的方式和设置,这种法律监督就会流于形式。⑤ 在实践中,由于检察机关行使法律监督权,造成了法律监督的盲区、检法冲突、破坏控审分离的原则乃至于影响审判公正等诸多困境。⑥ 为什么法律监督机关的诸种努力和法律监督的现状差距如此之大?根源之一就是法律监督机关缺乏法律监督的手段。检察机关包括法学界的主流观点通常认为检察机关的检察权就是法律监督的手段。如有的学者指出:"法律监督性质与具

---

① 20 世纪 90 年代就有不少学者提出要取消现行的法律监督体制。如夏邦:《中国检察院体制应予取消》,载《法学》1999 年第 7 期;崔敏:《关于司法改革的若干思考》,载陈光中、江伟主编:《诉讼法论丛》(第 2 卷),法律出版社 1998 年版,第 62~64 页;陈卫东:《刑事诉讼法实施问题对策研究》,中国方正出版社 2002 年版,第 131~216 页。

② 韩大元主编:《中国检察制度宪法基础研究》,中国检察出版社 2007 年版,第 191 页。

③ 前者指法律监督是诉讼的必经环节,非经检察机关的审查不能进入下一诉讼环节,如审查批捕、审查起诉即属此类。后者强调法律监督并非诉讼的必经环节,检察机关在诉讼之外,对监督对象进行审视督察,一旦发现违法犯罪,即启动监督程序,并进入诉讼之内,如职务犯罪侦查和某些诉讼监督即属此类。见朱孝清:《中国检察制度的几个问题》,载《中国法学》2007 年第 2 期。

④ 蔡定剑:《司法改革中检察职能的转变》,载《政治与法律》1999 年第 1 期。

⑤ 傅宽芝:《加强检察机关对庭审监督的思考》,载《法学杂志》1996 年第 6 期。

⑥ 唐素林:《"检察权"是法律监督权辨析》,载《华中科技大学学报》(社会科学版)2003 年第 1 期。

体的检察职能之间，是共性与具体的、目的手段之间的关系。"① 其实，权力和手段有密切关系，不同的权力必须有不同的手段，不能随意互用。检察机关的检察手段，都有其独特的功能和指向，不能简单地、任意地套用到法律监督上来。比如公诉和抗诉，是检察机关最基本的追诉手段，是在发现、证实犯罪嫌疑人和犯罪事实后，对其依法追究刑事责任的行为。当公诉和抗诉被看成是法律监督的手段后，它却无法具备监督的效能并产生监督的作用，甚至有可能与人民法院依法独立审判的原则相抵触。另外，法律监督机关因为已经有了法律监督的前述手段，就会忽略真正意义上法律监督手段的建设，造成事实上不可能产生区别于检察权或符合法律监督特点的新的手段来体现法律监督的功能和实现法律监督的目标。

遗憾的是，上述挑战并未引起检察机关和我国检察制度的回应。相反，从20世纪90年代以来，我国检察机关却一步步通过加大法律监督的种种措施，导致法律监督无限扩张，陷入了一种泛法律监督的困境。一般而言，检察机关最一般的职能是追诉，并通过追诉实现对警察和法院的制约。但在强调诉讼监督的大背景下，检察机关无论是与追诉有关还是无关的活动都被纳入了监督的范围。如张智辉教授在《诉讼监督问题研究》一文中根据《最高人民检察院关于进一步加强对诉讼活动法律监督工作的意见》对诉讼监督范围的概括，实际上包括了检察机关在诉讼中的所有职能，如刑事立案监督、侦查活动监督、刑事审判监督、刑罚执行和监管活动监督、民事行政诉讼监督。② 原因就在于我国检察机关的主流观点认为"诉讼监督是对诉讼活动的法律监督，诉讼监督的范围自然就是诉讼活动。"③ 但是，当我们如此理解诉讼监督的时候，宪法和刑事诉讼法规定的公、检、法三机关在刑事诉讼中"互相制约"的职能又当如何体现呢？诚然，我国宪法确实规定人民检察院是法律监督机关，但法律监督和检察机关的追诉活动并不是一回事。检察机关在追诉活动中，实现对警察和法院的制约，是检察权最一般的权力约束功能，故不能把追诉活动中的制约等同于法律监督。具体来讲，追诉有两方面的意义，一方面，通过追诉对犯罪嫌疑人实施惩治，维护基本社会秩序，体现法律的权威；另一方面，检察机关通过追诉活动制约公安机关和法院的诉讼活动。显然，这两个方面都不能等同于我们所讲的法律监督。前者之追诉所具有的维护宪法和法律实施的意义，不属于法律监督机关法律监督的范畴。后者之检察机关通过追诉活动制约公安机关和法院的活动也不是监督。从这个意义上讲，陈光中教授所说"法律赋予检察机关的所有职权都可以说具有法律监督的性质"④值得商榷。

泛监督化也带来了诸多新的理论和实践问题。如为了证明检察机关的抗诉是法律监督，有的学者认为"检察院抗诉则既可以'抗轻'（认为原判太轻，要求从重判处），也可以'抗重'（认为原判决太重或完全错误，要求从轻判处或改判无罪）……因而不能因

---

① 韩大元、刘松山：《论我国检察机关的宪法地位》，载《中国人民大学学报》2002年第5期。
② 张智辉：《诉讼监督问题研究》，载《检察论丛》（第16卷），法律出版社2011年版，第121~124页。
③ 张智辉：《诉讼监督问题研究》，载《检察论丛》（第16卷），法律出版社2011年版，第121~124页。
④ 张智辉：《诉讼监督问题研究》，载《检察论丛》（第16卷），法律出版社2011年版，第121~124页。

为被告人也拥有上诉权而怀疑或否定检察院抗诉所体现的监督属性。"① 其实,"抗轻"和"抗重"都只是制约,与监督没有关系。又比如,泛监督化之下,检察机关的职务侦查亦被称为法律监督,因为"无论在什么国家,对国家公职人员滥用或误用权力的犯罪行为进行查处,都应具有监督的性质,"② 这显然也混淆了追诉和监督的界限。笔者认为,追诉是检察机关的职务行为,如果追诉是监督,则行政执法也是监督,公安干警在街头纠正乱穿马路也是监督,所有的公权行使都会成为监督,这显然不当扩大了监督的范围,混淆了一般公权行使和法律监督的性质区别。同其他国家机关一样,检察机关的追诉权只是检察机关作为特殊的国家机关管理社会的一种权力,它不属于监督的范畴,而是属于国家赋予检察机关的特殊权力。同法律规定的法律监督职能相比,追诉行为比法律监督要"严重"得多,因为追诉所针对的是犯罪行为,而法律监督针对的通常只是违法或违纪行为。如我国人民检察院组织法第5条对检察职能的规定,都具有这个特点。同时,检察机关的职务犯罪侦查,本身也是需要监督的公权行为。同理,追诉行为虽然具有制约的特点,但作为公权之行使同样要受到公众的监督。有的学者所提出的"检察机关自行立案侦查的案件缺少监督制约,不符合我国刑事诉讼中的分工负责、互相制约的原则"③ 的批评意见之所以不全面,就在于检察机关的职务侦查中,已经包含了基本的内部制约,而外在监督则始终是存在的。

泛监督化的最大困难是用诉讼监督取代诉讼制约,这不但不合法也不合理。从合法性来看,宪法、刑事诉讼法都明确规定,公、检、法在刑事办案中互相制约。当我们把整个刑事诉讼活动中检察机关的所有职权都赋予诉讼监督的光圈时,检察机关应当具有的制约又当何在?如何贯彻实施宪法和法律关于制约的原则规定?诚然,刑事诉讼法第8条中确实规定:"人民检察院依法对刑事诉讼实行法律监督。"但人民检察院在对刑事诉讼进行法律监督的时候,必须遵循宪法和法律的相关规定。宪法有人民法院依法独立审判和公检法在刑事诉讼中"互相制约"的明确规定。在这种情况下,人民检察院对刑事诉讼实施法律监督,必须遵循这两条原则,即须在不妨碍依法独立审判和没有互相制约的具体机制存在时才能实施法律监督。从合理性上来说,法律监督是诉讼制约之外的一种约束权力的方式。它不应当取代诉讼制约,而应当补充诉讼制约,即在无法发挥诉讼制约的场所和地方方能发挥诉讼监督的作用。反之,如果已经存在诉讼制约,而且效果也很好,就没有必要用诉讼监督加以取代。因为,作为一种权力约束的方式,互相制约的特点是"权力约束权力",有更大的优越性。在互相制约的机制中,人民检察院的诉讼制约权成为约束和支配诉讼进程的有效力量。有效的诉讼制约可以大大降低权力约束的成本,可以有效防范司法权的滥用及腐败。而诉讼监督作为一种外在的约束,它的作用取决于监督者地位的优越性。但法律监督地位的优越性在诉讼领域恰恰又很难被人们所接受和认同。实践中大量的"自觉接受监督",就源于这种无奈。于是,诉讼监督便呈现出一种反差:虽然诉讼监

---

① 朱孝清:《中国检察制度的几个问题》,载《中国法学》2007年第2期。
② 朱孝清:《中国检察制度的几个问题》,载《中国法学》2007年第2期。
③ 蔡定剑:《司法改革中检察职能的转变》,载《政治与法律》1999年第1期。

督普遍被抬高被看好，但事实上却难逃"苍白无力"的命运。而检察机关真正作用发挥得好的追诉职能，恰恰又不是诉讼监督。

必须强调指出，泛监督化论者把检察职能一律当作法律监督，在理论上和实践中带来的问题极多。由于把检察权等同于法律监督，实际上取消了诉讼制约，背离了近代产生检察权的动因和历史事实。同时，没有了诉讼制约的检察权，在刑事诉讼中一律以诉讼监督替代，混淆了诉讼制约和法律监督的区别，不符合检察职能的实际，带来了一定的负面影响。如被作为诉讼监督之一的侦查监督，包括对侦查活动中刑讯逼供的监督、对暴力取证行为的监督以及对非法证据的监督等，其实都是检察机关对公安机关侦查活动的审查职能，而这种审查是公、检、法"互相制约"的重要内容。当我们把所有这些内容都纳入诉讼监督后，制约所体现的"互相"、"即时"、"对抗"等约束作用均消失了。而没有了这些约束作用，只剩下检察机关一方面的监督，不但不符合宪法和刑事诉讼法的规定，也不利于约束权力。一方面，国家机关实施监督，必然引出谁来监督监督权的问题；另一方面，应当互相制约的公安机关和法院也可以用宪法和法律所规定的"依法独立审判"和"互相制约"来抵制这种监督，检察机关的"不敢监督"、"不能监督"、"不愿监督"等就源于此。特别是，泛监督化的一些理论观点自身的科学性不强，也冲击着法律监督的实践。如检察学界至今有人认为法律监督是"公诉权的本质属性"，原因在于"公诉权是检察权的重要组成部分"，而我国宪法规定检察机关是我国的法律监督机关等。① 这些逻辑推论难以自圆其说。

实践中，虽然加强法律监督是我国检察机关最为强调的职责，但当检察机关把加强法律监督理解为加强检察权的时候，其结果恰恰是法律监督的减弱和缺损。这就是为什么检察机关年年都在呼吁加大法律监督，但法律监督始终硬不起来的原因。更大的问题在于，这种理论和实践的矛盾，直接源于我国法律文件之间的矛盾和相互抵触。如彭真1979年6月26日在第五届全国人民代表大会第二次会议上所作《关于七个法律草案的说明》，其中关于《中华人民共和国人民法院组织法（草案）》和《中华人民共和国人民检察院组织法（草案）》部分的第三点讲道，"检察院对于国家机关和国家工作人员的监督，只限于违反刑法，需要追究刑事责任的案件"。这一提法，不仅与当年出台的《中华人民共和国人民检察院组织法》第5条的提法相互矛盾，②而且在此后20多年的法律监督实践中也早已被远远超越。也就是说，《中华人民共和国人民检察院组织法》（以下简称检察院组织法）第5条涉及法律监督的对象，均不是"需要追究刑事责任的案件"，不仅因为此时

---

① 参见丁铁梅、韩成军：《法律监督与公诉权诉讼监督职能的拓展》，载《中国检察》（第20卷），第118～119页。

② 该法第5条规定："各级人民检察院行使下列职权：（一）对于叛国案、分裂国家案以及严重破坏国家的政策、法律、法令、政令统一实施的重大犯罪案件，行使检察权。（二）对于直接受理的刑事案件，进行侦查。（三）对于公安机关侦查的案件，进行审查，决定是否逮捕、起诉或者免予起诉；对于公安机关的侦查活动是否合法，实行监督。（四）对于刑事案件提起公诉，支持公诉；对于人民法院的审判活动是否合法，实行监督。（五）对于刑事案件判决、裁定的执行和监狱、看守所、劳动改造机关的活动是否合法，实行监督。"不难发现，在这些职权中，行使检察权涉及的对象均被明确为已经发生的刑事犯罪行为，而法律监督的对象则是国家刑事司法人员的执法行为，之所以要监督，乃是为了防止其发生违法犯罪行为，故法律监督的对象，根本不是检察权的对象。

行为还没有发生,而且监督的目的明显也是防止违法。反过来讲,如果涉及刑事责任,则已经不是法律监督的问题,而是通过行使检察权追究其刑事责任的问题了。事实上,中国检察机关20多年来的法律监督实务也证明,只要涉及真正的法律监督,都与刑事案件或刑事责任无关。如目前检察机关普遍适用的检察建议,即没有一例所针对的是刑事责任。所有这些,不能不在相当大的程度上影响中国检察制度的发展。正如有的学者在20世纪90年代末所提到的:检察权在现行权力体系中的定位失当,一方面导致自身的尴尬,另一方面徒增了权力体系的不稳定和不安全。① 道理很简单,当检察机关的检察权不能完完全全当作检察权来行使的时候,无论是法律监督职能还是检察职能,都会在实际上和相当大的程度上被弱化。

二、我国已经形成控诉、制约、监督三位一体的检察体制

泛法律监督化的形成有多种原因,其主要的原因就在于我们虽然已经形成了自己独特的检察制度,但却缺乏对这种检察制度的正确认识和评估。因此,要克服我国检察机关的泛法律监督化倾向,就必须先了解和认识我国检察机关及其性质。

检察机关最基本的使命是控诉,即以国家的名义追诉犯罪行为,保障公民的合法权益,保障社会秩序和社会稳定,维护宪法和法律的权威。控诉职能是当代世界各国检察机关最基本的职能,故检察机关也被称为追诉机关。控诉也是我国检察机关的基本职能。但控诉职能是一把"双刃剑"。控诉职能运行得当,犯罪行为即能得到惩处,公民的权益就能得到保障,宪法和法律的权威也就能够得到维护。反之,控诉职能运行不当,则不但犯罪行为得不到惩处,甚至公民的合法权益也会受到严重损害,并破坏宪法和法律的尊严。历史上,封建社会的追诉制度就曾制造了大量冤假错案。如法国封建时代长期实施纠问式诉讼,法官集侦、控、审三权于一身,几乎拥有无限的诉讼权力,而被告人的权利却"被牺牲得干干净净。"② 封建统治者为了国家利益可以对任何有害行为包括具有侵害危险的行为处以严厉刑罚,个人没有任何权利值得国家尊重。一直到法国大革命前,欧洲大陆的刑罚制度仍以野蛮和残暴而著称,"个人没有丝毫的安全保障足以避免国家在镇压犯罪时的过火行为"。③ 中国封建社会中同样充斥大量的非法追诉行为。封建统治者滥施刑罚造成的司法黑暗是中国封建社会最残暴的一页。

近代资产阶级革命中,许多思想家对封建的追诉制度提出了批评:"让判决公开,让犯罪证据公开,让唯一能进行社会控制的大众意见公开,只有它才能限制暴力与激进;这样人民才会说,我们不是奴隶,我们受到保护。"④ 在法国大革命中,反对法官独揽大权的主张获得了广泛的支持,而欧陆国家通过对纠问式诉讼方式的批判建立起来的检察制度,最重要的功能,就是"将原由法官行使的权力一分为二:由检察官负责提起公诉,

---

① 参见《依盐治国与廉政建设研讨会纪要》,载《法学研究》1998年第4期。
② [法]卡斯东·斯特法尼等:《法国刑事诉讼法精义》,罗结珍译,中国政法大学出版社1998年版,第83页。
③ 陈兴良:《刑法价值构造》,中国人民大学出版社1998年版,第257页。
④ [意]贝卡利亚:《论犯罪与刑罚》,黄风译,中国大百科全书出版社1993年版,第20页。

法官的工作限于审判一职"，① 并通过莅庭、提起上诉、抗诉、再审等手段，制约法官，使"法官与检察官彼此节制，借以保障刑事司法权限行使的客观性与正确性"。② 同时，以德国为代表的欧陆国家，"创设检察官的另外一项重要的功能，在于依受严格法律训练及法律拘束之公正客观的官署，控制警察活动的合法性，摆脱警察国家的梦魇"。③ 可见，检察制度的创立，无论是针对法官还是针对警察，都体现了一种制约的精神。或者说，这一变革的实质就是权力制约。可以说检察机关的控诉职责从产生之初就具有某种制约的功能，即通过检察官的刑事追诉，防止警察和法官权力的滥用，保障公民的合法权益，维护宪法和法律的权威。

近代检察制度的产生标志着刑事诉讼中人权保障这一理念的确立，同时也是人权的重要制度保障。"随着贝卡利亚吹响的与中世纪封建刑法彻底决裂之号角，刑法开始了自己一个全新的时代命运，从那一刻起，保障机能一直就是刑法赖以存在的坚固基石。"④ 而要保障人权，最重要的一点就是要治权。现代法治的本质特点就是治权，其中也包括刑事司法权。也就是说，随着近代检察制度的产生，刑法及其刑事追诉的本质产生了重大的变化，从以往打击、追诉为主的司法制度，转变为以限权、治权为核心的保障人权的制度。因此，检察机关作为追诉机关，其之建立改变最大的即不再是单纯的追诉犯罪，而是制约刑事侦查权和法院审判权，保障国家司法机关依法准确地追诉和惩治犯罪，维护宪法和法律的权威，同时作为法律的守护人，保证公民的合法权益不受侵犯。而公诉和抗诉则是检察机关制约审判机关最基本的权能。诚然，公诉的目的是追究犯罪。但在人类法治史上，之所以会产生检察制度，由检察机关来实施公诉，并将公诉作为检察权最基本的权能，其最本质的特点正是制约刑事司法权。因此，检察机关的使命不仅要依法准确地追究刑事犯罪，而且要充分地发挥检察机关制约刑事侦查机关和审判机关的职能，维护法律的尊严。

但是，制约只是权力约束的一种方式。约束权力还有另一种方式即监督。为了更好地发挥权力约束的职能，大陆法系国家和地区的检察制度中在相当大的程度上还包含有法律监督的内容。后经过苏联和社会主义国家的发展，以法律守护人为特点的法律监督便成为当代检察制度的另一个重要特点。从这个意义上讲，我国检察制度与大陆法系检察制度同样有着内在联系。或者说，大陆法系的检察制度正是通过苏联的法律监督，在我国发挥了作用，并使我国检察制度也具有了强烈的法律监督性，从而成为大陆法系检察制度的一种新形式。因此，从历史的传承来看，我国当代检察制度不过是发端于法国，其间经过苏联转换而来的一种新形式的检察制度。我国宪法明确规定：人民检察院是国家的法律监督机关。这一定位，更加突出了与控诉权相并列的监督和制约的权力约束职能，使我国检察机关在依法控诉方面有了更强有力的制度保障，且使控诉、制约和监督成为我国检察机关三位一体的检察权，成为我国检察制度最典型的表现和特点。

---

① ［德］汤玛斯魏根特：《德国模式刑事诉讼制度——以证据调查为中心》，载《法学丛刊》第117期。
② ［德］汤玛斯魏根特：《德国模式刑事诉讼制度——以证据调查为中心》，载《法学丛刊》第117期。
③ 林钰雄：《检察官论》，台北学林文化事业有限公司2000年版，第15页。
④ 董邦俊、王振：《风险社会中刑法人权保障机能之危机》，载《云南大学学报法学版》2010年第1期。

为什么我国检察制度除了制约职能，还要突出法律监督的职能？我国检察制度中法律监督的合理性何在？前一问题，涉及我国法治监督的政治考量，即我国检察机关作为法律监督机关的政治意义。不难发现，法律监督是我国人民代表大会政体下的逻辑结果。法律监督源于我国的人民代表大会授权性国家政体。分权产生制约，授权产生监督。我国行政机关、审判机关、检察机关都由人民代表大会产生，当然要对人民代表大会负责，并受它监督。因此，权力机关监督其他国家机关，是我国人民代表大会制度的授权性决定的。但是，为了保障国家权力行使的效率性，全国人民代表大会作为我国最高权力机关，在将最重要的国家事务留给自己的同时，可以将一些其他职能交付、授权给其他国家机关。法律监督就是这样一种授权性职能。权力机关有权监督其他国家机关，也有权将法律监督权交由其他国家机关实施。而这个国家机关的职责和性质也应当适合于这项职能。反之，在我国人民代表大会政治体制下，国家机关之间本身就缺乏制约的条件，如果法律监督机关再不去监督，权力机关又不能直接有效实施监督，国家权力的约束就会出现法律的真空，而仅靠人民群众的监督则难以发挥约束公权的作用。后一问题，是检察机关作为我国法律监督机关的法治价值，正是现代法治之治权本质在我国国家制度中的体现。法律监督的目的是保障宪法和法律完整和统一的实施，其中，最主要的目标就是要将国家权力纳入法律的支配之下。在一个多元立法体系和多种法律渊源同时存在的社会，这种保障不但需要而且必不可缺。由于我国的政体主要是授权型的，我们在制度设计中必然会更多地使用权力的监督。而法律监督就是这样一种权力的监督机制。

显然，控诉、制约和监督三位一体的我国检察制度的建立，不是空穴来风或凭空想象，而是既有深刻的社会历史和政治根源，又有现实的依据。它是起源于法国，经过苏联转换，包含和体现了马克思主义国家学说，体现了中国社会主义特点的新型检察制度。如果说以对警察权和法官审判权"双重控制"为特点的大陆法系检察制度主要还是一种诉讼制度，则我国的检察制度已经成为一种人民代表大会制度下的国家制度。我国检察机关作为权力机关的国家法律监督机关，它担负着保障公民合法权益、控制约束国家权力，维护宪法和法律的权威，保障宪法和法律统一而完整实施的职责。王桂五先生20多年前曾强调了我国检察机关这样一种宪法定位的深刻的政治、历史和法律传统的背景："为了全面地了解我国的检察制度，就不能限于已往的研究范围和研究方法，主要把检察制度作诉讼制度来看待，而应当从国家政治制度的更高层次上加以研究。也就是说，要把检察制度放在人民代表大会制度的整体中加以考察，才能更清楚地了解它的实质和意义。"① 随着我国检察制度改革的深入，我们不仅要正确认识我国这种三位一体检察制度的合理性，更要建立起科学合理的理论和制度体系，才能有效回应大量的质疑，并建立起我国检察制度控诉、制约和监督三位一体的有机体。

三、完善我国检察制度：超越泛法律监督的思考

综上所述，我国法律监督的问题由来已久，而我国业已形成控诉、制约和监督三位一

---

① 王桂五主编：《中华人民共和国检察制度研究》，法律出版社1991年版，第154页。

体的检察制度，为什么还会出现泛法律监督化的倾向并导致法律监督如此苍白？根本的原因之一即在于我国检察制度的三位一体结构未引起充分的关注和重视。因此，下一步的检察制度建设，应将重点放到如何进一步完善控诉、制约和监督三位一体的检察制度上来。

控诉作为检察机关的基本职能，乃是检察机关实现追诉犯罪，维护宪法和法律权威的重要职能。制约和监督则是检察机关作为法律守护人，在行使追诉权和其他护法职能时保障人权、限制国家权力的手段。检察机关既要打击犯罪，又要保护人权，限制公权，避免公民的合法权益受到侵害。正如有的学者所说："刑事法目的的设定及其在刑事法规范中的贯彻与宪法人权保障精神的契合程度，是宪法基本权利规范在刑事法领域效力的实现程度的重要评价指标。"① 现代民主法治国家，限制公权、保障公权依法行使已经成为保护人权的核心。从这层意义讲，制约和监督应成为我国检察机关充分实现追诉职能，维护宪法和法律权威的关键。但制约和监督又是约束权力的两种不同手段，需要科学合理地行使，才能在最大限度上发挥法治限权的作用。

从诉讼过程来看，用好诉讼制约，无疑是实现控诉目标的极佳途径。诉讼制约有诸多优点。概括起来主要有三个方面。一是权力性。所谓权力性，是指诉讼制约是国家权力的制约，是权力制约权力。汉密尔顿说得好，权力必须用权力来约束，"野心必须用野心来对抗。"② 侦查权、审判权都是国家权力，要对这些权力实施有效的制约，就必须通过国家权力，也就是检察权来实现。根据宪法和法律的规定，我国的检察权在刑事诉讼中与公安机关和审判机关具有互相制约的关系。二是对抗性。制约就是一种对抗。检察机关的诉讼对抗，主要是针对诉讼中的违法行为。检察机关必须对抗诉讼中的违法行为。公诉和抗诉都具有对抗性。检察机关的制约对抗有助于遏制司法腐败，促进司法公正。三是即时性，即检察机关对侦查权和审判权的制约具有立竿见影的效果，能够及时有效地防止和遏制权力的滥用，保障公民的合法权益。正因为是即时的，故制约不需要以被制约方的"同意"或"自觉"为条件，也不受被制约方"同意"和"自觉"与否的影响。换言之，被制约方同意或不同意，自觉和不自觉都不影响制约的效能。

要用好诉讼制约，就要求检察机关尊重司法规律，按照宪法规定的制约要求来行使检察权。因此，不能把诉讼制约理解成为法律监督，更不能用法律监督的手段和要求去实施诉讼制约。必须看到，目前检察机关所遭遇的所谓法律监督的"五个不能"，③ 其实都与检察机关能不能尊重诉讼制约的司法规律有关。比如诉讼监督中的"不会监督"，就是因为对审判活动的监督和宪法规定的互相制约关系没能准确把握。宪法和法律都已经明确规定，公、检、法在刑事诉讼中要互相制约，但人民法院又要依法独立审判，如何才能保证检察机关的诉讼监督不破坏人民法院依法独立审判？显然，用诉讼监督解决不了的问题，用诉讼制约则能够很好化解。诉讼制约既约束了审判权，又坚持了人民法院依法独立审判

---

① 宜吉娥：《宪法基本权利规范对刑事法目的之拘束效力研究》，载《法学评论》2012 年第 1 期。
② ［美］汉密尔顿、杰伊·麦迪逊：《联邦党人文集》，程逢如、在汉、舒逊译，商务印书馆 1995 年版，第 264 页。
③ 有的学者撰文概括了诉讼监督的五个现实困境：不愿监督、不忍监督、不敢监督、不会监督和不能监督，参见曹良德：《诉讼监督的现实困境与破解对策》，载《法制与社会》2011 年第 12 期。

原则，也无须侦查机关和审判机关"自觉接受"，还能够最大限度上保证和实现追诉的目的，真可谓"一箭四雕"。

在此前提之下，再来理解和解决法律监督问题就比较容易了。首先，法律监督必须在现有规定的框架内进行。现行宪法、人民检察院组织法及刑事诉讼法等对于法律监督已经有了基本的规定。根据这个基本的框架，检察机关在刑事诉讼中，应当以诉讼制约为主，只有在不存在诉讼制约，或诉讼制约缺失的情况下，才能实施和加大法律监督。或者说，凡是能够通过程序制约的，就应当利用诉讼制约。即使是程序违法，也应当通过程序本身的制约来解决。而诉讼程序之外或无法通过诉讼制约来实现的活动才需要法律监督。因为法律监督是外在的，诉讼制约是内在的。诉讼制约是在诉讼程序内对诉讼活动的制约，而法律监督是在诉讼程序外，在缺乏诉讼制约手段时对诉讼领域活动的监督。

根据这个理解，检察机关的法律监督大致可以包括以下6个方面：第一，诉讼程序外的监督。所谓诉讼程序外即不能通过诉讼制约的监督，就应当通过诉讼监督来达到目的。如法官吃请、受贿，这与诉讼程序无关，检察官不能通过公诉、抗诉或其他诉讼手段解决，就应当通过法律监督来实现。第二，诉讼程序结束以后的法律监督。如检察院组织法第19条规定人民检察院发现刑事判决、裁定的执行有违法情况时，应当通知执行机关予以纠正。人民检察院发现监狱、看守所、劳动改造机关的活动有违法情况时，应当通知主管机关予以纠正。这些均不属于诉讼程序问题，无法通过公诉和抗诉等手段实施制约，故只能通过法律监督予以解决。第三，诉讼程序背后的监督。所谓诉讼程序背后的问题，主要是指司法人员的"暗箱操作"。我国的法律监督已经涉及了这方面的内容，如查处执法不严、司法不公背后的贪污贿赂、徇私舞弊、渎职侵权等职务犯罪行为[①]就与此有关。一般来说，不合理甚至荒诞的审判，其背后往往有相关的利益链。而这些利益链的问题在程序中未必能够体现出来。故检察机关在诉讼过程中，除了应当利用诉讼制约的手段加以制衡外，法律监督手段也必不可少。第四，刑事诉讼中无法实施制约及无法通过制约实现权力约束的状况，或刑事诉讼中程序和制约机制不存在或尚不健全的地方。事实上，检察机关的诉讼制约权不可能也没有涵盖我国刑事诉讼的全部，这就为诉讼领域的法律监督提供了可能。反过来讲，虽然是诉讼制约之外或诉讼程序背后的问题，但如果检察机关能够通过制约加以解决的，也应当实施诉讼制约。第五，对与诉讼没有直接联系的司法活动的监督。所谓没有直接联系，是指可能与某些案件无关，或不能准确地说与什么案件有关，但由于当事人是司法人员，肯定与诉讼有关。如某法官的物质生活与其收入不相符合的反常现象，就应当受到法律监督。原河北高院副院长刘宏死亡后引发的多妻财产争夺案，就提醒我们，司法人员特别是担任领导职务的司法人员的权钱色交易，应当列入法律监督的范围。第六，对可能影响人民法院依法独立审判的行为进行的法律监督。人民法院的法律监

---

① 我国各地关于加强检察机关法律监督工作的规范性文件中，几乎都有"司法不公背后的"的提法。如2010年7月31日，湖北省人大常委会通过的《关于加强检察机关法律监督工作的决定》中即有："全省检察机关应当把查办职务犯罪作为强化法律监督的主要途径和措施，坚决查处执法不严、司法不公背后的贪污贿赂、渎职侵权等职务犯罪。"其他省市的相关决定也大体如此。

督,其重要的职责之一是要保障人民法院依法独立审判。因此,凡是有违人民依法独立审判的现象和行为都应当是法律监督的对象。法律监督不是超越依法独立审判,更不能破坏依法独立审判。依法独立审判是司法公平的首要条件。在一定意义上讲,推进司法公正,就是要促进依法独立审判。法律监督就是要创造条件,使人民法院有更好的依法独立审判的环境。比如,找关系、托人情等,都是不利于人民法院依法独立审判的行为,法律监督在这里应当大有可为。只有保障和促进人民法院依法独立审判的法律监督才有积极的意义。

以上6个方面之外,根据法律用尽的原则,检察机关的法律监督目前还可以涉及以下一些范围:其一,对在侦查职务犯罪过程中发现的违法行为的法律监督。检察机关对职务犯罪实施的侦查行为行使的是追诉权,不属于法律监督范畴。但检察机关在行使职务犯罪追诉权的时候,有可能涉及违法违规现象,这些现象虽然不属于刑事追诉的范围,不能行使追诉权,但对于违法违规的国家工作人员,检察机关有权行使法律监督权,以便纠正违法和违规现象。其二,出于保障公民合法权益而对国家公职人员实施的法律监督。检察院组织法第6条规定:"人民检察院依法保障公民对于违法的国家工作人员提出控告的权利,追究侵犯公民的人身权利、民主权利和其他权利的人的法律责任。"国家公职人员侵犯公民合法权益的行为,未必是犯罪行为,但由于涉及对公民基本权利的保障,故人民检察院有权对此实施法律监督。以上两个方面都是宪法和法律已经有所规定的。

与此同时,检察机关还应当推动法律监督的"应然构建"。即凡是应当纳入法律监督范围的,都应当通过推动立法,逐步纳入法律监督的范围。从法理上说,法律监督还应当包括下列内容:检察机关对在办案中发现的国家公职人员违法违规现象的监督、对群众反映的国家公职人员的违法行为的法律监督以及检察机关对根据媒体等信息渠道发现的国家公职人员违法违规行为的监督。这三类现象虽然均不构成刑事犯罪,但属于违法违规行为,社会影响很坏,如国家工作人员、集体经济组织工作人员以及其他各种依法从事公务的人员,利用职务上的便利,挥霍浪费公共财物。又如,国家公职人员以权谋私、权钱交易、权色交易的行为,国家公职人员利用职务上的便利,非法获取非物质性不正当利益。国家公职人员利用职权,非法从事商业活动等,检察机关均应有权实施法律监督。当然,这里说的是应然,从法理上说,是因为违法和犯罪之间有内在的关系,检察机关作为护法机关通过法律监督纠正违法行为有利于预防犯罪,是一种基础性的遏制犯罪行为的举措。从其正当性来说,"必须忠实执行宪法和法律,全心全意为人民服务"的检察官,有义务对国家公职人员的违法违规现象实施法律监督。但从具体的执法依据来看,还有待于我国法律监督方面的法律法规的完善。法律监督需要法律依据。检察官法第6条规定:"检察官依法进行法律监督工作。"为此,我国的检察机关作为国家的法律监督机关,还需要在法律监督的对象、范围、手段等方面进一步规范化。这就要求有专门的国家立法。在一个民主和法治的国家,"规范性制度的存在以及对该规范性制度的严格的遵守,乃是在社会中推行法治所必须依凭的一个不可或缺的条件。"①

---

① [美] E. 博登海默:《法理学:法律哲学与法律方法》,邓正来译,中国政法大学出版社1999年版,第255页。

控诉、制约和监督三位一体的检察机制，是我国检察制度在社会主义条件下重大的政治和法治创新。这一创新当然不是十分完备，也不是没有缺点。但所有这些不完备和缺点都应当能够在我国检察制度的理论发展和实践探索中逐步完善，并在完善的过程中，促进控诉、制约和监督机制的有机统一，达到"善治"的目的[①]。我国社会主义事业已经进入了新的历史时期，在新的历史条件下，检察机关在实施追诉的过程中，科学合理地运用宪法和法律已经赋予的制约和监督权，用好用对制约和监督机制，全面提升控诉、制约和监督相统一的有机体系和各项机制，不仅是我国检察机关全面贯彻落实科学发展观的需要，也是保障和促进社会稳定和建设和谐社会的司法基础。让我们为之而努力！

---

① 周叶中等：《我国社会主义法治建设的路向展望》，载《法学评论》2012年第6期。

民事诉讼法修改与检察权配置新问题研究

张步洪*

在我国，检察机关是国家的法律监督机关。然而，检察机关并不是对所有法律的实施进行监督，检察权的取得遵循职权法定原则和法律保留原则①。法律并没有授权检察机关对行政机关的行为进行普遍的监督，而是授权检察机关主要对三大诉讼活动实行法律监督。正因为如此，对诉讼活动实行法律监督被一些学者认为是检察机关作为法律监督的重要标志②。1932年试行的民事诉讼法规定检察机关有权对民事审判活动实行法律监督。此后，检察机关逐步开展民事检察监督的探索与实践。1991年民事诉讼法在此基础上明确规定了民事抗诉制度。2007年修改民事诉讼法，将检察机关抗诉事由与当事人申请再审的事由等同起来，突出强调了抗诉的救济功能。2012年修改民事诉讼法，民事检察监督的原则与制度得到进一步细化。主要表现为：将检察机关对"民事审判活动"实行法律监督的原则修改为检察机关对民事诉讼实行法律监督；明确了当事人向检察机关申请抗诉的条件；创设了再审检察建议作为抗诉的补充措施；明确检察机关可以对审判人员在诉讼过程中的违法渎职行为进行监督，提出检察建议；明确检察机关为了履行民事诉讼监督职责可以"调查核实"。这些规定，为检察机关更好地履行法律监督职责提供了更好的制度条件，同时也提出了一些更为具体的制度设计问题。为保障检察机关依法独立公正履行民事诉讼监督职责，有必要进一步深入研究民事诉讼法修改与检察权优化配置的问题。本文着重探讨民事诉讼法修改后有关检察职权配置的几个新问题。

一、民事检察权与审判权的边界

在西方国家，特别是大陆法系国家，虽然曾经有检察机关或检察官基于维护国家和社会公共利益的目的介入民事诉讼的规定，但由于检察机关和检察官在民事诉讼中的作用十分有限，现在，多数大陆法系国家的检察机关已从民事诉讼中退出，法院审理民事诉讼案件通常只有在关涉到罪与非罪问题时，才邀请检察机关派员参加。检察机关在民事诉讼中判断罪与非罪，与其说是一种民事诉讼职能，不如说是一种刑事诉讼职能。按照我国法律，法院主导诉讼、依法裁决纠纷，检察机关对民事诉讼试行法律监督。检察机关对民事诉讼实行法律监督，旨在监督审判权公正行使，保障审判结果公正无偏。它与法院主导诉讼、当事人行使诉讼权利之间，应当具有明确的界限。其中，确定审判权与检察权之间关

---

* 最高人民检察院检察员、司法体制改革领导小组办公室处长，全国检察业务专家，法学博士。
① 张步洪：《行政检察制度论》，中国检察出版社2013年版，第三章。
② 事实上，检察机关作为法律监督机关的首要标志是它可以监督行政权。

系的基准是审判救济优先原则。

（一）检察机关抗诉与法院再审的关系

检察机关拥有民事抗诉权是我国检察制度的一个重要特色。法律规定，检察机关提出抗诉的案件，法院应当依法再审。尽管实践中法院对于检察机关提出抗诉的案件通常要作一个程序性的"再审裁定"，以表示启动再审的权力由法院行使，但在事实上，法院对于检察机关提出抗诉的案件必须进行再审。

在司法体制改革初期，经常有人对检察机关民事抗诉权提出质疑，认为它不符合诉讼原理，可能导致司法不公，等等。决策者认为，民事抗诉不仅是一种监督措施，而且具有直接的救济功能，保留并且完善民事抗诉制度有利于缓解现实存在的"告状难"、"司法不公"等问题，有利于将一些涉诉信访案件最大限度地吸引到诉讼框架内来解决。正因为如此，2007年、2012年两次修改民事诉讼法，从多个角度完善了民事抗诉制度，其中一个重要方面是，首次明确了检察机关受理审查抗诉申请与法院受理审查再审申请之间的关系。

2012年民事诉讼法修改之前，当事人不服生效裁判可以向检察机关申请抗诉，可以向法院申请再审，甚至可以同时分别向法院、检察院申请再审、申请抗诉。一些当事人为寻求进入再审程序，往往同时向法院、检察院提交再审申请和抗诉申请，法院、检察院根据当事人申请同时进行审查，造成了不必要的重复劳动，浪费了司法资源。为此，有学者提出，应当在民事诉讼中明确抗诉与再审的关系。对此，一种观点认为，法律可以规定，当事人不服生效民事裁判必须（只能）先到检察机关申请抗诉。多数学者认为，民事裁判生效后，法律应当为法院提供一次基于当事人申请自行纠错的机会。因此，2012年民事诉讼法第209条第1款规定，法院驳回再审申请的、法院逾期未对再审申请作出裁定的、再审裁判有明显错误的，当事人可以向检察院申请检察建议或者抗诉。这一规定旨在说明，当事人不服一审、二审裁判，应当先向法院申请再审，实际上是将申请再审置于申请抗诉之前。2012年民事诉讼法修改论证阶段，我曾经提出，为了切实发挥法院通过审查申请再审案件自行纠错的作用，有必要对法院审查再审申请的期限作严格的限制，同时实行严格的再审申请登记制度，收到再审申请的法院应当为再审申请人出具收据。这一建议没有被立法机关采纳。根据2012年民事诉讼法，法院审查再审申请，经过三个月审查期限未能及时结案的，可以无限期延长。法院三个月以内未作裁定的，当事人可以向检察机关申请抗诉。可见，单纯明确申请再审与申请抗诉的先后顺序，对法院审查再审申请的行为不加规制，并不能解决法院、检察院为同一个当事人的同一个申请重复审查的问题。

（二）检察机关息诉与法院最终解决纠纷的义务

为了确保检察官们在民事诉讼监督中一直秉持客观、理性的态度，最高人民检察院历来强调检察机关审查当事人申请抗诉的民事案件应当做好服判息诉工作。2012年民事诉讼法将当事人申请抗诉置于申请再审之后，成为当事人获得救济的最后一次法定机会。有人据此认为，检察机关将要承担起更加繁重的息诉责任，甚至要充当"信访"机关的角色。

事实上，检察机关强调在民事诉讼监督中做好服判息诉工作，并不改变检察机关作为法律监督机关的性质。将检察机关受理审查民事抗诉案件的任务和目的定位于"息诉",不符合抗诉作为诉讼监督措施的定立,也与检察机关的性质不符。因此,检察机关不应当在民事诉讼中主动做当事人的息诉工作,不应当给当事人施加压力迫使其接受民事裁判。

根据2012年民事诉讼法第209条第2款规定,检察机关依法作出提出或者不予提出检察建议或者抗诉的决定,当事人不得再次向人民检察院申请检察建议或者抗诉。此即"一事不再理"原则。

从法律规定看,检察机关作出不抗诉决定以后,当事人即便仍然不服,他在客观上已经失去了再次寻求检察机关提供救济的可能性。实践中,不少当事人走完所有法定程序之后仍然对民事裁判不服。他们依法不再享有申请再审、申请抗诉之类的权利,但是可以通过申诉来推动法院复查、再审相关民事案件。因为,法院依法拥有广泛的依职权启动再审的权力。当然,检察机关依法也拥有依职权抗诉的权力。但是,多数学者倾向于将检察机关依职权抗诉的事由和目的限定于维护国家和社会公益,如果允许检察机关基于保障个体权利的需要而依职权抗诉,第209条第1款对当事人申请抗诉的限制性规定将形同虚设。可见,法院是所有不服民事裁判申诉案件的最终息诉机关。

(三)检察机关监督审判人员与法院系统内部监督

在我国,按照有关规定,监督和惩戒审判人员的制度主要有:党的机关对审判人员中的党员进行党纪监督、同级人大及其常委会依法罢免违法违纪的审判人员、检察机关立案侦查构成职务犯罪的审判人员、法院惩戒具有较轻违法违纪行为的审判人员。实际上,各级人大及其常委会并不主动对公职人员违法违纪、违背职业操守的行为进行调查,而是根据有关机关的提请审议有关罢免事项,对审判人员进行监督与追究的职责实际上是由纪检、检察院和法院共同承担的。

审判人员在民事诉讼中的一般违法,即使不构成犯罪,也同样会影响司法公正、损害司法公信。对此,仅仅凭借法院内部监督不足以惩戒和制止审判人员一般违法违纪行为。为强化检察机关对诉讼活动的监督职能,中发〔2004〕21号文件提出,加强对司法工作人员渎职行为的检察监督。据此,最高人民法院、最高人民检察院、公安部、国家安全部、司法部于2010年联合下发《关于对司法工作人员在诉讼活动中的渎职行为加强法律监督的若干规定(试行)》,明确检察机关发现司法人员在立案、侦查、批捕、起诉、审判和执行中有渎职行为或者其他影响公正办案的情形的,可以建议有关部门依法更换办案人。检察院发现或者接到反映、举报司法人员在办案中有枉法裁判、徇私舞弊、以权谋私、刑讯逼供或者其他损害当事人合法权益的行为,应予以受理并进行调查。对涉嫌犯罪的,依法立案侦查;未涉嫌犯罪的,应当移送有关部门调查处理。其中的"有关部门"主要是指法院。2012年民事诉讼法第208条第3款规定:"各级人民检察院对审判监督程序以外的其他审判程序中审判人员的违法行为,有权向同级人民法院提出检察建议。"此前,最高人民法院曾于1998年制发《人民法院审判人员违法审判责任追究办法(试行)》。

可以说,中央司法体制改革政策决定由检察机关对司法工作人员在诉讼中的违法渎职行为进行调查,是将以前由法院和纪检机关行使的一部分监督措施赋予了检察机关,以强化检察机关的诉讼监督职能。然而,过去三年的实践情况表明,检察机关调查和建议处理审判人员一般违法违纪的案件数量并不多。这与普通公众对司法现状、司法人员职业操守的判断存在不小差距。不难想象，在中国这样的人情社会，检察官、法官又同处于法律职业共同体，检察官对于法官的一般违法违纪行为，通常不会采取"零容忍"的态度。如果这种监督职能只是一把高高举起又从不会落下来的宝剑，它有可能在某些情况下沦落为权力寻租的工具。长此下去，司法改革中赋予检察机关的这项职能或有可能在将来被收回去。

二、民事检察权与当事人诉讼权利

根据法律规定，普通民事诉讼当事人有权处分自己的民事权利和诉讼权利。当事人不服法院所作的民事裁判，可以依法上诉、申请再审、申请抗诉。当然，他也可以放弃寻求上诉、申请再审、申请抗诉的机会。检察机关对民事裁判实行法律监督、推动再审，往往涉及当事人之间的权利归属、义务承担。民事诉讼中，民事诉讼权利与实体权利的实现主要是通过当事人自身行使权利的行为实现的。检察机关监督权与当事人诉讼权利应当有一个清晰而合理的界限。

（一）诉讼程序启动中的检察权边界

由民事诉讼的性质和功能所决定，提起诉讼的原告一方通常是作为平等民事主体的公民、组织。2012年民事诉讼法第55条规定："对污染环境、侵害众多消费者合法权益等损害社会公共利益的行为，法律规定的机关和有关组织可以向人民法院提起诉讼。"按照立法者的原意，其中的"机关"主要是指行政机关，而不是检察机关。当然，刑事诉讼法历来规定检察机关可以提起刑事附带民事公诉。从理论上讲，将来单行法仍然可以授权检察机关提起民事公诉。可见，检察机关自行启动民事诉讼程序的职能非常有限，至少它不能基于任何个体的利益而提起民事诉讼。

根据民事诉讼法规定，检察机关可以支持起诉的方式推动民事诉讼程序启动。但是，支持起诉不是法律专门授予检察机关的一项职权。支持起诉不同于检察机关开展的督促起诉探索。前者只适用于意欲行使诉权而遇到现实障碍者，后者适用于基于公法上的义务应当提起民事诉讼而不起诉者。检察机关支持公民、组织提起诉讼，应当在符合处分原则的前提下进行。

（二）检察机关抗诉与当事人上诉的关系

我国民事诉讼法规定实行两审终审制，当事人不服法院所作的一审民事裁判，原则上有权提起上诉。上诉是当事人依法享有的一种诉讼权利，而不是义务。当事人有权放弃上诉。理论上对此并无争议。但是，实践中有些当事人放弃上诉而直接寻求抗诉与再审。在过去的实践中，检察机关提出抗诉并不考虑当事人是否行使过上诉权，分州市检察院针对基层法院所作民事裁判的抗诉在所有抗诉案件中占有很大比重。在司法体制改革中，"审判救济优先"的理念被提出来，以引导当事人依法行使上诉权。最高人民检察院、最高人民法院《关于对民事审判活动与行政诉讼实行法律监督的若干意见（试行）》（高检会〔2011〕1号）就体现了审判救济优先的精神，其中规定："当事人对可以上诉的一审判决、裁定在发生法律效力后提出申诉的，应当说明未提出上诉的理由；没有正当理由的，不予受理。"将来，最高人民检察院就2012年民事诉讼法的有关规定制定司法解释，有必要明确列举可以不经上诉而申请抗诉的"正当理由"的具体情形，以规范检察机关受理抗诉申请的行为。

（三）民事抗诉、再审检察建议与申请人选择权

民事诉讼法规定，上级检察院对下级法院的生效裁判有权提出抗诉；当事人有权申请抗诉。但是，法律没有明确规定当事人可以向哪一级检察院申请抗诉。当事人是否可以随意选择任何一个有抗诉权的上级检察院申请抗诉？过去的实践中，检察机关对此并没有严格的要求，多数当事人向作出生效裁判的法院对应的检察院的上一级检察院提交抗诉申请，个别当事人不服基层法院生效裁判也向高检院或者省级检察院提交抗诉申请。实际上，检察机关对于当事人的抗诉申请，通常主要由作出生效裁判的法院的上级检察院和同级检察院立案审查，对于当事人越级提交的抗诉申请，收到申请材料的检察机关交、转下级检察院办理。

2012年民事诉讼法在已有抗诉制度的基础上增加规定检察建议作为检察机关推动再审的一种方式。抗诉权由上级检察院行使，再审检察建议由同级检察院提出。该法第209条规定，"有下列情形之一的，当事人可以向人民检察院申请检察建议或者抗诉：（一）人民法院驳回再审申请的；（二）人民法院逾期未对再审申请作出裁定的；（三）再审判决、裁定有明显错误的"。可是，法律并没有区分抗诉与检察建议的事由。既然抗诉与建议的目的都是推动再审，按照通常的理解，二者可以适用同样的事由，实践中多数地方也是这么掌握的。

实践中不可避免地会遇到两个问题：一是可否允许当事人选择申请抗诉还是申请检察建议？二是检察机关对于当事人明确申请抗诉的案件，同级检察院是否可以作出"不提出检察建议"的决定？对此，最高人民检察院关于适用新民事诉讼法的通知采取了模糊处理的办法，要求当事人申请"监督"而不是明确申请抗诉或者再审检察建议，实际上是不承认当事人拥有选择权。

从检察权在民事诉讼中的配置规则来看，不允许当事人选择申请抗诉还是申请再审，必然会弱化民事抗诉的救济功能，助长选择性监督。为防止检察机关刻意在某些案件中回避矛盾，应当允许当事人自行选择申请抗诉还是申请再审检察建议。

三、民事检察权在上下级检察机关之间的配置

民事诉讼法授权检察机关对民事诉讼实行法律监督，而检察机关是由一个个具有独立执法主体资格的检察院通过一定的规则组成的组织系统。关于各级检察院履行民事诉讼监督职能的分工，民事诉讼法未作具体规定，只是规定上级检察院有权对下级法院所作的生效裁判提出抗诉。与法院审判民事案件需要通过一定的管辖规则确定每个案件的管辖法院一样，检察机关也需要通过一定的管辖规则确定每个民事监督案件应当由哪个检察院来承办。由于我国检察机关与法院对应设置，确定民事诉讼监督案件的地域管辖并不困难，关键在于如何确定级别管辖。为此，需要深入研究在各级检察机关之间配置民事诉讼检察监督权的规则，以保障实现法律设定检察监督制度的目的。

（一）再审启动权能在上下级检察机关的配置

1. 再审检察建议与抗诉并存的难题。2012年民事诉讼法引入再审检察建议制度作为地方各级检察院对同级法院所作的生效裁判进行监督、推动再审的方式之一，与上级检察院对下级法院生效裁判提出抗诉的制度并存。法律创设民事再审检察建议制度的初衷是，更好地发挥各级检察院监督同级法院审判活动与生效裁判的作用，以解决民事检察业务集中于上级检察院、民事检察人员多数分散配置于下级检察院等问题。

根据2012年民事诉讼法，作出生效裁判的法院对应的同级检察院认为生效民事裁判确有错误应当再审的，可以向作出生效裁判的法院提出再审检察建议，也可以向上一级检察院提请抗诉。

再审检察建议最初来源于检察机关的探索。鉴于2012年民事诉讼法就抗诉制度作出了一系列新规定，我们不得不对再审检察建议的存在价值进行客观、理性的评价。再审检察建议与抗诉并存，但二者效力明显不同。抗诉当然引起再审，再审检察建议能否引起再审由法院决定。如果允许选择，就不会有多少当事人选择申请再审检察建议，因为它和直接申请法院再审几乎没什么两样。不仅如此，2012年民事诉讼法第209条关于申请抗诉与申请检察建议条件的规定，使得再审检察建议失去了存在价值。在向上一级法院申请再审被置于申请抗诉之前的情况下，同级检察院受理案件的当事人已经向上一级法院申请再审被驳回，原审法院如果根据检察机关建议启动再审，就会和上级法院驳回再审申请的裁定发生冲突。法院尊重上级法院裁定的程度远远超过对同级检察院检察建议的尊重。如果作出原裁判的法院愿意否定上级法院所作的驳回再审裁定，那需要一种什么样的动力呢？

如果非要为再审检察建议找到一个可以存在的空间，我建议将来相对区分再审检察建议事由与抗诉事由。凡是能够直接表明民事裁判确定权利归属、义务承担发生错误的情形，作为检察机关抗诉的事由，不得由同级检察院提再审检察建议。凡是不能直接表明民事裁判确定权利归属、义务承担发生错误，但可以表明法院审理程序存在严重瑕疵的情形，作为检察机关提出再审检察建议的事由。

2. 提请抗诉存废之思考。客观地说，提请抗诉制度在民事诉讼中存在的必要性不大。法律赋予与作出生效裁判的法院对应的同级检察院提请抗诉职能，方便当事人提出申请，却给检察机关带来不必要的重复劳动。按照目前的通行做法，检察机关办理绝大多数民事抗诉案件，需要经过承办人审查、部门负责人审核、分管院领导阅批、检察长提请检察委员会讨论等环节，其中只有少数案件经过层层筛选最终作为提请抗诉案件到上级检察院。上级检察院审查下级检察院提请抗诉的案件，大致也需要同样的办案流程。可以说，民事诉讼中的提请抗诉制度影响监督效率、浪费人力资源，弊大于利。

如果继续保留提请抗诉制度，建议重新进行定位，可以考虑两个方案：一是把它作为案件受理程序。当事人向作出生效裁判的法院对应的同级检察院申请提请抗诉的，接受申请的检察院只对当事人的申请材料进行形式审查，不进行实体审查。提请抗诉的数量，不纳入下级检察院工作考评范围。二是将提请抗诉定位于初步审查程序。同级检察院经过初步审查认为符合抗诉条件的，提请上一级检察院抗诉，上一级检察院应当立案审查；认为不符合抗诉条件的，作出不提请抗诉决定，当事人可以直接向上一级检察院申请抗诉。

（二）监督审判人员违法与民事执行活动的级别管辖

2012年民事诉讼法第208条第3款规定："各级人民检察院对审判监督程序以外的其他审判程序中审判人员的违法行为，有权向同级人民法院提出检察建议。"该法第235条规定："人民检察院有权对民事执行活动实行法律监督。"但是，法律并没有规定检察机关履行这两种监督职能的级别管辖规则。最高人民检察院《人民检察院检察建议工作规定（试行）》没有把检察建议作为一种诉讼监督措施来规范。最高人民法院、最高人民检察院、公安部、国家安全部、司法部《关于对司法工作人员在诉讼活动中的渎职行为加强法律监督的若干规定（试行）》没有规定检察机关对司法人员违法渎职行为进行调查的级别对应关系，最高人民法院、最高人民检察院《关于对民事审判活动与行政诉讼实行法律监督的若干意见（试行）》也没有明确规定检察机关监督审判行为、提出检察建议的级别对应关系。确定检察机关监督审判人员违法渎职的级别管辖，应当综合考虑允许法院自纠其错、审判人员管理权限等因素。对于地方法院主要领导干部违法渎职行为，原则上由上一级检察院管辖。对于地方法院普通审判人员的违法渎职行为，可以由上一级检察院或者同级检察院进行监督。从过去的实践情况来看，同级检察院对审判人员违法渎职行为的监督力度和效果都十分有限，因此，在实践中，除更好地发挥公民、组织举报的推动作用之外，对地方各级法院审判人员违法渎职进行监督，可以主要由上级检察院承担。

最高人民法院和最高人民检察院《关于在部分地方开展民事执行活动法律监督试点工作的通知》（高检会〔2011〕2号）规定："人民检察院对符合本通知第二条规定情形的民事执行活动，应当经检察委员会决定并通过提出书面检察建议的方式对同级或者下级人民法院的民事执行活动实施法律监督。""人民法院应当在收到检察建议后一个月内作出处理并将处理情况书面回复人民检察院。""人民检察院对人民法院的回复意见有异议的，可以通过上一级人民检察院向上一级人民法院提出。上一级人民法院认为人民检察院的意见正确的，应当监督下级人民法院及时纠正。"可见，最高人民法院和最高人民检察院的基本共识是，对民事执行活动进行监督，由被监督法院对应的同级检察院或者其上级检察院承担。

事实上，仅仅规定由上级、同级检察院同时对审判人员违法渎职、民事执行进行监督，而对于两者的监督权限、范围、条件等不加区分，等于未作规定。由同级检察院对审判人员违法渎职、民事执行进行监督，方便当事人行使检举、控告、申诉权，有利于检察机关及时了解掌握情况，但是，由于同级检察院与同级法院属于"在一个锅里吃饭的兄弟"，法官、检察官之间难免存在各种各样的社会关系，检察机关开展监督往往心存顾虑。在一方当事人为外地公民、组织的情况下，检察机关与法院一样可能受到地方保护主义的羁绊。因此，对审判人员违法渎职、民事执行活动进行监督，可以遵循以上级检察院监督为原则、以同级检察院监督为例外的思路确定级别管辖规则。

此外，在每个检察院内部，应当进行科学合理的分工配置，案件受理、审查、流程管理分别由不同内设机构的检察官承担。同时，为提高效率，检察机关还有必要以落实检察官办案责任制为契机，减少审查环节，提高效率。

论刑事诉讼监督"建议更换办案人"机制的构建

周习武* 徐立颖** 赵福平***

改革和完善对刑事诉讼活动的法律监督制度，是修订后实施的刑事诉讼法突出的特色，是提高司法公信力，确保执法公正的重要保证。党的十八大以来，习近平总书记对法治建设和政法工作作出一系列重要指示，突出强调"要努力让人民群众在每一个司法案件中都感受到公平正义"。坚守防止冤假错案底线，是保障社会公平正义的重要方面。如何更好地创新监督方式，最大限度地减少直至杜绝因办案人不作为造成的冤假错案发生，取得诉讼监督工作的实效？我们认为，构建更换具有渎职失职行为的办案人员制度，即发现司法人员在刑事诉讼中的渎职失职行为，检察机关有权建议更换办案人员，被建议单位应当积极接受建议，立即更换办案人员，并即刻开展内部的纪检督察工作，对于构成犯罪的渎职失职人员移送检察机关立案侦查；或由检察机关直接启动立案侦查程序，保障司法的公正有序运行。

一、构建刑事诉讼监督"建议更换办案人"机制的理论基础

"建议更换办案人"机制是检察机关强化刑事诉讼监督的内在要求。刑事诉讼监督指检察机关在刑事诉讼中依法对侦查机关、人民法院和刑罚执行机关的诉讼活动和刑罚执行活动是否合法所进行的专门监督，① 是检察机关法律监督职能在刑事诉讼活动中的具体体现。从理论上讲，检察机关开展监督的指向是同在诉讼领域的公安机关、人民法院等行使国家公权力的整体，监督整体的诉讼活动是否合法，突出的是对国家公权的控制和监督。但实质上，国家公权是由代表机关的司法人员个体来行使的，实践中，整体的诉讼行为是由每个具体的办案人员的执法行为组成的，诉讼监督的对象当然也包含承担办案任务的司法人员个体，即对个体司法权力的运行情况进行监督。一旦发现个体的渎职失职行为，检察机关完全有必要开展监督，除对渎职失职行为构成犯罪的司法人员立案侦查之外，对尚未达到刑事立案标准的，发出更换办案人员的建议也是一种切实可行的监督方法。我国自古以来存在"宁可错杀一千，不能放过一个"的治恶理念。相对于此，这个提法沿袭至今，相当激进、大胆。司法人员办错案很多时候乃是由于外部压力所致。冤假错案往往是奉命行事、放弃原则或者是工作马虎失职的结果。当前，人民群众对于实现司法公平正义的呼声很高，社会现实要求必须加强对司法人员个体权力的监督制约。检察机关是国家的

---

* 辽宁省人民检察院法律政策研究室调研员，全国检察理论研究人才。
** 辽宁省沈阳市人民检察院法律政策研究室副主任。
*** 辽宁省沈阳市人民检察院办公室干部。
① 吕涛、杨红光：《刑事诉讼监督新论》，载《人民检察》2011年第8期。

法律监督机关，对刑事诉讼活动进行法律监督，是宪法和法律赋予检察机关的重要职责。检察机关必须对司法办案人员的权力运行情况开展有效的监督，及时纠正违法行为。

"建议更换办案人"机制是检察机关创新刑事诉讼监督方式的必要探索。在当今大力倡导维护社会公平正义的背景下，监督是确保司法公正最有效、最直接的手段，有利于避免办案风险和责任。监督是全方位、多元化的，既包括对办案人员职业道德和业务规范的监督，也包括对涉案事实、证据、法律问题的监督。检察机关依法对涉及刑事证据内容的诉讼活动进行的法律监督，包括对侦查、审判机关取证、质证等运用证据行为的法律监督，也包括对自身审查、判断、运用刑事证据作出监督决定。检察机关是否具有建议更换办案人员的监督权力？这一点在刑事诉讼法中没有明确规定，由于涉及被监督对象，即公安机关、人民法院等司法人员管理活动，实践中建立并完善这一制度具有一定的难度。2010年1月最高人民检察院《关于进一步加强对诉讼活动法律监督工作的意见》中提出，将会同有关部门建立建议更换办案人制度，加大对侦查活动中违法行为的查处力度。最高人民法院、最高人民检察院、公安部、国家安全部、司法部《关于对司法工作人员在诉讼活动中的渎职行为加强法律监督的若干规定》中指出，对于确有渎职违法行为，但是尚未构成犯罪的，检察机关应当依法向被调查人所在机关发出纠正违法通知书，被调查人继续承办案件将严重影响正在进行的诉讼活动的公正性，且有关机关未更换办案人的，检察机关应当建议更换办案人。这是目前检察机关"建议更换办案人"机制的相关规定，但程序设计并不完善，需要进一步深入研究，不断加以规范。我们认为，"建议更换办案人"机制是检察建议的一种新方式、新类型，是针对司法办案人员的建议，而非针对司法活动本身发出的建议，它的行使方式具有一定的创新性，能够有效弥补纠正违法、抗诉等事后监督的缺陷，体现监督的时效性与主动性。目前，检察机关的纠正违法通知书是法定的监督方式，但实践中监督效果并不乐观，如置之不理、屡纠屡犯、迟迟不改等。这些有碍于办案的盘根错节的问题不解决，就难以真正保障诉讼效率和司法公正。

"建议更换办案人"机制是保障诉讼规范运行的重要举措。宪法和法律赋予检察机关法律监督权，从根本上说是为了体现保障诉讼规范运行的价值追求。检察机关一旦在诉讼中发现了办案人员有渎职失职行为，影响案件公正处理进而妨碍诉讼规范运行的，应当及时发出检察建议，要求更换办案人。这不是对被建议单位行政管理职能的越权干涉，而是保障诉讼公正、规范运行，防止冤假错案发生的内在需求。刑事诉讼法中规定的各项办案程序是保证刑事诉讼正常运行的基础和底线，司法、行政机关对办案人员的司法行政管理是保证机关正常运行的有效措施，但是司法行政人员的办案行为是一种司法权力的运行过程，这种权力运行是保证诉讼规范运行的载体。对于这种司法权力运行中的渎职失职行为，必须纳入检察机关的监督视野之中。因为它不仅仅体现为一种行政管理方式的得失，而是涉及案件能否得到公正处理，能否保证诉讼的规范有序运行。诚然，检察机关对于公安机关侦查人员通过适时介入、引导侦查，甚至纠正违法的方式，来保证诉讼的正常运行；对于法院审判人员违法行为，检察机关可以通过抗诉、庭上举证、积极参与法庭控辩等方式来保证司法权力的规范行使。但是对于司法人员有意识地渎职失职行为，如怠于侦查或侦查不作为，或者审判人员私下与案件当事人有不正当接触等，则必须通过建议更换办案人员的监督方式,保证诉讼的正常运行。被建议的司法、行政机关应当积极接受建议,及时更换办案人员,及时启动内部纪检督察程序,保障司法权力的规范高效行使。

二、构建刑事诉讼监督"建议更换办案人"机制的现实需要

新形势下我国司法队伍建设面临着新的机遇和挑战。加强对办案人员行使司法权力的监督,正确处理和解决司法人员在诉讼中渎职的违法行为,规范司法行为,是当前司法体制和工作机制改革中赋予检察机关的重要职责。对于办案人在办理案件中严重违法,虽不构成犯罪但如继续承办案件可能严重影响对案件公正处理的,检察机关应当及时建议更换案件承办人,有关部门应当对其进行调查和作出必要的处理,这样做是适应司法改革形势发展的现实需要的。

"建议更换办案人"机制是防控司法腐败的有效途径。检察机关具有对国家公职人员职务行为合法性进行监督的权能。构建"建议更换办案人"机制能对司法办案人员起到重要的警示与规范作用。刑事诉讼中司法办案人员的失职渎职行为,是司法腐败的重要表现形式,也是人民群众深恶痛绝的违法犯罪行为。有的办案人员执法不文明,渎职失职,违法办案,甚至放纵执法行为,人为制造犯罪案件;有的搞权钱交易,以案谋私,办人情案、金钱案;有的私自接受案件当事人、请托人及其亲友的宴请、钱物,吃拿卡要,贪赃枉法;有的受利益驱动,徇私舞弊,枉法裁判;有的不依法保障诉讼参与人的诉讼权利,甚至滥用刑事强制措施,超期羁押、变相体罚、刑讯逼供,导致错案冤案发生。在司法人员的失职渎职行为已经达到犯罪程度,或者已经被完全揭露出来的时候,检察机关可以依法立案侦查,追究刑事责任。司法领域的违法犯罪黑数较大,暴露出来的仅仅是少数,而且有的仅是一般违法违纪行为,尚未达到刑事立案标准,只能由办案单位做出内部组织处理。对于这种尚未达到立案标准的渎职失职行为,已严重危害到诉讼的正常运行,如果不对司法办案人员及时进行更换,任其发展下去,则后患无穷,危害极大。因此,即使检察机关未予立案,也应当发出检察建议,建议更换办案人,达到警示与教育的作用。与此同时,"建议更换办案人"机制要与对司法人员的惩戒制度紧密结合起来,检察机关在向办案单位建议更换办案人员的同时,要将存在的渎职失职问题向被建议单位的纪检监察部门通报,要求启动相应的纪检督察程序。检察机关及时跟踪督察结果,一旦发现达到渎职犯罪的立案标准,依法启动立案侦查程序。通过构建全方位、完整的监督机制,有效遏制司法腐败的滋生蔓延。

司法体制和检察改革的任务要求,促使"建议更换办案人"机制落到实处。检察机关改革和完善对诉讼监督活动的法律监督制度,适应了当前司法体制改革的实际需要。近几年来,一些地区检察机关在刑事诉讼监督实践中开展了对渎职行为的司法人员建议更换办案人的探索,取得了一定效果,但因无明确的监督程序和依据标准,执行中存在不规范、随意性突出的问题。有的因协调、沟通渠道不顺畅,使检察建议受到"冷落",得不到及时采纳。因此,我们建议通过进一步完善刑事立法,有效确定检察机关拥有建议更换办案人员的权力,同时检察机关出台统一规范的刑事诉讼法律监督规则,完善"建议更换办案人"机制的各项程序性规定,促进检察机关诉讼监督工作规范有序进行。

三、刑事诉讼监督"建议更换办案人"机制的构建模式

建立并完善检察机关发现司法人员在刑事诉讼中的渎职行为可以依法建议更换办案人员制度，首先要明确司法人员的主体范围，其次要确定更换办案人的具体情形，即何为达到"继续承办案件将严重影响正在进行的诉讼活动的公正性"的程度，最后要将建议更换办案人的具体程序制度化、法律化。只有解决了这些问题，才能将该制度真正付诸实施。

（一）司法人员的主体概述

"司法"一词的含义有广义与狭义之分。狭义的司法被认为是西方三权分立中司法权的属性，其实质是国家审判权。因此，在这个意义上的司法机关仅指法院，司法人员仅指拥有国家审判权的法官。当然，检察官是否属于司法官还有争议。在英美法系的国家，检察机关隶属于行政机关，检察官被认为是行政官员。在大陆法系的国家，检察官被认为兼有行政和司法双重属性，检察官被称为"站着的法官"。而警察一般被排除在狭义的司法人员之外。

司法一词引入我国后，其含义被扩大。我国的司法机关是指刑事诉讼法中规定的行使国家侦查权、检察权、审判权和执行权的国家机关，一般包括公安、国家安全、检察、法院和司法部门。广义的司法人员一般被认为是司法机关的国家工作人员。但是，在这些司法机关中的国家工作人员并不都行使侦查等刑事诉讼法规定的司法权力。同时，除了上述这些司法机关外，仍有一些机关或部门行使一定的侦查权。因此，司法人员应作如下界定：行使刑事诉讼法中规定的侦查、检察、审判和执行权的国家机关工作人员。那么不具备正式编制而在国家机关中行使上述权力的工作人员是否属于司法人员？我们认为，根据全国人大常委会《关于〈刑法〉第九章渎职罪主体适用问题的解释》，应认定为司法人员。

（二）"建议更换办案人"应具备的情形

更换办案人的目的是保证案件能够得到客观公正的处理，排除"继续查办案件将严重影响正在进行的诉讼活动的公正性"的可能性。我们认为，检察机关发现司法人员在诉讼中的渎职失职行为，建议更换办案人员的情形主要分为两种：

一种是法律、法规规定的回避情形中的渎职行为。主要包括5种情形：

1. 未经批准，私下会见一方当事人及其代理人、辩护人；
2. 为本案当事人推荐、介绍代理人、辩护人，或者为律师、其他人员介绍办理该案件的；
3. 接受本案当事人及其委托人的财物、其他利益，或者要求当事人及其委托人报销费用；
4. 接受本案当事人及其委托人的宴请，或者参加由其支付费用的各项活动；
5. 向本案当事人及其委托的人借款、借用交通工具、通讯工具或者其他物品，或者

接受当事人及其委托人在购买商品、装修住房以及其他方面给予的好处的。①

上述情形中，办案人具有法律法规规定的回避情形的，应当自行回避。如果检察机关发现应回避而没有回避的情形的，应向办案单位发出检察建议或纠正违法通知书，要求办案单位更换办案人。

另一种是办案人员的客观行为使案件办理的客观公正性遭到质疑的情形。依据最高人民法院、最高人民检察院、公安部、国家安全部、司法部《关于对司法工作人员在诉讼活动中的渎职行为加强法律监督的若干规定》，我们认为，在刑事诉讼中建议更换办案人员，应当包括以下11种情形：

1. 徇私枉法、徇情枉法、对明知是无罪的人而使其受到追诉，或者对明知是有罪的人而故意包庇不使其受到追诉，或者在审判活动中故意违背事实和法律作枉法裁判的；

2. 非法拘禁他人或者以其他方法非法剥夺他人人身自由的；

3. 非法搜查他人身体、住宅，或者非法侵入他人住宅的；

4. 对犯罪嫌疑人、被告人实行刑讯逼供或者使用暴力逼取证人证言，或者以暴力、威胁、贿买等方法阻止证人作证或者指使他人作伪证的，或者帮助当事人毁灭、伪造证据的；

5. 侵吞或者违法处置被查封、扣押、冻结的涉案款物的；

6. 违反法律规定的拘留期限、侦查羁押期限或者办案期限，对犯罪嫌疑人、被告人超期羁押，情节较重的；

7. 私放在押的犯罪嫌疑人、被告人、罪犯，或者严重不负责任，致使在押的犯罪嫌疑人、被告人、罪犯脱逃的；

8. 徇私舞弊，对不符合减刑、假释、暂予监外执行条件的罪犯，违法提请或者裁定、决定、批准减刑、假释、暂予监外执行的；

9. 对被监管人进行殴打或者体罚虐待，或者指使被监管人殴打、体罚虐待其他被监管人的；

10. 收受或者索取当事人及其近亲属或者其委托的人等的贿赂的；

11. 其他严重违反刑事诉讼法和刑法规定，不依法履行职务，损害当事人合法权利，影响公正司法的诉讼违法行为和职务犯罪行为。

发生上述情形的，应当属于"被调查人继续承办案件将严重影响正在进行的诉讼活动的公正性"，检察机关应发出更换办案人员的检察建议，要求被建议机关启动督察程序，或者由检察机关直接立案侦查。

（三）"建议更换办案人"机制的程序设计

"建议更换办案人"机制的负面影响是可能在一定程度上影响刑事诉讼的正常运行，如打乱侦查计划，侵犯侦查人员、办案法官的合法权利，引起被建议机关的抵制。因此，检察机关建议更换办案人，应当受到严格的程序限制。

刑事诉讼主要分为立案、侦查、起诉、审判和执行几个阶段。在诉讼的各项阶段，检

---

① 《最高人民法院关于审判人员严格执行回避制度的若干规定》第2条。

察机关发现司法人员在诉讼中有渎职失职行为的，应当根据案件所处的诉讼程序和阶段，分别由相应主管部门进行处理。

在案件处于侦查阶段时（包括立案及之前的初查），对是否更换办案人的诉讼监督应当由侦查监督部门负责。因为根据检察机关的内部分工，此时的法律监督权由侦查监督部门行使，这也与侦查监督部门的立案监督、审查逮捕和侦查活动监督等职能相协调。基于相同道理，在起诉和审判阶段，对是否更换办案人的审查由公诉部门负责。执行阶段由监所检察部门进行审查。检察机关其他各部门，如发现司法人员在诉讼中有渎职行为的线索应按照案件所处诉讼环节，分别向上述部门移送。

有关部门应当指派具体人员对发现的线索进行调查，并提出审查意见。检察人员在办案过程中，如在立案监督、审查逮捕、审查起诉及抗诉等诉讼过程中，发现司法人员有渎职行为的，由该检察人员进行调查。调查后的处理意见报部门领导审核，主管检察长审批后，向办案单位发出更换办案人的检察建议；属于违法、违纪的，同时建议被监督机关的纪检部门给予一定的党纪政纪处分；涉嫌犯罪的，应移送检察机关职务犯罪侦查部门立案侦查。

检察机关各业务部门应当不断提高发现司法办案人员在刑事诉讼中的渎职失职行为的能力，及时、有针对性地发出更换办案人建议，有效地开展监督。发现的途径主要有：在审查逮捕、审查起诉案件中发现渎职问题；在开展立案监督、侦查活动监督中发现违法情形；在审判监督中发现法定违法情形；通过审查当事人的申诉中发现违法情形。

四、刑事诉讼监督"建议更换办案人"机制的效力保障

"建议更换办案人"机制的构建与运行，需要有相应的效力确保落实。深刻的教训表明，许多冤假错案发生的根源，在于少数办案人员漠视人权，采取非法途径甚至令人发指的手段对待犯罪嫌疑人、被告人获取证据，并非是犯罪嫌疑人、被告人的真实供述，而是在经不住肉体折磨和精神压力下，被迫作出虚假供述的。因此，必须采取有效措施，从根本上消除这一顽症。

（一）重点设防监控，健全完善多层次的监督体系

一要严密法律监督网络。通过派驻检察室、设置联络员、定期巡查走访、专项整治、专题预防等方式，加快构建"纵向到底、横向到边"的法律监督体系。二要优化法律监督模式。综合运用各种监督手段和措施，构建多元化监督模式，确保监督取得实效。例如，坚持讯问实行同步录音录像制度，确立侦押分立制度，即负责案件侦查讯问的机关与羁押犯罪嫌疑人的机关应分别设立。一经发现办案人员有违法的办案行为，及时采取必要措施。三要完善法律监督规定。强化对刑事证据监督，通过建立被羁押人员接受讯问前后身体检查等制度，将检察人员对监所内的侦查人员讯问活动的监督得到根本落实。四要理顺法律监督关系。认真对待控、辩、审三方关系，探索建立三者之间科学有序的关系机制。

（二）及时跟踪督办，严格依照法定程序处理

检察机关发出更换办案人员的建议后，被建议单位应当更换办案人员，同时开展内部的纪检督察。如果不存在渎职问题,要在法定期限内向检察机关书面反馈意见。如果存在问题,要将督察结果向检察机关移送。后果严重的,检察机关应当立案追究刑事责任。检察机关在案件审查中,对于渎职失职办案人员违法取得的证据依法予以排除。在刑事诉讼监督实践中,如果更换办案人的建议不被采纳的,对于办案人员为法院审判人员的,检察机关应当整理其具有明显渎职行为及造成损失的证据材料,报送同级人大常委会审议,建议人大常委会撤销对其的司法任命;对于办案人员为公安、司法行政机关人员的,检察机关要将建议抄报上一级机关。在司法办案人员的渎职行为发展到一定的危害程度,可由检察机关职务犯罪侦查部门行使侦查权力,对其渎职行为进行立案侦查。对于司法工作人员在诉讼活动中的渎职行为不依法履行法律监督职责,造成案件被错误处理或者其他严重后果,或者放纵司法工作人员职务犯罪,或者滥用职权违法干扰有关司法机关依法办案的,人民检察院的纪检监察部门应当进行查处;构成犯罪的,依法追究刑事责任。对于被建议单位,检察机关要对其所办案件质量进行评估,对渎职失职行为所造成的危害结果进行调查,形成专题的诉讼监督工作调查报告,报送同级人民代表大会常务委员会。明确在刑事诉讼监督中遇到的新情况、新问题,及时提出必要的检察建议或立法司法解释建议,请求协调司法机制和工作机制的有效运行,进一步完善规范监督措施,保证司法人员公正执法真正落到实处。

(三) 完善立法工作,明确建议更换办案人制度的效力问题

目前,对于检察建议、纠正违法通知书的效力问题,相关刑事诉讼法律未作明确规定,应当在今后的立法修改中作出明确规定,即检察机关在诉讼监督工作中,对于发现的渎职失职司法办案人员,有权建议更换,被建议单位应予采纳,并开展必要的调查。同时检察机关应制定统一规范的刑事诉讼法律监督规则,明确规定"建议更换办案人"机制的各项程序性规定,使针对侦查人员本身的诉讼监督活动有章可循。

刑诉法修改后死刑复核法律监督机制的构建与完善

孙应征[*]　　罗永鑫[**]

死刑复核程序是我国刑事诉讼法中针对死刑案件的复核、核准而设置的一个专门程序。2012年3月修改后的刑事诉讼法完善了死刑复核程序，明确赋予了检察机关对死刑复核程序实施法律监督的职权，从立法上正式确立了死刑复核法律监督制度，对于促进司法公正、强化人权保障、提高死刑案件质量及实现程序正义具有积极而深远的意义。由于刑事诉讼法修改前死刑复核法律监督制度的缺失以及死刑复核程序不同于其他审判程序的特殊性，检察机关对死刑复核程序的法律监督尚处于初步实践阶段，监督经验缺乏，监督意识、监督能力都有待进一步提高，迫切需要构建和完善一整套适应死刑复核程序特点的法律监督机制，以发挥死刑复核程序应有的价值和功能。本文以最高人民检察院对最高人民法院死刑复核程序的法律监督为视角，探讨死刑复核法律监督机制的构建与完善。

一、更新执法理念

理想是行动的先导。不同的执法理念影响和决定执法行为的不同质量与效果。我国检察机关不仅是国家的法律监督机关，而且在刑事诉讼中还代表国家出席法庭履行公诉职能，检察机关的检察权由法律监督权和公诉权两项基本职权组成。基于检察权内容的复合性，检察机关在不同的诉讼阶段职能重点也是不一样的。死刑复核程序是我国刑事诉讼中一个非常特殊的程序，与其他普通程序相比，具有审理对象、诉讼程序特定、程序启动自动以及核准权专属性等特点。作为死刑案件最后屏障的死刑复核程序，其功能在于统一死刑标准，限制死刑适用，为被告人提供最后的救济，贯彻我国"少杀、慎杀"的死刑政策，实现人权保障的功能。因此，检察机关介入死刑复核程序实施法律监督也必须以服务和促进上述价值目标的实现为基本原则，体现在死刑复核程序法律监督的每一项工作部署和每一个环节中。

（一）强化人权保障观念

尊重和保障人权是民主政治的基本要求，是社会政治文明的基本标志。作为人权最基本的权利，生命权具有至高的价值，它是个人一切权利的基础。我国目前正处于全面建设小康社会的重要战略机遇期，刑事犯罪发案量仍然很高，维护社会和谐稳定的任务相当繁重，在我国现阶段还必须保留死刑同严重刑事犯罪作斗争。作为剥夺生命权的刑罚即死刑，必须采取最为审慎的态度，从实体上和程序上予以严格限定，以体现国家对生命权的

---

[*] 湖北省武汉市人民检察院检察长、华中科技大学博士生导师。
[**] 湖北省武汉市人民检察院研究室副主任，法学博士。

重视。1998年10月,我国签署了《公民权利与政治权利公约》,其第3部分第6条规定:"人人有固有的生命权。这个权利应受法律保护。不得任意剥夺任何人的生命","在未废除死刑的国家,判处死刑只能是作为对最严重的罪行的惩罚"。2004年3月,十届全国人大会议将"国家尊重和保障人权"载入宪法修正案,成为我国的基本宪法原则,表明我国对人权的更加关注与保障。我国刑法和刑事诉讼法充分注重打击犯罪与保障人权两大价值的平衡。2012年修改后的刑事诉讼法在立法中明确规定了尊重和保障人权,对司法机关执法提出了更高的要求。基于死刑案件的重大影响和死刑执行的不可逆转性,承担死刑复核法律监督的检察机关和检察人员更加需要强化人权保障观念,切实尊重和保障被告人的诉讼权利,确保死刑只适用于罪行极其严重的犯罪分子。

（二）恪守检察官的客观义务

我国检察官不同于那些奉行当事人主义诉讼中作为一方当事人的检察官,我国检察官和检察机关在刑事诉讼中必须履行客观义务。检察机关在刑事诉讼中,不仅要收集和查明能够证实犯罪嫌疑人、被告人有罪、罪重的事实和证据,而且还要收集和查明犯罪嫌疑人、被告人无罪、罪轻的各种事实和证据。检察机关在追诉犯罪的同时,更重要的是要承担维护法律统一正确实施,保护诉讼当事人合法权益,保障无辜的人不受刑事追究,作为"法律的守护人"而发挥作用,"使客观的法意志贯通整个刑事诉讼程序,除了追诉犯罪以外,更重要的是保障民权,作为一剑两刃的客观官署。"① 相对于普通的一审、二审程序,检察机关在死刑复核程序中处于更加超然的地位,并不是一味地要求审判机关对被告人予以重判,而是站在客观公正的立场,对审判机关的复核过程和复核结果进行法律监督,以便及时发现和纠正复核中的违法行为和错误的复核裁判,从而维护司法公正。

（三）牢固树立大局意识、政治意识和责任意识

死刑不仅仅是一个法律问题,而且是一个极为敏感的政治话题。一个国家对死刑的态度和立场,往往影响和决定着该国基本刑事司法政策。在轻刑化的国际潮流和国际社会绝大多数国家废除和不执行死刑的背景下,必须采取最为严格的程序、最高的证明标准,以实现死刑案件的司法公正和程序正义。检察机关对死刑复核实施法律监督,必须牢固树立大局意识、政治意识和责任意识,善于准确把握和运用法律与政策,增强做好群众工作、应对突发事件的能力和水平。

二、完善死刑复核法律监督工作程序

修改后的刑事诉讼法规定了检察机关对死刑复核程序的法律监督权,最高人民检察院修订发布了《人民检察院刑事诉讼规则（试行）》（以下简称《规则》）,在"刑事诉讼法律监督"一章中增加了死刑复核法律监督,必将推动死刑复核法律监督工作的深入开展。当前应当以《规则》为指导,完善死刑复核法律监督工作程序。

（一）死刑复核法律监督的启动

从理论上讲,检察机关可以对所有的进入死刑复核程序的案件进行法律监督。但是目

---

① 林钰雄:《刑事诉讼法》（上册）,中国人民大学出版社2005年版,第102页。

前我国死刑案件数量还比较大，检察机关对死刑复核程序法律监督仍然处于初步实践阶段，人员不足、经验不足，应当把握监督重点，将确有必要实施监督的案件列入监督范围。这种必要性体现为，基于一定的事实和理由，死刑复核案件可能存在事实认定、证据采信、法律及程序适用上的争议，或者出现新的事实、证据可能影响定罪量刑。为此，需要设置死刑复核法律监督的启动程序，将有必要实施监督的死刑案件纳入监督程序之内。笔者认为，最高人民检察院可以通过自行受理和省级人民检察院提请监督两种方式启动对死刑复核案件的法律监督。自行受理，是指最高人民检察院死刑复核检察部门直接受理死刑复核期间当事人及其近亲属或者受委托的律师向最高人民检察院提出的不服死刑裁判的申诉，经审查认为死刑原裁判可能存在错误，从而启动死刑复核法律监督。省级人民检察院提请监督，包括两种情况，一种是省级人民检察院对于进入最高人民法院死刑复核程序案件，认为二审裁判确有错误或者严重违反法定审判程序，或者最高人民法院受理案件后一年以内未能审结，以及认为最高人民法院不核准死刑发回重审不当的，提请最高人民检察院监督；另一种是省级人民检察院发现可能影响死刑适用的新的材料，向最高人民检察院报告。对于上述两类案件，最高人民检察院死刑复核检察部门经审查认为有必要，可以启动死刑复核法律监督。最高人民检察院启动死刑复核法律监督时，应当制作死刑复核法律监督受理决定书，列明案件的基本情况，以及启动死刑复核法律监督的事实和理由。

（二）死刑复核法律监督案件的审查

根据《规则》的相关规定，检察机关可以通过以下三种方式对死刑复核法律监督的案件实施审查。其一，书面审查。包括审查最高人民法院移送的材料，省级人民检察院、下级人民检察院报送的相关案件材料，当事人及其近亲属或者受委托的律师提交的申诉材料，以及死刑案件一审、二审卷宗材料等。其二，听取原承办案件检察机关的意见。包括听取参加原一审、二审公诉检察机关的情况汇报和意见，以及在检察委员会讨论死刑复核案件时，通知原承办案件的下级人民检察院有关检察人员列席，听取其意见等。其三，讯问被告人、调查核实证据。包括必要时提讯被告人，听取辩护人意见，以及开展必要的调查、核实相关证据等。

（三）死刑复核法律监督的审批及办案期限

死刑复核法律监督应当严格遵守程序规范，死刑复核检察部门拟就死刑复核案件向审判机关提出检察意见的，应当报请检察长或者检察委员会决定。如同诉讼程序都有一定的期间，诉讼程序的监督也必须有一定的期限，以维护程序的合法性和正义性。为此，《规则》第610条、第605条分别规定，最高人民检察院对于受理的死刑复核监督案件，应当在一个月以内作出决定；因案件重大、疑难、复杂，需要延长审查期限的，应当报请检察长批准，适当延长办理期限。最高人民检察院对于最高人民法院通报的死刑复核案件，认为确有必要的，应当在最高人民法院裁判文书下发前提出意见。

（四）拓展死刑复核法律监督的形式

修改后刑事诉讼法规定："在复核死刑案件过程中，最高人民检察院可以向最高人民法院提出意见。"根据死刑复核程序的特点，检察机关可以探讨采取以下方法和途径实现死刑复核程序的法律监督。

1. 提出死刑复核意见。最高人民检察院通过对死刑原裁判的审查，必要时听取原公诉机关、辩护人、案件当事人的意见，提讯被告人、调查核实证据等方法，如果认为死刑二审裁判确有错误，依法不应当核准死刑，或者发现新情况、新证据，可能影响被告人定罪量刑的，应当向最高人民法院提出书面的死刑复核意见。

2. 提出违法纠正意见。最高人民检察院在死刑复核法律监督的过程中，发现审判机关违反法定诉讼程序，或者被告人、辩护人、被害人及其近亲属、法定代理人向检察机关反映审判机关违反法定诉讼程序经查证属实的，最高人民检察院依法向审判机关提出违法纠正意见。

3. 列席审判委员会。人民法院组织法第 11 条规定："各级人民法院审判委员会会议由院长主持，本级人民检察院检察长可以列席。"2007 年 3 月最高人民法院、最高人民检察院、公安部、司法部联合发布的《关于进一步严格依法办案确保办理死刑案件质量的意见》第 34 条明确规定："最高人民法院复核死刑案件，高级人民法院复核死刑缓期二年执行的案件，对于疑难、复杂的案件，合议庭认为难以作出决定的，应当提请院长决定提交审判委员会讨论决定。审判委员会讨论案件，同级人民检察院检察长、受检察长委托的副检察长均可列席会议。"《规则》第 613 条规定："对于最高人民检察院提出应当核准死刑意见的案件，最高人民法院经审查仍拟不核准死刑，决定将案件提交审判委员会会议讨论并通知最高人民检察院派员列席的，最高人民检察院检察长或者受检察长委托的副检察长应当列席审判委员会会议。"审判委员会是人民法院的最高审判组织，负责审理、决定重大、疑难案件。审判委员会的决议，合议庭必须服从。因此，通过列席审判委员会，最高人民检察院能够对最高人民法院审判委员会的复核活动是否合法进行监督，能够就案件情况发表意见，及时纠正可能出现的错误裁判，维护司法公正。

4. 受理申诉、控告和举报。被告人及其近亲属不服最高人民法院的死刑裁判、复核，在死刑复核期间向最高人民检察院提出申诉的，最高人民检察院应当受理，认真听取被告人、辩护人、被害人及其近亲属、法定代理人的申诉意见和理由，进行必要的调查核实。被告人、辩护人、被害人及其近亲属、法定代理人向检察机关反映审判机关在死刑复核程序中违反法定诉讼程序，或者在审理活动中有贪污受贿、徇私舞弊、枉法裁判行为的，检察机关应当开展违法行为调查，符合立案条件的予以立案侦查。

5. 立案侦查职务犯罪。审判人员在死刑复核程序中有贪污受贿、徇私舞弊、枉法裁判、玩忽职守等影响公正审判的违法犯罪行为，当事人和社会群众均有权向检察机关举报、控告。检察机关受理审判人员涉及职务犯罪的举报、控告后，应当及时进行初查，如果认为有犯罪事实追究刑事责任的，按照法律程序予以立案侦查，依法追究犯罪嫌疑人的刑事责任。

此外，根据我国刑事诉讼法第 243 条、人民检察院组织法第 18 条、人民法院组织法第 14 条的规定，最高人民检察院对各级人民法院，上级人民检察院对下级人民法院已经发生法律效力的判决和裁定，有权按照审判监督程序提出抗诉。因此，最高人民检察院有权对各级人民法院的裁判，包括对最高人民法院确有错误的死刑复核裁判按照审判监督程序提起抗诉。然而，死刑复核案件不同于普通的刑事案件，死刑核准后由最高人民法院院长签发执行死刑的命令。根据我国现行刑事诉讼法的规定,下级法院在接到最高人民法院院长签发执行死刑命令后7日内就要交付执行。如此短的时间,即使负责临场监督的检察机关层报最高人民检察院,最高人民检察院再对复核裁判进行审查并决定是否提出抗诉的时间已太少。而死刑立即执行人命关天,一旦错误执行就很难挽救,法律监督也会陷入被动。因此,笔者主张,对于最高人民法院复核死刑案件的监督,最高人民检察院应当主要采取事前监督的方式,即在最高人民法院作出最终的复核结论前,对相关实体问题和程序问题提出检察意见,预防最高人民法院作出错误的复核裁判。这样不仅维护了最高人民法院审判的权威性,同时也使检察机关的法律监督更具实效性。

以上列举了最高人民检察院死刑复核法律监督的几种形式。随着检察机关介入死刑复核程序的逐步深入,实践经验的进一步积累,检察机关还可以探索完善死刑复核法律监督的新形式、新方法,将过程监督与结果监督相结合,监督复核程序与查处审判人员违法犯罪相结合,形成全面规范、措施有力、统一协调的监督体系。

三、完善与省级人民检察院一体化工作机制

一般来说,死刑案件大多经历过中级、高级人民法院两级审判,省级人民检察院作为死刑案件二审公诉机关,参与过死刑案件的办理出庭,提讯过被告人,听取过辩护人的意见,对死刑案件的事实和证据比较了解,也更容易发现死刑案件中可能存在的实体和程序方面的问题。因此,最高人民检察院实施死刑复核法律监督,完善与省级人民检察院一体化工作机制尤为重要。

(一) 完善省级人民检察院向最高人民检察院移送死刑复核监督案件及相关材料工作机制

最高人民检察院启动死刑复核监督后,省级人民检察院应当将有关案件材料移送到最高人民检察院,以便最高人民检察院对案件进行审查和监督。《规则》第606条明确了省级人民检察院提请最高人民检察院监督的案件,应当制作监督报告并连同案件有关材料及时报送最高人民检察院。笔者认为,《规则》第607条所列举的省级人民检察院发现新的证据材料和有关情况,可能影响死刑适用的案件,省级人民检察院在及时向最高人民检察院报告的同时,也必须报送该案有关材料。此外,死刑复核期间最高人民检察院直接受理当事人及近亲属或者受委托的律师申诉的案件,最高人民检察院启动死刑复核法律监督时,也应当要求省级人民检察院移送该案相关材料,省级人民检察院接到最高人民检察院要求后,应当及时移送相关案件材料。

(二) 完善省级人民检察院派员参加最高人民检察院检委会讨论死刑复核案件工作机制

最高人民检察院决定召开检委会讨论死刑复核案件时,应当在会议召开前一个星期,通知承办该死刑案件的省级人民检察院有关人员(包括案件承办人、公诉部门负责人、分管检察长等)列席会议。省级人民检察院有关人员列席会议时,应当就案件办理情况、该案的事实和证据以及对一审、二审裁判意见作详细汇报。

（三）完善省级人民检察院协助配合最高人民检察院调查核实证据工作机制

最高人民检察院在死刑复核法律监督中，如果认为有必要，可以调查核实证据。最高人民检察院既可以自行调查核实证据，也可以委托承办过该案的省级人民检察院调查核实证据，还可以与该省级人民检察院一同调查核实证据。

四、完善与最高人民法院协商沟通工作机制

刑事诉讼法修改以后，最高人民检察院、最高人民法院根据修改后刑事诉讼法的要求，分别修订司法解释，完善死刑复核程序及死刑复核法律监督。然而，颇为遗憾的是，最高人民法院发布的《关于适用〈中华人民共和国刑事诉讼法〉的解释》中涉及检察机关死刑复核法律监督只有简短的两个条款，除了规定"死刑复核期间，最高人民检察院提出意见的，最高人民法院应当审查，并将采纳情况及理由反馈最高人民检察院"以外，没有对刑事诉讼法的相关规定进行任何细化。关于死刑复核案件的文书移送、情况通报、调取卷宗等都没有明确具体的规定，势必将影响死刑复核法律监督的运行和效率，也不利于死刑复核程序实体正义和程序正义的实现。因此，最高人民法院、最高人民检察院应当制定更加完备的细则，明确相互之间的职责，特别注意检察机关法律监督工作与人民法院死刑复核工作之间的衔接，加大死刑复核工作的透明度，充分保障检察机关对死刑复核活动的法律监督权。

（一）确立死刑复核程序告知和死刑复核裁判文书移送最高人民检察院备案审查制度，保障检察机关对死刑复核活动的知情权

当前，我国的死刑复核程序由下级法院向有复核、核准权的上级法院报请而启动，案件在审判机关之间移转。死刑原判决内容如何，案件在哪一级审判机关审理，死刑复核程序是否开始，检察机关并不一定知晓。因此，必须规定相应的程序，让检察机关能及时获知案件移转情况，及时介入实施法律监督。为此，笔者建议，最高人民法院在收到高级人民法院报请核准的死刑立即执行案件后，应当在3日内通知最高人民检察院，并将死刑原裁判文书送达最高人民检察院。

（二）确立死刑复核法律监督期间必要时向人民法院调取审判卷宗材料制度

最高人民检察院审查死刑复核监督案件，主要审查下级检察机关报送的相关案件材料、当事人及其近亲属或者受委托的律师提交的申诉材料，以及审判机关移送的有关材料。对于原一审、二审卷宗材料，检察机关能否调取并没有明确规定。笔者认为，为了有效实现对死刑复核案件的法律监督，应当赋予最高人民检察院必要时向最高人民法院调取审判卷宗材料的权利。当然，检察机关调取审判案卷材料必须以不影响审判机关的复核活动为原则。为此，最高人民法院、最高人民检察院应当商同制定调取审判卷宗材料的原因、期限、方式以及相应的批准程序。

（三）明确最高人民法院向最高人民检察院通报死刑复核结果的时间、方式

对死刑复核结论的监督，是检察机关法律监督的一个重要内容；通报死刑复核结果，也是修改后刑事诉讼法的要求。为此，笔者建议，最高人民法院作出死刑复核结论后，应当在3日内将死刑复核裁判文书送达最高人民检察院。

五、建立死刑复核法律监督期间听取辩护人意见工作机制

修改后刑事诉讼法和《规则》均规定了人民检察院在侦查、审查逮捕、审查起诉过程中应当听取辩护人意见，而对于死刑复核期间听取辩护人意见却没有明确规定。笔者认为，基于检察机关在死刑复核法律监督工作中的"法律守护人"地位，为了更加全面地了解案件情况，更加充分地保护被告人诉讼权利，检察机关应当听取辩护人的意见。为此，笔者建议，对于死刑复核法律监督案件，辩护人提出听取其意见要求的，死刑复核检察部门应当在3日内安排听取意见并制作笔录。辩护人提出书面意见的，死刑复核检察部门应当进行审查。

加强刑事诉讼监督工作制度化建设的思考

杨武力*

刑事诉讼监督，是指检察机关作为国家的法律监督机关，为维护刑事法律的统一正确实施，准确打击犯罪，有效保障人权，依法对参与刑事诉讼的各侦查机关（含检察院自侦部门）、审判机关、执行机关的执法行为是否合法、适用法律是否正确，进行判定，从而支持、反对并提出纠正意见（建议）、或者抗诉等项检察业务活动的总称。① "制度"则有两种含义：一是要求大家共同遵守的办事规程或行动准则；二是在一定历史条件下形成的政治、经济、文化等方面的体系。② 笔者认为，前者是微观的，如工作制度、财政制度等，后者是宏观的，如社会主义制度、封建宗法制度等。

因此，刑事诉讼监督工作制度，是指在检察工作机制层面，关于刑事诉讼法律监督的规定、依据和准则的总称。刑事诉讼监督工作制度化建设的研究对象是监督的规定、依据和准则，这也是其区别于规范化、程序化、体系化建设的一个显著特点。本文试从刑事诉讼监督工作制度化建设的背景、意义及当前存在的问题进行分析，以期对构建科学完备、合理规范及成熟有效的刑事诉讼监督工作制度提出对策建议。

一、加强刑事诉讼监督工作制度化建设的背景和意义

修改后的刑事诉讼法，强化了检察机关对刑事诉讼的法律监督制度和措施，把检察监督职能贯彻到了刑事诉讼的各个阶段，是检察制度的重大改革和完善，对于深化司法改革、检察改革，保障检察机关更有效地行使职权，促进司法公正具有重要的意义。③ 如在侦查监督方面，明确了检察机关对查封、扣押、冻结等侦查措施的监督制度；进一步规范了审查批准逮捕机制；通过授予调查权和监督纠正权，加强了对非法取证行为的监督机制；建立了羁押必要性审查制度等。总之，进一步明确了检察机关的监督责任，完善了监督程序，丰富了监督手段，拓展了监督范围，刑事诉讼监督工作制度化建设向前迈进了一大步。

任何法律的修改都不可能一蹴而就，有一个循序渐进，逐渐趋向完善的过程。刑事诉讼法的修改也不例外，其修改虽然从很大层面上补充和强化了刑事诉讼法律监督，为健全刑事诉讼监督工作制度提供了一个很好的历史机遇。但不可否认，在制度化方面还存在某些不完善之处，值得研究。其意义在于：制度具有根本性、全局性、稳定性、长期性，对

---

* 湖北省黄石市人民检察院检察长。
① 慕平主编：《刑事诉讼监督论》，法律出版社2007年版，第3页。
② 引自《现代汉语词典》（第6版）。
③ 陈国庆主编：《新刑事诉讼法与诉讼监督》，中国检察出版社2012年版，第14页。

工作开展起到打基础、管长远的作用。党的十八大强调要构建系统完备、科学规范、运行有效的制度体系，使各方面制度更加成熟更加定型。① 加强刑事诉讼监督工作制度化建设，有利于检察机关全面履行宪法和法律赋予的各项法律监督职责，有利于强化诉讼监督职能，有利于遵循诉讼监督规律，突出诉讼监督"主业"，增强诉讼监督实效。

二、当前刑事诉讼监督工作制度化建设存在的问题

（一）刑事诉讼法律监督的规定、依据不完善

虽然宪法第 129 条明确赋予检察机关法律监督权，但是没有对刑事法律监督的主体、对象、程序、措施、保障等必要内容作出明确的规定，仅是宏观上的抽象规定。而修改后的刑事诉讼法虽然很大程度上强化了人民检察院的法律监督权，但已没有设立专章或专节对刑事诉讼监督进行规定，对于诉讼监督权的规定散见于若干法条之中，且表述过于原则，缺乏可操作性。如对什么样的行为发检察建议？对什么样的违法行为发纠正违法通知书？违法行为到何种危害程度必须书面纠正，何种程度口头纠正即可？检察长列席同级法院审判委员会的适用条件和程序？这些问题在现行法律中都找不到答案。某些也只在联合规定或检察机关内部规定中有所涉及，效力不高。实务工作者只能凭经验或依司法机关之间的融洽程度，自主决定，随意性较大。到目前为止尚未有一部全国统一的、全面具体的刑事诉讼监督的法律法规。

（二）检察机关与侦查、审判、刑罚执行机关的沟通协调机制需要进一步完善

由于分属不同的司法机关，加上运行模式、工作职能和工作性质的不同，公、检、法、司之间一直存在信息沟通的问题，在刑事诉讼监督方面同样如此。以刑事立案监督为例，检察机关办理的立案监督案件的线索来源主要有两个：一是在审查逮捕和审查起诉案件过程中发现的，二是通过受理群众（包括被害人）申诉、控告和举报而发现。而实践中，公安机关每年受理和处理的案件中，提请逮捕和移送审查起诉案件仅占其中一小部分，它还身兼数职，负责办理大量治安案件，以罚代刑、以教代刑等情况一定程度上存在，具有很大的隐蔽性，检察机关由于缺少同步的信息知情权，也就无法进行同步监督。在侦查环节、审判环节、刑罚执行环节同样存在沟通协调问题，导致检察机关监督效果大打折扣。

（三）刑事诉讼监督效力不强，缺乏纠错保障机制

检察机关刑事诉讼监督，主要通过通知立案、抗诉、检察建议、纠正违法等手段进行，由于这些监督手段法律规定不完善，缺乏保障机制，导致司法实践中效果并不理想。表现比较突出的就是纠正违法、检察建议的处境尴尬。刑事诉讼法规定了纠正违法，但是法律并没有就纠正违法的实施保障进行规定。对于被监督机关不接受纠正违法意见的，检察机关往往缺乏有效的制裁手段，实践中有些机关对纠正违法通知书置若罔闻的情况也是存在的。立法空白导致了监督手段的非强制性，严重弱化了法律监督的效力，这成为检察

---

① 2013 年 2 月 26 日，湖北省人民检察院敬大力检察长在推进诉讼监督工作制度化、规范化、程序化、体系化座谈会上的讲话。

机关履行诉讼监督的"瓶颈"。①

(四)刑事诉讼监督体制和机构设置有待进一步合理

实践中,除监所检察部门专门承担刑罚执行监督权外,其他刑事诉讼监督权由批捕、公诉等多个部门承担,且诉讼监督并非所在部门的"主业",而是"副业",具有辅助性,这种分散状态和辅助性,导致刑事诉讼监督职权在一定程度上被弱化。另外,检察机关内部机构间的职能设置不尽合理,部分环节职能重复,责任模糊不清,导致了刑事诉讼监督的协调不够。

三、加强刑事诉讼监督工作制度化建设的对策建议

基于刑事诉讼监督工作制度化建设的重要意义和实践中存在的问题,可从以下方向进行思考和完善。

(一)完善刑事诉讼监督立法及司法解释

明确完善的法律法规是实施有效法律监督的前提和基础,刑事诉讼监督同样如此。鉴于目前刑事诉讼监督的相关制度缺位、原则、抽象等问题,要加强立法探索,推动现有的刑事诉讼监督制度从"无"到"有"、从"粗"到"细"、从"虚"到"实"。

1. 从立法上进一步完善检察监督的法律体系。目前,我国检察立法还比较薄弱,有关检察监督的法律规范没有形成体系化。建议从国家检察监督立法入手,进行研讨,确定其可行性,尽快修订完善人民检察院组织法,制定切实可行的《检察官法实施细则》,以分步推进检察监督的法律体系建设。

2. 进一步完善刑事诉讼法中关于刑事诉讼监督的法律条款。建议在刑事诉讼法中设立专章规定刑事诉讼监督的相关条款。通过立法,详细阐述刑事诉讼监督的基本原则、监督范围、监督程序、监督手段及其效力等,从而使刑事诉讼权有章可循、依规行使。

3. 通过司法解释完善立法中未尽内容。建议最高人民检察院分阶段、分层次制定立案、侦查、审判、刑罚执行各诉讼环节的监督规定,交人大有关部门审核修订后,用司法解释的方式以检、法名义联合发布,或以实施规定(细则)的方式以公、检、法、司名义联合发布,将刑事诉讼监督制度化、规范化、公开化、法制化,切实增强诉讼监督的效力性、可操作性,减少随意性。

4. 健全与修改后的刑事诉讼法相配套的制度机制。随着修改后刑事诉讼法的实施,一些与其实施相配套的制度和机制也迫切需要建立。如羁押必要性审查中检察机关与侦查机关、法院、看守所的信息沟通和配合机制,死刑复核法律监督的具体程序等,都需要尽快作出具体规定。

(二)强化与侦查、审判、刑罚执行机关的沟通协调机制

刑事诉讼监督的对象是侦查、审判、刑罚执行机关在刑事诉讼过程中的执法活动,但在实践中,监督往往具有事后救济性的特点,不具有同步监督性。以侦查活动监督为例,在立案和侦查活动中,一般是在收到群众或被害人对侦查机关的违法行为的举报后才启动

---

① 袁媛:《刑事诉讼监督的困境与发展走向》,载《人民检察》(湖北版)2011年第6期。

监督手段和措施，侦查监督部门和公诉部门以职权在审查过程中主动发现违法行为占据的比例较小。再以刑罚执行监督为例，在提请罪犯减刑、假释的过程中，检察机关从书面材料上很难发现瑕疵，但又无法很好地介入监狱前期对罪犯的日常考核当中，进行有效的监督。以上这些都说明，建立良好的沟通协调机制，确保信息渠道畅通，是检察机关实施有效刑事诉讼监督的前提和保证。可从以下方面加以努力：一是建立健全检察机关与侦查、审判、刑罚执行机关的联席会议、信息共享等制度。对联席会议的组成成员、召开时间、会议程序、信息共享内容等进行细则化、制度化。二是加强与侦查、审判、刑罚执行机关的沟通协调，联合制定有关刑事诉讼监督工作的文件，解决实践中的突出问题。三是对监督中发现的问题，及时向有关机关通报，有关机关应及时向检察机关反馈整改和处理情况。

（三）健全检察机关内部相应机制

我国检察机关内部具有一系列运行体制和机制，如领导与被领导的体制、检察工作一体化机制等，它们在充分发挥检察职能，维护社会公平正义方面发挥了重要作用。具体到刑事诉讼法律监督方面，只有不断健全完善检察机关内部若干机制，才能最大限度地发挥刑事诉讼监督的整体效能。

1. 落实检察工作一体化机制。实行检察工作一体化机制，有利于具体贯彻宪法原则，落实检察机关上下级领导体制，树立法律监督权威；有利于发挥检察机关整体优势，提高执法水平和效能。检察机关应当依据宪法和法律的规定，按照检察工作整体性、统一性的要求，实行上下统一、横向协作、内部整合、总体统筹的检察工作一体化机制，强化上级检察院对下级检察院的领导关系，下级服从上级，上级支持下级。如被告人上诉的二审案件，同级检察机关认为不宜抗诉而有必要提起二审监督的，下级检察机关应当向上级检察机关报送有关法律文书、证据材料及意见，以便于上级机关对二审案件的监督。下级院要牢固树立接受上级院领导的观念，认真贯彻落实高检院和上级院的工作部署和要求，严格执行请示报告等各项检察工作制度，确保检令畅通。

2. 完善检察机关内部刑事诉讼监督衔接配合机制。充分发挥检察机关各内设机构的职能作用，紧密配合，避免各自为战，侦查监督部门、公诉部门、反贪部门、反渎部门、监所检察、控申检察等要建立相互配合的机制，做到信息共享、情况互通、密切配合，发挥检察机关的整体优势，形成监督一盘棋，建立大监督格局。具体来讲，侦查监督部门应当及时将立案监督和侦查活动监督情况通报公诉部门，公诉部门应当实施跟踪监督，并将情况向侦查监督部门反馈。对于公诉部门正在办理的案件，其他有关内设机构接到有关控告申诉，或者发现有诉讼违法行为的，应当及时向公诉部门通报，以加强对侦查、审判活动的监督。监所检察部门应当加强与其他内设机构的配合与制约，依法对犯罪嫌疑人、被告人羁押情况进行监督，坚决防止和纠正检察环节发生超期羁押现象，并通过办理在押人员、服刑人员及其家属的控告，申诉案件和又犯罪案件，监督其他内设机构的办案质量。控告申诉检察部门应当及时监督纠正确有错误的刑事申诉案件，及时向侦查指挥中心或者侦查部门移送在复查过程中发现的违法行为线索。检察技术部门应当为其他有关内设机构在侦查、勘验、检验、鉴定等方面提供技术保障。

3. 完善检察长列席同级人民法院审判委员会会议制度。按照中央司法体制改革的精神，有关部门应进一步完善检察长和受委托的副检察长列席同级人民法院审委会制度。目前该制度主要存在职能定位不清、工作目的偏差、监督力度不足、程序价值利用不充分等问题。建议从三个方面加以改进：一是完善内部运行程序，从会前准备、会中监督、会后备查等方面予以完善。二是完善沟通衔接机制。落实检法两家信息沟通互享的机制，防止法院怠于履行告知义务，导致列席制度被虚置。三是完善事后反馈跟踪机制，对于检察长提出的意见和建议，法院应当及时回复处理结果，增强检察长列席审委会的监督效力。通过不断完善检察长列席审委会制度，有利于检察机关更好地行使刑事审判法律监督职责，促进公正司法。

4. 建立健全刑事诉讼监督考评和激励机制。研究建立适应刑事诉讼监督工作特点的科学考评机制，提高刑事诉讼监督在综合业务考评中的权重，加大考核力度，对刑事诉讼监督工作的法律效果、政治效果、社会效果进行综合评价，提高检察人员开展刑事诉讼监督工作的积极性和监督的质量。对开展刑事诉讼监督工作取得突出成绩的部门和人员，及时予以表彰。①

（四）不断深化行政执法与刑事司法衔接机制，扩大刑事诉讼监督的视野

检察机关与行政执法机关建立健全信息共享、案件移送、协调配合、监督制约等工作制度，确保涉嫌犯罪的案件依法及时进入司法程序，形成打击合力，防止有罪不究、以罚代刑，是行政执法与刑事司法衔接机制（以下简称"两法衔接"机制）的基本要求和主要内容。湖北省"两办"（省委办公厅、省政府办公厅）转发的《关于加强行政执法与刑事司法衔接工作的实施办法》为"两法衔接"指明了方向，我们应当严格贯彻落实，并以此为依据，不断深化"两法衔接"机制和做法。一是建立联席会议制度，搭建沟通平台，开展备案审查，共享信息资源。二是探索建立联合办案工作机制，使专项监督常态化。三是拓宽监督线索来源渠道，增强发现监督线索的能力。四是推行提前介入工作机制，查处和预防犯罪。五是注重宣传，积极营造"两法衔接"的氛围。以黄石市检察机关"两法衔接"工作为例，2013年1~7月，两级院共督促行政执法机关依法移送涉嫌刑事犯罪案件20件29人，有效促进了行政执法机关及其工作人员依法履职，把该类工作较好地纳入了刑事诉讼监督的视野之中。

（五）继续探索和完善刑事诉讼法律监督调查机制

法律监督调查机制是检察机关以发现、核实、纠正有关司法机关及其工作人员诉讼违法行为为核心内容的工作机制，是湖北省检察工作的一大亮点和特色，得到了最高人民检察院的充分肯定，湖北省人大常委会已经将其以地方法规的形式固定下来。湖北省检察机关开展法律监督调查的探索符合中央司法体制和工作机制改革部署的要求，有利于检察机关强化对刑事诉讼的法律监督，提高监督水平和质量。我们要进一步提高认识，强化措施，努力推进完善刑事诉讼法律监督调查机制。进一步明确法律监督调查的含义和目的，建立办案和监督相互促进的机制，进一步明确文书、档案、流程及统计等问题，明确适用

---

① 陈国庆主编：《新刑事诉讼法与诉讼监督》，中国检察出版社2012年版，第21页。

范围和启动标准问题,深入研究法律监督调查的其他问题。具体在实际操作中,侦查监督、公诉、监所检察、控告申诉检察等部门互相配合,对刑事立案、侦查、审判、刑罚执行活动中的违法行为开展调查,通过建立审查、调查、初查、立案侦查相衔接机制,促进检察机关内部监督资源整合,增强监督实效。

（六）继续探索和完善诉讼职能与诉讼监督职能适当分离机制

2009年11月,湖北省人民检察院正式启动小院"内部整合"改革试点工作。黄石市检察机关按照省院统一部署,在4个40人左右的城区检察院实行"两个适当分离"（诉讼职能与诉讼监督职能适当分离、案件办理与案件管理适当分离）为主旨和核心的内部整合改革。整合后,由诉讼监督部专司对三大诉讼的监督职能,使诉讼监督从"副业"变为"主业",实现了诉讼监督的专业化、规范化,解决了诉讼监督工作条块分割、案件线索少、监督信息不畅等突出问题。改革试行两年后,4个试点院在侦查监督中提出书面纠正违法数同比增长186%,在刑罚执行监督中提出书面纠正违法数同比增长100%。实践证明,"两个适当分离"的改革探索不仅符合司法体制改革的要求,也符合强化法律监督的需要。

1. 实行诉讼职能与诉讼监督职能适当分离有利于强化刑事诉讼法律监督。一直以来,检察院侦查监督部门既要承担审查逮捕职能,又要承担刑事立案监督和侦查活动监督职能;公诉部门既要承担公诉职能,又要承担刑事审判监督职能。这种"身兼两职"的状态不仅受到质疑,又在客观上影响了法律监督工作的深入开展,使刑事诉讼监督处于"副业"地位。通过诉讼职能与诉讼监督职能适当分离,凸显了检察机关的法律监督属性。要充分认识到"诉讼机制的制约只是保障诉讼顺利运行的一个方面。在司法机关之间构建完整的监督制约体系,除了各机关之间的制约性监督外,还应当对执法办案的关键环节配置督察型监督"。① 诉讼职能与诉讼监督职能适当分离后,形成有专司诉讼监督力量的工作格局,促进了检察工作重心的合理调整,把诉讼监督摆到了重要位置,有利于促进刑事诉讼监督工作的制度化和规范化建设,从而加大刑事诉讼监督力度。

2. 实行诉讼职能与诉讼监督职能适当分离有利于强化自身监督。诉讼职能与诉讼监督职能适当分离后,由诉讼监督部门对办案活动（包括检察院自身执法办案）进行监督,虽然在宏观层面上仍然是检察机关内部的自我约束,但从微观层面来看,遵循了权力分散配置的原理,最大限度地克服了同体监督的弊端,体现了决策权、执行权和监督权相互分离、制约协调的权力结构和运行机制,有利于提高自身监督制约的公信力,是解决"监督者如何接受监督"问题的重要措施。②

3. 有利于构建理性的刑事诉讼监督机制。实践中,诉讼职能与诉讼监督职能混同运行,确实存在职能交叉相互损益的现象。一方面,"正是由于实践中检察机关的监督职能

---

① 朱孝清:《中国检察制度的几个问题》,载《中国法学》2007年第2期。
② 孙光骏、杨立凡:《诉讼职能与诉讼监督职能适当分离的价值分析》,载《人民检察》（湖北版）2013年第8期。

有时被诉讼职能所遮蔽、所掩盖，检察机关的法律监督力度在现实中才被弱化"；[1] 另一方面，当两种职能互为手段相互借用时，又对检察公信力造成损害。两类职能适当分离，错开行使时间，由不同的部门行使，可以使检察人员履职角色更加清晰，是实现控辩平等的制度性保障。从检、法关系层面分析，实行两类职能适当分离，促使检察监督活动遵循诉讼原理和司法规律，恪守理性、谦抑原则，以适当的诉讼手段和监督方式发挥监督效能，保持检察机关与审判机关在平等基础上的协调配合和制约关系。

诉讼职能与诉讼监督职能的适当分离虽然有利于刑事诉讼监督制度化建设，但由于其仍处于改革和探索期，某些机制有待进一步调整和优化。如检察管理体制的转变，工作机制的衔接尚需进一步完善，如何做到适当分离而又有机结合，探索建立检察长领导下的主办检察官办案责任制等，需要我们结合实际不断加以改进和完善。

---

[1] 卢希：《论检察机关诉讼职权和监督职权的优化配置》，载《人民检察》2011 年第 21 期。

诉讼监督工作程序化的目标与构建

洪领先[*]

当前,随着新修订的刑事诉讼法和民事诉讼法贯彻实施,检察机关的诉讼监督工作面临着新的形势和任务,迫切需要检察机关进一步深化对诉讼监督工作规律的认识,创新工作措施,破解诉讼监督工作的体制性机制性障碍。诉讼监督程序作为诉讼监督的程序性、规范性、效力性保障,理当引起高度重视。理性评析我国诉讼监督程序的现状,指明我国诉讼监督工作程序化的目标和方向,科学设计和完善诉讼监督工作运行程序,其理论与现实意义非凡。

一、当前诉讼监督程序现状评析

(一)我国诉讼监督程序的基本现状

我国目前尚无统一、确定的诉讼监督工作程序,对诉讼监督程序的构建和适用主要通过三种途径来实现的:一是混同规定诉讼监督程序与诉讼案件的办理程序。二是通过司法解释细化和补缺具体操作程序。《人民检察院刑事诉讼规则(试行)》通过设置立案监督、侦查活动监督、审判活动监督、刑事判决、裁定监督、刑罚执行监督等具体操作程序,以便各级检察机关遵照执行。三是通过完善诉讼监督工作机制进一步规范诉讼监督程序。各地检察机关根据各地特点,结合自身实际,专门制定立案监督、侦查监督、审判监督、刑罚执行监督、民事行政检察监督等诉讼监督工作细则及考核办法,进一步规范诉讼监督程序。

(二)对诉讼监督程序评析

从整体上讲,诉讼监督程序实现"具备最低限度的公正性和合理性、拥有产生良好结果的能力、满足经济效益的要求"的程序价值[①]远远尚未达成;通过完善诉讼监督程序立法规范、合理配置诉讼监督职权、科学设计诉讼监督程序的运行机制,"尽可能将封闭系统内的交易程序转化为系统间的公平程序互动[②]",保证诉讼监督的顺利进行,实现诉讼监督的程序化尚未获得普遍认同和实践。

1. 程序理念层面,诉讼监督限制国家权力和保护公民权利的正当程序功能未获普遍推崇,存在观念分歧。宪法和刑事诉讼法明确规定公检法三机关"分工负责、相互配合、相互制约"原则在理论和司法实践中存在错位和缺失。在执法办案实践中重指控犯罪轻

---

[*] 湖北省随州市人民检察院检察长。
① 陈瑞华:《程序价值理论的四个模式》,载《中外法学》1996 年第 2 期。
② 陈莹莹:《刑事检察监督程序化研究》,复旦大学,2011 年。

诉讼监督,重相互配合轻监督制约,越位监督和缺位监督并存,普遍存在不敢监督、不善监督、监督不到位,监督质量不高、效能不佳。

2. 程序规范层面,现行诉讼监督缺乏正当规范程序,存在形式化的忧虑。一方面立法规定的不足,制约了诉讼监督的正常运行和职能发挥。从现实看来,检察机关如何发现诉讼监督线索,如何实现诉讼违法行为与诉讼监督手段、方式的平衡协调,如何规制诉讼监督办案期限、预设监督效果等法律规定并不明确,特别是如何发现诉讼违法线索,更成为诉讼监督的"瓶颈"问题。司法实践诸如"另案处理"等消极侦查、有罪不究、以罚代刑等权力寻租现象仍然十分严重,民事执行监督尚处于探索阶段,监督存在许多盲区。加之法律对违法行为的制裁性措施普遍缺失,更使其沦为一种形式上、不完整性的权力。另一方面,检察机关内部职能分工不明、责任义务缺失,影响了主观能动性发挥。新修订刑事诉讼法虽然增加了许多诉讼监督新职能,但如对于刑事和解的主体、羁押必要性审查的主体等,法律规定并不明确。在诉讼监督职权内部分工不明确、不科学,甚至不合理的情形下,优化检察职权配置,强化检察机关的主体意识和责任意识可能会是一句空话,也很难使诉讼监督活动产生符合立法和司法活动预期的目标和效果。

3. 程序运行层面,诉讼监督运行采用行政化运作模式,诉讼监督效果不甚理想。诉讼监督本质上属于诉讼程序,应当遵循诉讼的基本规律,按照诉讼的要求与模式进行运作。然而就我国诉讼监督的实践而言,其行政化色彩过于浓厚已是不争的事实,主要表现为:其一,在诉讼监督的启动方式上,行政化的启动方式背离了程序始于申请的要求。表现在检察机关诉讼监督的线索大多来源于职权审查,而从控告申诉中发现权力恣意的信息和线索则很少见,违法行为投诉机制并不健全,投诉渠道也不通畅。启动方式的本本主义造成了轻微的瑕疵性程序违法的集中充斥,充其量也只是不疼不痒的监督,而相反权力最容易失范的环节却难以触及,不能不说是诉讼监督的错位与缺憾。其二,在诉讼监督案件的办理程序上,主要依职权进行审批、调查、核实、处理,监督随意性较大,缺乏具体的评判标准。有的只注重选择在目标考核中权重较大的监督形式,滥用监督手段;有的虚设监督项目玩数字游戏;有的则采用对某一类型违法行为实行集中式治理;有的对同一诉讼违法行为多头发检察建议,将诉讼监督功利化、虚浮化,显然与诉讼监督的程序规律要求背道而驰。而诉讼监督的考核重诉讼监督数量忽视诉讼监督程序控制,诉讼监督结果公正性无从体现。

4. 程序社会评价层面,诉讼监督程序内部封闭运行,执法公信力遭受诟病和质疑。诉讼监督程序是诉讼监督效果实现的重要载体,社会公众对诉讼监督的评价首当其冲对诉讼监督程序必然注入更多的情感,毕竟只有规范、公正的程序才能获得实体上的认同。然而,"整体而言,检察机关诉讼监督结论的形成过程是单向和封闭的,具有很强的行政色彩①",一方面,诉讼监督内容大多是关于诉讼期限、送达程序以及办案程序方面的瑕疵性违法,检察机关检察建议或纠正违法数量上的急剧上升也许只是检察机关孤芳自赏式的陶醉,并未获得被监督对象的信服和认同;另一方面,当事人、诉讼参与人很难真正介入

---

① 卞建林、李晶:《关于加强诉讼监督的初步思考》,载《国家检察官学院学报》2011年第1期。

程序的运行过程中，也更不必说社会的监督，于此社会公众对诉讼监督缺乏开放性、透明性程序的责难，产生"谁来监督监督者"的质疑也在情理之中。

二、诉讼监督工作程序化的目标要求

诉讼监督工作是行使法律赋予的公权力，必须按正当程序来行使，不是"随意性"的监督，而是一种"程序化"的监督①。从整体上讲，诉讼监督程序的正当性、规范性、保障性、公开性是诉讼监督工作程序化的方向和目标。

（一）正当性

诉讼监督程序必须是正当程序，坚持程序正义理念，诉讼监督程序才能获得合法性和现实性。正当程序是法律主体为公平分配利益，实现实体权利和义务，公正解决利益纷争而制定的一整套规则以及适用这些规则在时间、空间上经历的步骤、形式和过程②。正当程序的基本内涵在于限制权力、保护权利。检察机关作为国家的法律监督机关，在刑事诉讼中承担着诉讼监督职能，理当将正当程序的先进理念和重要原则理性融入刑事诉讼监督过程中。"在现代社会，程序合法性能够导致实质上的赞同，合法性主要是程序合法性③"。必须深刻理解诉讼监督只有严格遵循诉讼程序规律，才能保证诉讼监督在获得形式合理性同时，实现诉讼监督的实体合法性；必须深刻认识推进诉讼监督工作程序化，是遵循诉讼监督规律，优化检察机关职权配置，加强检察机关内部监督，规范诉讼监督权正确行使的现实需要和必然选择。必须坚持程序正义的理念，将其作为推进诉讼监督程序化基本的指导思想，作为完善监督程序立法、科学设计诉讼监督程序的行动指南。

（二）规范性

诉讼监督程序必须由立法明确规定和具体设置，才能为诉讼监督开展提供法律保障和程序支撑。当前，随着人民群众法治观念、法治意识和法治水平的不断提高，对程序公正的要求和期望也越来越高，必须建立统一的、确定的程序，确保诉讼监督的正当性④。根据程序法定原则要求，检察机关依照法定程序行使诉讼监督权，毋庸置疑，诉讼监督程序应当由立法明确规定和具体设置，统一规定诉讼监督的范围、方式和手段，改变在诉讼监督过程中执行程序各自为政、可有可无等随意性问题，以及由此带来的执行法律规定异化问题，切实为诉讼监督适用法律规范提供充分的法律依据和便利。同时"程序应该是一整套严密的、完整的规则体系，既要包括某种行为在何种条件下实施的规定，又要包括某个主体如何实施以及救济的规定，前者是一项制度或者程序存在的标志，后者则是前者完

---

① 敬大力：《把握立法精神 坚持问题导向 扎实推进诉讼监督工作制度化、规范化、程序化、体系化》，载《人民检察》（湖北版）2013年第4期。
② 三群、于强：《正当程序的标准与法治》，载《社会科学战线》2005年第4期。
③ 郑成良、杨云彪：《关于正当程序的合法性与合理性思考——兼及中国宪政的反思》，载《法制与社会发展》1999年第3期。
④ 敬大力：《把握立法精神 坚持问题导向 扎实推进诉讼监督工作制度化、规范化、程序化、体系化》，载《人民检察》（湖北版）2013年第4期。

善与否的标志①"。唯有按照诉讼监督的推进顺序，建立涵盖发现违法、确认违法、纠正违法、惩罚违法等各个阶段诉讼监督程序，才能使诉讼监督的各个阶段实现有依法可依。否则，离开了诉讼监督规范程序的保障和支撑，诉讼监督无异于空中楼阁。

（三）保障性

在诉讼监督过程中，只有实现诉讼监督各个环节的有效运转、有序衔接，才能为推进诉讼监督顺利进行提供有效保障。诉讼监督程序规范虽然对检察机关诉讼监督职权的配置和运行预设范围、方法、步骤和程序，但其仅仅停留在立法层面，是没有付诸实践的程序，体现诉讼监督程序的正当性、合理性、现实性要求，实现诉讼监督应有的价值和功能，需要借助动态的程序运行机制，加强对程序的控制和管理。只有通过完善诉讼监督工作机制，合理配置诉讼监督权力、积极整合诉讼监督职能、有效调和权利与权力之间的矛盾、切实改善诉讼监督环境，从而奠定诉讼监督的社会根基，使其获得社会的普遍认同；进一步增强主体意识，调动检察人员诉讼监督的积极性；保证诉讼监督在每一个环节不堵塞、不延误、运转通畅、运行高效，进一步提高诉讼监督效能。

（四）公开性

诉讼监督工作程序必须在阳光下运行，接受社会监督，诉讼监督才能切实到社会的尊重和认同。当前，广大人民群众对检察机关治理执法不严、司法不公寄予厚望，迫切希望检察机关通过加强诉讼监督维护社会的公平正义。正义不仅要实现，而且要以看得见的方式实现。而诉讼监督要想取信于民，必然是基于社会公众的广泛参与和监督，通过亲历亲为、感同身受，见证并影响监督的进程和结果，进一步加深对诉讼监督工作的理解和认识，增强认同感。实现诉讼监督程序的开放性要求一方面要增强诉讼监督工作透明度，公开诉讼监督执法规范、执法过程、执法结果和执法依据；另一方面要充分保障社会公众的知情权、参与权、表达权和监督权，建立健全对诉讼监督结果的外部评价体系。

三、诉讼监督工作程序化的构建

（一）加强立法完善：推进诉讼监督工作程序化的先决条件

构建专门的诉讼监督程序。诉讼监督的运行过程，运行方式以及诉讼监督的运行结果必须有立法规制，检察机关在具体行使诉讼监督职权时只有严格依照法律规定，诉讼监督才会具有合法性和正当性。当前，改变诉讼监督程序性规定混乱、执行较为随意的局面、理当制定专门的诉讼监督立法，明确立案监督、侦查活动监督、审判监督和刑罚执行监督的具体范围，专门设计诉讼监督的运行程序，解决诉讼监督程序供给问题，为诉讼监督顺利进行提供执法规范和便利。特别应当总结和借鉴近几年来司法改革的成功经验，进一步完善检察建议、纠正意见程序、法律监督调程序、羁押必要性审查程序、检察长列席审判委员会程序等，按照统一、确定、严密、完整性要求，使诉讼监督程序更加具体、更加明确、更加具有可操作性。

通过立法完善强化诉讼监督的效力。如果违法者缺乏应有的法定义务或者不履行法定

---

① 锁正杰：《刑事程序的法哲学原理》，中国人民公安大学出版社2001年版，第44页。

义务却没有相应的制裁措施的话，"则该规范最多只能算做一种'宣言'或者'口号'，而不具备法律实施的基本前提和条件"①。解决问题的根本不在于赋予检察机关的实体处分权，而在于有关机关和工作人员的义务以及不履行的相关后果。明确被监督主体对监督纠正意见应当承担的责任与义务，规定不接受监督纠正应当承担的法律后果，赋予监督纠正意见以强制执行的效力②。要通过立法完善，赋予检察机关诉讼监督的强制效力，积极为诉讼监督的顺利开展提供法律保障，使诉讼监督赢得社会公众的广泛信服和认同，牢固构筑诉讼监督的社会根基。

（二）优化职权配置：推进诉讼监督工作程序化的重要保证

最高人民检察院司法体制改革领导小组办公室主任张智辉在第三届刑事诉讼监督论坛发言指出，"刑诉法修改对诉讼监督工作最大的挑战是工作机制的挑战，工作机制的挑战最直接的表现是检察机关内部机构设置和职能划分问题③"。切实贯彻执行诉讼监督职能的众多新规定，积极有效开展诉讼监督工作，如何进行内部分工必然成为司法实践中的焦点和难点。

合理配置检察机关诉讼监督职能。在司法实务中，检察机关诉讼监督职责分别赋予侦查监督部门、审查起诉部门、监所部门分别行使。然则刑事诉讼法关于违法阻碍律师行使诉讼权利的监督、非法取证的控告举报、羁押必要性审查、对强制性措施处理不服提出的申诉、强制医疗执行监督等，涉及多个诉讼环节，有的甚至涵盖诉讼监督的全过程，诉讼监督职权在配置上呈分散状态，职能重叠现象突出，对诉讼监督职权配置必须进行理性审视。"设置合理的诉讼监督机构标准应当坚持诉讼监督效能的全面高效行使，其一，法律赋予检察机关的诉讼监督职能都有相应的内设诉讼监督机构来行使，没有诉讼监督权能被虚置；其二，内设的监督机构没有权力包含或重叠的情况出现；其三，每个内设机构的监督权能都明确具体，且具有相对的稳定性。④"基于强化诉讼监督权力行使的统一性、增强诉讼监督主体的责任性，上述职能统一规定由一个部门集中行使，可有效保证诉讼监督职能在运行过程中形成科学合理的权力配置机制。

合理整合检察机关诉讼监督职能。当前，努力改变诉讼监督工作在诉讼中的辅助、附属地位，避免诉讼监督工作被弱化甚至被虚置的危险，积极回应理论界关于检察机关在诉讼程序中既当"运动员"又当"裁判员"的质疑，统筹协调诉讼监督资源，全面提升诉讼监督合力，提高诉讼监督效率，积极提升诉讼监督工作在诉讼格局中的地位，推进诉讼监督工作专门化、专业化应当是当前和今后一个时期主要的发展方向和趋势。要按照统筹兼顾、循序渐进、结合自身实际积极稳妥地推进诉讼监督工作的专门化、专业化建设，积极探索办案组织体系建设，进一步优化诉讼职能和诉讼监督职能，加强对基层院内部职能整合。

---

① 陈瑞华：《问题与主义之间——刑事诉讼基本问题研究》，中国人民大学出版社2003年版，第104页。
② 向泽选：《刑罚执行监督机制论》，载《法学杂志》2008年第2期。
③ 王志国：《刑事诉讼监督的机遇与挑战——第三届刑事诉讼监督论坛综述》，载《国家检察官学院学报》2012年第5期。
④ 王守安：《论刑事正当程序对诉讼监督理念的影响》，载《河南社会科学》2012年第7期。

(三) 科学设计运行程序：推进诉讼监督工作程序化的关键

完善诉讼监督工作的内部运行程序。要树立"线索"、"办案"观念，研究涵盖诉讼监督线索管理、审批、调查、核实、处理等全过程、全方位的工作程序，通过合理、完整的程序设置，使诉讼监督工作有具体明确的"路线图"①。

加强对诉讼监督线索管理。我国检察机关是国家的法律监督机关，要真正发挥法律监督督促被监督主体纠正错误的功能，就必须确保检察机关能及时了解被监督主体实施法律的具体情况，然后才有可能在对所获信息进行审查的基础上，确认被监督主体在法律实施过程中是否存在错误，并根据所发生的错误种类及其性质，有针对性地启动监督程序，提出监督纠正意见②。检察机关及时了解、发现诉讼违法行为线索，是开展诉讼监督工作的前提条件，是对违法行为进行判断、处置的基础。一方面要建立信息沟通机制，实现诉讼信息对称。必须有效建立诉讼信息沟通机制，解决诉讼信息监管缺失问题。建立对公安机关不立案案件的备案审查机制，防止案件体外循环，脱离监督；建立介于引导侦查机制，加强对侦查活动的监督；建立与刑罚执行机关刑罚执行变更同步监督机制，实行跟踪监督，防止监督滞后、监督空档。另一方面整合诉讼线索资源。努力改变仅通过书面审查案件材料发现案件线索的方式，不断规范和扩展监督信息的来源渠道，通过检察机关内部相关部门之间的协调配合和整体联动，整合诉讼监督资源，建立诉讼违法线索发现、移送和办理反馈以及内部情况通报和信息共享制度。要特别重视诉讼参与人及其以外的人对诉讼违法行为的控告和申诉，不断畅通投诉渠道，健全投诉机制，从控告申诉中发现权力恣意的信息和线索。

完善审批、调查、处理程序。当前，我国实行的是"检察人员具体承办，办案部门负责人审核，检察长或者检察委员会决定"内部审批制度。从现行法律对诉讼监督权的分配方案来看，并未赋予检察人员独立行使，因而理当注意诉讼监督权行使的整体性、协调性和一致性。要积极加强对诉讼监督程序的审批和控制，从源头上杜绝诉讼监督权行使的随意性，防止滥用监督权力，滥用监督手段；既有防止诉讼监督职能的缺位，又要防止对同一诉讼违法行为多头监督，实现对诉讼监督各个环节的衔接配合，提高整体效能。要特别完善诉讼违法行为调查程序，为了体现调查的权威性并防止其被滥用，检察机关需要进行调查时必须经过严格的审批程序③，须由检察长审批后方能启动，严把时限要求，严格按照规定及时报检察长审批作出不同的处理意见，防止诉讼监督的数字化、形式化和虚无化。

(四) 健全运行机制：推进诉讼监督工作程序化的必然路径

建立社会公众参与、评价机制。一是要保障当事方积极参与。在诉讼监督过程中，必须努力改变诉讼监督行政化的封闭运行模式，保障诉讼参与人员和单位的充分说理和申

---

① 敬大力：《把握立法精神 坚持问题导向 扎实推进诉讼监督工作制度化、规范化、程序化、体系化》，载《人民检察》（湖北版）2013年第4期。
② 向泽选：《检察规律引领下的检察职权优化配置》，载《中国政法大学学报》2011年第29卷第2期。
③ 邓思清：《检察机关诉讼监督制度的改革与完善》，载《国家检察官学院学报》2012年第5期。

辩，在条件成熟情况下可以引入听证制度，有效避免对检察机关作出的决定产生错误理解和认识偏差，进而产生对立和不满情绪。二是建立诉讼监督的外部评价体系。社会公众的认同是诉讼监督实施的群众性基础。必须始终坚持党的领导，主动接受人大权力监督、政协民主监督和人民监督员监督，加强对诉讼监督程序和效果的评价，督促检察机关不断规范和完善诉讼监督程序，为诉讼监督构建良好的外部环境。

完善沟通协商机制。加强对诉公活动的法律监督，必须以司法机关及其工作人员的理解、支持与配合，实现检察机关与其他执法司法机关的良性互动。当前，应进一步健全联席会议制度、检察长列席审判委员会会议、重大复杂案件提前介入、量刑建议、民事行政检察监督协调配合、监管执行环节信息共享、同步参与减刑假释案件公开听证等工作机制，解决思想认识上存在的偏差，解决监督中不愿意配合、配合不够的问题，减少诉讼监督的阻力，达到监督中强化配合、调查中体现支持的良好效果。

建立科学考评机制。强化对诉讼活动的法律监督控制，要将诉讼监督运行程序纳入案件质量考评体系，加强对诉讼监督审批程序的管理，通过程序控制体现监督结果的公正性，引导检察人员以追求诉讼监督效果为目标，规范诉讼监督程序，讲究监督方式方法，而不是单纯以履行监督职责作为监督工作的全部内容。同时，在更高层次的意义上，进一步评价诉讼监督程序对诉讼监督机制建设的促进作用，不断树立正当程序理念、改善监督环境、提高监督效能。

刍议诉讼监督的程序化

常本勇*

与其他国家的检察制度相比较而言，中国特色的检察制度正在于其法律监督属性，而就现实而言主要是诉讼监督。不论是主张程序工具主义，还是主张程序具有相对独立的价值，诉讼监督程序都对实现诉讼监督具有极其重要的意义。诉讼监督及其程序，是否也能够像民商事、刑事、行政实体法及其诉讼程序一样，形成统一的实体规范和程序规则，对推动形成中国特色的检察制度并使其获得广泛认可具有极其重要的意义。然而，当前，不仅对诉讼监督程序的研究缺乏，诉讼监督程序在立法中也较为抽象，而且实践中更是没有像重视遵守诉讼程序那样重视遵守诉讼监督程序。因此，本文尝试将刑事立案监督、刑事侦查监督、刑事审判活动监督、刑事判决裁定监督、刑罚执行及监管活动监督、民事行政诉讼监督行为抽象成为一个诉讼监督行为，研究诉讼监督行为运转的程序问题。

一、诉讼监督程序的若干基础性命题

诉讼监督程序的若干基础性命题，主要研究我们应该怎样以法律程序的一般理论和原理来认识和把握诉讼监督程序，比如，诉讼监督程序是什么、具有什么样的价值和功能、具有什么样的特征、与诉讼程序、行政程序的区别、与诉讼监督的关系、诉讼监督程序的构成要素与构造等一般性问题以及每一类诉讼监督程序的个性问题。研究清楚这些理论问题，为我们在司法实践中构造诉讼监督程序，以程序公正实现诉讼监督公正，具有基础性的指导作用。

（一）诉讼监督程序是诉讼监督活动的参与者，按照一定规则所进行的角色分配，即参与诉讼监督的顺序、方式和步骤

在我国，检察机关的诉讼监督职能与诉讼职能并重，因而，检察机关的诉讼监督程序应当被提到与诉讼程序并重的一个地位来看待。然而，实际上，诉讼监督通常被看成诉讼程序的一个组成部分，而诉讼监督程序则被忽视。程序，即事先规定的事情进行的先后次序。[①] 程序，从法律学的角度来看，主要体现为按照一定的顺序、方式和步骤作出法律决定的过程。[②] 上述关于程序、法律程序的定义，由于缺乏程序主体的参与性，对构造程序将会产生影响。如果被借用来定义诉讼监督程序，可能会不利于对诉讼监督程序的构造。

---

* 湖北省襄阳市人民检察院代检察长。
① 《新华汉语词典》，仁超奇主编，崇文书局2006年版。
② 季卫东：《法律程序的意义——对中国法制建设的另一种思考》，载《中国社会科学》1993年第1期。

笔者认为，为增强诉讼监督程序的可构造性，可以借鉴社会学社会角色理论来定义诉讼监督程序。诉讼监督程序，即检察机关开展诉讼监督活动时，按照一定的原则分配角色，规定各角色行为的方式、顺序和步骤，确保各类角色能够各司其职、平等对话和相互牵制，共同推动诉讼监督活动由启动、推进到结束。诉讼监督程序不仅用以约束检察机关，还约束其他诉讼监督参与角色主体。

（二）诉讼监督程序的价值功能主要在于实现诉讼监督实体的公正性，同时还具有其自身的独立价值

诉讼监督实现公正，除了要依靠诉讼监督实体法律规范的公正性，更要依靠诉讼监督程序推动实体公正的实现。诉讼监督程序主要从三个方面推动实现诉讼监督实体的公正性。第一，诉讼监督程序可以对诉讼监督行为进行约束，限制诉讼监督中的恣意性。检察机关对参与诉讼活动的执法机关及其人员的执法活动是否合法进行判断时，如同执法机关及其人员在诉讼活动中的执法行为一样，同样需要受到约束和防止恣意，而诉讼监督程序成为约束和防止恣意的最重要的方式，①"诉讼监督工作是行使法律赋予的公权力，必须按正当程序来运行，不是随意性的监督，而是一种程序化的监督"②。如果说，执法机关及其人员的执法行为，还可以通过诉公监督、诉讼分权、诉讼程序等方式约束和防止恣意的话，那么诉讼监督唯有通过诉讼程序来进行约束和防止恣意。③ 因而，诉讼监督程序对于限制和约束诉讼监督行为而言的重要性，要远远超过了诉讼程序对于限制和约束诉讼行为的重要性。与此同时，诉讼监督过程中的其他参与者，也同样需要诉讼监督程序来约束和限制各自的行为。第二，诉讼监督程序可以确保诉讼监督做出理性选择。程序本身就是推动理性选择的。"所谓程序，就是为了法律性决定的选择而预备的相互行为系统"④。程序所具有的按职业主义原理形成结构公开性，创造一种根据证据资料进行自由对话的条件和氛围以及对程序参与者的积极充分调动等品质，都有利于推动选择合乎理性。⑤ 诉讼监督程序也具有上述品质，只要其能够给予监督者、被监督者以及相关当事人充分的对话机会，同样可以确保诉讼监督行为做出理性选择。第三，诉讼监督程序能够对各种参与角色的权力（利）义务进行规范，确保检察机关履行好诉讼监督职能。学界和实务界，质疑检察机关诉讼监督实体不公正主要是检察机关在监督中的地位不能中立、超脱，"检察机关与公安机关同属于控方，在诉讼目标和诉讼角色上是一致的。因而检察机关对公安机关的侦查监督实质上是一种同体监督，难以发挥实质性的约束作用"⑥；法院既要居中公正审判又要接受作为诉讼一方的检察机关的监督，检察机关处于如此不超脱的地位，难以实

---

① 笔者认为，外部权力监督、权力的分割与制衡以及规范行使权力的程序是防止滥用权力的三条重要途径。
② 《敬大力检察长在推进诉讼监督工作制度化、规范化、程序化、体系化座谈会上的讲话（2013 年 2 月 26 日）》，湖北省人民检察院办公室通报 2013 年第 3 期。
③ 检察机关行使诉讼监督权力，除被监督机关提出复议、复核这一形式之外，不存在外部监督或权力分割的其他形式来实施监督。
④ ［德］N. 卢曼：《法社会学》，日译本，岩波书店 1977 年版，第 158 页。
⑤ 参见季卫东：《法律程序的意义——对中国法制建设的另一种思考》，载《中国社会科学》1993 年第 1 期。
⑥ 谭世贵：《论侦查权的配置与制约》，载卞建林、张国轩主编：《刑事诉讼制度的科学构建》，中国人民公安大学出版社 2009 年版，第 161 页。

施审判监督。但是,"当监督者不能中立、超脱的时候,也不是不可以对他人进行监督"①。完善的诉讼监督程序,能够通过构造程序结构和分配角色义务,不仅能够促使检察机关处于一个相对超脱的地位,从而公正地实施诉讼监督;还能使其他参与程序的角色主体配合检察机关实施诉讼监督。除此之外,诉讼监督程序还使诉讼监督工作有具体明确的"路线图",增强诉讼监督活动参与主体行为的预期性,便于一方参与主体根据其他参与方可预期的行为作出合理决策。

与此同时,诉讼监督程序是一种不完全的程序正义,经过诉讼监督程序不一定就能够确保诉讼监督结果的实体公正性,但也不能够因为诉讼监督的结果实体不公正,就否认诉讼监督程序的不公正。只要是经过诉讼监督程序认定的诉讼违法行为,就对监督者、被监督者以及相关当事人产生既定力,他们都要受到诉讼监督程序的约束。与之相反,如果没有经过正当的诉讼监督程序做出的诉讼监督决定,将会被宣告无效。从这一角度讲,诉讼监督程序具有自身的独立价值,只要监督者、被监督者以及相关当事人,对监督活动充分参与和意见表达,就能实现诉讼监督程序自身的公正性,从而提高诉讼监督的公信力,并且,这种公正性或者公信力不因诉讼监督结果公正与否而受到影响。

(三)诉讼监督程序具有多元琐碎性和抽象概括性

从理论上看,诉讼监督程序是对三大诉讼活动实施法律监督程序的抽象性概括;从实际工作上看,依据检察机关诉讼监督的工作范围划分,诉讼监督程序是多元琐碎的,其具体包括刑事立案监督程序、刑事侦查监督程序、刑事审判活动监督程序、刑事判决裁定监督程序、刑罚执行及监管活动监管程序、民事行政诉讼监督程序,等等。因此,抽象的诉讼监督程序应当具有上述几类具体诉讼监督程序的共性;同时,各类具体的诉讼监督程序又各具特点。这一特色,决定构造诉讼监督程序时可以按照总则与分则的形式构造,总则是对各类诉讼监督程序的抽象性概括,分则是对各类监督程序在总则指导下的具体构建。

(四)诉讼监督程序构造的六个阶段

从人们认识事物的逻辑看,诉讼监督的推进具有层次性。② 笔者认为,以要实现的任务不同,推进诉讼监督至少包括启动监督、发现违法、确认违法、纠正违法、惩罚违法以及对诉讼监督的救济六个阶段。启动监督阶段,主要任务是启动程序,可能分别采用两种模式,诉讼监督既可以依据检察机关自行发现诉讼违法而启动,也可因相关当事人的控告申诉而启动。发现违法阶段,主要任务是通过法律监督调查确定诉讼违法行为、查找违法行为存在的证据并确定违法行为实施者。确认违法阶段,主要任务是对合法和违法诉讼行为进行界定,对诉讼违法行为予以评价。这一阶段,检察机关必须听取被监督机关和相关当事人的意见才能做出违法与否的确认。纠正违法阶段,主要任务是实施纠正违法,可以归纳出两种情形。一种是检察机关通过履行抗诉职能,以诉讼方式纠正诉讼违法,诉讼监督程序转化成诉讼程序,或者说这种情形下诉讼程序和诉讼监督程序混同;另一种是检察机关通过检察建议或纠正违法意见的非诉讼方式纠正诉讼违法。惩罚违法阶段,主要任务

---

① 譬如运动员对运动员也能实施监督。
② 谢财能:《程序视角下诉讼监督的权力结构及配置》,载《北京政法职业学院学报》2010年第4期。

是针对不同种类的诉讼违法做出处理。检察机关的诉讼监督不能是软弱无力的。针对技术性违法可以直接予以补正或更正；针对一般诉讼违法可确认诉讼行为无效或者以抗诉形式纠正诉讼违法；针对严重诉讼违法行为，启动职务犯罪侦查程序予以查处。诉讼监督的救济阶段，主要任务是对被监督机关和相关当事人不服检察机关做出的诉讼监督决定予以救济。

（五）诉讼监督程序对公正与效率的偏好介于诉讼程序和行政程序之间

诉讼程序涉及救济权利和裁决纠纷，是实现公正的最后一道屏障，所以诉讼程序在具体设计上偏重实现公正，在实现公正的基础上注重效率；行政程序涉及有效推动行使行政权力，所以行政程序在具体设计上偏重实现效率，在实现效率的基础上兼顾实现公正。笔者认为，诉讼监督程序对公正与效率的偏好取决于诉讼监督行为的性质。由于中国特色的检察制度，诉讼监督行为成为与诉讼行为和行政行为相并列的一种相对独立的法律行为，既具有诉讼司法属性，又具有行政属性。诉讼监督行为的这一双重属性，使得诉讼监督程序较之诉讼程序更加偏好效率，较之行政程序更加偏好公正。这也就使得诉讼监督程序在具体的设计上，兼有诉讼程序和行政程序的特点，与行政程序相比更多具有诉讼程序的设计特点，与诉讼程序相比更多具有行政程序的设计特点。

二、诉讼监督程序的现状及其问题

（一）诉讼监督程序的规范性不足

实践中，检察机关诉讼监督工作并未像诉讼工作那样，一直以来都受足够重视，只是近年来，检察机关越来越重视诉讼监督工作，但却苦于诉讼监督的实际效果不佳，"目前诉讼监督面临的最大问题就是监督不力，流于形式，检察机关空有监督之名，却无监督之实"。这其中具有司法体制、司法权力配置和检察机关诉讼职能上的原因，但其还有一项重要原因，即诉讼监督程序的规范性不足。而规范完善的诉讼监督程序恰恰能够使诉讼监督克服司法体制、司法权力配置和检察机关诉讼职能等给诉讼监督带来负面影响因素。诉讼监督程序的规范性不足主要表现在几个方面：一是立法粗陋。三大诉讼法把立法重心放在了诉讼监督的实体规范上，即赋予检察机关相应的诉讼监督权，但缺乏对如何行使诉讼监督权力（即诉讼监督程序）的规定。比如，修改后刑事诉讼法第111条仅仅明确了检察机关的立案监督权，但对于检察机关怎样实施立案监督没有规定。即使《人民检察院刑事诉讼规则（试行）》（以下简称《刑诉规则》）对一些诉讼监督程序作出了详细的规定，但并没有按照前述诉讼监督过程符合逻辑的六个阶段一一规定程序，使得诉讼监督活动仍然存在程序空档。二是诉讼监督程序没有形成统一的角色规范。针对诉讼监督程序主要是《刑诉规则》以及其他检察工作规范作出规定，但这些规定只局限于规定检察机关的角色行为的方式、顺序和步骤。如前所述，诉讼监督程序应当规定所有程序参与主体的角色行为的方式、顺序和步骤。然而，实践中，正是由于没有形成统一的诉讼监督活动参与者的角色规范，所以检察机关的诉讼监督行为才会苦于效果不佳。三是对诉讼监督程序缺乏抽象概括性的构建。实践中，诉讼监督包括刑事立案监督、刑事侦查监督、刑事审判活动监督、（三大诉讼）判决裁定监督、民事行政诉讼活动监督、刑罚执行及监管活动监督等多项工作。由于过去仅仅重视赋予检察机关对相应监督活动的监督权，对于如何实施监督权不够重视，从而导致对于实施每一项诉讼监督权所遵循的程序共性抽象规范把握不足，影响到诉讼监督程序的规范性构建。比如，由于欠缺对诉讼监督程序逻辑上的六个阶段的统一认识，《刑诉规则》中对各类刑事诉讼监督程序就欠缺按照这六个阶段的统一模式进行规范性构造。

（二）诉讼监督程序的结构不完整

从既有的各类诉讼监督程序规范来看，由于对各种具体的诉讼监督程序缺乏统一的构造，使得各种具体的诉讼监督程序的结构并不完整。如前所述，一个完整的诉讼监督程序，从认识事物的逻辑上看，应当包括六个阶段：启动监督、发现违法、确认违法、纠正违法、惩罚违法和救济阶段。笔者认为，构造每一类具体的诉讼监督程序，都必须完成这六个阶段，如果欠缺某一阶段，诉讼监督程序结构不完善，都将减损相应的诉讼监督效果。如果以这六个阶段来一一检讨既定的诉讼监督过程，我们会发现有一些诉讼监督程序比较完整，有一些诉讼监督程序并不太完整。比如，对刑事立案监督程序的规范相对较为完整，可以依据《刑诉规则》第553～554条为启动监督，依据《刑诉规则》第555～557条发现违法，依据《刑诉规则》第558条确认违法，依据《刑诉规则》第559～560条纠正违法，依据刑事诉讼法第111条的规定惩罚违法（但惩罚违法的程序不全面，即针对公安机关拒不撤案缺乏制裁），依据《刑诉规则》第562条进行救济。又如：对刑事侦查活动监督，其程序结构相对不完整，检讨《刑诉规则》第564～575条之规定，其着重规定了启动监督的程序（第574条）、发现违法的程序（第567条）、纠正违法的程序（第566、568～570、573条）、惩罚违法的程序（第572条）和救济阶段程序（第571、575条），缺乏确认违法的程序，但启动程序、发现违法的程序和惩罚违法的程序不完整，仅规定了对强制措施和侦查措施违法情形的启动监督，仅规定了介入侦查活动和对重大案件的讨论一种方式发现违法，仅规定了对涉嫌职务犯罪的惩罚违法的程序。正是由于这些原因，导致开展侦查监督活动的浅层次化。比如，启动监督的程序不足导致一些侦查违法情形不能引起检察机关的侦查监督；发现违法的程序不足导致只能发现并纠正一些表面上的侦查违法；惩罚违法的程序不足导致对侦查违法行为评价不到位；缺乏确认违法的程序，导致做出侦查违法决定的权威性不足以及被监督的侦查机关认同度不高。总而言之，诉讼监督程序的结构不完整，导致了诉讼监督效果不佳。

（三）诉讼监督程序的构造过于强调检察机关的主导性，缺乏其他主体的参与性

实践中，检察机关总是认为诉讼监督不力，或流于形式，被监督机关不接受监督，对检察机关的监督意见不理睬而检察机关又没有强制措施。笔者认为，这其中的重要原因并非完全如一些学者总结的司法体制、司法权力配置以及检察机关诉讼职能上的一些原因，还有重要的原因是，对诉讼监督程序的设计过于强调检察机关的主导性，总是规定检察机关对被监督机关具有监督权，对诉讼违法行为实施监督纠正。但是，被监督机关以及相关当事人，对诉讼监督程序的参与又具有多少？这一点很值得反思。程序的价值在于确保程序参与主体对程序的充分参与和意见表达，只要相关主体充分参与了程序并表达了意见，对于程序形成的结论都应当并也会由衷地接受。所以，为什么有些情形下检察机关实施诉

讼监督不被公安、法院以及相关当事人认同，就是因为他们对诉讼监督程序的参与性不足，也没有充分表达自己的意见，检察机关做出诉讼监督决定时没有充分听取他们的意见和建议。而这一切的根源在于，我们在构造诉讼监督程序时，没有实现除检察机关之外的其他主体对诉讼监督程序的参与和意见表达。这一点既能在实际工作中得到印证，又能在诉讼监督程序规范中得到体现。检讨《刑诉规则》关于几类诉讼监督的规定，有的欠缺确认违法的程序，有的虽然规定了违法确认程序但直接规定由检察长决定，但检察长决定时是否应当充分听取被监督机关和相关当事人的意见，并没有在相关规范中体现出来。

（四）诉讼监督程序的部分阶段不充分

1. 启动监督的程序不充分。诉讼监督主要依靠相关当事人控告申诉启动和检察机关自行发现启动，启动监督的程序必须确保有效启动诉讼监督。实践中，怎样保障当相关当事人只要提出诉讼违法的控告申诉、检察机关只要发现诉讼违法就能确保启动诉讼监督不是很充分。比如，对于立案监督，相关当事人可以依靠《刑诉规则》第553条之规定确保检察机关启动立案监督，这是比较充分的；但对于侦查活动监督，仅限于针对违法采取强制措施和侦查措施的，相关当事人可以依靠《刑诉规则》第574条之规定确保检察机关启动侦查监督，但对于当事人提出的其他侦查违法情形，就不能确保检察机关启动侦查监督程序了。其他种类的诉讼监督程序都存在启动不充分的问题。

2. 发现违法的程序不充分。诉讼监督的关键在于发现诉讼违法，发现违法的程序必须确保有效发现诉讼违法。实践中，对于怎样发现诉讼违法，立案监督程序在《刑诉规则》中规定得较为详细和充分，但对于侦查活动监督、审判活动监督和刑罚执行和监管活动监督，在《刑诉规则》中则较少规定方式途径和顺序步骤，实践中则主要是依靠各院建立健全发现工作机制。其实，建立健全发现工作机制就是建立完善发现违法的程序的过程。

3. 确认违法的程序不充分。诉讼监督的核心在于确认诉讼行为是否违法，诉讼监督程序要有利于实现确认诉讼监督是否违法。实践中，各类诉讼监督普遍缺乏确认违法的程序，也不重视确认违法的程序，大都沿用检察机关决策习惯，即由承办人提出意见、部门负责人审核、检察长或检察委员会决策。对于决策过程听取被监督机关和相关当事人的意见不作要求。正是由于确认违法程序这一缺陷，使得检察机关确认违法的结论不能得到被监督机关和相关当事人的认同，影响到诉讼监督的实际效果。

4. 惩罚违法的程序不充分。诉讼监督的效果取决于是否对诉讼违法行为进行制裁。修改后的刑事诉讼法规定了非法证据排除，与此前相比，强化了对诉讼违法行为的制裁。惩罚违法的程序怎样与非法证据排除程序相衔接？如何对于不能导致非法证据排除的诉讼违法行为进行惩罚？诉讼监督如何与职务犯罪侦查相衔接实际涉及诉讼监督违法惩罚的程序如何与职务犯罪侦查程序相衔接？不仅实际工作中对这些问题欠缺思考、缺乏操作，而且相关规范性文件也欠缺对其进行规定，所以，惩罚违法的程序是实现诉讼监督效果的最重要的环节，但也是最不充分的环节。

三、统一构造诉讼监督程序及其规则

笔者认为,构造诉讼监督程序需要努力克服前述的不规范性、结构不完整性、缺乏参与性以及不充分性的弊病,应当遵循统一构造、分类规范的原则,采用总则与分则的形式,统一构造诉讼监督程序。

(一)诉讼监督程序规范的形式问题

采用什么样的形式规范诉讼监督程序?笔者认为主要涉及两方面的问题。一方面,主要涉及诉讼监督程序规范用以约束的角色主体问题。笔者认为,诉讼监督程序要形成统一的诉讼监督活动参与者的角色规范,而不应当仅仅限于约束检察机关,还必须用以约束被监督机关以及相关当事人。所以,诉讼监督程序规范从形式上应当对检察机关、被监督机关和相关当事人都产生约束力。另一方面,主要涉及诉讼监督程序规范和实体规范的关系问题。当前,立法和相关规范性文件将诉讼监督实体规范和程序规范不加以区分地混在一起规定。笔者认为,这种立法形式不太好,不能突出诉讼监督程序的重要性,容易导致诉讼监督中重实体轻程序的发生。所以,应当采用相对分离的形式,即将诉讼监督程序与诉讼监督实体分离开来,分别予以规范。很多诉讼监督实体规范都规定在了三大诉讼法之中,程序规范则应当另行规定。

(二)诉讼监督程序的总则问题

诉讼监督程序的总则,主要对各类监督程序的共性问题作出规定。第一,要明确诉讼监督程序主要功能目的,即用以实现诉讼监督公正,确保诉讼监督参与主体充分参与诉讼监督程序和表达意见。第二,要明确诉讼监督程序构造的六个阶段及每一个阶段的主要任务,主要用以对各类具体监督程序的构造进行指导。第三,要明确诉讼监督程序遵循的基本原则,比如程序充分参与原则、确认违法充分听取意见原则、发现违法的充分调查原则,等等。第四,要明确诉讼监督程序的效力,即对检察机关、被监督机关及相关当事人都具有约束力,而不应当仅仅局限于检察机关的办案规则。第五,要明确诉讼监督程序的价值取向,即较之诉讼程序更加偏好效率,较之行政程序更加偏好公正。

(三)诉讼监督程序的分则问题

诉讼监督程序的分则,主要对立案监督、侦查活动监督、刑事审判活动监督、刑事判决裁定监督、刑罚执行及监管活动监督、死刑复核监督、民事行政诉讼活动监督及民事行政裁判监督等各类具体监督的程序分别作出符合各自特点的规定。每一类监督程序都要严格按照启动监督、发现违法、确认违法、纠正违法、惩罚违法以及救济的六个阶段进行程序设计。在每一个阶段都要注重程序的设计重点:(1)设计启动监督的程序中,要注意对相关当事人控告申诉权利的保障,注重设计对控告申诉人的释法说理程序;(2)设计发现违法的程序中,注意充分保障检察机关的违法监督调查权力和调查手段,明确相关主体的配合义务;(3)设计确认违法的程序中,必须设计充分听取被监督机关和相关当事人意见的程序;(4)设计纠正违法的程序,要注重围绕保证纠正违法行为规范性、谦抑性进行程序设计;(5)设计惩罚违法的程序,要注重设计对违法诉讼行为的惩罚,注重与非法证据排除程序和职务犯罪侦查程序的衔接;(6)设计救济阶段的程序,要注重设

计听取争议双方意见的程序。

(四) 构造诉讼监督程序的路径

构造诉讼监督程序具有自下而上和自上而下推进的两种路径。一种路径主张自下而上构造，即由基层检察机关联系沟通同级公安机关和法院，自行实践，上级检察机关推广。这一路径的优势在于，程序起源于实践，诉讼监督的具体工作大都在基层。基层检察机关自行探索实践诉讼监督程序比上级检察机关更加具有优势。另一种路径主张自上而下构造，即由上级检察机关通过调查研究构造统一的诉讼监督程序，下级检察机关只需执行。这一路径的优势在于，实践中，下级检察机关拥有上级的规范性文件作为依据，更加有利于和同级的公安机关和法院沟通工作。笔者认为，这两种路径应当利用各自优势，共同推进构造统一的诉讼监督程序。

检察监督与刑事审判监督程序完善

范小云*

一、引言

审判监督程序，又称再审程序，是指人民法院、人民检察院对已经发生法律效力的判决和裁定，发现在认定事实或者适用法律上确有错误时，依法提出并由人民法院对案件重新进行审判的一种诉讼程序。① 审判监督程序实为对错误的生效裁判再次审理的救济措施，其设立旨在消除法院裁判的确定性与案件真实性之间的矛盾和冲突。② 审判监督程序的启动的前提条件是发现原生效裁判确有错误，进而通过审判监督程序对原裁判的刑事案件再次审判，依法作出新的裁判，其根本目的是纠正原裁判中的错误内容。③ 近几年来，我国司机关通过审判监督程序对一些案件进行改判，确实纠正了原审判决的一些重大错误，部分冤假错案的当事人得以昭雪④。确实，这些案件的再审改判实现了较好的社会效果和法律效果，也有利于司法机关进一步提升公信力，同时对司法机关办案人员慎重办理刑事案件，在办案过程中如何树立新的司法理念和深刻领悟法律的基本精神及法律原则的基本含义提出更高的要求和警示教育作用。但是作为法律监督机关的人民检察院在这些冤假错案的形成以及再审改判过程中充当何种角色或者发挥了怎样的积极作用，值得我们深思和研究，也给检察机关对生效裁判的法律监督如何在法律监督程序中发挥监督职能带来新的挑战。

我国宪法规定人民检察院属于法律监督机关，其中一项最基本的法律监督权是对生效的刑事裁判，发现确有错误，可以依法提出抗诉的权力。抗诉权的行使是检察机关履行法律监督职责的重要体现，也是检察机关维护法律公平正义，保障法律统一正确实施的重要途径。但是，分析再审抗诉存在的法理基础、法律依据及抗诉权运行机制等机理，应遵循再审抗诉权运行的特有规律，并构建与再审抗诉权相适应的运行机制。

我国原刑事诉讼法第 204~205 条明确规定人民法院决定再审和人民检察院再审抗诉的条件为"发现原审判决裁定确有错误"，同时检察机关及法院可以启动审判监督程序的

---

* 浙江省绍兴市人民检察院公诉一处副处长。
① 陈光中、徐静村主编：《刑事诉讼法学》，中国政法大学出版社 1999 年版，第 427 页。
② 陈卫东：《刑事审判监督程序研究》，法律出版社 2001 年版，第 16 页。
③ 其根本目的是纠正原裁判中的错误内容。
④ 前几年比较典型的案件有赵作海故意杀人案、佘祥林故意杀人案，今年浙江省高院改判的"两张"强奸致死案及萧山五青年抢劫杀人案。

四种情形①。"确有错误"成为法院及检察机关启动再审程序的基本事由。至于原审判决出现何种类型错误,一般理解只要认定事实或者适用法律有错误,检察机关可以提起抗诉,法院也可自行启动审判监督程序。刑事诉讼法对原有审判监督程序基本内容予以保留,部分进行修改和完善。② 刑事诉讼法审判监督程序事由的修改,对新证据启动审判监督程序提出了更高的要求,要求"可能影响定罪量刑"才重新审判,同时也将非法证据排除及违反法律规定的诉讼程序(可能影响公正审判)内容纳入审判监督程序中作为启动审判监督程序的理由。可见刑事诉讼法对审判监督程序启动的事由规定更加科学、完善。启动审判监督程序并实现其基本功能,不能简单适用一审程序规则,也不能套用二审程序启动方式和内容,审判监督程序的适用既符合刑事诉讼基本规律,又能实现刑事诉讼的基本价值目标。如果滥用审判监督程序,过分强调生效判决裁定的稳定性和权威性,对于生效的错误判决、裁定不及时改判不利于原判决人的判决裁定,也不利于实现司法公正,也是对人权的一种漠视。

笔者认为,虽然刑事诉讼法规定人民法院和检察机关均可以根据法定事由启动审判监督程序,但由人民法院主动启动再审程序,一方面不符合法院司法裁判者中立第三者身份角色,另一方面也不利于案件事实的深入调查核实。因此,检察机关作为法律监督机关理应成为再审程序的启动机关。案件当事人、人民法院及其他有关部门发现生效裁判确有错误,应向相应的人民检察院提供有关材料或线索,由人民检察院指定人员进行审查,作出是否启动案件再审程序的决定,通常以抗诉程序提出。当然,检察机关对生效裁判启动再审程序,既要维护生效裁判的权威,又要纠正错误的裁判,并通过再审案件抗诉,维护法律的统一正确实施,保障人权,实现法律效果、社会效果和政治效果的有机统一,探索适应现代司法制度的刑事抗诉权的机理和科学的运行机制。当务之急,需要完善检察机关再审抗诉权行使的一些基本原则和具体事由,并规范抗诉权运行的权力运作,实现有序运行。

检察机关对生效裁判提出抗诉,要求法院重新审判,其前提条件是原审裁判"认定事实或适用法律错误",提出抗诉的目的主要有两个:一是纠正原裁判的错误,二是通过保证法律的统一正确实施,保证定罪量刑的均衡性,实现同一地区、同一时期、案情相同或相似的案件,被告人判处的刑罚应当基本平衡,并切实贯彻宽严相济的刑事政策。也可以说,刑事抗诉的根本目的是维护司法平等公正,依法保障人权。这是检察机关行使法律监督权的应有之义。因为法律监督权是国家依法对立法、执法活动进行监视、督促,对合

---

① 这里的原刑事诉讼法是 1996 刑事诉讼法,刑事诉讼法是指 2012 年刑事诉讼法。原刑事诉讼法具体内容有:(一)有新的证据证明原判决、裁定认定的事实确有错误的;(二)据以定罪的证据不确实、不充分或者证明案件事实的主要证据之间存在矛盾的;(三)原判决裁定适用法律确有错误的;(四)原审判人员在审理该案件的时候,有贪污受贿、徇私舞弊,枉法裁判行为的。

② 刑事诉讼法的启动再审程序的具体内容为:(一)有新的证据证明原判决、裁定认定的事实确有错误的,可能影响定罪量刑的;(二)据以定罪的证据不确实、不充分,依法应当予以排除,或者证明案件事实的主要证据之间存在矛盾的;(三)原判决、裁定适用法律确有错误的;(四)违反法定诉讼程序,可能影响公正审判的;(五)原审判人员在审理该案件的时候,有贪污受贿、徇私舞弊,枉法裁判行为的。

法活动予以支持并对违法活动予以纠正或撤销的权力。其目的在于防止法律权力的滥用及保证法律在现实生活中的正确、统一的创制与实施。① 同样，检察机关再审抗诉的目的是防止诉讼环节出现权力滥用，并保证刑法和刑事诉讼法正确、统一实施。当然，检察机关抗诉权的运行要遵循基本的原则，具备法定启动事由，按照一定的程序进行，即抗诉权的行使应坚持原则性、有因性和有序性三者相结合。

二、刑事抗诉权行使的原则性

再审刑事抗诉权的行使必然启动审判监督程序，审判监督程序虽然有纠错功能，启动该程序直接影响原审法院生效裁判的稳定性和权威性。随意启动审判监督程序既不利于维护判决、裁定的权威性，实现司法公信力，也不利于保障诉讼当事人的人权。因此，刑事抗诉程序的启动要严格法定事由，以维护生效判决为前提，引入利益衡量原则，实现和谐司法。

（一）以维护生效判决、裁定稳定性为原则

判决是人民法院代表国家行使审判权的具体结果，是国家意志在具体案件中的体现，具有一定的稳定性，非经法定程序不能改变。判决一经作出，既标志着实体问题的解决，也标志着程序审理的结束。裁定是指人民法院在案件审理或者判决执行过程中，就某些重大程序问题和部分实体问题所作的一种决定。② 能够作为审判监督对象的一般只能是生效判决和有关实体问题的裁定，重大程序问题的裁定不能作为审判监督的对象，理由在此不赘述。

刑事判决、裁定经法定程序形成，而刑事诉讼程序的根本目的是实现司法公正和保障人权，同时兼顾效率。司法公正包含实体公正与程序公正两方面的内容。实体公正要求案件处理结果符合实体法的基本要求，并且结果本身是正义的。程序公正要求案件处理的过程本身体现公正、公开原则，以保证结果实现过程符合公平、正义的要求。对于已经法定程序并且也实现了司法公正基本价值目标作出的判决、裁定，需要国家强制力保证执行，也需要社会维护并积极配合帮助实施判决、裁定内容。任何一项重新启动生效判决、裁定的程序都可能影响原审案件诉讼当事人的相关利益，也可能影响社会稳定，也是对司法的威权的挑战，更会导致司法公信力备受关注和质疑。

既判力是判决确定以后，判决中针对当事人而作出的实体裁判就成为规定当事人之间法律关系的基准，此后当事人既不能再提出与此基准相冲突的主张来进行争议，法院也不得作出与此基准矛盾的判断。③ 无论法院还是当事人都受该确定判决的约束。通过长期的这种约束，会逐渐形成一种规范体系，使人们可预期同一事件法律上的处理结果以及不会轻易变更的保障，这样有助于法律秩序的形成和社会的稳定，这是法律追求的重要价值，

---

① 参见洪浩：《检察权论》，武汉大学出版社2001年版，第111~112页。
② 参见陈光中、徐静村主编：《刑事诉讼法学》，中国政法大学出版社1999年版，第367、369页。
③ 王亚新：《对抗与判定——日本民事诉讼的基本结构》，清华大学出版社2002年版，第338页。

也是设计再审程序的重要理念。① 联合国《公民权利和政治权利国际公约》第14条规定了"任何人已依一国的法律及刑事诉讼程序被最后定罪或者宣告无罪者,不得就同一罪名再予审判或惩罚"。这就是著名的"一事不再理原则",英美国家也称为"禁止双重危险原则"。这一原则的确立有利于维护判决的稳定性和权威性,也有利于保障人权。特别是不利于被判决人的再审程序启动,是对其诉讼权利的侵害,也有可能剥夺其实体权利。

(二)遵循利益衡量原则

利益衡量原则就是启动再审抗诉权时,要衡量程序带来的社会利益或社会效益及产生的社会影响。

首先,刑事诉讼要提高诉讼效率,取得良好的社会效益。特别是在当今社会资源稀缺的情况下,如何利用有限的司法资源,最大限度地实现司法公正,最大限度地获取司法效益,必须优化司法资源配置,节约诉讼成本,提高单位时间的产出效用。行使刑事抗诉权,启动审判监督程序虽有纠错功能,但不能过多的投入人力、物力和财力,而是要尽量配置更多更强的司法资源到重大、疑难、复杂的一审案件处理中去,尽快定分止争,恢复正常的社会秩序。另外,任何刑事案件都是过去曾经发生的事实,而认定犯罪事实,判处刑罚,只能依靠侦查机关收集的证据,且必须遵循一定的程序进行。由于客观原因及办案人员主观因素等影响,形成的判决、裁定必然有一定的缺陷或漏洞。特别是随着时间的推移,不同历史时期,不同案件办理人员之间存在认识上的差异,且能找到原审判决、裁定存在的问题。如果滥用抗诉权启动再审程序,既不利于维护判决的稳定性,也会更多地疲于应付再审案件,无法客观公正处理其他案件,甚至牺牲其他案件的公正价值。

其次,行使抗诉权启动再审审判监督程序应当维护原判决人的利益。根据程序启动的利益划分,分为有利于被判决人利益和不利于判决人利益。刑事诉讼的结构及功能决定被判决人在刑事诉讼过程中处于被追诉和被控制的地位,只能被动接受国家的定罪处罚。我国刑罚的目的是预防犯罪,最终实现改造罪犯,使其回归社会。因此,对于一个经判决处于接受教育改造罪犯,国家应以最宽容的态度及最平和的理性方式,帮助他们悔过自新,并以热忱的方式接纳他们回归社会。但过多启动不利于被判决人的再审,不利于他们安心服刑,积极接受教育改造,也是对其人身健康或权利的一次"侵害",给其心灵造成更严重的创伤,丧失回归社会的信心。当然,再审程序的主要功能在于纠错,对于明显的错误判决、裁定,不启动再审无法实现司法公正,也不利于维护法律的公平正义目标。但对于这类再审程序启动应适当予以限制,并严格规范程序。

最后,行使抗诉权启动再审程序应取消原裁判获取的非法利益或者纠正不正当利益。导致判决裁定获取非法利益有三种情况,一是侦控人员通过违法调查取证歪曲犯罪事实;二是法官的枉法裁判行为;三是被判决人虚假供述故意歪曲事实。任何枉法裁判行为都可能使被判决人逃避刑事处罚或者减轻应当承担的刑事责任,必然导致被判决人获取不应有的利益。这种非法利益应当被取消,并追究枉法裁判者的法律责任。司法办案人员为利益所驱动办理人情案、金钱案等,违法调查取证,不能客观公正办理案件,无法认定部分犯

---

① 陈光中、郑未煨:《论我国刑事审判监督程序之改革》,载《中国法学》2005年第2期。

罪事实,人为减轻被追诉人的刑事责任或者帮助逃避刑事处罚的行为应接受处罚,也应作为启动再审程序的重要依据和理由。有些犯罪行为人,为逃避刑事处罚,故意作虚假供述,误导司法机关调查取证,同时由于客观原则无法调查收集有关证据,导致减轻或者无法追究被追诉人的刑事责任。一旦有证据证明以上客观情况存在,都会导致被判决人获取非法利益。司法机关应当启动再审程序,改变原审判决裁定内容,取消非法利益,并追究相关人员的法律责任。检察机关对以上情况应果断行使抗诉权。

(三) 实现和谐司法的原则

和谐司法是我国司法的基本目标,也是现代司法的一项基本原则。和谐社会要求建立民主、文明的政治制度。规范审判监督程序是司法民主、文明的基本要求。合理设计有关制度,保证科学办案是当代司法的重要组成内容。行使抗诉权启动审判监督程序应以实现和谐司法为基本原则。

首先,行使抗诉权启动审判监督程序要有利于安宁、稳定的社会局面的创建。涉法、涉检上访或申诉一直是困扰法院、检察院的一道难题,也是值得深入研究和探索的重大课题。查处和惩治司法腐败成为当务之急。司法机关需要解决人民群众切身利益问题,必然对司法上访和申诉问题引起高度重视,建立完善的处理机制和应对措施。刑事抗诉权启动审判监督程序,纠正错误裁判,化解司法不公引起的矛盾是实现社会安宁、稳定的重要途径。

其次,和谐司法要实现抗诉程序的参与性。程序参与原则是程序公正标准的一条基本原则,其核心思想是,使那些权益可能会受到刑事裁判或诉讼结局直接影响的主体有充分的机会参与刑事裁判的制作过程,并对裁判结果的形成发挥其有效的影响和作用。① 这是各诉讼主体程序权利保障的基本要求。保证诉讼参与者参与抗诉程序,让参与诉讼各方有表达自己意愿的机会,有利于提高再审裁判结果的公信力和社会信赖度,也有利于化解原判决引发的矛盾及不利影响。

最后,刑事抗诉权启动程序审判监督程序不能引发新的社会矛盾。启动再审程序一定要慎重,特别是对不利被判决人启动再审,可能加重其刑罚的情况下,不能对现有社会秩序过度破坏,严重影响被判决人家庭成员的生活。另外,对于再审改判案件一定要考虑案件中共同犯罪行为人及其同类犯罪行为人的定罪处罚的均衡性,维护法制的统一性,更不能破坏法律的统一适用。

三、刑事抗诉权启动事由的有因性

刑事再审抗诉权启动的有因性,即要求明确再审抗诉启动事由作为启动抗诉权的理由。我国刑事诉讼法对启动审判监督程序事由规定过于简单和笼统,导致司法实践中适用该程序过于宽泛,司法实践也无法适用统一标准,不利于实现审判监督程序的功能。原民事诉讼法也作了同样的规定,但经过修订后的民事诉讼法重新规定了再审事由。② 启动刑

---

① 陈瑞华:《刑事审判原理论》,北京大学出版社 2003 年版,第 54 页。
② 修订后民事诉讼法再审事由增加至 13 种情形,具体内容见民事诉讼法第 179 条。

事审判监督程序事由应参照民事诉讼法修订的有关内容，根据以上基本原则作出比较详细的规定，便于程序规范运作。我国刑事再审启动事由应借鉴民事再审启动事由，从以下三方面细化和完善，作为刑事抗诉权启动的具体事因，保证再审抗诉权启动的有因性有法可依，有章可循。

（一）认定事实错误

刑事诉讼法明确规定法院作出有罪判决必须达到"事实清楚，证据确实充分"的标准。这里"事实清楚"是指法院判决认定的事实清楚，包括定罪事实和量刑事实；"证据确实充分"是属于犯罪构成要件的定罪事实的每一构成要件都有证据证明，而且法院认定的每一个法定或酌定量刑情节事实都有证据支持，且证据与证据之间互相支持和印证，能够形成一个完整的证据体系和锁链。如果原裁判未能达到以上证明标准即作出了有罪判决，显然属于事实认定错误。同时由于办案过程中受司法资源限制及认识能力的局限，法院在认定事实裁判后，难免出现新情况，事后案件真相"水落石出"，导致原裁判认定的事实发生变化。

笔者认为，原审判决裁定认定事实错误可以作为启动再审程序事由的，应包含以下几种情形：第一，原审判决、裁定认定的事实不清，证据不足。无罪推定原则要求事实不清，证据不足的案件，应以证据不足为由判决被告人无罪。因为，无罪推定是现代各国刑事司法通行的一项重要原则，是国际公约确认和保护的一项基本人权，也是联合国在刑事司法领域制定和推行的最低限度标准之一。① 这一原则要求控方应当承担提供证据证明被告人有罪的证明责任，若不能证明被告人有罪或者证明达不到法律规定的标准，应作出有利于被告人的判决，即"疑罪从无"。因此，发现原审裁判认定事实不清，证据不足判处被告人有罪的案件，应依法启动再审程序，改判无罪或者根据新证据作出新判决。第二，发现新证据，证明原裁判认定的犯罪事实错误。这里的犯罪事实是指定罪事实。认定犯罪事实错误，并不能否认被告人实施了犯罪行为的事实，而是证明犯罪构成要件的某一要件的证据收集不够充分，导致对犯罪行为的定性不当，使本应认定此罪的犯罪行为认定了彼罪，或者错误认定刑法分则规定的加重结果部分事实。第三，原审裁判量刑事实认定不清，导致量刑不当。量刑事实不清主要是指影响量刑的法定情节，如刑法总则规定的自首、立功、累犯的法定情节的认定，需要相应的证据予以证明，但原审在没有对这些证据予以分析和论证基础上予以认定，导致认定的事实缺乏证据证明。或者在共同犯罪中没有准确认定共同犯罪中各行为人的地位和作用，导致主从犯认定不清，应当认定主从犯作为量刑事实的，错误的作为犯罪事实予以认定，从而导致共同犯罪行为人之间的量刑不均衡。第四，发现新证据，证明原审量刑事实认定错误。主要包括法定量刑情节的认定，如自首、立功、累犯及共同犯罪中从犯、胁从犯等量刑情节。发现新证据认定自首的主要原因是侦查机关忽视犯罪行为人归案经过的客观描述，不提供归案的情况说明，导致符合自首条件的没有予以认定。而新证据认定立功是由于法律规定以查证属实作为认定的依据，被判决人在归案后虽检举揭发他人犯罪行为，但由于客观原因，查证属实需要一定时间，

---

① 卞建林、杨宇冠：《联合国刑事司法准则撮要》，中国政法大学出版社2003年版，第50页。

案件裁判后查证属实的证据作为认定立功的重要依据，必然要求予以改判。第五，原审裁判认定事实的主要证据是伪造的。如果主要证据本身存在重大问题，裁判将失去基础，如证据是伪造或变造，鉴定人作了错误的鉴定或者对鉴定结论作了虚假的陈述，证人作了伪证等，自然构成再审的充分理由。①

（二）适用法律错误

所谓适用法律上确有错误，是指生效判决和裁定所依据法律条文及裁量的刑罚不正确。一般来说，认定事实错误必然导致适用法律上的错误，但这里所指的适用法律上的错误，仅指原判认定事实正确而适用法律错误。② 具体包括以下几种情况：第一，错误适用实体法。即适用了不应当适用的法律或者法律条款。根据刑法时间适用范围，适用新旧刑法或者条款遵循从旧兼从轻的原则。若原裁判违背该原则错误适用法律导致量刑不当，应依法予以纠正。错误适用法律条款主要表现在认定事实正确的基础上定性错误，适用了不应适用的条款，或者在选择量刑幅度条款时适用降格或提格款项，导致量刑不当。当然，对于认定事实和定性正确，量刑适当，但在适用法律时因为笔误错误适用法律条文，应通过裁定等方式纠正笔误内容，不宜启动再审程序。第二，违反法律规定判处刑罚，即判处了法律规定不应判处的刑罚，或者没有判处法律规定应当判处的刑罚等。具体包括：其一，判处刑种错误，如依法单处罚金的判处了其他刑罚等；其二，适用附加刑错误，如我国刑法规定危害国家安全罪的，应当附加剥夺政治权利，对于侵财性犯罪应当判处罚金，如原裁判未判剥夺政治权利或罚金，属于适用法律错误的违法判决；其三，缓刑适用不当，如刑法总则明确规定累犯、犯罪集团的首要分子不能判处缓刑，原裁判适用缓刑属于适用法律明显不当；其四，应当减轻、从轻或者从重处罚在量刑时未能体现；其五，数罪并罚适用法律错误，导致量刑不当；其六，未经庭审质证作为认定事实的证据，属于适用法律错误。

（三）违反法定程序

程序法定原则是法治国家的必然要求，是现代各国刑事诉讼普遍认可的原则，是诉讼公正理念的体现，是诉讼实践应遵循的基本原则。该原则包含两层含义：一是立法方面的要求，即刑事诉讼程序应当由法律事先明确规定；二是司法方面的要求，即刑事诉讼活动应当依据国家法律规定的刑事程序进行。③ 程序法定原则要求司法机关严格遵守法律规定的程序行使权力，严格依法完成一系列诉讼行为。司法机关为诉讼行为应当符合刑事诉讼法的构成要件，否则不产生预期的法律效力，或者被宣布无效。出现无效诉讼行为应当由司法机关重新作出，这就意味着司法机关重新作出新的诉讼行为之前，原裁判结论不能发生法律效力。刑事诉讼法在二审程序审理过程中对于一审程序中出现的违法法定程序救济方式，在刑事诉讼法第191条中规定了五种重审情形，而启动再审程序的事由中，对违反法定程序的仅在刑事诉讼法第204条第4项规定，"审判人员在审理案件的时候，有贪污

---

① 参见唐德华主编：《新民事诉讼法条文释义》，人民法院出版社2008年版，第522页。
② 陈卫东：《刑事审判监督程序研究》，法律出版社2001年版，第147页。
③ 宋英辉主编：《刑事诉讼原理》，法律出版社2003年版，第71页。

受贿，徇私舞弊，枉法裁判行为的"作为再审事由。笔者认为，应修正这一内容，不需单独规定以上内容作为再审程序启动的事由，其内容可以分列在"认定事实错误"和"法律适用错误"之中。因为枉法裁判必然导致认定事实或者适用法律错误，至于查处徇私舞弊和枉法裁判的材料可以以新证据为由启动再审程序。再审程序应以程序公正作为追求的价值，适当吸收二审程序违法处理方式的合理内容，将违反程序作为启动再审程序。具体可以完善以下内容：其一，违反法律规定错误管辖的；其二，法院增加漏判事实未经起诉或变更起诉的；其三，违反公开审判规定的；其四，违反回避制度的；其五，剥夺或者限制了当事人法定诉讼权利的。

四、刑事抗诉权运行的有序性

刑事抗诉权运行的有序性，要求检察机关抗诉权运行遵循一定的程式，实现抗诉程序启动、运行按照既定的秩序进行，同时不能影响安定的社会秩序。刑事再审抗诉权运行应遵循以上基本原则，在具备法定事由的基础上启动，程序启动后，应当遵守一定的操作规程进行，并且应将抗诉案件进展过程和结果向社会公开，以增强抗诉程序的透明度和公信力，实现程序公正和结果公正。这样才能保证刑事抗诉权运行的有序性，实现良好的法治秩序和社会秩序。笔者认为，应通过完善外部权利告知保障程序和规范内部操作程序，实现刑事抗诉权运行的有序性。

首先，应完善刑事抗诉权运行过程中权利保障程序。这是法制秩序运行的基本要求。本文之前已论述，刑事抗诉再审程序启动的根本目的是维护司法公正和保障人权。实现司法公正和保障人权两者是相互协调统一的，不能因为实现一个目的而以牺牲另一目的为代价。对于案件本身存在司法不公或者损害人权，需要提起再审，本文在再审事由已有论述，不再赘述。刑事抗诉权运行过程中的权利保障程序主要包括告知启动再审程序内容和相关当事人的异议权及救济权。根据现行刑事诉讼法及有关司法解释规定，检察机关启动再审刑事案件，不要求告知案件诉讼当事人或者其他利害关系人。但是我们应当承认，刑事诉讼中的人权保护问题，是一个被普遍关注的国际性问题。刑事诉讼中人权保障主体应包括司法机关以外的所有参加刑事诉讼的人。即它应是指犯罪嫌疑人、被告人和被判刑的人、被害人和被害人法定代理人、法人被告人和法人被害人。① 作为刑事诉讼的法定程序的再审抗诉程序，理应始终坚持人权保护的基本要求，坚持保护被判刑的人及案件中原被害人等利害关系人的权利。保护权利的基本方式应在启动再审程序后，告知原审案件被告人及被害人，为其参与再审案件的处理做好准备工作。实践中，检察机关启动再审程序都是在决定提出抗诉以后，送达抗诉书至人民法院，由法院送达抗诉书时才告知相关权利。笔者认为，检察机关在启动再审程序后，应告知原审案件的当事人，并告知其启动再审程序的事由，同时应当听取原审案件当事人的意见。告知时间应在检察机关立案决定审查后10天内，至于告知方式，应向当事人送达立案审查决定书，除特殊情况无法送达外，一般应送达本人。另外，还应当将审查决定的结果告知原审案件当事人，包括提出抗诉和不

---

① 参见徐益初：《刑事诉讼与人权保障》，载《法学研究》1997年第2期。

抗诉的结果及理由，其中提出抗诉的案件应同时送达抗诉书。

其次，抗诉权运行的内部操作应严格规范，职责分明，运行有序。主要规范以下操作程序。第一，规范立案决定程序。检察机关发现人民法院生效裁判确有错误，依法应当改判的，由领导审批决定立案，并向案件当事人和有关单位送达立案决定书。当然，规范立案决定程序，还应规范再审案件来源渠道，并在立案决定前设置相应的调查取证程序，具体分工和操作应明确责任部门和人员。第二，实行立案、审查分离程序。检察机关应明确立案部门或单位。为扩大再审案件来源，应赋予基层检察院立案决定权，即对于基层检察院发现可能有错误的生效裁判，应立案调查，并将案件移送有抗诉权的机关审查决定。同时检察机关内部应明确某一部门负责再审案件立案审查和取证。至于再审抗诉案件的审查决定权建议赋予公诉部门进行，其他有关部门应当积极配合。第三，建立检察官独立办案制度，健全办案机构，明确责任机制。检察官独立办案制度，可以设置参照法院审判模式设置两种办案模式。一是检察官个人独立承办普通刑事案件，具体负责案件审查，作出起诉或者不起诉决定。对于重大案件，建立集体办案模式，采用合审制，如可建立三人合审制。在该审查组织中，由公诉部门负责人或副职任审查组组长，组织该案件的审查、处理，并汇报审查案件中遇到的问题。必要的时候可以设置检察长担任组长的合审组，由检察长组织、指挥该案件的审查、决定事项，并由合审组组长直接提交检察委员会讨论决定。由于法律规定再审抗诉案件应当由检察委员会讨论决定，宜采用三人合审制模式办理。

法律监督统一立法的现实与理想

——立足于法律监督地方性立法的定性与定量分析

李 斌[*]

宪法第129条宣告了人民检察院作为法律监督机关的宪法地位,党的十八大报告中更是将法律监督作为健全权力运行制约和监督体系的一个重要方面。[①] 这一原则性的规定落实到司法实践中,需要细密化的规则予以配合。遗憾的是,在上位法层面,法律监督的规定仍乏陈可数,只是在宪法、人民检察院组织法中对检察机关的法律监督职能、工作内容进行了简要概括,更多的内容散见于三大诉讼法以及《看守所条例》、《监狱法》、《海关法》和《人民警察法》等相对孤立的原则性规定之中,而三大诉讼法均没有也无法以专章或专节形式规定检察机关的法律监督权。名不正、则言不顺,作为法律监督主体的检察机关在行使法律监督职能时也遇到了上述掣肘问题,十几年来各地检察机关一直积极推动法律监督的地方立法活动,正如浙江省检察院的陈云龙检察长在2010年两会时提出《中华人民共和国法律监督法》立法议案的初衷,法律监督统一立法的目的就在于解决法律监督概念缺位、法律监督权限设定薄弱、手段不足以及法律监督后果规定缺位等现实问题。[②] 但从纸面到现实仍有很大距离。

一、法律监督立法素描:以各省级地区的法律监督立法为模板

最早的一部地方性法律监督决定出现在1999年9月,吉林省第九届人民代表大会常务委员会第十二次会议通过了《关于加强检察机关法律监督工作切实维护司法公正的决议》,用短短7个条文拉开了地方性法律监督立法的大幕。这种立法活动自2009年开始进入加速完成阶段,全国九成省市的法律监督地方性法规均是在2009~2011年三年完成的,随着2011年9月底江苏省《关于加强对诉讼活动法律监督工作的决议》的出台,全国除港澳台的31个省、市、自治区均有了自己的地方性法律监督立法,从地方权力机关的角度,对检察机关的法律监督工作予以进一步明确和规范。具体情况参见附图。

---

[*] 北京市人民检察院第二分院研究室干部、中国社会科学院法学所博士后研究人员。
[①] 胡锦涛在中国共产党第十八次全国代表大会上的报告:《坚定不移沿着中国特色社会主义道路前进 为全面建成小康社会而奋斗》,2012年11月8日。
[②] 陈云龙:关于提出"制定《中华人民共和国法律监督法》立法议案"的说明,资料来源于正义网,http://www.jcrb.com/zhuanti/szzt/lianghui2010/jjjch/gzh/201004/t20100402_339602.html,访问时间2013年6月23日。

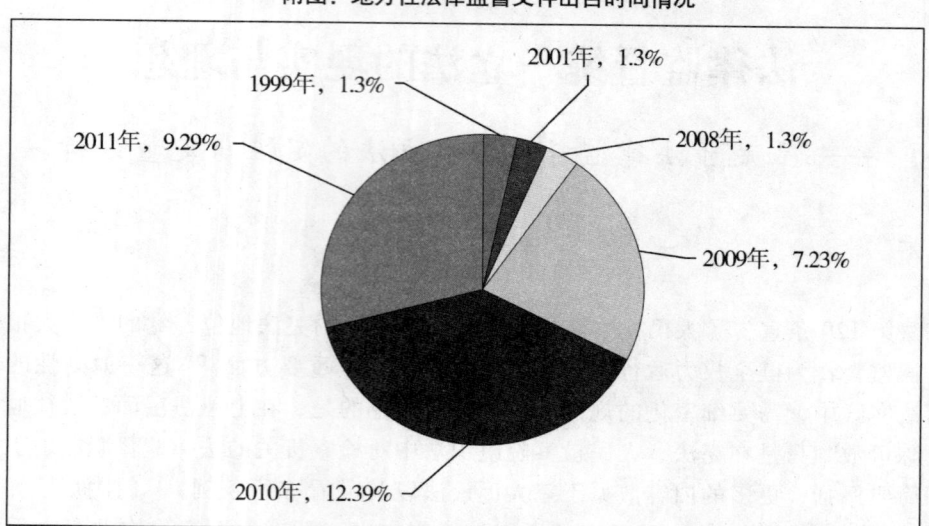

附图：地方性法律监督文件出台时间情况

（一）立法内容具有高度同质性

这 31 个省市自治区的地方性法律监督立法不仅在创制时间上具有一定的重合性，在题目和条文内容上也具有高度的相似性。从题目来看，31 个地方立法，17 个采用了"决议"的形式，另外 14 个则采用了"决定"的形式①；全部采用了"加强"……的状语；绝大多数（30 个）在题目中限定为"检察机关"、"检察院"的法律监督（诉讼活动监督），例外的是最后制定的江苏省人大常委会《关于加强对诉讼活动法律监督工作的决议》，在题目中并未限定为是检察机关的法律监督工作，这些共同点可以用甘肃省的《关于加强检察机关法律监督工作的决议》一言以蔽之。

从条文内容来看，这些地方性法规少则 5 条（安徽省），多则 21 条（广东省），以平均九条半的内容，基本涵盖了法律监督的主要方面，如监督重点、监督渠道、监督方式、监督机制、被监督单位的责任和义务、自身建设、相关方面的支持与参与、人大监督、相关细则的制定等，从内容到题目均有较大的同质性。以监督重点为例，绝大多数地方立法将对诉讼活动（具体表述为刑事诉讼、民事审判、行政诉讼）作为法律监督的主要内容，例外的是湖北省的《关于加强检察机关法律监督工作的决定》，将法律监督的视角扩展到了"执法及司法活动中违反法律规定的行为"。②

---

① 有论者对决议、决定的适用进行了研究，认为法律监督立法，不是具体执行某项工作，而是确立诉讼监督的重点、方式、机制等规则。它的效果不是源自"决定"的权威（即一经认定或确认就立即产生效果），而是取决于相关机关的贯彻落实与执行。从这个意义说，不论就诉讼监督还是法律监督进行地方性立法，均应使用"决议"的形式。——参见邹开红、鲁俊华：《诉讼监督地方立法的比较研究》，载甄贞主编：《人大监督与诉讼监督》，法律出版社 2010 年版。

② 《湖北省人民代表大会常务委员会关于加强检察机关法律监督工作的决定》第 1 条：一、全省检察机关应当始终坚持国家法律监督机关的宪法定位，自觉将法律监督工作置于党的领导和人大及其常委会的监督之下，进一步增强监督意识，忠实履行法律监督职责，加强宪法和法律规定的检察机关各项法律监督工作，依法监督和纠正执法及司法活动中违反法律规定的行为，保障法律的统一正确实施。

(二) 立法条文宣言化、口号化，可操作性不高

31个地方立法中，29个采用了纲领性、宣言式的立法模式，最为典型的是安徽省《关于加强人民检察院诉讼活动法律监督工作的决定》，用五个"进一步……"条文，即"进一步提高对诉讼活动法律监督工作重要性的认识"、"进一步加大对诉讼活动法律监督的工作力度"、"进一步强化对诉讼活动法律监督的配合与支持"、"进一步提升诉讼活动法律监督的能力和水平"、"进一步营造有利于诉讼活动法律监督的法治环境"，与其说是法律规范，更加类似于宣言式的纲领性文件。另外两个较为细则化的立法出现在广东和重庆，以广东省的《关于加强人民检察院对诉讼活动的法律监督工作的决定》为例，全文21条，对法律监督的各个环节、监督机制、各机关的配合措施、监督能力建设等重点问题进行了分项列举，较为细致地梳理了诉讼监督工作的具体内容。但广东省的立法模式在全国的地方立法中的特立独行，也反映出法律监督地方立法普遍缺乏细化措施，多为泛泛而论的纲领性文件，缺乏可操作性。

(三) 监督视角集中在诉讼活动，监督手段较为单一

从题目就可以得出这一结论，超过半数（17个）的地方法规都是将题目中的法律监督限定于对诉讼活动的监督。另外14个虽然题目中限定是诉讼活动的监督，但在正文的监督内容表述中，仍有9个省市将监督内容表述为对刑事、民事、行政诉讼的监督，基本上也等同于对诉讼活动的监督，仅有湖北、甘肃、宁夏、山东、西藏5个省（自治区）采取了广泛的法律监督范围，将职务犯罪查办、行政违法线索移送等也纳入监督范围。

监督手段的设置也具有相似性，绝大部分地方立法都将发送检察建议、纠正违法通知书、提起抗诉作为履行监督职能的主要手段，如九成地方立法将检察建议、纠正违法等监督手段明确列举（28个、90.32%），八成地方立法同时指出了抗诉手段对于监督职能形式的重要性（25个、80.65%）；其次较常采用的监督手段有查办案件、调查核实（13个、41.94%）或者建议再审（11个、35.48%）、建议更换承办人（11个、35.48%）等，三分之一以上的地方立法都列举了上述监督方式；另外在少部分地方立法中列出的监督手段有：引导侦查、提前介入（4个、12.90%）、通知立案（4个、12.90%）、民行案件中的公益诉讼、督促支持起诉（3个、9.68%）、量刑规范化改革（2个、6.45%）、类案监督（1个、3.23%）等。

二、法律监督立法效用考察：以北京市检察机关的司法实践为样本

法律监督的地方立法是否起到了强化检察机关法律监督职能的作用，需要通过实践中法律监督的运行情况进行对比分析，本文选取了北京市的立法和司法实践作为样本。北京市的《关于加强人民检察院对诉讼活动的法律监督工作的决议》（以下简称《决议》）出台于2008年9月，属于较早出台的省份之一，而且《决议》出台距今已有5年，对其效果进行定量分析足矣。鉴于立法对司法的作用有一定的滞后性，故将2008年也记为地方监督立法前的年份，之后2009～2012年记为地方监督立法后年份，在对比分析中既有《决议》出台前后4年法律监督情况的比较，也有对2005～2012年8年间法律监督工作开展的连续分析，进而分析出地方法律监督立法对司法实践的影响大小。（具体情况详见附

表一、附表二)①

（一）对法律监督工作重视程度日益提高，但监督能力并未随之加强

最高人民检察院曹建明检察长在工作报告中曾指出：检察机关"法律监督职能作用发挥得还不充分，不敢监督、不善监督、监督不到位的现象仍然存在。"② 基于此，北京市的《关于加强人民检察院对诉讼活动的法律监督工作的决议》（以下简称《决议》）要求"全市各级人民检察院应当加强自身建设，切实提高法律监督能力。要提升检察队伍的整体素质，做到严格、公正、文明、清廉执法，正确行使法律监督职权"，出台《决议》的目的在于"进一步加强诉讼监督意识"以及"进一步突出诉讼监督重点"、"进一步健全诉讼监督机制"以及"进一步提高诉讼监督能力"。③

这种对法律监督工作的重视和强调在检察工作中也有所体现。以审判监督的重要手段抗诉为例，从北京市检察机关 2005～2012 年的 8 年抗诉情况来看，基本上是上升趋势，尤其是在 2006～2009 年保持了较高的增长率，自 2010 年、2011 年、2012 年开始有所下滑，但仍与 2008 年的抗诉数据持平。从前后两个 4 年的平均情况来看，2005～2008 年的地方监督立法前 4 年（以下简称前 4 年）中年均抗诉案件 53 件，与同期年均起诉案件 18595 件相比，抗诉率为 0.29%；2009～2012 年的地方监督立法后 4 年（以下简称后 4 年）中年均抗诉案件 75 件，与同期年均起诉案件 19899 件相比，抗诉率为 0.38%。从抗诉案件的绝对数量来看，后 4 年比前 4 年增长了 41.5%，增长幅度较大。

但思想的重视并不等同于能力的提升。从前后 4 年检察机关上下级之间对审判监督手段行使的态度来看，检察机关的审判监督能力也没有因地方监督立法的出现而有较大改观。在检察一体制的制约下，一审检察机关提起的抗诉仍有被上级检察机关撤回的可能。从这 8 年来看，共计撤回抗诉 107 件，撤抗率达到 20.94%，有的年份（2005 年）撤抗率甚至达到 37.78%，也就是说五分之一的提抗案件被上级机关否定。前 4 年北京市检察机关年均撤抗 13 件，同期年均提起抗诉的案件 53 件，撤抗率为 24.53%；后 4 年年均撤抗 14 件，同期年均提起抗诉的案件 75 件，撤抗率为 18.39%，虽然撤抗率的小幅下降反映出检察机关自身法律监督能力有了一定提升，但撤抗率始终保持在二成左右的现实，也意味着检察机关上下级之间尚有统一提高法律监督能力的空间。而且从抗诉案件占同期起诉案件的比例来看，由于同期提起公诉的案件也有着 7% 的增长速度，审判监督数量的增加有水涨船高的因素，从抗诉率来看，前 4 年抗诉率为 0.29%，后 4 年抗诉率为 0.38%，增长程度甚至不到 0.1%，总体而言，以抗诉手段进行的审判监督工作任重而道远，并未随着地方监督立法的生成而有较大改观。

---

① 以下数据如无特殊说明均来源于《北京市检察年鉴》（2006～2012）以及北京市检察机关历年的工作报告。

② 曹建明：2010 年全国两会《最高人民检察院工作报告》，载新华网，http：//www.xinhuanet.com/2010lh/100311a/wz.htm，访问时间 2013 年 6 月 23 日。

③ 参见北京市人民检察院检察长慕平在 2008 年 9 月在北京市第十三届人民代表大会常务委员会第六次会议上所作的《北京市人民检察院关于开展诉讼监督工作情况的报告》。

附表一 2005~2012年北京市检察机关抗诉职能履行情况

年度（年）	起诉（件）	二审提抗（件）	再审抗诉（件）	抗诉合计（件）	抗诉占同期起诉比例（%）
2005	17579	43	2	45	0.26
2006	18171	45	3	48	0.26
2007	19929	56	1	57	0.29
2008	18700	61	1	62	0.33
2009	19619	85	5	90	0.46
2010	19354	74	6	80	0.41
2011	19657	57	5	62	0.31
2012	20965	59	8	67	0.32

抗诉工作年度变化

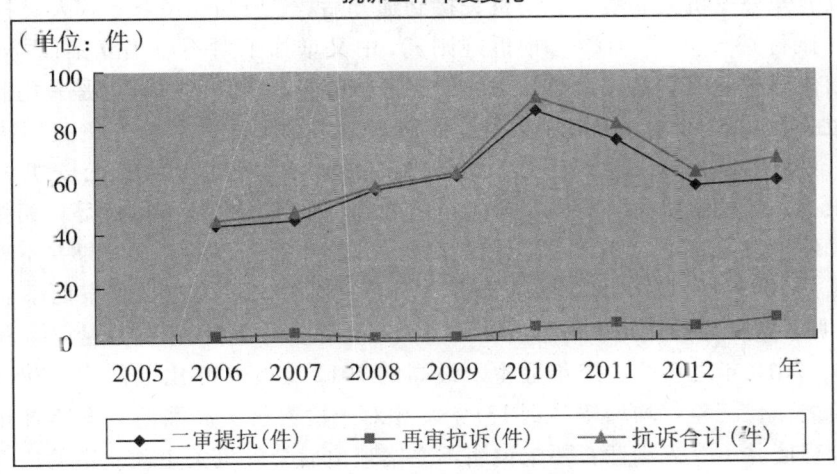

附表二 2005~2012年北京市检察机关提抗及撤抗情况

年份（年）	提抗（件）	撤抗（件）	撤抗率（%）
2005	45	17	37.78
2006	48	10	20.83
2007	57	18	31.58
2008	62	7	11.29
2009	90	24	26.67
2010	80	14	17.5
2011	62	13	20.97
2012	67	4	5.97
合计	511	107	20.94

（二）监督手段薄弱，监督效果差强人意

虽然北京市检察机关已经认识到"现行法律对某些方面的诉讼监督规定的较为原则，法定程序不健全，缺乏实践可操作性，在很大程度上制约了诉讼监督工作深入开展"，[①]但北京市的《决议》也未能改变上述局面，对监督手段并未明确列举，只是强调"创新监督工作机制，改进监督工作方法，增强监督实效。要充分运用法律赋予的监督手段，全面加强对诉讼活动各环节，尤其是诉讼活动中执法过程的法律监督"，在向被监督对象提要求时，才对监督手段稍有提及，即要求各被监督对象充分重视、配合检察机关提出的"纠正违法通知书和检察建议"、"民刑事案件的抗诉、建议再审"、"列席审委会"等，监督手段的设定基本上与三大诉讼法的规定一致，较为笼统，而且对监督对象不配合监督工作的后果没有规定。立法的粗疏在司法上的反映也很直接。

以立案监督为例，根据刑事诉讼法规定检察机关发现公安机关应当立案而不立案的可以要求公安机关说明不立案理由，发出要求说明不立案理由通知书，认为不立案理由不成立的，可以通知公安机关立案，公安机关接到通知后，"应当"立案。《人民检察院刑事诉讼规则（试行）》（以下简称《刑诉规则》）中又增加了对不应当立案而立案的监督，可以通过制作要求说明立案理由通知书的形式进行监督。监督的过程就是采用制发要求说明（不）立案理由通知书、通知立案书、撤销立案书的形式，对公安机关不执行立案监督意见的，可以继续采取发出纠正违法通知书的形式予以纠正，如果公安机关仍不纠正的，可以报上一级检察机关协商同级公安机关处理。上述监督环节虽然环环相扣，但监督的手段也无外乎发送文书、纠正违法等保守手段，导致实践中的监督效果并不理想。从北京市检察机关 2005～2012 年的立案监督情况来看，对公安机关应当立案而不立案的监督（以要求说明不立案理由通知书的形式）逐年增长，2005～2009 年的数量基本稳定在年均 120 件左右，2010 年之后几乎连年翻番，最高的 2012 年 636 件比最低的 2006 年 110 件，增长了六倍之多，三年年均增幅达到 131%。相对于检察机关高涨的立案监督热情，公安机关的配合程度并不令人满意：要求说明不立案理由后公安机关主动立案的比例一直未超过半数，只在 2012 年取得了刚不到七成的成绩；再之后采取的通知公安机关立案，虽然法律规定，公安机关"应当"立案，这种强制性的规定在实践中仍有落空的可能，如 2007 年、2009 年、2010 年、2011 年均有少则 1 件、多则 5 件的案件，公安机关因各种原因未执行立案通知。总体而言，对公安机关应当立案而不立案的监督成功率在 2009 年之前一直处于两成不到的低谷，2010 年之后成功率开始大幅提高，最高（2012 年）取得了 84.28% 的成功率，八年来进行立案监督 1825 件，监督成功 956 件，监督成功率刚刚过半数，54.03%，监督效果差强人意。（详情见附表三）

[①] 参见北京市人民检察院检察长慕平在 2008 年 9 月北京市第十三届人民代表大会常务委员会第六次会议上所作的北京市人民检察院《关于开展诉讼监督工作情况的报告》。

附表三 2005~2012年北京市检察机关立案监督工作情况

监督类型 年度(年)	对应当立案而不立案的监督（件）							不立案监督成功率	对不应当立案而立案的监督（件）		不当立案监督成功率
	要求说明不立案理由	公安机关主动立案	要求说明不立案理由成功率	通知公安机关立案	公安机关执行通知情况				提出纠正	已纠正	
					立案	未立案	执行通知成功率				
2005	132	7	5.30%	9	11	—	122.22%	13.64%	—	—	—
2006	110	7	6.36%	12	12	—	100.00%	17.27%	—	—	—
2007	119	5	4.20%	12	10	1	83.33%	12.61%	—	—	—
2008	123	13	10.57%	7	13	—	185.71%	21.14%	1	—	—
2009	129	12	9.30%	18	16	—	88.89%	21.71%	1	2	200.00%
2010	218	74	33.94%	45	44	—	97.78%	54.13%	30	29	96.67%
2011	358	157	43.85%	74	69	—	93.24%	63.13%	115	104	90.43%
2012	636	443	69.65%	61	93	—	152.46%	84.28%	346	310	89.60%

（三）各项监督工作并未随地方监督立法出台而显著提升，反而因业务考评的开展而有了质的突破

虽然审判监督工作地方监督立法的前后4年变化不大，但其他法律监督内容如立案监督、民行监督、侦查监督、监所检察监督等在后4年尤其是2010年之后有了质的飞跃。如前所述，对公安机关应当立案而不立案的监督在2005~2009年一直保持在年均120件左右的数量，但2010年开始，数量几乎翻倍增长，年均增幅达到64%以上；对公安机关不应当立案而立案的监督在2008年之前几乎没有，只有2008年的1件，即使是在《决议》出台后的2009年，也仍为1件，并未显示出《决议》在改变监督薄弱环节的作用，同样是自2010年开始，对不当立案的监督有了十数倍的增长，2010年提出纠正30件、2011年纠正115件、2012年更是攀升至346件，几乎是每年翻番式增长。同样的现象也出现在侦查监督、民行监督、监所检察监督中，如对刑罚执行和监管活动的监督中，监所检察部门在2005~2009年采用书面纠正违法通知书、检察建议的形式进行监督的寥寥无几，尤其是书面纠正违法的情形更是每年只有一两件，这也与监所检察部门与被监督对象长期共处，无论是办公处所还是日常的办公活动，甚至用餐问题都有赖于被监督者的配合和解决，由此也导致了刚性监督手段行使阙如，对监督中发现的问题多采用口头检察建议的形式，监督的随意性大、强度不够。这种情形也是一致延续到《决议》出台后的2009

年，直至 2010 年才有了较大改观：2010 年、2011 年、2012 年的书面纠正违法情形较之 2009 年的 2 件增长了四五十倍，一举升至年均 102 件。

这种法律监督实践质效提升与地方监督立法出台的时间间隔性，在一定程度上排除了地方监督立法对实践的作用力，加之 2005～2012 年均未有大规模的立法修改活动，新刑事诉讼法、刑法修正案（八）的生效实施基本上是在 2012 年 5 月之后，可以说，立法的变化并非法律监督工作在 2010 年之后发生显著变化的原因。通过考察北京市检察机关的工作实践，发现造成 2010 年之后各项法律监督工作均取得显著提升的一个重要原因，就是检察机关自 2010 年开始实施的基层检察机关建设考核工作，按照最高检察机关的意图，这项工作的目的在于"通过考核引导和督促基层检察院全面履行法律监督职责，推进基层检察院执法规范化、队伍专业化、管理科学化和保障现代化建设，促进基层检察院建设科学发展"①，其中检察业务建设中的重要组成部分就是对"履行各项检察职能"以及相应的"执法质量"、"执法效果"的考核。虽然北京市早在 2009 年就出台了《北京市基层人民检察院建设考评实施办法》，但无论是在考评内容还是具体项目上都较为粗疏，导致最终考核效果不明显，与诉讼监督职能行使相关的各项工作在 2009 年并没有出现明显变化，直至 2010 年最高人民检察院《基层人民检察院建设考核办法（试行）》的出台，北京市据此修改了相应内容、细化了考核重点和评价标准，尤其是完善了考评结果的运行机制，考核成绩优秀或者考评总成绩排名连续上升且进步幅度最大的基层检察院，可被评选为"首都先进检察院"，而"年度考评排名下降幅度最大且降幅达到三名以上的基层检察机关，考评领导小组将安排与该院领导班子集体谈话，分析原因，并将该院列为帮促院，提出改进意见"。② 可以说，业务考核工作不仅将提高检察机关的监督能力作为重点内容，最终考评成绩与基层检察机关尤其是基层检察机关领导班子的利益相关性，也促使各基层检察机关开始重视与考核得分点有关的工作，如立案监督中"监督侦查机关或检察机关侦查部门立案的，每立案一人计 1 分；判处不满 3 年有期徒刑的，每人加 1 分；判处 3 年以上不满 10 年有期徒刑的，每人加 2 分；判处 10 年以上有期徒刑的，每人加 4 分；判处无期徒刑、死刑的，每人加 10 分"③，相较于捕后质量不高等导致的减分，这种可能大幅提升考评成绩的加分项深得人心，也是各院在履职工作中的重点工作内容，于是体现在监督数据的变化上，就是 2009 年之前各项数据大体稳定或者增幅有限，而到 2010 年考核办法正式实施后，各项数据就出现了大幅度的上升，呈现跳跃式增长。

（四）刚性监督手段的拓展空间不大，柔性监督生命力更强

虽说考核的指挥棒效应带来了各项监督工作节节攀升，但监督手段性质的不同，也造成各项监督工作并非齐头并进。如抗诉作为有着严格要求的监督方式，不同于检察建议、纠正违法、通知立案等弹性较大、标准较为灵活的监督手段，并未因考核标准的出台而有突出变化。以刑事抗诉监督权的行使为例，《决议》规定，"人民法院对人民检察院依法

---

① 《基层人民检察院建设考核办法（试行）》（2010 年 3 月 26 日颁行）第 2 条。
② 《2010 年度北京市基层人民检察院建设考评实施办法》第 31 条。
③ 《2013 年度北京市基层人民检察院建设考评细则》第 3 条。

提起的刑事抗诉案件和民事、行政抗诉案件，应当依照程序及时审理，原判决、裁定确有错误的，要依法纠正"，用宣言式的条文要求法院对检察机关以抗诉手段行使诉讼监督职能予以支持、配合，但这种宣言式的条文落实到司法实践中，并未起到立竿见影的效果。北京市检察机关2005～2012年采用二审程序、审判监督程序提抗511件，年均64件左右，提抗率也在千分之二到千分之四左右小幅波动，提抗数量、提抗率都较为稳定，并没有因《决议》出台、考评工作等因素而有明显变化。从抗诉成功率来看，8年间法院共计审结抗诉案件406件，其中191件被改判或发回重审，另有215件维持原判，抗诉意见被采纳率仅为47%，仅有不到半数的抗诉得到了法院的认同。即使考虑到《决议》出台、考评工作开始对抗诉工作的正向促进作用，对前后4年的抗诉成功率进行对比分析，发现前4年年均抗诉成功17件，占同期法院审结抗诉案件的43.13%，后4年年均抗诉成功30件，虽然绝对数量几乎翻了一倍，但占同期法院审结抗诉案件的比例即抗诉成功率仍不到五成，为49.59%，从这个角度来看，前后4年的审判监督效果（获得法院改判、纠正法院错误判决）并没有明显的提升，在半数以下徘徊。

与抗诉这一刚性监督手段的有限行使不同，检察建议、纠正违法通知书等弹性较大的监督手段，无论是作用范围还是监督效果都略胜一筹。以侦查监督中的书面纠正违法活动为例，2005～2012年北京市检察机关在审查批捕阶段针对侦查机关违法行为发出纠正违法通知书228件，年均28.5件，除2005～2009年数字较为稳定外，自2010年开始翻番增长，近三年的年均增长率达到193.33%，占同期审查批捕案件的数量也从最低的0.19%，增长到3.17%，增长了16倍之多。伴随监督数量增长的还有监督效果的提升，8年间收到侦查机关回复、违法行为得以纠正的有182件，监督成功率为79.82%，甚至不乏有的年份（2010年）取得了100%的监督成功率。较之数量稳定、成功率低的抗诉手段，柔性监督手段的适用范围更广、可拓展空间更大，而且也有着更好的监督效果。（详情见附表四、附表五）

附表四 2005～2012年北京市检察机关抗诉结果情况

年份（年）	起诉（件）	提抗（件）	提抗率‰	撤抗（件）	撤抗率%	提抗成功	改判（件）	发回重审（件）	维持原判（件）	抗诉成功（件）	抗诉成功率（%）
2005	17579	45	2.56	17	37.78	28	6	0	34	6	15.00
2006	18171	48	2.64	10	20.83	38	10	5	14	15	51.72
2007	19929	57	2.86	18	31.58	39	20	2	22	22	50.00
2008	18700	62	3.32	7	11.29	55	19	7	21	26	55.32
2009	19619	90	4.59	24	26.67	66	23	11	32	34	51.52
2010	19354	80	4.13	14	17.5	66	18	5	31	23	42.59
2011	19657	62	3.15	13	20.97	49	23	6	32	29	47.54
2012	20965	67	2.96	4	5.97	58	29	7	29	36	55.38

附表五　2005~2012年北京市检察机关审查批捕阶段书面纠正违法情况

年度（年）	审查批捕阶段发出书面纠正违法案件数（件）		
	提出纠正	已纠正	监督成功率
2005	7	4	57.14%
2006	2	2	100.00%
2007	2	—	0.00%
2008	11	4	36.36%
2009	15	8	53.33%
2010	33	33	100.00%
2011	56	43	76.79%
2012	102	88	86.27%

综上，地方监督立法的出台一方面促进了检察机关对法律监督工作的重视，但由于监督手段的单一化、监督保障的白条化，地方检察机关对推进法律监督工作心有余而力不足，无论是监督能力还是监督效果未随着立法的诞生而发生质的飞跃，只是随着刑事诉讼执法的规范化、文明化尤其是检察业务考评重点的变化而产生了些许的进步，监督立法对司法实践的影响不大。而且从监督效果来看，刚性的监督手段由于法律后果的缺失、监督者与被监督者之间关系的微妙化，导致适用少、效果小，比较而言，柔性监督手段由于法律后果并不严重，也未过多触及被监督者的利益，从而更容易被接受而产生一定的监督效果。

三、法律监督统一立法的"瓶颈"：以业务考评办法与法律监督地方立法的对比为视角

不仅三大诉讼法对法律监督的内容规定概括、宣言化、范围狭窄，缺乏具体、可操作性强的法律规范，就连上述试图对法律监督问题进行细化的地方性法律监督文件也同样存在一个共性的问题，即总则规定的监督权力的广泛性与分则规定的具体监督方式的狭窄性之间的矛盾，所谈及的监督方式无外乎抗诉、检察建议、纠正违法等，对监督对象不执行监督意见的，缺乏硬性的罚则，多是宣言性、倡议性的规定，要求各个被监督机关认真配合、积极整改等，没有牙齿的法律，往往也发挥不了应有的威慑力和影响力。一部统一的法律的缺位，往往意味着对某一类事项规制的缺乏，从另一个角度说，也往往意味着对某一类公权力的运行缺乏必要的制约与监督。立法的缺位、罚则的缺失，对法律监督工作的贯彻落实产生消极影响，成为检察机关监督薄弱、监督乏力的一个重要源头。

（一）立法模式的选择

北京市的《决议》全文共7条、1400余字，对监督范围、监督重点、监督工作机制、自身监督能力建设、被监督对象的配合、行刑衔接工作及人大常委会对检察机关监督七个方面对检察机关的法律监督工作，主要是诉讼监督工作进行了简单的白描，如上所述，无论是监督手段、监督范围，还是监督后果上都缺乏可操作性的规定，这种宣言式、粗线条的立法模式也是其2008年出台后未能产生如期效果的一个重要原因。对比北京市的《基

层院考核工作办法》，自2009年出台以来，年年有更新，尤其是所附的《考核工作细则》以及相应的评分标准，使以法律监督为重要内容的检察机关工作有了具体的操作指南，并且在考核指挥棒的指引下，触及监督的薄弱环节、监督的重点环节，大大加强了监督的方向性和可操作性。以2013年7月新修改的《北京市基层人民检察院建设考评实施办法》为例，全文共38条、5700余字，并辅之以三个考评细则和三套考评表，将分院、基层院、派出院作为不同主体，量体裁衣，分别制定了相应的考评细则和考评表，其中对区县院考评细则共126条、对分院考评细则共130条、对派出院考评细则共17条。无论是考评细则，还是考评表的设计，均将法律监督的重点内容予以关注，监督工作是否履行、效果是否良好，对应了相应的考核分数、考核比重。如在侦监工作的考核中，法律监督工作仅次于对审查逮捕质量（分值比例42%）的要求，将其细分为监督立案（分值比例13%）、监督撤案（分值比例8%）、纠正漏捕（分值比例7%）、监督侦查活动违法（分值比例12%）四个方面，共占考核总分的40%，其中监督侦查活动违法又细分为制发纠正违法通知书和建立公检联席会议两种形式，前者适用于侦查活动中的严重违法情形，后者适用于轻微违法情形予以通报的，而且均要求确实产生效果的（违法行为得以纠正、监督建议得到认可并整改），才能获得相应的考核加分，甚至对后者的监督形式、监督效果体现都进行了明确要求，即必须形成相应的会议纪要或会议通报。①

两相对比，地方监督立法的宣言化、纲领化，使其的诞生并未能带来法律监督工作的革新，反而是细致入微、繁而有物的考评办法更有效、更高效地促进了法律监督工作的进步。因此，在探讨统一的法律监督立法时，有必要参考这种有效、有用的立法模式，防止法律监督法的大而无当。

（二）法律监督手段的补强

通过对实践中法律监督手段发挥作用的考察，发现监督手段薄弱导致监督效果差，其中刚性手段（如抗诉、通知立案）发挥作用的空间有限、成功率低，不及柔性手段（如纠正违法、检察建议）等。地方监督立法中往往仅对监督手段进行粗略、与法条一致的描述，对如何行使、如何发挥效用并未提及，如在民行案件监督问题上，北京市的《决议》只是规定了法院对于"民事、行政抗诉案件，应当依照程序及时审理，原判决、裁定确有错误的，要依法纠正；对人民检察院建议再审的，应当及时审查决定是否启动再审，符合再审条件的，要依法再审。应当会同人民检察院进一步落实并规范检察长列席同级法院审判委员会的制度"，具体如何行使民行抗诉权，如何监督民行案件，并未过多涉及。而在北京市的考评办法中，针对民行案件的监督问题，不仅区分了提请抗诉、提出抗诉、再审检察建议等不同方式，对于检察建议适用的范围又区分为针对诉讼程序的监督和针对执行的监督，均包括审判程序（执行）违法情形或审判人员（执行）违法行为、裁判（执行文书）笔误等瑕疵问题两类重要程度不同的问题。可以说这种针对性、时效性更强的法律监督手段的确立和完善，是促进法律监督工作有效进行的重中之重。

---

① 《2013年度北京市基层人民检察院建设考评细则》第6条。

（三）法律监督效果的评估

法律监督权的行使贵在有效，即能带来法制统一、公平正义的良好社会效果。但考察中发现地方监督立法并未重视监督效果的评估工作，仅将人大常委会对检察机关的监督、定期或不定期听取检察机关报告，作为评估的主要手段，缺乏科学有效、直观便捷的评估标准和评估体系，容易导致法律监督工作看上去做了，实际上却没有什么效用的尴尬局面。对比考评工作的要求，通过百分制、排名制的考核体系，用分值大小、权重、各个检察机关的横纵对比作为评价法律监督工作是否做到实处的标准、杠杆，起到了很好的效果。同样以民行监督中的检察建议制发为例，考评细则中对检察建议的监督效果有明确要求，检察建议的提出必须"正确适当且必要，并要求人民法院书面采纳回复了本检察建议，采取了撤销、变更、更换承办人、对责任人员进行违纪处分等纠正方式，方能计分。针对裁判笔误提出的检察建议，仅限于较为严重的、对当事人权利义务产生影响的笔误问题。仅针对裁判或执行文书中校对不细致产生的笔误发出检察建议的，不计分。发出检察建议错误或没有必要的，不仅不能计分，还应减分。'错误'指检察建议指出的审判程序或执行问题不存在或指出的问题不准确，'没有必要'指检察建议所指监督事项无监督价值，提出检察建议损害了检察建议的权威性"。① 对检察建议的法律后果——撤销、变更、更换承办人、对责任人员进行违纪处分等纠正方式进行了明确，而且要求检察建议的提出必须确有必要，如果没必要的，滥用监督权，反而要被扣分。以此来强调、规范法律监督权的行使，也是法律监督统一立法的可借之鉴。

结　语

宪法总则规定的地位无上性，与法律监督细则的分散性、无序性，造成了实践中对法律监督的有用性、效用性的种种质疑，就像当前正在热议的宪政问题一样，法律监督怎样才能从一个 txt 文件，变成一个 exe 文件，不仅仅是一个法制宣传、严格执法的问题，更重要的是对法律监督的立法进行统一、细化。对照指导基层院工作重点、工作方向的业务考评工作，法律监督立法应当从立法模式的细则化、法律监督手段的补强化、监督效果的评估化等方面有所突破，使法律监督工作有章可循、有据可依，真正将宪法规定落实到司法实践中。（全国各省市自治区地方性法律监督立法出台情况见附表六，2005～2012 年北京市检察机关法律监督情况见附表七）

附表六　全国各省市自治区地方性法律监督立法出台情况

序号	省份（省/市）	名称	通过时间	形式	法律监督内容	法律监督手段	条文数（条）
1	吉林	关于加强检察机关法律监督工作切实维护司法公正的决议	1999 年 9 月 22 日	宣言式	对人民法院、公安机关、司法行政机关的刑事诉讼活动	检察建议、纠正违法通知	7

---

① 参见《2013 年度北京市检察机关民事行政检察工作考评表》。

续表

序号	省份(省/市)	名称	通过时间	形式	法律监督内容	法律监督手段	条文数(条)
2	河南	关于进一步加强检察机关法律监督的决定	2001年7月27日	宣言式	刑事诉讼、行政诉讼和民事审判活动	抗诉,其他手段未提及	6
3	北京	关于加强人民检察院对诉讼活动的法律监督工作的决议	2008年9月25日	宣言式	立案监督、侦查监督、审判监督以及刑罚执行和监管活动监督	纠正违法通知书和检察建议、抗诉、建议再审、列席审委会	7
4	四川	关于加强人民检察院对诉讼活动的法律监督工作的决议	2009年5月27日	宣言式	刑事、民事、行政诉讼活动	调阅审判卷宗材料、调查违法、提出检察建议、完善对刑罚变更执行、留所执行、监外执行的同步监督制度	8
5	湖北	关于加强检察机关法律监督工作的决定	2009年7月31日	宣言式	执法及司法活动中违反法律规定的行为	纠正违法通知、更换办案人意见和其他检察建议	9
6	辽宁	关于加强人民检察院对诉讼活动的法律监督工作的决议	2009年9月26日	宣言式	侦查监督、审判活动监督以及刑罚执行和监管活动监督,对诉讼活动的法律监督工作的重点	通知立案决定书,纠正违法通知书,抗诉书,检察建议,抗诉、再审检察建议	7
7	上海	关于加强人民检察院法律监督工作的决议	2009年10月20日	宣言式	刑事诉讼、行政诉讼和民事审判活动	抗诉职能,积极、规范地运用纠正违法通知书、检察建议和通知立案、类案监督	8
8	黑龙江	关于加强检察机关法律监督工作的决定	2009年10月23日	宣言式	诉讼活动各环节的法律监督,进一步加强对民事、行政诉讼活动的监督	纠正违法通知,检察建议,抗诉、再审检察建议,列席审委会	10
9	江西	关于加强检察机关对诉讼活动的法律监督工作的决议	2009年11月27日	宣言式	对诉讼活动全过程的法律监督工作	抗诉、纠正违法通知书、检察建议、探索开展公益诉讼、督促起诉等活动;积极推进量刑规范化试点工作,规范自由裁量权	10

续表

序号	省份(省/市)	名称	通过时间	形式	法律监督内容	法律监督手段	条文数（条）
10	山东	关于加强人民检察院法律监督工作的决议	2009年11月28日	宣言式	刑事诉讼、民事审判、行政诉讼、民事执行和监管活动，以及行政执法机关、国家工作人员职权行为的监督	调查核实、提醒引导、纠正违法、建议更换办案人、提出检察意见和检察建议、提起抗诉、查办案件等手段	11
11	宁夏	关于加强检察机关法律监督工作的决定	2010年1月16日	宣言式	对立案、侦查、审判、执行等诉讼活动和移送涉嫌犯罪案件活动的法律监督工作	纠正违法通知书和检察建议、抗诉、建议再审、列席审委会	7
12	山西	关于加强人民检察院对诉讼活动法律监督工作的决定	2010年5月27日	宣言式	刑事诉讼、民事审判和行政诉讼的法律监督	查处职务犯罪、抗诉、纠正违法通知书和检察建议	16
13	福建	关于加强人民检察院对诉讼活动的法律监督工作的决定	2010年5月27日	宣言式	刑事、民事、行政诉讼活动的法律监督	检察建议、纠正违法通知书，抗诉、再审检察建议，会同人民检察院逐步明确、完善对民事调解和民事执行的法律监督的范围、程序和措施；探索开展公益诉讼、督促起诉、支持起诉等活动；落实检察长列席同级人民法院审判委员会会议的制度	7
14	浙江	关于加强检察机关法律监督工作的决定	2010年7月30日	宣言式	刑事、民事、行政诉讼法律监督	纠正违法通知书、检察建议	10
15	广东	关于加强人民检察院对诉讼活动的法律监督工作的决定	2010年9月29日	细则式	对侦查机关的立案、侦查和看守所监管，人民法院的审判和执行，刑罚执行机关的刑罚执行和监管，以及行政执法机关移送涉嫌犯罪案件等诉讼活动	调查违法行为、提出检察建议、发出纠正违法通知、建议更换办案人、提出抗诉、查办案件	21

续表

序号	省份(省/市)	名称	通过时间	形式	法律监督内容	法律监督手段	条文数（条）
16	西藏	关于加强检察机关法律监督工作的决定	2010年9月29日	宣言式	对诉讼活动的法律监督、进一步加强预防和查办职务犯罪工作	纠正违法、检察建议、对危害国家安全和其他严重刑事犯罪案件，侦查机关应当与检察机关建立和完善发案、立案、破案、撤案和审查逮捕、起诉工作情况的通报制度，对于重大、复杂、疑难的刑事案件，检察机关可以提前介入侦查活动。民行抗诉、再审检察建议、列席审委会	9
17	云南	关于进一步加强全省各级人民检察院对诉讼活动法律监督的决议	2010年9月30日	宣言式	大力加强刑事、民事、行政诉讼活动	抗诉，以及纠正违法通知、检察建议	8
18	陕西	关于加强人民检察院对诉讼活动法律监督工作的决议	2010年11月25日	宣言式	对刑事诉讼、民事审判、行政诉讼、民事执行、刑罚执行和监管活动的法律监督	纠正违法、建议更换办案人、提出检察意见和检察建议、提起抗诉、查办职务犯罪案件等手段	8
19	甘肃	关于加强检察机关法律监督工作的决议	2010年11月26日	宣言式	立案监督、侦查监督、审判监督以及刑罚执行和监管活动监督，加大查办和预防职务犯罪工作力度，及时纠正执法、司法活动中违反法律规定的行为，保障法律的正确实施	调查核实、提醒引导、建议更换办案人	10

续表

序号	省份(省/市)	名称	通过时间	形式	法律监督内容	法律监督手段	条文数(条)
20	湖南	关于加强人民检察院对诉讼活动法律监督工作的决议	2010年11月27日	宣言式	对刑事诉讼、民事审判和行政诉讼活动	审查案卷材料、调查核实违法事实、提出纠正违法意见或者建议更换办案人、立案侦查职务犯罪,抗诉、再审检察建议	9
21	内蒙	关于加强人民检察院对诉讼活动法律监督工作的决议	2010年12月2日	宣言式	刑事立案、侦查活动、刑事审判、民事审判、行政诉讼、刑罚执行和监管活动的监督,积极稳妥地探索对人民法院民事执行活动的监督方式	通知立案决定书、纠正违法通知书、检察建议、抗诉、书面再审检察建议,民事执行过程中的纠正违法的检察建议	10
22	安徽	关于加强人民检察院诉讼活动法律监督工作的决定	2010年12月18日	宣言式	刑事立案和侦查活动、对刑事审判活动、刑罚执行、监管工作、民事审判和行政诉讼	抗诉、建议再审、列席审委会	5
23	海南	关于加强人民检察院法律监督工作的决议	2011年1月12日	宣言式	刑事诉讼、民事审判、行政诉讼	抗诉、纠正违法通知书、检察建议书	8
24	贵州	关于加强人民检察院对诉讼活动法律监督工作的决议	2011年3月30日	宣言式	充分发挥监督纠正违法诉讼活动、批准逮捕、审查起诉、职务犯罪侦查等职能作用,强化对刑事诉讼、民事审判、行政诉讼活动的法律监督,维护社会主义法制权威,保障法律的正确实施	调查违法、提出检察建议、发出纠正违法通知、建议更换办案人、提出抗诉	10
25	青海	加强人民检察院对诉讼活动的法律监督工作的决定	2011年3月30日	宣言式	刑事立案和侦查活动、对刑事审判活动、刑罚执行、监管工作、民事审判和行政诉讼、行政机关移送涉嫌犯罪案件活动	提前介入侦查、抗诉、调查违法行为、建议更换办案人、提出检察建议、再审检察建议和发出纠正违法通知书	12

续表

序号	省份(省/市)	名称	通过时间	形式	法律监督内容	法律监督手段	条文数（条）
26	天津	关于加强检察机关对诉讼活动的法律监督工作的决议	2011年5月20日	宣言式	对刑事诉讼、民事审判和行政诉讼的法律监督	调查核实、建议更换办案人、发送纠正违法通知、提出检察意见和建议、提起抗诉、查处职务犯罪等手段	10
27	新疆	关于加强检察机关法律监督工作的决定	2011年5月25日	宣言式	全面加强立案监督、侦查监督、审判监督以及刑罚执行和监管活动监督	纠正违法通知和检察建议、抗诉、再审检察建议、列席审委会、量刑规范化改革	9
28	河北	关于加强人民检察院法律监督工作的决议	2011年5月26日	宣言式	刑事诉讼、民事审判、行政诉讼	积极开展民事督促起诉、支持起诉工作，加强对民事调解和执行活动的监督，探索对适用特别程序、督促程序等诉讼活动进行监督的途径和措施	9
29	广西	关于加强检察机关对诉讼活动法律监督工作的决定	2011年5月26日	宣言式	加强对刑事诉讼各个阶段的法律监督工作，着力加强对立案、侦查、审判、刑罚执行、社区矫正等重点环节的监督，增强监督工作的针对性和实效性；加强民事、行政诉讼法律监督工作	调查违法行为、提出检察建议、发出纠正违法通知、建议更换办案人、提出抗诉、查办案件	12
30	重庆	关于加强检察机关法律监督工作的决定	2011年7月29日	细则式	对侦查机关、审判机关、刑罚执行和监管机关的诉讼活动，行政执法机关移送涉嫌犯罪案件的活动，以及国家工作人员的职权行为实施法律监督	审查案卷材料、调查核实违法事实、建议更换办案人、提出纠正违法意见、提出检察建议、提出抗诉	14
31	江苏	关于加强对诉讼活动法律监督工作的决议	2011年9月23日	宣言式	对刑事、民事和行政诉讼的法律监督	抗诉、再审检察建议	9

附表七 2005～2012年北京市检察机关法律监督情况一览表

年度(年)	立案监督									侦查监督								审判监督		刑罚执行和监管活动监督			民行监督			
	对应当立案而不立案监督(件)				对不应当立案而立案的监督(件)		书面纠正违法(批捕阶段)(件次)		追捕(人)	追诉(人)	不予批捕(人)	不起诉(人)	检察建议(批捕阶段)	书面纠正违法活动(审查起诉阶段)(件次)		检察建议(公诉阶段)	抗诉(件)		书面纠正违法(件)	检察建议(件)	抗诉(件)	再审检察建议(件次)	采纳再审检察建议	检察建议	
	要求说明不立案理由(件)	公安机关主动立案	通知公安机关立案	公安机关执行通知情况		提出纠正	已纠正	提出纠正	已纠正						提出纠正	已纠正		二审程序抗诉	再审抗诉						提出(件)	采纳(件)
				立案	未立案																					
2005	132	7	9	11	—	—	—	7	4	202	23	2633	466	37	18	7	65	43	2	0	13	40	12	2	8	—
2006	110	7	12	12	—	—	—	2	2	214	37	3441	522	40	12	3	75	45	3	1	26	71	14	4	6	2
2007	119	5	12	10	1	—	—	2	—	195	29	1562	666	44	22	4	159	56	1	0	10	57	10	2	16	7
2008	123	13	7	13	—	1	2	11	4	151	62	2299	481	141	28	15	217	61	1	2	8	29	23	—	26	2
2009	129	12	18	16	—	1	2	15	8	145	142	2351	524	119	57	39	381	85	5	2	41	54	25	11	11	1
2010	218	74	45	44	—	30	29	33	33	148	251	4021	695	329	49	43	650	74	6	84	24	62	41	25	98	66
2011	358	157	74	69	1	115	104	56	43	202	312	5185	955	477	65	55	771	57	5	108	121	68	40	27	140	102
2012	636	443	61	93	—	346	310	102	88	406	365	7081	1527	632	129	89	792	59	8	115	29	76	145	116	85	68

刑事诉讼监督的难点与破解

——以立法论为视角

李 勇*

引 言

作为法律监督机关,检察机关主要通过监督侦查机关、审判机关、刑罚执行机关的诉讼活动,来有效地维护国家法律的统一正确实施,从这个意义上说,检察机关的法律监督职能,主要是通过诉讼监督的方式来实现。尽管学界对于诉讼监督的概念有不同的表述,但诉讼监督是指对其他的诉讼专门机关所进行的诉讼活动是否合法进行监督,应该能够成为最低限度的共识。① 具体来说是指"检察机关依照法定程序在诉讼活动过程中发现违法、纠正违法的活动,包括刑事诉讼中对立案活动、侦查活动、审判活动和刑罚执行活动的监督以及民事审判和行政诉讼监督。"② 可见,诉讼监督的核心元素是发现违法和纠正违法,因此拓展发现违法的渠道和空间,增强纠正违法的效力和效果,无疑是诉讼监督的核心问题,也是我国当前诉讼监督的难点。提高监督意识、整合监督资源及提高监督能力等固然是解决问题的必要措施,但实践证明这些措施不足以从根本上解决上述难题,根本的原因还在于立法上并未规定具体可操作的措施和强有力的保障手段,从而造成诉讼监督成为理论上的"巨无霸"和实际上的"侏儒"。与其扬汤止沸,不如釜底抽薪,从立法层面进行解决才是治本之道。刑事诉讼监督权是检察机关诉讼监督权的核心,本文以刑事诉讼监督为考察对象,以立法论的视角检视刑事诉讼监督的难题与破解之道。

一、监督线索如何发现

发现违法、确认违法是进行监督并纠正的前提。当前,诉讼监督的一个重要的"瓶颈"问题,就是监督线索有限,导致诉讼监督数量和质量均未能尽如人意。从立法论角度来说,一是赋予检察机关诉讼监督的调查权;二是将监督关口前移,变事后、被动监督为事前、主动监督。

(一)赋予检察机关诉讼监督的调查权

诉讼监督是发生在诉讼活动过程中的一种程序性监督权,在司法实践中,检察机关的刑事诉讼监督线索主要靠在审查书面案件材料自行发现,事实上,真正严重违法的行为很

---

* 江苏省南京市建邺区人民检察院公诉科科长,全国检察理论研究人才。
① 此为陈光中教授的观点,参见王志国:《诉讼监督的理论与实践——"2010诉讼监督论坛"综述》,载《法学杂志》2010年第1期。
② 甄贞等:《法律监督原论》,法律出版社2007年版,第15页。

少能通过案卷反映出来,有时发现了一些"蛛丝马迹"由于没有相应的调查权而无法确认违法最终成为"无效线索",这种发现机制的典型特征是"等米下锅",具有被动性,这是监督线索发现难、确认难的根本性问题。集中体现在以下几个方面:第一,立案监督。由于目前的监督线索主要来源于检察机关案件审查中发现,但对于公安机关应当立案而未立案的违法情形,尽管法律赋予了检察机关抽象的监督权力,但是司法实践中,公安机关不会将相关的受理、立案、破案等登记台账、信息平台提供给检察机关。第二,纠正漏捕、漏诉。对于应当报请批准逮捕或应当移送审查起诉的案件,如果公安机关没有移送,检察机关也很难发现。第三,刑事自诉案件。目前对于刑事审判的监督线索主要依赖于判决书的审查,但刑事自诉案件,法院并不将判决书送达检察机关,除非涉及法官涉嫌职务犯罪,检察机关无权进行调查。

针对上述情况,我们认为最有效的办法,就是在立法上赋予检察机关对纠正违法的调查权。事实上,联合国《关于检察官作用的准则》第11条规定,检察官应在监督调查的合法性职能中发挥积极作用。一方面,检察机关可以调取公安机关的全部发案、破案以及立、撤案情况,以及相关登记台账,以及法院关于刑事自诉案件的受理、审理、判决、执行等情况的相关材料,甚至可以考虑采取定期向检察机关报送,或者实行网上信息共享。另一方面,当检察机关通过其他渠道掌握一定的违法线索时,检察机关有权向公安机关和法院进行调查核实。

(二) 检察引导侦查的法制化

按照我国现行的体制架构,公安与检察是并列的两个机关,虽然检察机关对于公安机关具有侦查监督权,但这种侦查监督更多的是事后监督,导致监督线索发现难。目前有一种比较流行的改革主张是实行检警一体化,事实上,即便是实行检警一体的大陆法系国家在法律规定和理论层面上是一回事,而实际情况却是另一回事,检察机关在刑事侦查程序中只是形式意义、名义上担任刑事侦查的主导。① 有德国学者指出"检察机关几乎已经不再充当立法者赋予它的'侦查程序的主宰'这一角色。与立法者将检察机构设计为侦查主管机关的初衷相悖,检察机关已经演变为一个审级,其工作重点是在终止刑事诉讼程序和起诉两者之间作出决定"。② 这足以令检警一体的主张者失望,可现实的背后有一种"存在合理"的因素。社会分工的专业化和犯罪手段的复杂性,决定的检察官侧重于事实证据审查和法律适用的把握,而警察侧重于侦查和破案。事实上作为"文人"的检察官难以"文武兼备",既善于研究法律,又善于侦查破案和收集证据的检察官或许只能是一种理想,而难以成为现实。因此,在实践中,检察官逐渐淡出侦查是必然趋势,检警一体化"为各国司法体系所不采,也不能得到通说的认同。"③ 在这种情势下,我们盲目主张检警一体并不明智,但是加强检察对侦查活动的指导和引导,从而加强事前监督、事中监督则势在必行。

---

① 参见林山田:《刑事诉讼法》,台湾三名书局1990年版,第81~85页。
② 转引自姜伟、钱舫、徐鹤喃:《公诉制度教程》,法律出版社2002年版,第144~145页。
③ 龙宗智:《评"检警一体化"兼评我国的检警关系》,载《法学研究》2000年第2期。

我国刑事诉讼法关于检察引导侦查只有三条规定：一是第 66 条规定，对公安机关提请批准逮捕的案件，必要的时候，人民检察院可以派人参加公安机关对于重大案件的讨论；二是第 107 条规定，人民检察院审查案件的时候，可以要求公安机关重新勘验、检查，并派员参加；三是第 140 条规定，人民检察院审查案件，可以要求公安机关提供法庭审判所必需的证据材料，对于需要补充侦查的，可以退回公安机关补充侦查，也可以自行侦查。这些规定只具有宣言式的概括授权，却没有对应具体规范和制度。如何实现真正意义上的检察引导侦查，将抽象的检察监督职能转化为具体的、可操作的监督？在现有的法律框架内，实践界进行了探索，一些地方检察机关与公安机关会签文件，对检察机关介入引导的时间、范围、方式达成一致意见。① 这些实践模式有一个共性，就是依赖于与公安机关会签文件，带有"君子协定"的色彩，推广的范围取决于各地公安机关的肚量，这也从一个侧面反映出实践对检察引导侦查在立法上的强烈诉求。我们认为有必要必须将相关做法上升到立法层面，规定具体的介入方式、范围，强制侦查机关遵守。引导的方式可以分为依申请介入和依职权介入两种；案件范围实行一般指导与个案指导相结合，对于简单的多发性案件采取证据标准的一般性指导，对于一些案情复杂、难以定性或者社会影响较大的刑事案件实行个案指导；内容上一方面要注重引导取证，另一方面要监督取证的程序违法、手段违法等。

二、监督空间如何拓展

刑事诉讼监督理当贯穿于刑事诉讼的全过程，从立案侦查到刑罚执行。从立法论的角度上来说，需要进一步拓展监督空间的恰恰是这一头一尾，即强制性侦查措施和刑罚执行，外加一个特殊程序——死刑复核程序。

（一）强制性侦查措施

目前的侦查监督，主要针对公安机关侦查活动中有无刑讯逼供、超期羁押等程序性违法问题上，但是对于公安机关涉及剥夺、限制公民权利的强制性侦查措施尚有很大的监督空间。我国公安机关在刑事案件侦查中，享有广泛的强制措施决定权，几乎拥有了除逮捕以外所有强制措施决定权，诸如搜查、扣押、冻结、查封、取保候审、监视居住、刑事拘留等，检察机关缺乏有效的干预措施，其中最缺乏而又最急需监督的莫过于刑事拘留权。根据我国刑事诉讼法第 69 条规定，公安机关对被拘留的人，认为需要逮捕的，应当在拘留后的 3 日以内提请人民检察院审查批准。在特殊情况下，提请审查批捕的时间可以延长 1～4 日。对于流窜作案、多次作案、结伙作案的重大犯罪嫌疑分子，提请审查批捕的时间可以延长至 30 日，其对人身自由的限制之长久令人瞠目。

这种无须经司法审查获得司法令状就可以采取的强制性侦查措施，有悖于刑事侦查普遍原则——令状原则（司法审查原则）。萨维尼指出"警察官署……的行动自始蕴藏侵害民权的危险，而经验告诉我们，警察人员经常不利关系人，犯下此类侵害民权的错误。检

---

① 参见李和仁、王治国：《引导侦查取证：周口的实践与理论碰撞》，载《人民检察》2002 年第 8 期。

察官的根本任务,应为杜绝此等流弊并在警察一行动时就赋予其法的基础"。① 这对我国而言,更为迫切。"随着刑事法治的发展,更应当受到限制的是警察权而不是检察权。"② 在刑事诉讼监督改革中,最为紧迫的莫过于在立法上填补强制性侦查措施决定权上的监督空白,这也是检察机关拓展诉讼监督空间最有价值的领域。"在未来的司法体制改革和刑事诉讼法修改过程中,公安机关不应再继续享有行使搜查、扣押、电子监听等强制性侦查措施的批准权,这些侦查措施的批准权应当由检察机关行使。"③

(二) 刑罚执行

刑罚执行目前是由监狱、法院和公安机关分别负责实施的,检察机关的诉讼监督地位由于立法上的原因并没有真正确立起来,具体来说:一是罚金、没收财产等财产刑执行中,检察机关却缺乏相应的监督措施。一些法院经常将罚金、没收财产所得的钱款,予以截留或者采取变通手段使其最终变成本单位办公经费,而没有真正上缴国库。在罚金、没收财产刑罚的执行过程中,执行人员动辄作出减免决定,庞大的自由裁量权缺乏检察机关的监督。二是减刑、假释目前是按照由监狱或看守所提出有关建议、法院作出裁定的方式运行。先由罪犯向监狱、看守所提出减刑和假释的申请,然后法院审查裁决,但是这种审查仅采取书面形式,不仅检察机关的监督缺位,而且罪犯、被害人均不参与裁决程序,缺乏基本公正性,也极易造成一些监狱官员和法官的腐败。三是保外就医、暂予监外执行的决定,甚至连法院的审批程序也没有,是由看守所直接提请上一级公安机关、监狱直接报请监狱主管部门进行审批。监狱既不向检察机关报告这种执行方式的变更,也无须通过检察机关的审查批准。

上述刑罚执行,目前检察机关主要通过驻监所检察官进行监督,但是这种监督也是事后监督,并不参与裁决形成的过程,使监督往往流于形式。我们认为,对于刑罚执行中涉及的裁决事项,要改变目前这种过于行政化的审批模式,按照正当程序的原则,适度进行司法化改革。目前一些地方对减刑、假释进行听证程序改革,正是顺应了正当程序原则的要求,但是这些改革均面临缺乏法律依据的危机,急需立法支持。最初的正当程序仅指诉讼程序,它"具有技术上的精确含义。它只适用于法院的诉讼过程和程序",④ 根据程序正当的要求,涉及司法的方法和过程,要求用以解决利益争端的法律程序必须是公正、合理的。尽管学界的诸多表述有所不同,但是现代法律程序最低限度的"正当性"所包含的平等参与、客观中立、程序理性、公开透明等程序性价值形态应当具有普遍性。我们认为,在立法上,可以将罚金刑的减免、减刑、假释、保外就医、暂予监外执行等决定权一律由中立的法院行使,但检察机关和罪犯以及被害人参与裁决的过程,并就裁决的事项展开一定辩论,以实现检察机关的同步监督。

---

① 转引自林钰雄:《检察官论》,法律出版社2008年版,第7~8页。
② 陈兴良:《从"法官之上的法官"到"法官之前的法官"——刑事法治视野中的检察权》,载《中外法学》2000年第6期。
③ 陈瑞华:《诉讼监督制度改革的若干思路》,载《国家检察官学院学报》2009年第3期。
④ [美]伯纳德·施瓦茨:《美国法律史》,王军等译,中国政法大学出版社1990年版,第55页。

(三) 死刑复核程序

最高人民法院于2007年7月1日统一收回死刑复核权,但是现行的死刑复核程序并没有像人们在死刑核准权收回之初设想的那样在"正当程序"的轨道上运转,最高人民法院随后颁布的几项司法解释,① 实际上将死刑复核程序设计成一个行政审批的模式:法官对案件事实认定问题进行全面审查,可以会见辩护律师,了解辩护律师的口头或者书面意见;原则上提讯在押被告人,了解被告人的辩解情况;遇有需要查证核实证据的,必要时法官可以到案发现场调查。"最高人民法院现行的核准死刑程序不过属于多年来一直实行的行政化裁判方式的延续而已。"②

限制死刑的路径无非是立法上削减死刑和司法上控制死刑适用。死刑复核制度应当成为限制死刑的特殊诉讼程序,而非行政审批程序。既然死刑复核程序属于诉讼程序,那么,作为控方的检察机关和作为辩方的辩护人都必须参与死刑复核程序,这是诉讼三方构造的应有之义,也是正当程序中"平等参与性"的必然要求。目前的死刑复核程序的行政化审批模式,既缺乏辩护律师的介入,也缺乏检察监督,"在强调程序正义、程序公正的今天,回避检察机关的参与,这种复核程序违背了程序正义的基本要求,是不符合正义的,面临正当性危机。"③

我们认为,应当从立法的角度对复核程序进行司法化改革,让辩护律师和检察机关均参与复核程序,同时还需要赋予检察机关复议权和程序监督权。所谓复议权就是最高人民检察院以有利于被告的原则,对认为不应当判处死刑而最高人民法院核准死刑的案件提出复议,最高人民法院应当另行组成合议庭进行审查,并在死刑复核裁定生效前作出书面答复。之所以用复议权是因为检察机关对于最高人民法院死刑复核的裁决结果的监督,不能像普通诉讼程序一审、二审那样通过行使抗诉权进行监督,这是因为死刑复核的裁决由最高人民法院作出的,具有终局性,因而不能再启动审判监督程序,否则将危及我国的审级制度。所谓程序监督权是指对死刑复核审判程序运行过程的合法性进行监督的权力。在监督的内容上,包括法庭组成人员的合法性、法庭审理案件事实的程序是否违法、是否侵犯当事人和其他诉讼参与人的诉讼权利、有无其他违反法律规定的审理程序的行为等;在监督的形式上,除了普通审判程序中的监督方式外,可以考虑由分管死刑的副检察长列席死刑复核的审判委员会。

三、监督效力如何强化

诉讼监督是检察业务的重心之一,检察权在理论上似乎是一个"巨无霸",可是实际运行效果令人失望,其中很重要的一点就是诉讼监督未能见成效,没有让民众"以看得

---

① 主要是指2007年3月9日最高人民法院、最高人民检察院、公安部、司法部《关于进一步严格依法办案确保办理死刑案件质量的意见》(第39~43条),2007年2月28日最高人民法院《关于复核死刑案件若干问题的规定》,2008年5月21日最高人民法院、司法部《关于充分保障律师依法履行辩护职责确保死刑案件办理质量的若干规定》(第17条)。

② 陈瑞华:《中国刑事司法制度的三个传统》,载《东方法学》2008年第1期。

③ 陈卫东:《关于完善死刑复核程序的几点意见》,载《环球法律评论》2006年第5期。

见的方式"实现监督的效果。正如陈瑞华教授所言"尽管宪法确立了检察机关的法律监督地位,也尽管现行三大诉讼法都确立了检察机关诉讼监督的原则,这种诉讼监督的实际效果却难以尽如人意,存在着种种缺憾"。①

(一) 赋予检察机关一定的惩戒建议权

根据现有的法律规定,检察机关对诉讼活动的法律监督基本上是一种建议和启动程序权,"诉讼活动中的违法情况提出监督意见,只是启动相应的法律程序,建议有关机关纠正违法,不具有终局或实体处理的效力。"② 检察机关的通知立案、抗诉、检察建议、纠正违法通知书是对立案活动、侦查活动、审判活动、刑罚执行活动等进行诉讼监督的基本手段。但是法律并没有对这些监督手段缺乏保障机制,缺乏法律约束力。虽然立法规定被监督者对检察机关的监督意见应该作出及时反馈,但对拒绝及时反馈的行为却没有规定进一步的制裁措施,甚至对于被监督机关不接受纠正违法意见的,检察机关往往束手无策,使得这一纸通知书或建议书形同一纸空文。

上述立法上的缺陷所形成的检察机关诉讼监督手段的非强制性,严重弱化了法律监督的效力,成为强化检察机关诉讼监督的"瓶颈"。放眼域外,日本刑事诉讼法第193条规定,检察官对司法警察可作一般指示、一般指挥或具体指示,司法警察必须服从检察官依法实施的指挥监督。为保证这种监督权,日本刑事诉讼法第194条规定,检事正以上检察官,如认为司法警察无正当理由不服从检察官的指示或指挥,必要时,可向国家公安委员会或都道府县公安委员会提出诉追,要求惩戒。我国台湾地区,根据《调查司法警察条例》第11条、第13条规定,检察官对于二级司法警察官与司法警察,有直接奖惩权;对于一级司法警察官,有转请其上级长官奖惩的权力。我们认为,日本和我国台湾地区的立法例值得我们借鉴,把监督案件与监督人结合起来,在立法上赋予检察机关对于不执行检察机关监督建议的提请其上级予以惩戒。同时,还应在诉讼监督过程中充分运用检察机关现有的职务犯罪侦查权这一杀手锏,把诉讼监督与查处少数司法人员职务犯罪结合起来。

(二) 运用好考核的指挥棒作用

考核问题尚未完全进入学界的视野,似乎还达不到立法层面来讨论绩效考核问题,可是"刑事司法体制改革中,最容易忽略但却最不该忽略的就是考核机制。"③ 无论是法院、检察院还是公安机关,均存在绩效考核制度,国外也不例外。目前的现状是公、检、法三家的考核标准各自为政,甚至各个省、市也标准各异,使得考核标准这一指挥棒没有很好地发挥公、检、法相互制约的作用,这也是检察机关诉讼监督乏力的重要原因。

检察机关对公安机关程序违法的诉讼监督,主要通过发纠正违法通知书的方式进行,但是如果公安机关不把检察机关的纠正违法纳入绩效考核中,其结果只能是纠正违法成为

---

① 陈瑞华:《诉讼监督制度改革的若干思路》,载《国家检察官学院学报》2009年第3期。
② 邱学强:《论检察体制改革》,载《中国法学》2003年第5期。
③ 李勇、张金萍:《逮捕措施运行状况调查分析——以捕后判轻刑案件为考察对象》,载《人民检察》2010年第21期。

一纸空文。比如,曾经有一段时间公安机关将检察机关退回补充侦查作为一个减分项纳入考核中,所以退回补充侦查一度成为检察机关引导和监督公安机关侦查的重要手段,但是近年来很多地方公安机关已经取消这项考核项目,导致公安机关对检察机关退回补充侦查提纲中所列的侦查事项消极应对。这个例子可能是最能说明绩效考核在刑事诉讼监督中的意义。检察机关对法院的诉讼监督也是一样。有学者针对我国台湾地区检察官对审判监督的现状不无忧虑地指出,在整个制衡设计上,目前台湾法院判决之监督,几乎完全依赖审级制度,检察官制度对法官的监督功能几近于零,依实践结论,检察官对法官并无实质监督功能,这个发展趋势必然使台湾的"法官制度"成为无所节制的司法怪兽。① 其实,我国大陆的实践现状又何尝不是。根据法律规定,公诉人在发现法官审判过程中存在的违法行为,不足以抗诉的,可以发出纠正违法通知书。可是实践的现状是,这一张纠正违法通知书既不影响法官个人的利益,也不损害法院的整体利益,形同虚设。同时,检察机关自己的考核机制也有值得检讨的地方。

因此,在现行体制下,完善考核制度,建立科学的、符合刑事诉讼规律的绩效考核系统,是务实的选择,也是最有效的选择。引人注目的是,在法国,检察官甚至有"有权对法官进行考核和监督,发现问题记入考勤簿,并向司法部长报告"。② 由于目前公、检、法的考核标准各自为政,甚至同一系统内各个省市也各不相同,这就很难发挥绩效考核在刑事诉讼监督中的作用。正是基于这种考虑,在立法上统一规定公、检、法三家考核标准的基本原则和基本内容,似乎并非小题大做。

结　语

"在我国,虽然确立检察机关为法律监督机关,其法律地位似乎十分崇高,超过各国水平,但在实践中却对警方的违法缺乏有效监督权力,其监督制约程度可以说低于现代多数国家。"③ 刑事诉讼监督目前所面临的困境,尽管呼吁多年,但面临的困境并未因此而改观,根本的原因在于立法上没有赋予检察机关具体的、可操作性的诉讼监督措施和强有力的保障手段。当务之急乃是从立法层面寻求解决之道。我们认为,比较稳妥的方式是借刑事诉讼法的修改契机,在刑事诉讼法中明确赋予检察机关纠正违法的调查权及惩戒建议权及强制措施决定权,并对检察引导侦查、刑罚执行监督、死刑复核监督等作出明确、具体、可操作性的规定。至于诸如考核标准等细节问题,可以通过公安部、最高人民检察院、最高人民法院联合发布规范性文件的方式予以规范。

---

① 林则奘:《台湾地区检察官制度面临的几个问题》,载《国家检察官学院学报》2008年第1期。
② 何勤华主编:《检察制度史》,中国检察出版社2009年版,第183页。
③ 龙宗智:《评"检警一体化"兼论我国的检警关系》,载《法学研究》2000年第2期。

检察机关执法办案监督之新探

——以公民参与检察为切入点

诸葛旸*　　陈丽玲**

人民检察院在中国宪政体制中被赋予了维护国家法律统一正确实施的法律监督者地位,监督者在监督的同时如何被监督,亘古以来都是一个无法逾越的话题。历史经验表明,没有监督的权力必然导致腐败和滥用,也当然丧失了公信力,检察权也是如此。笔者认为,从司法权运行的层面强化和严密检察权内部监督制约机制的顶层设计固然重要,但基于"权力归于人民"赋权理念鼓励民众参与检察,无疑有助于突破检察权运行的封闭性、神秘性和专断性,体现了司法民主化的发展要求。就此,对域内外公民参与检察的制度实践进行评析,对完善公民参与检察的人民监督制度提出浅见。

一、公民参与检察的法律实践

现代检察制度源于法国的国王代理人和英国的国王律师制度,其创制的目的在于以法律守护者的身份履行客观公正义务,力图使犯罪嫌疑人、被告人免受警察权的恣意滥用和审判权的擅用专断,从而实现对警察和法官的双向制权。正如台湾学者林钰雄所言,创设检察官制度,一可透过诉讼分权模式,以法官与检察官彼此节制的方法,保障刑事司法权限的客观性和正确性;二可以严格法律训练及法律拘束之公正客观的官署,控制警察活动的合法性,摆脱警察国家的梦魇;三可守护法律,使客观的法意旨贯通整个刑事诉讼程序,既追究犯罪,又保障人权。① 检察权在以权力制约权力的同时,本身又存在如何制约检察权的现实问题。毕竟,"一切有权力的人都容易滥用权力,这是万古不易的一条经验"②。如果再设计一种更高更强的权力来控制检察权,无疑会走入谁最终来监督监督者的怪圈。而以权利来制约权力,则提供了一种新的监督路径,这是因为"权力来源于权利,权力服务于权利。权力应以权利为界限,权力必须由权利制约"③。故由赋权主体的公民参与对检察权的监督制约,有利于检察权的依法正确行使。在此语境下,美国大陪审团和日本检察审查会及中国人民监督员模式提供了公民参与检察的鲜活制度实践。

(一) 中国人民监督员模式

2003年试行、2010年全面推行的人民监督员制度主要是将检察机关查办职务犯罪案

---

* 广西壮族自治区桂林市广播电视大学副教授。
** 广西壮族自治区桂林市人民检察院办公室主任,全国检察理论研究人才。
① 林钰雄:《检察官论》,台北学林文化事业有限公司1999年版,第16~17页。
② [法]孟德斯鸠:《论法的精神》(上),许明龙译,人民出版社2010年版,第154页。
③ 张文显:《法哲学范畴研究(修订版)》,中国政法大学出版社2001年版,第396页。

件的关键环节如撤案、不起诉、查封冻结财产等纳入人民监督员的监督范围，由随机产生的 3～5 名人民监督员进行评议。如人民监督员不同意下级检察机关拟处理意见，而该院检察长对此持不同意见的，应提交检察委员会讨论决定；如检察委员会的决定与人民监督员表决意见不一致的，则应当向参加监督的人民监督员进行必要说明。人民监督员由上一级检察机关商请机关、团体、企业事业单位和基层组织推荐人员或从自荐人员中选任，任期五年。人民监督员制度作为我国公民参与检察的一项工作创新，被认为是"符合权力制衡原理，契合国家权力社会化发展理论"①，有助于促使检察权依法正确公开行使，被社会上誉为检察机关查办职务犯罪工作中的"阳光作业制度"②。同时，"将凡是可能引起程序性纷争、且符合规定条件的案件，都要交付人民监督员进行监督……拉近了国家与人民之间的距离……程序消除对立关系的功能得到了实现"③，通过实现程序正义加强了检察权外部监督的制度化效力，且使人民群众有渠道直接参与对检察工作的监督，增强了检察工作透明度，符合司法权社会化的发展趋向，因而"具有司法文明的价值和意义"④。从试行之初对"三类案件五种情形"实施监督调整为全面推行后对"七类案件或事项"进行监督⑤，反映了公民参与检察监督制约范围的扩大，这意味着检察机关查办职务犯罪工作中具有终局性决定权的重要环节都被纳入人民监督员的监督范围。从七年试点期间人民监督员监督检察机关拟撤案、拟不起诉及不服逮捕"三类案件" 32304 件，不同意检察机关拟处理意见 1635 件占 5.06%，其中获采纳 1054 件占 64.46% 的数据也表明，人民监督员制度有着强大的生命力，对于促进诉讼民主和人权保障有着积极意义，也直接提高了检察机关查办职务犯罪案件的质量。据统计，2003～2009 年，全国检察机关职务犯罪案件起诉率由 80.8% 上升到 91.6%；不诉率和撤案率分别由 19.2% 和 5.7% 下降到 8.5% 和 2.8%。⑥

（二）美国大陪审团模式

作为"曾经被看作无辜者反对轻率地、恶意地和压迫地起诉的主要保障"⑦，被美国宪法第五修正案所规定的大陪审团制度又称为"起诉陪审团"，它起源于英国、却在美国被广泛运用。美国刑事诉讼法第 7 条规定，凡是在联邦法院审理的重罪案件，应当以大陪

---

① 郭道晖：《符合权力制衡原理，契合国家权力社会化发展理论》，载《检察日报》2004 年 7 月 20 日。
② 童建明、万春等：《中国检察体制改革论纲》，载《司法改革报告——中国的检察院、法院改革》，法律出版社 2004 年版，第 30 页。
③ 周士敏：《人民监督员制度具有深厚的法理基础》，载《检察日报》2004 年 7 月 20 日。
④ 樊崇义：《符合当前世界司法改革的大方向》，载《检察日报》2004 年 7 月 20 日。
⑤ "三类案件"是指：对检察机关直接受理侦查案件拟作撤案、不起诉和犯罪嫌疑人不服逮捕决定的案件；"五种情形"是指：应当立案而不立案或者不应当立案而立案的；超期羁押的；违法搜查、扣押、冻结的；应当给予刑事赔偿而不依法予以确认或者不执行刑事赔偿决定的；检察人员在办案中有徇私舞弊、贪赃枉法、刑讯逼供、暴力取证等违法违纪情况的；"七类案件或事项"是指：应当立案而不立案或者不应当立案而立案的；超期羁押或者检察机关延长羁押期限决定不正确的；违法搜查、扣押、冻结或者违法处理扣押、冻结款物的；拟撤销案件的；拟不起诉的；应当给予刑事赔偿而不依法予以赔偿的；检察人员在办案中有徇私舞弊、贪赃枉法、刑讯逼供、暴力取证等违法违纪情况的。
⑥ 郭洪平：《人民监督员制度七年实践探索成效非凡》，载《检察日报》2011 年 2 月 23 日。
⑦ 谢小剑：《分权理论在防止公诉权滥用中的运用》，载《河北法学》2011 年第 2 期。

审团的起诉书提起公诉。当然，被告人也可以选择放弃大陪审团起诉，而由检察官起诉书起诉，这样的后果则须经法官的预审；反之，由大陪审团起诉的，则无须经法官的预审而直接进入审判程序。大陪审团成员由案发所在社区具有选举权、身世清白、无法律背景的16~23名普通公民经特定程序由法庭随机抽取组成。其职责主要是听取检察官的起诉意见，对相关起诉证据是否符合"合理的根据"的证据标准作出评判。其间，大陪审团可以传唤案件人证和物证进行调查，从而在法院正式立案之前，决定对案件是否应当立案起诉。故大陪审团并非如小陪审团般裁定被告人是否有罪，只是确定犯罪嫌疑人是否应受到审判。对此，"大陪审团具有独立性，即使提交审查的案件证据明显符合证据标准，也可以拒绝适用法律签发大陪审团起诉书"①。大陪审团一旦作出裁决对案件签发起诉书，即由法庭宣告解散。由大陪审团对检察官的起诉意见及相关证据进行审查和调查并裁决是否签发起诉书，其创意在于以与被起诉人同等地位的普通民众的社会常识、风俗习惯、道德公理为基础，并集大多数陪审员的生活智慧和朴素情感对重大复杂的事实问题作出常理性评断，将法律引入社会生活，使检察官的起诉意见更能代表和反映社会主流价值，而能为大多数民众所理解和信服，也使检察官免受社会的苛责和对司法不公的质疑，同时也起到了培养民众民主法治观念的教化作用。正如法国著名学者托克维尔所指出的，"陪审制度教导所有人尊重判决的事实，养成权利观念。它教导人们要做事公道，每个人在陪审邻人的时候，总会想到也会轮到邻人陪审自己……别人也可能决定自己的命运"②。

（三）日本检察审查会模式

以美国大陪审团为原型而演化的日本检察审查会制度实施于1948年，其间于2004年进行了改革。作为根据检察审查会法设立的专职制衡检察官不起诉权的独立机构，其不受检察机关管辖而设在全国地方法院，由11名检察审查员组成，成员由主管机关从符合条件的国民中抽签选任，任期六个月。检察审查会的职能一是对检察官的不起诉决定是否妥当进行审查，二是对于如何改善检察事务进行建议和劝告③。检察审查会会议由互选产生的会长主持，每周一次例会，经听取检察官陈述、询问证人、咨询专业意见，如有8名以上检察审查员同意做出"起诉适当"的决议，则应以书面形式并附上理由送交对作出不起诉处分的检察官有监督指挥权的检事正和检察官适格审查会④，当然这种决议不具有立即强制起诉的效力，但检察机关依法应予慎重考虑；如检察官在收到建议后仍不起诉的，检察审查会可再作一次评议，如8名以上大多数检察审查员继续作出应当起诉决议的，法院将指定律师代替检察官强制起诉。虽然传统上日本检察审查会对于不起诉决定的约束力不大，据1998~2002年统计，每年约有0.2%的不起诉案件被提请检察审查会进行审查，经审查后，认为应当起诉的约5%~6%，但实际变更为起诉的仅为作出起诉决议的30%

---

① 周永年：《人民监督员概论》，中国检察出版社2008年版，第53页。
② ［法］托克维尔：《论美国的民主》（上卷），董果良译，商务印书馆1996年版，第316~317页。
③ 罗永红：《日本检察审查会的启示——兼论我国人民监督员制度的完善》，载《河南社会科学》2007年第4期。
④ 郑锦春、关雅红：《人民监督员制度的完善——以中外民众参与司法相关制度为视角》，载《人民检察》2010年第12期。

左右，起诉后约90%的案件被法院判决有罪[①]。但毕竟"这一制度提供了至为宝贵的、国民参与刑事司法的机会"[②]，其制度的价值意义在于使检察机关不起诉决定的审查公开化，"使公诉权接受社会审查，检察审查会建议起诉的公开导致的负面影响促使检察官不会随便不起诉案件。这样，检察审查会迫使检察官履行法律反映大众意愿的目的"[③]。事实上，经过改革后的日本检察审查会被赋予了更多民众参与检察的话语权，如被热议的小泽一郎选举献金强制起诉案，就是在东京第一检察审查会4次传唤和2次决议下，才改变了检察官原做出的两次不起诉决定。

二、公民参与检察的制度反思

在对域内外公民参与检察的法律制度价值和实践意义大加赞誉的同时，不可否认的是其制度本身的内在功能性缺陷也逐步显露。如美国大陪审团被认为"程序的功能经常就像同意检察官决定的'橡皮图章'一样……大陪审团拒绝指控的不到所有案件的1%……在理论上，大陪审团和法官对检察官滥用权力提供了限制，但是实践中这些限制已经萎缩了。大陪审团现在正完全成为检察机关的傀儡"[④]。日本检察审查会对检察官不起诉决定的法律强制效力则一直备受诉议，被认为无法挑战检察官不起诉决定的绝对权威而被轻视，这业已为每年只有约0.2%的不起诉案件被提请审查所佐证，而成为日本司法制度改革的重点内容。中国的人民监督员制度也存在刚性监督效力不强、人员选任不够公开透明、普通公民参与度和认知度不高、受检察机关聘任而难保中立性和独立性、缺乏立法支持等问题。尽管以上种种都不足以遮掩公民参与检察的价值光芒，但作为对检察权加以权利制衡的一种诉讼理念有必要对其制度内涵和价值功能加以反思。

反思一：公民参与检察的制度预设功能有多大程度的实现空间？如前所述，根据社会契约论由公民对其赋权的检察机关行使检察权过程进行监督，有利于在一定程度上通过审查的公开化、亲历化和程序化对检察权的可能滥用、误用或不作为加以控制，使在专属体制内相对封闭运转并同由法律精英操纵的检察权运行过程公开于阳光之下。作为国家主人的人民群众从前台走入后台，从体制外参与到司法体制内，从而有权利也有机会在检察权行使过程中充分表达、传播和阐释大众的客观理性和民间的道德智慧，既促使检察权依法规范行使，也体现了司法的人民性，使人民检察院的法律决定更能符合人民群众的常识、常情和常理，更能为非经法律训练的普通民众所信服、理解和认可，从而在尊重人民群众对检察工作知情权、参与权、表达权和监督权的同时更好地树立检察权威、提升执法公信力。但公众作为一个泛意上的社会群体，能否承担监督制约检察权不被滥用的重任却是一个不得不面对的问题。

---

① 顾永忠、薛峰、张朝霞：《日本近期刑事诉讼法的修改与刑事司法制度的改革——中国人民大学刑事法律中心赴日考察报告》，载《比较法研究》2005年第2期，第129页。
② ［日］松尾浩也：《日本刑事诉讼法》，丁相顺译，金光旭校，中国人民大学出版社2005年版，第153页。
③ 丁相顺：《日本检察审查会制度的理念、实施与改革》，载《国家检察官学院学报》2005年第3期。
④ 忻佩燕：《人民监督员制度的比较分析与实证评价——以域外公众参与检察权的一般特征为参照》，载《中国司法》2003年第5期。

从公民参与检察的制度设计初衷，必然要求参与监督的公民有着较强的政治主体参与意识、普世的法律正义观念和与生俱来的自由精神。就此，有学者认为"儒家传统导致日本倾向于信任权力人物和他们决定的正确性；在日本给犯罪附上了深刻的污名；日本内在是一个厌诉的国家"① 这三个因素影响了检察审查会功能的充分发挥。即使在标榜自由的美国，作为民主产物的大陪审团制度也无法有效遏制"多数人的暴政"。因为按照其制度设计，大陪审团成员均从案发所在地社区中选任，且仅单方面听取控方证据、未引入抗辩制。面对穷凶极恶的严重刑事犯罪和检察官大量列举的有罪证据，出于自身安全防卫的本能需要，游离于正义之心和怜悯之情的艰难抉择促使每个陪审员更多考虑维护社会正当秩序的现实迫切需求，而非基于纯粹意义上人道主义的社会责任感，因此他们更可能倾向于屈同检察官的观点，将犯罪嫌疑人立案起诉和送交法庭进行审判，以实现社会的公平与正义，满足其对于犯罪的天然憎恶和维系正常社会关系的内心渴求。对此，有观点指出"大陪审团不是自由的捍卫者，而且在很多案件中它曾经起了相反的作用……导致对个人的压抑而不是保护他们免于这种压抑"②。而我国正处于公民权利意识迅速觉醒的社会转型期，社会主义民主法治建设有还待健全和完善，传统法律文化延留的刑罚报应观念和重刑主义的思维印记以及公民长期受臣民意识侵蚀缺乏政治主体意识和参与意识、公民整体素质不高及社会民主风气不够浓厚等因素，也使得人民监督员制度所折射的人民监督功能同样面临着制度预设功能难以充分实现的困境。在此语境下，一些反对者嘲讽公民参与检察制度无非是检察官的"橡皮图章"、"挡箭牌"、"权力正当化的御用工具"也就不以为奇了。但笔者认为，公民参与检察、公民参与司法的积极意义大于其负面效应，且随着公民社会的发展，公民民主和权利意识的觉醒必将推动司法文明的进步，通过制度化的程序安排更清楚地听取民众的不同声音，使民众更广泛地实现公共参与和对国家权力的制约并成为对公权力实行监督的重要力量，使人民当家做主与依法治国有机结合，本身就是现代民主法治的真谛。尽管这个过程可能是漫长曲折的，但完全可以期待。

反思二：公民参与检察是否会冲击检察权独立行使原则？依法独立行使检察权，不受任何行政机关、社会团体和个人的干涉被视为一个不可动摇的司法原则。公民参与检察意味着未经专业训练的普通公民分享了应由职业检察官拥有的部分检察权，且其意见决议对检察权的最终决定形成质疑并通过程序有可能加以改变，这是否代表着公民参与检察事实上是限制了检察权的独立行使呢？对此，笔者不以为然。

首先，社会契约论所提出的主权在民原则明确所有权力的合法性只能来源于人民，也即我国宪法所宣示的"一切权力属于人民"。既然权力由人民授予，那么由人民之中的特定公民代表人民参与到权力运行体制中并对权力进行监督，则理所当然。相对于权力行使者，这些权力所有者更有合法性，更不易被腐蚀和过于傲慢。同时，"如果一个国家的人民有发言权，能实际参与社会管理，它的合法性就能得到强化，国家制度的民众参与性同

---

① 谢小剑：《民众参与公诉权行使评析》，载《法治研究》2008 年第 10 期。
② 王兆鹏：《美国刑事诉讼法》，北京大学出版社 2005 年版，第 80 页。

样会强化制度的合法性"①。同理,由民众参与检察权的运行过程只会增强检察制度的合法性、提升检察权的权威性。其次,司法实践中检察权独立行使往往受到来自检察权地方化、行政化、部门化利益考量的冲击,行政权力总有干预司法的冲动。特别是中国检察机关实行双重领导,在人、财、物受制于地方的体制下,检察权实现真正的独立行使困难重重。而由公民参与检察则为检察机关依法独立行使检察权提供了一道坚实的制度屏障,起到排除和抵御外界干扰的防火墙功能。这是因为相比于生存于官僚体系之中的职业检察官,参与检察的民众都由随机产生,临时召集并随时解散,一般远离国家权力中心,并不希望以此获得直接和长期的社会利益。尤其在美国封闭式的陪审团运作模式下,陪审员的身份保密,既不负个人的政治责任,也不受社会舆论压力,从而更有可能在作出判断时遵从内心的真实声音,而较少考虑正义以外的利益性因素,其决定也更趋于客观公正和中立理性。且无论是大陪审团还是检察审查会或人民监督员,其成员数量都较多,从理论上说如果要同时贿赂他们以让其作出对己有利的决议不仅需要付出巨大的经济代价,而且也可能冒着极大的行为风险,而成为保障检察权不受腐蚀的防护堤。再次,检察权独立行使更多的是强调独立于行政权控制之外,而非独立于民意。当然,检察权不能为民意所左右,但让民意有序地参与检察权运行过程,使检察决定更多地融入社情民意的积极要素,有利于增强对检察权的制度认同和感情认同,减少检察权对检察官个体素养的过分依赖,避免检察权行使高高在上的独断专横,反而有助于检察权的依法独立行使。最后,基于参与民主理论和协商民主理论而产生的公民参与检察制度与以精英主义民主为特征的代议制检察制度并非完全的紧张对立和相互排斥关系,前者只是后者的补充和修正,并不反对和抵制现有权力分立的宪政体制。对此著名诉讼法学家莫诺·卡佩莱蒂有独到的阐述:"法律的自由主义理论确立了司法独立和民主责任两项原则,并且无疑两者之间存在一种内在的冲突或矛盾。然而,这并不意味着两者之一或两者应予抛弃。更加严肃和现实的当然是,实际上人类努力使这两项原则相结合……人们试图调和其对立,一方面根据合理平衡这两大价值的要求而使司法机构承担一定程度的责任,另一方面令其享有相应的独立地位。"②

反思三:公民参与检察是否与检察官职业化潮流相悖?随着市场经济条件下社会分工的高度发展,法律作为一门种类繁杂的精密社会学科,对从业人员的素质要求越来越高,法律专业化正向法律职业化并朝法律职业共同体发展,要求以共同的法律知识、法律语言、法律思维、法律技巧等执业素能专职立法、执法、司法等法律技术工作。检察官作为司法官的重要组成,检察官职业化也正被广泛提倡。

按照最高人民检察院的要求,职业化的检察官应具备坚定的职业信仰、专业的职业技能、崇高的职业道德和稳定的职业保障,这既是法律稳定性的内在反映,也是检察规律的客观要求,更是提高检察执法公信和权威的重要保障。但推行检察官职业化,并非意味着检察权完全由职业检察官所垄断。因为,过度强调法律职业化将可能带来法律职业群体的集团利益化,即面对晦涩的法律语言、冗长的法律程序、专业的法律逻辑和复杂的执业技

---

① 任蓉:《民众参与司法的审视:陪审团制度价值功能解读》,载《南昌航空大学学报》2011年第4期。
② [意]莫诺·卡佩莱蒂:《比较法视野中的司法程序》,徐昕、王奕译,清华大学出版社2005年版,第15页。

巧，普通人无法触及和参与，而成为法律人的独占专属领域，远离于普通民众视野之外。在法律职业化的神秘主义幌子下，"法律人这个职业群就会基于自己的特殊利益，必然力图在这个过程中打着'司法独立'的大旗，通过对司法权的'操纵'，将法律这个本来属于公众的庄严圣典尽可能变为自己这个小群体的专利，使自己成为'一个没有贵族的国家里'的贵族①"，以致"作为或者本应作为自出人之间公约的法律，往往只是少数人欲望的工具"②。为了克服法律异化导致加剧与社会的紧张关系、削弱法律人的特权，有必要将司法民主化与司法职业化相结合，使司法真正成为社会公正最后一道防线。在此语境下，民众参与检察将社会普遍认同的常情、常识和常理引入冷漠、僵化和程序化、流程化的检察权行使过程，使之鲜活接"地气"摆脱专横的衙门色彩，充分反映民心民意和社会关切，有利于削减对法律人"毫不关心事物的本质，宁愿被人指为荒谬绝伦，宁肯违反理性和人情，也不改动法律上的一文一字③"的批评。同时，公民参与检察使公民成为公民的裁判者，按照"同等者审判"的原则，"每个人都应由与他地位同等的人来裁判，这是最有益的法律，当罪犯侵害的是第三者时，法官就应该一半是与罪犯地位同等的人，一半是与受害者地位同等的人，这样，那些改变包括无意中改变事物面目的各个私人的利益得以平衡，这时候，发言的便只是法律和真相"④。同理，检察官代表国家追诉和指控犯罪，由与被追诉人平等的自己人来参与检察权行使和监督，更能让他们亲切感受到法律的公正与无私继而信仰法律，也更能让他们认同、信赖和服从检察权的决定结果，增强检察执法公信力。

三、公民参与检察的机制完善

伴随着司法的日益开放性和民主性，"正在发生一般民众从司法作用的客体向主体转化，并积极动员审判来实现对一般政治过程进行参加的意识革命"⑤。同样，公民参与检察制度方兴未艾，并正得以加强和改良，如美国大陪审团制度在严格审查检察官证据和调查职能方面进行了强化，日本检察审查会制度新增了强制起诉权，中国人民监督员制度在人员选任和监督程序等方面进行了改革。笔者认为，人民检察院的宪法定位体现了中国检察机关人民性至上的本质属性和核心价值，通过公民参与检察将人民本身或者说是一部分公民提到检察官的地位，事实上是将社会公权力还回到人民或者一部分公民手中，其正当性毫无疑问。且随着宽严相济刑事政策的贯彻实施，检察机关更多承担着化解社会矛盾、促进社会和谐的社会责任，公民参与检察则有可能将普通公众对公序良俗的社会理性与职业检察官只服从法律的保守理性相融合，在促进检察权民主化中推动检察机关走出神秘而贴近大众生活、拉近群众距离、关注社会现实、平衡利益需求。就此，有必要对中国本土化的公民参与检察制度进一步健全完善。

---

① 陈忠林：《司法民主是司法公正的根本保证》，载《法学杂志》2010年第5期。
② [意]贝卡利亚：《论犯罪与刑罚》，黄风译，中国法制出版社2005年版，第7页。
③ [法]托克维尔：《论美国的民主》（上卷），董果良译，商务印书馆1991年版，第308页。
④ [意]贝卡利亚：《论犯罪与刑罚》，黄风译，中国法制出版社2005年版，第25页。
⑤ [日]棚濑孝雄：《纠纷的解决与审判制度》，王亚新译，中国政法大学出版社2004年版，第256页。

（一）人民监督员选任应具体外性和权威性

最高人民检察院《关于实行人民监督员制度的规定》对人民监督员选任规定了一般条件、禁止条件和不宜条件①，增强了可操作性；明确党政、人大领导和法律专业工作者等社会精英不宜担任人民监督员，体现了平民性和大众性。但人民监督员由机关、团体、企业事业单位和基层组织向检察机关推荐或公民自荐，由检察机关选任、考察和任命，人民监督员经费列入检察机关公用经费等规定，未能澄清外界对检察机关"自己人监督自己"的质疑。相比于美国大陪审团成员由法庭从选民册中选任、日本检察审查会完全独立和其成员由选举管理委员会及检察审查员事务局抽签决定等规定，人民监督员制度仍存在于检察体制内，其依附性对于其决定的超然性构成重大影响。作为对检察机关办理直接受理立案侦查案件实施监督而设立的一个外部机构，如果没有独立性和中立性也就难以发挥有效的监督性，最终可能演化成"摆设"或"道具"。

新形势下检察机关提高执法公信力，必然要取得人民的信任和支持，故成立体制外、公认作为第三方的人民监督员机构势在必然。既然根据我国宪法规定检察机关由人大产生、受人大监督、向人大负责，那么"以同一权力源的选任模式"②，由人大为主导来选任代表人民群众对检察权进行监督的人民监督员，符合权力制约权力、权利监督权力的宪政要求，也增强了权威性。参照我国人民陪审员由人大常委会任命的立法模式，未来可建议全国人大制定《关于完善人民监督员制度的决定》，明确人民监督员应由市级以上人大常委会任命，其日常工作可由人大常委会内务司法委员会或法制工作委员会成立专门机构如"人民监督员工作办公室"负责；如条件成熟也可成立"人民监督工作委员会"，专司负责人民监督员、人民陪审员、特约检察员等对国家权力实行社会力量监督的机构管理。同时，建议进一步放宽人民监督员选任条件，如规定只要是有选举权和被选举权、未受过刑事责任追究、不担任公职的中国公民都可担任人民监督员，但有法律背景或法律专业人士除外，以体现社会各阶层普通公众广泛参与的人民性和非法律职业性。具体工作中，每五年可由市级以上人大常委会组织开展一次人民监督员选任活动，在向社会发布公告后，由人大常委会选举委员会会同内务司法委员会、法制工作委员在符合条件的企事业单位、人民团体、社会组织推荐或自荐人员中进行选任，建立一定名额的人民监督员候选人名册库。人民监督员工作机构根据检察机关提请或公民申请以例会或不定期会议形式，对需监督的案件随机抽取人民监督员进行监督。此外，建议明确将人民监督员工作经费单独编列财政预算，由人民监督员专门机构在案件评议结束后一次性支付人民监督员相应的误工、误餐补贴及往返交通及住宿费用。

---

① 人民监督员应当具备下列条件：（一）拥护中华人民共和国宪法；（二）有选举权和被选举权；（三）年满二十三周岁；（四）公道正派，有一定的文化水平；（五）身体健康。第五条 下列人员不得担任人民监督员：（一）受过刑事处罚或者正在受到刑事追究的；（二）受过劳动教养或者行政拘留处罚的；（三）被开除公职或者开除留用的。第6条 下列人员不宜担任人民监督员：（一）党委、政府及其组成部门的负责人；（二）人民代表大会常务委员会组成人员；（三）人民法院、人民检察院、公安机关、国家安全机关、司法行政机关的在职人员；（四）执业律师、人民陪审员；（五）其他因职务原因可能影响履行人民监督员职责的人员。
② 张怀顺、吴昉磊：《关于人民监督选任问题的思考》，载《中国司法》2008年第10期。

（二）人民监督员监督范围应适当扩大

将人民群众反映强烈、社会高度关注而又可能存在"暗箱操作"的公职人员涉嫌贪腐渎职案件的终局性处分环节纳入人民监督员监督范围，使公民对检察机关职务犯罪侦查案件撤案、不诉等决定是否恰当拥有发言权，在一定程度上可回应公众对腐败案件查处的种种猜疑，同时也包含着借助公众的社会监督力量抵御对查处腐败案件的干扰和阻力之深意。相比于美国大陪审团只审查检察官起诉决定、日本检察审查会只审查检察官不起诉决定，我国人民监督员的监督范围似乎更宽。对此，笔者不敢苟同。这是因为美国等西方国家对于凡涉及限制或剥夺财产、人身和隐私的强制措施都规定必须事先得到中立法官的批准，并将此纳入宪法"正当法律程序"的原则体系之中①，也即所谓的司法令状主义，由法院来监督制约侦查权，体现了司法的最终裁决权。因此，美国大陪审团、日本检察审查会看似监督范围有限，但却是将没有法院监督制约的终局性检察权事实上都纳入了监督范围。

我国检察机关是宪法规定的法律监督机关，法律监督权被认为是第四种权力，拥有对刑事案件不批捕、不起诉决定权，对自行侦查案件不立案、撤案决定权，对民事行政申诉案件不抗诉等终局性裁决权，并有查封、冻结或扣押涉案财产的处分权，这种职权配置"符合我国二元司法的架构，也符合检察权程序裁判的特点"②。相对于检察权运行的特点，将涉及限制人身、财产和隐私权的终局性检察处分权都纳入人民监督员的监督范围，是值得认真考虑的价值选项。从某种意义上说，对官员贪腐渎职案件的依法处理固然是社会公众关注的焦点，但对于关切公民生命财产安全受到犯罪侵害的普通刑事案件的公正处理却更为直接地被社会公众感同身受，因为他或她可能就是下一起案件的受害者；且一起案件所牵涉的影响范围以几何基数扩散而更为社会关切，故将社会影响大、涉及群体多的刑事案件不批捕、不起诉决定也纳入监督范围，有利于检察权的终局性处分决定更能以平民的视角反映社会的朴实价值和公共良知，显而易见地缓和社会矛盾、平息社会冲突，最终实现检察权所蕴含的维持社会秩序、促进社会和谐、巩固执政基础的司法责任。对于人民监督员制所折射的参审或陪审制的价值意义，柏拉图早就指出："在审判危害国家的违法行为时，应当有人民参与；如果不准许人民参与判决，倘一人犯错误，就是整个国家的错误，人们就可以合情合理地抱怨……在私人诉讼中，也应尽可能让所有的人参与，因为没有参与司法的人易于想象他全然没有参与国家管理"③。托克维尔也认为："所谓陪审制度，就是随时请来几位公民，组成一个陪审团，暂时给予他们以参加审判的权利。我认为，在惩治犯罪行为方面利用陪审制度，会使政府建立完美的共和制度……主持刑事审判的人，才真正是社会的主人。当陪审团参加民事案件的审理时……它将涉及所有人的利益……甚至把它与公道等量齐观④"。在此图景下，可逐步扩大人民监督员的监督范围，

---

① 丁玮：《美国宪法上的正当法律程序——一个历史的视角》，黑龙江出版社2007年版，第20页。
② 姚石京、余文权：《创建有中国特色的令状制度》，载《检察日报》2006年2月13日。
③ ［英］埃尔曼：《比较法律文化》，贺卫方、高鸿均译，清华大学出版社2002年版，第155页。
④ ［法］托克维尔：《论美国的民主》（上卷），董果良译，商务印书馆1991年版，第315页。

将检察机关职务犯罪侦查权、刑事检察权以至民事行政检察权中具有终局性的权力都予以监督。如此,公民参与检察才能真正发挥制度功能,才能从根本上解决信任危机,让人民群众在每一个案件中都感受到司法公正、社会正义和法律公平。

(三)人民监督员的监督程序规则应予完善

无论是美国大陪审团抑或日本检察审查会,还是中国人民监督员制度,其监督程序都以秘密、不公开、非抗辩审查方式为表征。如美国大陪审团仅听取检察官出示的证据,也可传唤证人进行调查,但被告人及其律师不得到场,以至有论点尖锐指出"大陪审团的目的虽然在限制检察官的滥行起诉,但实际上却为检察官所操纵。因为法律规定检察官为大陪审团的法律顾问,23人的大陪审团通常不可能知道应如何调查证据,由检察官传什么证人、调查什么证据,乃想当然之事"①。日本检察审查会的审查方式也基本类同,且"因调查能力不足等制度上内在之缺陷,其实效性受到质疑,象征性之意义大于实质的效果"②。我国人民监督员也主要是听取检察官介绍案情和法律适用及进行证据展示,正式规定甚至取消了试行规定中关于"必要时可以旁听案件承办人讯问犯罪嫌疑人、询问证人、听取有关人员陈述、听取本案律师意见"的规定。

按照程序正义的要求,正义应以看得见的方式实现,这就要求裁判过程公平,法律程序正义,即控辩双方都应平等参与程序,都有机会和可能提出对自己有利的证据,对不利的证据进行反驳,从而对裁判结果施加有效影响。保障当事人的程序参与权,意味着公民在参与中能够自主地把握自己的命运。唯有如此才能"尊重程序参与者作为自主、负责和理性主体的地位,要求裁判机构与他一起参与裁判结果的形成过程,向他论证裁判结果的合理性和正当性,从而使他成为裁判制作过程中的协商者、对话者、辩论者和被说服者,其作为人的尊严和价值得到充分的尊重"③。当然,从公民参与检察的制度初衷而言,更多强调对检察权的监督制约,而非真正让公民对案件实体和法律适用作出裁判,故在审查规则设制上不必过于复杂专业。但从程序公正的角度而言,为更有效地监督检察权依法正当行使,有必要改革现有的审查方式,通过听取有关人员陈述和律师意见及询问证人,更全面、客观地对检察官的拟处理意见作出良心评判,而非为检察官所左右。毕竟,检察官虽负有客观公正义务,但也不排除其综合各种利益考虑后作出的终局性处分具有偏向性,可能使一些犯罪嫌疑人逃避法律的制裁。此外,作为一种外部社会力量的监督,固然不需要人民监督员对法律有精深的理解,但如果只听从检察官的一面之词,在难以全面查阅案卷的情况下,很有可能难以对抗国家强权机关意志的影响而被误导。只有兼听则明,才能以"普通意识"制约"职业意识",从监察视角发现案件事实真相从而主持正义。

(四)人民监督员的监督效力应予明确

由于各国法律文化和经济社会发展的不同,公民参与检察被赋予了不同的法律效力。如在公民民主意识和参与意识强烈的美国,大陪审团的决议具有强制法律效力,其拒绝起

---

① 王兆鹏:《美国刑事诉讼法》,北京大学出版社2005年版,第10页。
② 袁索:《日本国检察制度》,商务印书馆2003年版,第48页。
③ 陈瑞华:《程序正义论——从刑事审判的角度分析》,载《中外法学》1997年第2期。

诉往往无须解释理由而且无法变更，这是因为美国司法制度更多关注于保障被告人的权利。即对于陪审员来说，他所关注的"不涉及其个人利益或制度利益，而只关乎他们同胞的自由与法治相关的利益"，其对事实作出决议"意味着可以阻止刑事司法领域内国家权力的滥用"①。这也可以解释为大陪审团制度的最大价值在于以公民良知对抗强权压迫和恶法施暴，他们所拥有的僭越法律或曲解法律的强有力权力，"不仅是实现公正的手段……还是象征自由永存的明灯"②。但在对国家强权有着天然畏惧感和依附感的中国，民众往往缺乏独立的社会责任意识，"不以保障被追诉人人权为刑事司法的目标，却以维持社会秩序作为共享的价值取向，则参与司法不但不能成为防止权力滥用的手段，相反可能成为权力施加压迫的工具"③。故将人民监督员的制度功能设定为对检察权的程序监督而非实体监督，以提出质疑建议而非强制替代，可能更符合我国国情和法治建设的现状。如果过多强调人民监督员监督结果的刚性效力，可能在仍处于"熟人社会"的中国形成新的权力滥用或腐败，而且也可能涉嫌挑战检察权独立行使的宪法原则，有悖于权利制约权力的监督理念，从而将"批评建议权异化为凌驾于检察权之上的决定性权力"④。但从另一方面而言，近年来日本对检察审查会制度修订并赋予其强制起诉权的司法改革动向值得我们借鉴和深思。

笔者认为，正式规定中关于"承办案件的人民检察院应当对人民监督员的表决意见进行审查。检察长不同意人民监督员表决意见的，应当提交检察委员会讨论决定。检察委员会的决定与人民监督员表决意见不一致的，应当向参加监督的人民监督员作出必要的说明"的规定，相比试行规定中关于"检察委员会的决定与人民监督员表决意见不一致时，应当由人民监督员办公室向人民监督员作出说明。参加监督的多数人民监督员对检察委员会的决定有异议的，可以要求提请上一级人民检察院复核。上一级人民检察院应当及时复核并反馈结果。上一级人民检察院的决定，下级人民检察院应当执行"规定是一个倒退，建议应予恢复。因为即使有上一级人民监督员监督的规定，但如果承办案件检察院的检察委员会不同意人民监督员表决意见的，也仅需向其作出必要说明即可，这使得人民监督员的监督效力大打折扣，也在一定程度上挫伤了参与的积极性。毕竟由被监督者认同监督意见并自我纠错的程序设计过于理想化和简单化，这不仅需要执法者极大的勇气，更是一个面子问题。反之，按照检察一体化原则，由上一级检察机关复核下一级检察机关不同意人民监督员表决意见的检委会结论，既与刑事诉讼法关于公安机关不服检察机关不捕决定有权向上级检察机关提请复核的监督规定旨趣相通，又可通过赋予人民监督员一定的制约权而发挥程序监督效力，实现公民对检察权的真正参与。

四、结语

随着平民司法的蓬勃发展，以人民当家做主为宪法依据的公民参与检察制度作为权利

---

① 任蓉：《民众参与司法的审视：陪审团制度价值功能解读》，载《南昌航空大学学报》2011年第4期。
② [英]丹宁勋爵：《法律的未来》，刘庸安、张文镇译，法律出版社2000年版，第41页。
③ 谢小剑：《民众参与公诉权行使评析》，载《法治研究》2008年第10期。
④ 韩大元：《中国检察制度宪法基础研究》，中国检察出版社2007年版，第424页。

与权力的平衡器,由"权力所有者直接行使权力,权力所有者与权力行使者实现了统一"①,在推进政治民主和司法民主、开展法制教育,培育公民学法、尊法、守法、用法意识,防止检察权独断滥用、遏制司法腐败、增强司法公信等方面越发凸显独特的价值功能。作为中国本土化公民参与检察示范的人民监督员制度经过十年的探索也正逐步走向成熟,在"只有人民成为自己的审判者,才能确保人民的民主、自由"的法治图景下,更多的公民参与检察、参与司法必将全面推进中国法治建设,成为"有利于国家和平发展和进步的一种最强大的力量"②。

---

① 卢淑和、饶士权:《美国陪审团制度的功能及其对我国审判制度改革的启迪》,载《中南民族大学学报》2004年第2期。
② [英]丹宁勋爵:《法律的未来》,刘庸安、张文镇译,法律出版社2000年版,第41页。

绩效考评引导诉讼监督职能实现的冲突困惑及完善对策的理性探析

刘元见*

检察机关是国家的专门法律监督机关，对诉讼活动进行法律监督是法律监督职能的重要组成部分。最高人民检察院在《关于进一步加强对诉讼活动法律监督工作的意见》（以下简称《意见》）中提出"建立适应诉讼监督工作特点的科学考评机制，提高检察人员开展诉讼监督的积极性和诉讼监督的质量"要求。本文拟从检察绩效考评的视角对诉讼监督工作的实践困惑和健全完善诉讼监督绩效考评方法途径作些理性探讨，以充分发挥绩效考评理性引导诉讼监督职能实现和提升诉讼监督成效的正面作用。

一、对诉讼监督进行绩效考评的必然性和必要性

法律的适用结果、司法公正与效率的主要项目可通过量化体现。检察工作科学发展的可量化性和可比性是量化考评机制建立的前提①。绩效考评作为一种先进的管理方法，在西方国家的企业和政府的管理中取得了很大的成功。《中共中央关于进一步加强人民法院、人民检察院工作的决定》中强调要在检察机关建立绩效管理机制。以规范执法办案活动为重点内容、以工作流程管理和绩效量化考核为基本方式，把现代管理理念和管理手段正式明确的引入检察工作，就是要打破过去以主观印象为主的考评方式，以严格的统计数据为基础构建起量化、客观的评价体系，一定程度上整合内部评估和外部评价，规范和引导检察人员行为，维护社会公平与正义，实现法律效果与社会效果的统一。

诉讼监督业务是检察工作的重要组成部分。对其开展考评，有利于引导落实检察工作总体要求，推动实现法律监督工作力度、质量、效率和效果的有机统一，确保检察工作的科学发展；有利于上级检察机关充分掌握诉讼业务情况，加强工作指导和业务管理；有利于转变执法观念，促进执法规范化建设，提高法律监督能力。建立健全符合科学发展观和正确政绩观要求的诉讼监督考核评价体系，是促进检察工作长远健康发展的内在要求，也是解决目前考评工作中存在突出问题的迫切需要。以《最高人民检察院考核评价各省、自治区、直辖市检察业务工作项目及计分细则（试行）》（2010年版）为例，诉讼监督业务工作分值（410分）占整个检察业务工作（1000分）的41%之重，诉讼监督工作几乎撑起了检察业务工作的半边天。在绩效考评潮流汹涌而来的今天，考还是不考已不成问

---

* 广西壮族自治区人民检察院干部。

① 林鼎立、潘军、刘元见：《以科学发展观为指导健全完善检察机关量化考评机制》，载《法律与社会》2009年第4期。

题,如何考才是关键。

二、诉讼监督与绩效考评的现实困惑

(一)依法监督与考评标准的冲突

检察机关作为国家专门的法律监督机关,开展诉讼监督工作所必须遵循的首要基本原则是:检察机关诉讼监督的范围、提起程序和监督的方式都必须严格依据刑事诉讼法、民事诉讼法、行政诉讼法及相应的司法解释。在对诉讼监督工作加大改革创新力度的同时,必须高度重视诉讼监督的规范性,切实做到依法监督、规范监督。现行的某些诉讼监督考核项目由于其设计得不够科学严谨和验收要求标准的模糊疏忽,往往会引导检察人员忽视甚至故意规避程序法的规定,而按照考评体系所确定的对自身有利的评价来实施诉讼活动。如2010年度部分诉讼监督工作数据的异常虚增严重损害检察机关形象,引起了高层领导的极大关注,甚至对整个绩效考评制度的公信力和权威性、可行性产生了怀疑,这不能不引起我们深深的反省。

(二)有效监督与考评质量的冲突

按照《意见》要求诉讼监督要"提高效率、保证质量",这就要做到及时有效监督。及时监督原则是指检察机关在履行诉讼监督职责时,应当积极通过多种监督渠道,即时了解、跟踪、审查被监督机关的诉讼行为,一旦发现违法行为,应当及时启动诉讼监督程序,对违法诉讼行为予以纠正。有效监督原则是指检察机关的诉讼监督应当讲究方式方法,做到监督到位,切实保证监督取得实效。以"数"和"率"为主考评诉讼监督工作,容易导致"从严从快"的倾向,随之而来的是对法定程序和证据条件的忽视,还可能对诉讼监督工作创新发展带来消极影响。所以,有人提出要弱化对"量"和"率"的硬性规定①,认为应当将考核的重点放在检察活动是否符合法定的实体和程序规范上,才能真正实现从形式考评向实质考评转变。这是典型的"站着说话不腰疼":一个诉讼监督的案件要从"实体和程序"看出是否合乎规范,根据司法办案"亲历性"原则,要依据事实、证据、程序、法律等多方面的核查,要一定的专业水平和素养,基本上等同于又亲自办一次案,不仅没必要,而且不太可能,且给考评验收要求带来更大的麻烦:诉讼监督以哪个单位或哪个人为监督成功标准?很容易陷入"谁也信不过"的恶性怪圈。对一个具体案件认定尚如此麻烦如此高成本,那如何监督千万件案子?绩效考评的考评内容项目,除了重点性,还有可考性、可操作性和简便性,不讲究效率和成本的考评不仅不能体现公平,还会在刻意追求所谓公平中尽失公平。设定考评基数和控制项目是必要的,否则就没有目标和办案压力,难以实现考评的引导和激励作用。

(三)相互监督与相互配合的冲突

执法司法机关"分工负责、互相配合、互相制约"是中国特色司法制度的重要内容。监督与配合相结合原则,是如何看待和处理检察机关与被监督机关在各自日常工作中相互关系的基本准则。依法、正确、恰当处理与其他执法司法机关之间的关系,是检察机关切

---

① 向泽选:《检察业务考评机制探析》,载《国家检察官学院学报》2010年第4期。

实履行诉讼监督职能的必要保障。以公检法三部门经常考核的诉讼项目来看①，其考评相互制衡与配合的复杂关系可见一斑：

考评项目 \ 部门	公安	检察	法院
破案率、人数、挽回损失、批捕数	正比（加分）	正比	
追捕数、退查数	反比（减分）	正比	
不批捕、不起诉、撤案数（率）	反比	反比	
捕后不诉数（率）		反比	反比
起诉数（率）		正比	正比
定罪、判决数（率）	正比	正比	正比
罪名改变、定性改变数		反比	正比
无罪判决、建议外量刑、漏抗、被支抗		反比	
追诉、增加罪名事实、纠正违法、检察建议	反比	正比	
抗诉、审监抗诉、纠正违法、检察建议数		正比	反比
撤诉数（率）		反比	反比
发回、改判数（率）		正比	反比
上访、错拘、错逮、超期数	反比	反比	反比
刑讯数	反比	反比	

可见，诉讼监督关系引入考评会带来很复杂的功效：一是能设定控制，也带来迎合迁就；二是推动竞争攀比，但也造成推难争易、姑养案源、隐瞒虚报及串通"跑要"；三是会引发上下对立、欺上瞒下，也会促成上下一体抱成一团。它既造成公检法激烈冲突，又推动三者配合大于制约，甚至违反法律法规。有人提出，在公检法业务相关的前提下，在考核项目彼此影响的情况下，能不能清理那些相互矛盾的考核内容和标准，甚至制定一体化的协同性考核机制②，以减少"各自考核"和"各管各"带来的弊端？这个愿望非常良好，不过其忽略了最根本的"分工负责、互相制约"法律规定和各自的不同职责，更忽略了检察机关特有的诉讼监督的法定义务。当然，那种幻想诉讼监督效果要达到"三个价值"目标由检察机关去实现的观点，不是膨胀监督主体职能就是犯了"耕了别人的地荒了自己的田"或大包大揽式的天真③，也是要不得的。

---

① 该表参见朱桐辉：《刑事诉讼中的计件考核》，载《法律和社会科学》（第4卷），笔者对表格的部分项目作了调整。

② 向泽选：《检察业务考评机制探析》，载《国家检察官学院学报》2010年第4期。

③ 韩哲：《诉讼监督的价值目标及其实现》，载《中国刑事法学杂志》2011年第5期。该文提出诉讼监督的三个价值目标具有一定的层级性，维护个案公正和司法权威是诉讼监督直接的价值目标，促进司法权、行政权运行机制的健全和完善是诉讼监督第二层级目标，维护国家法律的统一正确实施是诉讼监督的最高层次的价值目标，这个目标的实现依靠诉讼监督和职务犯罪、公诉职能从三个不同角度共同完成的。

（四）业绩虚增与规范监督的冲突

曹建明检察长在第十三次全国检察工作会议上提出"办案数量、质量、效率、效果、安全相统一"的业绩观，是科学发展观在检察工作中的必然要求和具体体现，也是检察工作实践经验的总结升华。以量化为主要的诉讼监督考评模式中，绩效数据的真实性将是最根本最必需的前提。出现数据异常虚增问题，不仅关系到检察人员的品质品德问题，并且不及时解决将影响检察工作的长远健康发展。虚增的情形主要有：一是扩大了纠正违法的适用范围。对一些本可以通过口头纠正的轻微违法情形，甚至有的是工作内部管理不规范（如送达不及时、事故隐患问题等），全都提出书面纠正违法意见。二是办案中的瑕疵问题，如侦查机关移送案件卷宗中缺漏个别环节的法律文书（立案报告、拘留报告、申请报告、破案报告）等一些本不属于侦查活动违法的情况，视为书面纠正违法情形进行监督处理。三是一些属于检察建议范围的工作事项（司法行政部门对上级机关工作部署落实不到位），当作纠正违法情形进行处理。四是对个别存在违法情形的案件重复统计（一案中多个违法情形作为多起违法案件发出纠正违法意见书）。五是对一些本不存在违法情形的案件发出纠正违法意见书（对公安机关以事立案案件、已撤案案件提出监督撤案意见）。出现上述问题的主要原因：个别单位相关业务部门没有严格按照法律法规及办案有关工作规范开展诉讼监督工作，办案人员对相关的办案标准摸不透、吃不准，一些单位的内勤人员和部门负责人，在开展案件统计填报过程中，没有严格执行审签制度，对发生的不实统计情况未能及时发现，造成误报、错报，有些甚至纯粹是为了考评计分，到被监督机关"跑要"监督违法违规事实的"材料"，严重影响监督机关的监督权威和社会形象。

三、促进诉讼监督考评工作应树立的基本原则

（一）恪守依法监督至上的位阶原则

诉讼监督的基本方法就是用法律规定来衡量各项诉讼活动是否依法进行，这种监督行为更需要严格限制在法律授权的范围内，绝不能擅自突破法律的规定，以违法对违法。作为国家的专门法律监督机关，检察机关应当也必须做严格执法、依法办事、依法办案的模范。这是由诉讼监督的性质决定的，也是诉讼监督追求秩序价值、维护法制统一的必然要求，还是诉讼监督维护程序正义的必然要求。绝对不能出现为了考评分数而有意无意地"暗箱操作"、胡乱监督或怠于监督。如出现违法违规监督或故意不履行监督职责的，不仅要实行考评分数倒扣制，且根据情形予以行政党纪甚至法律追究责任，以严肃的惩罚机制维护考评的公正性和权威性。

（二）科学合理设置考评项目原则

在实施绩效考核过程中，考评项目必须具备三个条件：合理性、可操作性和导向性。同时在目标体系设置时必须注意三个问题：考核手段以量化为主，在注重数据的同时要兼以定性说明；考核目标以导向为主，促进检察工作的整体全面发展；考核评价以效果为

主，要引入竞争激励机制，注意奖惩①。如在超期羁押考评问题上，工作导向和客观考评的矛盾较难协调。如果立足于事前监督，对发生超期羁押的给予否定评价，易导致瞒报超期羁押；如果立足于事后监督，对纠正超期羁押情况给予肯定评价，易导致放弃事前提醒而等待超期羁押问题发生。所以，较合理的对策是：对于未发生超期羁押的，获得该项目最高评价分；发生超期羁押在一定期限内未纠正的，予以相应扣分。该项目是否定性评价的扣减分项目，无超期羁押情况意味着可得最高评价分了，不必再另行加分。又比如，应增设纠正违法与查办司法人员职务犯罪结合考评项目。诉讼监督的直接任务和目的是纠正诉讼违法。在一些严重的执法不严、司法不公现象的背后，往往存在以权谋私、权钱交易、贪赃枉法等职务犯罪行为。但是，从近年来的统计数据看，这项工作并不令人十分满意。2005 年全国检察机关共立案侦查司法人员职务犯罪 4113 人，且逐年下降，到 2009 年已降到 2761 人。这与近年来纠正诉讼违法情况逐年大幅度增加的态势形成了鲜明的反差，恐怕与司法人员职务犯罪的现状也不相符②。在各类诉讼的各个环节，只要相关职务犯罪得到立查，均应加分予以鼓励。

同时，对以下情形一般不予列为考评项目：一是缺乏考评条件，实践中难以操作的，如考评监所检察工作同步监督；二是与诉讼监督工作没有直接关系，如监督案件经过检委会程序；三是不符合对下考评特点而过于繁琐的，如建议将涉讼监督工作的所有环节均纳入考评，对罪名定性变更加减分等；四是相关工作目前尚在探索，有待进一步规范，如量刑建议工作。

对于被动受理案件，通过工作成果间的比率关系可以反映工作质量、效率和力度的统一。对于主动办理的案件，情况相对复杂，如果单纯通过比率来反映质量，可能会导致人为降低办案规模而追求比率的现象；而如果单纯通过工作成果的数量来反映质量，则可能导致"广种薄收"，造成乱办案，实际不能准确反映工作质量。所以，对工作质量项目采取工作成果数量与比率相结合的考评方式，从而避免人为追求立案数而忽视质量的情况。特别是注意突出考评检察业务工作的主要方面，不能面面俱到、过于繁琐。同时尽可能控制和减少一些难以客观反映、准确统计的考评项目，保证考评的公正性、权威性、科学性。

（三）统筹平衡考评方式方法原则

当前，要以办案数量、质量、效率、效果和安全为主要内容，形成考评理念科学、考评项目全面、考评程序透明、考评方法公正、考评奖惩合理的检察业绩考评机制，既重视主观努力，又重视客观条件，使不同条件下的工作得到实事求是、恰如其分的评价，从形式上完成任务向实质上体现效果转变，从单项项目向综合评价转变，使考评结果与工作实绩相统一，与群众评价相统一，充分体现考评的客观性、公正性和科学性。要推行分类考评，根据诉讼监督的不同部门、不同岗位、不同职责和任务，突出不同的重点项目分别进行考核。要做到执法规范化、队伍专业化、管理科学化、保障现代化建设的统筹兼顾；检察事业的发展与检察人才的培养的统筹兼顾；检察体制方面的改革、检察工作机制方面的

---

① 刘金林、薛培、马鲜：《绩效考核：优化机制必须遵从诉讼规律》，载《检察日报》2011 年 5 月 27 日。
② 童建明：《加强诉讼监督需把握好的若干关系》，载《国家检察官学院学报》2010 年第 5 期。

创新与检察工作制度的完善的统筹兼顾；全面提高检察人员政治业务素质与提高检察技术信息化应用水平、提高检察基础设施建设和经费保障能力的统筹兼顾。既要鼓励、表彰先进，又要解决工作发展不平衡问题，注意各部门之间的相互关联制约、协调配合，促进各方面齐头并进、协调发展，实现诉讼监督整体效能最大化。

（四）坚持一体化考核原则

对上级检察院来说，要强调服务，积极为下级检察机关排忧解难；对下级检察院来说，要强调服从，必须严格执行上级检察机关制定的法规、规定、纪律、处理案件的决定等。为此，在对市院进行考评时，坚持要把所辖基层院的工作一并纳入，对两级检察院工作实行一体化考核评比，使基层工作业绩直接影响市院的得分，同时基层院在队伍建设和办案安全方面发生问题时，视情节轻重对所属市分院予以扣分或下调奖励档次。实行上下级院工作一体化考核，既有效提高了上级检察机关指导帮助下级院工作的责任感和积极性，也切实增强了下级检察机关的工作压力，使上级检察机关在加强宏观指导的同时，进一步强化了对下级检察机关具体工作和实际困难的指导与解决，确保了检令畅通促进上下和谐发展。

（五）正确处理办案数量与质量、效率三者关系原则

数量、质量是一个对立统一体，数量多了，保证质量和效率的难度往往就大；而没有一定的数量，质量也就没有普遍性，也就不具可比性。案件质量是诉讼监督工作的生命线和灵魂，只有以质量做保证的数量，才能体现诉讼监督效果。效果既是数量、质量的综合反映，又是开展诉讼监督工作的出发点和归宿。坚持办案数量，就是要求我们积极研究诉讼监督工作规律，探索发现诉讼监督线索的途径，多渠道获取案件线索。坚持办案质量，就要求我们把好诉讼监督案件的入口关，加强初查工作，分析案件的捕、诉、判的可能性，以提高监督的准确性，监督后要加大跟踪监督力度，加强引导取证工作，提高案件的起诉率和判决率。要坚决杜绝为了案件数量，对不符合诉讼监督条件和监督效果不好的案件启动诉讼监督程序的做法，要统筹考虑公正、稳定、发展、民生、和谐等因素，真正起到促进依法诉讼、如实诉讼、规范诉讼，实现依法打击犯罪、保障人权，维护社会公平正义的社会效果。如立案监督和纠正漏捕、纠正漏诉是诉讼监督的重要组成部分，但由于近年来这些案件数量连续大幅扩张，量化考核得分已远远超过其应有比重，为保证三类案件的合理权重，在未找到有效的考核验收办法之前，只对立案监督判处有期徒刑以上刑罚的案件给予加分，而对判处拘役、免予刑事处罚或单处附加刑的案件不予加分，并根据处刑的轻重，逐级提高份值，以此在保持监督力度的同时，确保宽严相济刑事司法政策在检察环节的落实。对其中的要案和全省、全国优秀案件、精品案件，按绝对数另外再从高给予加分，以此引导侦查和诉讼监督部门积极经营诉讼案件线索，努力深挖余罪漏犯，推动诉讼监督办案工作在法律效果与社会效果的有机统一。

四、完善诉讼监督考评工作的具体路径和对策

（一）专设诉讼监督人才库

入选人才库以全省或全国的统一标准来评选，每年评选或淘汰一次，入选者按层次加

分若干，以纳入考评方式提升人力素质进而提高诉讼监督效能。同时要加强对诉讼监督人才的培训，深入研究司法人员犯罪的发案特点和规律，探索成立专门的办案组积累办案经验，促进专业化、专家型诉讼监督人才的成长。

（二）增设诉讼监督工作创新加分项目

在诉讼监督工作上开拓创新并富于成效，被上级检察机关或有关部门确定在当地召开经验交流会、研讨会、工作会议的，相关检察工作经验获上级检察机关或有关部门以文件、简报或会议发言形式推广的，按不同档次予以加分鼓励。这里要注意区分工作创新、司法改革与依法履行诉讼监督职能的关系，这也是在一定程度上弥补制定一般诉讼监督考评项目"挂一漏万"的遗憾而设置的口袋，以鼓励各地形态丰富多彩行之有效的诉讼监督形式的出现。

（三）设立专门的诉讼监督考评机构和专职考评人员①

建立既有负责综合考评事务的机构，又有相对应的具体负责检察活动各阶段审查考评的主体。为此，就必须在市院以上的检察院设立专门负责诉讼考评业务的综合机构。同时，在相应的诉讼业务部门指定专人或者设立相应的机构，具体负责下级院本部门的考评事项。院里的考评办公室负责制定诉讼业务考评的一般性规则，对下级院的考评办公室和本级院诉讼业务部门的考评小组进行指导，各业务部门的考评小组在对下级院本部门的检察业务工作进行考评后，将考评的情况报本级院考评办公室，由院考评办公室进行统计归纳分析，以此得出下级院检察业务考评的综合情况，并以此分析一定时期下级检察院检察办案的质量状况。在绩效考评中，必须将绩效考评的原则、标准、方式、程序、结果、问题及改进建议、整改情况等公之于众，鼓励被考核部门和被考核人员积极参与和监督，坚持考核层层参与、层层把关、层层监督，才能确保考核的可持续性、公正性、严肃性，考核结果才会被接受并起到相应的激励、引导、促进作用。这不但强化以工作结果为重点的年终绩效考评，也强化以各部门平时工作程序、综合管理为重点的过程控制，使各部门的长期工作成效和短期执法行为都在考核部门的监控下，充分发挥绩效考评的积极作用，也提高被考核者自身对执法效果的重视程度，有助于在全院干警中形成比、学、赶、超的良好氛围，也便于完善干警个人的绩效档案，有利于推动绩效考评工作迈上良性发展轨道。

（四）健全多重评估机制丰富绩效考评模式

对于那些应当纳入考评但不宜量化或无法量化、具有一定主观性的内容，可采取多方参与评价的360模式（又被称为全视角反馈，是让被考评人的上级、同级、下属和服务的客户进行评价，从不同层面的人员中广泛收集考评信息，综合各方意见，使被考评人清楚自己的长处和短处，并达到考评目的）。借助外部的力量或信息，以尽量避免自己监督自己、自己评价自己的弊端。这就要做到加强与上级机关、公安、法院、人大、政协、案发单位、当事人、群众的沟通联系，适时开展问卷调查、公民评议等活动，及时听取、分析和总结公众的意见与建议，并通过科学统计，结算出"公众满意度"，设置为一定比重分值，以作为构成诉讼监督考评总分的一部分，同时也可将其具体意见和建议作为修订下

---

① 向泽选：《检察业务考评机制探析》，载《国家检察官学院学报》2010年第4期。

一阶段目标计划和改进工作绩效的重要依据之一。

（五）完善监督约束机制和虚假数据核查惩罚机制

强化诉讼监督案件内部监督制约机制、健全检务督察制度、廉政风险防控机制，完善检察人员违纪违法惩处制度，健全检察人员执法过错责任、违法违纪责任和领导干部失职渎职责任追究制度，实现绩效目标考评及时完整纠错的功能。对于领导班子成员在诉讼监督中违法、违纪受处分、检察人员因诉讼监督被追究刑事责任等情形的，要实行一票否决制度或进行最大值的扣分。对业务部门案件统计过程中存在弄虚作假或其他严重问题的，统计人员应旗帜鲜明地加以制止纠正。业务部门拒不接受意见的，统计人员可以直接向院领导报告，要及时批评直至追究责任。同时，要加强与相关业务部门的沟通，查找问题原因，研究改进措施，进一步规范检察机关执法办案行为。对于出现诉讼监督数据虚增的情况，除2倍倒扣分数外，上级检察院和所负检查义务的单位也要"连坐"，并取消评先的资格，对有关人员依法依纪追究责任。同时，考评工作人员应当廉洁自律，严格遵守考评纪律，坚决防止和杜绝不正之风。

（六）研发绩效考评软件促进科学化和自动化以提高诉讼监督绩效考评的动态指导功能

建立被考评单位、相关职能部门、绩效考评办公室之间的网络对接，实现考评资料传输、分流、办理、备案、反馈的网络化管理机制，提高流转效率。明确细化数据录入的审核流程、数据的技术要求、数据录入的时间要求、数据的保密要求，进一步升级绩效软件数据查阅互通共享功能、绩效数据修正功能、绩效数据自动核算生成得分功能。特别是要发挥绩效数据动态指导的强大功能，随时组织进行不同形式的绩效数据分析或办案预警，及时向各级领导和部门反馈互动，积极促进考评机制同执法规范化建设、内部制约机制建设、检察业务指导等工作的有机结合，形成推动检察工作健康发展的合力。

（七）高度重视量化管理与其他制度的衔接配套以推动形成系统完整的诉讼监督管理机制

再有效的制度也不可能解决一切问题，更何况量化管理制度本来就有缺陷。所以，要在业务制度上改进和完善多种非抗诉方式监督制度、相关业务部门配合制度、重大案件和重大事项上报备案审查制度、上下级检察院一体化诉讼监督制度、情况通报信息沟通线索移送协作查案制度、检务公开制度等衔接配合，以确保诉讼监督的长效性和规范化。要和思想政治制度、干部人事制度、主诉主办检察官制度、教育培训制度、后勤保障制度等规章制度对接配套，充分实现制度间的互补和支持。要完善接受党的领导和人大及其常委会的监督制度、人民监督员制度、与烟草税务工商质检等行政执法部门联席会议制度、落实检察长或受委托副检察长列席同级法院审判委员会制度、与人大政协新闻媒体律师信息沟通等制度，确保有一个良好的实施条件和环境。同时，要把制度建设和创新作为考评内容予以鼓励。

检察机关诉讼职权与监督职权优化配置的路径选择

孙春雨[*]

检察机关的诉讼职权是指检察机关通过受理案件、初查、立案、侦查、审查逮捕、提起公诉、出庭支持公诉等方式参与刑事诉讼活动以及通过提起公益诉讼、民事公诉、行政公诉[①]等方式参与民事诉讼活动、行政诉讼活动而依法享有的职权。检察机关的监督职权则是指检察机关依据我国宪法、刑事诉讼法、民事诉讼法、行政诉讼法、国务院《关于劳动教养的补充规定》[②] 等法律规定,享有的对刑事诉讼、民事诉讼、行政诉讼、劳动教养等活动实施法律监督的权力。

虽然诉讼职权和监督职权均是检察机关两项重要的职权,但是二者并不是并行不悖、等量齐观的,而是有一定的顺位关系的。围绕二者之间的关系,在理论上存在"孰主孰从,是相互包容,抑或相互并列"的争论,在实践中也存在因为集权于一身而产生角色

---

[*] 北京市人民检察院第二分院法律政策研究室主任,法学博士。

① 行政公诉是指检察机关代表国家和公共利益,将行政主体侵犯公共利益的行政行为,提请人民法院进行审理和裁判的制度。它是公益诉讼的一种。其特征即公诉的目的是维护公共利益、国家利益和社会整体利益;诉讼标的为行政主体有严重违法行为,发生或可能发生有损国家和社会公共利益的结果。行政公诉制度是作为对行政复议、行政诉讼、行政赔偿诉讼等对具体行政行为的监督方式的补充而存在的。它主要是针对涉及公共利益、国家利益和社会整体利益的没有直接利害关系人、没有直接受害人,或者受害人众多、分散,难以确定,或者受害人不敢起诉的行政违法案件。检察机关提起行政公诉可以实现检察权制约、监督行政权,维护公法秩序的目的。也只有检察机关提起行政公诉,人民法院才能运用审判权撤销违法的具体行政行为或判决行政机关重新作出具体行政行为,从而制约行政权,实现检察监督权、法院司法权、行政权之间的良性互动。但是,基于私权自治的原则,作为公权力的检察监督权不应随意介入、干预私权的行使,应以私权主体发动模式优先。对于在现行法律体系内相对人完全能够以自力取得救济,则没有必要动用公共资源去维护个人利益;除非不存在适格的私权主体,或者在出现私权与行政权合谋损害国家利益或公共利益而无人发动时,或者适格主体迫于公权力压力无法行使权利时,才能启动检察监督。基于上述原因,以下案件适宜提起行政公诉:(1)行政决定违法,侵害国家、社会公共利益,没有具体行政相对人。如环境污染事件。(2)行政决定有利于行政相对人,但侵害国家和社会公共利益,相对人不起诉的。如税务机关越权减免税。(3)行政机关不作为损害公共利益的。(4)违背善良风俗的行政作为和不作为。(5)检察机关认为应当提起公诉的其他案件(参见李征著:《中国检察权研究》,中国检察出版社2007年版,第192~196页)。

② 1979年11月29日全国人民代表大会常务委员会第十二次会议批准,1979年11月29日国务院公布施行。

错位、角色冲突的可能。但无论是"一元论",① 还是"二元论",② 尽管立论角度不同、

---

① 持"一元论"的观点认为,"法律监督方式和手段的多样性、多元化与法律监督本质和职能的唯一性、统一性并不矛盾。各种检察职能包括诉讼职能和非诉讼职能统一于法律监督,都是法律监督的实现方式和途径。法律监督方式和手段的多样性与法律监督性质的唯一性是统一的,共性寓于个性之中,个体体现共性。检察机关不具有与法律监督平行或并列的其他职能。我们反对检察定位和性质的多元论,即反对把公诉职能和侦查职能与法律监督职能并列,或者把检察机关定位为公诉和法律监督机关。正是在这种意义上,我们坚持法律监督一元论,因为只有一元论才符合我国宪法和法律关于人民检察院是国家的法律监督机关的规定,才具有理论上的彻底性,才能理解各种检察职能之间的内在联系,发挥检察职能的整体效能,坚持检察改革的正确方向"。(参见孙谦主编:《中国特色社会主义检察制度》,中国检察出版社2009年版,第35页) 也有观点认为,要对检察机关追诉与监督的某些职能的行使进行有限度的适当的分离。之所以要"有限度的分离",是因为二者存在兼容、协调的一面,集于一身有其利;之所以要"适当的分离",是因为二者又存在矛盾、冲突的一面,集于一身有可能产生弊端,需要从体制、机制上来加以防范。分离的主要内容,一是职务犯罪侦查职能与侦查监督、审判监督、民事审判和行政诉讼监督职能在行使上的分离。侦查监督、公诉和民事行政检察部门如发现侦查官或法官的职务犯罪,应当移送给职务犯罪侦查部门侦查。二是公诉职能与纠正庭审违法职能在行使上的分离。检察官出庭法庭既要支持公诉、指控犯罪,又要注意发现人民法院审理案件违反法律规定的诉讼程序的情形。但如要向人民法院提出纠正意见,根据全国人大常委会法工委等六机关《关于刑事诉讼法实施中若干问题的规定》,则应"由人民检察院在庭审后提出"。对此,有法学专家认为,该规定"有矫枉过正之嫌",因为有些程序性问题对实体的处理有重要影响,"如不及时提出,将会造成无可挽回的后果或者诉讼资源造成巨大浪费",故"控辩双方当庭提出程序异议,既是诉讼双方应享有的诉讼权利,也是保证庭审质量的要求"。"人民法院审理案件中违反法律规定的诉讼程序的情形"可以分两种情况:一种是与案件事实、证据的审查、认定密切相关,如不当庭提出就有可能影响公正判决,即造成案件错判或对当事人的诉讼权利造成严重损害的;另一种是与案件的事实、证据审查认定关系不密切,不当庭提出也不至于影响公正裁判,即不至于造成案件错判或对当事人诉讼权利造成严重损害的。对前者,由于公正(包括实体公正与程序公正)是刑事诉讼的首要价值,故应依照刑事诉讼法第157条关于在出示物证、当庭宣读有关证言笔录、鉴定结论、勘验笔录和其他文书时,"审判人员应当听取公诉人、当事人和辩护人、诉讼代理人的意见"和第160条关于"经审判长许可,公诉人、当事人和辩护人、诉讼代理人可以对证据和案件情况发表意见"的规定,及时向法庭善意地提出意见,当然,在方式上,不应该以"纠正违法意见"或"纠正纠法通知"的形式。而对于后者,则应在庭审后报经检察长同意以人民检察院的名义向人民法院提出纠正意见。(参见朱孝清:《检察机关集追诉与监督于一身的利弊选择》,载《人民检察》2011年第3期)

② 有学者坚持"职权二元论"的观点,理由如下:第一,法律授权检察机关的法律监督职权和公诉职权,两项权力的授予目的不同。法律监督的目的是以权力制衡权力解决国家权力的滥用,以实现法制的统一;公诉职能则是一种诉讼职能,诉讼分工,它是按照诉讼的运行,对侦查、审判的制约,奉行"分工负责,互相配合,互相制约"的原则,其目的是共同完成诉讼的任务。第二,监督和制约的概念和内涵不同。所谓监督是指"察看并督促",从旁边察看、监视;而"制约"则是"甲事物本身的存在与变化,以乙事物的存在和变化为条件,则甲事物为乙事物所制约,互相制约"。刑事诉讼内公诉职能,以侦查职能的存在和变化为条件,公诉与侦查之间相互制约。公诉的存在与变化,又是审判的前提和条件,公诉与审判之间形成相互制约的关系。整个诉讼的进程,前者是后者存在的前提条件,后者是前者发展的必然结果,形成了一种结构严密的诉讼法律关系。检察机关的法律监督则不然,它与侦查、审判等各个诉讼阶段,没有相互依存、互为条件的法律关系,它只是察看和督促,或程序的启动和建议。第三,出于尊重和遵循诉讼规则和规律的需要,不能把诉讼中的法律监督职能与公诉职能合二为一。一些学者提出质疑,公诉加监督,既是运动员,又当裁判员,以此为借口来反对或取消法律监督职能是不对的。但把两种职能合二为一,职能一元化的提法和做法,既有违诉讼规律,又不利于强化诉讼中的法律监督。第四,从公诉权的产生、发展来看,公诉一直是检察机关的基本职能,我们不宜在"职权一元化"的命题下,轻易地把提起公诉并于法律监督之中。该学者主张,以职权二元化为指导,公诉与法律监督分离,检察机关借司法体制改革之机,设置专门的法律监督机构,以履行法律监督职责,对于诉讼中违法乱纪,滥用职权,大搞关系案、人青案、金钱案、权钱交易的腐败问题,加大惩处力度。这样做完全可以避免集"运动员与裁判员"于一身的弊端,既尊重了诉讼运动规律,又强化了法律监督的职责。将公诉职能独立于法律监督,纳入诉讼的轨道,遵循诉讼的规律,有其独立的功能和价值,即可以保证诉讼渠道通畅,实现公诉职能专业化,保证公诉的质量,回应对检察权的各种质疑,对最终实现检察机关法律监督职能更具特殊的意义。(参见樊崇义:《法律监督职能哲理论纲》,载《人民检察》2010年第1期)

站位不同,但均主张或不否认检察机关的诉讼职权和监督职权应当进行一定程度的分离,而职权的分离必然涉及这两种权力的优化组合配置以及最佳路径的选择问题。因此,加强这一领域的检察基础理论问题研究将具有十分重要的理论和现实意义。

从我国宪法对检察机关的职能定位以及检察院组织法对检察机关的职权配置看,检察机关是国家专门的法律监督机关,因而监督职权是检察机关的固有职权,也是首要职权,检察机关的其他职权,如职务犯罪侦查权、批捕权、预防职务犯罪权,包括公诉权,① 是围绕法律监督职权设置的,可以说是实现法律监督权的途径和手段。因此,基于这一基本认识,检察机关诉讼职权和监督职权优化配置的理想状态和模式应该是:(1)在检察机关的内部机构设置和称谓选择上,要突出检察机关的法律监督职权,彰显法律监督属性;(2)在检察机关具体职权的配置和组合上,要优化得当,有利于最大限度地发挥检察机关的监督效能;(3)在检察权的运行机理和模式上,要顺畅高效,既有利于各种权能的有效发挥,又有利于形成监督的整体合力和效果。

具体来说,优化配置的路径有以下六个方面:

一、改变检察机关内部机构设置模式,重新界定称谓,突出监督权能,彰显监督属性

检察院组织法②第2条规定:"中华人民共和国设立最高人民检察院、地方各级人民检察院和军事检察院等专门人民检察院。地方各级人民检察院分为:(一)省、自治区、直辖市人民检察院;(二)省、自治区、直辖市人民检察院分院,自治州和省辖市人民检察院;(三)县、市、自治县和市辖区人民检察院。省一级人民检察院和县一级人民检察院,根据工作需要,提请本级人民代表大会常务委员会批准,可以在工矿区、农垦区、林区等区域设置人民检察院,作为派出机构。专门人民检察院的设置、组织和职权由全国人民代表大会常务委员会另行规定。"第20条规定:"最高人民检察院根据需要,设立若干检察厅和其他业务机构。地方各级人民检察院可以分别设立相应的检察处、科和其他业务机构。"由于人民检察院组织法对检察机关的内部机构设置仅作出一般原则的规定,直接导致全国检察机关内部机构设置不尽统一、不够规范,没有完全反映和突出检察机关作为法律监督机关的属性,因而不利于其诉讼职权和监督职权的优化配置。

从我国检察机关内部组织结构的历史沿革看。检察机关内部机构设置的变迁无疑与检察机关的性质、地位、职能、检察管理的理念以及社会政治环境的发展演变具有不同程度

---

① 虽然,各国检察机关都以公诉为主要职能,但公诉本身就有防止警察专横和法官擅断的"双向制衡"功能。如果认为检察机关的职能仅是纯粹的公诉,而对公诉的理解又仅限于"指控犯罪",那就难以理解刑事诉讼中为什么各国都不由侦查机关直接向法院起诉,而要在侦查和审判之间插入检察机关这个楔子,由检察机关向法院提起诉讼;就难以理解为什么各国检察机关都具有司法属性(有的还被明确规定为"司法机关"),都以维护法制统一为使命(有的被称为"护法机关");就难以理解为什么各国检察机关都负有客观公正义务,既要指控犯罪,又要维护被告人的合法权益。如果认为追诉与监督仅有矛盾、冲突的一面,而无兼容、协调的一面,就难以理解为什么一些国家把一些具有监督属性的职能也赋予检察机关;就难以理解苏联等国家和我国能进而将检察机关定性为"法律监督机关"。(参见朱孝清:《检察机关集追诉与监督于一身的利弊选择》,载《人民检察》2011年第3期)

② 1979年7月1日第五届全国人民代表大会第二次会议通过,根据1983年9月2日第六届全国人民代表大会常务委员会第二次会议《关于修改〈中华人民共和国人民检察院组织法〉的决定》修正。

的联系，往往是多种因素综合作用的结果。同时，内设机关的发展变化在一定程度上也反映了决策机关对检察机关职能定位存在的一些矛盾和犹豫心理。

1949年《中央人民政府最高人民检察署试行组织条例》对最高人民检察署的组织机构作了明确规定。按照该条例的规定，最高人民检察署设领导机构、业务机构和综合管理机构。其中，领导机构设有检察长、副检察长、秘书长、检察署委员会议；综合管理机构设有办公厅；业务机构设有三个处，第一处负责监督法律政策的实施、审判监督和对地方各级检察署的督导，第二处负责刑事案件的侦查、检举、公诉和监所监督，第三处负责民事、行政案件的诉讼参与，各处内设秘书、检察员和科。1951年《最高人民检察署暂行组织条例》保持了原有的领导机构和业务机构的设置，对最高人民检察署的内部机构仅作了两个方面的调整：一是综合管理机构中增设了人事处、研究室；二是各职能部门即各处、厅、室设处长或主任一人，副处长或副主任二人，增设检察专员、助理检察员和书记员。1951年《各级地方人民检察署组织通则》对地方各级人民检察署的内部机构作了规定：（1）最高人民检察署分署的领导机构设有检察长、副检察长、秘书长，综合管理机构设有办公厅，业务机构设有三个处。（2）省（行署）中央或大行政区直辖市人民检察署的领导机构设有检察长、副检察长，综合管理机构设有办公室，业务机构设有两个处，各处设有检察员、助理检察员、书记员。（3）省人民检察署分署的领导机构设有检察长、副检察长，综合管理机构设办公室，业务机构不分处或科，只设检察员、助理检察员、书记员。（4）县一级人民检察署的领导机构设有检察长、副检察长，业务机构不设处或科，只设检察员、助理检察员、秘书、书记员等，并且只在较大的市人民检察署设办公室。1954年检察院组织法规定，各级人民检察院设检察长一人、副检察长若干人和检察员若干人，原来的"人民检察署委员会议"改为"检察委员会"，对检察机关的领导机构、业务机构和综合管理机构未作具体规定。1955年，各级人民检察院按照1954年检察院组织法规定的六项检察权，相应地设置了一般监督厅、侦查厅、侦查监督厅、审判监督厅、劳改监督厅等业务机构，设立了办公厅、人事厅和研究室等综合管理机构。1978年人民检察院恢复重建以来，检察机关内部机构的设置，特别是业务机构和综合管理机构的设置，一直处于不稳定状态，比较大的变迁有三次：1978年8月，最高人民检察院恢复重建时设刑事检察厅、信访厅、研究室等业务机构。1979年人民检察院组织法对内部机构的设置作了明确的规定，即最高人民检察院设刑事、法纪、监所、经济等检察厅，地方各级人民检察院和专门人民检察院可以设置相应的业务机构。随着政治经济形势和检察实践的发展，这一规定显得比较僵化。1983年修订的检察院组织法对检察机关内部机构的设置改变了原来的规定模式，只作了原则性规定，即"最高人民检察院根据需要，设立若干检察厅和其他业务机构。地方各级人民检察院可以分别设立相应的检察处、科和其他业务机构"。这一规定，把内部机构设置的权限赋予了最高人民检察院和地方检察机关，导致了后来各级检察机关内部机构设置的不稳定、不规范和不统一。①

1996年最高人民检察院印发的《关于地方各级人民检察院机构改革意见的实施意见》（高检发〔1996〕16号）②（以下简称《意见》）要求地方各级人民检察院内设机构应本着精简、统一、效能的原则，在《意见》规定的机构数额幅度内设置。内设机构一般分为必设机构和因地制宜设置的机构两类。名称要科学、规范。省级人民检察院必设机构为：办公室、政治部、审查批捕处、审查起诉处、反贪污贿赂局、法纪检察处、监所检察处、民事行政检察处、控告申诉检察处（与举报中心、刑事赔偿工作办公室一个机构三块牌子）、检察技术处、法律政策研究室、行政装备处（可分设为行政处、计划财务装备处）、监察处。纪检组（与监察处合署办公）、机关党委和离退休干部工作机构按有关规定设置。市（地）级人民检察院和县级人民检察院必设机构由省级人民检察院根据工作需要确定。根据人民检察院组织法的规定，市（地）人民检察院内设处（部、室、局），县级人民检察院内设科（室、局）。

2000年，最高人民检察院经中央批准，完成了内部机构改革，业务机构设有侦查监督厅、公诉厅、反贪污贿赂总局、渎职侵权检察厅、控告检察厅、刑事申诉检察厅、监所检察厅、民事行政检察厅、铁路运输检察厅、法律政策研究室、职务犯罪预防厅11个厅、局、室；综合管理机构设有办公厅、政治部、纪检监察局、外事局（后于2007年更名为国际合作局）、计划财务装备局、机关党委、离退休干部局7个厅、局，共计18个职能部门，以及国家检察官学院、检察日报社、中国检察出版社、检察理论研究所、检察技术信息研究中心、机关服务中心6个事业单位。2011年以来，最高人民检察院又分别增设了案件管理办公室、死刑复核检察厅、司法体制改革领导小组办公室三个内设机构。

2001年以来，省一级人民检察院先后进行了机构改革，其职能部门大体上同最高人民检察院的职能部门对应，大部分省一级人民检察院的职能部门为17个（如江苏省、重庆市）至19个（如江西省、青海省）。

按照2001年中央批准的《地方各级人民检察院机构改革意见》，地、县两级人民检

---

① 就全国范围而言，检察机关内设机构的不规范、不统一主要表现在：（1）划分标准不科学。现行的内部业务机构，既有按法律监督职能划分的，如侦查监督部门、监所检察部门；又有按刑事诉讼程序划分的，如公诉部门、控告申诉检察部门等；还有按管辖案件的性质划分的，如反贪污贿赂部门、渎职侵权检察部门等。（2）机构设置不统一。最突出的是预防部门，有些检察院将其归入反贪局，有些则将其并列于其他业务部门。重庆市将反渎部门和反贪部门合二为一成立职务犯罪侦查局，而其他地方包括最高人民检察院仍将反渎部门单列。多数基层检察院的监所检察、民事行政检察、法律政策研究、职务犯罪预防、社会治安综合治理、检察委员会办公室、网络管理、案件管理、检察技术、工会、机关党委、检务督察、未成年人案件审理、人民监督员办公室等项工作，是否单设机构对外挂牌办公则几乎是一个地区一个样、一个单位一个样。就连成立时间最短的反渎侵权局，每个局的内设机构设置应该是几个，一些基层检察院也存在很大差异。（3）机构级别不统一。有些地方的反渎局比一般的业务部门高半级，与反贪局平级，有些则只是将原来的渎检科（处）改名为反渎局，级别不变。（4）部分内设机构称谓不规范，内涵与外延不相一致，不能准确体现出检察机关的法律监督职能。最典型的是"反贪污贿赂局"和"反渎侵权局"，这种称谓既不能体现司法属性，又容易误导民众，使人们误以为所有的贪污贿赂行为和渎职侵权行为都归检察机关管辖，而实际上检察机关只能对贪污贿赂犯罪和渎职侵权犯罪行使侦查权。其次，像民事行政检察部门，如果从字面上理解，行外人可能会认为检察机关可以对普通民事纠纷和行政行为行使检察权，而不仅仅是诉讼程序上的监督。

② 1996年7月4日发布

察院的内部机构数量要结合当地经济发展水平、近年案件受理数量等情况，分类确定，不搞"一刀切"。地、县两级人民检察院的机构改革于2002年上半年全面展开。从目前地、县两级机构改革情况来看，内部机构有5至15个不等。①

例如，江苏省人民检察院有21个内设机构，2个直属事业单位。主要业务部门有12个：侦查监督处、公诉一处及公诉二处、反贪污贿赂局、反渎职侵权局、监所检察处、民事行政检察处、控告申诉检察处、预防职务犯罪处、检察技术处、法律政策研究室、案件监督管理处、职务犯罪侦查指挥中心办公室。行政综合部门有8个：办公室、干部处（兼法警总队）、宣传处、教育处、行政装备处、监察处、机关党委、离退休干部处。直属事业单位有2个：江苏省检察官学院（培训中心）、清风苑杂志社。②江西省人民检察院共有24个内设机构、事业单位，其中，内设机构21个，包括办公室、干部人事处、政治工作综合处、新闻处、干部教育培训处、侦查监督处、公诉一处、公诉二处、反贪污贿赂局、反渎职侵权局、监所检察处、民事行政检察处、控告申诉检察处、职务犯罪预防处、法律政策研究室、检察技术处、计划财务装备处、警务处、机关党委、老干部处、省纪委驻省检察院纪检组、监察处；事业单位3个，包括机关后勤服务中心、井冈山检察官学院、信息中心。③

地市级检察院的内设业务机构，如河南省许昌市人民检察院设侦查监督处、公诉处、反贪污贿赂局、渎职侵权检察处、监所检察处、民事行政检察处、控告申诉检察处（挂许昌市人民检察院举报中心、刑事赔偿工作办公室牌子）、职务犯罪预防处、法律政策研究室（与检察委员会办事机构合署办公）等。④江西省萍乡市人民检察院设侦查监督处、公诉处、反贪污贿赂局、渎职侵权检察处、监所检察处、民事行政检察处、控告申诉检察处（萍乡市人民检察院举报中心、刑事赔偿工作办公室）、职务犯罪预防处、法律政策研究室（与检察委员会办事机构合署办公）等。⑤

区县一级检察机关的业务机构设置，如湖北省江陵县人民检察院设侦查监督科、公诉科、反贪污贿赂局、渎职侵权检察局、监所检察科、民事行政检察科、控告申诉检察科、法律政策研究室等业务部门。⑥

综上所述，我国现行的检察机关内部组织结构，可以称为三分内设机构的基本模式，也即内设机构分为领导、决策机构，业务机构和综合管理机构三部分。检察长个人负责制与检察委员会制度的有机结合，构成了我国检察机关的领导、决策机构。这种领导、决策机构能够保证检察机关的集体领导，防止决策偏差，并能够通过集体决策形成对各业务机构、综合管理机构的制约，保证领导、决策的正确方向，在检察机关内部组织结构中具有重要的地位和作用。检察机关的内设业务机构是检察机关的主体，承担着检察机关的相关

---

① 参见朱孝清、张智辉主编：《检察学》，中国检察出版社2010年版，第280~281页。
② 来源：http://www.js.jcy.gov.cn/readnews.asp?nid=8945。
③ 来源：http://baike.baidu.com/view/5906729.html。
④ 来源：http://www.xcbb.gov.cn/show_jgsy.asp?id=196。
⑤ 来源：http://code.fabao365.com/law_362929_3.html。
⑥ 来源：http://www.jiangling.jcy.gov.cn/danye/danye_36.html。

职能。检察机关的各业务部门能够具体落实检察长和检察委员会的各项职责,使检察机关的各项职能得以实现。检察机关的综合管理机构则是基于检察机关内部管理的需要而设立的,通过提供行政管理、人事管理和后勤保障等,服务于检察业务部门履行法律监督的职能活动。各级人民检察院一般设立以下检察业务机构:(1)侦查监督机构。负责承办对公安机关、国家安全机关和人民检察院侦查部门提请批准逮捕的案件审查决定是否批准逮捕,对公安机关、国家安全机关和人民检察院侦查部门提请延长侦查羁押期限的案件审查决定是否批准延长,对公安机关应当立案侦查而不立案的或者不应立案而立案的情况以及侦查活动是否合法实行监督等工作。(2)公诉机构。承办对公安机关、国家安全机关和人民检察院侦查部门移送起诉或不起诉的案件审查决定是否提起公诉或不起诉,出席法庭支持公诉,对侦查活动和人民法院的审判活动实行监督,对确有错误的刑事判决、裁定提出抗诉以及对死刑执行的临场监督等工作。(3)贪污贿赂检察机构。即反贪污贿赂局,主要开展对人民检察院直接受理的贪污贿赂等犯罪案件的侦查。(4)渎职侵权检察机构。承办对国家工作人员的渎职犯罪和国家机关工作人员利用职权实施的非法拘禁、刑讯逼供、报复陷害、非法搜查、暴力取证、破坏选举等侵犯公民人身权利和民主权利的犯罪案件进行立案侦查等工作。(5)监所检察机构。对刑事判决、裁定的执行和监狱、看守所的监管活动是否合法实行监督,并承办直接立案侦查虐待被监管人、私放在押人员、失职致使在押人员脱逃和徇私舞弊减刑、假释、暂予监外执行等犯罪案件,对监外执行的罪犯和劳教人员又犯罪案件审查批捕、起诉等工作。(6)民事、行政检察机构。对法院的民事和行政案件的审判活动进行监督,承办对人民法院已经发生法律效力的民事、行政判决、裁定,发现确有错误或者违反法定程序,可能影响正确判决、裁定的案件,依法提出抗诉。(7)控告、申诉检察机构。受理控告、申诉案件,处理来信、来访事务,承办受理、接待报案、控告和举报,接受犯罪人的自首,受理不服人民检察院不批准逮捕、不起诉、撤销案件及其他处理决定的申诉,受理不服人民法院已经发生法律效力的刑事判决、裁定的申诉,受理人民检察院负有赔偿义务的刑事赔偿案件等工作。2000年在最高人民检察院实行控告、申诉两项业务分立,分别由刑事控告厅和刑事申诉厅负责。(8)案件管理机构。统一负责案件的受理、流转,办案流程监控,扣押、冻结款物的监管,组织办案质量评查,业务统计、分析,案件管理工作的宏观指导。(9)法律政策研究机构。参与立法及法律的修订,研究起草有关检察机关适用法律问题的司法解释、对法律政策适用中的疑难问题和重大疑难案件进行研究并提出处理意见,承担检察委员会的日常事务。(10)检察技术机构。对案件证据进行技术检验、鉴定、复核,承办对有关案件的现场进行勘验,收集、固定和提取与案件有关的痕迹物证并进行科学鉴定,对有关业务部门办理案件中涉及技术性问题的证据进行审查或鉴定。在最高人民检察院,除上述各机构外,还设立了铁路运输检察厅,对铁路运输检察分院和基层铁路运输检察院实行业务指导和依法办理铁路运输系统的案件。[①]

由上可见,无论从我国各级检察机关内设机构的历史变迁看,还是从各级检察机关内

[①] 参见朱孝清、张智辉主编:《检察学》,中国检察出版社2010年版,第281~285页。

设机构的现状来看，我国检察制度历来重视人员的配备，而对机构设置关注不够，历来重视领导、决策机构和综合管理机构的设置，而对业务机构的配置关注不够，历来重视对诉讼职权的配置，而对监督职权的配置关注不多，尤其是对如何科学设置业务机构，优化配置各种检察职权，突出检察机关的法律监督机关的属性缺乏系统考量和长远考虑。在一定程度上存在随意性和短视思想，也给理论界一些学者质疑检察机关法律监督机关的地位提供了把柄和空间。①

首先，从最高检察机关的内设机构看，最高人民检察院内设侦查监督厅、公诉厅、反贪污贿赂总局、渎职侵权检察厅、监所检察厅、民事行政检察厅、控告检察厅（最高人民检察院举报中心）、刑事申诉检察厅、铁路运输检察厅、职务犯罪预防厅、法律政策研究室、案件管理办公室、死刑复核厅等业务机构。显然公诉厅的设置和称谓，既没有全面反映其职责内容，也没有反映其审判监督和一定范围的侦查监督的职能；反贪污贿赂总局的称谓明显不能涵盖其侦查案件的类型范围，也没有完全反映其对国家公职人员违法犯罪行为进行监督的属性；② 监所检察厅显然不是仅仅针对监管场所的监督，其实质是对刑罚执行活动实施监督的机构。可见，最高人民检察院现行部分内设业务机构及其称谓不能完全反映其最高国家法律监督机关的属性，有必要将公诉厅更名为审判监督厅，将反贪污贿赂总局、渎职侵权检察厅合并，设立统一的公职人员职务犯罪行为侦查局，将监所检察厅更名为刑罚及矫正措施监督厅，以突出法律监督的职能，彰显法律监督机关的特性。

其次，对省级人民检察院业务部门中的公诉一处、公诉二处、反贪污贿赂局、反渎职侵权局、监所检察处，地市级检察院内设业务机构中的公诉处、反贪污贿赂局、渎职侵权检察处、监所检察处，区县一级人民检察院内设机构中的公诉科、反贪污贿赂局、渎职侵权检察局、监所检察科等，都需要进一步梳理，针对不同情况，进行相应的调整、充实、更名，以突出检察机关作为法律监督机关的本质属性。

最后，逐步构建以法律监督为中心设置内部机构的模式。比如，苏联、东欧国家和越南、蒙古、古巴等国家的检察机关，其内部检察职能机构，一般是以检察机关法律监督的不同职能为基础设置。即对国家管理机关、企业事业单位、公职人员和公民是否遵守法律实行监督的一般监督部门，对侦查机关和其他调查机关的执法实行监督的侦查监督部门，

---

① 关于检察机关的法律地位问题。根据我国宪法的有关规定和传统的理论，检察机关是我国的法律监督机关，这一观点有着明确的法律依据，同时一直以来都是理论界的通说。但是随着司法体制改革的进行，有的学者对这种观点提出了质疑，比如有的学者就认为，将检察院定位为法律监督机关并不十分清晰、准确，因此需要重新定性。在某种意义上，我国的党和国家机关都是"法律监督机关"。并且，"法律监督"作为法律术语，在逻辑上欠妥，也与实际难符。（张步文：《论人民检察院制度的改革与完善》，载《中国律师》1998年第8期）有的学者认为，宪法和法律将检察机关的性质界定为专门的法律监督机关，是缺乏法理根据的命题，带有极强的主观色彩，也缺乏科学的理论根据。承担控诉职能的检察机关是完全不具备"专门法律监督机关"主体资格的。检察机关是监督对象，不应成为监督主体。（郝银钟：《检察权质疑》，载《中国人民大学学报》1999年第3期）

② 有学者认为，在对行政权的监督中，现行的检察职权配置模式中，只有职务犯罪侦查体现了对行政职权的事后监督，通过对构成职务犯罪的行为的查处，审查核实国家公务人员是否正确履行了法定职责，是否存在利用职务便利牟取私利或者滥用职权的行为。（参见向泽选：《检察规律引领下的检察职权优化配置》，载《政法论坛》2011年第2期）

对法院审判案件的活动进行监督的审判监督部门，对拘留所、羁押场所和执行刑罚及其他强制性措施的执法活动实行监督的执行监督部门，以及实施工作保障的有关部门等组成。①

二、细化检察机关诉讼职能部门、监督职能部门的设置，尝试诉讼职权和监督职权的适度分离，防止角色冲突，确保监督客观公正

面对学界一些学者提出的"检察机关既享有诉讼职权又享有监督职权，不利于诉讼双方的平等武装，不利于检察机关客观公正行使职权"的质疑，② 有必要结合各级检察机关不同的职能特点和实际情况，采取不同的"两权"配置方式，切实防止检察机关可能出现的角色错位、角色冲突，确保检察机关既履行好诉讼职权，又做到法律监督客观公正。

---

① 参见孙谦主编：《中国特色社会主义检察制度》，中国检察出版社2009年版，第110页。
② 有学者认为，修改后的刑事诉讼法并未能完全摆脱传统的职权主义甚至超职权主义诉讼模式的影响，这就使得控辩平等结构的型塑仍然面临着一系列制度和观念上的障碍。（一）制度层面。目前对控辩平等威胁最大的制度设计：一是在侦查机制中，逮捕等强制性侦查措施的采用不实行"司法审查"，即不经由法院审查、决定，而是交由侦控机关自行掌握，如批捕权由检察机关行使，拘留、扣押等措施的采用则由公安机关自行决定。由于承担侦控职能的公安机关和检察院与承担辩护职能的犯罪嫌疑人、被告人实际上构成了刑事诉讼程序中相互对抗的双方，其关系犹如竞技活动中的参赛双方，由作为当事人一方的公安机关和检察院自行审查、决定逮捕等强制侦查措施的采用，无疑是让参赛的一方兼任裁判，一方拥有了处分另一方权益的权力，这显然是难以保障参赛双方的平等竞争的。二是在审判机制中，检察监督原则的确立。我国刑事诉讼法第8条规定："人民检察院依法对刑事诉讼实行法律监督"，据此，人民检察院有权对刑事诉讼的全程进行监督，当然也包括在审判阶段对法院的审判行为进行监督，这就进一步妨碍了控辩平等的实现。因为法律监督职能的设立一方面将导致检察院对法院的纵向制约，破坏法院的审判中立性。基于监督者与被监督者的现实顾虑，法院在审判中可能更趋向于采纳作为控诉方的检察院的意见，这就使被告方的意见得不到法院的平等关注与重视；另一方面检察院的法律监督权同样指向被告人。按照常识，一个由监督者与被监督者所构成的对话机制中，是难以实现双方的平等对话的。面对处于上位的控诉方，被告人受到更多的束缚，难以从心理上和能力上展开有效的防御。这说明立法者在观念上并未真正将控辩双方置于平等地位上来加以对待。当然，其他因素比如新刑事诉讼法仍然赋予了犯罪嫌疑人、被告人如实陈述的义务；对犯罪嫌疑人、被告人获得律师帮助的权利，还缺乏充分的保障，律师会见嫌疑人、被告人还很难，律师调查取证权也受到极大限制，律师在侦查阶段的作用也非常有限，不能有效维护犯罪嫌疑人的权利；庭前审查程序还在相当程度上保留了实体审查的痕迹等，也都会在一定程度上对控辩平等的彻底实现造成制度障碍。（二）观念层面。我国至今崇尚的仍然是国家本位主义诉讼观，因而缺乏控辩平等的观念基础。控辩平等要求在观念上将检察院与被告人视同为刑事诉讼中的双方当事人即原被告双方，只有将检察院与被告人同列为当事人，才能实现两者的真正平等，这也是国外的成功经验。在国外，"检察机关不是法官而是诉讼当事人，是刑事诉讼中的原告"。而根据我国新刑事诉讼法的规定，人民检察院并不是刑事诉讼的一方当事人，更不是刑事诉讼中的原告 - 而是和人民法院一样的国家专门机关。在理论上也一直认为，作为国家专门机关的人民检察院与作为公民的被告人之间是不可能有真正意义上的平等的。例如我国有学者至今仍然认为："刑事诉讼结构是一种倒三角结构，其特点是公诉机关与审判机关同处于一条水平线上；被告处于被控诉和被审判的位置，因此，控辩双方之间是不可能实现平等的。因此，从实质上讲，讨论一个国家司法机关和一个公民的地位是否平等是没有实际意义的。公诉机关享有的是国家权力，而被告人享有的是诉讼权利。'权力'和'权利'是不同质的，根本就不存在对等和不对等的问题。"显然 这是一种国家本位主义的诉讼观念，违背了强调国家与个人平等的现代法治理念。它构成了控辩平等实现的最大观念障碍。这种状况表明控辩双方在刑事诉讼中的不平等地位并未能得到根本性扭转，控辩平等未能真正得以实现，控辩失衡仍然是我国刑事诉讼构造的基本特征。因此，有必要逐渐弱化直至完全取消检察院对法院的法律监督权。（参见谢佑平、万毅：《理想与现实：控辩平等的宏观考察》，载《西南师范大学学报》（人文社会科学版）2004年第3期）

第一，针对最高人民检察院主要职能是统领全国检察业务工作、一般不办理具体案件的实际情况，有必要在最高人民检察院层面实行诉讼职权和监督职权相对结合、有机融合，以便最高人民检察院能够全面了解掌握全国范围内"两权"运行的情况，及时发现把握存在的问题，适时进行决策政策调整，以确保"两权"既各自有效运行，又优势互补。具体考虑是：在最高人民检察院可以设立立案监督厅、侦查监督厅、刑事审判监督厅、公职人员职务犯罪行为侦查局、刑罚及矫正措施监督厅、民事诉讼监督厅、行政诉讼监督厅、控告申诉监督厅、职务犯罪预防厅、案件管理监督办公室、死刑复核监督厅等监督机构，其主要职能是着眼于法律监督，从法律监督的高度，从提高法律监督实效的角度，谋划和推进检察机关的诉讼活动。

第二，针对省级人民检察院主要侧重区域检察业务领导和指导，直接承办案件较少的实际情况，有必要在省级检察机关层面实行诉讼职权和监督职权轻度分离，既突出监督职权，又兼顾诉讼职能。具体考虑是：在省级院可以设立立案监督处、侦查监督处、公诉处、刑事审判监督处、公职人员职务犯罪行为侦查局、刑罚及矫正措施监督处、民事诉讼监督处、行政诉讼监督处、控告申诉监督处、职务犯罪预防处、案件管理监督办公室等业务机构。当然，前述机构中的刑罚及矫正措施监督处、民事诉讼监督处、行政诉讼监督处、控告申诉监督处等，无论从其机构职能的历史演变看，还是从有利于办案的现实考虑，其自身职权中的诉讼职权与监督职权本来就是有机结合的。

第三，针对地市级、区县级检察机关主要业务是办理案件的实际情况，有必要在这一层面的检察机关实行诉讼职权和监督职权完全分离，体现"两权"并重，达到"两权"优势互补、共同发展。具体考虑是：在地市级、区县级检察机关可以设立立案监督处（科）、侦查监督一处（科）、① 侦查监督二处（科）、② 公诉一处（科）、公诉二处（科）、刑事审判监督处（科）、公职人员职务犯罪行为侦查局、刑罚监督处（科）、矫正措施监督处（科）、③ 民事诉讼监督处（科）、行政诉讼监督处（科）、控告申诉监督处（科）、职务犯罪预防处（科）、案件管理监督办公室业务机构。当然，如上所说，其中一些机构的职能仍然存在诉讼职权与监督职权的结合，很难达到二者完全分离。

三、严格监督岗位检察官的任职资格和条件，配齐配强专职专业监督人员，全面提升监督能力和水平

检察机关是国家专门的法律监督机关，也是专业的法律监督机关，而从事具体监督工作的检察人员则应当是专业的监督人员。因此，为达到监督的理想效果，对监督人员的应然要求是其专业知识、能力素质水平、经历经验均应高于被监督者，也只有高于被监督者，才能实施及时有效、有针对性的监督，从而避免盲人摸象、无的放矢。可见，对监督岗位检察官的任职资格和条件应当高标准、严要求，只有这样才能提升监督的水平，体现

---

① 负责对公安、国家安全机关侦查活动的监督。
② 负责对检察机关自侦活动的监督。
③ 负责对劳动教养等矫正措施执行活动的监督。

监督的权威、打造监督的公信力。所以，我们认为，检察机关监督岗位的检察官应当符合以下的专业资格和条件：具有相关专业领域多年的业务工作经历（至少5年），具备深厚的专业知识和学识，业务经验比较丰富，在同行业中具有一定的知名度和威信的资深检察官。比如，从事侦查监督工作的检察官，应当首先具有多年的侦查工作经历，并且办案经验丰富；从事审判监督工作的检察官，至少要有审判工作经历、经验；从事民事诉讼监督工作的检察官至少应当是民事法领域的专家学者。

四、对监督岗位检察官实行在检察机关内设机构之间，检察机关与被监督对象之间定期轮岗交流，形成监督工作与其他工作的良性互动

为了拓宽监督岗位检察官的监督视野，丰富专业工作经历，积累专业办案经验、提升专业技能，有必要对监督岗位的检察官实行在检察机关内部诉讼岗位和监督岗位之间、在外部与被监督对象的对应岗位之间进行定期轮岗交流挂职锻炼，从而实现监督工作与被监督领域工作之间有效对接、信息互通、良性互动、相得益彰。

应当考虑，检察机关监督岗位的检察官主要从诉讼岗位的资深检察官、侦查机关的优秀侦查员、法院的优秀法官中遴选，并建立相应的制度规范。

五、定期对检察机关诉讼职权与监督职权行使的情况、效果进行总结分析评估，确保优化配置的效果

目前，对检察机关诉讼职权与监督职权行使的情况尚缺乏科学系统的评价体系，以至于我们对检察机关"两权"履职情况缺少全面系统的认识和了解，对履职过程中存在的问题、不足、难点等很难精确把握，以致不能采取有效的对策措施，直接影响检察机关的监督威信和执法公信力。有必要建立一个检察机关诉讼活动和监督活动公开透明，评价标准和条件科学合理，被监督者、专家学者、新闻媒体、广大公众广泛参与评价、评价主体相对中立超脱的评价体系。通过该评价机制定期，比如每年，对检察机关开展诉讼活动、监督工作的情况进行分析评估，提交包括"两权"运行情况、存在问题、对策建议等内容的专题评估报告，为检察机关调整工作方向，进一步优化配置诉讼职权与监督职权提供决策依据。

六、完善法律，健全相关配套措施建设，为检察机关诉讼职权与监督职权的优化配置提供制度支持

优化配置检察机关的诉讼职权与监督职权是一项系统工程，涉及的内容繁多、因素复杂、关系交织，需要着眼长远、通盘考虑、系统谋划，更需要法律依据支撑和配套制度的辅佐。具体而言：

第一，应当修改完善检察院组织法中有关检察机关内部机构设置的规定，明确规定最高人民检察院、地方各级人民检察院内设机构的种类、规格、数量、职能及名称，既突出检察机关作为法律监督机关的属性，也为科学划分配置检察权提供法律依据。

第二，对地方各级检察机关内部机构设立的权限实行"统一设计设置方案，分级管理"。目前,检察机关对内部机构的设立缺乏自主权。根据检察院组织法的规定,内部机构的设置应当由检察机关根据工作需要进行确定,而现实却大相径庭。各级检察机关要设立某个业务机构,不仅其本身无权决定,而且连上级检察机关也难以左右,必须报本级地方编制部门进行审查批准。而地方编制部门往往以政府各级部门之间是否平衡为是否批准的出发点,致使有些业务机构,尽管从检察机关来看确属工作需要,非设不可,但地方编制部门却很难予以批准。即使下级检察机关按照最高人民检察院明令下文设立的机构,如果得不到地方编制部门的认可,也难以名正言顺。

检察机关内部机构设置,要按照检察工作自身的规律和检察机关作为法律监督机关的本质属性进行构思、设计。从机构改革和检察事业未来发展的角度看,有必要将地方各级检察机关内部机构的设置规划权统一划归最高人民检察院,由最高人民检察院统一规划机构设置方案,具体包括检察机关内部机构如何设置,规格和名称怎样确定,职责范围怎样划分等。在具体管理上,实行分级审批制。地、市和县、区级检察院的内部机构设置,报省级检察院审批。省级检察院的设置,报最高人民检察院审批。最高人民检察院的设置,报全国人大常委会审批。①

在内设业务机构划分上应当主要依据检察机关的诉讼职能与监督职能来进行,并着重考虑二者的优化配置。

第三,探索业务部门检察官分类管理制度,明确法律监督岗位检察官的类型、种类、任职资格条件、管理模式、内外部岗位交流等制度规范,为履行法律监督职责的检察官队伍的专业化发展、专业化建设奠定基础、创造条件。

第四,畅通监督岗位检察官选人用人的渠道,从制度上确立从被监督机关,如公安机关、国家安全机关、人民法院、海关走私侦查局等对应工作岗位优秀人才中遴选监督岗位检察官的机制。从根本上改善这一领域检察官的结构,提升监督整体素质、能力和水平。

第五,为了有效防止检察机关诉讼职权与监督职权行使过程中可能出现的"各自为政"、"信息不畅通"、"互相推诿扯皮"等现象,有必要在检察机关内部建立诉讼职能部门与监督职能部门之间的信息互通交流、相互协作配合机制,以便形成工作合力,确保检察权高效运行。

---

① 参见冯中华《我国检察机关内部机构设置改革研究》,载《青海师范大学学报》(哲学社会科学版)2005年第3期。

侦查取证的监督机制研究

——以北京市 A 区检察院检委会 2006~2010 年期间法定不诉和存疑不诉的案件为样本

吴 锋* 史 焱**

一、问题的提出

在以证据为裁判基础的刑事诉讼中,公安机关和检察机关的任务具有"同质性",都必须围绕证据开展诉讼活动,履行打击犯罪、保障人权的职责。尽管如此,公安机关在侦查中却经常由于取证有"瑕疵"而造成检察机关对有些案件无法提起公诉。[①] 为此,我们以 2006~2010 年期间,提请北京市 A 区检察院检委会上会讨论的 265 起案件中以存疑不起诉和法定不起诉的案件作为样本,来实证分析取证"瑕疵"情况。我们选择存疑不起诉和法定不起诉案件作为研究对象的主要原因是:这些案件既能较全面的反映出侦查人员取证"瑕疵"的实况[②],也能反映出检察机关监督侦查取证的空间与缝隙。在这 5 年中,共有 89 起案件以法定不诉或存疑不诉提请检委会讨论,其中,34 件是法定不诉,55 件是存疑不诉。这些案件基本分布情况如下:

北京市 A 区检察院 2006~2010 年提请检察委员会讨论案件情况

年份（年）	存疑不诉（件）	法定不诉（件）	提请检委会讨论（件）	不起诉百分比（%）
2006	9	5	35	40
2007	3	7	40	25
2008	13	3	57	28
2009	12	17	59	49
2010	15	5	74	27

以上 89 起案件共涉及 32 个罪名,其中以常见的故意伤害、盗窃、抢劫、强奸、诈骗、非法经营等罪名的案件 51 件,占据提请案件的 57.3%。绝大部分是由于案件事实难

---

* 北京市昌平区人民检察院法律政策研究室副主任,法学博士。
** 北京市昌平区人民检察院法律政策研究室副主任。
① 对于取证瑕疵的程度,在通常情况下,我们认为侦查机关对有些案件的取证完全可以在力所能及的范围内,进行收集证据,从而使案件达到"事实清楚、证据确实充分"的标准。
② 其实,在近年发生的重大冤案中,主要也是侦查取证违法问题。在佘祥林案中,有学者指出,佘案中司法认定的案件事实最终被完全证伪,出现了实体性、根本性错误。参见毛立新:《佘祥林冤案中的侦查错误剖析》,载《湖北警官学院学报》2006 年第 1 期;同样,在赵作海案中,侦查错误如出一辙,该案中的首要错误就是侦查取证错误。参见赵学成:《从赵作海案看侦查取证之监督》,载《国家检察官学院学报》2010 年第 6 期。

以查明，而非法律适用问题提请检委会讨论的。经过检察委员会讨论研究，其中，共有19起案件达到"事实清楚、证据确实充分"，依法提起公诉，其中，包括5起承办人员认为属于法定不诉的案件。另外的70起案件作了存疑或法定不诉处理。通过对这些存疑案件和法定不诉案件进行分析，我们发现，有70%左右的案件都实际存在或隐含取证"瑕疵"的情况。

二、样态分析：侦查取证中"瑕疵"情形

在以上89起经过检委会讨论的案件中，出现取证"瑕疵"的形态各异，既有证据收集方法上的瑕疵，也有证据内容的瑕疵；不仅包括实体上的"瑕疵"，也有程序上的"瑕疵"。

（一）取证中忽视不同种类证据内容的相互印证

在正常情况下，案件事实并非仅靠一种证据就能证明，而是需要多种证据相互印证才能使案件事实达到"结论唯一"。然而，侦查人员在取证中经常会无序杂乱，证据内容相互不能补强甚至冲突，造成对案件的发生过程无法证明。如张某故意伤害案中，张某与被害人裴某系邻居，双方发生纠纷后，裴某（77岁）来拉扯张某，后裴某倒地受伤，经鉴定为轻伤。张某供述是抓裴某胳膊时，裴某抽出胳膊后退坐地造成的骨折，而裴某称是张某把他摔倒造成的骨折。证人有的证实是推倒，有的证实是裴某自己摔倒。本案虽有物证、犯罪嫌疑人供述、被害人陈述、证人证言、鉴定结论等证据，但是从证据内容看，犯罪嫌疑人、被害人、证人等对被害人裴某如何受伤这一"关节"表述相互矛盾，导致张某在定性方面有三种意见，是故意伤害、过失致伤，还是自己摔倒都很难判定。如果侦查人员对裴某与张某之间如何纠缠的细节进行细致询问，使之相互印证，就完全有可能对当时的情况有比较统一的认识，从而能对案件作出准确判断。

（二）取证程序不合法而导致证据无效

取证必须依照法定程序进行。在实践中，公安机关的侦查人员在收集固定证据时轻视程序的合法性，尤其是关键证据因程序违法不能成为定案依据，影响案件的审理。① 在向某等人妨碍公务案中，民警李某询问了证人郑某、韩某等4人，民警李某此时的身份是侦查人员。随后，李某又作为证人接受其他民警询问，描述其与同事出警到现场所见到的情景，并在其所作的证言上签字而成为本案的证人。证人具有不可替代性，证人优先原则是刑事诉讼法中的一个基本原则。如意大利刑事诉讼法典第195条就明确规定："司法警官和警员不得就从证人那得知的陈述内容作证。"② 由于针对民警李某制作的笔录使之成为证人，他之前所参与制作的四份证人证言存在制作主体瑕疵，导致证据不能被采信使用。诸如此类情况还有搜查笔录上无参与搜查人员的签名；提审时只有一名侦查人员在场；提取物证、书证时不按侦查经过而是按侦查结果制作，其来源与别的证据自相矛盾等。

---

① 杜芒相：《检察基础理论研究》，中国检察出版社2002年版，第197页。
② 《意大利刑事诉讼法典》，黄风译，中国政法大学出版社1994年版，第69页。

（三）取证时效不强而造成有些关键证据的遗失

严格来说，公安机关接到报案之后应当及时出现场，及时全面客观地搜集证据。① 根据统计，在不少案件中，侦查人员由于延迟取证造成关键证据毁损灭失后之后又无法补救，只能做存疑不诉处理。如柴某盗窃案中，崔某发现其正在施工的小区楼房内盗窃水暖管件后立即报警，而侦查人员事后很长时间才到现场取证，此案后经移送检察机关审查起诉时，被盗楼房已经交付使用一年，在调查管件种类及数目时，柴某供述与被害人陈述不一致，由于缺乏现场勘验、检查笔录等证据加以印证，检察机关也无法进行调查补正最终导致存疑不诉。在另一起强奸案中，犯罪嫌疑人杨某的供述和被害人李某的陈述之间互相矛盾，而被害人李某的伤情鉴定和其他关键证据（被毁坏的衣物）均系案发后数日才提供，证明力较弱，故单凭本案现有的证据不足以认定是违背妇女意志，最后也只能以存疑不诉处理。

（四）取证不全面而造成关键事实难以认定

在正常情况下，侦查人员对每个案件都应当尽可能地按照刑事诉讼法列举的7类证据收集取证，对遗漏的证据予以补强，形成完整的证据链。取证不全面主要表现为过于重视口供，对潜藏的物证、书证等其他证据发掘的力度不够。② 由于口供具有主观性、不稳定性等弱点，一旦犯罪嫌疑人翻供，若无其他证据佐证，很容易使案件陷入僵局。除此之外，由于有些讯问或记录粗糙肤浅，有时甚至曲解误记了犯罪嫌疑人的供述，犯罪嫌疑人在当时阅读讯问笔录的时候没有提出疑问，但是在事后的诉讼中提出来，这就使得供述的前后不一致。在存疑不诉的5起强奸案中，均是因为犯罪嫌疑人供述前后不一，被害人陈述也相互不完全吻合，加之犯罪嫌疑人和被害人所证实的情况相互矛盾，导致承办人员无法对案件作出准确判断。在盗窃案中，侦查人员经常将抓获的经过用文字叙述出来，盖上单位印章，对相关证人询问少，也容易导致案件发生经过无法进行准确判断。

（五）对特殊物品的取证缺乏规范指导

从基层公安机关办案来看，主要以盗窃、伤害、寻衅滋事、非法经营等常见罪名为主，我们统计的不起诉案件（包括法定不诉和存疑不诉）涉及32个罪名，均属于常见多发的刑事犯罪。由于不少犯罪都是常见的类型，公安机关办理案件中很容易形成思维惯性，容易忽视个案特点，造成有些特殊证据灭失。例如在张某盗窃案中，张某盗窃被害人乔某承包地里未完全成熟的麻核桃84个，张某在案中始终承认盗窃事实，被害人及相关证人均已证实，所以认定张某盗窃无异议。但是，张某对价格认证中心出具的涉案财产价格鉴定结论书持异议，该鉴定标的为84个野生麻核桃，因受其果型、果个、纹理等实物状态的限制，价格差异较大。价格鉴定中心人员仅仅在打开几个野生麻核桃的情况下，作出均价100元的结论，这种鉴定显然不合理。在起诉阶段，公诉机关向原价格认证中心提出了复核请求，此时涉案财产即84个野生麻核桃已被处理了，无法提供实物，据以定罪

---

① 参见龙宗智：《证据法的理念、制度与方法》，法律出版社2008年版，第3页。
② 参见《山东禹城公安干警旁听案件庭审强化全面取证意识》，载 http://news.163.com/10/1213/09/6NPAS7RG00014AEE.html，访问时间2011年8月3日。

的证据存有疑问无法查证属实，最终只能以存疑不诉处理。在实践中，对容易引起价格争论的鉴赏物、文物、艺术品等，不少物品在审结之前已经发还于被当事人处理掉，如果犯罪嫌疑人持异议要求重新评估涉案财产价格，就会造成司法机关对涉案价格无法认定。

（六）取证过分依赖鉴定结论

司法鉴定结论是指案件中因需要解决专门性问题，由具有某项专门知识和技能的人接受司法机关的鉴定委托后，运用其专门知识和技术手段，对客观事物的某种属性进行观察、验证，并作出具有权威性的科学认定或判断。① 根据统计，目前在刑事诉讼中90%以上的案件涉及司法鉴定。② 基于"结论"一词具有终局性和总结性的意思，2005年全国人大常委会《关于司法鉴定管理问题的决定》将司法鉴定结论修改为司法鉴定意见，这说明鉴定意见并非具有不可推翻性，它也只是案件中的一种证据而已，司法人员完全可以根据其他证据推翻鉴定意见。刑事诉讼法第42条也规定，对于包括鉴定结论在内的7种证据，必须经过查证属实，才能作为定案依据。虽然立法上已经规定鉴定结论要经过审查质证才能作为定案依据的要求，但是，公安机关办案情况无不体现了对鉴定结论的过分依赖，伤害够不够轻伤、涉案财产是否达到定罪数额等都完全以鉴定结论为准，即无鉴定结论就无法立案或定罪，这已经成为日常办案中的一大怪圈，已经影响到司法机关对案件事实的客观判断。

为此，我们分别以B代表取证忽视不同种类证据内容的相互印证；C代表取证程序不合法导致证据无效；D代表取证时效不强造成有些关键证据遗失；E代表取证不全面造成有些事实难以认定；F代表特殊物品取证缺乏规范指导；G代表取证过分依赖鉴定结论。对这89起案件中造成存疑或法定不诉的具体问题进行分析。③

北京市A区检察院检委会2006~2010年法定不诉和存疑不诉案件原因情况

项 目	B	C	D	E	F	G
数　量（件）	42	6	8	20	7	6

通过分析，我们发现在B类和E类占据了存疑和法定不诉案件的70%。在B种情况中，证据内容不能相互印证，绝大部分在于很多言词证据不统一，如犯罪嫌疑人供述、被害人陈述以及证人证言等相互冲突，也有些是言词证据所证明的内容与物证的冲突。在E种情况中，经常出现侦查人员没有提取应该提取的证据，遗漏对证人的询问，涉案物品的扣押等情况。除此之外，在电信诈骗等新型犯罪中，电子证据很容易被犯罪嫌疑人快速处理掉，公安机关很多时候仍以笔录的单一方式进行固定，甚少运用同步录音、录像、拍照等手段进行辅助性固定，增加了认定案件事实的难度。

---

① 参见田平安：《鉴定结论论》，载《现代法学》2000年第6期。
② 王美丽：《也谈司法鉴定的法律完善》，载《中国人民公安大学学报》2000年第5期。
③ 由于每个案件特别复杂，经常或由于各种复杂原因导致案件法定不诉或存疑不诉，我们进行分类，只是根据案件导致其法定不诉或存疑不诉的最主要的原因进行统计，其中，不同的人或许认识有不同。有些是案件不诉的原因是相互交叉的，在此，我们也是选择主要的原因进行统计，忽略其次要的原因。

三、问题剖析：检察机关监督侦查取证的难题

侦查活动的中心任务是取证，对于检察机关而言，侦查监督的工作重心也是引导侦查机关进行科学取证，从而保证刑事个案沿着诉讼程序稳步推进。目前，监督侦查取证主要有以下若干问题没有得到有效解决。①

（一）监督取证的意识不足

作为刑事诉讼的核心内容，证据必须具有客观性、合法性和关联性。② 从目前检察机关审理案件情况看，检察人员主要根据案卷证据判断案件是否达到逮捕标准、起诉标准或抗诉标准，这种思维模式仍是保证案件进入诉讼通道。虽然这种审查制度自身隐含有监督的"因子"，但是承办人员主观上却缺乏监督意识。这种办案模式主要通过对公安机关已经获取的证据来判断案件的定性与情节，由于不介入侦查过程，检察机关更是缺乏对取证过程监督的意识。实践证明，虽然不少存疑不起诉和法定不起诉的案件与侦查人员证据意识不强密切相关，但是也与检察人员取证监督意识淡漠密切相关。有的侦查人员还错误地认为检察机关取证监督是"找碴儿"、"挑刺"，不仅不配合甚至予以抵制，导致有的检察人员对侦查机关取证监督存在畏难情绪，甚至不愿实施法律监督。

（二）侦查权缺乏有效制约

警察职能对于任何一个社会来说，都是不可或缺的。作为国家职能的重要组成部分，警察行为自始蕴藏着侵害民权的危险，经验告诉我们，警察经常侵害私人权利，对公民权利和社会稳定造成侵害。③ 在我国司法实践中，侦查中心主义盛行，起诉和审判在很大程度上依赖侦查的结果。④ 由于警察的侦查权不仅强势还具有扩张性，很多国家都通过检察权来对其进行控制和监督。我国将"分工负责、相互配合、相互制约"作为公安机关和检察机关之间的原则。然而，在实践中，公安机关与检察机关之间是"互相配合"优先于"互相制约"，检察机关对侦查活动的监督作用被淡化，我国侦查机关在刑事诉讼中的强势在世界范围内都是罕见的。⑤ 如 A 区检察院同级公安机关近年来每年刑事立案 4000 多件，而移送检察机关批准逮捕的不足 1500 件，其余的案件如何处理无从知晓，监督更是无从谈起。自从刑事立案后，所有侦查取证都是在公安机关内部循环完成，经常采用的方法是先获取口供并将其予以固定，然后围绕口供获取其他证据，使证据形成闭合性锁链。检察机关对公安机关违法勘查、搜查、取证等难以介入，造成检察机关对公安机关侦查取证难以监督。

（三）监督侦查取证方式乏力

在检察监督中，发现违法是进行法律监督的前提，是保证法律监督有效性的基础，同

---

① 这里讨论监督侦查取证的难题主要是基于常态下的。在有些案件中，侦查人员故意对有些案件的证据不提取，然后提请检察机关逮捕或起诉，由此导致案件不够逮捕或起诉标准，这里不妨碍有侦查人员通过案件"渎职"来收受贿赂。对于这种问题，由于涉及情况复杂，我们暂不讨论。
② 樊崇义：《证据法学》，法律出版社 2008 年版，第 137~139 页。
③ 参见高一飞、陈海平：《我国侦查权多重制约体系的重构》，载《公安研究》2007 年第 2 期。
④ 孙长永：《侦查程序与人权——比较法考察》，中国方正出版社 2001 年版，第 5 页。
⑤ 参见陈岚：《我国检警关系的反思与重构》，载《中国法学》2009 年第 6 期。

时，发现违法也需要一定的手段。[1] 对于监督取证问题，检察机关监督手段较为单一，检察机关监督取证合法与否的主要途径就是审查侦查机关移送的案卷，即在审查批捕和审查起诉环节中，根据侦查案卷中反映的情况来判断公安机关取证是否违法。一旦公安机关会对违法取证过程及其所获取的非法证据加以掩饰，检察机关就无法了解和掌握相关情况。由于取证监督具有事后性，这就容易造成不少证据由于时过境迁难以提取，很多案件最终只能存疑不诉。对于违法取证，检察机关很多时候只能提出口头或者书面的纠正违法"意见"或"建议"，这些监督手段缺乏强制性保障，很大程度上依赖侦查人员的态度，因此，取证监督的刚性不足，严重制约了监督实效。

（四）侦查取证监督平台匮乏

概括而言，侦查取证监督包括实体监督和程序监督。虽然取证监督只是刑事诉讼监督中的一部分内容，但对促进侦查依法进行，保证案件公正处理却有重要作用。目前，刑事诉讼监督过于原则，可操作性差，侦查取证监督的平台更没有建立起来。侦查取证监督主要依靠各地公安机关和检察机关会签的文件以及公、检两家关系的密切程度而定。由于双方没有建立关于侦查监督的沟通机制，对公安机关取证活动的知情权无法从制度上加以保障，检察机关主要依靠对取证结果的审查来逆向推断取证过程是否违法。在检察机关内部，侦查取证监督主要依靠侦查监督和审查起诉部门在办案中进行附带性审查，各自相对独立分散，缺乏监督的整体合力。

四、建构：完善侦查取证监督的机制

世界各国司法对侦查取证都高度重视，无论是"检警一体化"还是"检警分离式"的国家，对违法取证和瑕疵证据都进行过滤排除，保证证据对案件的证明达到"结论唯一"。[2] 与其他国家检察机关不同，我国检察机关既是诉讼参与人，又是侦查取证的监督者，检察机关不仅要通过诉讼程序阻止瑕疵证据进入案件，又要监督取证的合法性。

（一）强化监督侦查取证意识的培养

意识是行动的先导。所谓证据意识，指的是"人们在社会生活和交往中对证据作用和价值的一种觉醒和知晓的心理状态，是人们在面对纠纷或处理争议时重视证据并自觉运用证据的心理觉悟。"[3] 针对侦查人员重视言词证据、轻视实物证据，重视有罪证据、轻视无罪证据，注重"破案"忽视程序的特点，检察机关在加强办案的同时，要加强对侦查取证的监督，树立"日常办案和监督取证"并重的办案模式。如对一些重大疑难复杂案件，检察机关可以在开庭审理时邀请公安机关的侦查人员参加庭审活动，观摩控辩双方进行举证质证以及法官如何采信双方证据，也可以组织侦查监督和公诉部门业务骨干与公安机关预审法制等部门进行人员交流、开展培训等来提高侦查机关证据意识，加强收集、

---

[1] 参见张智辉：《检察权研究》，中国检察出版社2007年版，第132～133页。
[2] 参见陈光中：《刑事证据制度改革若干理论与实践问题之探讨——以两院三部〈两个证据规定〉之公布为视角》，载《中国法学》2010年第6期。
[3] 何家弘：《证据意识漫谈》，载《法学杂志》1998年第3期。

固定证据的能力。

（二）合理确定侦查取证的监督内容

收集案件证据点多面广，受诉讼时效所限，检察机关不可能监督所有取证活动。检察机关应该对容易出现取证瑕疵的关键"节点"进行监督，重点是加强对违法取证的监督，对公安机关侦查取证消极不作为的监督。例如在接到报案后，没有合理理由不出现场的，不及时查找证人询问犯罪事实的，勘验检查中固定证据不全面、不细致、不到位等。① 与此同时，要对取证程序进行监督，如对涉案特定标的物的鉴定结论未待检察机关核查前，公安机关私自发还可能影响案件定性的应及时纠正，防止证据遗失造成诉讼难以继续进行。对新类型案件、疑难复杂、证据分歧较大案件，要共同制定证据参考标准，明确不同阶段证据的证明要求，使取证与监督取证在不同诉讼阶段协调统一，达成共识性的取证与证明参考标准。除了对取证瑕疵及时改正以外，对公安机关无正当理由拒不接受取证监督的侦查人员，可以考虑由检察人员建议公安机关对责任人进行批评教育、纪律处分，必要时要求更换承办人继续进行侦查或自行参与辅助侦查，保证侦查取证顺利完成。

（三）建立引导侦查取证的工作机制

在我国刑事诉讼中，公安机关与检察机关在诉讼程序中有明确分工，公安机关主要负责抓捕犯罪嫌疑人、收集证据和查明犯罪事实，检察机关主要是运用证据指控犯罪事实，证实犯罪嫌疑人有罪或无罪以及罪刑轻重等，两者虽然都有追诉的功能，但检察机关经常只是在侦查之后接触案件，对侦查活动具有很大的依附性，这种监督经常由于公安机关不及时收集证据而造成证据遗失。② 因此，必须在公安机关和检察机关之间建立有效地取证引导机制。对检察机关而言，首先要强化引导取证的队伍建设，让部分检察业务骨干从"流水线式"的办案中抽出时间和精力来强化取证引导工作。如吉林省靖宇县检察院成立专门引导侦查取证的公诉组，指定专人负责侦查取证工作。河北省安国市检察积极搭建诉讼监督平台，采取巡回监督制，通过不定期抽查执法案卷对公安派出所、行政执法部门进行监督。③ 结合首都各级检察机关基本都成立诉讼监督组的情况，可以把引导侦查取证工作交付诉讼监督组来完成，这样有利于发挥检察机关综合监督的作用。同时，要提高检察机关参与侦查的范围与程度，不断完善提前介入制度。根据统计，北京市A区检察院近3年来已经对113起案件进行了提前介入。④ 基于提前介入至今还没有形成统一认识与标准的情况，可以进一步细化提前介入的案件类型、介入时间、程序，通过这一制度的实施，把侦查取证监督从事后监督变为过程指导，使侦查取证各环节更加规范。

（四）加强侦查取证的程序制约

"如果一个社会的法律系统使用了不公正的法律程序，那么公民将会看到对服从法律

---

① 在正常情况下，取证越及时，被害人、犯罪嫌疑人、证人对案件事实的记忆就可能越清晰，证据内容的变化可能就越小，其可信度也就越高，其还原事实真相的可能性就越大，侦查机关在收集证据工作中，务必迅速及时出现场，及时控制现场，并进行勘验、检查、扣押、询问受害人、证人，以便在最短的时间内开展证据收集工作。

② 如日本、法国检察机关在重大案件发生时，都可以及时到案发场指导侦查人员收集证据。

③ 参见河北省检察院《侦查监督工作情况交流》（综合治理工作专刊）2010年第17期。

④ 当前检察机关的提前介入包括多种形式，如到达案发现场、案件协调会、案件讨论会等形式，甘肃省康县检察院制定了"提前介入引导侦查取证通知书"和"引导侦查取证建议书"，开展提前介入工作。

的一种侵蚀。而程序不公正的经验比率将会侵蚀服从法律的义务。"① 不同于西方国家的司法制度设计，我国公安机关和检察机关是"分工负责、相互配合、相互制约"的关系，检察机关应恰当运用程序来制约公安机关的取证。在审查逮捕中，在严格执行逮捕证据标准的同时，要准确运用退回补充侦查程序，重点围绕证据固定和完善，认真制作补充侦查提纲。对移送起诉案件存在的证据问题，决定退回补充侦查的，检察人员应当制作详细、可操作、目标明确的提供法庭审判所需证据材料意见书，逐一说明需要补充侦查取证的内容，确保有瑕疵证据得到合理排除，遗失证据及时收集起来。对案情有重大变化的案件，如犯罪嫌疑人翻供、证人翻证等情况，检察人员可会同公安机关的办案人员到案发地或找关键证人，进行实地复核，进一步固定重要证据，一起共同完成指控犯罪的任务。

（五）完善证据固定的技术手段

多数情况表明，造成案件事实难以认定的情况大多发生都是言词证据对定案有重要作用的案件。这主要是因为言词证据与其他证据相比，具有不稳定性，很容易翻供翻证，检察机关应注重引导公安机关运用科技手段对相关证据进行固定。对有关的技术证据进行文证审查，在收集言词证据时注意加强视听设备的辅助证明作用。对易改变内容的证据要及时进行现场固定，如以录音录像、拍照、现场打印等方式进行可视性固定。在紧急状况下，侦查人员也要善于运用手机等进行拍摄、录像固定实物，必要时可以回放资料查找相关证据，这样不仅可以有效固定证据，还提高了证据之间的补强效果。

在外国司法机关，对于侦查取证监督主要通过程序来过滤。我国检察机关对侦查取证既有监督权，又有运用程序过滤的权限。公安机关取证瑕疵不仅影响着刑罚目的的实现，也会使人权保障的目标落空。我们对这个问题进行重述，不在于让违法取证和瑕疵证据完全从刑事诉讼中剔除出去，而只是使我们的取证越来越公正，使证据更加接近案件事实本身，为正确认定案件事实、适用法律作一个前置性的铺垫。

---

① Lind and Tyler, *The Social Psychology of Procedural Justice*, Plenum Press, 1988, pp. 77-31.

浅析诉讼监督职能的完善

——审前羁押问题之考量

盛 波[*]

一、新刑事诉讼法实施与审前羁押制度

作为中国法治进程的焦点事件,新刑事诉讼法的实施绝对是牵动社会各方关注的重大事件。虽然在新刑事诉讼法实施前,全国各地各级司法机关对此做了大量的准备工作,但是由于新刑事诉讼法的很多内容对司法现状的影响是着眼宏观和长远的,其效应正在逐步释放,因此现实中还有很多问题需要司法机关特别是基层司法机关突破传统思维束缚逐步适应,借助新刑事诉讼法的"东风",推动法治进程不断加快。

审前羁押问题是一个经常被司法界和学术界提及的问题,这一问题无论是在立法层面还是在司法层面,其实都存在一些缺陷和不足,而审前羁押作为刑事诉讼法修改设计的热门话题,也在此次修改中得到了各方前所未有的关注。其实审前羁押问题的破解某种程度上是理论界与司法界的博弈。理论界更多是从应然、理论的角度,对国外先进的法律制度进行研究。而司法机关是法律的执行者,更多地考虑现实可操作性,角度不同也就决定了这一问题的解决方式不尽相同。

二、审前羁押问题的一般考察

审前羁押,顾名思义即审判前的羁押,指犯罪嫌疑人在被拘留、逮捕至提起公诉前,被剥夺人身自由的状态。审前羁押问题在理论界和实务界其实一直处于改变的风口浪尖。之所以这样说,是因为审前羁押问题在我国的特殊性所决定的,以及现行审前羁押制度的诸多不合理亟待改进的地方。

众所周知,人最重要的权利无非包括生命权、自由权等,审前羁押实际上是在还未审判确定某人有罪的情况下先行剥夺其人身自由。审前羁押从产生那天起就一直存在保障人权和惩治犯罪的关系,这一关系在某种程度上存在矛盾,甚至经常出现无法兼顾的情况,不过这其中也包含着特殊的现实和历史原因。人权作为人应当享有的、不可无理非法剥夺或转让的权利。[①] 而审前羁押具有剥夺人身自由性,从本质上来说是国家权力对公民权利的制约。

从诉讼程序的角度讲来看,审前羁押是以保障诉讼过程的顺利进行为其程序功能,以

---

[*] 山东省济南市天桥区人民检察院法律政策研究室正科级检察员。
[①] 张文显:《法学基本范畴研究》,中国政法大学出版社1993年版,第113页。

限制人身自由为实现的基本手段，正是由于审前羁押具有对人身自由权的剥夺性，它不可避免地会对人权造成侵害或侵害威胁。现代国家基于无罪推定原则，普遍认为审前羁押只是一种例外的程序上的预防措施。①

（一）审前羁押的历史考察

传统法律文化塑造着人们的思想和行为。②法律的制定和执行受制于方方面面，比如人们的认知、文化传统、社会环境、风俗习惯等。中国作为一个有着悠久历史的国家，在这方面表现得更为突出。中国古代法律在战国、秦朝时受法家思想影响颇深，随着汉朝"罢黜百家、独尊儒术"政策的执行，法律实际上就变成了儒家伦理文化的国家制度载体。③制度的转换，必须考虑人们的心理承受能力和传统法律文化的相应转型，如若不然，必会丧失法律所提供给社会的信赖。

1. 自汉朝儒家思想逐步成为统治阶级主流思想后，君臣、父子、夫妻、兄弟间的支配与从属关系，总是将义务置于首位，父子、夫妻、君臣关系是不平等的。一方享有绝对权力，另一方赋有天然义务，中国法律传统主张法律的真谛就是重义务轻权利，"中国文化最大的偏失，就在个人永不被发现这一点上，一个人简直没有站在自己立场说话的机会……权利自由这类观念，不但是中国人心目中从来没有，并且至今看了不得其解，他对于要求自由总怀两种态度，一种是淡漠的很，不懂要这个做什么；一种是吃惊的很，以为岂不是乱天下。"④这个社会既缺乏个人权利观念，法律就不可能用来做权利的标尺和保障。凡此种种，一个人为自己的正当权利奋斗尚不可得，刑事诉讼的被羁押者的权利被忽视成为理所当然，司法之权是敬畏之权、绝对权力，容不得其他人的争辩申诉，公权力的最大化是比削弱个人权利的重要性。像刑讯逼供、超期羁押这类违法现象屡禁不止的背后往往都有传统法律文化作祟的影子。

2. 中国传统法律以强制为主，虽然在随后的千年发展历程中，在一些方面不再像以前那么残酷暴力，但在儒家传统思想支配下，礼乐教化的作用实际上在发挥着核心功能。法律的功用就是以惩罚犯罪来维护统治阶级的利益，期待以强制手段镇压破坏统治秩序的不安定因素。受儒家无讼、贱讼观念的影响，当一个人与官府关联，成为国家怀疑的目标时，这个人能做的唯一事情，就是与政府合作，力求发现事实真相，并承担责任。因此被视为"犯罪人"成了当然的结论。环视如今，现实中也不乏有一些办案人员，在把握犯罪上过于严格和"谨慎"，觉得只有强化羁押措施才能使犯罪嫌疑人屈服，加快破案进程，而被羁押的犯罪嫌疑人必定是同犯罪有着密切的联系。例如被很多办案人员视为"证据之王"的口供，从犯罪嫌疑人到案的那一刻起，突破犯罪嫌疑人心理防线，获得有利于案件侦办的口供就成了重中之重。没有口供或者口供没有达到满意效果，就用超期羁押、刑讯逼供等，千方百计获得口供；犯罪嫌疑人供述了，办案人员又担心嫌疑人翻供或

---

① 孙长久：《侦查程序与人权：比较法考察》，中国方正出版社2000年版，第190页。
② 陈弘毅：《法治启蒙与论法的精神》，中国政法大学出版社1998年版，第143页。
③ [美]埃尔曼：《比较法律文化》，贺卫方、高鸿钧译，三联书店1990年版，第75页。
④ 梁漱溟：《中国文化要义》，学林出版社1987年版，第15页。

者串供、逃跑，又对其采取羁押措施确保口供一致，不影响办案进程。所以无论怎样，对其采取审前羁押措施都成了理所当然的事情。

（二）审前羁押的制度考量

由于我国政治、经济形态的特征，公权力在我国社会发展的方方面面都处于核心地位，这就使传统的国家权力本位观念在新的社会结构形态下延续，形成一种集权式的传统社会结构，倡导法治、保障个人权利就变得相对困难，需要先从体制机制上着手解决。"每一行政机关都拥有受其上级控制的广泛的自由裁量……对权力腐败和滥用权力的控制，主要是由那些处于命令链条的更高环节来作出的，而不是更多由实体法和程序法的那些限制性规则来作出。"①

（三）审前羁押的域外规定

国外在审前羁押方面的法律规定已经很完备，再加上国际组织制定的有关人权保障和羁押的条约章程，都对此作出了明确的规定。例如法国刑事诉讼法第137条明文规定：先行羁押只是"作为例外"，依法定的程序和条件而采取的措施，通常情况下应当对被审查人宣布释放或司法管制；再比如《联合国公民权利与政治权利国际公约》第9条第3款规定：等待审判的人被置于羁押状态不应作为一般原则。联合国人权委员会明确指出："审判前的羁押应是一种例外，并尽可能短暂。"② 刑事诉讼程序往往比民事、行政诉讼程序更加受人关注的原因，就在于刑事诉讼程序一旦启动，往往牵扯到的是一个人的基本权利，基本权利的损益关乎人的生存和发展，因此备受世人关注。对于在刑事程序中限制政府权力，防止政府对个人以涉嫌犯罪为由而随意侵犯人身自由具有极为重要的意义。而美国联邦刑事诉讼规则第5条：在治案法官前初次聆讯的一般规定：持根据控告签发的逮捕令执行逮捕的官员，或者未持逮捕令执行逮捕的其他人员，应当无不必要迟延地将被捕人解送至最近的联邦治安法官处。届时，警察将提出起诉，说明构成逮捕所必需的合理根据。③

三、我国审前羁押制度的问题与原因分析

我国审前羁押制度伴随着我国的法制建设一直走到今天，从无到有，从零星分散到逐步完善，应该说已经在朝着正规化的轨道行进；但由于上文提到的以及其他的原因，审前羁押制度还存在很多问题，一些方面甚至存在很大漏洞。

（一）现实环境倒逼审前羁押问题不断凸显

审前羁押在基层司法机关是一个更值得关注的问题，通过实地调查取证，通过在校期间和工作期间所得调查，以我国A省某区检察院和B省某区检察院的审前羁押率（包括拘留和逮捕等强制措施）的数据比对，可以更直观地展现审前羁押在司法环境中的状况。

---

① ［美］P. 诺内特、P. 赛尔兹尼克：《转变中的法律与社会》，张志铭译，中国政法大学出版社1994年版，第44页。
② 陈光中、［加］丹尼尔·普瑞方廷：《联合国刑事司法准则与中国法制》，法律出版社1998年版，第193页。
③ ［美］乔治·F. 科尔：《美国刑事案件中被告人的权利》，载《法学译丛》1980年第1期。

2007～2011年审前羁押率对比表

年份 \ 地域	A省某区检察院	B省某区检察院
2007年	59.6%	85.4%
2008年	56.8%	87.2%
2009年	53.4%	83.5%
2010年	50.9%	84.1%
2011年	49.7%	81.2%

通过以上数据对比，我们不难发现，不同地域不同司法机关在审前羁押问题上差别很大，A省某区检察院的羁押率在逐年降低，甚至降到了一半以下；而B省某区检察院的羁押率则始终维持在高位，高达百分之八十以上，而且没有明显的下降趋势。通过我们的实地探究并认真分析，发现了审前羁押率差别大的原因所在。

现实因素：首先是地域因素。A省某区检察院地处城市中心和郊区结合地带，人员构成以本地人口为主，外来人口和流动人口较少。B省某区检察院地处交通枢纽，人员构成复杂，流动人口和外来人口众多且集中；其次是社会治安状况。A省某区检察院地处城市中心相对边缘地带，环境舒适，生活安逸，社会治安状况相对良好和平稳；而B省某区检察院属老城区，且近些年正处于城市改造建设的高潮期，外来人口和流动人口集中，环境复杂，治安形势一直处于相对高发态势。

执法观念因素：在羁押和非羁押问题上，不同司法机关的认识不同，把握的尺度也不同。特别是在如何处理好惩罚犯罪与保障人权的关系上，面临的一个比例和尺度的问题。A省某区检察院在对待羁押问题上，从犯罪的整体综合考虑，从罪名认定、犯罪情节轻重、犯罪数额大小，到犯罪嫌疑人的态度、家庭状况等各个方面统筹把握，积极倡导取保等非羁押措施，充分调动辖区派出所、社区居委会、团委等各种力量，多管齐下，实现法律效果、社会效果的统一；B省某区检察院由于所处地域和环境复杂，且外来人口、流动人口犯罪率较高，对于犯罪嫌疑人的羁押问题则主要从嫌疑人是否存在逃跑、串供、干扰侦查等方面考虑，所以羁押率一直比较高。

（二）比例原则的缺失

羁押与非羁押应当遵循一定的比例原则，而在司法实践中，比例原则的缺失或者是不重视案件本身的社会危害性以及犯罪的罪轻罪重，导致一部分轻罪案件当中本可以考虑取保候审却没有考虑，像比较轻微的交通肇事案件等。再比如在一起案件数额不大的诈骗案件中，诈骗罪社会危害性并不是很大，犯罪性质不是很恶劣，犯罪嫌疑人系本地人，家里经济条件不错。采取非羁押措施往往不会产生任何问题的。但是最终没有取保候审，羁押直至最后定罪量刑。这就是羁押与非羁押时没有考虑到比例性原则。这里所讲的比例原则并不是讲羁押和非羁押要占有多大的比例，其实直到现在也没有羁押与非羁押的到底应该占多大比例，笔者个人觉得也没有必要在数据上限定比例。不过从西方国家的现实来看，例如美国联邦司法部曾经通过统计学的分析，得出了影响一个犯罪嫌疑人是否逃避侦查、起诉、审判、是否重新犯罪的计算公式。当一个案件发生的时候，那么就通过计算这些因素，得出一个人审前释放的风险是高是低还是中，来决定是否采取审前羁押措施。这是有效解决比例性原则的方法，而且现实中西方国家的羁押率一般在一半左右，如果太高，在某种程度上说明我们综合掌握犯罪情况的尺度过严。

（三）司法救助体系尚未建立

有关羁押的司法救助体系实际上是缺失的，其实这一司法救助体系的主要目的就是保障犯罪嫌疑人对于羁押有申诉的权利。西方国家有比较完善的体系，犯罪嫌疑人的律师可以在每一个阶段要求重新对被羁押者是否有继续羁押的需要进行裁决，并由法院进行裁判。这是一个动态的过程，随着案件的进展，有时候羁押其实已经没有太多必要了，但是在实践当中，如果案件本身没有实质性变化的话，一直到案件结束都会处于羁押状态，缺少一种司法救助的机制。

（四）执行监督机制有待加强

羁押率高的另一个原因是我国当前在取保候审、社区矫正等监外执行措施的完善和执行上还存在很多问题，执行体制不清，职责不明，社会参与度低，也是司法机关不敢将犯罪嫌疑人取保候审的原因之一。笔者曾经接触过一个犯罪嫌疑人，由于认罪态度较好且积极配合，办案机关对其进行取保候审，并要求其在取保候审期间不能离开所在城市，并将相关法律手续送达犯罪嫌疑人所在地的派出所执行。但是当办案机关找该犯罪嫌疑人核对证据时，却找不到此人了，经多方联系，原来该犯罪嫌疑人以为自己没什么事情了，就跑到外省走亲戚去了。这让司法机关感到很担心也很后怕，由此可见，实践中确实存在一些问题让司法机关对取保候审、降低羁押率等措施"敬而远之"的阻碍因素。

四、我国审前羁押制度的完善建议

审前羁押制度改革不是一个机械的臆想，而是综合考虑，从案件本身出发，实事求是，科学把握，实现审前羁押在正常轨道内走向深入。对此，笔者觉得当前有必要结合刑事诉讼法修改，做好以下工作：

（一）刑事诉讼法修改和实施为更好地把握羁押问题提供了更易操作的标准

刑事诉讼法对于强制措施章节进行了细化和区分，特别是对逮捕、取保候审、监视居住的条件和执行制定了更加明晰的规定，实际上是给司法人员提供了更易操作的标准，从而将以前过于混杂的条文在一定程度上实现了分离，从而在判断和执行上更加科学有效。

（二）切实转变执法观念，司法机关要综合考虑，关键是把握好尺度

对于逮捕的五个条件，要做合理的理解，切实在案件审查逮捕时要做到有的放矢；在设立羁押制度时，应当根据犯罪嫌疑人犯罪的轻重、社会危害性的大小、社会危险性的大小制定不同的羁押期限，不能一概而论。另外要建立逮捕后羁押必要性审查、救济机制，建立超期羁押责任的追究，规定超期羁押应当承担什么责任。

（三）从立法层面确定分段羁押期限

一些轻微的犯罪，案件事实单一，情节简单、轻微，没有必要羁押很长时间。首先是羁押的必要性问题，其次是长期羁押必要性问题。如果是人身危险性极大的犯罪嫌疑人，

司法机关考虑到社会危害性,对这类人从法律上加以规制,进行长期羁押是必要的。因为此类犯罪在普通社会公众心中形成了威慑力和恐慌感,如果采用取保候审等措施,反而会在公众心中造成法律不公等负面效应,影响法律的权威性。

（四）建立保障审前羁押的独立体系

试问为什么司法机关不愿意把大量的犯罪嫌疑人取保候审或者监视居住？因为司法机关对取保候审和监视居住的控制力较弱。因为实践中我国还没有这种独立的保障系统。此次刑事诉讼法修改将强制措施进行了细化,同时也提出了一些新的问题,比如监视居住的执行问题；"指定地点"如何理解等问题,这都需要立法机关或者司法机关出台相关的规定加以明确,防止现实中违背立法精神的情况发生。笔者认为,在建构保障审前羁押的独立体系上,不能仅仅着眼于司法机关,要以司法机关包括公、检、法、司、监等各个部门为主体,地方政府、民政、村居自治组织、共青团、妇联等共同参与、协同配合的综合体系。司法机关由于人力、物力及工作性质的关系,自身力量经常鞭长莫及。依托地方特别是基层组织,协同共管,密切配合,反而能达到事半功倍的效果。

（五）关于批捕权的归属问题

理论界关于批捕权的设置早有争论,有人主张单独成立一个机构行使批捕权,有人主张由法院来行使批捕权。笔者认为由检察机关行使批捕权是最为适宜的。首先,单独成立一个机构行使批捕权是否小题大做,在当前机构臃肿的大背景下,为了一项权力的行使而单独成立一个机构是否有劳民伤财的嫌疑；单独成立一个机构的性质归属问题,如何协调其与公、检、法的关系问题；把批捕权交给法院,我认为也不合适。如果法院批准逮捕使我们的羁押率明显降低,那么法院不批捕的案件当中有些人逃跑或者翻供,法院能承受多久多大的指责和压力；如果法院批捕人员当中的确有人无罪,那么法院作为审判机关审判本应无辜的人,法院是判有罪还是无罪,如果法院要规避责任,他就会想方设法判该人有罪。① 所以把批捕权交给法院出现错案的可能性更大。

（六）检察机关应当切实理顺法律监督权和审前羁押的关系

美国法理学家博登海默教授指出："在权力未受到控制时,可以将它比作自由流动高涨的能量,其结果往往是破坏性的。权力的行使,往往以无情的和不可忍受的压制为标志,在权力不受制约的地方,它极易造成紧张摩擦和突变。而且在权力可以畅通无阻的社会中,发展趋势往往是社会上的权势者压迫或剥削弱者。"同时,一个被授予权力的人总是面临着滥用权力的诱惑,面临着逾越正义和道德界限的诱惑,"人们总是把这比作附在权力上的咒语,它是不可抵抗的。"② 刑事诉讼法修改虽然在很多方面都有了进步,但不可否认法律不会因为一次修改而变得尽善尽美。例如司法实践中针对检察机关不批捕的案件,检察机关如何事后对公安机关是否释放犯罪嫌疑人进行后续监督的问题就在学术界讨论了很多年。从法律的操作规程来讲,公安机关是否释放了犯罪嫌疑人要给检察机关做执

---

① 张智辉:《也谈批捕权的法理——〈批捕权的法理与法理化的批捕权〉一文质疑》,载《法学》2000年第5期。
② [美] E. 博登海默:《法理学:法律哲学与法律方法》,邓正来译,中国政法大学出版社1999年版,第360～362页。

行回复。如果检察机关发现公安机关没有释放，则会要求公安机关说明原因，但是如果公安机关不照做怎么办。法律在这方面对后续监督没有赋予检察机关刚性权力。现实中有一种特殊情况，检察机关没有批捕的案件，公安机关会将犯罪嫌疑人送劳教所劳教，这又牵扯到公安机关劳教权的问题，劳教如何监督，是否合法、正当的问题是困扰司法界和理论界多年的问题。虽然检察机关在监所有监察室，但是检察机关在这方面的职权相对较弱，执行中还存在很多问题。以上只从一个方面阐述检察机关法律监督权与审前羁押的关系问题。充分行使法律监督权，不留法律空白和死角是检察机关的神圣职责。

（七）建立完善的司法审查体制，逐步杜绝违法羁押、超期羁押问题的出现

《公民权利和政治权利国际公约》第9条第4款规定："任何因逮捕或拘禁被剥夺自由的人，有资格向法庭提出诉讼，以便法庭能不拖延的决定拘禁他是否合法。"联合国人权事务委员会认为，对于"有资格向法庭提出诉讼"，只允许被关押人向上级警察当局提出异议是不够的。[①] 这一原则在《保护所有遭受任何形式拘留或监禁人的原则》第32条中被再次陈述，第32条规定："拘留如属非法，被拘留人或其律师应有权随时按照国内立法向司法或其他当局提起诉讼，对其拘留的合法性提出异议，以便使其获得释放。"以上规定实际上都是对司法审查制度的反映，建立司法审查体系，加强法律监督，完善责任追究制度，防止违法羁押、超期羁押的问题再次发生。

五、结语

刑事诉讼法修改在很多方面顺应了社会发展的要求，有效呼应了社会阶层的诉求，虽然由于历史和现实的原因，还有很多问题亟待解决，但是通过这次修改已经让我们看到了未来中国法治进程的希望曙光。通过刑事诉讼法修改下的审前羁押问题研究，以期立体化、多角度、全方位地展示这一前沿问题，真正挖掘检察机关法律监督特别是行使诉讼监督职能的潜力，让公平和正义始终贯穿社会主义法治伟大历程。

---

① 联合国人权高级专员办公室于2002年12月公布的统计，转引自《最低国际标准》第58页。

浅议职务犯罪侦查监督机制

谭 明* 王 岚**

在职务犯罪案件中,我国检察机关侦查权[①]、决定逮捕权、审查起诉权,集侦、捕、诉权于一身,权力高度集中。法谚有云"有权力的人容易滥用权力,而且把权力用到有界限的地方为止,这是一条千古不变的真理"、"权力必然导致腐败,绝对的权力绝对的腐败",权力需要监督制约,权力需要牢笼。检察机关职务犯罪侦查工作,必须建立健全职务犯罪侦查的监督制约机制。对此,检察机关进行了诸多探索,如自2003部分省、市、自治区检察机关开启人民监督员试点工作;多地检察机关举办有关职务侦查专题论坛。2012年刑事诉讼法修改,这对职务犯罪侦查监督机制的完善也是一个机遇和挑战。本文拟从刑事诉讼法修改的角度,对职务犯罪侦查监督机制进行探讨。

一、刑事诉讼法修改前职务犯罪侦查监督机制历史沿革

1978年检察机关恢复重建,至今已有三十多年,随着职务犯罪侦查工作的发展其监督制约也从无到有且逐步完善。1988年以前,检察机关采取"一竿子到底"的办理案件工作方式,自批自捕,自侦自诉;在侦查过程中,实行侦查员—科(处)长—检察长或检察委员会的行政审核式工作方式,对职务犯罪侦查活动基本没有监督。1988年以后,随着检察机关查处反贪案件的明显进展,职务犯罪侦查监督也迈进了一大步,至2012年刑事诉讼法修改以前,已基本形成一个比较系统的监督机制。

(一)检察机关内部权力监督制约

1. 检察机关内部职能部门监督制约。1991年,最高人民检察院制定《人民检察院直接受理侦查的刑事案件审查逮捕审查起诉工作暂行规定》,审查批捕、审查起诉部门分别负责决定职务犯罪侦查案件的逮捕、起诉,实行侦捕、侦诉分离,开始对职务犯罪侦查从程序上进行监督;《人民检察院刑事诉讼规则(试行)》(以下简称《刑诉规则》)、《关于完善人民检察院侦查工作内部制约机制的若干规定》(以下简称《立案侦查案件内部制约规定》)、最高人民检察院《关于人民检察院办理直接受理立案侦查案件实行内部制约的若干规定》等一系列司法解释和规定先后制定,检察机关内部各职能部门也依据职责对职务犯罪侦查活动进行监督,控告申诉、审查批捕、审查起诉、监所检察、财务等部门各司其职,对自侦活动起着督促和制约作用。2006年,全国检察机关逐步推行讯问犯罪嫌

---

* 湖北省恩施州人民检察院政治部主任,全国检察理论与应用研究人才。
** 湖北省恩施州人民检察院研究室干部。
① 在行使侦查权的过程中,有权对犯罪嫌疑人采取拘留、逮捕、搜查、扣押等强制性措施。

疑人全程同步录音录像，进一步规范职务犯罪案件讯问工作，保障被控人的合法权益。

2. 上下级检察机关监督制约。上级检察机关对于下级检察机关的职务犯罪侦查监督制约表现在：一是"两报批两报备"，根据《立案侦查案件内部制约规定》，职务犯罪案件的撤案和不起诉，必须报上级检察院批准；职务犯罪案件的立案和不起诉，必须报上级检察院备案。二是上级人民检察院发现下级人民检察院的决定确有错误的，有权指令下级人民检察院纠正，或者依法予以撤销、变更。三是批捕权上提一级。2009年《关于省级以下人民检察院立案侦查的案件由上一级人民检察院审查决定逮捕的规定（试行）》出台，规定省级以下（不含省级）人民检察院立案侦查的案件，需要逮捕犯罪嫌疑人的，应当报请上一级人民检察院审查决定。

（二）外部权力对职务犯罪侦查的监督制约

1. 党政机关的监督。作为权力机关的人大主要通过审议年度工作报告、个案监督等手段对检察机关职务犯罪侦查权进行监督；党委在保证检察机关依法独立办案的前提下，对职务犯罪侦查人员的行为进行监督，有权对违反党纪的侦查人员进行处分；政府财政、审计部门对检察机关的财务状况进行审计，可以对职务犯罪侦查权行使中扣押的赃款、没收的资金进行财务监督。政协是参政议政的重要团体，政协机关、政协委员也对检察机关具有监督权，监督方式也主要是审议检察机关年度工作报告。

2. 法院的监督制约。法院在审理案件的过程中，对职务犯罪侦查过程中形成的证据进行审查，对以刑讯逼供等非法手段获取的证据予以排除，或者对其他非法证据要求补正或作出合理解释，通过履行审判权监督职务犯罪侦查活动。

3. 人民监督员的监督。人民监督员制度是最高人民检察院报经中央和全国人大常委会批准，为加强对检察机关查办职务犯罪案件的监督而建立的外部监督机制。2003年8月在10个省、市试点，后又在全国扩大试点。2010年，全国检察机关正式推行该制度。根据2010年最高人民检察院颁布的《关于实行人民监督员制度的规定》第17条规定，人民监督员有权对在侦查阶段对自侦案件的下列工作实行监督：应当立案而不立案或者不应当立案而立案的；超期羁押或者检察机关延长羁押期限决定不正确的；违法搜查、扣押、冻结或者违法处理扣押、冻结款物的；拟撤销案件的；检察人员在办案中有徇私舞弊、贪赃枉法、刑讯逼供、暴力取证等违法违纪情况的。目前，人民监督员对职务犯罪侦查的监督尚未纳入刑事诉讼法规定。

此外，还有社会舆论的监督。新闻媒体是西方社会中与立法、司法、行政并列的"第四种权力"；在转型时期的中国，新闻媒体对社会舆论也有非常重要的导向作用，新闻媒体对检察机关在办理职务犯罪案件过程中违法违纪行为的曝光是一种不可忽视的监督力量。

（三）权利对职务犯罪侦查权力的监督制约

马克思主义法学认为，权力是权利的高度聚合，其力量强于权利，其合理性源于权利；没有权利的制衡和约束，权力将会在其社会运行中蜕变。犯罪嫌疑人的权利就是对职务犯罪侦查权的制约。根据1997年刑事诉讼法第96条规定，犯罪嫌疑人在侦查阶段有获得律师帮助的权利，同时，对于侦查人员侵犯犯罪嫌疑人诉讼权利和人格尊严的行为有申诉或控告的权利。

犯罪嫌疑人在被侦查机关第一次讯问后或者采取强制措施之日起,可以聘请律师为其提供法律咨询、代理申诉、控告;犯罪嫌疑人被逮捕的,聘请的律师可以为其申请取保候审。受委托的律师有权向侦查机关了解犯罪嫌疑人涉嫌的罪名,可以会见在押的犯罪嫌疑人,向犯罪嫌疑人了解有关案件情况。

二、新刑事诉讼法颁布实施后我国的职务犯罪侦查监督机制的变化

2012年刑事诉讼法的修改对职务犯罪侦查权进行了完善与规范:扩大了职务犯罪侦查的证据来源——将电子数据纳入证据种类,认定辨认笔录和侦查实验笔录的证据资格,允许行政机关收集的证据在符合条件的情况下作为刑事诉讼证据使用;丰富了职务犯罪侦查的侦查手段——将技术侦查和秘密侦查合法化,对人身检查措施和财产的查封、扣押、冻结措施都进行了完善;完善了强制侦查措施,延长传唤、拘传的时间,新设指定居所的监视居住,加强取保候审的监管;新刑事诉讼法还加强了律师在侦查阶段的各项权利;强调非法证据排除,侦查人员必要时出庭作证等,给职务犯罪案件的办理带来新的挑战。与此对应,新刑事诉讼法在职务犯罪侦查监督方面的规定也得以增强。具体内容如下:

(一) 检察权对职务犯罪侦查权的监督制约力度增强

1. 明确逮捕的条件和程序,以此增强对职务犯罪侦查权的制约。新刑事诉讼法第79条细化逮捕条件,明确"有社会危险性"的具体情形,增加了应当逮捕的情形;第86条规定必须讯问犯罪嫌疑人的具体情形,包括对逮捕条件有疑问、嫌疑人要求当面陈述、侦查活动可能有重大违法行为,且规定了听取律师意见的环节;完善了审查批准逮捕的程序,从程序上对职务犯罪侦查权进行限制。

2. 对于程序监督规定有所增加。刑事诉讼法第73条明确赋予检察机关对指定监视居住的决定和执行进行监督的职责;第121条规定了全程录音录像,最大限度地防止了讯问人员非法获取口供。这些规定都充分体现了程序正义,从程序上规定了检察机关对侦查权进行监督制约。

3. 执行程序加以限制,防范权力滥用。首先,限制检察机关的职务犯罪技术侦查,检察机关的技术侦查措施不仅需要严格的审批,而且要必须交"有关机关执行",防范因权力的高度集中而发生滥用的风险;其次,新刑事诉讼法规定羁押只能在看守所进行,且规定了送看守所羁押时间以及通知家属事项,杜绝被拘留、逮捕的职务犯罪嫌疑人、被告人在非法定场所羁押的情形出现。

(二) 审判权对职务犯罪侦查的监督制约增强

2012年新刑事诉讼法加大了审判权对侦查权制约加大力度。新刑事诉讼法构建了非法证据排除机制。根据新刑事诉讼法第54条规定,在侦查、审查起诉、审判时发现有应当排除的证据的,应当依法予以排除;并在第56条中明确审判人员应对可能存在以非法方法收集证据的情形进行法庭调查,以审判权监督制约职务犯罪侦查权。

（三）权利与侦查权力的博弈有所进展

新刑事诉讼法将"尊重和保障人权"增加至第2条内容中，将保障人权与惩罚犯罪提到同等地位，宣示了权利，从私权利保障的角度对公权力的运行进行了限制。第50条明确规定不得强迫自证其罪，加强保护犯罪嫌疑人权利，严禁职务犯罪侦查人员用刑讯逼供、威胁、引诱、欺骗或者其他对犯罪嫌疑人进行肉体或者精神折磨，以迫使其违背本人自由意志作有罪供述。第115条中赋予当事人、辩护人、诉讼代理人、利害关系人对违法侦查行为向人民检察院申诉或者控告的权利。此外，首次规定律师以辩护人身份介入侦查阶段，第36~39条赋予律师以辩护人包括会见权、调查权和阅卷权等权利在内的完整辩护权。

三、刑事诉讼法的修订后职务犯罪侦查监督机制仍然存在不足之处

长期以来，外界对检察机关对职务犯罪案件自行侦查、自决逮捕多有质疑，检察机关自身为了规范职务犯罪侦查权也探索了诸多改革，如实行讯问职务犯罪嫌疑人全程同步录音录像、推行人民监督员制度、逮捕权上提一级等。2012年，刑事诉讼法的修改也体现了部分改革成果，如将录音录像纳入法条规定。但就目前的职务犯罪侦查监督机制来说，仍然存在以下问题。

（一）法律设置仍有不足

1. 职务犯罪侦查规定不完善致使监督难以触及。职务犯罪侦查与监督相辅相成，是授权与控权的一对辩证矛盾体。法律对职务犯罪侦查的规定越完善，授权的边界越清晰，控权也就越容易。反之，法律设置不足，授权模糊，控权就越困难。目前，职务犯罪侦查的法律规定仍不完善。一是职务犯罪初查仍未进入正式侦查程序。职务犯罪初查是一个重要阶段，案件线索初查后才能决定是否立案、何时立案。目前，《刑诉规则》已经规定线索的初查可以采取询问、查询、勘验、检查、鉴定、调查证据等多种由刑事诉讼法规定的不限制初查对象人身、财产权利的措施；然而新刑事诉讼法仍然未对初查作出规定，初查未进入正式的侦查程序，难以从法律层面规范初查。二是技术侦查监督规定。新刑事诉讼法第152条承认了通过技术侦查所获取证据的证据能力，同时第148条也规定了检察机关的技术侦查必须经过严谨的审批后由公安机关实施。众所周知，技术侦查对于犯罪嫌疑人的隐私有重大影响，技术侦查权力的滥用也将侵犯犯罪嫌疑人的合法权益，因此技术侦查权力应当是有边界的。但是新刑事诉讼法对技术侦查的概念、种类均未明确，其适用范围、适用条件、适用程序均不具体，技术侦查权力的边界处于不清晰的状态。

2. 职务犯罪侦查监督规定仍有缺失。一是职务犯罪侦查监督定位仍不明确。新刑事诉讼法第二编第二章"侦查"的第十一节专门对检察院直接受理的案件进行了规定，但依旧未提到职务犯罪侦查案件的监督问题。虽然理论界多数意见认为，检察侦查权仍然需要受到监督，但是立法的缺失仍然使职务犯罪侦查监督法律保障先天不足。二是职务犯罪案件立案监督规定缺失。新刑事诉讼法第111条规定人民检察院对应当立案侦查而不立案侦查的案件进行监督，但此条规定首先是针对公安机关的立案监督，检察机关的自侦案件并未纳在其中；其次即使检察机关自侦案件立案监督也适用该规定，但对于不应当立案

而立案如何监督仍然是一个尚未解决的问题;最后,多数职务犯罪案件一般不存在被害人,依靠当事人向检察机关提出立案监督的做法难以开展。因此,可以说对于检察机关职务犯罪案件的立案监督基本上处于无法可依的状态。

(二)内部监督机制制约不到位

首先,内部权力的配合多过监督制约。目前,我国职务犯罪侦查案件的监督主要来自检察机关内部的程序性监督——职务犯罪案件的受理、立案侦查、审查逮捕、审查起诉等工作由不同内设机构承办,且限制分管侦查的检察长同时分管侦查监督和公诉工作。但是,在刑事诉讼法未明确规定职务犯罪侦查监督的情况下,依靠内部权力运行对职务犯罪侦查实行监督制约难度较大——生活中,检察机关不同部门人员在"以和为贵"的文化积淀下朝夕相处,彼此间的交际往来频繁;工作中,职务犯罪案件的侦查、侦监、公诉均隶属于同一检察长,"检察官均要服从检察机关首长的命令,几个检察官所承担的相互矛盾的诉讼职能最终还要集中到检察长一人身上"①;还有检察院年度考评的现实压力等种种因素;等等。在诸多因素的复合作用下,检察机关内部权力更多的是配合。而且,在监督方式上,侦监、公诉部门仅对侦查部门移送的案件材料进行书面审查,这种审查实质上是对前一阶段案件处理结果的静态监督,具有滞后性,难以及时纠正违法侦查等情况。

其次,监督手段缺乏强制力。检察机关在一般刑事案件的侦查监督中可以运用纠正违法通知书、不立案理由说明书等监督手段,也措施取得了一定效果。但是侦监、公诉部门对于监督检察机关侦查的职务犯罪案件却没有效的监督措施,发现问题也多是内部协商,检察长或检委会解决,缺乏强制力。

最后,内部工作方式的监督效果有限。如以检察机关职务犯罪侦查活动批捕权上提一级为例,职务犯罪案件的侦查活动有其自身的规律,要求检察系统作为一个有机整体,上下联动,强调整体协同作战,追求"一加一大于二"的效果,检察机关侦查职务犯罪案件强调上下级之间的侦查资源的整合。因此,即使批捕权上提一级,上级检察院也更多是从支持配合角度出发审查自侦案件,起到的监督效果有限。

此外,内部监督还存在监督范围不全的问题。如初查、立案、撤案等重要环节未纳入内部监督的范围。

(三)外部监督制约力度较弱

总的来说,我国的外部监督制约机制较少且规定过于原则化,制约力度较弱。

1. 权利虽有所增强但难以与权力抗衡。犯罪嫌疑人及其律师对职务犯罪侦查权的制约,具有同步性,可以在发现侦查人员的违法违纪行为的第一时间利用自身的防御性权利对其进行制约。刑事诉讼法的修改赋予了犯罪嫌疑人及辩护人更大的权利,但仍难与侦查权力抗衡。首先,我国刑事诉讼法和律师法的修改赋予律师在侦查阶段"辩护人"的法律地位,将律师介入诉讼的时间提前到犯罪嫌疑人在被侦查机关第一次讯问或采取强制措施之日起。但如无相应的保障措施,辩护人实质还是只承担"提供刑事法律帮助"的角色,无法抗衡侦查机关。其次,法律未规定犯罪嫌疑人的沉默权、律师询问在场权。新刑

---

① 陈光中、江伟:《诉讼法论丛》(第1卷),法律出版社1998年版,第241页。

事诉讼法依然保留犯罪嫌疑人对侦查人员的提问应当如实回答的义务。在这种情形下，犯罪嫌疑人和律师有限的权利难以对抗强大的公权力，对侦查进行有效的监督制约。

2. 人民监督员监督有待加强。目前，人民监督员制度的法律地位仍未确定，人民监督员制度的依据仍旧是最高人民检察院《关于实行人民监督员制度的规定》；而且人民监督员制度机关推动，难以避免有"同体监督"的嫌疑。此外，人民监督员监督刚性不足，虽然人民监督员对检察委员会的决定有异议的可以提请上一级人民检察院复核，但人民监督员的意见并不能直接约束检察院自侦部门。①

3. 党政机关、舆论以及社会的监督主要是对整体司法状况的监督，其监督属于事后监督，且在监督的渠道、方式、权限、手段、程度上缺乏规范，② 难以对处于"秘密"状态的职务犯罪侦查发挥应有的拘束力，监督有流于形式之虞。

四、完善职务犯罪侦查监督机制的对策建议

如前所述，刑事诉讼法的修改对职务犯罪侦查及监督的发展意义非凡，但是刑事诉讼法的修改并不是终点。刑事诉讼法修改仍然存在诸多不足，如"无罪推定"原则尚未确定、"不得强迫自证其罪"原则与"如实回答"条文中的冲突以及指定居所监视居住的羁押性质等问题，职务犯罪侦查监督的立法仍需完善；同时，面对变化多端的社会生活，法律永远有滞后性，只能在司法实践中运用法律的原则和精神，根据具体案情，加强对职务犯罪侦查的监督，探索职务犯罪侦查监督机制的完善。

（一）增强检察权的监督制约力度

1. 延伸监督环节。随着刑事诉讼法对律师在侦查阶段"辩护人"角色的确立，检察机关势必将办理职务犯罪案件重心前移，加强初查工作。初查处于立案前，一般秘密进行，且仅有《刑诉规则》规范，极易导致初查工作的随意性，初查过程中容易触犯被调查人的基本权利。因此，必须延伸监督，将初查纳入监督制约范围。

2. 拓展监督方式。实践中，检察机关内部行政式管理、滞后性监督以及"重配合轻制约"的观念导致职务犯罪侦查监督困难，笔者认为，在中国现行的司法体制下可以考虑引进准司法模式，如听证会。正如有学者所举在重大争议的撤案处理过程中，侦查监督部门可以举行听证会，通过"检察院的内部人士、社会各界的法律专业人士、人民群众代表按照一定的比例组成"的听证会最终作出是否撤案的决定，从而最大限度地实现公正与效率的最佳结合。③

3. 侦监、公诉提前介入。对于重大复杂的案件，职务犯罪侦查部门可以报请检察长审批后，协调侦监、公诉部门提前介入侦查，不仅能对侦查起到指引作用，另外也能对职务犯罪侦查活动进行监督与制约。目前，新修订的《刑诉规则》第330条已经规定，对

---

① 如在某地级市检察院，2012年，人民监督员监督并评议表决，不同意检察机关拟处理意见2件3人，检察机关经审查，均未采纳人民监督员不同意见2件3人，对此，仅需按照高检院《规定》第34条的规定，向参加监督案件的人民监督员作出必要说明即可。

② 伦朝平：《刑事诉讼监督论》，法律出版社2007年版，第289页。

③ 蒋石平：《检察机关自侦案件监督制约机制的完善》，载《广东社会科学》2006年第3期。

于重大、疑难、复杂的案件，下级人民检察院侦查部门可以提请上一级人民检察院侦查监督部门和本院侦查监督部门派员介入侦查，参加案件讨论。上一级人民检察院侦查监督部门和下级人民检察员侦查监督部门认为必要时，可以报经检察长批准，派员介入侦查，对收集证据、适用法律意见提出意见，监督侦查活动是否合法。

（二）增强权利对侦查权力的对抗效能

1. 赋予律师讯问在场权。律师讯问在场权，是指在检察机关侦查的过程中，自犯罪嫌疑人第一次接受讯问开始直到侦查终结，检察机关讯问犯罪嫌疑人时，律师均可以在场监督，并有权提出异议、提供咨询。律师讯问在场权可以有效的维护公民权利、防止公权力的滥用。随着刑事诉讼法的修改，律师的权利得以增强，律师得以辩护人的身份出现在侦查阶段。但是刑事诉讼法仍然没有明确律师在侦查阶段的讯问在场权。为了更好地实现在侦查阶段对侦查权的制约，笔者认为应当赋予律师讯问在场权，除了情形紧迫、时间紧急这两种状况外，侦查机关讯问犯罪嫌疑人的，只要犯罪嫌疑人未书面放弃律师到场权利，侦查机关都必须要通知律师到场。在律师到场前不得进行讯问。讯问笔录必须要律师签字，否则讯问笔录不能作为定罪的证据。赋予在场律师知情权、法律帮助权以及异议权；同时为了保证讯问的正常进行，应当注意要防止在场的律师与嫌疑人不当私下交流。对于涉及国家安全、秘密的案件，经上一级检察院批准，可以作为特例不予实行律师在场制。在共同犯罪和贿赂案件中，同一律师不得作为两个以上共犯嫌疑人或贿赂双方的在场律师。

2. 犯罪嫌疑人不得强迫自证其罪。古罗马法曾有格言"正义从未呼唤任何人揭露自己的犯罪"，英国习惯法也曾有"人无义务控告自己"；第二次世界大战后，任何人不被强迫自证其罪在世界各国得到普遍确立且其精神被多部国际条约确认。1996年通过的《公民权利和政治权利公约》第14条规定"任何人不被强迫作不利于他自己的证言或强迫承认犯罪"。新刑事诉讼法第50条规定"不得强迫任何人证实自己有罪"，表明任何人在刑事诉讼中，包括犯罪嫌疑人、被告人、证人，可以交代有罪，但不能强迫其违背意愿交代自己有罪。这是立法的一个巨大进步，不仅体现了法律对个人的尊重，使得犯罪嫌疑人在侦查程序拥有与侦查机关对抗的机会，同时也将改变侦查人员重口供的思维方式，能够有效遏制刑讯逼供。但刑事诉讼法第118条也规定"犯罪嫌疑人对侦查人员的提问，应当如实回答"，笔者认为，这一规定削弱了不得强迫自证其罪的实际效用，使犯罪嫌疑人的权利无法与侦查权抗衡，如嫌疑人作否定有罪的回答，侦查人员是否认定其不作如实回答？笔者认为，嫌疑人不得强迫自证其罪权利必须有充分的保障，否则在强大的侦查权面前，嫌疑人的合法权益会受到国家公权力的侵犯，权利制约也将成为一纸空文。因此，笔者认为，应当取消第118条如实回答的内容，使权利真正成为制约权力的利器。

（三）加强外部监督，增强人民监督员监督的效力

目前，人民监督员制度还存在监督缺乏独立性、监督程序不完善等问题。要发挥人民监督员制度的监督作用，首先，要减少人民监督员对检察机关的依附性，不仅人民监督员的选任机构要中立化，人民监督员的任职资格要做到"专业化"与"平民化"结合、人民监督员的选任程序规范化以及人民监督员经费保障独立化，而且人民监督员的管理模式

也逐步探索中立化的道路，以防止人民监督员在监督过程中因提出不同意见而招致不利后果的可能性。其次，要增强人民监督员监督意见的效力。检察机关不采纳人民监督员的监督意见，必须通过法定程序阐明理由，人民监督员可申请上级检察机关复核，上级检察机关经法定程序作出决定，并说明作出最终决定的依据，让人民监督员制度在现有的框架内真正起到监督制约职务犯罪侦查权的作用。

检察机关贯彻修改后民事诉讼法第209条探微

——以推进涉法涉诉信访改革为视角

阮志勇*

民事再审程序作为当事人寻求司法救济的最后一道防线,乃是一种特殊的、补充性救济程序,对维护当事人合法权益、保障公正司法具有重要意义,因而成为法学理论界、司法实务界一直关注的热点问题。其中,民事再审程序的启动问题更是备受争议的焦点与核心。其间,我国再审程序的开启主体经历了从公权力机关开启民事再审程序,到民事诉讼法首次修改赋予当事人申请开启再审程序,再到修改后民事诉讼法第209条明确规定当事人先申请法院再审、后申请检察监督等不同发展阶段。笔者从厘清民事再审程序开启主体的演变历程着手,重点分析修改后民事诉讼法第209条的法条原意、立法价值和不足之处,以及检察机关贯彻此条规定的具体路径,以期对修改后民事诉讼法的全面贯彻实施有所裨益。

一、我国再审程序开启主体及模式的演变

为了维护司法公正,针对错误的生效裁判规定特殊救济途径显得尤为必要,世界各国和地区的民事诉讼立法大都规定了重新打开已经终结的审判程序,以纠正生效裁判中的严重错误,但在民事再审程序启动主体的制度设计上有所不同。大陆法系国家德、法、日等从当事人的角度设计这一制度,认为错误的生效判决损害一方当事人的利益。当事人对判决是否存在错误,对是否需要启动再审程序有着直接的利害关系,故由利益受损的当事人来请求启动对生效判决的再次审理是合理的制度安排。从民事纠纷的本质来看,其主要是私权方面的纠纷,即使生效裁判存在一定错误,一般与社会公共利益无关或关涉不大,所以是否要求对案件重开审判程序,应由当事人来决定,民事诉讼立法赋予当事人再审之诉权。

然而,我国民事诉讼法针对错误生效裁判的特殊救济程序是按照另一种思路设计的,其主要是按照审判监督的思路加以构建,将纠正错误生效裁判看作是法院内部对审判活动的一种自我监督,看成是检察机关为了维护社会主义法制的统一正确实施而进行的法律监督。这在一定程度上受到了苏联民事检察制度的深刻影响。我国1954年制定的《人民法院组织法》、《人民检察院组织法》,均按照审判监督的思路确立了民事再审制度。1982年3月制定的新中国第一部民事诉讼法——《中华人民共和国民事诉讼法(试行)》(以下简称《试行法》),为纠正确有错误的生效裁判,仅规定了法院审判监督程序。该程序被

---

* 湖北省人民检察院法律政策研究室干部,全国检察理论研究人才。

设计成法院内部的纠错程序，民事诉讼当事人及其法定代理人仅被赋予申诉的权利。1991年我国立法机关对《试行法》作了全面修订，审判监督程序是此次修订的重点内容之一。对该程序的修订主要体现在两个方面：一是把当事人申诉改为当事人申请再审；二是规定检察机关可以对生效裁判提出抗诉。将申诉改为申请再审，是再审制度程序化、规范化的一项重要举措，也是关注当事人诉权的最初表现。尤为值得肯定的是，这表明立法机关已开始转变理念，着力从保障当事人诉权的角度来设计民事再审程序的启动方式，把申请再审作为当事人针对损害其权益的错误生效裁判的一项救济权。当事人申请再审成为三种启动再审程序的方式之一。有学者指出，这一转变意义重大深远，开启了再审启动程序诉权化改造的先河[①]。自此之后，再审程序的开启就由一方主体变为三方主体。在现行民事诉讼法修改之前，当事人向法院申请再审与向检察院申请抗诉是并行不悖的，是开启民事再审程序的两种方式。2007年民事诉讼法进行了修改，审判监督程序仍是修法的重点。依据2007年民事诉讼法之规定，当事人仍可同时向法院申请再审和向检察机关申请抗诉启动，也可先向其中之一机关申诉（或申请再审），未果后再向另一机关申诉（或申请再审）。然而，这两种启动再审程序的方式在衔接上仍存在问题，导致实践中出现多头申请处理的"申诉乱"以及申请再审无限制的"申诉滥"。审判权与检察监督权难以无缝对接，司法资源浪费严重日益凸显。2012年民事诉讼法再次修改，此次对审判监督程序的再修订涉及诸多内容。其中，相当引人注目的一处修改是：改变了原有的申请法院再审与申请检察监督之间的平行结构，确立了申请法院再审在先、申请检察监督在后的顺位模式，此即修改后民事诉讼法第209条之规定。这一重大修改延续了再审启动程序诉权化改造的进程，进一步规范了当事人向检察机关申请检察建议或抗诉的条件，其意义重大、影响深远。

二、对修改后民事诉讼法第209条的思考与分析

（一）法条内容解析

修改后民事诉讼法第209条规定：有下列情形之一的，当事人可以向人民检察院申请检察建议或者抗诉：（1）人民法院驳回再审申请的；（2）人民法院逾期未对再审申请作出裁定的；（3）再审判决、裁定有明显错误的。人民检察院对当事人的申请应当在三个月内进行审查，作出提出或者不予提出检察建议或者抗诉的决定。当事人不得再次向人民检察院申请检察建议或抗诉。此条是此次修改民事诉讼法新增加的规定。对该法条规定所包含的具体内容，可做以下解读：

1. 申请条件。根据法律规定当事人对于已经发生法律效力的判决、裁定、调解书，应当首先依法向人民法院申请再审，在以上三种情形下才可以转而向人民检察院申请检察建议或者抗诉。在第一种情形下，向人民法院申请再审已结束，此时向人民检察院申请检察建议或者抗诉既不会造成重复工作，又能充分发挥检察机关的监督作用，以防止确有错

---

① 李浩：《论民事再审程序启动的诉权化改造——兼论关于修改民事诉讼法之决定第49条》，载《法律科学》2010年第6期。

误的生效裁判未得以纠正。在第二种情形下,当事人向人民法院申请再审的程序处于不正常的延宕之中,此时向人民检察院申请检察建议或者抗诉有利于发挥监督效能,促进审判监督程序尽快进行,以防止一些法院用故意拖延的方法迫使当事人和解的违法行为存在。在第三种情形下,有必要迅速决定再审,及时纠正明显错误,向人民检察院申请检察建议或者抗诉有利于保障当事人的重要权益,实现公正与效率的统筹兼顾;但对于一般性错误则应不予受理。有学者认为,原则上检察机关对当事人申请抗诉应限于当事人申请再审被驳回或法院逾期未对再审申请作出裁定这两种情形。前述两种情形意味着当事人申请再审未能启动人民法院对再审案件的重新审理程序,此时允许当事人申请检察院抗诉,可以为当事人提供间接启动再审程序的救济机会;对于第三种情形则应设置严格的条件,否则会极大地增加检察机关的工作量,且再次抗诉后法院的改判难乎其难。① 这一观点切中要害,极具合理性,笔者深以为然。

2. 审查期限。人民检察院对当事人的申请应当在三个月内进行审查,作出提出或者不予提出检察建议或者抗诉的决定。检察机关应当严格遵守三个月的审查期限,以保证民事检察监督的及时与高效。此处的决定应是对当事人申请的明确回应,要么决定提出检察建议或者抗诉,要么不予提出,都应当按期给当事人以明确答复,以切实保障当事人的知情权。决定提出检察建议或者抗诉的,人民检察院应当及时向人民法院依法提出;决定不予提出的,人民检察院也应当做好疏导工作,明法析理,使申请人尽早服判息诉。

3. 限制反复申请。当事人不得再次向检察机关申请监督,亦即当事人向检察院申请抗诉或检察建议仅限一次。此规定将检察机关的法律监督置于最后环节,使检察监督具有终局性,体现了"有限再审"的原则。这是因为审判监督如果蜕变为重复程序、普通程序,不仅会违背民事诉讼法律制度的目的,破坏民事审级制度,而且不利于维护当事人的利益。当事人提出申请之后,如果人民检察院已经在审查处理,再次提出是没有必要的;如果人民检察院已经作出了提出检察建议或者抗诉的决定,再次提出也不具有价值;如果人民检察院作出不予提出检察建议或者抗诉的决定,允许再次提出就可能导致反复纠缠,引发"终审不终"的不良后果。②

(二) 立法价值评析

我国以审判监督权为基础构建起民事再审程序,其在理论上容易造成公民私权处分与公权力监督之间的内在紧张关系。有学者指出,在诉权救济、审判监督、检察监督之间应有一个制度构建和适用上的递进关系。一般而言,其顺位应当是先有诉权救济,后有审判监督,最后有检察监督作为最终堡垒。这一顺位体现了监督节制主义的要求,其意乃指检察院对法院的生效判决进行抗诉式监督应当保持适度,而不可放任抗诉这种法律监督权的任意行使。③ 但是,由于当事人申请法院再审与申请检察院抗诉产生的法律效果截然不

---

① 焦跃敏:《承继与超越:新民事诉讼法检察监督制度解读》,载《国家检察官学院学报》2013年第2期。
② 参见全国人大常委会法制工作委员会民法室编著:《中华人民共和国民事诉讼法释解与使用》,人民法院出版社2012年版,第345页。
③ 参见汤维建:《民事检察监督制度的定位》,载《国家检察官学院学报》2013年第2期。

同，导致司法实践中当事人对检察抗诉较为青睐，不少当事人往往同时向法院、检察院递交申诉书。正如前文所述，大陆法系的德、日、法等国家再审程序的开启基本上是以当事人之诉的方式进行的。修改后民事诉讼法所规定的"法院纠错先行、检察监督断后"的顺位模式，就借鉴了域外的先进立法，吸取了其合理成分。有观点认为，修改后民事诉讼法第209条是审判监督程序中的一个历史性转变，表明了检察监督要在穷尽法院自身救济的情况下方能启动。① 同时，限制反复申请的规定，就是为了禁止当事人向人民法院再次申请再审或申诉，并使所有诉讼程序得以终结，以真正建立起我国的有限再审制度。这与涉法涉诉信访工作改革中的"诉访分离"思路不谋而合，有利于从制度上终结诉讼程序，杜绝无休止的申诉上访，体现了将涉法涉诉信访纳入法治轨道的努力探索，符合我国法治建设的前进方向。详言之，修改后民事诉讼法第209条的立法价值具体表现为以下三点：

1. 有利于促进法院依法独立公正行使审判权。民事诉讼法修改前，再审程序的开启可由享有审判监督权的检察院、法院开启，也可由当事人申请再审、抗诉而启动。在实践中，检察机关抗诉的案件在再审民事案件中占有一定的比例，但抗诉案件一般来自当事人向检察机关提出的申诉。由于当事人申请法院再审与检察院抗诉产生的效果不同，因此，在可以申请法院再审的情形下多倾向于申请检察抗诉或者一边申请法院再审、一边申请抗诉，而检察院依当事人申请一旦提起抗诉法院就必须再审。如此法律规定使得法院在纠正司法裁判中处于较为被动的境地。民事再审程序的设计，不应是无条件地给予当事人审级制度之外的救济，其存在本身就是对审判过程的制约从而减少正常审判中出现的错误，这充分体现了批判性反思的法律价值特征②。批判性反思的法律价值特征不是单纯否定，而是力图通过批判使法律程序保持自觉、自省的能力，从而超越和克服自身缺陷。"法院纠正先行、检察监督断后"的顺位模式富有批判性反思的法律价值特征，其通过使外部监督转化为内部监督，促使外部监督真正发挥作用。修改后民事诉讼法规定当事人必须先向法院申请再审，而不能直接申请检察抗诉开启再审程序，有利于法院系统内部主动正视自身错误，自觉维护司法公正。而且，当事人申请再审的案件，经过法院审查未发现问题，待当事人向检察机关申请抗诉后再审纠正的，法院可据此建立问责机制对原审查或再审法院及有关人员予以问责，能够从根本上提升法院纠错的主动性、有效性，从而有力地促进再审案件质量的提高。③

2. 有利于促进宝贵的司法资源得到有效利用。当事人权利受到侵犯后会寻求法律救济，法律判决一旦确定当事人之间的权利义务也随之确定。但当生效裁判确有错误时，当事人仍会不断寻求各种救济途径。司法实践中，不少当事人既向人民法院申请再审又向检察院申请抗诉，势必导致多头申诉、多头处理。这种"两条腿同时走路"的规定与做法，造成审判监督程序混乱不堪，浪费了有限的司法资源。而且，检法两家根据申请再审和申

---

① 参见蒋琪、秦增光：《新民事诉讼法重大修改之民事抗诉》，载《中国律师》2013年第2期。
② 参见周晖国、谢国伟：《民事再审制度理论与实务研究》，人民法院出版社2006年版，第14~16页。
③ 吴晓明：《中华人民共和国民事诉讼法修改条文理解与适用》，人民法院出版社2012年版，第493页。

请抗诉分别审查，意见不一致时则易使当事人和社会各界对司法公正和司法权威产生不应有的质疑，从某种意义上讲这是一种更为严重的司法资源浪费。法律明确规定当事人在穷尽法院救济之后申请检察建议或者抗诉的条件，使得当事人权利救济行使途径具有先后之分，不仅可以避免国家司法机关的重复劳动和司法资源的巨大浪费，而且能使检察机关将主要精力放在监督纠正通过法院审判监督和自我纠错未能解决以及审判活动存在严重错误的问题上，可极大地提高法律监督的实效性，切实维护民事司法公正。此外，法律也明确限制了当事人申请检察建议或抗诉的次数，可避免当事人滥用申诉权而造成司法资源浪费。

3. 有利于促进当事人积极理性地行使再审权利。民事检察监督与法院审判监督均具有一种"父权"的影子，对民事诉讼当事人持有一种潜意识的"父爱"。在民事诉讼中，对当事人正当利益的关涉尽管是一种善良的愿望和动机，但往往会抹杀当事人的主动性而最终伤害当事人。①"法院纠正先行、检察监督断后"的顺位模式和有限再审的规定，能促使当事人积极理性地行使救济权利，避免所涉民事法律关系长期处于不稳定状态，以免使有关当事人饱受讼累而深受其害。

（三）立法发展瞻望

再审程序的构造不同，其在实践中发挥的功效也就不尽相同。笔者认为，我国以审判监督为视角构建的再审程序存在诸多问题，其改革完善牵涉到司法体制和工作机制改革的深层次问题，需要走渐进式改革道路，而不可能毕其功于一役。在体制内探寻一条相对合理的改革途径无疑是首选。根据民事诉讼规律，我国再审制度改革应朝着再审诉权化的模式发展，但又不能摆脱当前我国以审判监督为基石的基本国情。因此，民事诉讼法修改也只能在当事人处分权与检察监督权之间寻找一个适当的平衡点，这是权衡利弊之后所作出的理性选择。②可以预见，在今后的司法实践中难免会产生一些症结甚至梗阻，立法仍存在改进空间。比如，修改后民事诉讼法规定的"再审判决、裁定有明显错误的"申请条件，就过于宽泛，亟须"两高"通过司法解释进一步加以明确限定，以免伤及生效裁判的稳定性和司法权威。又如，修改后民事诉讼法尚未明确规定当事人申请检察监督的期限，这意味着其可在裁判生效后的任何时间向检察机关申请监督。这必定会严重影响生效裁判的稳定性，妨碍社会生活秩序快速恢复稳定，需要通过立法加以完善。此次民事诉讼法修改后，信访终结机制的健全完善显得尤为必要，建议相关部门尽快出台具体规定，使之与修改后民事诉讼法的贯彻实施相配套。

三、检察机关实施修改后民事诉讼法第209条的机制建设

（一）进一步落实检察工作一体化机制

检察工作一体化办案机制是为解决实际问题而推行的工作机制创新，符合检察权运行

---

① 牟玉谦、谭秋桂、杨路：《民事诉讼研究及立法论证》，人民法院出版社2006年版，第1032页。
② 关于确立申请再审与申请抗诉先后顺序的制度合理性，存在鲜明的认识分歧，主要有两种不同意见。详见张步洪：《新民事诉讼法讲义——申诉、抗诉与再审》，法律出版社2012年版，第92～93页。

的基本规律，有利于维护检察工作的整体性、统一性，增强法律监督的整体合力。① 上下级检察院民事诉讼监督部门要进一步贯彻落实这一行之有效的工作机制，严格坚持"下级院审查在先、上级院抗诉在后"的原则，明确上下级检察院在民事检察工作中的职责分工。下级检察院民事诉讼监督部门要对同级法院已经发生效力的民事判决、裁定、调解书进行严格审查，经审查认为符合抗诉条件的，经本院检察委员会审议向同级法院发出再审检察建议，或者依法提请上一级检察院抗诉。上级检察院要按照上下一体的要求，加强对下指导和办案协调指挥。检察机关各个业务部门要结合自身工作和职能找准结合点，进一步加强协作配合，形成运转高效、协作紧密的横向工作格局。按照案件受理与案件办理分离、控告申诉部门一个窗口对外的原则要求，《检察机关执法工作基本规范（2013年版）》明确了控告申诉部门的受理职责、受理条件、案件管理部门的相关职责、民事诉讼监督部门的立案审查职责，以及部门之间相互制约与配合工作机制，进一步规范了案件入口和出口。面对职能调整带来的新挑战，控告申诉部门与民事诉讼监督部门亟须加强联系和沟通，互相支持、互相配合，充分发挥检察工作一体化的功能优势。控告申诉部门既要坚持法律底线，又要做好群众工作，严格审查形式要件和申请理由，加快案件流转，把好申请民事诉讼监督的"入口关"，切实履行民事诉讼监督案件的受理职责。此外，对于控告申诉部门依法不予受理的民事申诉案件、民事诉讼监督部门经审查作出不支持监督申请决定的民事案件，控告申诉部门和民事诉讼监督部门应当建立联合接访机制，共同做好释法说理工作，防止缠访上访的滋生蔓延。

（二）建立检察听证制度

根据古老的自然公正原则的要求，在作出不利于当事人的决定前，应充分听取当事人的意见，从而确保法律得到公正的实施。这一原则首先被引入司法程序当中，表现为法官在作出裁判前，必须同时听取双方当事人的意见和证人的陈述，以便于查明事实，准确适用法律解决当事人之间的纷争。反言之，听证不仅是听取双方意见的程序，而是对权利受影响一方当事人的救济程序。听证制度体现了正当法律程序的要求，具有参与性、公开性、中立性等程序价值。当前，深化检务公开已列入中央深化司法体制改革部署中新一轮检察改革的三项重点任务之一，而深化检务公开就必然要求完善民事申诉案件的公开审查工作。所谓民事检察听证，是指人民检察院在办理民事抗诉案件中，对某些民事申诉案件作出审查结论前，按照一定的程序，公开听取利害关系人的意见的活动。② 从此意义上讲，听证是人民检察院行使民事诉讼监督权的一种必要方式，是审查民事申诉案件体现公开、公平、公正的重要环节。对于一些涉及面广、影响力大或双方当事人各执一词、争议较大的申诉案件，检察机关可以邀请当事人信赖的亲朋好友、人大代表、法律专家等，采取圆桌方式，组织双方当事人进行听证。在双方当事人充分陈述、出示证据、开展辩论、旁听人发表意见的基础上，共同辨明案件的是非曲直，分

---

① 敬大力：《坚持正确理念 深化"检察工作一体化"机制创新》，载《人民检察》2008年第6期。
② 曹文海：《民事检察听证制度初探》，载《人民检察》2002年第9期。

析法院裁判的正确与否，从而消除当事人的疑虑，减轻对立情绪。① 特别是依据第 209 条规定产生的民事申诉案件，已经过法院的多次审判，检察机关作出决定的难度大，对当事人的切身利益具有终局性影响。民事诉讼监督部门在作出重要决定之前，充分听取双方当事人和其他相关人员的陈述和意见，能够使检察人员做到兼听则明，使相关当事人充分表达诉求、释放不满情绪。这对确保民事诉讼监督权在阳光下运行、转变民事诉讼监督模式、加强风险预警机制建设均具有重要作用。通过公开审查将此类民事申诉案件纳入法治轨道来解决，更好地运用法治思维和法治方式化解矛盾、维护稳定、促进和谐；通过公开审查保障当事人的诉讼权利，充分实现程序正义，让当事人切身感受到民事检察监督的公开、公平、公正。

（三）建立健全检察息诉和解机制

检察机关应当遵循民事诉讼规律和审判权运行规律，支持人民法院依法审理案件，提高诉讼效率，共同维护司法权威，促进司法公信力的提升。为此，检察机关必须正确处理加强法律监督与维护生效裁判稳定性的辩证关系，坚持抗诉与息诉并重，努力形成检、法两家共赢的良好局面。对于当事人向检察机关申请抗诉或者再审检察建议的情形，第 209 条之规定属于一种前置程序。对此，检察机关应当告知当事人首先向法院申请再审，启动审判机关内部纠错机制，支持和促进法院强化审判监督和自我纠错功能。如果当事人未向法院申请再审而径行申请抗诉或者再审检察建议的，那么检察机关应严格依法不予受理。只有属于第 209 条规定的三种情形，检察机关才予以受理。如果当事人在 6 个月的再审申请时限内未向法院申请再审，而向检察机关申请抗诉或者再审检察建议的，检察机关也应严格依法不予受理。依据第 209 条规定产生的民事申诉案件，已经过法院的多次审理，法院对案件情况和争议焦点相对来说更为熟悉。对审查认为法院判决正确的民事申诉案件，检法两家应当共同做好当事人的息诉服判工作，实现检法良性互动，协力维护法治权威。我们也要清醒地认识到，依据第 209 条规定产生的民事申诉案件，已被法院驳回再审申请或者再审维持原判，符合检察监督条件的比例可能发生改变，即使提出抗诉或检察建议，改判纠正的难度也相对增大，绝大多数案件要做大量的息诉罢访、维护稳定工作，检察机关防范办案风险、化解矛盾纠纷的压力随之明显加大。检察机关必须更加注重息诉和社会矛盾化解工作，对当事人双方有和解意愿、符合和解条件的，要积极引导和促使当事人达成和解，并配合法院及相关部门做好有关工作；对不提出检察建议、不抗诉、终结审查的，应及时将审查结果告知相关当事人并充分说明理由和依据，耐心析法说理、释疑解惑，做好息诉服判工作。此外，随着"大调解"格局的形成和完善，检察机关要建立健全检调对接工作机制，加强与人民调解、行业调解、司法调解的衔接配合，形成息诉、矛盾化解工作的整体合力，促进社会管理法治化。

从辩证唯物主义的角度来看，矛盾是普遍存在的，一切事物总处于发展完善之中。正如修改后民事诉讼法第 209 条之规定既具有积极意义，又存在改进之处。民事再审制度的

---

① 张云霞、张淋：《新修改的民事诉讼法视野下的民事检察息诉和解机制研究》，载《法制与社会》2013 年第 4 期（上）。

改革试图进一步赋予当事人启动再审的权利，但又囿于现行民事审判监督体制的限制。我国民事再审制度改革所取得的每一步进展，都通过对民事再审实践进行不断的反思与总结所取得的，必将推动民事再审实践特别是民事诉讼监督工作的深入开展。当然，客观存在的诸多突出问题，还有待我们在实践中不断寻求正解，以推动我国民事诉讼制度的发展完善。

论民事再审检察建议的法理转向

——从"对抗"到"协同"的嬗变

刘 阳*

引 言

我国社会转型的过程中，在经历了大幅爆发的金融危机、能源危机、环境危机、信息安全等社会风险问题后，传统的国家干预模式逐渐让位于社会、个人等多方主体自治模式，整个社会开始了由身份到契约的自由变化运动。其间，由市场经济体制改革与重构所引发诸多的法治概念和观点以及具体的法律制度也进入了被重新审视的阶段。与传统社会模式相比，风险社会中最为稀缺的价值需求即是对于确定性的追求，法律制度作为一种相对确定性的价值，在风险社会的运作中充当着最佳的调控模式。① 法律制度通过"规范和追寻技术上可以管理的哪怕是可能性很小或影响范围很小的风险和灾难的每一个细节"②，承载了社会大众较高的价值期许。但与此同时，就静态法的局限性和滞后性而言，我们也不得不面对因其不健全或者缺漏而引发的法律制度失灵或者无效的风险。

在民事法律监督领域，随着民主政治的普及、社会权力的兴起，私法自治、契约自由等基本原则已经开始松动，民事检察法律监督运行的社会法制环境正在慢慢发生改变。如果继续沿用现有的旧的、传统的法学理念指导其实际运作，必然会发生与时代不能契合的偏差，渐离民事法律监督制度的正常发展轨迹。因此，转变民事检察监督法理支撑的观念性因素，广泛扩展主体参与性原则，从整体上提供多元化的监督途径和渠道，以此降低社会转型引发的司法风险，对民事检察监督制度的发展最终实现最大化确定性目标至关重要。

一、民事再审检察建议的常态发展历程

民事再审检察建议初始以一种非法定性、非职权性抑或补充性的监督方式出现，其目的在于帮助民事检察监督职能摆脱在实际运行过程中遭遇的缺乏法律依据与可操作性差等抗诉结构性缺失困境，客观上实现民事检察监督格局多元化发展的理想目标。

（一）法制发展沿革

2001 年之前，检察建议多见于最高人民检察院以文件形式规定，集中于自侦部门对

---

* 河北省秦皇岛市山海关区人民检察院，河北省检察理论研究人才。
① 杨春福：《风险社会的法理解释》，载《法制与社会发展》2011 年第 6 期。
② ［德］乌尔里希·贝克：《从工业社会到风险社会——关于人类生存、社会结构和生态启蒙等问题的思考》（上篇），王武龙编译，载《马克思主义与现实》2003 年第 3 期。

有关单位发出的类似加强管理建议。民事再审检察建议具备检察建议的一般属性[1]但又区别于检察建议的广泛性监督对象、范围及职能。2001年9月，最高人民检察院公布《人民检察院民事行政抗诉办案规则》，规定："原判决、裁定符合抗诉条件，人民检察院与人民法院协商一致，人民法院同意再审的，人民检察院可以向人民法院提出检察建议。"再审检察建议由此成为人民法院启动再审程序的依据。2001年11月，最高人民法院《全国审判监督工作座谈会关于当前审判监督工作若干问题的纪要》规定："人民检察院对人民法院的审判工作提出检察建议书的，人民法院应认真研究以改进工作；经与同级人民法院协商同意，对个案提出检察建议书的，如符合再审立案条件，可依职权启动再审程序。"时隔十年，2011年3月10日最高人民法院和最高人民检察院联合会签《关于对民事审判活动与行政诉讼活动实行法律监督的若干意见（试行）》，规定："地方各级人民检察院对已经发生法律效力的民事判决、裁定、调解可以向同级人民法院提出再审检察建议。"2012年8月31日，第十一届全国人民代表大会常务委员会第二十八次会议通过《关于修改〈中华人民共和国民事诉讼法〉的决定》，明确将检察建议作为检察机关对民事诉讼进行法律监督的法定方式，并于2013年1月1日起实施。

（二）实际运行态势

根据最高人民检察院的统计数据，2011年全国检察机关共提出再审检察建议10411件，法院采纳再审检察建议8033件，采纳率为77.2%。笔者维护最高人民检察院统计结果的权威性，实践运行中的民事再审检察建议作为民事检察权的一种延伸方式，完全具备理论上或者是理想的天然优势：形式灵活，兼具指导性和监督性、节约司法资源，提高检察机关民事检察监督效率。以河北省为例，2003年提出再审检察建议68件；2004年全省提出再审检察建议478件，法院采纳再审检察建议380件；2009年全省检察机关提出再审检察建议510件，法院采纳率为83.3%；2010年全省检察机关共向法院提出再审检察建议1244件，法院采纳再审检察建议1088件；2011年全省检察机关提出再审检察建议1044件，法院采纳再审检察建议779件；2012年全省提出再审检察建议1387件，法院采纳1044件（详见下图）。[2]

---

[1] 检察建议作为检察监督的一般监督方式起源于1923年《苏俄法院组织条例》规定：检察机关以国家名义对一切政权机关、经济机关、社会团体、其他组织以及私人行为是否合法实施监督，主要的监督方式是对违法的决议提起抗议。

[2] 数据来源于河北省人民检察院全省民事行政检察工作总结，河北省民事检察工作2005~2008年统计数据暂缺。

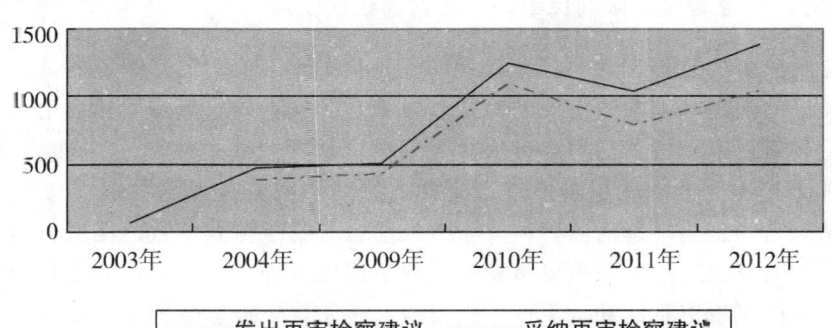

从上述数据不难看出,虽然再审检察建议每个年度制发的数量不同,但总体上仍然不断呈上升趋势,同时法院的采纳率也较高。民事检察部门充分运用民事再审检察建议这一纯属中国本土化范畴的监督方式,在民事检察司法实践中取得了较好的社会效果和法律效果。随着民事行政检察工作的不断发展,再审检察建议已经成为民事抗诉之外民事检察一种重要的监督方式。

二、以再审检察建议作为民事检察监督方式的意义

再审检察建议作为民事检察一种新的监督方式,简化了民事检察监督再审程序,有效整合了有限的司法资源。从再审检察建议自身的弥补性特征来看,再审检察建议对于民事检察监督制度整体的发展及完善具有积极意义。

效率原则是现代司法活动的基本原则之一。民事检察监督在监督程序的设计上,也必须以提高监督效率为基本出发点,提高办案速度,减少社会负担。再审检察建议作为一种新颖灵活的民事检察监督方式在形式上追求引发法院自主决定再审的客观结果,但在实际操作过程中更多体现一种参与性司法原则。首先,通过审判机关、当事人及检察机关三方的权力让渡与沟通,适当且合理收敛各方突兀的对抗锋芒,确保审判权的运作程序与检察监督权的运作程序"齿合化"运行,环环相扣,达到一种类似天衣无缝的完美协作状态。处在这种状态下的法检为了共同的诉讼目标协调运转,职能相异但各占其位,从而减少法院、检察院与当事人之间不必要的冲突与摩擦。基于对上述程序设计理念的普遍认同,再审检察建议以一种更易于被法院接受并有助于法院实现其诉讼目的的法律监督方式,在制发过程中力求监督程序中的各方参与主体处于协同状态,法检之间固有的僵化关系借此得到疏通与修复。其次,采取再审检察建议监督方式引发的法院再审,合理配置了检察院的职能分工,为司法效率的最优化提供了保证。这一方式简易并顺畅了监督程序、节约了诉讼成本、减少了当事人诉累及社会负担,同时又具备启动法院再审的效力支持,在监督效果上既达到了维护司法公正与司法权威,又确保了民事法律监督的及时性与经济性,能够有效控制司法的错误成本。再审检察建议最终将自身的属性禁锢(柔性监督)发生优势逆转,从而更有利于实现效率最大化,并与民事抗诉互为补充,提高检察机关的民事监督能力，成为促进司法公正的重要手段。

三、"对抗"监督模式限制民事再审检察建议的发展

民事检察监督的监督理念与法理模式渊源是整个民事检察监督制度的灵魂。我国目前再审检察建议的法理基础源于传统的对抗监督理念，其本质思想是用社会主义的法律意识全面地检验和审视审判机关适用各种法律关系的合法性或妥适性①。对抗监督模式始终遵循一种"非P即Q"的内在逻辑形式，检察机关以外在监督者的主观视角与观念对被监督者进行结果是否正当准确的监督，并希望被监督者给予与其一致的反应，明显带有一种类似功利性与对立性。细致说来民事检察监督部门以一种外在监督者的身份深层介入以司法审判权为主的民事审判活动，无形中把自身、法院置于被监督的对立状态。单从监督机制的构成结构来说，已经形成了一种民事检察监督机关为主体本位，而审判机关处于被动接受监督对象的对立集成，实践中由此导致的法检冲突频频发生。另外，在不断强化私权自知观念的社会转型期，当事人充分享有对私权客体的处分及控制权，而民事检察监督权并不确定绝对引发审判机关改变生效判决或裁定的实质结果，一旦发生背离当事人内在价值诉求的情形，更容易引发双方对立矛盾。

依靠对抗型监督模式法学理念支撑的再审检察建议在孕育之初其内在心灵即被贴上引发同级审判机关再审、监督审判机关严格依法办案的深刻印记，因其内部机制与程序设立、外显效力等方面极易脱离法律制度调整所要达到的稳定性、外部性与正式性，再审检察建议在实际运行过程并非想象般"顺风顺水"，而是不约而同地遭遇了来自同级人民法院与当事人的"软暴力"。

从审判机关来讲，人民法院对于同级检察机关发出的再审检察建议产生如下顾虑：支持再审检察建议并采纳后无疑会将再审改变裁判结果的风险引入自身，影响法院的审判权威；不予采纳或者支持再审后维持原判，又会因预期裁判结果冲突引发法检两方隐含的对抗矛盾风险升级。再者从客观现实来说，基层人民法院每天需要受理大量民事行政案件，案多人少是也是制约基层法院发展的明显"瓶颈"。面对如此现状，法院一旦支持同级检察机关提出的再审检察建议，不得不抽派人员对申诉案件进行再次审查，由此必然会降低法院整体的审判效率。综合考虑，人民法院对再审检察建议支持后无论是否采纳，都会无形中增加自身不必要的风险。于是实践中便大量出现了人民法院对检察院提出的再审检察建议"置之不理"的现象。从当事人来讲，申诉人对检察机关以检察建议方式进行"柔性监督"也不理解，如果再审检察建议不被法院采纳，容易引发申诉人对检察机关的信任危机等问题。尤其是在后工业社会这一转型时期，民事检察监督权并没有同步反映审判权独立成长发展的诉求及愿望，很难获得社会公众的法治意识认同。

---

① 来源于列宁的法律监督理论。我国的检察制度在渊源以及思想来源上都与苏联以及列宁有紧密的联系。苏联、东欧解体后，这些国家的检察监督制度已经做出根本性调整，长期奉行的国家干预型监督模式可以说已经基本不存。然而我国宪法历尽多次修改，但对于检察机关的职能定位以及我国宪政结构都没有做出调整。因此可以确认我国的民事检察监督制度在主要的方面或性质的方面，还属于国家干预的对抗式监督模式。参见孙谦：《中国检察制度论纲》，人民出版社2004年版，第24~25页。

传统对抗监督模式下民事再审检察建议的发展过程中呈现出稍显病态的运行态势。最终结果是民事再审检察建议作为一种尚未成熟的法律制度，在实际运行中不具备民事抗诉制度效力的强硬法律支持。加之自身非法定性和非职权性的内在限制，再审检察建议在提出后不可避免遭遇了来自同级审判机关和当事人消极配合、态度漠然的尴尬境地。新民事诉讼法颁布后，检察建议成为法定的监督方式，但是，在传统的对抗型监督模式下，民事再审检察建议所要追求的司法公正目标、再审检察建议自身非法定性与职权性的属性禁锢与审判机关、当事人之间不同类型化价值追求等多重现实矛盾冲突成为制约民事再审检察建议的发展桎梏。

四、民事再审检察建议的现代型法理转向：协同监督

在构建和谐社会的大背景下，检察机关作为重要的构成力量，与审判机关之间的法律监督关系也应顺应协同化的发展趋势。考虑到现代诉讼主义监督模式的逐步确立与后工业社会的转型期带来的多方"风险"，检察机关以一种相对超然的状态参与民事审判监督的最终目的仅在于帮助构建理想的现代法治秩序，从而实现我国社会主义法治国家发展的良性运转，并因监督行为的目标转变而重塑协同性的功能定位，逐步实现从对抗到协同的现代型法理转向与嬗变。

（一）协同监督理念的内涵

协同监督理念与现代型协同主义民事诉讼模式密不可分。1978年，德国学者瓦塞曼提出，协同主义诉讼模式的基本特征就是消弭存在于诉讼模式传统二元论之间的绝对界限，将当事人主义和职权主义的有益因素恰当地优化配置起来，形成具有综合优势、能够同时发挥当事人和司法者两个方面能动性的新型诉讼模式①。眼下西方发达的资本主义国家在发现案件事实的原则上也都逐渐发生法官与当事人之间协同合作的演变，以此强化程序公正和判决的准确性。② 在协同民事诉讼主义模式下，民事诉讼程序作为一个开放的平台，开始回归到诉讼程序设立的客观本位，在证据收集和观点主张上强调多元主体的合作而非对抗，允许和鼓励不同主体进行深入有序对话，最终得出正当性结论。

协同监督理念所重点关注的多元主体间的合作与对话，同时与主体间性的核心理论如出一辙。在现代社会，着重强调各方参与主体的统一性的主体间性理念也逐渐成为各国司法实践的指导思想。在民事法律监督领域，着眼于社会转型过程中诉讼模式的协同性转化，检察院、法院及当事人等代表了不同利益的参与主体，在审判监督过程中各自表现出自主、能动、有目的的诉讼程序互动。这些互动交往行为在社会学领域就是哈贝马斯提倡的主体间性行为，其目的是通过这些协同性行为，以建立互相理解、沟通的交往理性（主要是对当事人诉讼效益、司法公正、司法权威之间互相理解的价值认同），达到法治及社会运行的和谐。协同监督理念以各方主体既矛盾又统一的配合协作特征为精神内核，

---

① 汤维建：《民事诉讼法学》，北京大学出版社2008年版，第66页。
② ［意］莫诺·卡佩莱蒂：《当事人基本程序保障权与未来的民事诉讼》，徐昕译，法律出版社2000年版，第52页。

要求检察监督权与审判权、诉权及社会参与权之间的对立统一关系，要以统一性和谐司法构建为最终归属，最大限度地消除检察监督制度运行过程当中可能形成的摩擦和程序差异。协同监督改变了原始单纯以纠错为目的的一元化内涵，将矛盾化解及社会化服务功能纳入其功能体系。从语义来讲，协同监督变革了监督的传统内涵，丰富了检察监督的概念定义。

我国目前正在积极发展的现代型协同检察监督，在尊重对审判结果"对立"监督的客观状态存在同时，更加注重合作监督，更加崇尚民事诉讼各参与主体之间关系的协同运转，并独立代表公共利益提出法律建议，帮助审判机关分担裁判形成的社会压力，以此体现程序性参与原则，实现监督的目的。在构建合理法治秩序的理想图景中，民事检察监督与法院审判权的运作及当事人诉权的行使协同发展，通过合作式监督来稀释以前过于显眼的对立，最终确保司法裁判的产生过程公开透明以及民事诉讼协同对话品质的提升。

（二）社会转型背景下运用协同监督理念的必要性

社会转型过程中，由于各种新型复杂的民事诉讼层出不穷及现实比例成本（主要集中在法检职能和当事人等多方利益主体极具复杂性与新颖性的监督诉求）引发的不确定性，民事检察自身被预期的监督纠错功能与社会意识、国家意志之间更易发生冲突。此时，民事法律监督更应立足于协同监督，准确把握监督的功能内涵与角色定位，为法治国家的构建做出其独特的贡献，避免陷入立法与司法、目前与未来、实然与应然的冲突和困惑之中。在具体的诉讼过程中，连同审判机关、当事人及社会其他主体的参与，与司法权的社会性理想互相配合，在实现自身功能的同时共同体现为一种合力，致力于维护司法公正及社会的稳定。实然，在社会转型期民事检察监督所代表的应是超脱于自身的特殊社会利益。以此延伸，用以支撑民事再审检察建议发展机制的法理转向反映的乃是民事检察监督应然的主导价值追求及监督效果，其落脚点则更专注于维护社会司法稳定及保障再审检察建议成制度化的和谐运转。在监督制度的功能、内容和方式方面进行与时俱进的开拓与创新，逐步实现民事检察监督跨向和谐司法与和谐监督领域的转变。①

（三）民事再审检察建议法理转向的现实分析

民事再审检察建议转向的协同型监督理念，更多地体现在民事检察部门在民事法律监督中的协同参与性与谦抑性。通过树立司法协作精神，立足于民事纠纷事实和法律规范，平衡兼顾各方主体的利益关系以此实现监督理念的广义升华，共同致力于司法公正和司法效率的实现。在此笔者并非生硬地将协同型诉讼模式套用至民事检察监督制度下的民事再审检察建议，从而进行纯粹的理论推演，反是协同型诉讼主义理念所要表征的现实要求，于民事再审检察建议制度建设而言极具效果引领之意。完成支撑民事再审检察建议法理观念从对抗到协同转向与嬗变，实乃是对协同型诉讼模式的积极回应，也是监督关系和谐化发展即和谐司法的内在要求。当然民事再审检察建议自身属性的天然优势自然具备实现法理转向的多层现实因素。

再审检察建议产生的直接诱因是缓解地方检察院民事部门与上一级检察院民事部门案

---

① 汤维建：《挑战与应对》，载《法学家》2010年第3期。

件分配不均,甚至有些基层民事部门无案可办的"倒三角"形结构冲突。这也决定了民事再审检察建议自身具备不同于民事抗诉制度的天然属性优势。其以一种相对柔和的独特视角积极参与到司法审判过程,并时刻秉持谦抑性准则对同级审判机关的审判活动积极发表意见,更加重视司法过程多方参与主体多元价值的兼顾与平衡,而不再受国家意志本位影响仅仅局限于引发法院再审的实体裁判结果改变。受法理转向的理念指引,民事检察部门、审判机关及当事人等多方社会参与主体的思维模式过渡到协同对话的理念平台。至此,普遍存在于我国的民事法律监督时间跨度长、监督对象广泛、监督内容复杂等司法实践中出现的诸多难题也开始在协同型监督理念的法理引领下,逐渐转被多元化的监督方式予以化解。

再审检察建议顺应协同监督的本质内涵,改变了民事检察监督手段单一的现状。作为一种监督意见的再审检察建议,在适用过程中可以通过广泛与法院进行必要且真诚的沟通和协商,此时法检双方不再处于一种绝对的"对抗"状态,由于双方固有的职能不同而产生的司法对抗和摩擦也会慢慢减少,由此带来的民事检察监督所要追求的维护法治秩序与司法审判所要达到的静态独立效果不断加强。一个完整的再审检察建议终结过程,首先在具备一项正式法律制度要素的前提下,从检察机关角度来说,民事检察部门以超脱于原始"监督"的利益代表向审判机关正当合理发出再审检察建议,审判机关深刻理解再审检察建议发出的本质目的,积极配合给出合理答复,最终实现包括当事人合理诉求与社会司法秩序和谐稳定的双赢结果。于当事人来说,减少了当事人诉累,使司法公正的效果在短时间、低成本、少付出的情况下得以彰显,不仅维护了当事人的合法权益,而且增进了当事人及社会对法律的信仰,对司法机关的信赖[①]。

---

① 孟庆平:《民事再审检察建议的实践考量》,载《昆明理工大学学报》(法学版)2008年第9期。

民事执行监督机制之构建

——基于检察监督视角

陆宁平*

法律赋予检察机关对执行工作的监督权，与其说是一项权力还不如说是一种责任和义务。它既是检察机关落实新法要求、推进司法公正，维护社会公平正义，不断完善检察监督制度的实践性任务，也是面临助力解决"执行乱"、缓解"执行难"、化解"执行访"这些社会长期关注的司法热点难点问题的重任，同时还要理顺检察监督、法院执行、当事人处分之间的权力义务界限和相互关系，从中探求建立符合规律、切实可行的监督机制。

一、管窥：民事执行检察监督机制构建之困境

当前，民事执行检察监督实践相当缺乏，导致目前这一状态，我们认为，主要原因是存在观念、制度、法律和实践四大障碍。

（一）执法监督思想转换艰难——观念障碍

从传统权力监督观上看，人们对权力接受监督思想认识上有偏差，常常把监督与信任挂钩，一旦当监督发生在自己身上时，更不豁达。这种反应在国家公职人员尤其是公、检、法办案人员身上尤为明显[1]。故当有人提议将对"审判活动监督"延伸到执行阶段时，曾经遭到不少职业群体大众式的敏感、天然性的反抗[2]。

从现实执行权配置看，在制度设计时以内部监督代替外部监督的思想非常浓厚，然而，得到学界和实践部门普遍认同执行权配置的主要缺陷："民事执行权力过度集中"、"执行自由裁量权过大"、"缺乏监督制约机制"和"执行救济制度不健全"[3]，没有因为执行机构内部分权改革和外部众多监督而得到根本改变，执行人员权力的随意性仍然很大。

从对执行权监督的权源看，法、检两家均有片面的认识与想法：检察认为既然是宪法规定的监督机关，进行的监督活动就无须与被监督机关进行相互的交流、配合、协作；作

---

* 江苏省南京市玄武区人民检察院检察长。

[1] 由于作者有数十年司法经历与公检法等执法人员接触的机会，让公检法人员摁手印作证明人相当难，同时有法定出庭作证义务恰很少愿意出庭，这些要求普通公民经常做的事，到了这一群体自身时变得十分艰难，推进侦查人员出庭前后之艰辛也佐证这点。

[2] 实证部门以胡夏冰博士为代表，从民事诉讼的性质、结构与检察监督存在内在冲突分析，彻底否认检察对执行活动的监督，参见2012年5月《民事程序法研究》中《民事诉讼法修改中德检察监督》一文；理论上王亚新教授等为代表，认为"执行乱"等问题法院内部可解决，检察监督可能影响权利的实现，可参见王亚新《执行检察监督问题与执行救济制度构建》，赵晋山、黄文艺《如何为民事执行监督开"处方"》等。

[3] 童兆洪：《民事执行权的配置及运行设计》，载《浙江社会科学》2002年第5期。

为被监督的执行法院则持不同看法,认为自身是国家司法机关,享有对法律纠纷终局的裁断权和执行权,社会必须尊重与认同司法的既判力和权威性,检察机关也不例外,从而导致双方对执行监督走向对立。同时,还有执行检察监督的合法性、合理性、必要性、程序设置等不同观念和争执。①

(二) 司法解释及"两高"会签文件质疑——制度障碍

1991年民事诉讼法第14条规定了"人民检察有权对民事审判活动实行法律监督"的原则,人大法工委王汉斌主任在立法说明时对审判活动包含执行阶段进行了讲述。但却被借口检察对执行监督"于法无据",引起制度性对抗。就检察机关对执行裁判的抗诉,最高人民法院针对广东高院的请示有这两个著名的答复认为检察"提出暂缓执行没有法律依据"。这两个与法治精神相悖的批复,前者直接剥夺检察机关对错误的执行裁定实行监督的权利,后者明显限制检察监督的范围。② 更令人担忧的是,在新民事诉讼法施行过程中,法律工作者还会自觉不自觉地援引适用,甚至比照类推适用,部分检察人员也会"望规止步",因而,制度性失范问题应当优先重视并加以清理。

再看最高人民法院、最高人民检察院(以下简称"两高")的各自规定,也存在制度冲突问题。2001年9月,最高人民检察院制定《人民检察院民事行政抗诉办案规则》,对抗诉的案件来源、受案范围、立案条件、审查程序以及出席再审等问题作了较为详细的规定。但是,最高人民法院于同年11月印发的《全国审判监督工作座谈会关于当前审判监督工作若干问题的纪要》则与之存在明显的冲突。2007年民事诉讼法(修正案)以解决人民群众反映强烈的"申诉难、执行难"为重点,在一定程度上缓解了民事检察实践中所面临的困境,但类似制度"打架"的现象仍然很多,让具体操作人员感到困惑、无所适从。

"两高"2011年会签的1号文件勉强成分较多,部分安排缺少妥当性,影响执行检察监督机制构建。"两高"会签出台的《关于对民事审判活动与行政诉讼活动实行法律监督的若干意见(试行)》和《关于在部分地方开展民事执行活动法律监督试点工作的通知》(以下简称"执行试点通知"),经历数十年达成这一共识,可见监督机制建立之艰难。再看内容的安排,"执行试点通知"第二部分对监督范围5个方面的规定,有点司法实践经历的人稍加分析,一眼便知,这五个方面可能存在但实践中出现的概率很低,部分条款甚至是预防性宣誓,根本不是社会反响强烈的、常见的、亟须监督的行为;第三部分对检察监督程序作出严格规定——须经检委会书面建议,但执行中执行依据的确定性和执行行为众多的不特定性的特征,决定了执行以及监督行为除少数重大特殊外不可能走裁判繁琐的过程,"两高"规定的"检察委员会决定"、"一个月回复"等程序严重背离经济、效率原则。就这点较为妥当做法是,法院审判委员会作出的执行决定应邀请检察长列席,对应地,对此程序下的执行过程是否提出检察建议由检察委员会决定,同时设定较短的时限,其余监督建议遵循及时原则,以适应并防止"执行环节的每次违法与疏漏都可能给当事

---

① 江必新:《民事诉讼新制度讲义》,法律出版社2013年版,第382~385页。
② 童少谋:《民事强制执行法学》,法律出版社2011年版,第64页。

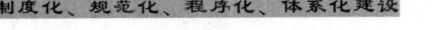

人造成无法挽回的不利后果"① 情况出现。

(三) 法律监督规定性不明——法律障碍

我国宪法第 129 条将人民检察院定性为国家的法律监督机关。1991 年民事诉讼法确立检察机关对审判活动进行监督的原则。检察院组织法也将监督职能具体化，第 5 条第 4 款规定："对于人民法院的审判活动是否合法，实行监督。"然而，民事诉讼法律授权式的规定不但引发了争议，也意味着限制权力。按照法学的基本理论，国家机关一般适用一般禁止型，即"凡是法律所不允许的，都是禁止的"。民事诉讼法修改虽然正式确立了民事执行检察监督制度，但没有在执行程序编中专门设置监督的具体程序。这又将给具体执行检察监督留下了"未授权"的想象空间，着实给法院、检察院相关工作提出了新的挑战。

(四) 参与机制缺失监督难——实践障碍

法律监督与执行外部其他监督既有相同的也有不同的地方，不同之处在于它不可被其他监督替代，需要更加全面客观了解掌握案件情况。那么，前提只有参与到执行中来，才能了解情况、发现问题、解决问题，更好行使监督权，发挥法律制度的功效。现实问题是修订后的法律只规定可以监督执行活动，没有赋予参与的职权，使得检察机关监督明显处于"空泛状态"，不能及时纠正违法行为。即便是执行事后监督，仍然存在三难：一是调卷难，二是取证难，三是事后监督难。如果将事后监督仅限在裁判结果监督，实际上使监督权仅仅限于提出抗诉的权力，对执行行为违法无法实施监督。

二、交锋：民事执行监督对象重点之辨析

民事执行监督对象自然是执行权，但不是权力的全部。那么，在执行权运行中何为监督的重点，我们认为应是执行违法行为和违法后果，其中以违法执行行为为主。

(一) 执行权属性和运行结构决定监督对象的方向

"从总体上看，强制执行应当是实质意义上的民事诉讼的一部分。"② 但是，执行权的行使与运行有其自身独立的特点和规律，有不同的工作方式和风格。笔者认为，主要是执行权启动后，针对已确定生效法律文书内容的实现展开工作，执行人员要主动依职权进行事务性操作，这些事务性行为更多符合行政权所具有主动性和单一性的特征。同时，在执行程序中解决案外人异议、变更执行主体等裁决又具有司法权的性质，因而，"从民事执行权的国家分权属性来看，它具有司法权和行政权的双重属性"③ 是以行政权为主兼具司法属性的复合权力。

执行权的运行是由其属性决定的。配置的目的就是强制拒绝履行义务的债务人履行义务，实现生效法律文书确定的内容，维护国家法律的权威性和正常法律秩序，实现法的安定性。因而，民事执行运行的架构不同于民事审判"对抗—判定"诉讼结构，不是法官

---

① 江必新：《民事诉讼新制度讲义》，法律出版社 2013 年版，第 379 页。
② 黄金龙：《制定〈民事强制执行法〉的指导思想和主要课题》，第 272 页。
③ 高执办：《执行机构内部的分权与制约》，载《人民司法》2001 年第 6 期。

居中裁判，执法者更多地体现为代表国家帮助债权人实现权利，具有单向性、主动性的特征。根据执行属性和运行特征，我们进一步对执行权内含的执行行为进行分析。民事执行权包含执行裁判权（决定权）和执行实施权（决定权），① 同时对应执行裁判行为和实施行为。部分学者和司法人员对具有行政属性的执行实施行为认为不应进行监督。我们认为，民事执行检察监督的实质是检察权对民事执行权的控制，其目的在于防止民事执行权超越应然的作用范围或者违反既定的运行程序。② 执行实施行为是执行中主要行为，民事执行权的作用与运行是主要通过民事执行机关实施行为体现出来的，而且事实也证明，民事执行实施行为侵权的现象比较普遍，如果不纳入监督将失去制度规定的价值，所以民事执行检察监督的具体对象应当是民事执行行为，其中包含具有司法性的裁判行为和行政性的执行行为，且主要是执行实施行为。

（二）民事执行监督重点之一——违法行为的确定

我们将执行实施中的违法行为确定为监督之重点，除上述理由外，还由以下几个因素决定：一是监督违法原则。执行活动中对当事人侵害的执行行为有两种情况，一种是违法的执行行为，另一种是不当的执行行为，依照宪法和法律对检察机关性质职能定位，有权对"合法性"监督，对是否"合理性"的不当执行，则主要通过法院内部监督解决。二是讲求效率原则。执行监督不同于诉讼监督，其价值取向更加侧重于效率，如果将所有活动都监督无疑不利于高效执行。三是符合立法原则。这次立法再次表明中央决心要加快以法律治理的进程，主要是执行中常见的乱作为和消极不作为的违法行为，而不是执行的全部。四是统一责任认定。将违法行为作为重点监督对象不仅是时代要求，同时也与司法行为认定标准相同，特别是与法院《审判人员违法责任追究办法》第17条规定违法执行的情形一致，便于客观认定、分清责任。

经过梳理，我们认为以下执行行为需要作为监督的对象，并在工作中加以把握。就类型而言，存在三类：一是执行过程中的消极不作为（包含执行不力和拖延执行）；二是滥用职权的乱作为（包括执行严重不规范）；三是执行过程中产生的腐败问题。当然，还包括监督涉及其他国家机关不履行判令义务、协助义务和拒不履行判决裁定、妨碍公务等暴力行为，体现对公权力的监督，体现法治化解决执行难、执行乱等问题。

（三）民事执行监督重点之二——违法后果的确定

民事监督执行的第二个重点就是以执行裁判错误和执行回转为监督对象，是基于裁判错误和执行结果错误引起的监督。由于执行裁判具有司法属性特征，当事人对权利的救济具有合法的渠道和路径，我们认同检察监督适度和谦抑性。主要理由：一是落实上诉优先原则。对于执行裁判结果不服的，首先应当告知当事人通过上诉或者申请复议进行救济，上诉申诉是常规救济渠道。这点得到"两高"2011年会签的一致认同。二是参考"自纠先行监督断后"模式。新民事诉讼法第209条对当事人申请检察建议或者抗诉采用了

---

① 也有学者将执行决定权单列一项权力，形成三分法，参见谭秋桂：《民事执行权配置、制约与监督的法律制度研究》，中国人民公安大学出版社2012年版，第53～80页关于民事执行权性质的分析部分。

② 谭秋桂：《民事执行检察监督机制分析》，载《人民检察》2008年第22期。

"法院纠错先行，检察抗诉断后"顺位模式，故今后执行裁判监督中建议引入这一模式。三是尽量缩小执行裁判监督范围。除国家公共利益外，我们不赞同对执行依据的裁判文书进行审查监督，这一点执行机关执行中可发现，一方当事人也可发现，通过启动内部监督和救济程序可以解决，尽量将有限资源投放到急需的执行实施权监督。四是遵循事后监督原则。执行中的裁判决定多达几十种，有时一个案件还有数十个，不可能全部实施监督，应遵循具有实体效率和重大程序性的裁决进行监督，还应在某个阶段结束后提出。

根据研究，我们认为，在实践中应当主要针对下列执行中出现的裁判实施法律监督：（1）变更、追加申请人情形；（2）变更追加被执行人；（3）案外人财产异议的裁判案件；（4）被执行人规避执行的行为；（5）执行参与分配，注意监督中共同化解矛盾、维护社会稳定的职责。

三、愿景：民事执行检察监督机制构建之畅想

一是构建监督参与机制。民事执行不同于刑事与民事审判监督模式，只有参与全过程才能及时发现执行过程中的违法行为。"检察监督的目的应当着眼于防范将来民事执行中的违法……因此，检察机关的监督应当及时、适度，不宜过分置后。"① 对此，我们认同实践中现场监督、邀请监督和申请监督，在此基础上，施行流程监督。具体设想就是在法院对执行案件首次立案后，定期将立案登记表抄送检察民行监督部门，根据邀请、申请和商定的监督事项，开展对个案的流程监督活动。当然，对涉及国家或社会公共利益的，可突破上述事项范围，采取主动全程的方式。为提高工作的实效性，在法、检两家协商一致的情况下，可设立检察监督执行窗口，与法院执行大厅对接，使流程的参与更有及时性和实时性。将来在执行机关单设或者条件许可的情况下，也可在强制执行法中规定派驻检察工作室的方式，使杜绝"执行乱"、缓解"执行难"的法律监督工作常态化、法治化。

二是构建监督执行对应机制。为满足新民事诉讼法对执行权强化监督的需要，对重点监督对象——执行实施权需要对应建立一套监督机制，即按照执行实施的关键环节和基本要求，尽可能地与法院认定违法执行同一标准，做到监督有据、有力、有效，增强监督权威。共性行为大致内容：其一，执行实施一般性规定，例如回避等；其二，执行前的准备，主要是审查、告知及注意的义务；其三，强制执行措施，这一部分应为重点，包括采取查封、冻结、扣押、搜查、提取、扣划、评估、鉴定、审计、拍卖、拘传、拘留、罚款、变更主体及恢复执行等是否按照规定要求依法作出；其四，银行存款的执行行为；其五，固定资产的执行行为，权属及处置是否合法等；其六，对投资权益的执行行为；其七，第三人到期债权的执行行为；其八，执行结案行为，是否强迫和解或终结执行等。

三是构建协作性机制。从执行行为的多样性和复杂性上可以看出，执行行为违法和裁判结果错误的认定需要依据，需要一定共识为基础，遵循共同规制下的监督。"法律监督，多数情况下需要被监督者的积极回应才能实现。"② 在检察监督实践中，检察机关与

---

① 江必新：《民事诉讼新制度讲义》，法律出版社 2013 年版，第 379 页。
② 张步洪：《新民事诉讼法讲义——申诉、抗诉与再审》，法律出版社 2012 年版，第 193 页。

公安、法院及其他行政机关也有一定建立协作工作机制的经验与基础，根据"两高"于2011年3月联合会签文件精神，将"人民检察院和人民法院应当建立相应的沟通协调机制，及时解决实践中的相关问题"落实在执行监督中应当是必要的。

四是构建人大介入监督机制。"目的是全部法律的创造者，每条法律规则的产生都源于一种目的，即事实上的动机。"① 为很好贯彻法律规定，有必要构建人大介入机制，解决以下问题：第一，指导本地法检会签文件或者出台规范性实施意见，防止检察监督规定失效、无序，解决不了"执行难"、"执行乱"问题；第二，解决个案冲突问题，由于每个执行监督个案不仅涉及当事人切身利益，而且关乎地方社会稳定，人大有权预先对案件进行考量衡平，防止案件监督过程的片面性；第三，听取执行工作接受监督情况专题审议，将"两高"强化对执行监督工作列入年度评议事项，推进执行工作和检察监督工作；第四，推行检察建议人大督办机制，改进司法机关间内部相互监督方式，允许采用汇报人大方式推动检察建议落实。通过人大介入机制，促使有关机构尽快采取应对执行案件的措施，积极应对回复社会关切、维护当事人合法权益和地方社会稳定、共同解决执行难的问题。

---

① ［美］E. 博登海默：《法理学：法律哲学与法律方法》，邓正来译，中国政法大学出版社1999年版，第100页。

试论民事申诉制度改革对检察监督的影响及应对

郑 轩* 李 君**

2012年民事诉讼法对当事人向检察院申诉进行了重大改革，从立法层面对当事人向检察院申诉进行程序化设计，使当事人、检察院、法院三者之间的权利义务关系更加趋于平衡，较好地实现了当事人申诉权利义务法定化、检察办案程序化、再审分权制约科学化。同时，它又使我国现行民事检察监督面临诸多困境和挑战，检察机关只有树立民事监督新理念，拓宽案件来源新渠道，探索民事监督新途径，创新息诉服判新方法，建立民事检察新队伍，才能适应新制度、新要求，才能应对新问题、新挑战，才能实现民事检察转型发展。

一、民事申诉制度的改革

（一）改革背景

民事申诉制度是保障当事人民事实体权利获得司法救济的一项重要的民事诉讼制度，它的制定既要体现司法机关实事求是、有错必纠、有诉必应、监督制约的司法原则，又要体现当事人私权自治、诉权法定、处分自由等现代程序法理念。在旧制度框架下，当事人"重复申诉"、"久诉不息"及"缠诉缠访"现象普遍存在，导致法院"终审不终、执行乏力"，检法之间"意见不一、相互打架"，造成了事实上的法制不统一、司法机关的重复劳动和执法公信力丧失，既浪费了大量的司法资源，又无形中损害了司法机关整体形象①，使当事人对司法机关的廉洁性、公正性和办案能力产生了诸多怀疑，人民群众对司法机关执法公信力失去信任。以往司法实践中，检察机关在办理当事人申诉案中虽发挥了一定的积极作用，但由于2012年以前民事诉讼法（以下简称旧法）未对检察机关办理民事申诉案件程序进行立法规定，导致检察机关、法院、当事人在处理民事申诉案件中权利义务不明、办案流程不清、操作程序不强、监督效力不高，改革和完善民事申诉制度势在必行。民事申诉制度改革涉及如何厘清审判权和检察权之间的关系、如何把握公权力和私权利的界限以及如何健全民事再审司法分权与制约机制等理论和实践问题，这些问题一直被理论界和司法实务界所探讨。

（二）改革内容

为处理好检察监督权、法院审判权以及当事人申诉权三者之间的关系，厘清当事人申

---

* 湖北省房县人民检察院检察长。
** 湖北省房县人民检察院研究室检察员。
① 曹普卿：《新民事诉讼法涉检条款之解读》，载《中国检察官》2012年第11期。

请法院再审和申请检察院抗诉或者检察建议之间的顺序，2012年民事诉讼法（以下简称新法）对民事当事人申诉进行了程序化设计，从立法层面填补了当事人向人民检察院申请检察建议或抗诉的立法空白。根据新法，当事人对人民法院驳回再审申请的、逾期未对再审申请作出裁定的、再审判决、裁定有明显错误的，可以向人民检察院申请检察建议或者抗诉，人民检察院对当事人的申请应当在三个月内进行审查，作出提出或者不予提出检察建议或者抗诉的决定，当事人不得再次向人民检察院申请检察建议或者抗诉。① 这是我国立法史上首次使用"申请检察建议"、"申请抗诉"的概念替代过去的"申诉"一词，对当事人向检察院申诉作出明文规定，使其成为一种名副其实的法律诉讼行为。

改革后的民事申诉制度对当事人、检察机关、法院三者之间的权利义务关系进行了调整：一是在申诉时间上，当事人向人民检察院申请检察建议或者抗诉必须是在向人民法院申请再审之后；二是在申诉条件上，当事人只能对人民法院驳回再审申请、逾期未对再审申请作出裁定、再审裁判明显错误三种情形进行申诉；三是在申诉次数上，当事人向检察院申请检察建议或抗诉只能一次；四是在办案期限上，检察机关必须在当事人提交申请之日起三个月内审查完毕并作出决定；五是在证据调查上，检察院有权向当事人或者案外人调查核实有关证据；六是在法院处理上，对于当事人申诉案件法院在收到抗诉书之日起三十日内必须作出再审裁定。

（三）改革意义

本次改革将民事申诉制度纳入"法治化"轨道进行"诉讼化"改造，使申请检察建议权、申请抗诉权法定化，并最终确立了"法院纠错先行，检察抗诉断后"的民事审判监督顺位模式，② 这对平衡审判权、检察监督权和当事人申诉权三者关系、保障当事人合法权益、维护司法权威及提高司法效率具有重要的立法意义和司法意义。

1. 申诉人权利义务法定化。过去，尽管事实上很多的抗诉是基于当事人的信访或申诉，但立法却从未对当事人申请抗诉或检察建议进行明文规定。现在，当事人申请抗诉或检察建议已不再是带有信访性质的申诉和检察机关"发现"法院错误生效裁判依职权抗诉的一种途径，而是一种由当事人自由支配、自由处分、与起诉权、上诉权及申请再审权一样的诉讼权利。并且，当事人如果违法行使权利、无正当理由放弃权利或者检察院已经受理并作出决定的，除损害国家利益和社会公共利益等情形外，当事人将承担检察院不予受理或者不依职权抗诉的法律后果。

2. 检察院办理申诉程序化。本次改革将检察院办理申诉案件从诉讼程序上予以规定，检察机关不能再将当事人申请抗诉或检察建议作为一种"发现"法院生效裁判错误的线索来源"选择性"对待，而是在"诉讼化"轨道上依法受理、依法审查、依法决定，无论最终结果是否提出抗诉或者检察建议都将产生民事诉讼程序法意义上的法律效果。

3. 检法分权制约科学化。对法院来说，"再审程序前置"会给法院带来更多的内部纠错机会，有利于保障法院的民事再审权，维护审判的独立性、稳定性和权威性。对检察院

---

① 参见民事诉讼法第209~211条的规定。
② 朱川、莫燕：《新民事诉讼法再审程序亮点解读》，载《福建警察学院学报》2003年第2期。

来说,"检察监督断后"不仅符合诉讼程序穷尽原则和法律监督的制度逻辑,① 而且可以有效地对法院民事再审权进行分权和制约,一旦法院对再审申请做出不正确处理或者再审裁判错误的,将会引起当事人向检察院申诉,以此启动检察监督程序,并且检察院提出抗诉的法院必须作出再审裁定,这种模式必将对原审法院错误裁判和再审法院不当处理将起到双重的监督效果,使检察监督更具全面性、最后性、中立性,更有利于检察机关站好维护司法公正的最后一道防线。

二、改革对民事检察监督的影响

在正确看待民事申诉制度改革进步意义的同时,我们也要清醒地认识到,此次改革必将使我国民事检察监督工作面临诸多困境和挑战。

(一)改革对民事检察监督带来的困境

民事申诉制度改革对我国现行的民事检察监督带来的困境可以用"两少两多"来概括。

1. 申诉案件案源减少。我们可以想见,新法将当事人向法院申请再审程序前置后,以往那种当事人既可以向法院申请再审,又可以同时向检察院申诉的"双轨制"申诉格局将会被打破,一些存在明显错误的判决、裁定必将在人民法院的再审程序中得到有效过滤和再审处理,当事人的再审诉求很有可能在再审程序中已得到实现和满足,从而不愿或者不能再启动向检察院申诉这一救济渠道,这势必将直接导致检察院民事申诉案件线索减少,民事检察监督案源匮乏。

2. 生效裁判抗诉减少。申请法院再审作为向检察院申诉的前置程序后,申诉案件线索减少,缠诉案件比例增大,其直接后果是受理后符合抗诉条件的案件数量少,这必将导致各级检察院尤其是基层检察院抗诉案件数量急剧减少,我国长期以来构建的"以民事抗诉工作为中心的"民事检察监督格局将会被打破,以往那种片面追求抗诉案件数量的发展模式将会被改变。

3. 息诉维稳工作增多。很明显,案件经过法院一审、二审、再审后,错误的裁判基本上得到了纠正,大多数当事人的诉求也基本上得以实现,那些再向检察院申诉的案件很有可能属于运用司法手段难以解决的疑难案件。检察监督手段的最后性与当事人过高的期望值相互结合的背景下,我们可以预料,一旦检察院做出不发再审检察建议或不提出抗诉的决定,申诉人很有可能会出现过激的言行或者加入上访群体,甚至将矛头直指检察机关,成为新的社会不稳定因素。在维稳压力日益增大的形势下,检察院需投入更多的人力、物力、精力做申诉人的释法说理工作,以达到平息纠纷、化解矛盾、维护稳定的目的,这无疑将给检察机关带来沉重的工作负担。

4. 审查性工作量增多。新法虽然规定基层检察院可以以再审检察建议的形式对生效

---

① 程序穷尽原则就是当事人在民事诉讼中按照其所享有的诉讼权利先后顺序进行行使,而不得跳跃式地行使诉讼权利;法律监督就其本质而言乃是外部监督,外部监督只有在内部监督未达到目的时,再启动并发挥作用,这符合检察监督制度逻辑。

裁判实施同级监督，但向检察院申诉的案件几乎都是经过原审法院或上一级法院驳回再审或作出再审裁判的案件，原审法院接受再审检察建议并经审委会启动再审的可能性极低，加之再审检察建议的效力很弱，只有一次申诉机会的当事人通常只会选择申请抗诉，在这种情况下，有抗诉权的上级检察院将要对大部分申诉案件作出是否抗诉的终局性审查和决定，毫无疑问将会增加省级院和市级院终局性审查工作量。

（二）改革对检察监督带来的新挑战

民事申诉制度改革对民事检察监督的带来的挑战可以概括为三个方面。

1. 对检察监督的切入点把握要求更准。过去，检察监督强调的是依职权监督，当事人申诉只是检察院发现法院错误裁判的一种途径和提起抗诉的线索来源。现在，当事人申诉法定化意味着检察监督在坚持以往职权监督保留主义的同时要更多地恪守尊重当事人意愿的申请主义，以体现民事诉讼法尊重和保护当事人私权自治原则。这种双重定位使检察监督具有两个切入点，即依当事人申请启动和依职权启动。而在实践中，检察监督所针对的问题和事项具有多个面向和维度，① 这些面向和维度有的涉及私权，有的涉及国家和公共利益，还有的既涉及私权又涉及国家和公共利益，如何准确把握这些面向和维度的监督切入点一个复杂的认识问题。笔者以为，新法之所以将依申请监督割裂出来专门予以规定，其目的在于强调当事人诉权自治和私权保护优先原则，从这个意义上讲，那些涉及纯粹的私权问题，检察机关应当坚持尊重当事人意愿的申请主义，严格实行不申诉不监督原则，除此之外的情形，检察机关可以依职权进行监督。

2. 对检察人员的办案效率要求更严。新法规定检察院对当事人申诉应当在受理之日起三个月审查完毕并做出决定，这有利于减少当事人的诉累，提高办案效率，符合民事诉讼法立法精神，但同时也对检察机关的办案带来了很大的压力。以往，申诉案件审查期限为立案调卷后三个月或提请抗诉后三个月，受理审查、调阅卷宗等辅助性工作时间没有计入办案期限；现在，检察院办理申诉案件包括受理审查、调阅卷宗、实体审查、提请决定、释法说理等时间在内仅有三个月，很明显，办案期限较之往年大大缩短，这对检察人员的办案效率来说无疑是一个巨大挑战。

3. 对民事检察的保障水平要求更高。长期以来，各级检察院（尤其是基层院）民事检察监督存在被淡化和被忽略的倾向，大多数院人员配备不齐，经费保障不足，专业水平不高，甚至"一人院"或"两人院"大量存在。新法实施后，一方面，检察院办案期限缩短、审查任务繁重、息诉工作增多，客观上需要投入更多的人力和物力；另一方面，"以抗诉工作为中心"的监督格局被打破，"多元化"的民事监督格局将呈现，客观上需要检察机关投入更多的人力和物力对民事诉讼过程实行全方面监督。这种变化对转变"重刑轻民"办案思维、提高民事检察保障水平无疑具有更大挑战。

4. 对检察人员的息诉能力要求更强。民事申诉"双轨制"改为"单轨制"后，② 检

---

① 汤维建：《民事检察监督制度的定位——以民事诉讼法新修改为基准》，载《国家检察官学院学报》2013 年第 2 期。

② 郑新俭：《民事诉讼法修改对民行检察工作的影响和挑战》，载《人民检察》2012 年第 19 期。

察监督作为当事人权利救济的最后一道屏障，申诉人会将胜诉期望牢牢寄托于检察院，一旦申诉得不到检察院支持，由于没有其他的司法救济渠道，很有可能出现过激的言行，甚至升级为涉检信访事件或者社会不稳定事件。这就要求办案人员除具备丰富的专业知识和办案经验外，还必须具备较强的息诉服判工作能力，对当事人做到明之以法、晓之以理、动之以情，最大限度地促使申诉人息诉罢访。

三、检察机关如何应对民事申诉制度改革

（一）树立民事监督新理念

民事申诉制度改革虽为民事检察发展注入了新的活力和生机，但是法律的规定与操作还存在巨大的鸿沟，① 只有转变传统的民事监督理念，才能适应改革要求。

1. 树立全面监督理念。民事申诉制度改革将会导致抗诉案件数量减少，以往那种过分依赖抗诉工作的监督格局将会被打破，检察机关要想从根本上消除这种影响，在民事检察上再有新的作为，就必须树立全面监督的理念，从以往偏重对生效裁判的"一元"监督转变为对审判程序、审判结果、执行活动的"多元化"监督。一方面，在民事检察工作目标管理中体现全面监督的理念，不断完善和丰富民事检察业务指标考评体系，并根据诉讼规律和监督规律以及不同地区的监督需求合理划分和权衡民事裁判监督、民事执行监督和诉讼程序监督在民事检察中的比例和权重，适当弱化生效裁判抗诉工作指标，不断强化办案质量和监督效果指标，最大限度地发挥业务考评"方向标"作用；另一方面，在具体工作中要切实将检察监督贯穿于案件受理至案件执行终结全过程，不断探索和发展民行检察监督范围和视野。

2. 树立程序本位理念。新法将当事人申诉进行"诉讼化"改造，一方面，其目的是更加注重保障当事人的民事申诉权利，穷尽一切法律救济途径来"安抚"当事人的不平衡心理，使其对法院正确裁判"心服口服，息诉罢访"，对错误裁判依照法定程序主张权利；另一方面，申诉程序的启动可以对法院的裁判起到法律意义上的澄清作用，能及时消除当事人对法院产生的偏见和怀疑，缓解当事人对法院不满情绪和对抗心理。从这个意义上讲，申诉作为诉讼程序其本身具有超脱于实体处理结果的独立价值，这种价值既不依赖于抗诉事由存在，也不等同于抗诉决定作出，更不能被其他程序所取代。这就要求，检察办案人员必须转变以往那种"重实体，轻程序"的办案理念，严格按照申诉案件办案程序规定，依法受理、依法审查、依法决定，最大限度地保障当事人申诉权利得以实现。

3. 树立诉权自治的理念。在诉讼中，当事人有权按照自己的意愿处分自己的诉讼权利，不受公权力约束。一方面，如果当事人对生效的裁判、调解不向检察院申诉，一般来说检察院不得主动进行监督，除非该裁判、调解损害了国家、社会公共利益或者审判人员具有违法犯罪情形；另一方面，当事人申诉后又撤诉的，只要没有侵害国家、社会公共利益及第三人合法权益，检察院也应尊重当事人的选择，不能为了片面追求民事监督案源，变相强迫当事人走民事抗诉程序。

---

① 邹建华：《民事检察制度新发展下的理念支撑》，载《法制与社会》2013年第6期。

4. 树立监督与支持并重理念。在民事检察中，监督与被监督的相对性和统一性决定了检察机关在依法监督的同时对法院正确的裁判也要给予依法支持，并配合人民法院做好当事人的息诉服判工作，最大限度地消除当事人对抗，切实维护法治权威和司法机关整体形象。在今后的息诉服判工作中，我们更应该坚持这种理念。

（二）拓宽案件来源新渠道

新法实施后，各级检察院（尤其基层检察院）将面临申诉线索匮乏的难题，这就要从拓宽案源渠道上下功夫。

1. 加强外部沟通联系。进一步加强与信访部门、律师事务所、乡镇司法所等部门的联系与沟通，建立信息互享机制，及时通报情况，快速发现案源。

2. 加强法制宣传教育。重点宣传检察院办理民事控告、申诉、举报的案件范围、受理条件、处理程序等法律知识，引导案件当事人正确行使申诉权，教育公民、法人和其他组织主动发现民事裁判违法行为，引导其积极向检察院控告、举报。

3. 加强内部协作配合。控申、民行、自侦、预防等部门要建立信息互通、资源共享、协作配合等工作机制，及时加强沟通联系，注意发现民事监督案源，发挥检察权的整体监督优势，增强发现和监督违法裁判整体合力。

（三）探索民事监督新途径

值得欣慰的是，本次民事诉讼法修改还拓展了民事监督范围，增加了监督方式，强化了监督手段，这对检察机关应对抗诉案件数量减少无疑是一个重大的机遇，各级检察院（尤其基层检察院）要从调整监督思路入手，不断探索民事监督新途径。在坚持办理提抗案件的同时，积极推行再审检察建议、违法行为调查、纠正违法通知、检察建议、建议更换办案人等方式实现同级监督；积极开展对民事执行案件和调解案件的监督；积极将民事诉讼监督与发现和查办职务犯罪结合起来，增强民事监督的影响力和威慑力；积极探索督促、支持民事起诉、公益诉讼和刑事附带民事诉讼等新的监督途径。

（四）创新息诉服判新方法

在缠诉案件比例大、息诉服判任务重、社会矛盾化解难等问题面前，检察院要不断创新息诉服判新方法，切实将当事人息诉服判工作常态化、程序化、制度化，使涉检信访等负面影响降到最低。

1. 实行权利义务告知制。为使当事人正确行使申诉权，防止事先对申诉结果抱有过高的期望，在受理时，可以采取阅读申诉风险告知书或者制作专门笔录等形式告知申诉案件可能的处理结果及潜在风险，使其明白"受理未必抗诉、抗诉未必改判"的道理，从思想上降低申诉人的心理预期，引导其理性、客观、平和地对待申诉可能的处理结果，为息诉服判工作提前减压。

2. 实行风险评估预警制。在办案前，要根据基本案情、申诉人和被申诉人对拟作决定的态度等进行常规判断，制作民事申诉案件风险评估表，将那些可能引起涉检信访、突发事件的申诉案件纳入风险预警范围，及时启动风险预警机制，变事后被动化解矛盾为事前主动防范矛盾，及时预防并控制办案中的突发性、群体性及矛盾性事件，把当事人的信访苗头和可能的上访诉求解决在萌芽状态。

3. 实行当事双方听证制。在办案中,可以根据实际情况和案件特点,建立案件听证制度,引导当事人双方对申诉意见范围内的争议焦点进行对抗,必要时由法院相关人员到场对案件处理情况进行解释说明,促使申诉人和被申诉人重新理性地评判申诉人的诉求和法院的裁判,促成双方自愿和解、息诉罢访。①

4. 实行矛盾化解协调制。对坚决不接受处理意见、认识偏激、可能越级上访或激化矛盾的申诉人,积极与法院、对方当事人、律师等沟通协调,共同做好申诉人的息诉服判工作;对纠缠不休、屡屡上访、影响重大的案件,及时向上级院和同级党委、人大汇报,并向辖区内相关职能部门通报情况,争取指导和支持;对有调节可能的案件,要积极妥善促成双方和解,要加强与人民调解、行业调解及司法调解的衔接配合,尽可能形成息诉服判工作合力。

5. 实行案件跟踪回访制。结案后,要对所办申诉案件进行不定期跟踪回访,及时了解和掌握当事人思想状况、情绪波动和行为表现,必要时可以上门做申诉人和被申诉人的心理疏导工作,力争将不满情绪、社会对抗、矛盾纠纷化解在萌芽状态。

(五)提高检务保障新水平

各级检察院要充分认识今后民事检察工作的复杂性、紧迫性和艰巨性,要从增加人员力量、优化队伍结构和提高保障水平入手,选优配强民事检察队伍,采取充实、调整、引进等办法,进一步增加控告申诉、民事检察等部门的办案人手,把理论水平高、实践经验多、息诉能力强的人员调整、充实到民事诉讼监督岗位,建立一支政治坚定、业务精湛、敢于监督、善于监督、富于创新的民事检察队伍。要逐步增加民事检察办案经费,不断改善民事检察办案装备,力争在较短时间内使民事检察赶上甚至超过刑事检察的保障水平。

---

① 曹普卿:《新民事诉讼法涉检条款之解读》,载《中国检察官》2012年第11期。

论民事调解检察监督的制度构建

许志鹏*

民事调解制度作为我国现行民事诉讼中的一项重要制度,是民事诉讼程序中解决当事人之间民事争议的一种重要方式,但是如果缺乏有效的监督,它就是一把"双刃剑"。修改后的民事诉讼法首次明确了检察机关对调解的监督职权,有效填补了民事调解监督的空白点。民事调解检察监督制度的确立,是我国司法体制以及检察监督体制逐步完善的重要一步。面对调解监督中遇到的困难和挑战,检察机关应积极寻求可行的监督路径及对策。

一、民事调解及调解检察监督的现状及问题

(一) 民事调解制度的弊端

民事调解是指在审判人员的主持下,双方当事人就发生争议的民事权利义务关系自愿进行协商,达成协议,解决纠纷的诉讼活动。① 民事调解,根植于我国纠纷解决传统,创立于革命根据地时期,一直是我国民事诉讼中一项非常重要的制度。通过调解解决争议具有一定的灵活性、快捷性和高效性,所达到的社会效果往往也好于判决,因此法院一直将调解作为结案的首要手段。据资料显示,2003 年以来全国基层法院民事案件调解结案的比例占 70% 以上,且呈逐年上升的趋势。② 但是,由于调解制度并不完善,民事调解在司法实践中还存在许多问题,主要表现为民事调解中程序法约束的软化,造成了法官行为的失范和审判活动的无序化;实体法约束的软化,造成了调解结果的隐性违法和审判权的滥用。

1. 调解程序缺失规范,易违反自愿原则。与审判程序相比,现行调解制度缺乏法官与诉讼参与人必须遵循的程序规范,法院调解方法具有较大的灵活性,法官受诉讼程序约束软化,这些都为法官违背自愿原则滥用司法权力进行诱导调解、强制调解提供便利。由于立法的不完善,民事调解原有的优势在实践中往往得不到充分的体现,调解的自愿性原则得不到保障,当事人之间的矛盾也得不到彻底的化解。

2. 法院未对调解协议合法性进行审查,易违反合法原则。由于司法政策及考核指标驱动,法官对于高调解率的追求不可避免地使自己的审判行为走向异化。在调解过程中,有的法官为尽快结案,只会对案件相关事实及调解协议进行大概了解和字面审查,未能查明调解是否侵害国家、社会公益或案外人的利益,或者对已发现的违法违规问题视而不

---

* 福建省人民检察院民事检察处副处长,全国检察理论研究人才,法学博士。
① 江伟:《民事诉讼法学原理》,中国人民大学出版社 1999 年版,第 528 页。
② 郑小明、罗志坚:《我国法院调解制度的弊端、原因及完善》,载《南昌大学学报》(人文版) 2004 年第 1 期。

见。在此情况下，法院实际上很难达到对调解协议进行实体合法审查的目的，① 从而导致当事人恶意调解等违法违规行为通过法院调解逃避制裁。

3. "调审合一"模式使法官行为难以约束。我国法院调解实行的是"调审合一"的模式，即调解与审判相互结合，两者可以相互转换，交互运行，法官具有双重身份及地位上的优势。法官一般先作为调解者，后作为判决者，调解法官具有强制的资源，当事人会因害怕而违心地接受调解，使得本以诉讼双方"合意"为基础的调解演变为法官主持下的强制性调解。由法官提出来的调解协议，其中必然包含着法官对案件事实的认识和法律上的判断。② 以判促调、以判压调等问题必然导致调解双方对实体权利的处分自由被审判人员的意志所替代。

4. 调解的监督机制不完善，难以维护当事人权益。因调解的不可上诉性，当事人只能依据民事诉讼法第 201 条的规定对已经发生法律效力的调解书向法院申请再审。但是，由于这种内部监督机制由法院自身启动，制约性较弱，并且当事人无法充分证明调解协议的内容违反法律或调解协议违反自愿原则，申请再审成功的可能性相当小。因此，单纯依靠法律系统的自我监督难以真正实现司法公正，有效维护当事人的权益，有必要加强对民事调解的外部监督。

（二）民事调解检察监督的困境

1. 立法上民事调解检察监督的困境。修改后民事诉讼法第 208 条规定："最高人民检察院对各级人民法院已经发生法律效力的判决、裁定，上级人民检察院对下级人民法院已经发生法律效力的判决、裁定，发现有本法第二百条规定情形之一的，或者发现调解书损害国家利益、社会公共利益的，应当提出抗诉。地方各级人民检察院对同级人民法院已经发生法律效力的判决、裁定，发现有本法第 200 条规定情形之一的，或者发现调解书损害国家利益、社会公共利益的，可以向同级人民法院提出检察建议，并报上级人民检察院备案；也可以提请上级人民检察院向同级人民法院提出抗诉。"该条文将民事调解书纳入了检察监督的范围，从内容来看是对 2011 年最高人民法院、最高人民检察院联合出台的《关于对民事审判活动与行政诉讼实行法律监督的若干意见（试行）》（以下简称"两高"《意见》）相关条文的继受③。

值得注意的是，修改后民事诉讼法第 208 条规定的人民检察院对调解书进行法律监督的范围的表述与修改后民事诉讼法第 201 条规定的当事人申请人民法院对调解书进行再审的范围表述明显不同，第 201 条规定："当事人对已经发生法律效力的调解书，提出证据证明调解违反自愿原则或者调解协议的内容违反法律的，可以申请再审。经人民法院审查属实的，应当再审。"两者之间形成明显的对比。

立法上对于检察机关主动监督的民事调解书范围仅限于"损害国家利益、社会公共

---

① 刘辉：《民事检察监督视角下的强势诉讼调解》，载《国家检察官学院学报》2008 年第 4 期。
② 顿柱：《试论我国民事诉讼调解制度的不足及其完善》，载《前沿》2006 年第 9 期。
③ 该《意见》第 6 条："人民检察院发现人民法院已经发生法律效力的民事调解、行政赔偿调解损害国家利益、社会公共利益的，应当提出抗诉。"第 7 条第 1 款："地方各级人民检察院对符合本意见第 5 条、第 6 条规定情形的判决、裁定、调解，经检察委员会决定，可以向同级人民法院提出再审检察建议。"

利益"。对于"国家利益、社会公共利益"的含义存在争议。有人认为，只有调解书的内容损害国家利益、社会公共利益时，检察机关才能依法对调解书进行法律监督；也有人认为，除了对上述内容进行监督外，对于在调解过程中出现的当事人违反自愿原则的强行调解、虚假诉讼形成的调解、损害第三人合法权益的调解也应当进行监督。现有立法对于"社会公共利益"界定不明确，司法实践中也很难确定其范围，在这样模糊的基础上难以划定检察机关对调解书监督的具体案件范围。

2. 实务中民事调解检察监督的困境。一是主动发现案件存在困难。目前，检察机关介入的调解结案案件只占法院全部调解案件很小的比例，尚不足以对民事调解形成有效监督，原因之一是问题调解案件难以进入检察监督视野。检察机关监督调解案件有主动发现和依申诉介入两个案件发现途径。从近几年实践来看，检察机关依申诉介入的，主要是违反自愿原则以及侵害第三人合法权益的调解案件。而侵害国家利益、社会公共利益的调解案件，由于少有利害关系人主张，更多的是依靠检察机关的主动发现。检察机关主动发现的途径则主要是在办理其他案件中发现调解案件的问题，具有很大的偶然性，通常距离纠纷发生的时间已较久远，即便发现问题，案件的进一步审查也有相当的困难。例如福建省连城县人民检察院办理的一起调解监督案件，即为与法院执行局协同主持一起和解案件时发现虚假诉讼的恶意调解的线索。①

二是事实及证据调查存在困难。对调解书的检察监督方式有抗诉及再审检察建议，与对生效裁判的监督方式相同。不同点在于，后者所涉事实及证据已经过法庭调查及认定，民事检察官从裁判文书入手，结合当事人陈述及调阅案卷，即可判断该裁判是否存在提出抗诉的事由；前者则证据缺乏法庭质证，事实缺乏必要的审查核实，调解笔录对于调解过程的描述也常常不完整，在检察监督环节就需要对案件事实及证据重新调查，方可判别该调解书是否存在错误。例如福建省福州市鼓楼区检察院审查一起民事调解申诉案件，经调查发现原审双方代理人及利害关系人通过伪造证据骗取200万元的事实，先后两次向法院发出再审检察建议，经检察机关补充调取相关材料进行鉴定后，法院才最终采纳再审检察建议并将原审民事调解书撤销。

二、民事调解检察监督的必要性

（一）满足群众对司法公正需求的必然要求

从我国目前的国情来看，社会大众对国家机关坚持"有错必纠"司法需要与民事司法质量整体不高的矛盾仍然存在。各地法院还存在较为突出的地方保护主义和本位主义倾向，法官整体的业务素质和职业操守还不尽如人意。近年来，法院系统工作人员整体学历层次及法官的法律理解能力和法律适用能力有所提升，但同时个别法官滥用民事司法权为自己或为他人寻求不法裁判空间的能力也在提升。在群众对"有错必纠"有强烈的司法诉求，而我国法院自身的力量和条件尚不能充分保证民事司法公正的国情下，只有不断完善对民事调解的检察监督，才能坚定民众对司法公正的信心。

---

① 参见柴元春：《检察监督：遏制虚假诉讼应有所为》，载《检察日报》2009年5月18日。

(二) 保障法律正确实施的必然要求

在司法实践中,少数法院把调解率作为法官业绩和审判质量和效果的主要考核指标,导致法官为了业绩人为规避判决风险,审判职能被逐渐弱化。这种为了调解而调解的工作模式,人为地导致司法不公现象的发生,如违背当事人的意愿强行调解,恶意串通侵害国家、集体、第三人利益等。由于调解过程的非程式化和随意性以及缺乏有效的制约机制,实践中法官违法调解时有发生,严重影响了调解的公正性。这就要求检察机关作为法律监督机关依法纠正违法的调解行为,维护司法公正与法制统一。

(三) 获取预期社会利益的必然要求

从经济学成本—收益原理的角度分析,民事调解检察监督制度还存在巨大的预期社会收益,有进一步加强的动力。预期收益是指在现有制度安排结构中主体无法获取的利润,但是通过制度的改变,主体在新制度中能够获取的利润。预期收益的存在是制度变迁的诱致性因素,没有预期利润,就不可能有制度变迁。正如诺斯所说:"如果预期的净收益(潜在利润)超过预期的成本,一项制度安排就会被创新。只有当这一条件得到满足时,我们才可望发现在一个社会内改变现有制度和产权结构的企图。"① 就我国目前的司法实践来看,民事调解案件占民事案件的半数以上,民事调解案件的公平与否在我国司法公正中占有举足轻重的地位。民事调解过程中法官权力寻租,当事人的虚假调解损害国家利益、社会公共利益和案外人利益等行为不仅损害了个别当事人的权利,更侵害了全社会的公平与正义。虽然"两高"《意见》和修改后民事诉讼法赋予检察机关民事调解监督权后,全国大部分地区对民事调解案件展开了检察监督工作,但在一些地区此项工作还处于起步阶段。因此,民事调解检察监督制度还处于供求不足状态,存在巨大的预期社会收益。健全民事调解检察监督制度可以有效地减少民事调解案件中的不公正性,遏制司法腐败,促进经济发展和社会和谐。

三、民事调解检察监督的合理性

(一) 民事调解检察监督符合权力制约原理

孟德斯鸠曾说过,"一切有权力的人都容易滥用权力,这是万古不易的一条经验。有权力的人们使用权力一直到遇有界限的地方才休止"②。根据权力制衡的理论,通过利用权力天生的扩张性,进行科学合理分割,不仅可以获得权力间的均衡,防止某项权力的恶性膨胀,还可以更好地发挥权力者的能动性,更好地为社会服务。在我国二元司法体制下,审判权和检察权各司其职,审判权负责作出裁判,是实施法律的权力,检察权负责进行监督,是监督法律实施的权力,两者相互制衡共同完成司法权的行使。有法律实施就必须有法律监督,民事调解也不应该例外。民事调解检察监督作为一种外部监督机制,在监督效果上更能体现客观性和权威性,是弥补法院内部监督不足的必要方式,更是促进法院

---

① [美] R. 科斯、A. 阿尔钦、D. 诺斯等:《财产权利与制度变迁——产权学派与新制度学派译文集》,刘守英译,三联书店1991年版,第274页。

② [法] 孟德斯鸠:《论法的精神》(上),严复译,商务印书馆2005年版,第184页。

内部监督机制不断改革和完善的动力。

（二）民事调解检察监督保障处分原则的正确实施

处分原则，是指在民事诉讼过程中，当事人有权对自己的实体权利和诉讼权利依法予以支配和自由处分的原则。实际上，民事调解检察监督与处分原则并不矛盾。因为检察机关监督案件的起源多来自于当事人申诉。当事人之所以向检察机关申诉，基本上是由于当事人申请再审权的处分权受到限制，如未被法院接受或者再审维持原判。所以，民事调解检察监督是与当事人申诉有机结合的，不但没有违背当事人意愿，而且还保障当事人处分权的实现。同时，处分原则并没有赋予当事人无限制的处分权。在民事诉讼中，一旦当事人的处分行为超出了法律规定的范围，就应当予以干预。法院由于其权力行使的被动性、消极性要求，往往难以以合理形式制止，而检察机关由于其权力行使的主动性、积极性，正好弥补了法院权力行使的不足。对于当事人双方恶意串通以虚假调解的方式损害国家利益、社会公共利益和案外人利益的案件，检察机关发现后主动依职权进行监督，表面上限制了当事人的处分权，实质上该限制为合理限制，保障了处分原则的正确贯彻实施。

（三）民事调解检察监督与诉讼经济原则并不冲突

有的学者认为，民事调解适用检察监督不符合诉讼经济原则，会无限增加当事人的讼累。[①] 实际上，检察监督与审判效率的对立本质上是不同价值的对立。根据价值位阶原则，在不同位阶的价值发生冲突时，低位阶的价值要让位于高位阶的价值，基本价值以外的价值要让位于基本价值。在效率与公正这对矛盾中，公正是法的基本价值，而效率则属于基本价值以外的价值。目前，我国实行两审终审制，比照大多数国家的三审终审制在审级上少了一级。这一制度更多地考虑了诉讼效率与诉讼经济，却使当事人少了一级上诉途径。在此情况下，民事检察监督对大量不服法院生效判决的案件起到了重要的疏导作用。检察机关通过抗诉启动再审，弥补了审级缺陷，为当事人拓宽了救济途径。同时，在民事调解救济制度存在缺陷的情况下，检察机关通过排除不符合监督条件的案件，集中有限的资源对错误调解进行监督，实现了效率与公正的统一。

四、构建民事调解检察监督的路径设计

（一）立法上给予民事调解检察监督支持

1. 民事调解检察监督的范围。检察监督以监督审判权的行使为目的，民事诉讼法规定人民法院在调解过程中要遵守自愿、合法的调解原则，检察机关监督诉讼调解即应以"违反自愿、合法原则"为尺度。综合考虑，检察机关应对以下几种确有错误的民事调解案件进行监督：一是人民法院在调解活动中，违背当事人真实意思，强制调解或变相强制调解的案件。调解制度的本质属性及正当化基础是当事人的合意，如果一方当事人或双方当事人都坚持不愿调解，法院就不能强制调解或变相强制调解，否则，该调解就因缺乏当事人的合意而不合法。二是法律明确规定不能以调解方式结案的，人民法院以调解方式结案并制作了调解书的案件。如关于特别程序、公示催告程序、破产还债程序等案件的诉

---

① 曹跃良：《民事调解不能抗诉》，载《人民法院报》2000年4月11日。

讼，立法已经明确不能采用调解方式结案，若在审判实践中，法院以调解方式结案，其达成的调解书必然违背法律的规定，危害社会秩序，损害公共利益。三是双方当事人为规避法律义务或为了谋取非法利益，相互勾结串通，以损害国家利益、社会公共利益或他人合法权益为代价达成调解协议，法院未尽审核之责的案件。四是人民法院未严格遵守法律规定，调解程序违法的案件。如有回避情形的法官未主动回避或未被申请回避，在调解中偏袒一方，遗漏必须参加诉讼的当事人等。法院违反程序的行为会使得法院的中立性受到质疑和挑战，进而影响司法公正。五是法官在调解中有徇私舞弊、贪赃枉法行为的案件。这种行为必然会影响案件的公正审理，不仅造成调解结果的实质不公，还会破坏法律权威，牺牲法律应有的正义。

2. 民事调解检察监督的启动。传统的检察监督启动原则是以当事人申诉为原则、以检察机关主动监督为例外。检察机关能否及时介入存在问题的调解案件，各地检察机关亦有一些探索，包括对国有资产管理和环境保护部门的定向访问、在司法所律师事务所发放宣传材料、建立与法院的沟通协调机制、定期评查法院案卷等。笔者认为，检察院介入调解监督的时机，仍然需要由当事人或者知晓调解存在违法情况的其他人来触发。具体而言，在当事人被强制调解或者合法权利未能在调解过程中得到有效保护的情况下有权向法院有关组织提出异议，如果法院的相关组织不予受理当事人提出的异议，应当允许当事人向检察机关申请提出检察建议或者抗诉。检察机关在接到当事人申请的时候，应该对当事人反映的情况作出初步调查并决定是否介入法院调解程序，向法院提出检察建议或者抗诉。如果是双方当事人恶意串通达成调解协议，损害第三人合法权益的，在第三人提起诉讼被驳回的情况下，应当允许第三人向检察机关申请抗诉，要求检察机关就当事人恶意串通达成的调解协议提出检察意见或抗诉。

3. 民事调解检察监督的方式。实务中，检察机关对案件审查后认为民事调解案件确有错误的，有提出抗诉、发出检察建议、发出纠正违法通知书等处理方式，但通常采用的是检察建议的形式。检察建议比较灵活和温和，可以弥补民事检察监督方式的单一性，但其效力缺乏刚性。根据近年检察机关民事调解监督实践经验来看，对于违反自愿原则、合法原则的诉讼调解案件，一般采取再审检察建议方式为宜，由法院自行启动再审程序予以纠正；对于虚假诉讼利用调解协议损害国家益、公共利益、第三人利益的案件，以及法官有徇私枉法、受贿、渎职的案件，应提出抗诉启动再审。这样既有利于促进检法有效沟通，提高检察建议被法院采纳的比例，又增强了调解案件检察监督的效果。另外，当事人恶意串通损害国家利益、社会公共利益和案外人利益，审判人员在调解中有歪曲事实、曲解法律、违反程序等违法行为的，检察机关应当积极进行诉讼违法行为调查，向其发出检察建议或纠正违法通知书，如果构成犯罪的，将犯罪线索移送有关部门追究刑事责任。

（二）实务中加大民事调解检察监督工作力度

1. 与法院建立联席会议制度。根据"两高"《意见》的规定，人民检察院和人民法院应当建立相应的沟通协调机制，及时解决实践中出现的相关问题。因此，检察机关与法院应努力建立民事调解检察监督工作联席会议制度，根据实际情况共同协商解决民事调解检察监督工作中遇到的突出困难和法院自身难以解决的问题，针对民事调解不规范问题提出整改意见，如法院在民事调解过程中应当充分行使释明权、向当事人告知其有向检察机关申诉等程序性权利，创造检法两家共同维护公平正义的法治秩序和当事人合法权益的良好氛围。

2. 完善检察工作一体化机制。应当坚持在各级党委领导和人大监督下，建立上下统一、横向协作、内部整合、总体统筹的检察工作一体化机制。由于大量不服民事调解的申诉可能出现在基层检察院，当基层检察院对确有错误的民事调解书向同级人民法院发出再审检察建议，同级人民法院拒绝启动再审程序时，上级检察机关应履行对下级检察机关的领导职责，就该存在错误的民事调解书向同级人民法院发出提审该案的检察建议或依法做出抗诉决定。检察机关内部各职能部门在办案过程中发现的可能存在错误的民事调解案件线索，应移送本院民行检察部门进行审查。民行检察部门对于在审查民事调解案件中发现的审判人员职务犯罪线索，应将犯罪线索及时移送本院侦查部门。

3. 加大宣传力度，积极拓展案源。与刑事检察、职务犯罪侦查工作相比，民行检察工作、特别是民事调解检察监督的社会认知度低。申诉案源不足制约了检察机关对民事调解监督工作的开展。要推动民事调解检察监督工作的全面开展，就必须采取多形式、多渠道拓展申诉案源。首先，要充分利用各种媒体和送法下乡等方式开展法制宣传，让公众了解民事检察工作的职能，知晓检察机关民事调解的监督权；其次，对办理成功的典型民事调解检察案件，做好宣传报道工作；最后，采取切实可行的措施，方便当事人对民事调解案件进行申诉。

修改后民事诉讼法实施以来，民事调解检察监督工作已取得较大进展。检察机关应当继续加大对民事调解的监督力度，在尊重法律独立审判权、当事人处分权与维护法秩序之间寻找平衡点，充分发挥民事行政检察工作的职能作用，使调解活动在更加规范有序的轨道上运行，使公众获得更加公平、公正、透明、及时的司法救济。

论民事检察监督的对象与民事裁判种类的关联

胡思博*

"民事诉讼中的法院裁判,是指在两造审理的原则下,作为中立者的法官对诉讼双方当事人之间侵害或争议的存在与否及其性质归属,所作出的事实上的判断和法律上的评价,以及在此基础上形成的纠纷解决方案。"① 民事检察监督是以民事裁判为材料依据、内容载体、审查对象和手段方法的,民事裁判是检察机关对法院审判活动进行监督的最重要渠道。

在我国,"法院裁判,是指人民法院在审理民事案件的过程中,根据案件的事实和国家的法律,针对审理案件过程中发生的各种问题所作出的判定。法院裁判由国家的审判机关根据国家的法律法规作出,体现出国家的意志。法院裁判是人民法院处理民事案件有关问题的手段,也是人民法院在审理案件过程中对案件相关问题作出判断或意见的表现形式,它体现了人民法院对具体案件及案件审理过程中特定问题的态度"②。

一、民事裁判的种类

在我国现行裁判体系中,广义的法院裁判包括法院的判决、裁定、决定、命令和通知等,而狭义的法院裁判即严格意义上的法院裁判则只包括判决和裁定。判决、裁定、决定和命令被称为裁判的四种形式,但从民事诉讼的基本价值目标即公正价值和效率价值的角度来看,这四种形式各自因其所负载的使命不完全一样,其所体现的价值侧重点也并非完全一样。一般来说,判决、裁定、决定和命令与其所体现的公正价值大小成正比,而与其所体现的效率价值大小成反比,即判决所体现的公正价值最大而所体现的效率价值最小,以此类推。因此,前者相对于后者而言,对程序保障的要求相对较高,其救济机制也相对较严密,而后者相对于前者而言,法院职权色彩相对较明显。③

(一)法定民事裁判方式

民事诉讼法在"第一审普通程序"一章中下设"判决和裁定"一节,其中仅对判决和裁定进行了规定,而对决定的规定则散见于全文之中。

1. 判决。判决是对案件中实体问题进行处理的裁判方式,是对当事人之间争议的实体法律关系进行确定的依据,关系着当事人之间民事权利和民事义务的分配。"裁判就其形式而言,有判决和裁定两种。原则上本于必要言词辩论对于当事人实体上权利

---

* 国家检察官学院和中国人民大学法学院联合培养博士后,中国政法大学诉讼法学博士。
① 谭兵:《外国民事诉讼制度研究》,法律出版社 2003 年版,第 352 页。
② 潘剑锋:《民事诉讼原理》,北京大学出版社 2001 年版,第 401 页。
③ 江伟:《民事诉讼法》,中国人民大学出版社 2011 年版,第 271 页。

争点，由法院依一定之程式而为之意思表示，谓之判决。其本于书面审理或任意言词辩论，对于当事人或其他诉讼关系人所为关于诉讼程序上的争点，由法院或审判长、受命法官、受托法官所为之意思表示，谓之裁定。"① "一般认为，法院就实体权利争点所为的意思表示，原则上以判决行之，以裁定行之者，乃属例外；而法院就程序事项所为的意思表示，原则上以裁定，以判决行之者也属例外。在德国、日本民事诉讼法中，法院关于诉讼成立要件事件的意思表示以诉讼判决形式体现，而在我国大陆和我国台湾地区，则以裁定进行。"②

2. 裁定。民事裁定即民事程序性裁判，是指在民事诉讼过程中，法院用以解决诉讼程序问题和涉及当事人部分实体权利义务关系的个别特殊实体问题的权威性判定。民事裁定作为我国民事诉讼中的法定裁判方式，是民事诉讼制度的重要组成部分，是法院意志的载体，集中体现着对当事人诉讼权利的保护。民事裁定的适用范围具有一定的广泛性，一审普通程序、一审简易程序、一审小额程序、二审程序、再审程序、非讼程序、特别程序以及执行程序中所有程序性法律问题和部分实体性法律问题均需通过民事裁定予以解决。

从对案件实体问题和程序问题审判并存的角度而言，民事裁定和判决是居于同一体系之中的，共属民事裁判方式。判决与裁定作为最主要的两种裁判形态，其中又以判决为最典型。"裁定与判决一般，亦系法院做出决定而向外表示之意思表示，并期待发生一定的效果。"③ 民事裁定和民事判决在很多原理和措施上是相似的，甚至是相通的。民事裁定只要不违背其性质，就可以援用有关判决的规定。目前国内过对民事判决的研究程度明显优于民事裁定，吸收借鉴对民事判决的优秀研究成果和有效研究手段对民事裁定的研究无疑是有着积极意义的。

现行法对民事裁定和民事判决规定的比较

	民事判决	民事裁定
待处理争议	案件的实体争议	诉讼程序问题和部分实体争议
特点	在形式和救济机制上最完整	比较重视诉讼效率
当事人构造	两方对抗型	两方对抗型和单方独自型
言词辩论	必要	可能
作出时间	审判程序中全部或部分审理终结时	审判程序开始时、进行中、终结时和执行程序
数量	一个，但可能通过多个先行判决、部分判决、中间判决的形式表现	可能一个，也可能多个，还可能一个也没有
形式	要式行为，必须是书面形式	非要式行为，既可书面形式又可口头形式
救济方法	上诉、申请再审、抗诉、检察建议	复议、异议、上诉、申请再审、抗诉、检察建议

3. 决定。就民事诉讼而言，现行法所规定的"决定"适用范围包括对于妨害民事诉

---

① 王甲乙、杨慧慈、郑健才：《民事诉讼法新论》，三民书局2007年版，第233页。
② 江伟：《中国民事诉讼法专论》，中国政法大学出版社1998年版，第184页。
③ 姜世明：《民事诉讼法基础论》，元照出版有限公司2011年版，第291页。

讼的行为采取的强制措施、审判人员是否回避、是否准许顺延期限以及诉讼费用的减缓免。民事诉讼法第116条规定，拘传、罚款、拘留必须经院长批准。拘传应当发拘传票。罚款、拘留应当用决定书。对决定不服的，可以向上一级人民法院申请复议一次。复议期间不停止执行。第47条规定，人民法院对当事人提出的回避申请，应当在申请提出的3日内，以口头或者书面形式作出决定。申请人对决定不服的，可以在接到决定时申请复议一次。复议期间，被申请回避的人员，不停止参与本案的工作。人民法院对复议申请，应当在3日内作出复议决定，并通知复议申请人。第83条规定，当事人因不可抗拒的事由或者其他正当理由耽误期限的，在障碍消除后的10日内，可以申请顺延期限，是否准许，由人民法院决定。此外，在审判监督程序中，各级人民法院院长对本院已经发生法律效力的判决、裁定、调解书发现确有错误需要再审的，应提交审判委员会讨论决定；最高人民法院和上级人民法院对下级人民法院生效的判决、裁定发现确有错误，有权作出提审和指令下级人民法院再审的决定。

从现行法的规定上看，决定所处理的关系有三个层面。首先是法院内部关系，包括审判委员会与合议庭、院长与审判员、审判长与审判人员之间的关系；其次是法院对外与当事人以及其他诉讼参与人的关系；最后，决定还解决法院与不属于诉讼参加人的其他人之间的关系。处理内部关系的决定的拘束力只限于法院内部，对外没有拘束力；当内部决定转变为判决、裁定或对外的决定时，才可发生对外发生拘束力，这种转变是可能且允许的。①

决定和裁定相比，其更重视诉讼效率，法院的职权色彩更为明显。决定一经作出即发生法律效力，除部分决定可申请复议外，其余的不能提起上诉、申请再审和提出抗诉，救济手段根本性缺乏。对于回避问题的决定，申请人不服的可以在接到决定时向作出该决定的人民法院申请复议一次。鉴于决定对法院自身的约束力相对较小，作出决定的法院在决定不正确时有权根据情况变化撤销、变更原决定。

（二）非法定民事裁判方式

法院裁判行为的表现形式有的属于法定的，有的则是法院按照审判习惯适用的。"在人民法院的裁判中，大部分裁判是一种法律上的判定，但法院在诉讼中为解决纠纷所实施的裁判行为中有一些并不是属于判定性的行为，而是要求当事人履行一定行为的命令性行为，属于裁判机关对其一事项的表示。"②

1. 命令。"命令是法院为保证诉讼的顺利进行或者对某种权利的保护，对特殊问题作出的处理断定。法院作出命令是基于法院的审判权和指挥权，是法院为保证诉讼的进行或对某种权利的保护而作出的断定。命令在诉讼的许多阶段都可作出，其一种要式行为通常采用书面形式并向当事人出示或送达。"③命令事项通常属于程序进行的事项或者某些无

---

① 参见胡思博：《民事裁定适用范围考》，载《民事程序法研究》（中国民事诉讼法学研究会会刊），厦门大学出版社2013年版。
② 江伟主编：《民事诉讼法》，高等教育出版社2007年版，第335页。
③ 刘家兴、潘剑锋主编：《民事诉讼法教程》，北京大学出版社2010年版，第247页。

争议的事实问题，往往属于法院职权范围内的事项，具有明显的法院职权色彩。"根据我国民事诉讼法的规定，命令主要有调查证据的命令、解除保全的命令、支付令、搜查令、执行令等。另外，我国民事诉讼法当中还出现了很多责令、指令等术语，除有明确规定可以归入裁判的其他类型外，应当将其归入命令的类型。"①

"命令所体现的诉讼效率价值最大和法院职权行为色彩最明显，其与判决、裁定和决定的最大区别在于命令并不针对争议事项进行判断，而只是要求特定主体单方履行，其几乎按有救济机制。"② 通常情况下，命令单纯要求主体履行某种行为，具有单向性，主体在接到命令后必须服从，并不以言词辩论为基础。命令具有强制性、既判力和执行性，一经作出就立即发生法律效力，主体必须履行，赋予主体的保障和救济很少，主体几乎没有救济途径，对命令既不存在上诉，也不能申请复议。

2. 通知和处分。目前司法解释授权法院在诉讼过程中对于某些诉讼程序事项的处理可以以通知的方式进行。譬如，民事诉讼法第126条规定，人民法院对决定受理的案件，应当在受理案件通知书和应诉通知书中向当事人告知有关的诉讼权利义务，或者口头告知。《最高人民法院关于适用〈中华人民共和国民事诉讼法〉若干问题的意见》第37条规定，上级人民法院依照民事诉讼法第37条的规定指定管辖，应书面通知报送的人民法院和被指定的人民法院；报送的人民法院接到通知后，应及时告知当事人。又如，该解释第57条规定，必须共同进行诉讼的当事人没有参加诉讼的，人民法院应当依照民事诉讼法第119条的规定，通知其参加；当事人也可以向人民法院申请追加。人民法院对当事人提出的申请，应当进行审查，申请无理的，民事裁定驳回；申请有理的，书面通知被追加的当事人参加诉讼。通知和处分作为法院决策活动的表现形式，主要用于对相关诉讼程序事项依职权作出判断的情形，其遗留着社会主义法制早期发展阶段所遗留下的时代烙印，其虽为法院判案过程中的意志体现，但却未被纳入法定裁判方式的范畴，其在运用层面上的随意性和政策性使其带有明显的行政色彩，使人容易将其与法院为内部管理所运用的事务管理型通知相混淆。

二、民事检察监督的裁判范围

民事诉讼法第208条规定，最高人民检察院对各级人民法院已经发生法律效力的判决、裁定，上级人民检察院对下级人民法院已经发生法律效力的判决、裁定，发现有本法第200条规定情形之一的，或者发现调解书损害国家利益、社会公共利益的，应当提出抗诉。地方各级人民检察院对同级人民法院已经发生法律效力的判决、裁定，发现有本法第200条规定情形之一的，或者发现调解书损害国家利益、社会公共利益的，可以向同级人民法院提出检察建议，并报上级人民检察院备案；也可以提请上级人民检察院向同级人民法院提出抗诉。

---

① 江伟主编：《民事诉讼法学》，中国人民大学出版社2011年版，第271页。
② 江伟主编：《民事诉讼法学》，中国人民大学出版社2011年版，第271页。

	判决	裁定	决定	命令、通知、处分
复议	×	√（三项）	√（三项）	√（个别）
上诉	√	√（三项）	×	×
申请再审	√	√	×	×
抗诉	√	√（部分）	×（?）	×
检察建议	√	√	×（?）	×

（一）鼓励并支持全面接受检察监督的裁判方式——判决

判决接受检察机关的全方位监督是现行法确立的基本规定，是符合法治理念和发展潮流的。对此不存在理论和立法上的争议，只需在司法实践中进一步细致把握。

（二）进一步扩大目前部分接受检察监督的裁判方式——裁定

当前成为民事检察监督对象的民事裁定的范围较为狭窄。首先，众多司法解释存在对主体法律的立法本意反向缩小性限制，缩小了检察院可监督的民事裁定范畴。"最高法院作为国家的最不危险部门，它行使司法解释权时所表现出的权力本位的特征，往往引不起人们的足够重视。但从客观方面看，我国司法解释权的运行状况有违法治原则，不利于依法治国方略的实施。"① "尽管我国一直有着司法解释修补法律的特色，但司法解释对法律所起的作用应当是细化、修补而非缩小甚至颠覆。故当前这些涉及对民事裁定进行抗诉的司法解释有违法律基本原则，且因为各自为政，不仅使其法律效力受到质疑，而且引发了司法实践中对法律理解、运用的混乱"，② "造成合法性危机、损害法律权威、法律适用的混乱和不统一、法院不当利益的扩张。"③ 具体而言，最高人民法院自1995年以来陆续发布了一系列司法解释，强调检察机关对某些民事裁定不得提起抗诉。"这说明检察机关抗诉受到时间和程序的双重限制，前一重限制表明检察机关不得单独对法院在诉讼过程中的管辖权异议、保全、先予执行等民事裁定提出抗诉。检察机关如果认为这些民事裁定确有错误，只能等到一审或二审判决生效后，在对判决抗诉时一并提出抗诉。后一重限制实际上意味着只有当错误裁判落入审判监督程序的范围，可以适用这一程序再审的检察机关才能够提出抗诉。"④ 法律原则具有抽象宏观指导意义，凌驾于法律规则之上，对整部法律起着指导作用。既然民事检察监督已被确立为民事诉讼的基本原则，就意味着整个民事诉讼活动均属监督范围，应贯穿于诉讼活动的各个环节，而"最高人民法院通过发布一系列司法解释、答复等对可以抗诉的生效裁判的范围不断加以蚕食"⑤，排除了检察机关对种种本应进行监督的民事裁定的监督，使监督范围无形中缩小，变全面监督为局部监督。实质上人民法院作出管辖权异议、保全、先予执行等民事裁

---

① 刘风景：《裁判的法理》，人民出版社2007年版，第156页。
② 参见胡思博：《论检察机关对民事裁定的检察监督》，载陈桂明、王鸿翼主编：《司法改革与民事诉讼监督制度完善》（中国法学会民事诉讼法学年会论文集2009年卷），厦门大学出版社2009年版，第250页。
③ 洪浩：《违法性民事诉讼司法解释研究》，载《中国法学》2005年第6期。
④ 李浩：《民事诉讼监督者若干问题研究》，载《检察论丛》（第1卷），法律出版社2000年版，第322页。
⑤ 赵钢：《正确处理民事经济审判工作中的十大关系》，载《法学研究》1999年第1期。

定的过程就是行使审判权的过程，理应在检察机关对民事审判活动的法律监督范围之内。

不可抗诉的裁定包括撤销或不予撤销仲裁裁决的裁定、诉讼费负担的裁定、企业法人破产还债程序终结的裁定、破产程序中债权人优先受偿的裁定、诉前保全的裁定、先于执行的裁定、中止诉讼的裁定以及执行程序中的裁定等。此外，上级人民检察院对下级人民法院已经发生法律效力的民事、经济、行政案件提出抗诉的，无论是同级人民法院再审还是指令下级人民法院再审，凡维持原裁判的判决、民事裁定作出后，原提出抗诉的人民检察院均不得再次提出抗诉。1996年8月8日最高人民法院《关于检察机关对先予执行的民事裁定提出抗诉人民法院应当如何审理问题的批复》规定，人民检察院只能对人民法院已经发生法律效力的判决、裁定按照审判监督程序提出抗诉。人民法院对其抗诉亦应当按照审判监督程序进行再审。这种监督是案件终结后的"事后监督"。因此，对于人民法院在案件审理过程中作出的先予执行的裁定，因案件尚未审结，不涉及再审，人民检察院提出抗诉，于法无据。如其坚持抗诉，人民法院应以书面通知形式将抗诉书退回提出抗诉的人民检察院。1996年8月13日最高人民法院《关于在破产程序中当事人或人民检察院对人民法院作出的债权人优先受偿的裁定申请再审或抗诉应如何处理问题的批复》规定，在破产程序中，债权人根据人民法院已发生法律效力的用抵押物偿还债权人本金及利息的判决书或调解书行使优先权时，受理破产案件的人民法院不能以任何方式改变已生效的判决书或调解书的内容，也不需要用裁定书加以认可。如果债权人据以行使优先权的生效法律文书确有错误，应由作出判决或调解的人民法院或其上级人民法院按照审判监督程序进行再审。如果审理破产案件的人民法院用裁定的方式变更了生效的法律文书的内容，人民法院应当依法予以纠正。但当事人不能对此裁定申请再审，也不涉及人民检察院抗诉的问题，对于人民检察院坚持抗诉的，人民法院应通知不予受理。1997年7月31日最高人民法院《关于对企业法人破产还债程序终结的裁定的抗诉应否受理问题的批复》规定，检察机关对人民法院作出的企业法人破产还债程序终结的裁定提出抗诉没有法律依据。检察机关对前述裁定提出抗诉的，人民法院应当通知其不予受理。1998年7月21日最高人民法院《关于人民法院不予受理人民检察院单独就诉讼费负担裁定提出抗诉问题的批复》规定，人民检察院对人民法院就诉讼费负担的裁定提出抗诉，没有法律依据，人民法院不予受理。1998年7月30日最高人民法院《关于人民法院发现本院作出的诉前保全裁定和在执行程序中作出的裁定确有错误以及人民检察院对人民法院作出的诉前保全裁定提出抗诉人民法院应当如何处》规定，人民法院院长以本院已经发生法律效力的诉前保全裁定和在执行程序中作出的裁定，发现确有错误，认为需要撤销的，应当提交审判委员会讨论决定后，裁定撤销原裁定。人民检察院对人民法院作出的诉前保全裁定提出抗诉，没有法律依据，人民法院应当通知其不予受理。1999年9月10日最高人民检察院《关于对已生效的中止诉讼的裁定能否提出抗诉的答复》规定，人民检察院对人民法院生效的判决、裁定提出抗诉，其后果是引起法院对案件的再审。你院请示中所述人民法院作出的中止诉讼裁定并不是对案件的最终处理，也不是诉讼程序的终结，人民法院无法进行再审。人民检察院对人民法院已经生效的中止诉讼的裁定，不宜提出抗诉。但是，人民法院已经生效的中止诉讼的裁定确属不当的,可采用检察意见的方式向人民法院提出。2000年7月10日最高人民法院《关于人民检察院对撤销仲裁裁决的民事裁定提起抗诉人民法院应如何处理问题的批复》规定,检察机关对发生法律效力的撤销仲裁裁决的民事裁定提起抗诉,没有法律依据,人民法院不予受理。依照仲裁法第9条的规定,仲裁裁决被人民法院依法撤销后,当事人可以重新达成仲裁协议申请仲裁,也可以向人民法院提起诉讼。2000年12月13日最高人民法院《关于人民检察院对不撤销仲裁裁决的民事裁定提出抗诉人民法院应否受理问题的批复》规定,人民检察院对发生法律效力的不撤销仲裁裁决的民事裁定提出抗诉,没有法律依据,人民法院不予受理。

民事诉讼法在2012年修改时,有观点指出,"关于人民检察院对人民法院的哪些民事裁定可以依照审判监督程序提起抗诉,1991年的民事诉讼法没有作出界定。长期以来,人民法院和人民检察院在这个问题的认识上存在极大的分歧,甚至最高人民法院曾反复以司法解释或其他方式单方面地规定人民检察院不能对某些民事裁定提出抗诉。2007年民事诉讼法进行局部修改时,由于比较仓促,并未对这一问题加以解决。但遗憾的是,本次公布的《草案》,仍然没有对这一重要问题作出规定(修改后第206条,修改前第187条),而不解决这一问题,即意味着人民检察院的民事抗诉的范围是不明确的。所以,《草案》不应对这一问题熟视无睹,而应对民事诉讼法的全部裁定进行检索、分析,合理地确定哪些是可以提出民事抗诉的,哪些不可以提出民事抗诉。"① 基于对诉讼活动进行全面检察监督的原则,检察院应享有对审判程序和执行程序中产生的所有民事裁定的检察监督权。当前司法解释对检察监督范围的限制是缺乏理论依据和法律依据的,检察院的全方位监督应涉及诉讼活动各个领域。作为与实体公正并重的程序公正是现代司法所保护的又一重要目标,民事裁定作为反映程序活动的指向标,理应成为检察院监督的正常范围甚至重点。如前所证,当前有关限制抗诉的司法解释既违背法理也违背立法权运行的基本精神。

综上所述,笔者建议检察院原则上对已生效的裁定都可以抗诉,废除相关司法解释以此来实现检察院对程序性事项的全面监督。此外,还应赋予检察院对再审程序中所生成裁定的监督权。"现行法是将审判监督程序列于第二编审判程序中的,其位于第一审普通程序、简易程序、第二审程序和特别程序之后的。抗诉作为引发审判监督程序的一种行为,现行法的体例安排事实上是否定了检察机关对再审程序中生成的裁定的监督权。"② 如果说再审程序是检察院对一审、二审程序提起抗诉所引发的,那么检察院应对再审程序的运行进行新一轮的检察监督,这其中再审中的相关裁定应是本次检察监督的重点对象。因此,检察院在检察监督的过程中第二次抗诉行为是建立在第一次抗诉行为发生法律效果——引发再审程序的基础之上的。

---

① 刘学在:《关于〈民事诉讼法修正案(草案)〉的若干修改建议》,载《公民与法》(法学版)2012年第6期。

② 参见胡思博:《论检察机关对民事裁定的检察监督》,载陈桂明、王鸿翼主编:《司法改革与民事诉讼监督制度完善》(中国法学会民事诉讼法学年会论文集2009年卷),厦门大学出版社2009年版,第250页。

（三）改造目前不接受检察监督的裁判方式——命令、通知、处分

命令、通知、处分在现行法的规定下是不受检察监督的制约的，目前司法实践中对通知和处分等未被纳入法定裁判方式而又广泛被运用的法院决策手段缺乏必要的制约。这种决策和判断显然是有别于法官释明权的行使，且就救济途径而言是相当缺乏的，对其的变更和解除也缺乏法定制约机制，不符合诉讼程序法定化和规范化的潮流。对于个别通知，也可通过复议的方式予以救济。最高人民法院《关于民事诉讼证据的若干规定》第19条规定，人民法院对当事人及其诉讼代理人的调查取证申请不予准许的，应当向当事人或其诉讼代理人送达通知书，当事人及其诉讼代理人可以在收到通知书的次日起3日内向受理申请的人民法院书面申请复议一次，人民法院应当在收到复议申请之日起5日内作出答复。

笔者认为，裁判方式的多元化固然必需，但重复性设定势必会影响诉讼效率，不利于当事人的了解掌握和法官的准确运用。从制度本意上看，通知和处分等方式均属于广义上的对民事诉讼程序问题处理措施的范畴，就性质来说，"通知等裁判形式亦属于民事裁定的范畴。"① 命令、通知和处分本无作为独立裁判方式的必要，保留其现有名称易引发混淆和误解，因此将以整体改名并整合至民事裁定之中是有利于对相关程序性事项的规范性处理的，这是顺应裁判客观化、救济化的发展潮流的。将目前运用命令、通知和处分等手段加以处理的程序性事项全部通过纳入民事裁定适用范围的形式加以规范，将通知和处分合并入民事裁定是与我国传统的司法习惯相吻合的，对其统一适用民事裁定的基本原理和法律规定是改革方向之所在。

如此一来，可将对命令、通知和处分类型转化型改造与对民事裁定的检察监督范围扩展相结合，将更多、更重要的程序性事项纳入检察监督的范围，以此扩展和丰富民事检察监督的事项，更好地实现对诉讼审判的成效性监督。

（四）改造目前是否接受检察监督存在争议的裁判方式——决定

民事诉讼法第208条规定，最高人民检察院对各级人民法院已经发生法律效力的判决、裁定，上级人民检察院对下级人民法院已经发生法律效力的判决、裁定可以提起抗诉和检察建议，因此是将"决定"排除在检察监督的范畴之外。但民事诉讼法第200条第7项将"依法应当回避的审判人员没有回避的"的情形纳入抗诉和检察监督的事由，而回避是通过"决定"作出的，造成二者之间存在矛盾。

决定作为一种独立的裁判方式在运用对象上与民事裁定的区分不明晰。民事裁定和决定所处理事项的区别何在，观点一认为，民事裁定是法院就民事诉讼中的各种程序性事项所作出的有约束力的结论性判定；决定则是就民事诉讼中发生的障碍或者阻却民事诉讼活动正常推移的特殊事项进行处理所作出的具有法律约束力的判定，其所针对的既非实体也非程序的事项。观点二认为，"民事裁定是对审理和执行中的程序事项和个别实体事项作出的判定——程序事项则是指不直接涉及实体权利义务的事项；决定是在诉讼中对某些特殊事项作出的判定，与民事裁定不同的是决定所适用的事项与诉讼程序的进程有关但不直

---

① 刘学在：《民事裁定上诉审程序之检讨》，载《法学评论》2001年第6期。

接涉及诉讼程序的变化，主要用于处理诉讼过程中发生的障碍和消除诉讼阻却"。① 观点三认为，"决定是法院为保证诉讼的顺利进行，就诉讼上的问题和关系诉讼的特定问题作出的断定，具有司法行政性质。诉讼上的问题是指适用判决、裁定和命令解决之外的诉讼上需要解决的问题，如诉的合并与分离、案件延期审理等。关系诉讼的问题是指关系着诉讼顺利进行而又不是诉讼上的问题，如对妨害民事诉讼秩序行为的排除等。不管是诉讼上的问题还是关系诉讼的问题，法院作出决定都是对特定事项的断定"。② 观点四认为，"决定是就一些紧急性的程序性事项所作出的具有法律效力的结论性判定"。③ 观点五认为，"通常情况下民事裁定和决定的适用易于区别，但是在某些情况下可能发生混淆。例如法院如果认为当事人的再审申请符合法律的规定，应当适用何种法律文书作出判断呢？这一问题表面上是程序性问题，但实际上它是涉及法院生效裁判可能存在错误并且要加以纠正的重大问题，所以应对当事人再审申请适用民事决定开始再审程序"。④

笔者认为，民事诉讼中所出现的种种问题无非包括实体性和程序性两大类，至多还有实体和程序相结合的某类派生问题，绝不存在既非实体也非程序的事项。"至于什么是既非实体也非程序的事项，其与程序性事项的界限在哪里，并不清晰。在民事诉讼过程中出现的问题要么是程序问题，要么是实体问题，或者兼而有之，它们是相对而言的，不存在既非实体也非程序的事项。"⑤ 决定适用于诉讼中特殊事项的说法实际上是在从现行法的已有规定出发，反推其属性，从这些规定中归纳出某些倾向和特征，是一种从果寻因的颠倒性解释。"民事决定与民事裁定适用对象的差异，是从民事诉讼法和民事诉讼实践来加以归纳的，两者很难在本质上明显加以区别。"⑥ 现行法所规定的"决定"这一裁判方式实际上仍主要用于解决程序性问题，其与民事裁定相比特殊性不够明显和独立且数量很少，既无形式既判力也无实质既判力。"现行法在规定裁判方式时也并未将其与判决、民事裁定并列，其未出现在'判决和民事裁定'这一节之中而是分散于各项具体制度之中的，貌似仅为学理性裁判。"⑦

综上，从便于当事人理解适用并完善救济的角度出发，笔者认为对决定的单独设置已实无必要，可将目前适用于决定的事项全部纳入民事裁定的范围，以取消决定改用民事裁定予以取代的方式厘清当前民事裁定和决定的模糊关系，对其统一适用有关民事裁定的基本原理。此种调整的意义在于首先使得立法更趋简单明了，便于当事人的理解和掌握，避免发生混淆和误读。其次有利于对法官的裁判行为进一步规范，以统一签发民事裁定书的正规做法取代了当前实践中常存在的"口头决定"的违法现象。再者从理论上统一了程

---

① 傅郁林：《先决问题与中间裁判》，载《中国法学》2008年第6期。
② 刘家兴、潘剑锋主编：《民事诉讼法教程》，北京大学出版社2010年版，第245页。
③ 廖永安、雷勇：《论我国民事诉讼复议制度的改革与完善》，载《法律科学》2008年第3期。
④ 田平安主编：《民事诉讼法学》，中国人民大学出版社2007年版，第278页。
⑤ 廖永安、雷勇：《论我国民事诉讼复议制度的改革与完善》，载《法律科学》2008年第3期。
⑥ 张卫平主编：《民事诉讼法》，法律出版社2004年版，第132页。
⑦ 参见胡思博：《建立民事裁定救济途径体系的基础性考察——以完善我国民事裁定制度为出发点》，载《西部法学评论》2010年第5期。

序性争议解决方式这一问题，通过敉消侧面解答了"决定"的法律地位。最后对民事裁定和决定适用范围的界定对裁判救济措施的完善起到了分门别类的先锋作用，"决定"所涵盖的事宜在完善民事裁定救济的基础上一并得到了救济和保护。

如此一来，民事检察监督的范围可扩充至回避、拘留、罚款等事宜，特别是对于拘留和罚款，鉴于其涉及当事人人身自由、财产权益等重大事项，务必要对其进行重点监督，防范诉讼性侵权的发生。

纠正与引导：侦查活动监督路径研究

——以公安机关"另案处理"检察监督工作为例

徐胜平[*]

为进一步规范"另案处理"工作程序，加强对"另案处理"工作的检察监督，南昌市人民检察院于 2013 年 3 月开展了对南昌市公安机关"另案处理"工作的专项检察调研，通过该项调研发现了司法实践中侦查活动监督中的一些障碍和误区，对司法公正和效率，追诉犯罪和保障人权产生了较大影响，笔者试以"另案处理"检察监督工作为视角，探索加强新形势下侦查活动监督的路径。

一、实践中侦查活动监督的障碍

司法实践中，由于缺乏规范和监督，"另案处理"往往成为公安机关内部一种隐秘的案件消化机制。通过调研，我们发现，由于"另案处理"而被"消化"掉的案件主要是机制漏洞产生的，一方面是公安机关内部管理漏洞，导致"另案处理"人员轻易滑出刑事诉讼程序。另一方面是检察监督机制漏洞，使得检察机关无法发觉或发觉后不能及时纠正"另案处理"导致的放纵犯罪行为。通过上述情况，反映出实践中侦查活动监督普遍存在以下问题：

（一）监督范围不明确

根据南昌市检察机关统计，全市公安机关 2011 年共移送起诉各类刑事案件 3503 件 5249 人，其中涉及"另案处理"案件达 529 件 1208 人。这个数据却与实地调研过程中，从公安机关获得的数据大相径庭。许多案件数量较大的基层公安机关均表示近年来没有或有极少数"另案处理"案件。究其原因，是公安机关与检察机关对"另案处理"案件的理解，或者说检察监督的范围产生了分歧。公安机关普遍认为"在逃"人员、身份不明人员、公安机关"特情"人员等未被同案移送的犯罪嫌疑人不作处理，不属于检察监督的范围。理由是对上述人员的处理未涉及强制措施的决定和执行，属于侦查活动中可以自行决定的事项。而检察机关则认为，一切侦查活动皆应纳入检察监督的范围，不论是积极的作为还是消极的不作为。监督范围的不明确，导致检察机关对侦查活动监督无从下手，公安机关也无法及时提供有效的信息予以配合。双方的衔接出现了不统一的现象。

（二）信息交流不顺畅

隐蔽性和封闭性是侦查活动的天然属性。检察机关要对公安机关进行全覆盖、无遗

---

[*] 江西省南昌市人民检察院检察长。

漏、跟班作业式的监督是不可能的，有限的司法资源也是难以承载的。① 而审查逮捕和审查起诉活动主要采取的是卷面审查的方式，难以发现侦查活动中存在的问题。尤其是审查起诉阶段的侦查活动监督，具有滞后性。此时侦查活动已经终结，许多错误已经难以纠正或无法弥补。因此，侦查活动监督的效率很大程度上依赖于公安机关和检察机关的信息互通机制。在调研中，我们发现，我市公安机关、检察机关尚未建立长效的沟通渠道和信息共享平台。使得另案处理人员在刑事诉讼的立案、侦查、审查逮捕、审查起诉等各诉讼环节信息沟通不畅，对长期负案在逃或久侦不结的案件，检察机关无法知晓案件的具体进展情况，也无法适时督促公安机关进行抓捕或进一步侦查，对公安机关怠于行使侦查权力的行为无法进行及时有效的监督。

（三）监督途径过于单一

检察机关对侦查活动进行的法律监督主要是一种书面监督，完全依据侦查机关在提请批准逮捕和移送审查起诉中移送的案卷证据材料，就这些证据材料予以审查。但是对于证据是如何取得的、取得手段是否合法、是否有侵犯犯罪嫌疑人合法权益的情况、是否有消极侦查的情况等，检察机关无从知晓。对"另案处理"的检察监督，重点在于对不在案嫌疑人情况的监督，侦查机关移送的案卷材料中多数没有另案处理的相关材料，导致检察机关对公安机关"另案处理"的监督实际上成了一片空白。

二、实践障碍反映的两种理念误区

根据我国法律的规定，公安机关和检察机关同时承担着犯罪行为的追诉职责，同时检察机关还负有包括侦查监督在内的法律监督职责。出于打击犯罪的需要，公安机关的侦查权需要得到充分的保障，并与检察机关密切配合共同完成追诉职能。出于司法公正和保障人权的需要，公安机关的侦查权又要接受检察机关的单向监督，从而受到一定限制。检察机关两种职能定位的并存，使得公安机关在司法实践中常常无所适从。检察机关自身的双重职能也随着刑事诉讼情势的变化而出现摇摆不定的现象。

检察机关的双重职能定位和监督范围不明、信息交流不畅、监督途径单一等实践障碍，产生了两种监督理念上的误区：

（一）检察机关对侦查活动的监督就是代替公安机关行使侦查权力

为避免承担侦查违法或错误的责任，有的公安机关干脆将侦查活动中的决定权完全移交给检察机关。侦查活动的开展完全依赖于检察机关的认可和批准，不少检察机关实际上正代替侦查机关行使侦查权。比如，有的基层公安机关对涉案犯罪嫌疑人不论是否到案，一律报请逮捕。以便从形式上使所有涉案嫌疑人完全置于检察机关的监督范围之内，出现了已经逮捕却又在逃的怪现象。逮捕作为一种强制措施，而非刑事程序，确定的是犯罪嫌疑人被羁押的状态。逮捕而后追逃，使逮捕措施实际上形同虚设。还有的基层公安机关与当地基层检察院达成内部规定，所有取保候审决定必须由检察机关审批。实际上代替侦查机关行使了对取保候审等非羁押强制措施的决定权，使法定的审批程序复杂和延长，并使

---

① 朱孝清：《论诉讼监督》，载《国家检察官学院学报》2012年第5期。

该项决定的责任归属模糊不清。

（二）检察机关只对侦查活动进行事后监督

与配合过分密切的部门基层公安机关与检察机关相比，有的公安机关与检察机关之间甚少沟通。两机关只在各自案件审查的职能范围内履行各自职责，形成了"铁路公安，各管一段"的现象。不少不当侦查行为，尤其是消极行为，无法纳入检察机关视野，形成监督盲区。以"另案处理"工作为例，检察官一般只注重对在案犯罪嫌疑人及其犯罪事实的审查，而怠于审查另案处理人员涉嫌的事实、证据，更不用说对公安机关"另案处理"工作的监督了。究其原因，一方面是检察官认为自己的职责只是追诉在案犯罪嫌疑人的犯罪行为，不愿给自己增加额外的负担和责任；另一方面是公安机关不愿意检察机关过多介入侦查活动，造成一些不必要的"麻烦"。

三、确立纠正与引导两条侦查活动监督路径

对侦查活动的检察监督要取得切实成效，一方面要保持监督机制的谦抑性，以纠错为主，防止检察权力过分延伸至公安机关的侦查活动当中，造成职责混乱；另一方面要发挥监督机制的预防作用，以引导为主，防止公安机关侦查活动出现不可逆转的违法和错误行为。

（一）纠正式侦查活动监督路径

纠正式侦查活动监督，是指以对侦查活动中的违法和错误行为进行发现、纠正和补偿为主的监督途径。纠正违法、错误，是诉讼监督最直接的首要的功能，也是诉讼监督其他功能得以产生的基础和前提。[1] 诉讼监督本来并非诉讼过程中的必经程序，只有当诉讼中出现影响司法公正的违法或错误行为，监督机制才能通过纠正和补偿发挥作用。监督机制的救济性，决定了对侦查活动进行事后监督是检察监督的一种重要方式，是对违法和错误的侦查行为进行发现、纠正和补偿的过程。纠正式侦查活动监督不至于过分干涉公安机关的侦查权，只在"违法"和"错误"发生时才启动，有利于提高诉讼效率。

纠正式侦查活动监督主要针对的是侦查活动中的违法和错误现象。"违法"侧重于行使权力的程序和行为，"错误"侧重于行使权力作出的决定和结果。[2] 在对"另案处理"的监督活动中，对是否依法"另案"、是否依法"处理"的监督属于程序性监督。监督内容主要包括作出"另案处理"决定的审批手续是否齐全，相关材料是否移送，"另案"人员是否处理，如何处理。对有无必要"另案"、是否公正"处理"的监督属于实体性监督。监督内容主要包括对另案处理人员是否涉及本案的共同犯罪事实，因何种理由被"另案"，是否得到公正处理，是否存在"另案不理"、"模糊处理"的情形等。

纠正式侦查活动监督路径的主要实现方式包括：

1. 强化案件审查监督功能。审查逮捕和审查起诉是案件流转的必经程序，也是检察机关进行侦查监督最主要的途径。当前检察机关的案件审查模式主要功能还是服务于逮捕

---

[1] 朱孝清：《论诉讼监督》，载《国家检察官学院学报》2012年第5期。
[2] 朱孝清：《论诉讼监督》，载《国家检察官学院学报》2012年第5期。

或起诉决定的作出，即着重于对在案人员有罪证据的审查，忽视对整个侦查程序的审查，审查范围非常有限。一方面，应当进一步强化案件审查对违法侦查活动的筛查功能，扩大审查范围，既包括在案人员的证据材料，又包括不在案人员的处理情况。另一方面，应当明确移送案件材料的范围。在涉及"另案处理"的案件中，侦查机关应当对"另案"人员有关材料一并移送，包括："另案处理"人员的立案决定书、讯问笔录以及相应的强制措施文书、在侦查阶段的处理结果等；在逃的，要求移送在逃人员网上信息表或其所在辖区派出所、所在单位、村委会（居委会）、家庭主要成员及其邻居的证明材料；作行政处罚处理的，要求移送行政处罚的法律文书；患有疾病或怀孕、哺乳的，要求移送诊断证明、病历、婴儿出生证明等由医院出具的证明材料。没有移送另案处理人员相关材料的，原则上不予受理，移送材料欠缺的，建议侦查机关补齐后再移送，进而规范侦查机关对案件材料的移送，提高侦查活动的透明度。

2. 完善质询和纠正机制。对侦查活动的监督真正见到成效，必须要完善检察机关的质询和纠正权，即对不当侦查活动提出疑问、要求解释和督促纠正的权力。纠正方式应当包括两方面：一方面是对错误行为的纠正；另一方面是对造成错误的人员的调整。如在对"另案处理"的监督过程中：一是检察机关在审查逮捕和审查起诉时，认为侦查机关对某个或几个犯罪嫌疑人适用另案处理不当，可以对公安机关提出质询，理由不充分的，应当依照追捕、追诉程序办理，通知公安机关报捕或移送审查起诉。二是公安机关在适用另案处理中，办案程序存在瑕疵的，以制发纠正违法通知书或检察建议的形式，要求公安机关限期纠正并在规定期限内反馈处理结果。三是对长期负案在逃的另案处理人员，侦查机关急于侦查，不依法及时取证或者采取抓捕行动，造成案件难以办结或久拖不决的，以制发催办函的形式，督促公安机关及时抓捕，交付诉讼程序。四是在审查起诉过程中发现"另案处理"人员情况和犯罪事实应当查明而未能查明的，依法退回侦查机关补充侦查，经过两次补充侦查之后，发现"另案处理"情况影响全案事实认定的，将全案退回公安机关作撤案处理。五是赋予检察机关对侦查机关的案件转移权，在有事实足以认定侦查机关对另案处理案件消极侦查、拖延办案时，可以要求侦查机关撤换办案人员。六是发现侦查人员在作出另案处理决定中有失职、渎职行为的且造成严重后果的，应当将犯罪线索移送反渎职侵权部门。

3. 建立双向说理制度。在共同犯罪或关联犯罪中对部分人员进行"另案处理"实际上是对案件作出的一种程序性处理决定。该决定关系到全案能否得到公正处理，在案犯罪嫌疑人能否认罪服判，能否有效维护司法机关公信力。检察机关对公安机关的质询和纠正也是以公安机关在侦查活动中确有错误为前提的。因此，通过双向说理制度使侦查活动的正当性得到澄清，一方面有利于提高监督准确性，另一方面有利于维护整个司法机关的公信力。以"另案处理"检察监督工作为例：公安机关在提请批准逮捕书和起诉意见书中，除了对提请批准逮捕和移送起诉的犯罪嫌疑人构成的罪名及依据进行说明外，还应对作出"另案处理"人员符合哪种适用条件、作出"另案处理"的依据、下一步拟采取的措施进行说明。犯罪嫌疑人被行政处罚或劳动教养的，需书面说明进行行政处罚和劳动教养的理由；犯罪嫌疑人被取保候审或监视居住的，需书面说明采取上述两种强制措施的理由；报捕或移送审查起诉时尚未作出任何处理决定的，需说明原因及处理方案。检察机关在要求公安机关将有关人员进行报捕或移送审查起诉、发出纠正违法通知书、检察建议、催办函时也应当将侦查活动违法的依据，检察机关认为公安机关处理不当的理由进行充分说明。

（二）引导式侦查活动监督路径

引导式侦查活动监督，是指通过同步、动态监控和适当介入，以引导侦查活动方向为主的监督路径。从字面理解，"监督"二字带有监控和督促的含义，监控是一种同步性的措施，督促是一种引导性的措施。诉讼监督产生的原因是需要对诉讼中的违法和错误现象进行纠正，但其同时也应具有对违法和错误现象的预防功能。纠正式侦查活动监督路径具有补偿和救济的作用。但对违法或错误侦查活动的预防作用却不明显。实践当中，违法或错误侦查活动一旦发生，常常会出现事后无法弥补的情况。导致案件"流产"，无法被顺利起诉，造成了司法资源的浪费。引导式侦查活动监督路径，将监督时间适当提前，对侦查活动进行更为全面的监控和适当介入，可以弥补事后监督的滞后性，从有利于案件顺利起诉和防止违法行为的角度增强监督效果。

引导式侦查活动监督主要针对侦查活动中易出现问题的环节，采取同步监控。积极引导的方式防止侦查活动中违法和错误行为的出现，为顺利追诉犯罪做好准备。"另案处理"是一种极易放纵犯罪，滋生违法行为的程序性处理决定。检察机关应当及时与公安机关交换"另案处理"人员的信息，及时跟进和督促公安机关对"另案处理"人员的追捕等工作，为侦查活动提供指导，防止放纵犯罪。

引导式侦查活动监督路径的主要实现方式包括：

1. 建立公安机关、检察机关信息互通平台。在我国，由于公安机关享有独立的侦查启动权、侦查实施权和侦查终结权，侦查进程常常在一种封闭的单方作业下秘密运作，检察机关作为外在的监督主体，并不能直接参与到具体案件的侦查中。信息不完全是检察机关对侦查活动监督不能到位的一个重要原因。以"另案处理"工作为例，检察机关对"另案处理"人员强制措施的采取、后续的追捕到案情况、侦查进展情况没有了解的途径，监督也就无从谈起。据考察，目前福建省福州市仓山区人民检察院已经实现了和公安机关在部分侦查信息上的共享。最高人民检察院业已将建立公、检、法信息共享平台纳入了近几年的工作重点。

信息互通平台包括公安机关、检察机关实际上可以共享的信息系统，以及一套规范公安机关、检察机关信息交流的工作机制。以"另案处理"工作为例，由公安机关建立"另案处理"案件电子信息库，且该库可以作为网上通缉信息库的字库，对已经处理完毕的"另案处理"人员，应当在信息库中公布处理信息，并授予检察机关相应权限，可以查询该电子信息库。对正在处置的案件，实行跟踪监督，不定期地向办案部门发出督促信息。公安机关和检察机关之间还应当建立定期通报信息制度。以"另案处理"工作为例，公安机关每月应向检察机关通报另案处理案件线索是否发生了变化，在逃人员的抓捕归案情况，以便检察机关及时对信息进行整理、分析。

2. 完善检察机关提前介入工作机制。由于检察机关的双重职能定位（法律监督职能和公诉职能），决定了检察机关在追诉犯罪方面与公安机关有着一致的目标追求。"公诉权应当包括侦查权。侦查权较之公诉权来说，应该处于权力的下位。"① 检察机关提前介入侦查活动，既有引导侦查进而实现成功起诉的作用，又有防止侦查活动违法的监督作用。刑事诉讼法对检察机关提前介入侦查活动作出了规定。最高人民检察院《检察机关执法工作基本规范》进一步明确了侦查监督部门、公诉部门提前介入侦查活动的职能部门。

完善检察机关提前介入侦查活动的工作机制：一是明确提前介入案件的范围。将提前介入的案件范围确定为重大、复杂、敏感案件。因为"提前介入"主要的作用还是引导侦查，较之一般的监督活动，"介入"行为应是对侦查活动实质上的参与。应从提高办案质量和效率的角度限定提前介入的案件范围，而避免检察机关任意参与侦查活动。二是明确提前介入的任务。提前介入的主要任务应是尽快掌握案件情况，以便为审查逮捕和审查起诉做好准备；引导侦查和取证，通过对案件中证据的证明力进行分析，对证据的补充和完善提出建议来引导侦查的方向，防止违法侦查行为导致证据丧失能力。三是明确提前介入的方式。总的原则是"参与而不干预、参谋而不代替、指导而不包办"，② 以查阅证据和侦查活动中形成的相关材料，提出补充完善建议，参与侦查方向的讨论为主，不能参与侦查机关相关决定的作出。以"另案处理"工作为例，对重大、敏感、复杂案件，存在"另案处理"人员的，检察机关提前介入的主要工作是了解"另案处理"人员基本情况、犯罪事实和基本证据，对作出"另案处理"决定在审查逮捕和审查起诉阶段的风险进行评估，对未到案或侦查未终结的"另案处理"人员的侦查取证活动提出建议。

3. 建立动态跟踪监督机制。检察机关对侦查活动的监督往往是对处理结果的监督。但实际上，由于信息不完全等原因，许多侦查活动中的处理结果并不能进入检察机关的视野，而成为监督盲区。以"另案处理"工作为例，"另案处理"最为人诟病的问题就是"另案不理"，使其实际上成了刑事案件的一种隐形消化机制。消极的处理结果因为没有相应的程序或者文书，使检察机关无法了解到"另案处理"人员最终的处理结果。应当建立检察机关专人跟踪监督机制。对重大敏感或存在"另案处理"等特殊情况的案件在批捕或不批捕决定作出后，应由承办该案件的检察人员作为"跟踪监督责任人"，全程跟踪监督该案的处理情况。对存在"另案处理"人员的，定期检查侦查进展情况；负责与公诉、控申、监所等部门联络；及时向部门负责人汇报该案件处理情况；对该案中出现不当或违法侦查行为的，应向专门跟踪人员问责。由专人对公安机关侦查活动全程进行动态跟踪，一方面能够防止信息丢失，处理中断的现象；另一方面有利于对侦查行为的考核和追责。

4. 建立公安机关与检察机关之间的联动协调机制。各单位之间内部管理制度的差异和承办人对案件理解的差异易导致监督工作缺乏连贯性。联动协调机制能够起到信息沟通、人员和管理相互衔接的作用，从人力、物力上更有助于集中高效解决侦查活动监督中的协调配合问题。联动协调机制主要应包括：一是联合执法检查机制。定期对侦查活动中

---

① 徐静村：《21世纪中国刑事程序改革研究》，法律出版社2003年版，第8页。
② 王红艳：《检察机关提前介入制度化构想》，载正义网。

的重点难点问题、易出问题环节，通过调查问卷、查阅案卷、查阅台账，对办案单位实地检查、走访、问询犯罪嫌疑人家属等方式开展执法检查活动。确保数据、案例真实可靠，问题查摆准确，整改及时到位。以"另案处理"工作为例，我市检察机关曾多次开展对该项工作的专项清理，但由于未与公安机关建立联动机制，统计数据无法得到公安机关认可，存在的问题无法得到公安机关回复，无法真正起到整改作用。二是联席会议机制。联席会议的层级应到达公安机关和检察机关的分管领导，着重对重大案件、侦查活动中的重大事项交换意见；定期总结一段时期内侦查活动中出现的突出问题；及时交换各自在侦查活动和侦查活动监督中的规范性文件。在考察中，我们发现重庆市江北区检察机关和公安机关形成了长效的联席会议制度，每月定期召开联席会议，对侦查活动中可能出现的违法和错误情况起到了有效的预防作用。在此基础之上，两机关之间还设立了联络员，由公安机关法制部门派员在检察院驻点，负责将需要公安机关配合完成的监督任务统一、及时反馈。三是联合调研机制。侦查活动监督随法律修改、侦查活动自身变化而不断调整。违法和错误侦查行为的预防需要公安机关和检察机关两家共同重视，加强研究，进而完善机制。以"另案处理"工作为例，运行机制分别涉及两机关职能，监督机制也需要公安机关内部监督与检察机关外部监督相互配合。因此，对侦查活动中重大问题的破解势必需要两机关定期展开联合调研。可每年确定一个课题，通过对工作数据、典型案例的共享与梳理，工作经验的交换，研究探索相关机制的建立，以期使侦查活动监督工作真正起到防患于未然的效果。

对公安机关侦查活动实施有效监督，需要检察机关明确职能定位，树立检察监督救济性与预防性并重的监督理念，明确纠正与引导并行的监督路径，并在正确的路径下积极探索行之有效的监督方式。有效减少和预防公安机关侦查活动中的违法和错误现象，真正实现刑事诉讼程序的公正和效率价值。

检察机关对指定居所监视居住的规范适用与法律监督

熊玉明[*]

长期以来,由于监视居住制度存在各种问题,一直以来有废除论与改造论之争。2012年3月14日全国人大在修改刑事诉讼法时"选择"了改造论,对监视居住制度作了重大修改,此次修改涉及监视居住的条件、场所、方式、检察机关监督等多项内容,几乎囊括了除监视居住期限以外的所有监视居住内容,并将监视居住区分为住处监视居住和指定居所监视居住,完善了监视居住制度,并使其获得了独立地位。修改后刑事诉讼法第73条和第74条明确了无固定住处的指定居所监视居住和三类特殊案件的指定居所监视居住。但指定居所监视居住制度设立之初就被质疑存在制度缺陷,面临法律适用的困境。

一、指定居所监视居住的立法初衷与制度困境

(一)立法初衷的辨析

最高人民检察院提出修正建议的出发点是:"第一,减少拘留、逮捕,将监视居住定位于减少羁押的替代措施;第二,针对一些特殊案件中符合立案条件而不符合逮捕条件,采取取保候审或者普通监视居住可能有碍侦查的犯罪嫌疑人,需要借鉴行政监察法第20条关于'二指'的规定……"[①] 那么,立法初衷是将该措施定位于羁押替代措施,体现司法人性化,降低审前羁押率,还是为了让"双规"入法,更有利于侦查机关破案、深挖犯罪?在对全国20个基层检察院2004年至2009年5年间的逮捕率和羁押率进行统计后发现,这一数字全部都在90%以上,职务犯罪的捕后羁押率更是高达98%以上。而每年判处3年以下有期徒刑、管制等轻刑占68%左右。2005年至2009年6月,职务犯罪被告人中判处免刑和缓刑的共占69.7%。[②] 面对如此之高的羁押率和轻刑率,我们当然有理由认为修改后刑事诉讼法对强制措施的修正目的之一是用监视居住替代拘留、逮捕等羁押措施的适用。同时,从刑事诉讼法修改后的体系来看,立法者将指定居所监视居住规定在强制措施一章中,而非"侦查"一章,即反映立法者没有将指定居所监视居住视为一种特殊的侦查手段,而是一种与拘留逮捕具有替代关系的强制措施。因执行上的巨大差异,所以不能认为是"双规"入法。就司法实践而言,检察机关在查办特别重大贿赂犯罪案件时,可以利用指定居所监视居住在执行时带来的时间和空间效果,更好地突破案件、深挖犯罪,如果单纯地寄希望于通过监视居住来减低审前羁押率是不现实的。

---

[*] 江西省南昌市青云谱区人民检察院民行科干部。
[①] 尹吉:《"指定居所监视居住"的法律适用研究》,载《中国刑事法杂志》2012年第6期。
[②] 《中国刑案羁押候审率超90% "一押到底"难题凸显》,载《法制日报》2011年9月1日。

（二）制度的内部矛盾

指定居所监视居住虽定位为一种可替代逮捕的非羁押措施，但考虑到实践情况，该措施显非一种减少羁押的替代措施。① 所以，修改后刑事诉讼法规定指定居所监视居住的期限应当折抵刑期。折抵刑期对于保障嫌疑人和被告人的人权显然具有积极意义，因为实践中指定居所监视居住时彻底剥夺人身自由的现象极有可能发生。但这又相当于公开承认了指定居所监视居住具有羁押性，人为制造了监视居住制度的内在矛盾，不利于立法目的的实现。同时，监视居住的执行因嫌疑人、被告人是否有固定住处分为在嫌疑人、被告人的住处执行与在指定的居所执行。前者被视为一种非羁押措施，因在住处执行，虽遵守相同的法定义务但不得折抵刑期；后者被视为一种羁押措施，因在指定的居所执行，遵守相同的法定义务但却享有折抵刑期的重大利益。二者义务相同但权利显然不对称，可以说是一种法律上的不公平。这种巨大反差和不公平不仅使监视居住作为一种非羁押性措施的定位受到质疑，也突出了制度的内部矛盾。

（三）不符合逮捕条件而通融、勉强同意监视居住在短期内难以改变

修改后刑事诉讼法第 72 条对监视居住（包括指定居所监视居住）的条件进行了重大修改，原来监视居住的条件与取保候审同质化，现在的前提条件是要符合逮捕的条件。然而实践中之所以不采取逮捕措施却监视居住就是因为暂时达不到逮捕条件，尤其是在大量的一对一贿赂犯罪案件中，办案人员习惯于"无风险决策"，即取得行受贿双方口供才符合逮捕条件。在只有一方口供，且没有与其他证据形成完整证据链的情况下，贿赂案件确实难以在短短几天内达到逮捕的条件。然而一旦风险决策呈报适用强制措施，迫于办案形势，处于同一系统的侦查部门与侦查监督部门，上下通融，顾全大局，勉强决定对不符合逮捕条件的犯罪嫌疑人适用指定居所监视居住就在所难免了。而对于刑事诉讼法第 73 条规定的三类特殊案件指定居所监视居住是否要符合逮捕条件，学界有不同认识。本文认为，司法实践中逮捕的条件被人为地拔高了，应当适度放宽逮捕的条件；从立法机关接受最高人民检察院欲借鉴"双规"措施的修法提议可以看出，在查办特别重大贿赂案件时应营造更为有利的办案环境，争取更长的办案时间，所以特殊情况应当特别对待，在查办三类特殊案件时应适当降低被拔高的逮捕条件。

二、指定居所监视居住的规范适用

（一）指定居所监视居住的适用范围

根据修改后刑事诉讼法的规定，检察机关在侦查阶段可对特别重大贿赂犯罪进行指定居所监视居住。然而贿赂犯罪不仅涉及刑法分则第八章贪污贿赂罪中的 7 项罪名，还涉及刑法分则第三章破坏社会主义经济秩序罪中的 3 项罪名。但结合最高人民检察院的立法建言、公安机关与检察机关的立案管辖职权范围看，刑事诉讼法中的"特别重大贿赂犯罪"并不包括破坏社会主义经济秩序罪中的商业贿赂犯罪。

---

① 李钟、刘浪：《监视居住制度评析——以 2011 年〈刑事诉讼法修正案（草案）〉为视角》，载《法学杂志》2012 年第 1 期。

何谓特别重大贿赂犯罪？2013年1月1日施行的《人民检察院刑事诉讼规则（试行）》第45条规定："……有下列情形之一的，属于特别重大贿赂犯罪：（一）涉嫌贿赂犯罪数额在五十万元以上，犯罪情节恶劣的；（二）有重大社会影响的；（三）涉及国家重大利益的。"本文认为，对刑事法律的解释应当遵循法律解释的一般原则即合法性原则、合理性原则与合目的性原则。① 刑事诉讼法将特别重大贿赂犯罪与危害国家安全犯罪、恐怖活动犯罪并列适用于可指定居所监视居住的范围，即是要反映国家严厉惩治腐败的决心和信心，高压反腐败乃刑事立法目的应有之义。在我国一直保持严惩腐败的高压态势，重点打击人民群众反映强烈的腐败问题时，不能不顾政治社会环境和群众的主流诉求而一刀切地将适用面缩至太小。因此，需要综合考虑多方面因素，不仅将数额特别巨大、情节恶劣的纳入指定居所监视居住范围，也应将在一定范围内有重大社会影响的，涉及重大国家利益和社会公共利益的案件纳入指定居所监视居住的范围。

具体而言，"特别重大"在数额上不宜一刀切，一是因为我国各地经济发展不均衡，一刀切容易造成相对不公平；二是金额标准应随着经济发展的变化动态调整。根据最高人民检察院将特大贿赂犯罪金额界定为占全部贿赂案件的10%左右的比例既有利于保障人权又考虑了办案的实际需要的立法思想②，各地可参照查办的贿赂案件中占10%的大要案犯罪金额，报批后施行。"犯罪情节恶劣"更强调伦理道德上的否定评价，如犯罪手法狡诈；多次索取财物，故意刁难、要挟以及侵害一些涉及民生民利等情形的贿赂犯罪。"有重大社会影响的"应当从犯罪嫌疑人、被告人的身份、级别、是否在特定时间和地点，社会影响持续时间，造成的损失，负面影响大小和舆论报道情况等确定。另外，还应当区分主犯与从犯等问题，有法定从轻或减轻情节的可以不纳入范围，以从法律层面上争取主动供述，迅速突破案件。对查办的贿赂窝案、串案，应根据全案犯罪总金额、最高行政级别、犯罪情节，决定是否适用指定居所监视居住。③

（二）指定居所监视居住中有碍侦查和指定居所的界定

1. 有碍侦查的界定。《人民检察院刑事诉讼规则（试行）》第110条明确规定了有碍侦查的六种情形。这六种情形基本上无明确的判断标准，具体到每个案件，均存在有碍侦查的可能，所以容易被任意适用。这个问题其实应当从逮捕的条件来看，因为逮捕的条件已经包含了毁灭、伪造证据，干扰证人作证或者串供，对被害人、举报人、控告人实施打击报复等可能性。所以严格掌握了逮捕的条件就可以避免"有碍侦查"被虚置。

对于上述第五种情形中的犯罪嫌疑人的"家属"如何理解，法律并没有对家属的内涵与外延下过定义，而根据《现代汉语词典》的解释，"家属"是指家庭内户主本人以外的成员，也指职工本人以外的家庭成员。因第五种情形中的家属涉及在住处执行可能有碍侦查的问题，所以结合立法语意，"家属"应当是指未分户又在一起共同生活的成员，包括近亲属和其他亲属。

---

① 齐文远、周详：《论刑法解释的基本原则》，载《中国法学》2004年第2期。
② 孙谦主编：《〈人民检察院刑事诉讼规则（试行）〉理解与适用》，中国检察出版社2012年版，第105页。
③ 赵学刚：《特别重大贿赂案件指定居所监视居住的适用》，载《检察日报》2012年9月17日。

2. "指定居所"的理解。修改后刑事诉讼法第73条中指定的居所,可以概括为司法机关指定的除嫌疑人、被告人的原住处,羁押监管场所和专门的办案、办公场所之外的,具备正常的生活休息条件,又便于监视和管理犯罪嫌疑人、被告人,能保证办案安全的临时生活处所。所谓"专门的办案场所、办公区域"包括司法机关专门设置的"办案点",办案工作区(讯问室、询问室等),留置候问室和处理日常事务的办公室、会议室、谈话室等。司法实践中"指定的居所"多为宾馆酒店或者办案机关的学习、培训中心之类的场所。这些地方虽然可以保证必要的办案安全和一定的休息条件,但仍然属于办公区域,且极易转化为"专门的办案场所"。根据尊重和保障人权的立法精神以及强制措施限制适用的原则,在未建立健全完善的监督机制的情况下,不应当指定培训中心和预防基地之类的场所作为居所。宾馆酒店又存在较大的办案安全隐患,必须加以安全改造,否则也不宜指定为居所。

3. 指定的居所应满足的条件。因指定居所监视居住的场所与羁押监管场所不同,又有别于犯罪嫌疑人、被告人居家的住处,需满足办案安全、生活起居和便于监视、管理的要求。首先,应当能保证办案安全。房屋建筑牢固安全、通风透光性良好;室内不得有可能被直接用以行凶、自杀、自伤的物品,墙不能像办案区一样软包,电线应不外露,房门锁应卸下,不能装镜子,需装有防盗网和隔离玻璃等。其次,应当具备正常的生活、休息条件。因指定居所监视居住并未完全限制人身自由,所以被监视居住人的日常生活要求应当尽量满足,所需的生活用品应当合理地保障其正常使用。要配备固定的坐具、必要的卧具,并保持清洁、卫生,还应有必要的室外活动空间。也就是说这完全不同于双规的情况,不仅有利于保障人权,也有利于消除嫌疑人的对抗情绪,为与嫌疑人思想交流奠定物质基础。最后,该居所要便于监视、管理。可以设置必要的看管值班室,且与被监视居住人的生活休息区相通,并采用栏杆分隔,以便于观察室内情况。为便于管理,应当在明显位置公布监视居住的有关规定、被监视居住人依法享有的权利和承担的义务。

(三)指定居所监视居住的具体执行

1. 执行主体。修改后刑事诉讼法规定指定居所监视居住由公安机关执行,根据《公安机关办理刑事案件程序规定》第114条、《人民检察院刑事诉讼规则(试行)》第115条的规定,检察院和法院在必要时可协助执行。然而最高人民检察院和公安部的规定未得到刑事诉讼法的授权。但检察院派员协助公安机关执行却有现实合理性,因为这种做法,一方面大大缓解了公安派出所警力严重不足的问题,另一方面可以相互监督执行活动。对于贪污贿赂犯罪案件,检察机关可以派独立行使职权的司法警察协助执行指定居所监视居住。由司法警察协助执行可以实现看审分离制度;有利于观察被监视居住人的动向及时与侦查人员交流,创造有利的侦查环境;可以有效监督公安机关的执行;可以监督侦查部门是否违反讯问同步录音录像制度进行秘密审讯。可以说,独立、公正的司法警察协助执行制度具有实现权力制约、防止变相羁押和刑讯逼供的重要意义。

2. 执行方法。第一,执行过程是否需要派人看管,涉及刑事诉讼强制措施的比例原则。所谓比例原则,是以法律的形式要求国家所实施的行为应适合于其法定的职能和目标,要求国家在实现其职能和目标时如果有多种手段可以选择,则应尽可能选择对公民权利损害最小的手段，且所侵犯的私益与所保护的公益必须是成比例的。因此，指定居所监视居住的执行不能给嫌疑人造成超过诉讼目的的权益侵害，否则就不成比例。司法实践中首先应当充分考虑案件的特点并进行风险评估，如只采取电子监控就能实现诉讼目的的，则不应当派人看管，毕竟看管的人力资源成本太大，而且可能直接影响被监视居住人的生活和作息，本着诉讼经济原则和比例性原则，不宜派人看管。如果电子监控不足以实现诉讼目的、控制风险的，则应当派人看管。这里所说的看管不是"双规"、审讯时的看管，只是一般意义上的看护，其目的首先是保证被监视居住人的安全，防止其自残、自杀或逃跑，只需与被监视居住人保持安全距离即可，除非被监视居住人有自残、自杀倾向的，否则不必贴身监视，以免过度干预被监视居住人的生活和隐私，严重限制其人身自由，与立法设定的非羁押性强制措施定位不符；其次是监督其履行刑事诉讼法第75条规定之义务。对于有些特别重大贿赂犯罪案件因与危害国家安全犯罪和恐怖活动犯罪一样影响重大，一旦逃跑、泄密或因与他人见面串供，后果将不堪设想，理应区别对待，也是宽严相济刑事政策的体现。同时，这三类案犯指定居所监视居住期间可以折抵刑期的制度安排下，被监视居住人理应承受类似、接近于被羁押的看管。

第二，可以采取的监视方法。修改后刑事诉讼法第76条明确了监视居住可采取的方式，有效保障了监视居住的顺利实施。但需要注意的是此处的"等"字的内涵，是等内还是等外。本文认为，刑事诉讼法规定的监视方法应当包括与电子监控、不定期检查等类似的其他方法。

在执行中应始终把握好一个"度"，即遵循适度原则。具体而言，执行人员首先应当告知被监视居住人享有的权利和承担的义务，必须遵守的规定以及违反规定的后果，同时将采取电子监控、不定期检查等方法进行监视，保障其一定的知情权。其次，在采用电子监控、不定期检查等监视方法的时候要重视对被监视居住人隐私权的保护。

三、对指定居所监视居住的规制监督

（一）建立指定居所监视居住决定备案和说理机制

为掌握检察机关利用指定居所监视居住查办特别重大贿赂犯罪案件的状况，监督部门（检察机关侦查监督部门）应当建立指定居所监视居住的决定备案机制，要求决定部门在做出指定居所监视居住的决定之日起3日内向监督部门报送有关的法律文书和证据材料以备案。监督部门依职权或依申请进行监督的，监督部门有权要求决定部门书面进行说理，阐明决定的事实、法律依据和有关证据。监督部门应当严格把握监视居住的条件，参照审查逮捕的期限，在7日内作出是否支持监督申请的决定。如果经审查，监督部门认为决定不符合法律规定的，应当向决定部门发出检察建议，建议撤销或变更强制措施，并要求于7日之内回复落实情况。

（二）重点落实看审分离和同录制度，防止指定居所监视居住异化为变相羁押和刑讯逼供

为此，应当明确看管人员不参与审讯，讯问不得在居所进行，讯问应当全程录音录像。刑事诉讼法规定"对不需要逮捕、拘留的犯罪嫌疑人，可以传唤到犯罪嫌疑人所在市、县内的指定地点或者到他的住处进行讯问"。立法上虽未禁止在指定的居所内对被监

视居住人进行讯问，但按照最大限度尊重和保障人权的立法精神，侦查人员可以在指定的居所内对被监视居住人做思想工作，但前提需要进行 24 小时电子监控，电子监控视频可以作为证据提交法庭审查，这样的制度安排将最大限度地防止刑讯逼供的发生。为防止指定的居住演变成专门的办案场所，树立规范、文明办案的形象，对被监视居住人进行讯问应当在专门的办案工作区内进行并同步录音录像，且每次讯问不得超过 12 小时，案情特别重大、复杂的，持续的时间不得超过 24 小时，不得连续、轮番讯问，并应当保证 12 个小时的讯问过程中被监视居住人正常的休息和睡眠时间。

（三）畅通监督部门发现问题的通道

首先，要构建指定居所监视居住执行活动备案机制，即侦查部门做出指定居所监视居住的决定之日起 3 日内应向监所部门报送有关的法律文书，执行机关应定期告知检察机关相应的执行情况，在变更、解除、撤销该强制措施时之日起 3 日内向检察机关报送有关的法律文书。其次，应当赋予监督部门随时前往现场检查的权力。为达到监督的实效，监所部门还必须积极地行使监督权，随时进行现场检查和开展定期检查，保证 1 个月开展几次检查，具体可通过查阅卷宗、走访现场、倾听被监视居住人的意见、了解监视居住执行的执行情况，重点应敦促办案机关或部门给被监视居住人定期身体检查，每次检查由医生和犯罪嫌疑人共同签名并存档，防止侦查人员在监视居住期间刑讯逼供。

（四）完善权利保障和救济机制，畅通申诉渠道

被监视居住人对不符合监视居住条件而决定监视居住的，以及在执行过程中侵犯其人身权利的执行活动有权进行控告申诉，执行机关不仅不应当限制其权利的行使，还应当为其行使权利提供便利，如向监督部门转告诉求；在指定的居所设置专门的投诉信箱；或者开通控告专线、咨询热线，以及向无关涉案人员转告话语等。

四、完善指定居所监视居住相关立法

（一）完善刑法关于折抵刑期的规定

首先应当明确的是，应在刑法中规定指定居所监视居住折抵刑期。因为刑法是刑事实体法，刑期应该是刑法调整的实体法范畴。而此次修改的刑事诉讼法却将指导居所监视居住折抵刑期的有关条文规定在刑事程序法中，有错位之嫌。

其次，根据刑事诉讼法第 74 条的规定，如果被判处管制的，指定居所监视居住一日将折抵刑期一日；如果被判处拘役或有期徒刑的，指定居所监视居住二日折抵刑期一日。但监视居住的时间如果是单日，则会出现折抵拘役、有期徒刑为半日的情况。从有利于刑罚的执行和鼓励人犯尽快融入社会的角度出发，应明确规定：指定居所监视居住的期限应当折抵刑期出现半日的，半日不再执行。

（二）修改国家赔偿法，建立错误指定居所监视居住的刑事赔偿责任

应当及时修改国家赔偿法，建立错误指定居所监视居住的国家赔偿制度，赋予被错误指定居所监视居住的犯罪嫌疑人申请国家赔偿的权利。具体而言，赔偿范围可确立为"对没有犯罪事实的人错误指定居所监视居住的"；赔偿机关应为决定、批准机关；赔偿标准应设定为错误刑事拘留、逮捕的赔偿标准一半。

试论如何构建看守所在押人员投诉处理机制

江民林*

"尊重和保障人权"被写入修改后刑事诉讼法,体现了国家对人权保障的进一步重视,同时也将人权保障从宪法的抽象文本落实到了具体的司法实践①。如何在刑事司法实践中践行人权保障的基本理念和宪法原则,理论和实务部门的学者纷纷以修改后刑事诉讼法为分析文本系统梳理了相关的权利保障规范,尤以犯罪嫌疑人、被告人的权利保障讨论最为热烈,而讨论又集中于人权最易被侵犯的在押人员。

一、引入看守所在押人员投诉处理机制的必要性

长期以来,我国在在押人员权益保障上做了很多探索,也形成了一些制度规定。在押人员投诉处理上,公安机关设有警务督察制度、信访投诉制度等受理在押人员投诉;检察机关有驻所检察制度、约见检察官制度、看守所开放日制度、特邀监督员制度等负责处理在押人员诉求;部分地区还引入了社会力量的监督,可谓形式多样。

可目前我国看守所投诉处理规定的运行状况不容乐观,投诉机制并未引起监管人员、在押人员的充分重视,多数人对"投诉"的认识并不很清晰。据了解,不少看守所在押人员的投诉率非常低,多数在押人员从来都没投诉过,有的即便投诉,也主要是关于日常生活方面的要求。2009年云南晋宁"躲猫猫"事件后,看守所被置于大众舆论的镁光灯下。随着媒体的深入报道,看守所中的一系列非正常死亡现象相继浮出水面,"喝开水死"、"做噩梦死"、"利用鞋带上吊死"等。这些恶性事件充分暴露了当前我国看守所管理中的弊端。

如何整治看守所、切实保障在押人员的合法权益成为理论界和实务部门共同思索的问题。在检察监督工作中,坚持打击犯罪的同时,如何对在押人员的人权尤其是申诉权利更好地予以保障,在当前具有重要意义。为此,在监所检察监督的基础上,检察机关正积极建设一个以检察机关为主导、多方参与的在押人员投诉处理机制,探索怎样能够顺畅地让在押人员敢于投诉、善于投诉,最终还能得到合情合理合法的解决。

二、看守所在押人员投诉处理机制的运行状况

早在2006年,陈卫东教授主持的中国人民大学诉讼制度与司法改革研究中心就在吉林辽源对羁押场所巡视制度进行了试点。2010年8月,安徽省芜湖市被该中心选定为

---

* 江西省万年县人民检察院。
① 单民、董坤:《职务犯罪侦查中辩护律师权利保障》,载《人民检察》2013年第12期。

"看守所投诉处理机制项目"课题组的实践调研基地,全面启动在押人员投诉处理机制的试点研究工作。至2012年8月,投诉处理机制二期项目启动,将试点范围扩大至宁夏吴忠市、浙江宁波市以及芜湖市的无为县和芜湖县。

（一）制度规范的制定

根据中国人民大学诉讼制度与司法改革研究中心《看守所在押人员投诉处理机制试点规则》，在反复论证的基础上，各试点地区的检察机关与公安机关联合出台《看守所在押人员投诉处理机制实施办法》。该《办法》明确监管民警、驻所检察官、投诉处理委员会职责，确立告知制度，要求对于受理的投诉案件，受理主体及时按照投诉内容的类别，定期向处理主体反馈并要求答复，受理主体对有关单位的纠正和整改结果进行审核，在规定期限内向投诉人反馈，并征求其对处理结果的意见，保证在押人员的投诉及时调查、及时处理、及时反馈。同时，各试点地区还结合自身工作实际，制定出台了富有特色的看守所在押人员投诉处理机制的配套规范，如吴忠市人民检察院的《在押人员投诉评估制度》。

（二）主导机构的设立

在投诉处理程序中借鉴国外的成功经验，即设立投诉处理委员会。该委员会由人民检察院驻所检察部门联合公安机关、人民法院、专业人士及社会公众参与。同时制定了《看守所在押人员投诉处理委员会职责》等规范，落实投诉处理委员会定期通报交流制度，对在押人员投诉案件予以备案审查，当投诉人或被投诉人对投诉处理决定有异议时进行复核并作出相应处理，必要时还可以适用调查、听证、查阅案卷等方式，以充分发挥委员会在投诉处理机制中的作用。投诉处理委员会是民众参与司法监督的一项创举，也是检察监督工作接纳民意的很好方式，将有力提升社会公众对司法机关的信任和满意度①。

（三）羁押场所巡视制度的试行

为充分发挥投诉处理委员会作用，试点地区相继出台看守所羁押场所巡视制度。聘请投诉处理委员会中专业人士、社会公众担任羁押场所巡视员，对看守所执法管理工作进行巡视和监督。为规范巡视工作，制定巡视员工作细则，成立羁押场所巡视办公室，重点巡视被羁押人员合法权益保障情况以及监管活动是否合法，对巡视过程中发现的问题向看守所提出改进、纠正意见。

看守所在押人员投诉处理机制试运行以来，在押人员维权意识明显增强，投诉案件数成倍上升；监管民警也从开始的抵触对立到现在积极配合，监管行为日趋规范；对投诉案件的处理，增强了驻所检察部门的监督力度；尤其是投诉处理委员会的设立，打破了看守所的神秘性，使社会公众对看守所工作的认识更加客观理性，在押人员的合法权益保障取得实效。

三、看守所在押人员投诉处理机制的完善

设立看守所在押人员投诉处理机制的宗旨是赋予其话语权并为该话语权提供制度保

---

① 张伯晋：《安徽芜湖：试水"在押人员投诉处理机制"》，载 http://newspaper.jcrb.com/html/2011-08/01/content_76606.htm，访问时间2013年6月17日。

障,使其在生活待遇、人身权利、诉讼权利等享有方面有不满时,向看守所等监管者提出以获得有效解决①。纵然该机制存在本身就是对实施违法违规行为主体的一种威慑,但作为检察机关发挥监督职能的一个新机制,在工作思路上和以往有所不同,而且在工作方法上也较以往有所突破,必然会遇到一些问题。若要充分发挥其应有作用,必须针对问题作进一步完善。

(一)完善在押人员的投诉条件

看守所在押人员由于所处环境关系,其诉求往往得不到真实反映,非常重要的原因是不敢投诉。监管民警在执法意识中错误地将在押人员作为监管客体,在押人员的羁押也被作为一种惩罚,一旦在押人员提出投诉便被习惯性地看作不服管教的表现,因投诉所涉及的利益方极可能实施打击报复。因此,必须采取有效措施,在争取监管民警积极配合的同时确保在押人员能够"秘密投诉"。

1. 从严限制监管民警党政纪处罚的适用。看守所在押人员投诉处理机制能够运行良好的基础在于监管民警,他们参与的积极性在一定程度上决定了在押人员投诉风险的大小,如果不严格限制对被投诉民警适用党政纪处罚(当然,触犯刑法被追究刑事责任的除外),监管民警对该机制的抵触必然转化成为对在押人员投诉意愿的压制。要发挥监管民警和在押人员参与的主动性,还需要对在押人员评议优秀的民警及投诉人实施奖励,鼓励投诉,鼓励共同创造和谐羁押场所,真正让看守所在押人员投诉处理机制成为一种良好的纠错机制和维权制度。

2. 确保在押人员"秘密投诉"。确保投诉的秘密性,关键在于投诉信箱的摆设位置。应将投诉信箱安装在更加隐蔽合理的位置,使在押人员投诉时不会被同监室其他人员和监管人员发现。如陈卫东教授介绍,欧洲很多国家羁押场所中的投诉信箱就设置在马桶旁边,提交投诉非常隐蔽,保证了投诉人不会受到事后报复。

(二)完善投诉内容的有关规定

在押人员可以就生活待遇、人身权利、诉讼权利等享有方面受到不合理待遇进行投诉,但在司法实践中,投诉内容可谓包罗万象,涉及方方面面。应当进一步帮助在押人员明确投诉范围,以更好使检察监督、监管职能和受理投诉工作有机结合、相互推动。通过对在押人员的投诉内容进行整理,主要涉及两方面问题,一是对监管场所的监管活动的投诉,包括监管人员的违规监管、监管场所的硬件设施、饮食卫生等;二是对办案单位的诉讼行为的投诉,包括超期诉讼、刑讯逼供等②。收到对监管活动的投诉后,监管部门和驻所检察室应根据规定的程序进行调查处理。对于涉及诉讼活动的投诉,应将在押人员投诉处理机制同非法证据排除、羁押必要性、减刑假释等结合起来,发挥检察机关各职能部门的监督作用。根据新刑事诉讼法的规定,监所检察部门应加强与其他检察职能部门的沟通

---

① 李松川:《完善看守所在押人员投诉处理机制之我见》,载 http://www.lunwenwang.com/Freepaper/Legalpaper/constitutionpaper/201305/Freepaper_156939.html 访问时间 2013 年 6 月 17 日。

② 胡胜友:《在押人员投诉处理机制研究》,载 http://www.beautifularticle.com/news/html/2433.html,访问时间 2013 年 6 月 17 日。

与协调,完善投诉信件的转交、移送、备案及调查反馈程序。对于不属于受理范围的投诉也应先行受理,然后再酌情分流处理。

(三)规范投诉案件的处理程序

投诉处理过程一般可分为受理、调查、处理等阶段,每个阶段内可细分为不同程序。如受理阶段可分为接受投诉、分类、记录、通知确认等程序,程序不一定要按顺序进行,可能同时、反复或逆序进行,以配合个案的需要。总的来说,投诉处理程序应当遵循依法进行、及时处理、公开公正的原则。但我国现行法律规范缺乏完备的投诉处理机制程序,已有的规定也很宽泛,没有细致的处理流程,适用性及可操作性都很差。如果看守所在押人员的投诉得不到有关人员、有关机构的及时答复和处理,就会严重挫伤其积极性,甚至动摇其对投诉处理机制的信心。

为了确保对投诉案件的及时处理和反馈,充分发挥投诉处理机制的作用,对于受理的投诉案件,驻所检察室要及时按照投诉内容的类别进行登记并定期向看守所及办案单位反馈。有关单位对投诉案件进行调查处理后,在规定的期限内,将案件的处理结果定期向驻所检察室进行通报。驻所检察室对有关单位纠正和整改的结果进行审核和检察,在规定期限内向投诉人反馈,并征求投诉人对处理结果的意见。对于投诉案件的处理结果,驻所检察室也定期向投诉处理委员会通报,接受投诉处理委员会提出的意见和建议。

(四)发挥投诉处理委员会的作用

投诉处理委员会的性质为检察机关监所部门的咨询机构,对在押人员投诉案件具有审查、复核并提供咨询意见,必要时还可以适用调查、听证、查阅案卷等方式。但目前,投诉处理委员会并没有明确的法律授权,其权力属性是公权力还是私权利,是监督权还是监管权,都需要进一步研究论证。基于此,投诉处理委员会独立性的缺失也就会影响到其能否客观中立地履行职责,发挥其在看守所在押人员投诉处理机制应有的作用。

虽然投诉处理委员会没有完全的独立性,只是作为社会监督方对投诉案件作出的处理提供参考意见,但也更充分地发挥其职能作用。一是应确保羁押场所巡视制度的实施。为了切实加强对监管部门的社会监督,确保投诉处理委员会作用的发挥,应加强对羁押场所巡视制度的完善。二是要让委员会充分参与投诉处理。可将相关范围内的投诉先交由委员会处理,提出处理意见,既让投诉人员避免产生对投诉被内部循环的感觉,又能增强委员的责任感。三是要提升投诉处理委员会专业性。将其定位为一个由专业知识人才组成的专门机构,聘用为委员的人应包含有法律服务类人才、医学类人才、心理学人才、妇女工作者及社工团体人员。对投诉案件依托专业知识为保障,突出咨询意见的权威性。

(五)增强监所检察监督的刚性

1. 立法上的保障。看守所在押人员投诉处理机制的建立,加大了对其人权的保障力度。但也应当看到,现行法律规定缺乏对监所检察监督的刚性规定,如现行看守所条例仅第8条对检察监督工作作了原则性的规定"看守所的监管活动受人民检察院的法律监督",严重制约了监所检察监督职能的发挥。对监所检察监督的法定手段、法定程序应明确地予以规定,强化立法上的保障。

2. 检察机关上下级的保障。看守所在押人员投诉处理机制应纳入检察机关对下级巡视检察机制里。上级检察机关在对下级进行巡视检察时，应把投诉处理委员会的运转情况作为重要的检查内容，在巡视检察中发现问题的，上级检察机关应立即启动投诉处理机制。上级检察机关也应成立投诉处理委员会，当在押人员对下级投诉委员会投诉处理结果不服时，负责进行终局性的复核与处理。

3. 权力机关的保障。建立看守所在押人员人权情况评估报告制度①，在平衡看守所稳定与在押人员合法权益维护基础上，依据法律规定，驻所检察室定期对看守所的监管情况、刑罚执行情况、在押人员人权情况进行评估，将评估报告向人民代表大会常委会予以汇报并向社会公开。

---

① 王勇：《浅谈在押人员投诉权利保障》，或 http：//www.ahjcg.cn/Article/ShowArticle.asp？ArticleID=24226，访问时间 2013 年 6 月 17 日。

刑事诉讼法修改与暂予监外执行制度的完善

郭 军[*]

暂予监外执行,是指对判处有期徒刑或者拘役的罪犯,具有法律的某种特殊情况,不适宜在监狱或者看守所等场所执行刑罚,暂时采取不予关押的一种变通执行方法,作为刑罚执行的务实变更,其旨在照顾特殊类型罪犯的人道主义需要。由于程序设计的粗疏,加之不法利益的驱动,原本最大限度地给予罪犯以人文关怀的行刑制度并没有达到预期的执行效果。假借"暂予监外执行"的名义、行变相地逃避执行或提前释放之实的违规事件频发,不仅影响到刑罚执行的公平性,更是减损了法律的尊严与威慑力。修改后刑事诉讼法实施后,随着监外执行人员数量、结构以及管理方式等方面的变化,修改后刑事诉讼法已对监外执行产生深远的影响,但对司法实践工作和其制度缺陷而言,暂予监外执行制度仍有值得探讨和需要完善的地方。

一、我国原暂予监外执行制度若干问题检讨

(一)暂予监外执行的概念及法律沿革

1. 暂予监外执行的概念。根据1996年刑事诉讼法和监狱法有关条文的规定,暂予监外执行是刑事诉讼法和监狱法中规定的变更刑罚执行的重要法律制度之一,它是指对判处有期徒刑或者拘役的罪犯,如果患有严重疾病需要保外就医,或者在怀孕或正在哺乳自己婴儿的妇女,或者生活不能自理,适用暂予监外执行不致危害社会的,依照法定的程序审批后可以不在监狱等刑罚执行场所关押服刑,而是在社会上由公安机关执行监督管理刑罚执行方式。

2. 暂予监外执行制度的法律沿革。暂予监外执行制度最早源于我国汉朝的"颂系"制度,"颂系",对依法应该拘禁的犯人不拘禁于一般的牢狱中、不戴桎梏的制度,主要对"高年老长"和"孕者未乳"使用,已经具有现代监外执行制度的雏形[①]。直至《大清监狱律草案》中将"丧失精神、因拘禁不能保全生命、怀胎或产娩、传染病"适用暂予监外执行,该规定已发展成为现代意义的监外执行制度。新中国成立后,首次对暂予监外执行进行规定的为1954年《中华人民共和国劳动改造条例》,该条例第60条规定了对

---

[*] 江西省萍乡市安源区人民检察院监所科副科长。
[①] 吴宗宪、陈志海、叶旦声、马晓东:《非监禁刑研究》,中国人民公安大学出版社2003年版,第565页。

暂予监外执行的适用条件、决定机关与程序、执行机关与刑期计算的问题①，这一制度性规定被1979年刑事诉讼法的规定所取代②，而1996年刑事诉讼法在总结实践经验的基础上，对原来的暂予监外执行制度做了适当的修改与完善。1998年7月28日联合国经济与社会理事会通过《开展国际合作，以求减少监狱人满为患和促进替代性刑罚》的决议等，③该决议体现了现代法治社会的刑罚清缓化、非监禁化的价值趋向。2012年修订后刑事诉讼法则是在我国社区矫正发展的背景下，继《刑法修正案（八）》之后，对暂予监外执行制度的改革与发展的规定。

（二）暂予监外执行制度在实践中存在的问题

尽管暂予监外执行的制度初衷良好，但因受到各种因素的干扰，其具体实施时却出现了诸多与立法本意相去甚远的程序失范现象。现实中，不当暂予监外执行主要表现为：

1. 个别监狱对罪犯办理暂予监外执行擅自放宽标准。有些监狱由于医疗经费紧张，为了减轻医疗经费超支的压力，对于病情稍有严重、可能需要花费监狱大笔医药费的罪犯，就降低疾病的标准而为其呈报保外就医；或者对于病情稍有严重，且监狱没有治疗条件，需一段时间在监外治疗，出于对警力和安全的考虑，也主动呈报其保外就医。另外，有些监狱在办理保外就医事项时对有关医院等鉴定机构出具的诊断证明审查把关不严，也不按规定程序派人和去函进行调查、考察即作出了允许保外就医的决定。

2. 以权钱交易而违规决定保外就医的现象频发。虽然司法部、最高人民检察院、公安部早在1990年就联合发布了《罪犯保外就医疾病伤残范围》，对允许保外就医的罪犯病残标准作了具体规定，但是，受到金钱利益刺激作用而违规许保的现象却屡屡发生。

3. 被暂予监外执行的罪犯脱管漏管现象严重。由于我国正处于社会转型时期，各种利益矛盾加剧，忙于治安管理或应对突发事件的公安机关及其派出机构，受到警力的限制，对监外执行的罪犯往往无暇监管。有的公安机关内部甚至没有设置专门部门对监外罪犯的刑罚执行和监督管理工作进行统一的领导和管理，也没有能够建立一套有效的刑罚执行机制和执行措施，因此，在公安机关对监外罪犯的考察、监督也仅仅停留在法律规定的层面，很难落到实处。

4. 被保外就医的罪犯难以及时收监。由于罪犯保外就医时通常回到其居住地或者赴异地治疗，是否治愈等保外就医情形是否消除，只能由执行机关掌握。依照相关规定，对于实行暂予监外执行的罪犯期满前，监狱应当派干警实地考察或者发函调查。当服刑监狱以发函的方式调查保外就医犯的病情变化时，罪犯可以通过法外手段获得病情尚未好转的

---

① 犯人有下列情形之一的时候，可以准许取保监外执行，但是事前必须经过主管人民公安机关审核批准，并且通知犯人所在地人民公安机关加以监督。犯人在监外期间，算入刑期以内。（1）病势严重需要保外就医的；但罪大恶极的犯人除外。（2）年龄在五十五岁以上或者身体残废、刑期五年以下，已失去对社会危害可能的。前项规定，也同样适用于未决犯，但是事前必须报请送押机关批准，并且通知居住地人民公安机关加以监督。

② 1979年《刑事诉讼法》第157条规定，对于被判处无期徒刑、有期徒刑或者拘役的罪犯，有下列情形之一的，可以暂予监外执行：（1）有严重疾病需要保外就医的；（2）怀孕或者正在哺乳自己婴儿的妇女。对于监外执行的罪犯，可以由公安机关委托罪犯原居住地的公安派出所执行，基层组织或者所在单位协助进行监督。

③ 刘艳红：《刑罚轻缓、人权保障与〈刑法修正案（八）〉——以相关国际公约为蓝本的分析》，载《法学家》2011年第1期。

虚假证明，达到延长暂予监外执行期限的目的。同样，罪犯由于经济困难，无法得到及时有效的治疗，造成久病不愈，或者为了逃避刑罚而故意拖延治疗或不治疗，进而造成无法收监的情形也常而有之。

5. 女罪犯哺乳婴儿的期限任意延长。关于暂予监外执行的女罪犯哺乳期，1996年刑事诉讼法和监狱法均没有专门的规定。根据国务院于1988年6月颁布的《女职工劳动保护规定》，妇女的哺乳期一般至婴儿满1周岁为止。原劳动部关于《女职工劳动保护规定》问题解答第15条明确：女职工哺乳婴儿满周岁后，一般不再延长哺乳期。如果婴儿身体特别虚弱，经医务部门证明，可将哺乳期酌情延长。如果哺乳期时正值夏季，也可延长1～2个月。据此，哺乳期最长的期限是自婴儿分娩之日起14个月。但在实践中，有些女罪犯的哺乳期似乎没有截止日期。

（三）暂予监外执行制度的制度缺陷

不可否认，暂予监外执行制度实施中的违规现象是人为所致，但制度本身对人的本性本质估计不足、权力制约机制不完善，则给了相关人员以可乘之机。尽管刑事诉讼法规定了暂予监外执行的条件、监狱法明确了暂予监外执行的审批程序，《罪犯保外就医执行办法》也细化了罪犯保外就医的执行方式和病伤残范围，但是，暂予监外执行的制度缺陷依然清晰可见。

1. 病残鉴定行为缺乏有效监督与制约。1996年刑事诉讼法第214条第3款规定，对于罪犯确有严重疾病，必须保外就医的，由省级人民政府指定的医院开具证明文件，依照法律规定的程序审批。此规定只是要求鉴定的医院应当具有相应资质，但医院受委托后如何组织鉴定、实施鉴定的医生应当具备何种条件、鉴定人有何权利和义务、鉴定的过程如何监督、出具虚假鉴定应承担的法律责任等，都没有明确的规定。实践中，罪犯患有何种疾病或残疾、病残至何种程度、生活是否真正难以自理等病残原因及其特征的判断，仅凭医生的一纸诊断证明或医嘱建议即可。鉴定过程的封闭性与随意性，自然给权钱交易带来便利条件。

2. 取保人的责任未能真正落实。按照《罪犯保外就医执行办法》第7条的规定，为罪犯办理保外就医，应当提供取保人。该条文还要求："取保人应当具备管束和教育保外就医的能力，并有一定的经济条件，取保人资格由公安机关负责审查。取保人和被保人应当在《罪犯保外就医取保书》上签名或者盖章。"至于取保人应当具备什么资格条件、在罪犯保外就医期间应当承担哪些义务、没有尽到管束和教育义务时应当负何种法律责任等，均没有进一步规定。可以说，取保人的责任未能真正落实，也是造成保外就医罪犯脱管的一个外在原因。

3. 检察程序监督时机滞后。1996年刑事诉讼法第215条规定："批准暂予监外执行的机关应当将批准的决定抄送人民检察院。人民检察院认为暂予监外执行不当的，应当自接到通知之日起一个月以内将书面意见送交批准暂予监外执行的机关。批准暂予监外执行的机关接到人民检察院的书面意见后，应当立即对该决定进行重新核查。"可以看出，此时的检察监督是一种"事后监督"。由于监督的时间被置后，当出现不当暂予监外执行决定时，即使检察机关提出了纠正意见，但决定已经生效执行，罪犯已经出监，有的甚至脱管失控，要想纠正错误的决定，把已经监外执行的罪犯收回监狱执行刑罚，往往十分困难，监督的效果难以实现。

4. 交付执行程序失范。按照1996年刑事诉讼法第214条关于"对于暂予监外执行的罪犯，由居住地公安机关执行"的规定，人民法院判决时决定暂予监外执行的，应当将《暂予监外执行决定书》抄送人民检察院和罪犯居住地的公安机关。如果罪犯的居住地不在判决法院辖区，那么，将罪犯从判决地移交至罪犯居住地公安机关的工作，该由哪个机关来完成？这显然没有明确判决地公安机关的交付执行义务。同样，应否将《暂予监外执行决定书》抄送罪犯居住地的人民检察院，还是仅抄送至公诉的检察机关，然后再由公诉检察机关向执行地检察机关交接？

5. 日常监督管理流于形式。1996年刑事诉讼法第214条规定："对于暂予监外执行的罪犯，由居住地公安机关执行，执行机关应当对其严格管理监督，基层组织或者罪犯的原所在单位协助进行监督。"实践中，由于社会治安任务繁重、经费严重不足及警力相对有限等诸多原因，公安机关大多未能认真执行法律规定。虽然1996年刑事诉讼法还规定，基层组织或者罪犯的原所在单位协助进行监督，但由于没有制定统一的规章制度及措施，基层组织应如何具体操作显得无章可循。

二、刑事诉讼法的修改及对暂予监外执行工作的影响

修改后刑事诉讼法对暂予监外执行做了较大幅度的修改，完善了检察机关对暂予监外执行的监督。

（一）修改后的刑事诉讼法与暂予监外执行直接相关的内容分析

1. 加强了检察机关对暂予监外执行的监督。修改后刑事诉讼法新增了第255条："监狱、看守所提出暂予监外执行的书面意见的，应当将书面意见的副本抄送人民检察院。人民检察院可以向决定或者批准机关提出书面意见。"这意味着在有关机关作出监外执行决定之前，检察机关可以提前介入进行监督。提前介入监督有利于避免刑罚执行机关作出错误的决定，防止因滥用暂予监外执行而放纵了犯罪。

2. 暂予监外执行的条件更加明确。一方面，扩大了适用暂予监外执行人员的范围。将"怀孕或者正在哺乳自己婴儿的妇女"情形中的"被判处无期徒刑的罪犯"纳入可暂予监外执行的范围，这一适当扩大解决了原刑事诉讼法与监狱法之间存在的关于可暂予监外执行范围的相互冲突的问题，避免了司法实践中的尴尬局面。另一方面，严格了适用暂予监外执行的条件。规定了罪犯有严重疾病必须保外就医的，必须提供省级人民政府指定的医院进行诊断并开具证明文件，同时人民检察院对暂予监外执行可进行事前监督。这一规定在确保保外就医证明更具真实性的前提下，也更有利于保外就医活动的检察监督和社会监督。

3. 限定了生效法律文书的送达期限。在司法实践中，法院交付执行不及时，甚至对判决缓刑、管制、剥夺政治权利以及暂予监外执行的罪犯长期不交付执行，使得应执行监外矫正的罪犯长期羁押在看守所，合法权利难以得到保障。修改后刑事诉讼法规定将罪犯交付执行刑罚的时候，生效法律文书的送达期限正式规定为"十日以内"，这一修改完善了交付程序，有利于检察监督的具体实施。

4. 确立了暂予监外执行的执行机构。在原有缓刑、假释、管制的基础上增添了暂予监外执行，同时取消了公安机关关于四种类型罪犯的监外执行权，将其统一到司法行政部门。增强了刑罚执行的效果，也丰富和完善了我国非监禁刑罚执行制度。

（二）修改后刑事诉讼法对暂予监外执行产生的影响

1. 暂予监外执行犯的教育改造、监督管理面临的挑战。教育改造方面，过去对监外执行的罪犯大多采取集中、混关型模式，所进行的教育也基本为单一的大课堂教育和制式的谈话。法律监督方面，现阶段监外执行犯罪人员将逐年增加，刑种也在增多，且流动性大。潜在的社会危害性、结构的复杂化、监外执行所进行的管理、教育模式面临着新的挑战，有待改变，同时也使得检察机关对暂予监外执行的法律监督工作量将大大增加。

2. 暂予监外执行犯的减刑适用产生新的问题。根据现行法律和有关司法解释规定，被剥夺政治权利的罪犯在社区矫正的执行过程中不能减刑；被假释的罪犯除有特殊情形一般不得减刑，其假释考验期也不能缩短；被宣告缓刑的罪犯除有重大立功表现的以外，一般不适用减刑，缓刑考验期也不能缩短；被判处管制和暂予监外执行的罪犯在服刑期间确有悔改或者立功表现的，可以减刑，有重大立功表现的应当减刑，但被判处管制和暂予监外执行的罪犯悔改到什么程度才可以减刑，没有明确的法律规定和司法解释，不利于社区矫正人员安心接受矫治。

3. 暂予监外执行犯的人员结构发生新的变化。修改后刑事诉讼法首次明确规定了对犯罪的未成年人实行"教育、感化、挽救"的方针，坚持"教育为主、惩罚为辅"的原则。虽然有这么多的保护政策，但未成年人因一时冲动犯下错误必将对其生活造成影响，这些影响如何解决，仅仅依靠社区矫正工作自身的力量还不够，还需要家庭以及社会各方面的努力。这样才能促使未成年人痛改前非，重新走上社会，从而降低未成年人重新犯罪的概率。

三、暂予监外执行制度的完善

修改后刑事诉讼法对暂予监外执行的适用条件、决定机关等内容进行了较为详细的规定，对监外执行产生深远的影响，但对司法实践工作和其制度缺陷而言，暂予监外执行制度仍在立法矛盾、可操作性不强、跨地区的衔接工作发展缓慢等存在需要探讨和研究的地方，仍需继续完善。

（一）建立暂予监外执行撤销制度和撤销限制制度

修改后刑事诉讼法为监外执行设置了禁止条件，即"可能有社会危险性"的罪犯不得适用监外执行，其实质就是对监外执行权利的限制。而其限制的理由则是，监外执行权利的行使，可能会因为罪犯的存在而给他人或社会造成严重威胁。权利是相对性和绝对性的统一，即从权利的存在看，它是绝对的；从权利的行使或实现看，它是相对的。基于确保权利秩序、兼顾其他社会利益及确保权利主体承担重大的社会责任的考虑，对权利进行限制就成了客观的现实需要①。监外执行作为罪犯的权利，当然也存在限制的必要。对监外执行权利进行限制是必要的。但任何对基本权利的限制都应被认为同时伴随有"限制的限制"的必要。而"必要性原则"和"适当性原则"就是权利限制所必须遵守的两项基本原则。笔者认为，我国监外执行禁止条件的设置与上述两项原则不尽相符。

1. 权利限制"必要性原则"和"适当性原则"分析。第一，禁止条件的设置表达的是对权利的事前限制与权利限制的"必要性原则"不符。"必要性原则"的基本要求就在于"最温和"，即对公民利益限制或损害最小。对公民利益限制最小，也就意味着所采取的措施是为实现或保障公共利益所绝对必需。②但我国监外执行的禁止条件即"可能有社会危险性"，表达的是对权利的事前限制，其使得执行机关在不确定是否会发生"危险"，没有确定的因果关系的情况下，决定是否限制剥夺罪犯监外执行的权利。由于预测力的有限性，以此种模式对权利进行限制，既不能使罪犯利益限制或损害降到最小限度，也不是为实现公共利益所绝对必需。第二，刑事诉讼法不区分罪犯可能具有危险的性质，对监外执行权利一律采取限制与权利限制的"适当性原则"不符。根据"适当性原则"，立法者对公民基本权利的限制不得超过所追求的公共利益。我国暂予监外执行制度，不区分罪犯可能具有危险的性质，对监外执行权利一律进行限制，违背了这一原则。因为，从实际情况来看，罪犯的社会危险性是与其此前的犯罪性质密切相关的。详言之，因侵犯人身权利而被定罪的罪犯，其社会危险就在于再次危害他人的人身权利；因侵犯财产而被定罪的受刑人，其社会危险则在于再次危害他人或国家的财产权利。如果不对罪犯的"社会危险"性质加以区分，对其监外执行权利一律加以限制，其可能的结果就是，为了避免他人财产权利受到再次侵害，执行机关可以剥夺其监外执行权利。而监外执行权利背后所体现的主要是罪犯的生命健康权。于是，无疑可以得出如下结论：为了保护他人的财产权利，执行机关可以剥夺罪犯的生命健康权。

2. 建立暂予监外执行撤销制度，变监外执行事前限制为事后限制。由于权利的事前限制无法满足对罪犯权利保障的需要，因此，对其监外执行权利的限制，宜将事前限制改为事后限制。具体而言，废除"可能有社会危险的罪犯不得监外执行"事前禁止条件，建立暂予监外执行的撤销制度，即规定罪犯在监外执行期间重新犯罪，或虽未重新犯罪，但有违反法律、行政法规或者社区矫正部门有关暂予监外执行监督管理规定的行为的，应当依照法定程序撤销暂予监外执行，收监执行尚未执行完毕的刑罚。

3. 设立暂予监外执行撤销限制制度。由于监外执行涉及罪犯的生命健康权利，为体现对其生命健康权利的尊重，有必要对暂予监外执行撤销进行必要的限制，即规定罪犯即使在监外执行期间有重新犯罪或重大违法，但如果不是侵犯他人人身权利的，应作为暂予监外执行撤销的例外。当然，对此种重新犯罪或有其他重大违法违规行为的罪犯可以考虑变更强制措施。

---

① 王太贤：《权利的代价》，载《学习与探索》2000年第4期。
② 胡肖华、徐靖：《论公民基本权利限制的正当性与限制原则》，载《法学评论》2005年第6期。

(二) 暂予监外执行制度改革的替代路径

1. 以暂缓或中止刑罚执行取代暂予监外执行制度。借鉴国外的暂缓或中止刑罚执行制度代替暂予监外执行，应当是较为可行的改革方向。暂缓或中止执行制度在最大限度地给予罪犯人道主义关怀的同时，有效地防止罪犯借疾病或怀孕、分娩等理由来变相逃避刑罚的实际执行。暂缓执行只是在行刑的时间上作了推迟，在监狱外时间不计入刑罚执行期间，因为刑罚内容没有变更，当暂缓的原因消除后，罪犯仍须收监服刑。更为重要的是，由于刑罚的暂缓或中止执行不可能给罪犯带来任何减免的实质好处，自然能如釜底抽薪一般有效消除保外就医鉴定和决定环节的腐败机会。

2. 建立刑罚暂缓或中止执行的保障机制。为避免罪犯在监外就医、怀孕或哺乳期间发生脱管或其他违规现象，应当明确罪犯监外就医、怀孕或哺乳期间的保证人资格条件、保证义务和违反保证义务时应当承担的法律责任。除了保证人担保外，罪犯也可以提供保证金进行担保。保证金的数额应当与罪犯的经济能力和服刑期间的长短基本相适应。

3. 设立刑罚暂缓或中止执行的监督机制。为保障执行监督的透明度，笔者认为，还可以引入被害人进行监督。对于有被害人的案件，在决定暂缓或中止刑罚执行时，应当书面告知被害人关于中止执行的原因和期限。如果罪犯在监外就医期间有违反纪律的行为如重新犯罪、逃避监管、外出经商、故意制造病情或拖延不治，或者自伤自残，或者女罪犯违规怀孕的，被害人均有权向所在地的检察机关举报。经调查核实，检察机关有权要求有关机关及时予以纠正。

诉讼监督的程序化与监督程序的法定化

——以刑事诉讼监督为视角

杨林生*

关于检察机关刑事诉讼监督（以下简称诉讼监督）的规定，修改后刑事诉讼法和《人民检察院刑事诉讼规则（试行）》（以下简称《规则》）作了较大程度的完善，但是，诉讼监督程序化和监督程序法定化方面还存在一些问题。本文试以诉讼监督为视角，在对程序监督与监督程序予以考察和分析的基础上，就诉讼监督程序化和诉讼监督程序法定化提出若干意见。

一、程序性：诉讼监督的本质特征

诉讼监督特指检察机关在刑事诉讼中依照法定程序对公安等侦查机关、人民法院和刑罚执行机关的诉讼活动和刑罚执行活动是否合法所进行的能够产生法定效力的专门监督。作为检察机关法律监督权的重要组成部分，诉讼监督权与法律监督权的其他权能一样，只有作出某项程序性的决定、通过启动司法程序解决问题的功能，它本身不具有实体处分权。有学者归纳了法律监督的诸多特征，如国家性、专门性、规范性、确定性和程序性。[①] 也有论者归纳了诉讼监督的诸多特征，如专门性、有限性、程序性和补救性等。[②] 相比而言，程序性这一功能特点，是诉讼监督的本质特征。程序性特点决定诉讼监督的有限性和它在诉讼权力体系中的非终局性，决定了监督权与处分权（实体处分）的分离。具体表现在检察职能各个方面，体现在检察机关所拥有的各项诉讼权力之中。

（一）诉讼监督是程序性监督，而非实体性监督

检察机关对刑事诉讼活动的监督，虽然它参与刑事诉讼的全过程，对公安机关的侦查活动、人民法院的审判活动以及刑罚执行机关的活动都有权实施监督，但这些监督都是一种诉讼程序的运作过程，对违法行为（包括程序性违法和实体性违法）的纠正起到一种敦促和启动作用，并不具有也不可能具有直接处置其他权力的功能，即不决定刑法的适用结果，因而不具有实体性监督性质。"诉讼中的违法情况是否得以纠正，最终还是要由其他有关机关决定。"[③]

---

* 江西省安福县人民检察院预防科科长。
① 甄贞：《法律监督原论》，法律出版社2007年版，第21~28页。
② 仓朝平等：《刑事诉讼监督论》，法律出版社2007年版，第12~25页；吕涛、杨红光：《刑事诉讼监督新论》，载《人民检察》2011年第4期。
③ 张智辉：《检察权研究》，中国检察出版社2007年版，第75页。

（二）诉讼监督必然引起一定的程序，被监督者必须作出法律规定的反应

如检察机关对侦查活动违法情况的监督，法律规定公安机关要将执行纠正违法的情况及时通知人民检察院；检察机关对刑事判决、裁定提出抗诉，对违法暂予监外执行、减刑、假释提出纠正意见，都必然引起重新审理的程序等。如果出现监督不能引起一定的程序，被监督者没有作出法律规定的反应的情况，那么不是监督工作不到位，就是诉讼监督机制本身存在缺陷，必须予以修改和完善。

（三）诉讼监督是诉讼内监督，必须遵循诉讼规律

诉讼监督是诉讼内监督，而非诉讼外监督。监督过程中，监督者必须积极介入诉讼活动，在诉讼参与中实现对诉讼的监督。监督者是参与者而不是裁判者；监督与被监督的关系也不是与诉讼法律关系并列的另外关系，而是融合在诉讼活动中的一种监督行为。① 诉讼监督职能的有效行使不能脱离具体的诉讼职能，监督是内容、目的，诉讼是形式、载体，二者是一个职能的两面、一个问题的两个方面。② 刑事诉讼法、《规则》对诉讼监督的程序规定，总体上是符合刑事诉讼规律的：一方面把法律监督权（包括诉讼监督权）专门独立出来，而不赋予实体处分权，既是对行政权、审判权的制衡，又可以防止权力过分集中；另一方面把监督权限于程序方面，使检察机关能摆脱实体处分的羁绊，集中精力搞好监督，充分发挥异体监督的优势，运用超然独立的地位，做到铁面无私、严格监督。③ 但是，理论界和实务界存在两种思想倾向，或主张取消、限制检察机关的监督职能，或主张赋予检察机关这样那样的实体处分权。这两种思想倾向在很大程度上要么是由于对诉讼监督的程序性特点和诉讼规律缺乏应有的认识，要么是监督程序设计还存在缺陷，必须予以修改和完善。

二、严格规制：诉讼监督程序的客观要求

诉讼监督的程序意义还在于包括诉讼监督程序本身也需要严格的规范程序性规制。④ 诉讼监督程序主要指监督主体即检察机关遵循法定的时限并按照法定的方式和关系进行法律监督行为。它以法定的时间和法定的空间、方式为基本要素，针对公安等机关的侦查、法院的审判、执行机关的执行等各类刑事诉讼活动而进行监督，且具有一定的形式性。法律规定诉讼监督程序的目的和功能在于：第一，抵制，即通过监督程序的时间、空间要素来克服和防止监督行为的随意性和随机性；第二，导向，即通过监督程序的时空要素来指引主体的监督行为按照一定的指向和标准在时间上得以延续，在空间上得以进行；第三，缓解，即通过监督程序的时空要素来缓解人们原先的行为和心理冲突，消除紧张气氛，为解决被监督行为提供有条不紊的秩序条件；第四，分工，即监督程序通过时空要素来实现诉讼监督活动中的角色分配；第五，感染，即监督程序使监督主体对程序所造成的某种心

---

① 刘立宪、张智辉：《司法改革热点问题》，中国人民公安大学出版社2000年版，第191页。
② 沈丙友：《公诉职能与法律监督职能关系之探讨》，载《人民检察》2000年第2期。
③ 童建明：《关于我国检察机关法律监督问题的若干思考》，载《检察论丛》（第1卷），法律出版社2000年版，第74页。
④ 甄贞：《法律监督原论》，法律出版社2007年版，第28页。

理状态的无意识的服从。

诉讼监督程序由两部分组成：一是诉讼监督活动本身开展所必备的一系列方法、措施和程序；二是保障刑事诉讼监督活动有效实施的一系列方法、措施和程序，包括启动程序、审查程序、表达程序、回馈程序等多个系统。①《规则》规定诉讼监督程序主要体现在第九章"刑事诉讼法律监督"从刑事立案监督到强制医疗执行监督共九节。从当前检察机关行使诉讼监督权的情况来看，诉讼监督程序的规定和运行仍然没有充分完整地体现监督程序的目的和功能。主要表现在：一是立法上的缺失。与公诉权或检察侦查权相比，刑事诉讼法没有专章或专节规定检察机关的诉讼监督权，没有对这一权力的监督范围、程序和必要的纠正手段进行明确规定，使诉讼监督权无法形成一个完整的监督体系。二是监督范围有限。诉讼监督权的作用范围应该包括诉讼的全过程，但从立法和实践看，这一范围明显被缩小了。三是监督手段无力。虽然规定了监督对象应对检察机关的监督意见作出及时反馈，但对拒绝及时反馈的行为却没有规定进一步的制裁措施；检察机关对诉讼活动不能实行同步监督，对违法行为的纠正意见往往以"下不为例"告终；监督手段局限于纠正意见、检察建议，削弱了监督手段的强制性。

总之，由于受诸多因素的影响，诉讼监督程序在立法上存在简约、欠缺等不足，在设计上存在权力配置不合理、运行机制不完善等弊端，客观上要求对诉讼监督进行程序化改造。

三、权力配置：诉讼监督程序化的关键

所谓诉讼监督程序化，是指以程序理念为指导，对诉讼监督进行改造，使诉讼监督在立法的保障下，严格按照法定程序的要求展开，它既可以指向诉讼监督改造的过程，也可以指向程序化改造完毕后的样态。②

诉讼监督程序化，应以程序理念为指导，以具体的立法规范为依据，以合理、完善的权力配置和运行机制为保障。唯有按照程序理念的要求对诉讼监督的具体职能进行合理的改造，才能使诉讼监督在整体上具有程序性，最终实现诉讼监督的程序化。依据《规则》第九章的规定，包括从立案监督到强制医疗执行监督九个方面的程序化，都离不开完善的立法保障，监督的规范化是监督程序化的前提。在此基础上，监督运行机制的重构尤其监督权力的配置，在程序化过程中成为至关重要的环节。下面主要就两个问题予以分析：

（一）参与式监督：侦查程序处分机制

一般来讲，一项完整的刑事侦查权，包括侦查实施权和侦查程序处分权。在大陆法系国家，检察官成为侦查权主体尤其是侦查程序处分权主体，其重大的法治意义在于将检察官对警察的法律监督演变为一种"参与"式监督，③这使得检察官能够更加有效地控制警

---

① 黄海：《论刑事诉讼监督的保障程序》，载《刑事诉讼法修改与诉讼监督》，法律出版社2011年版，第634~635页。
② 陈莹莹：《刑事检察监督的程序化研究》，载《复旦大学学报》2011年第7期。
③ 万毅：《论侦查程序处分权与侦查监督体制转型》，载《法学》2008年第4期。

察活动的合法性。而我国刑事诉讼法规定，公安机关是法定的侦查主体，既享有对一般刑事案件的程序启动权即立案权，又享有侦查程序终结权；检察机关只享有立案监督权。这样的权力配置，一直难以解决实践中出现的公安机关"拒不立案"、"立而又撤"、"立而不侦"、"违法撤案"、"撤而不结"等难题，立案、侦查监督明显乏力。

据此，考虑到我国目前，侦查程序缺乏监督、制约的现状，有必要借鉴大陆法系国家的经验，从诉讼监督程序的角度，对现有的刑事诉讼侦查制度进行改造，重新配置侦查处分权。

1. 侦查程序启动权即立案决定权交由检察机关行使。尝试构建"双重立案"制度，即对于一般刑事案件，侦查机关受案登记后进行初查（如封锁现场、即时勘查等），初查完毕后，拟作正式立案或不立案处理时必须报经检察机关审查批准，由检察机关作出立案或不立案的决定。在紧急情况下，侦查机关可以先立案，然后在法定期限内向检察机关报告（未报告的，其立案决定自动撤销），如果检察机关认为合法，可以追认立案程序；如果检察机关认为立案不合法，则有权撤销侦查机关的立案决定。据此，可以有效监督"有案不立"、"违法立案"、"拒不立案"、"立而又撤"等情况。

2. 侦查程序终结权交由检察机关行使。公安机关侦查完毕后，将案卷移送检察机关，由检察机关以提起公诉或者作出不起诉决定的形式终结侦查。对于那些明显不构成犯罪，且又不属于刑事诉讼法第15条规定的情形，比如犯罪嫌疑人的行为不构成犯罪，或者犯罪行为并非该犯罪嫌疑人所为，检察机关可以撤案的方式予以终结；对于那些虽然尚未构成犯罪，但是需要作出行政处罚的，则应由检察机关提出检察建议并移送公安机关处理。据此，可以有效控制"违法撤案"、"撤而不结"等情况。

（二）外在式监督：检察司法审查机制

如果说检察官享有侦查处分权，是检察官对侦查的"参与"式监督，那么，实行检察官对侦查措施司法审查而不是由法官司法审查，则可以称为"外在"式监督。

西方各国普遍授予法官司法审查权，无论是逮捕、搜查、扣押，还是羁押、保释或者其他强制措施，司法警察或者检察官都要事先向法官提出申请，由法官进行司法审查，并决定是否签发许可令状。只有获得许可令状，侦查机关才能采取上述侦查措施。

根据《公民权利和政治权利国际公约》的规定，对羁押合法性审查的司法机关不限于法院。[①] 在我国，检察机关定位为法律监督机关，强制性侦查措施司法审查权是法律监督的应有之义，涵盖于法律监督的内容之中。检察机关是强制性侦查措施司法审查相对最好的司法机关。[②] 目前，继续羁押必要性审查权、逮捕审查批准权、逮捕审查决定权等，刑事诉讼法和《规则》已作了较明确规定和完善。司法审查的其他方面，还有待确立和完善。

1. 赋予检察机关程序建议权、程序控制权和程序制裁权。具体而言，检察司法审查

---

① 叶林华、周建中：《检察机关司法审查职能研究》，载《中国刑事法杂志》2009年第1期。
② 杨林生：《困境与进路：强制性侦查措施之司法审查》，载《刑事诉讼法修改与诉讼监督》，法律出版社2011年版，第218页。

权可由程序建议权、程序控制权、程序制裁权三部分组成。①所谓程序建议权就是检察机关对侦查机关在证据收集、提取、固定、运用及取证方向、法律适用方面主动提出意见、建议的权力。所谓程序控制权,就是指检察机关根据侦查机关的申请对影响案件发展方向的、涉及人身、财产权益的侦查行为进行审查并作出决定的权力。所谓程序性制裁权,主要指向侦查机关的侦查行为,当侦查行为明显违法或导致证据灭失、控诉失败、侵犯人权、放纵犯罪等特定后果时,检察机关利用其被动式决定权对其侦查结果予以否定,阻止侦查行为进行。"剥夺违法者违法所得的利益,使违法行为不发生预期的法律效果。"②这三种权力在司法审查中处于不同的地位,发挥着不同的作用,它们相互协调、配合、补充、保障,共同构成一个完整的检察司法审查模式。

2. 规定审查范围、审查方式和审查程序。审查范围方面,先将拘留、逮捕以及证据保全三项纳入初期司法审查的范围;然后是所有强制性手段,包括搜查、查封、扣押、冻结、对非公共场所的勘查、人身检查、强制取样、监听、秘密拍照、秘密录音录像以及取保候审等;然后是其他所有涉及公民权利和自由的侦查行为。审查方式方面,对逮捕和羁押的审查通常应通知控辩双方同时到场,采用言词的形式进行,这样有利于保证诉讼审查结果的正确性,保护被追诉人的合法权利;其他强制性诉讼措施和非强制性诉讼措施通常可采用书面形式,但如果检察官认为采用书面形式无法查清案件事实,也可以听取犯罪嫌疑人及其委托律师的意见。审查程序方面,如尝试建立非羁押类强制性侦查措施的事后救济程序。侦查机关采取取保候审、扣押、冻结等涉及人身、财产权益的强制性措施后,必须报检察机关审查,在法定时间内未报送审查的,此类措施即自动失效;检察机关审查后发现不应采取此类措施的,可以作出撤销此类措施的决定。

四、法律规定:诉讼监督程序法定化的标志

诉讼监督程序化,还必须解决诉讼监督程序法定化的问题。所谓诉讼监督程序法定化,是指检察机关诉讼监督的职权及其诉讼监督程序,都由立法机关所制定的法律即刑事诉讼法加以明确规定,刑事诉讼法没有赋予的职权,检察机关不能行使;检察机关也不得违背刑事诉讼法所明确的监督程序规则而任意决定诉讼程序的进程。也就是说,刑事诉讼监督程序规则与刑事诉讼程序规则一样,"只能由立法加以规定,因此只能具有立法性质。"③诉讼监督程序法定化主要包括三个方面:一是由立法机关制定诉讼监督的方法、手段和程序;二是监督者行使监督权时,必须遵守法定的诉讼监督程序,违者应当承担程序性违法后果;三是监督者监督被监督者是否遵守法定的刑事诉讼程序,违者应当承担程序性违法后果。

(一) 备案审查:对诉讼规则的监督机制

诉讼监督程序法定化之"法"是指法律,而非指司法解释。但是,目前规范刑事诉

---

① 种松志:《检警关系论》,中国政法大学出版社 2006 年版,第 167~171 页。
② 陈瑞华:《程序性制裁理论》,中国法制出版社 2005 年版,第 536 页。
③ [法] 卡斯东·斯特法尼等:《法国刑事诉讼法精义》,罗结珍译,中国政法大学出版社 1998 年版,第 10 页。

讼监督程序的条文仍集中体现在《规则》这一司法解释。总的来说，运用《规则》的形式来制定检察机关诉讼监督程序，有"监督者自己制定监督规则"之嫌。它混淆了创立法律与执行法律之间的严格界限。"如果司法权与立法权合二为一，则将会对公民的生命和自由施加专断的权力，因为法官就是立法者。"① 可见，在目前由《规则》规定诉讼监督程序的条件下，对司法解释即《规则》的监督制约势在必行。

令人欣慰的是，检察机关诉讼监督工作还是得到了地方人大的重视和支持。1999 年 9 月吉林省人大常委会率先制定了《关于加强检察机关法律监督工作切实维护司法公正的决议》，开创了法律监督（包括诉讼监督）工作进行地方立法的先河。2008 年 9 月北京市人大常委会颁布了《关于加强人民检察院对诉讼活动的法律监督工作的决议》。接下来在短短两年时间，全国又有 18 个省份的人大常委会制定并实施了类似的决定或决议，掀起了地方人大常委会对法律监督包括诉讼监督立法的高潮。② 这种以地方人大立法规定诉讼监督的尝试，虽然不能代替全国立法规定，但这种努力将为日后全国人大立法诉讼监督积累经验。

2005 年 12 月，十届全国人大常委会第四十次委员长会议通过了《司法解释备案审查工作程序》，规定最高人民法院、最高人民检察院制定的司法解释，应当自公布之日起 30 日内报送全国人大常委会备案。这说明最高立法机关已开始重视对司法解释（包括《规则》）的监督审查工作并有了具体措施，如果能够真正贯彻落实，就可以从程序上、监督机制上保证《规则》的内容在不违反宪法和法律的同时，较好地体现法律规范的意义，体现程序法定原则的精神。当然，这种以全国人大常委会对《规则》备案审查监督的方式，只是诉讼监督程序法定化过程中的一种过渡，待条件成熟时，最终还是要由全国立法机关制定完整的刑事诉讼监督程序。

（二）民主监督：对法外程序的抗衡机制

所谓"法外程序"是相对法定程序（法内程序）而言的，主要指刑事诉讼法未予规定，但在刑事诉讼实践中又影响甚至决定着刑事案件处理结果的手续、步骤等。从形式上看，"法外程序"可以分为两类：一是"规范性法外程序"，即由法律之外的规范性文件所规定的程序。《规则》就属于这一类型。二是"非规范性法外程序"，即不具有规范的形式，没有规范性文件作为载体，而主要是长期以来形成的司法惯例和习惯体现出来的程序，如联合办案、案前协调会等，又被称为"隐形程序"或"司法潜规则"。司法实践中，大量"法外程序"的存在，或取代"法内程序"，或充斥于"法内程序"，极易滋生"暗箱操作"、"私下勾兑"，既无助于提高刑事司法效率，又可能损害司法的公正性。

因此，要保障诉讼监督程序法定化，必须抵制"法外程序"在我国的滋生、蔓延。从长远角度看，仍有待于在刑事诉讼法中建立健全许多重要的诉讼监督制度和程序，以消除法外程序产生的重要诱因。同时，逐步保障我国检察权的独立性和自治性，如检察机关的经费资源、检察人员的产生、培训、升迁一揽子都应当独立于其他权力机关尤其是行政

---

① [法] 孟德斯鸠：《论法的精神》，张雁深译，商务印书馆 1985 年版，第 156 页。
② 韩哲：《诉讼监督的价值目标及其实现》，载《刑事诉讼法修改与诉讼监督》，法律出版社 2011 年版，第 829 页。

机关，以剔除法外程序产生的深层根源。

　　从现实角度看，必须充分保障程序的民主性，充分尊重诉讼参与人及至社会公众对程序制定和运作的参与权。如充分借鉴英美法系的陪审团制度、大陆法系的参审制度、日本的检察审查会制度和我国的人民监督员制度，实现诉讼程序的民主化，最终实现刑事诉讼结构从控辩双方两造对抗、法官居中裁判的"等腰三角形"到透明地以等腰三角形为底边、以民主监督的程序主体为顶端的三棱锥诉讼结构的转变。① 总之，通过社会公众对程序的制定和参与，来确保程序的民主性，反过来这种程序的民主性，又可以成为公众的一种法律信仰，成为许多人的不言而喻的价值观，在现实中作为一种实在的力量与权力扩张的倾向相抗衡，自觉抵制法律程序之外的"法外程序"对法律程序（包括诉讼监督程序）的侵入，以形成"以社会制约权力"、"以权利制约权力"的新型权力制衡机制。

　　诉讼监督程序化和诉讼监督程序法定化，是诉讼监督的程序性特征的必然要求。程序化、法定化要求法律明确监督的总体原则，同时对诉讼监督的内容范围、具体程序、方法、效力、权限等作出具体规定。虽然《规则》对刑诉法设定的制度进行了细化，并对检察机关执行刑诉法的工作程序、操作程序作出了规定，但《规则》本身毕竟只是一般司法解释，诉讼监督的许多难题尤其是监督权力的设置，还有待上位法予以解决。

---

① 林朋鸿：《刑事诉讼民主监督程序的比较研究》，浙江工商大学出版社2008年版 第2~4页。

论新刑事诉法法框架下刑事诉讼监督的完善

张玉华* 陈娟娟**

一、诉讼监督及刑事诉讼监督内涵的厘清

"诉讼监督"一词在检察实务中广为传用,但关于"诉讼监督"的内涵却未有明确界定,在学理界也存有不同认识。而深入研究刑事诉讼监督,厘清诉讼监督内涵是理论前提。

(一)"诉讼监督"应为狭义界定

关于"诉讼监督"基本存在两个层面的理解。一为广义理解。即为党政部门、行政机关、法院、检察院、社会大众等对诉讼活动的监督。按照监督主体的不同,依据种属范畴其逐级可细分为:诉讼监督→国家诉讼监督→司法诉讼监督→检察诉讼监督。在广义的层面理解诉讼监督则不等于检察诉讼监督,[1] 否则将他方诉讼监督游离于诉讼监督之外,影响诉讼监督体系全面构建。二为狭义理解。专指特定机关为诉讼监督主体即检察机关对诉讼活动的法律监督。基于检察机关为法律监督的专属机关的宪法定位,笔者认为对诉讼监督作狭义的界定是必须与他方诉讼监督相比,检察诉讼监督具有以下特征:一是监督主体的专门性。检察机关作为国家法律监督专属机关,是行使诉讼监督的必然主体。二是监督的规范性。监督的对象、范围、程序、手段等均由法律规定。三是监督的程序性。检察诉讼监督必须遵循法定程序,同时监督的效力也启动相应的司法程序。四是监督的强制性。检察诉讼监督具有法律效力,以国家强制力为保证。检察诉讼监督的以上特征揭示了其具有其他诉讼监督所不能具有的功能,为真正意义的诉讼监督。正基于此,本文对诉讼监督的阐述均以狭义的诉讼监督即检察诉讼监督为理论基础。

(二)诉讼监督不能等同于法律监督

法律监督权能是诉讼监督的理论基础和宪法依据,诉讼监督为法律监督之下的子概念,是检察机关法律监督权能的一个组成部分。但在理论界和实务界存在将诉讼监督与法律监督等同的错误认识,存在将法律监督诉讼化的错位倾向。[2] 将法律监督归结于诉讼监督,不仅缩小了法律监督的范围,也会带来一系列的不利后果。首先,将法律监督变成诉讼监督,使国家法律监督机关变成了诉讼监督机关,使一项国家政治制度变成了诉讼监督的制度,这不符合我国政体的安排。从大陆法系控权型检察制度发展而来,经过苏联法律

---

* 江西省人民检察院法律政策研究室副主任。
** 江西省赣州市章贡区人民检察院侦查监督科科长,全国检察理论研究人才。
[1] 杨迎泽、薛伟宏:《诉讼监督不等于检察诉讼监督》,载《检察日报》2011年6月6日。
[2] 蒋德海:《法律监督还是诉讼监督》,载《华东政法大学学报》2009年第3期。

监督制度转换的中国法律监督制度早就不是单纯的诉讼制度,而是一种国家制度,是社会主义国家约束国家权力的政治选择。我国法律监督和诉讼监督的关系,实质上是国家制度和诉讼制度的关系问题。把法律监督理解为诉讼监督,实则是将国家制度归结于诉讼制度,这不但不符合我国宪法的规定,而且正是造成中国法律监督权威缺失的根本原因。其次,仅仅从诉讼监督来概括和理解法律监督,使法律监督制度有可能变成诉讼制度,而这主要是西方特别是英美法系检察制度的特点,如此,中国检察制度则失去法律监督的社会主义内涵。最后,法律监督的诉讼化势必限制法律监督全面发展。我国法律监督制度作为一项国家制度,不仅应当包括诉讼领域中的监督,而且也包括诉讼领域外的监督,既通过诉讼形式进行监督,也通过非诉讼形式进行监督。① 长期以来,我国法律监督制度在诉讼以外的领域没有得到应有的发展,如将法律监督制度错误理解为诉讼监督,则诉讼外法律监督的可能性将完全丧失,必然不利于我国法律监督制度的完善。正如张智辉教授所言:"检察机关的监督不能定位为诉讼监督。因为从现行法律监督的规定看,检察机关的监督并不是仅仅限于诉讼过程中。除了对诉讼活动进行监督外,检察机关的监督还包括对某些非诉讼行为的监督。而从维护国家法律的统一正确实施的需要看,检察机关的监督更不能仅仅限定在诉讼活动上。"②

(三) 诉讼监督对象应为排除自身的公权力机关

检察机关自身和司法机关之外的诉讼参与人是否为诉讼监督的对象也是理论界争议的焦点之一,笔者认为刑事诉讼监督的对象应为排除自身的公权力机关。③ 首先,"对国家权力机关的控制和监督,不仅是我国民主法治建设的基本要求,也是维护司法公正、保障公民基本权利的迫切需要"④。就一般意义而言,法律监督是宪法规定的在国家机关之间进行权力控制层面上的一种制度安排,以违法行为为监督客体,并不涉及公民个人等私法主体。⑤ 因此,当事人和其他诉讼监督主体不应属于诉讼监督对象,诉讼监督对象仅为国家权力机关。其次,将检察机关自身纳入诉讼监督的对象有失严谨,不符合诉讼监督规律的要求。就同一客体而言,诉讼监督三体应当独立于被监督对象,保持中立性,如将检察机关职务犯罪侦查、公诉等诉讼行为纳入监督对象,自身监督则易为外界诟病也有违于诉讼监督的基本要求。而事实上,检察机关自身监督在强化内部的纪检监察、检务督察同时也早纳于党的监督、人大监督、群众监督、新闻媒体监督及人民监督员的监督体系的监督之中。

(四) 刑事诉讼监督应剥离诉讼职能

出于诉讼监督体系的完整性构架必然需要,诉讼监督的应然范围应涵盖民事诉讼、行政诉讼、刑事公诉及自诉等各种诉讼领域的诉讼活动的全过程,以体现诉讼监督的全面监督和全程监督的要义。而刑事诉讼监督则应包括立案、侦查、审判、监管、执行及诉讼调

---

① 参见王桂五:《中华人民共和国检察制度研究》,法律出版社1991年版,第256页。
② 参见张智辉:《检察权论》,中国检察出版社2008年版,第71页。
③ 吕涛、杨红光:《刑事诉讼监督新论》,载《人民检察》总第596期。
④ 蒋德海:《配置法律监督权要有利于制约和监督公权》,载《检察日报》2008年2月22日。
⑤ 参见樊崇义等主编:《域外检察制度研究》,中国人民公安大学出版社2008年版,第300页。

解等各个诉讼环节的观点是诉讼监督理论主流观点,但对于刑事诉讼全过程职能可否界定为诉讼监督则存在两种观点。一种观点认为,检察机关是法律监督机关,所行使的职权是法律监督权,因此对检察机关在刑事诉讼中的职务犯罪侦查、审查批捕、审查起诉活动以及对侦查、审判、刑罚执行和监管活动是否合法进行的监督活动等都是诉讼监督。另一种观点认为,诉讼监督应当仅指检察机关依法对侦查、审判、刑罚执行和监管活动是否合法进行的监督,包括刑事立案监督、侦查监督、审判监督、刑罚执行和监管活动监督等,也包括通过批捕、起诉、侦查诉讼中的职务犯罪等工作对诉讼活动实行的监督,但不包括审查逮捕、审查起诉工作本身,也不包括对诉讼活动之外实施的职务犯罪的侦查。① 笔者认为,后一观点更符合诉讼监督的内涵。因为刑事检察权的构成不仅包括公诉权也包括职务犯罪侦查权、决定和批准逮捕权、诉讼监督权及法律赋予的其他职权,刑事检察职权既有统一于法律监督职能下司法权的体现更有法律监督权的直接体现,故而不能简单地以法律监督权能单一划分检察职能。根据刑事检察权功能作用可将其概括为诉讼职能和诉讼监督职能,两功能的行使应分别遵循监督规律和诉讼规律,诉讼监督职能理应剥离开诉讼职能。

通过对诉讼监督内涵的逐层剖析,刑事诉讼监督概念也逐渐清晰。因此,笔者认为其核心定义为:人民检察院根据宪法和法律规定,依照法定程序对刑事诉讼活动进行法律监督,以发现并纠正公权力违法的专门性活动,包括刑事诉讼监督中对立案监督、侦查监督、审判监督、刑罚执行活动监督。

二、刑事诉讼监督存在的问题

长期以来,检察机关忠实履行法律监督的神圣职责,刑事诉讼监督取得一定的成效,然而,当下的诉讼监督因受多方制约,其效果与诉讼监督价值目标尚存在一定的差距,还不能完全满足社会公众对司法公正的要求。

(一) 诉讼监督立法层面的制约

刑事诉讼监督没有统一规范,只零星散见于刑事诉讼法的某具体章节之中而且规定得过于原则和粗泛。修改后的刑事诉讼法在一定的程度完善相关规定,但这一顽症仍存有迹象。法律规定过于原则和粗泛直接导致监督效果的不理想,其原因主要有二:一是刑事诉讼监督范围不明确。由于诉讼监督法律原则规定,监督范围不能细化,大量诉讼行为游离于检察机关的诉讼监督之外而不能满足刑事诉讼全程监督的初衷设计。在刑事立案监督方面,仅规定了检察机关监督公安机关有案不立的问题,而对不应立案而立案的情况如何监督没有规定;法律没有规定检察机关能否对刑事自诉案件进行诉讼监督;在法院决定逮捕和变更强制措施程序等方面,检察机关能否进行监督的规定均有所欠缺。二是刑事诉讼监督方式不完善。首先,监督信息获取被动。刑事诉讼监督缺乏相关监督来源和渠道,就审前程序的监督而言,检察机关主要是通过书面审查案卷的方式进行,而这种静态的被动监督方式难以发现动态的违法行为。其次,监督手段缺乏约束力。我国检察机关的刑事诉讼

---

① 陈国庆、石献智:《检察机关诉讼监督制度的完善》,载《国家检察官学院学报》2009 年第 3 期。

监督是一种程序性的监督,其功能一般是启动相应的法律救济程序或提出相应的违法纠正意见,但由于法律没有明确规定被监督机关接受法律监督的义务和不接受监督的后果,诉讼监督缺失必要的保证措施而刚性不足,诉讼监督的目标实现必须基于被监督者自觉配合才能实现。① 被监督者消极牵制,极大地影响了诉讼监督的效果。

(二) 刑事诉讼监督主体层面的制约

刑事诉讼监督主体的监督意识、监督能力及监督机制等内在自身制约诉讼监督的效果也是客观存在。第一,检察机关诉讼监督意识还不够。部分办案人员对刑事诉讼监督的重要性认识不够,把检察机关的诉讼监督权与宪法所规定的公、检、法三机关"互相配合、互相制约"原则混同,没有充分认识到检察机关诉讼监督的单向性、专门性和强制性,导致为打击犯罪重配合而淡化监督,迁就甚至隐瞒对方的违法违纪行为。这种错误认识和行为严重阻碍了诉讼监督工作的深入开展。第二,部分办案人员诉讼监督能力欠缺。检察人员能力的局限性必然导致执法水平不高、监督能力不强的现实情况。第三,检察机关诉讼监督机制还不够完善,具体体现在:一是内部协作机制不够健全。检察机关尚未形成刑事诉讼监督的整体合力。从上下级关系来讲,各级院之间的配合不够有力。上级院对下级院刑事诉讼监督工作的指导和支持的主动性还不够。从部门之间的关系来讲,既有因信息共享不够通畅,工作衔接不够到位而"各人自扫门前雪"的尴尬,也有因检察权配置不科学导致刑事诉讼监督职能重复而推诿"扯皮"的现象,② 造成监督资源的浪费也影响检察机关诉讼监督的权威和力度。二是考核激励机制不够健全。目前刑事诉讼监督考核指标设置不尽合理,只强化积极监督的单项监督,而对监督不作为或消极监督的情况缺乏考核,指标设置上仍有监督重数量、轻质量及重办案轻监督的倾向。考评结果未能有效运用,不能充分发挥考评的激励督促作用等。

(三) 刑事诉讼监督外部协调机制层面的制约

狭义的刑事诉讼监督主体是检察机关,但决不能简单理解诉讼监督为检察机关一家之事,检察机关与其他监督主体共同组成法律监督体系,共同承担法律监督之责。但在实践中,检察机关更多孤军奋战而较少强化与检察机关外部的沟通与协调,缺乏信息共享的支持,在一定程度上也制约了诉讼监督的效果。一是与其他公权力机关沟通协调不够。检察机关诉讼监督的目的是促进司法机关严格依法行使职权,支持各机关依法履行侦查、审判和刑罚执行职责,促进司法公正,维护司法权威。从这个意义上说,检察院与法院、公安机关、刑罚执行机关的工作目标是一致的。但由于缺乏沟通和交流的机制而难以形成监督的共识,导致检察机关监督信息获取障碍重重,而检察机关与纪检监察、信访、行政投诉中心、审计等部门的横向联络较少也阻碍线索和信息的传递。二是刑事诉讼监督社会宣传不到位,获得社会各界支持不够。由于检务公开的广度和深度不够,人民群众对于检察机关的工作性质、诉讼法律制度的规定以及法理的认识存在不足自然不会主动支持,检察机

---

① 甄贞、郭兴年:《诉讼监督的原则》,载《国家检察官学院学报》2010年第4期。
② 以立案监督工作为例,检察机关侦查监督部门和控告申诉检察部门均有此项职责,但在线索受理、初查、息诉及与公安机关的联系等方面的职责分工没有明确规范,实践中往往会产生互相推诿。

关从群众获取监督信息较少,潜在制约诉讼监督成效。

三、刑事诉讼监督的完善

基于以上分析可以得知,桎梏刑事诉讼监督的原因,不仅有立法层面的,也有刑事诉讼监督内外机制层面的。但因此而全盘否定现有诉讼监督的构架是不客观和不理性的。刑事诉讼监督历经多年的历史沉淀已然发展成为具有中国特色的诉讼监督体系,并在我国的法治进程中发挥无可替代的作用。因刑事诉讼监督的完善应在现有诉讼框架下寻求拓展和改善。

(一)诉讼监督立法层面的拓展与完善

在施行新刑事诉讼法立法框架下,刑事诉讼监督立法仍有拓展和细化的必要。一方面应尊重诉讼活动规律,以权力为限,保持必要谦抑同时强化刚性监督,理性拓展诉讼监督的范围;另一方面应完善诉讼监督结构性权力要素,将诉讼监督程序中虚泛的立法规定细化,增强其可操作性和实际执行的效果。

1. 拓展刑事诉讼监督范围。第一,关于刑事立案监督。诉讼监督应贯穿于立案活动全过程,即侦查机关对立案材料的受理、审查、决定的全过程,不应仅局限于公安机关"应当立案而不立案"的局部监督,不应立案而立案等立案行为也应纳入监督范围。第二,关于侦查活动监督。从诉讼监督理论上讲,有侦查权运行的地方就应当有侦查监督的空间,有诉讼权利救济的空白就应当有监督的必要。然而,在现行法律框架内检察机关对侦查机关的强制措施和强制性侦查行为的监督都极为有限。因此,应完善强制性侦查措施监督,将搜查、查封、扣押、冻结等列入监督范围。第三,关于审判监督。应当增加对人民法院审判自诉案件的检察监督的内容,增设对财产刑的监督程序,明确规定检察机关的量刑建议权从而实现量刑监督等。死刑复核作为人民法院刑事审判活动的重要组成部分,是刑事诉讼法所明确规定的一个诉讼程序,理应属于检察机关法律监督的范围。第四,关于刑罚执行和监管监督。应当拓展对监管活动的监督范围,赋予检察机关对刑罚执行和监管活动的随时介入权和对非监禁刑罚执行监督的处置权,通过立法完善刑事羁押监督制度,增设交付执行监督程序。

2. 完善刑事诉讼监督权力要素。根据检察权配置权力结构完整性原则要求,补强、完善检察机关刑事诉讼监督的结构性权力要素。第一,赋予检察机关诉讼监督知情权。发现诉讼中违法行为是诉讼监督的前提,是对违法行为监督的基础。因而,立法中应明确检察机关在诉讼监督中案件卷宗调阅权及对诉讼中违法行为的调查手段。第二,明确被监督者接受监督的义务及法律后果。"完整的法律监督制度,不仅要有对监督主体的授权性规定,而且还应有对监督对象接受监督的义务性规定,以及不接受监督的制裁性措施。"① 没有义务就没有规则,没有制裁也就不存在法律。如果某项法律规范对违法者没有规定应有的义务或者不履行义务却没有相应的制裁措施,那么该规范就只具有象征意义,不可能

---

① 童建明、万春、高景峰:《司法体制改革中强化检察机关法律监督职能的构想》,载《人民检察》2005年第3期。

具体实施。第三，赋予检察机关程序性处分权。检察机关对诉讼活动的法律监督基本是建议和启动程序权，因为程序性监督不具有终局和实体处理的效果。诉讼活动的违法是否得以纠正，最终还是由被监督机关决定。① 而赋予检察机关程序处分权则通过对违反法律程序的行为宣布无效，使其不再产生所预期的法律后果的方式来惩罚和遏制违法行为。如对刑讯逼供行为，诉讼监督机关则采取非法证据排除宣告违法取证的无效而有效监督侦查机关的侦查活动。第四，赋予检察机关处置建议权。根据现行刑事诉讼法，检察机关可以针对诉讼违法行为向相应办案机关提出纠正违法意见，但对消极抵制监督的办案单位和人员却缺乏相应的制约手段，影响了检察机关法律监督的权威和实效。赋予处置建议权可包括建议被监督机关的上级机关另指定案件管辖，也包括建议更换案件承办人及建议对违法办案人员行政处罚的建议权。第五，赋予检察建议权效力。检察建议权应为诉讼监督中常用的监督手段，应当包括三方面的内容，即纠错建议权、整改建议权、处置建议权，② 但在监督实务中却因缺乏相应的法律保障而运用不广，因而，立法应对检查建议权赋予法律效力，赋予其新活力。

（二）刑事诉讼监督主体内部工作机制的完善

在理性地拓展刑事诉讼监督的应然范围和细化诉讼监督程序基础之上，我们也应意识到将法定的诉讼职权落实到实处更为刑事诉讼监督取得成效的关键，而这取决于刑事诉讼监督主体内部机制健康运转。因此，诉讼监督主体应当调整刑事诉讼监督的工作机制。

1. 完善诉刑事讼监督工作机制。一是完善检察机关内部衔接配合机制。加强检察机关内部各部门之间的衔接配合，建立内部情况通报、信息共享、线索移送、侦结反馈制度，形成监督合力。侦查部门以外的各部门在办案过程中发现职务犯罪案件线索的，应当依照规定及时移送，并加强与侦查部门的协作配合。各部门在办案过程中发现侦查、批捕、起诉、审判、执行等环节存在违法行为，但不属于本业务部门职责范围的，应当及时通报相关的部门依法进行监督。二是健全检察工作一体化机制，发挥诉讼监督的整体效能。完善诉讼监督职权在上下级检察机关之间、检察机关各内设机构之间的优化配置，进一步健全上下一体、分工合理、权责明确、相互配合、相互制约、高效运行的诉讼监督体制。完善信息共享和线索通报移送制度，加快实现检察机关对案件线索统一管理、对办案活动统一指挥、对办案力量和设备统一调配的机制。进一步规范交叉办案、异地办案、授权办案、联合办案等办案模式，优化办案资源，确保诉讼监督工作顺利进行。三是综合运用多种监督手段。根据诉讼活动的实际需要，采取多种方法开展刑事诉讼监督工作。将抗诉与再审检察建议相结合，诉讼监督与查办职务犯罪相结合，办案与预防工作相结合，多方面、多层次、多渠道地做好诉讼监督工作。将事中、事后监督与事前预防相结合，通过提前介入重大案件侦查等方式，将监督关口前移。将个案监督与综合监督相结合，在纠正具体违法行为的同时，对侦查、审判、执行机关在执法中存在的普遍性问题提出综合性的监督意见，以点带面解决诉讼监督的共性问题。

---

① 邱学强：《论检察体制改革》，载《中国法学》2003 年第 5 期。
② 张智辉：《论检察机关的检察建议权》，载《西南政法大学学报》2007 年第 2 期。

2. 提升诉讼监督能力机制。创新机制不断提高检察人员发现问题的能力，收集证据、证实违法犯罪的能力，运用法律政策的能力，排除阻力干扰的能力以及与有关部门沟通协调的能力。加强诉讼监督业务的学习培训，通过总结办案经验、举办诉讼监督技能竞赛和业务评比等活动，努力培养具有丰富实践经验和扎实理论基础的诉讼监督人才。完善检察官职业保障机制，建立符合检察官职业特点的人事管理机制和责任追究机制，全面提升监督能力和监督意识，改变不愿监督、不敢监督、不善监督的滞后局面。

3. 完善考评、激励机制。建立适应诉讼监督工作特点的科学考评机制，提高诉讼监督在综合业务考评中的权重，加大考核力度，对诉讼监督工作的法律效果、政治效果、社会效果进行综合评价，提高检察人员开展诉讼监督的积极性和诉讼监督的质量。

(三) 刑事诉讼监督外部协作机制的完善

一是完善与侦查、审判、刑罚执行机关的沟通协调机制。建立健全检察机关与侦查、审判、刑罚执行机关的联席会议、信息共享等制度。对监督中发现的普遍性问题，及时向侦查、审判、刑罚执行机关通报和反馈。加强与侦查、审判、刑罚执行机关的沟通协商，联合制定有关诉讼监督工作的文件，解决实践中的突出问题。二是建立人民检察院监督意见的反馈机制。对人民检察院提出监督意见有关机关应当在一定期限内依法作出处理的工作机制。三是完善与社会各界联系制度。深入开展检务公开，加大宣传力度，重视人民群众举报、当事人申诉、控告和人大代表、政协委员、新闻媒体的反映，逐步推进与纪检监察机关、行政执法机关、审计机关、侦查机关、审判机关、刑罚执行机关之间的信息沟通、联席会议、案件移送等制度建设，加强与律师、律师行业组织的联系，拓宽诉讼监督案件的来源和渠道。

刑罚执行同步监督制度的完善

李泽新*

修改后的刑事诉讼法第 255 条规定："监狱、看守所提出暂予监外执行的书面意见的，应当将书面意见的副本抄送人民检察院。人民检察院可以向决定或者批准机关提出书面意见。"第 262 条第 2 款规定："被判处管制、拘役、有期徒刑或者无期徒刑的罪犯，在执行期间确有悔改或者立功表现，应当依法予以减刑、假释的时候，由执行机关提出建议书，报请人民法院审核裁定，并将建议书副本抄送人民检察院。人民检察院可以向人民法院提出书面意见。"这些规定是对刑罚执行阶段同步监督司法改革成果的立法肯定，确立了检察机关参与减刑、假释、暂予监外执行裁定、决定或者批准过程的事中监督，实现了对刑罚变更执行提请建议（事前）、裁定、决定或批准过程（事中）、生效的裁定、决定或批准（事后）全过程、全方位的检察监督，中国特色的刑罚执行同步监督制度由此形成。但是，该制度也存在同步监督及其监督方式范围过窄、罪犯权利保障不力等问题，迫切需要完善。

一、我国刑罚执行同步监督制度的发展历程

1996 年刑事诉讼法第 224 条规定："人民检察院对执行机关执行刑罚的活动是否合法实行监督。如果发现有违法的情况，应当通知执行机关纠正。"监狱法第 6 条规定："人民检察院对监狱执行刑罚的活动是否合法，依法实行监督。"但是，由于 1996 年刑事诉讼法第 215 条规定："批准暂予监外执行的机关应当将批准的决定抄送人民检察院。人民检察院认为暂予监外执行不当的，应当自接到通知之日起一个月以内将书面意见送交批准暂予监外执行的机关，批准暂予监外执行的机关接到人民检察院的书面意见后，应当立即对该决定进行重新核查。"第 222 条规定："人民检察院认为人民法院减刑、假释的裁定不当，应当在收到裁定书副本后二十日以内，向人民法院提出书面纠正意见。人民法院应当在收到纠正意见后一个月以内重新组成合议庭进行审理，作出最终裁定。"上述立法规定似乎传递一个信息，即作为刑罚执行监督的人民检察院，其主要监督模式是对已作出的减刑、假释、暂予监外执行裁定、批准事后提出纠正意见。然而，事后监督的模式使得检察监督的法律效果大打折扣，体现为：一是事后监督模式不利于纠错。检察机关的法律监督只能在裁定、批准生效后才能介入，一旦发生错误，罪犯可能因为已经释放而难以纠正。有的即使得到纠正，也加大了监督和纠错的成本。二是审理、批准环节缺乏监督。人民法院裁定减刑、假释主要采取书面审理模式，监狱管理机关和公安机关批准暂予监外执行案

---

* 江西省新余市人民检察院监所检察处处长。

件同样也以书面审批模式为主。在书面审批模式下，既没有刑罚执行机关的到场说明，也没有相关服刑人员的意见表达，更没有检察机关的到场监督，作出的裁定或决定的公信力受到影响。三是暂予监外执行罪犯收监、缓刑的撤销、假释的撤销、财产刑减免等刑罚执行变更活动由于无具体法律监督程序的规定，导致检察监督难以发挥其应有的作用。

执行监督与侦查监督、审判监督的一个重要区别是，执行监督属于非诉讼程序监督，按照法律的规定其监督后果不会启动程序，更不会改变刑罚执行。这是因为我国刑罚执行体制的运行是在各刑罚执行主体参与下封闭进行的，作为刑罚执行监督主体的检察机关被排除在程序之外。但是，刑罚执行本身所具有的这些特殊性，决定了我们国家刑罚执行监督机制独立存在的必要性和可能性，其目的在于实现对刑罚执行主体的权力制约，保障罪犯应该享有的人权，实现法律的公平、正义。

由于刑罚执行监督的有关法律规定比较原则、监督手段单一，导致检察机关在发现违法、违规情况并提出检察建议、纠正意见时，经常出现刑罚执行主体消极抵触的现象。同样，监督渠道不畅通，被动地依靠刑罚执行主体提供监督信息的现实问题也导致监督滞后。面对这样的监督窘况，一些地方的检察机关开始推行刑罚执行同步监督，其经验在全国范围内推广，得到了中央的肯定：一是最高人民检察院不断出台监所检察规范性文件。主要有2001年《关于监所检察若干问题的规定》，2003年《关于加强派驻监管场所检察室规范化建设的意见》，2007年《关于加强和改进监所检察工作的决定》、《减刑、假释监督程序规定》等规范性文件，提出"建立对减刑、假释的提请、裁定活动和暂予监外执行的呈报、审批活动全过程同步监督机制"，"派驻检察机构应当与监管场所的信息系统实行微机联网，实现动态监督"。2008年最高人民检察院颁布《人民检察院监狱检察办法》等"四个办法"，提出监所检察部门对减刑、假释的提请裁定活动和暂予监外执行的呈报活动予以审查并签署意见。二是中央政法委于2005年3月发出《关于进一步加强保外就医工作的通知》，要求检察机关强化监所检察工作，"变事后监督为同步监督，从程序上确保保外就医工作的全过程置于法律监督之下"。这是中央政法委对刑罚执行监督司法改革的首次回应，表达了对暂予监外执行同步监督的肯定与支持。三是2009年中共中央转发《中央政法委员会关于深化司法体制和工作机制改革若干问题的意见》，再次肯定同步监督制度，要求"改革和完善人民检察院对刑罚执行的法律监督制度。完善对减刑、假释、暂予监外执行的法律规定，严格重大刑事罪犯减刑、假释、暂予监外执行的适用条件，建立检察机关同步监督制度"。至此，具有中国特色的刑罚执行同步监督模式已初步确立，并上升为党和国家的意志。

二、现行同步监督制度存在的主要问题

修改后的刑事诉讼法将检察机关介入刑罚执行的时间，由事后监督提前到事中监督，构建刑罚变更执行同步监督程序，完善并发展了中国特色的刑罚执行监督制度。但是，也存在如下问题：

（一）修改后的刑事诉讼法对刑罚变更执行环节的监督规定限制了同步监督的范围

根据我国刑事诉讼法和监狱法等法律规定，检察机关有权对执行机关执行刑罚的活动

是否合法实行监督,这种监督包括所有刑种的刑罚执行的每一个执行环节,而不是某一种刑罚或者刑罚执行过程的某一个阶段。根据我国刑法第32条的规定,刑罚分为主刑和附加刑。主刑包括管制、拘役、有期徒刑、无期徒刑和死刑;附加刑包括罚金、剥夺政治权利、没收财产、驱逐出境。修改后的刑事诉讼法第254条规定可以暂予监外执行的对象为被判处拘役、有期徒刑或者无期徒刑的罪犯,第262条第2款规定减刑、假释的对象,除包括暂予监外执行的对象外,还包括在被判处管制的罪犯。从以上规定可以看出,涉及减刑、假释、暂予监外执行的刑罚种类,是我国刑法规定的部分刑罚,主刑中的死刑和全部附加刑均不在其中。并且,刑罚执行起始于人民法院判决、裁定的生效,终止于裁判确定刑罚执行完毕,整个过程大致可以分为刑罚交付执行、刑罚执行、刑罚变更执行和刑罚终止执行四个阶段,刑罚执行中的减刑、假释、暂予监外执行仅仅是刑罚执行刑期或执行方式的变更,属于刑罚执行过程中的一个阶段。修改后的刑事诉讼法将检察机关参与刑罚变更执行监督的介入时间,由减刑、假释、暂予监外执行裁定、决定后提前到提请、建议阶段,形成了刑罚变更执行阶段的同步监督,这就容易使人误认为检察机关刑罚执行同步监督的范围也仅限于刑罚变更执行的刑罚种类及其阶段,一定程度上制约了检察机关对其他刑罚种类和刑罚执行阶段的监督。

不同的刑罚执行、同种刑罚执行的不同阶段,其执行的监督方式、期限、程序和要求各不相同。特别是我国刑罚执行与监督制度的特点,是刑罚执行主体相对分散,由人民法院、公安机关、监狱、少年管教所、看守所、拘役所、社区矫正机构等分别行使,而刑罚执行监督主体相对集中,由检察机关统一行使,形成由单一监督主体的检察机关分别面对多个不同机关分别开展监督的格局,其监督工作面广、量大、期限长与权力配置不足的矛盾相当突出,客观上给监督工作造成了很大的困难。但是,"同步监督是执行效果的客观需要。"① 而作为刑事诉讼流程的末端,刑罚执行的封闭性与刑罚执行监督权力配置不足的矛盾,会造成刑罚执行效果的消弭。因此,为消除刑罚执行主体分散所带来的各种弊端,保障刑罚执行的效果,刑罚执行的刑种及过程面向监督主体的全面公开化、透明化是必然的趋势。

(二)作为新增刑罚执行监督方式的"检察意见"的适用条件有待进一步明确

关于"检察意见"的适用范围和条件,修改后的刑事诉讼法共在三个条文中进行了规定。修改后的刑事诉讼法第255条、第262条第2款规定,在收到暂予监外执行、减刑、假释的意见书、建议书副本以后,人民检察院可以向暂予监外执行、减刑、假释的裁定、决定或者批准机关提出书面意见。修改后的刑事诉讼法第173条第3款规定,对被不起诉人需要给予行政处罚、行政处分或者需要没收其违法所得的,人民检察院应当向有关主管机关提出检察意见。前两个条文是修改后新增的规定,后一个条文是1996年刑事诉讼法第142条第3款的保留规定,字面上虽然略微不同,前两个条文表述为"书面意见",而后一个条文表述为"检察意见",但实质上是同一种法律文书。为避免操作上出现混乱,《检察机关执法工作基本规范(2013)》第8.15、8.24条,已经将前两个条文明

---

① 袁其国:《试论人民检察院的执行监督权》,载《人民检察》2011年第12期。

确解释为"书面检察意见"。从以上规定可以看出，关于"检察意见"适用对象的范围是相同的，即处于刑事诉讼末端的行政相对人①，不同之处在于：一是提出的对象范围不同。前者向暂予监外执行、减刑、假释的裁定、决定或者批准机关，也即是罪犯所在刑罚执行机关的主管机关或者人民法院提出，后者向有权给予不起诉人行政处罚、行政处分或者没收违法所得的有关主管机关直接提出。二是适用条件不同。前者为罪犯不符合暂予监外执行法定条件或者减刑、假释建议不当，或者提请违反法定程序，后者为需要给予被不起诉人行政处罚、行政处分或者需要没收其违法所得；前者属于"不当为而为之"，后者属于"当为而为之"。两种意见结合起来，构成了检察机关关于刑事诉讼末端事项处理的法律意见。从这种意义上说，"检察意见"是我国刑事诉讼法赋予检察机关参与社会管理的一种监督方式，对于强化刑事诉讼末端事项处理的同步监督具有十分重要的意义。

在刑罚执行中，刑罚执行机关比主管机关更直接地面对罪犯，每时每刻都在处理与罪犯有关的各种事项，而容易发生的问题一般有三种：第一种是执法不规范的问题；第二种是违纪违规（规章制度）的问题；第三种是严重的违法问题。对于第三种，检察机关应当向刑罚执行机关发送纠正违法通知书，依法予以纠正，但对于前两种，使用这一文书则不合适。实践中有时以检察建议的形式提出意见，其监督形式、效果均不甚理想。修改后的刑事诉讼法新增"书面检察意见"，作为刑罚执行监督的一种新的监督方式、新的法律文书，无疑弥补了执行阶段监督方式不足、法律文书缺乏的空白。"检察意见书"是检察机关对具体执法行为的书面法律意见，表达的是检察机关对某事项处理较为刚性的要求，有相当的约束力，相关部门应当依照检察机关的意见去做，并将处理结果及时通知人民检察院。② 但是，仅将这一监督方式、法律文书局限于针对减刑、假释、暂予监外执行的裁定、决定或者批准机关使用，一定程度上影响了检察机关对刑罚执行机关同步监督的力度。

（三）罪犯的权利救济保障不力

修改后的刑事诉讼法赋予当事人及其法定代理人、近亲属和罪犯，对已经发生法律效力的判决、裁定可以向人民法院或者人民检察院申诉的权利。同时，规定在刑事诉讼中当事人和辩护人、诉讼代理人、利害关系人对于司法机关及其工作人员的违法、违规行为，有权向该机关申诉或者控告，以及规定"受理申诉或者控告的机关应当及时处理。对处理不服的，可以向同级人民检察院申诉；人民检察院直接受理的案件，可以向上一级人民检察院申诉。人民检察院对申诉应当及时进行审查，情况属实的，通知有关机关予以纠正"。这些规定对于维护刑事诉讼当事人的合法权益无疑具有十分重要的意义。但是，上述规定也存在明显不足：一是控告人不包括罪犯，控告的对象也不包括监狱或者其他执行机关及其工作人员；二是申诉理由主要是针对认定案件事实的证据和法律，以及对有关机关处理申诉或者控告不服的情况，不包括罪犯减刑、假释、暂予监外执行等权利遭受非法

---

① 耿光明、武月冬：《论刑事执行权的法律监控》，载《中央政法管理干部学院学报》2001年第2期。
② 于书峰：《应适度扩展检察意见书的适用范围》，载 http://newspaper.jcrb.com/html/2011-12/05/content_87237.htm。

侵犯，或者不服减刑、假释、暂予监外执行决定、裁定的申诉等情况；三是监狱法第7条虽然规定了罪犯申诉、控告等权利不受侵犯，但过于原则，可操作性不强。实践中，尽管人民检察院通过派驻检察、约谈检察官、立案查处职务犯罪案件等监督方式，可以有效保障罪犯的合法权益，但由于同步监督机制尚未建立，监督的广度、深度、力度和效果均不尽如人意。由于投诉、申诉的规定间接地剥夺了罪犯对刑罚执行违法、违规的控告以及变更执行生效后申诉的权利，罪犯作为被害人的权益保障，修改后的刑事诉讼法仍然没有得到较好的解决。

三、同步监督制度的完善

人民检察院刑罚执行同步监督司法改革的最主要的成果是实现检察机关对刑罚执行的全过程的参与，进而形成了一套可操作性的监督程序、监督方法。但是修改后的刑事诉讼法只是肯定了人民检察院对减刑、假释裁定、暂予监外执行决定、审理过程的监督，影响了对刑罚执行的其他刑种及阶段的监督。"为了保障刑罚执行的公正性和监督效果，在权力配置上必须满足同步监督的需要，特别是对刑罚变更执行必须进行同步监督，这就需要明确检察机关的同步监督权。同时，还必须满足对监管活动实行动态监督和实时监督的需要，这也是同步监督的重要方面。"① 因此，有必要从以下三个方面加以完善：

（一）扩大同步监督的范围

分权与制衡是我国检察监督权存在的根本所在。提升检察监督权威性只能依托于完善的制衡体系进行。被监督对象所遵循的程序越公开、透明，检察监督才可能有章可循。立法上刑罚执行活动、执行程序的规定几乎是空白的，以此为依托的检察监督失去了基石。只有通过完善刑罚执行程序，将刑罚执行的刑种及过程全部纳入监督范围，才是提升检察监督权威性的根本路径。

第一，明确有关刑罚执行的法律文书从交付执行到执行终止应当抄送检察机关。刑罚执行法律文书是刑罚执行活动的集中体现，检察机关连刑罚执行的法律文书都接触不到，何谈刑罚执行监督效果。刑罚执行有关法律文书送达检察机关，是简便易行的同步监督制度安排。一是加强与人民法院的沟通、协调，形成执行法律文书送达制度，规定人民法院在刑事判决、裁定生效后10日内，应当将执行通知书等相关执行法律文书副本抄送人民检察院；二是罪犯刑罚执行期满、刑罚执行变更，死刑缓期执行的变更、缓刑、假释的撤销或者暂予监外执行罪犯收监、死亡的，决定机关、执行机关应当将有关的法律文书抄送（通知）人民检察院。

第二，制定刑罚执行同步监督的具体程序。目前，死刑执行及刑罚执行的变更环节已构建了同步监督程序，但需要进一步完善，其他刑罚的执行及环节的同步监督程序则尚未建立，迫切需要在实践探索的基础上进行规范。应当根据刑罚执行流程的要求，详细制定有关刑罚执行、狱政所管理、教育改造、安全防范等方面的监督措施，保证检察人员能够不受阻挠地对收押、入监（所）教育、罪犯劳动时间与强度、罪犯权利保护、监所安全

---

① 袁其国：《论刑罚执行和监管活动监督权的合理配置》，载《人民检察》2011年第4期。

设施的维护、监所重点部门管理、重点罪犯的管理、罪犯死亡处理、减刑、减期、假释等关键环节，进行监督。①

第三，建立刑罚执行执法情况通报制度。应当明确刑罚执行机关如实通报刑罚执行活动情况尤其是涉及罪犯敏感的减刑、假释、保外就医、奖惩考核、离监探亲等情况的义务、程序和责任。对监管改造过程中发生的被监管人死亡、重大违法事件或监管安全事故，刑罚执行机关应随时向检察机关通报。将派驻检察及监控联网、信息联网，作为刑罚执行监督的一项基本制度，纳入刑罚执行机关、刑罚执行监督机关规范化、信息化建设的重要内容，反映在有关立法中。

（二）明确检察意见的适用条件

在刑罚执行监督中，针对刑罚执行机关执行规范性文件不规范，引发刑罚执行、变更不公，或者阻碍、侵犯罪犯合法权利等情况，《检察机关执法工作基本规范（2013）》第8.176条规定，检察机关应当提出口头、书面纠正意见或者检察建议予以纠正，但在实践中这种监督方式容易被架空。对于这类问题，使用检察意见书表达检察机关的严重关切和法律意见，其监督形式恰当，监督力度具有刚性，纠正起来也较容易。在刑罚执行和监管活动中，对于一些非诉讼具体执法行为或者罪犯考核计分、奖惩、伤残鉴定、诊断证明、社区矫正方案等事件处理，如果发现不当的，都可以使用"检察意见"的形式提出检察机关的意见。因此，应当在立法上进一步明确检察意见书的性质及其使用条件、程序、范围与法律效力，规定发现有违规的情况，检察机关应当及时通知刑罚执行机关予以纠正。

第一，赋予检察机关调查权、专项检察权、巡视检察权。检察机关有权随时介入刑罚执行活动，查阅规范性文件、案件材料、会议记录，询问监管民警，约谈被监管人，有利于全面掌握刑罚执行违法、违规的情况。

第二，规定"检察机关在对刑罚执行活动中的违法行为进行调查时，可以要求任何机关和个人予以协助和配合，可以要求有相关证明材料的机关出具相关材料，可以要求了解情况的个人提供相关情况"②。

第三，规定检察机关发出纠正违法通知书、检察意见书后，执行机关必须在规定时间内纠正违法或者整改，并将纠正、整改情况向检察机关通报。

（三）完善罪犯投诉处理机制

罪犯"处在被动、弱势的地位，其个人的合法权利很容易受到非法侵犯"。③ 建立罪犯投诉处理机制，是制止这种非法侵害行为的有效措施。为此，有必要落实、借鉴联合国制定的国际人权文书的精神，制定适合我国国情的有关法律、法规，构建罪犯权利救济机制，探索检察机关同步监督的介入程序，形成对"权利制约权力"的有效保护。同时，完善罪犯投诉处理程序规定，赋予罪犯保护自己权利的手段。规定的内容包括：其一，投诉的具体情形。如不服禁闭、警戒具、严管等管教措施；计分考核、批评扣分、表扬、记

---

① 王利荣：《中国检、执权分离模式评析》，载《金陵法律评论》2002年秋季卷，第145页。
② 甄贞、陈静：《关于强化监所检察监督若干问题的思考》，载《法学杂志》2009年第5期。
③ 白泉民：《监所检察与被羁押人的人权保护》，载《人民检察》2006年第7期。

功及减刑、假释不当；打骂、体罚罪犯，或采用其他非常人能忍受的方式体罚、虐待、侮辱罪犯；以各种名义延长罪犯的劳动时间，剥夺罪犯的正常休息；限制罪犯的正当权利等情形，都可以纳入投诉的范围。其二，受理投诉的单位或者人员。受理投诉的单位可以是监狱纪检部门、派驻检察机构或者专职监督员。罪犯的亲属、监护人或者律师也可以转达相关投诉。其三，投诉的形式。可以口头报告，也可以书面报告。无论口头投诉，还是书面投诉，职能单位均应当反馈处理结果。其四，相关机构的受理流程、责任。明确规定受理单位的转办责任，职能单位的调查、处理及结果反馈责任等。

第三专题
诉讼法贯彻实施
与检察机关执法办案转型发展

我国公诉人的角色定位

——新刑事诉讼法背景下的思考

万 毅*

2012年3月通过的《关于修改〈中华人民共和国刑事诉讼法〉的决定》（以下简称刑事诉讼法修正案），对我国现行公诉制度作了较大的改革和调整，也对公诉实务工作如何应对修法提出了全新的挑战。面对这一挑战，理论界和实务界已经进行了初步的研讨。然而，由于对我国刑事诉讼制度下公诉人角色的特征与定位，缺乏清晰的认识和准确的把握，之前的研讨观点纷呈却未能切中肯綮，因此实有必要另起炉灶、改弦更张，在正确定位我国公诉人角色特征的前提下，规划公诉工作应对刑事诉讼法修改的基本思路。

一、比较法视野下我国公诉人的角色特征

公诉人角色的基本内容，是代表国家对被告人提起控诉，并请求法官作出裁判。对此，现代各国已成共识、并无异议。然而，由于各国刑事诉讼制度在程序设计上的差异，不同诉讼体制下的公诉人角色仍然呈现出各自特色：英美当事人主义诉讼模式下的公诉人角色更接近于律师（"政府律师"或"公诉律师"），而大陆职权主义诉讼模式则坚持对公诉人角色的司法官定位。

我国的刑事诉讼制度类属于大陆职权主义诉讼模式，因而我国的公诉人角色亦具有典型的司法官属性和色彩：

（一）我国公诉人角色具有明确的司法官地位

司法官是"公平之官"，自当恪守独立、客观、公正的义务，即客观公正义务。所谓客观公正义务，是指检察官应当超越于追求胜诉的当事人立场，而立足于客观、公正的司法官立场行使职权，不得单方面谋求给被追诉人定罪。在制度设计上，不仅要求检察官在侦查取证时对被追诉人有利、不利的证据均应一体注意，而且要求检察官得为了被追诉人的利益而提起上诉或抗诉。大陆法系职权主义诉讼国家的刑事诉讼立法往往明文规定了检察官的客观公正义务，例如，《德国刑事诉讼法典》第160条第2款规定："检察院不仅要侦查证明有罪的，而且还要侦查证明无罪的情况，并且负责提取有丧失之虞的证据。"同法第296条第2款、第301条、第365条也规定："检察院可以为了被指控人的利益而提起法律救济诉讼活动"，包括为被指控人利益而提起上诉和申请再审。不仅如此，其理论上和司法实务中还主张，检察官在庭审中如果认为证据不足以定罪，应当要求法官宣告

---

* 四川大学法学院教授。

被告人无罪。① 而在英美法系国家，虽然法律也要求"检察官必须始终从公正的角度出发做事，而不仅仅是为了定罪"，② 但法律上检察官并无义务为了被告利益而请求法院为无罪宣告或提起上诉，因此其角色并非典型的司法官，而更接近于"政府律师"或曰"公诉律师"。

在我国，客观公正义务是检察官的法定义务，刑事诉讼法第 50 条明确规定，检察官（公诉人）在审查起诉时必须全面收集、审查证据，对能够证实犯罪嫌疑人、被告人有罪或者无罪、犯罪情节轻重的各种证据均应一体注意；同时，刑事诉讼法第 217 条还规定，地方各级人民检察院认为本级人民法院第一审的判决、裁定确有错误的时候，应当向上一级人民法院提出抗诉，包括为了被告利益而抗诉。由此可见，我国的公诉人角色具有明确的司法官地位。

（二）我国公诉人角色享有充分的司法官职权

司法权或者说司法官角色的最大特点，就在于其居中裁判性，即居于客观中立地位、依据事实和法律独立作出裁量、判断。在刑事诉讼程序中，强制侦查措施的审批权、起诉裁量权、审判权等，都具有一定的居中裁判性，因而皆可归入司法权的范畴，相应地，行使上述权力的诉讼角色，不论其系法官抑或检察官，都是典型的司法官。

在大陆法系国家和地区，检察官往往身兼数职：侦查、起诉和执行，但公诉检察官仅享有实行公诉权，即出庭支持公诉权，而不享有起诉裁量权。例如，在我国台湾地区，根据检察官业务类型的不同而将其分为侦查组检察官、公诉组检察官和执行组检察官。其中，侦查组检察官行使侦查权，负责侦查程序的启动、执行和终结，而公诉组检察官则行使实行公诉权、负责全程莅庭执行公诉。由于我国台湾地区"刑事诉讼法"规定，检察官而非警察才是侦查权主体，因此，侦查程序是由侦查组检察官以作出起诉或不起诉处分的方式终结，然后再移送公诉组检察官实行公诉（出庭支持公诉）。在这一诉讼体制下，具体行使起诉裁量权的是侦查检察官，而非公诉检察官，公诉检察官仅仅是在侦查检察官作出起诉决定后，负责出庭支持起诉。显然，该诉讼体制下的公诉人，虽然具有司法官身份，但却不享有充分的司法官职权（至少在庭前程序是如此），因此，其所谓"法官之前的法官"、"庭前程序的法官"，实际上指的是侦查检察官而非公诉检察官。或许正因为如此，在台湾司法实务中，较之于"大权在握"的侦查检察官，公诉检察官的地位其实颇为尴尬，在相当长的时间内公诉检察官的职位并不太受青睐，至少在台湾检察官群体内部，心理上更认同侦查检察官的职位和角色，人人皆以成为侦查检察官为荣。日本、韩国等国刑事诉讼制度中的公诉人角色与我国台湾地区大抵类似。

但是，在我国刑事诉讼制度中，公诉权的结构和配置有所不同。根据我国刑事诉讼法的规定，审查起诉是一个独立的诉讼阶段，公诉检察官不仅享有出庭支持起诉的权力，而且直接行使起诉裁量权。这种集起诉裁量权与出庭支持公诉权于一身、在庭前程序中享有

---

① ［德］托马斯·魏根特：《德国刑事诉讼程序》，岳礼玲、温小洁译，中国政法大学出版社 2004 年版，第 40 页。
② ［英］《皇家检察官准则》（中文版），载 http://www.cps.gov.uk/publications/docs/decision_prosecute_chinese.pdf。

更为充分的司法官职权的公诉人,显然更符合完整和典型意义上的司法官角色,将其称为"法官之前的法官"或者说"审前程序中的法官"毫不为过。或许正因为如此,在我国司法现实中,公诉人历来由检察官队伍中的"精兵强将"充任,而由这些精英检察官组成的公诉部门,也是检察机关内部的强势部门,与自侦部门、侦监部门成鼎足之势。

二、新刑事诉讼法背景下我国公诉人的角色定位

2012年刑事诉讼法修改,虽然通过恢复起诉全案移送制度,明确控方举证责任,要求简易程序公诉人出庭,设立公诉案件刑事和解程序等特别诉讼程序,对我国公诉制度进行了较大的调整,但并未从根本上触及和动摇我国公诉权的基本构造以及公诉人的司法官角色和地位,相反,在新刑事诉讼法中,因为强化了公诉人在庭前程序中的司法官职权,公诉人的司法官角色和地位还在一定程度上有所增强,具体而言:

首先,"尊重和保障人权"条款的入法,进一步凸显公诉人角色的司法官属性和色彩。"尊重和保障人权"条款入法,对检察机关的各项工作包括公诉工作,树立了新的目标、提出了新的要求。在新刑事诉讼法下,作为司法官的公诉人,应当清醒地认识到自己不仅是代表国家起诉的"追诉官",更是承担着尊重和保障被告人人权使命的"保民官"。为此,公诉人在职务履行过程中必须恪守客观公正的司法官立场和义务,超脱当事人立场、摆脱控方立场,淡化自身的追诉和胜诉色彩。

其次,非法证据排除规则的确立,将迫使检察机关抛弃"大控方"观念,转而加强侦查监督,而这既有利于保障人权,也有助于形塑公诉人客观公正的司法官形象。作为国家法律监督机关的检察机关,本就承担着侦查监督的职责,公诉(审查起诉)正是其实现侦查监督的重要环节和手段。但司法实践中一直存在"大控方"的思想和观念,检、警之间配合多于制约,所谓侦查监督,难以真正发挥实效。本次刑事诉讼法修改,立法上首次确立了非法证据排除规则,要求检察机关对证据收集的合法性承担证明责任,并明确要求检察机关在审查起诉时发现有应当排除的证据的,应当依法予以排除,不得作为起诉决定的依据。这将迫使检察机关彻底抛弃"大控方"的观念,并与侦查机关进行"切割",因为,检察机关为避免在后续的庭审环节陷入被动,只能在公诉环节加大侦查监督的力度,尽量在庭前排除非法取得的证据,而这既有利于保障人权,也有助于淡化公诉人的追诉色彩,形塑其客观公正的司法官形象。

最后,未成年人刑事案件附条件不起诉制度、公诉案件刑事和解程序等特别诉讼程序的设立,扩大了公诉部门的起诉裁量权,公诉人庭前角色的居中裁量性加重,无疑将进一步凸显公诉人角色的司法官属性和色彩。

三、新刑事诉讼法实施后公诉工作的应对策略

既然我国公诉人角色的基本定位是司法官,且新刑事诉讼法维持并强化了这一角色定位,那么,对于公诉实务部门来说,新刑事诉讼法实施后的一个中心任务,就是从观念、制度、行为以及文化等方面尊重、维护、落实公诉人的司法官角色和定位:

(一)观念上:加深对司法官身份的认同感

由于受传统诉讼理论的影响,我国公诉人往往比较认同打击犯罪的控诉身份和对审判实施监督的法律监督身份,而对司法官身份则较为陌生并隐隐排斥,认为司法官仅指法官而与检察官以及公诉人身份泾渭分明的观点不在少数。但实际上,从历史上看,现代刑事诉讼制度,历来奉行"双法官"模式,即检察官与法官,皆为司法官,各自居于司法天平的两端,互相牵制又合力维护司法的公正。因此,检察官从来不是单方面谋求给被告人定罪的行政"治罪官",而是与法官一样,恪守客观公正的司法官立场,致力于查明真实、保障人权的"保民官"。因此,公诉人迫切需要转变观念,加深对司法官身份的认同感。

公诉人的司法官身份,与其法律监督人身份并不相排斥,相反,两者是高度兼容的。公诉人对法官审判活动的监督,本质上就是一种司法监督,是公诉人基于司法官立场而对同样身为司法官的法官所实施的监督。也唯有如此认识,才能真正解决审判监督的合法性和合理性问题,因为,公诉人与法官皆为司法官,那么,公诉人监督法官,就是司法官监督司法官,就不存在干预法官审判独立的问题,这就好比法院系统内部上下级法院之间的审判监督关系并不会破环司法独立一样。

(二)制度上:强化庭前程序构造的司法化

既然我国的公诉人角色具有典型的司法官属性和特征,并被誉为"法官之前的法官"、"审前程序中的法官",那么,公诉人所主持的庭前审查起诉程序,在设计和构造上,就应当尽量实现司法化。具体而言,公诉人既然是司法官,那么,公诉人在庭前程序中也应当像法官一样"开庭"①。例如,新刑事诉讼法第55条规定,人民检察院接到报案、控告、举报或者发现侦查人员以非法方法收集证据的,应当进行调查核实。然而,问题在于,检察机关该当如何行使该调查核实权?该调查核实又应当遵循何种程序进行?实务部门对此认识并不一致。笔者认为,既然立法明文规定该调查核实程序由公诉人主持,而公诉人角色本身又具有司法官属性,那么,该调查核实程序,自然可以类推适用庭审阶段非法证据的调查程序,即由公诉人以"开庭"的方式,通知侦查人员和当事人及其辩护人、诉讼代理人到场,依据新刑事诉讼法第171条要求公安机关其对证据收集的合法性作出说明,并征求当事人及其辩护人、诉讼代理人的意见,在"兼听"的基础上作出是否排除证据的决定。

(三)行为上:恪守客观公正的司法官义务

公诉人的角色既然是司法官,自当在行为上恪守"客观公正"的司法官义务:公诉人应当全面收集、审查证据,不仅要收集和出示有罪的证据,也要收集和出示对被告人有利的证据;公诉人不得单方面谋求给被告定罪,必要时请求法院作出无罪判决,并为被告利益而抗诉。但在我国司法实践中,有的公诉人过于看重控方角色,追求胜诉的色彩非常浓厚,甚至为求胜诉而不惜违背客观公正的司法官义务。例如,实践中有律师提出来,有的公诉人只注意收集证明犯罪嫌疑人有罪、罪重的证据,而忽视收集犯罪嫌疑人无罪、罪

---

① 我国台湾地区司法实务中,检察官在侦查程序中像法官一样开庭,谓之检察官开"侦查庭"。

轻的证据；有的公诉人为了追求胜诉，甚至刻意隐瞒对辩方有利的证据；辩护律师对于一些影响案件定性和量刑的证据线索申请检察院调查取证的，往往也很难得到公诉人的采纳。① 尤其是在我国司法实务中，常见公诉人以法院量刑畸重为由提起抗诉，但却鲜见公诉人请求法院作出无罪判决的案例。实践中，如果庭审中因为证据和事实变化，导致指控罪名不能成立的，公诉人更多的是以撤回起诉的方式终结诉讼，而甚少提请法院宣告无罪，甚至在一些证据和事实已经清楚地表明被告人无罪的再审案件中，检察官仍然坚持作撤诉处理。② 凡此种种，均在一定程度上弱化了公诉人客观公正的司法官形象。

（四）文化上：重塑公诉人角色的"战士"伦理

所谓公诉人的角色伦理，是指检察官作为公诉人在履职期间应当谨守的伦理准则。公诉人的角色伦理，并非全然由法律所明定，而是一种伦理准则，本质上仍属于检察官职业伦理的范畴，系检察官职业伦理在公诉职能和环节上的具体化，因此，公诉人的角色伦理与检察官的职业伦理在内容和要求上具有相当的共通性，如都要求忠诚、公正、清廉、文明等；但同时，公诉人的角色伦理，又是基于"公诉人"这一特定（诉讼）法律角色而派生的，与公诉职能和制度的具体内容（特定权利、义务）具有内生关系，因此，公诉人的角色伦理又必定呈现出自身的独特性和某些特殊要求。

公诉人的角色伦理，在性质上应属司法官伦理，以客观公正义务为基础，区别于当事人伦理和律师职业伦理；公诉人的角色伦理，在特征上又属于一种"战士"伦理，区别于法官的"裁判者伦理"。检察官与法官同为司法官，均应谨守司法官伦理，但诉讼角色和职能的不同，其职业伦理也存在一定的差异：法官坚守的是"中立伦理"或曰"裁判者伦理"，而检察官谨守的则是"战士"伦理。所谓"战士"伦理，是指公诉人起诉指控犯罪，是"正义之师"，为此，公诉人应当像"战士"一样带着荣誉感和使命感去战斗，秉持诉讼手段的正当性和公正性。

公诉人的战士伦理，首先要求公诉人在履职过程中应当保持一名"战士"的尊严和礼仪，尊重对手、文明办案。公诉人应当尊重辩护律师的职业尊严，支持律师履行法定职责，依法保障和维护律师参与诉讼活动的权利；公诉人应当尊重诉讼当事人、参与人及其他有关人员的人格，保障和维护其合法权益，即使当事人有威胁、辱骂、挑唆、刺激等不

---

① 杨矿生：《刑辩律师眼中的公诉人》，载《检察日报》2010年11月18日。
② 这方面最典型的是胥敬祥案。在该案中，河南省鹿邑县农民胥敬祥，因涉嫌抢劫、强奸于1992年4月被逮捕。胥敬祥案件于1992年8月移送审查起诉，经有关部门多次"协调"，至1996年12月起诉到法院，其间先后历经6次退回补充侦查，历时4年多时间。鹿邑县法院于1997年3月作出一审判决，认定胥敬祥构成抢劫罪、盗窃罪，决定合并执行有期徒刑16年。1999年12月，河南省检察院指定周口地区检察分院（后改为周口市检察院）向周口地区中级法院（后改为周口市中级法院）对胥敬祥案件提出无罪抗诉。周口市中级法院审理后，认为原判认定事实不清，证据不足，指令鹿邑县法院再审。鹿邑县法院于2002年4月裁定"维持原判"。胥敬祥提出上诉，周口市中级法院于2003年3月终审维持原判。2003年6月，河南省检察院向河南省高级法院提出无罪抗诉。2005年1月，河南省高级法院作出裁定："原判认定被告人胥敬祥犯抢劫罪、盗窃罪的事实不清，撤销一、二审法院对胥敬祥的三次有罪判决和裁定，发回鹿邑县法院重新审理。"河南省检察院指令鹿邑县检察院申请撤回起诉后，鹿邑县法院裁定准许撤回起诉。此案撤回起诉后，检察机关对胥敬祥作出了存疑不起诉处理。笔者认为，在该案中，程序已到再审环节，仍无充分的证据证明被告人有罪。检察机关基于客观公正义务，自应提请法院宣告被告人无罪，还被告人一个清白，而不是撤诉了事。

冷静言行，公诉人也应该自戒自律、保持克制；公诉人在法庭中应当谨守一定的"礼仪"，切勿"失礼"，更忌"失态"。司法实践中曾经出现的公诉人基于义愤而情绪失控，当庭喊出"杀！杀！杀无赦！"①，以及公诉人当庭失声痛哭的事例②。个人认为，这些都是公诉人"失态"的表现，虽不违法，但却违背了公诉人的角色伦理。

公诉人的战士伦理，要求公诉人"光明磊落"、"堂堂正正"地去赢得战斗的胜利。为此，公诉人角色的战士伦理，应当高于侦查检察官的侦查伦理，检察官在侦查阶段尚可实施"威胁、引诱、欺骗"等侦查谋略，但公诉人在公诉活动中却绝对不得采用任何"威胁、引诱、欺骗"性的诉讼手段，盖因公诉人已经具有明确的司法官身份，自当恪守司法官伦理。公诉人在工作中虽然也可以采用"分案起诉"、"选择起诉"等公诉策略，但公诉策略在运用中必须注意分寸和"度"的把握，不能逾越必要的限度，尤其是不能不择手段、不问是非、不惜代价地追求胜诉。形象地说，公诉伦理，要求公诉人作为战士，带着荣誉感和使命感去战斗，而不能像"刺客"一样龟缩于阴暗一角只求致命一击，更不得像"刺客"一样为达目的而不择手段。

---

① 据媒体报道，2011年11月1日，南京市检察院的检察官周某，作为闵城国际杀人案件的公诉人，在法庭上慷慨陈词，对涉嫌抢劫罪的犯罪嫌疑人夏某和郑某的罪行进行了陈述，并建议法院对两人判处死刑。检察官周某说到动情处，禁不住情绪激动起来，当庭喊出："我们的量刑建议就是，杀！杀！杀无赦！"笔者认为，检察官在本案庭审中的表现过于情绪化，有违公诉人职业伦理。

② 据媒体报道，在2009年7月28日我国台湾地区领导人陈水扁贪腐案一审庭审现场，台北地检署主任检察官林勤纲在法庭上对陈水扁被控贪污案论告时，提及30年前与陈水扁一起为台湾推动民主的过往，以及陈水扁今天涉及贪腐时，多次落泪。林勤纲还提及陈水扁的书"台湾十字架"，并对陈水扁说，"亲爱的朋友，请原谅我必须钉死你的过犯，以彰显那些你曾经用你一生去树立起来的美好价值"。他最后表示，法律的公正都不会转弯，将来的台湾政治领袖都应当因此体认到"法律"的尊严。林勤纲全程边哭边说了一个多小时。笔者认为，该案检察官过于个人化和情绪化的庭审表现同样有违公诉人的职业伦理。

检警关系背景下的"提前介入"制度化研究

田圣斌*

检察机关"提前介入"是其作为法律监督机关,从履行自身职能出发,对侦查机关的侦查行为进行监督,并引导侦查取证的一项工作方法。我国的刑事诉讼一直以来是一种侦查中心主义的模式,由于侦查机关不需要承担刑事诉讼中的败诉责任,其办案过程中所收集到的证据往往不能达到公诉部门参加庭审的要求,导致刑事案件的补充侦查现象比较普遍。因此,笔者建议通过完善检察机关"提前介入"制度,提高刑事案件办案质量和效率。

一、"提前介入"制度发展现状

检察机关"提前介入"的做法在一些地方检察院进行了一定的探索。[①] 但是,由于刑事诉讼法对"提前介入"没有明确规定,其具体含义在理论上存在诸多分歧。笔者认为,"提前介入"是指:为提高刑事案件的办案质量和效率,检察机关对于侦查机关侦查的部分重大案件,在侦查机关提请批捕、移送审查起诉之前,依法参与到刑事案件的侦查活动当中,从而引导侦查取证,实施侦查监督,规范侦查机关的行为。这一制度是将检察机关对侦查行为的监督从事后、静态的监督转变为同步、动态的监督,是一种较现行制度而言更为全面、有效的监督机制。

(一)两大法系检警关系模式

大陆法系国家实行检警一体化,尽管侦查权原则上由警察机关行使,但赋予检察机关指挥和领导警察机关侦查行为的权力。如法国、德国、意大利等。法国刑事诉讼法典规定,共和国检察官自己或使他人采取一切追查违法犯罪的行动。为此,他有权指挥所在法院辖区内的司法警官或司法警察的一切行动。有权对拘留措施实行监督,享有法律授予司法警官的一切权力和特权。这一侦查监督模式在一定程度上提高了检察机关侦查的质量和公诉的效率,但是在程序方面尚有缺陷,[②] 如检察机关作为法律监督机关,对于自身指挥领导下的侦查行为的监督会造成一定的难度。

与大陆法系国家的检察官指挥侦查型的模式不同,英美法系国家对于刑事案件的侦查权和起诉权分别由警察机关和检察机关独立行使,警察在侦查阶段可以不接受检察机关的指挥和领导,而只需要在案件侦查结束之后提交检察机关审查。这种模式以英国为典型代

---

* 中国地质大学人权法研究所所长,教授。
① 参见赵越超:《规范提前介入,加强侦查监督》,载《法制与社会》2012 年第 7 期。
② 参见高景峰、杨雄:《新刑事诉讼法强制措施解读》,中国检察出版社 2012 年版 第 92 页。

表，检察机关作为公诉机关，其公权性质表现得不够明显，而是作为"英王的律师"或"政府的律师"①。检警关系的分立模式并不意味着两者之间不存在合作关系。即使是长期以来检察机关与警察一直独立的英国，现在也开始改革，试行检察指导侦查，即检察机关派检察官进驻警察机关，在警察侦查案件时，检察官可以提出指导意见。"美国的检察官经常被称为当地执法系统的首长，实际上他们也确实可以指导甚至直接领导警察的犯罪侦查活动"，检察机关的权力亦伸张至侦查程序中来。②

因此，即使是宪政体制与检警关系的设置各有不同，但是两大法系在检察机关的"提前介入"这一方面趋同，显示出检察机关的"提前介入"是世界范围内的发展趋势，确有其内在优势。

（二）我国检察机关"提前介入"的发展

我国检察机关"提前介入"的发展与我国的检警关系是密切相联系的。根据刑事诉讼法第 7 条规定的"分工负责，互相配合，互相制约"原则，我国的检警关系不如英美法系国家检警相互分立的程度高，而是在检警两家分工负责的前提下，为实现惩罚犯罪、保护人民的共同任务而全力合作、互相支持；同时检警两家的工作应当互为条件、彼此监督，也不像大陆法系国家检察机关领导警察机关并享有侦查权，而是人民检察院和公安机关应当根据法定职权各负其责、各尽其职，严格依照分工进行诉讼活动，不允许相互替代和超越职责权限。

这一基本原则对我国刑事诉讼的影响可谓深远，它使得无论是实务界，还是理论界，都习惯于把刑事诉讼程序划分为立案、侦查、起诉、审判、执行这五个阶段。这五个阶段分工明确，如同工厂的流水线，更有人形象地将刑事诉讼程序的分工比作——侦查机关是"杀猪刀"，检察院是"刮毛刀"，法院则是"卖肉刀"。③虽然粗俗，但却反映了一个不争的事实，那就是长期以来侦查机关的侦查工作在刑事诉讼程序中的决定和主导作用，检察机关则相对地处于配合、制约的地位。侦查机关作为流水线的第一道工序，不仅决定了犯罪嫌疑人的抓获，还决定了最终的起诉和审判质量。因此，在阶段论以及"侦查中心主义"的支配下，很自然地将检察机关介入侦查机关的侦查工作称为"提前介入"了，"提前介入"因此作为一项工作方法开始被使用。

"提前介入"作为刑事诉讼中的一种工作方法，是检察机关在刑事诉讼程序中不断摸索、探讨提高诉讼的质量和效率的一种有力尝试。早在 20 世纪 80 年代，我国已经有了检察机关提前介入的做法。④但这种提前介入的主要目的在于从重从快打击犯罪，与新刑法"惩罚犯罪，保障人权"的基本精神是相悖的，也不适应当代刑事诉讼的发展趋势，更不利于和谐社会的构建。2000 年 9 月，在全国检察机关第一次侦查监督工作会议上，最高

---

① 参见种松志：《检警关系论》，中国人民公安大学出版社 2007 年版，第 82 页。
② 参见卞建林：《论我国侦查程序中检警关系的优化——以制度的功能分析为中心》，载《国家检察官学院学报》2005 年第 3 期。
③ 参见何家弘：《构建和谐社会中的检警关系》，载《人民检察》2007 年第 23 期。
④ 参见但伟、姜涛：《侦查监督制度研究——兼论检察引导侦查的基本理论问题》，载《中国法学》2003 年第 2 期。

人民检察院提出了"依法引导侦查取证"的工作思路,明确将引导侦查作为侦查监督部门的三大职能之一,从而为人民检察院介入侦查机关侦查取证工作提供了依据。为推进刑事检察改革、促进公正执法,2002年5月,最高人民检察院召开了全国刑事检察工作会议,会议提出了"坚持、巩固和完善'适时介入侦查、引导侦查取证、强化侦查监督'的工作机制"等四项改革措施,进一步对检察机关的"提前介入"行为进行了规定。

有的地方检察院积极进行"提前介入"的实践。1999年年初,河南省周口店市人民检察院提出自侦案件中引导侦查取证的"三三制",即坚持三个延伸——批捕向前延伸至自侦案件的立案环节、起诉部门向前延伸至批捕环节、起诉部门向前延伸至侦查预审环节,实行三项跟踪——侦查人员对自侦案件跟踪至批捕、起诉、审判环节,明确三项责任——侦查部门负责立案准确、批捕部门负责批捕准确、起诉部门负责起诉准确。周口市人民检察院的实践虽然局限于自侦案件,但是也为人民检察院"提前介入"侦查机关的侦查工作提供了有益的经验。相比而言,北京市海淀区人民检察院制定的《检警关系指导规则(试行)》更值得关注。该指导规则是经过国内多位专家、学者的探讨、论证以及海淀区人民检察院与公安局的协商制定的。它以人权保障为视角,对包括检察机关"提前介入"制度在内的一系列较为突出的问题进行详细的规定,将检察机关的"提前介入"深入侦查机关的各项侦查工作,如旁听讯问犯罪嫌疑人及询问证人、参与重大案件的讨论等,是对刑事诉讼法相关规定的细化。

由此可见,"提前介入"工作备受中央和地方的重视,经历了一条由经验到规定的道路。为了更好地发挥"提前介入"的优势,将其制度化是最好的选择。

二、"提前介入"的合法性分析

"提前介入"在制度化以前,还只能被称作是一种工作方法,难以称得上是一种制度。由于缺乏制度的稳定性和法定性,并且这一工作方法确实与相关规定有所出入,因此,不少实务工作者和学者对其提出了质疑。有的人说这是检察机关的手伸长了,超越了检察机关自身的职能,担心搞坏了警检两家的关系,有的人说这是于法无据,更有学者建议直接废除检察机关提前介入这一工作方法。① 笔者以为,只有客观地分析"提前介入"的合法性,才能正面回应这些质疑。

(一)"提前介入"的法律依据

在现行的法律体系中,我国虽然还没有明确具体地规定检察机关"提前介入"的做法,但是,在部分法律条文中,却赋予了检察机关对侦查机关侦查行为进行监督的权力,也就在一定程度上表明了检察机关"提前介入"的合法性。这些法律规定依据抽象程度的不同,可以分为两个层次。

第一个层次是最为抽象的规定,与"提前介入"没有直接联系。我国宪法第129条和刑事诉讼法第8条规定了人民检察院的法律监督权。人民检察院通过行使检察权,对包

---

① 参见李国妤:《检察机关对"提前介入"侦查机关侦查活动应持慎重态度》,载《第三届国家高级检察官论坛论文集》,2009年,第183页。

括侦查机关在内的各级国家机关及其工作人员是否遵守法律法规实行专门监督，以保障法律法规的正确实施。

第二个层次是较为抽象的规定，这些规定与"提前介入"有所联系。刑事诉讼法第7条规定了人民检察院和公安机关"分工负责，互相配合，互相制约"的原则，刑事诉讼法第85条规定了"必要的时候，人民检察院可以派人参加侦查机关对于重大案件的讨论"。《人民检察院刑事诉讼规则（试行）》第361条规定："对于重大、疑难、复杂的案件，人民检察院认为确有必要时，可以派员适时介入侦查活动，对收集证据、适用法律提出意见，监督侦查活动是否合法"；第567条对检察机关派员参加公安机关重大案件讨论和侦查活动做了规定。这些条文表明，检察机关有权介入侦查机关的侦查活动，这是检察机关"提前介入"的法律依据，所谓提前介入于法无据的说法显然站不住脚。

（二）"提前介入"的权力来源

那么，检察机关"提前介入"是否越权了呢？笔者从权力来源的角度分析检察机关"提前介入"的合法性。

从内涵来看，"提前介入"是检察机关引导侦查取证、实行侦查监督的行为。"提前介入"的权力来源在理论界存在不同的观点，"第一种认为是公诉权的延伸"，"第二种观点认为是来源于侦查监督权"，"第三种观点认为来源于法律监督权"。① 笔者认为，检察机关"提前介入"的权力来源于其作为法律监督机关的侦查监督权，理由是从法律上的依据来看，"提前介入"主要是对侦查机关在侦查取证过程中的实体性和程序性的内容进行监督，根据宪法第129条及刑事诉讼法第8条的规定，检察机关有权在刑事诉讼的各个环节实行法律监督，包括对侦查机关的侦查行为进行监督。相比于侦查监督权，法律监督权的内容更为宽泛，它还包括立案监督、审判监督和执行监督等，用这一概念表述"提前介入"的权力来源缺乏针对性。

另外，认为"提前介入"权力来源是公诉权的延伸的观点是错误的。其一，使用公诉权延伸的说法不利于保障犯罪嫌疑人的权利。公诉权是检察机关的专有职权，是代表国家向法院提起诉讼并要求法院通过审判确定被告人有罪并给予刑事制裁的权力。由于公诉权直接关系到公民的人身权利和其他合法权益，因此法律对公诉权的发动作出了明确的限定条件。如果公诉权延伸至侦查阶段，那么，在检察人员眼中，"犯罪嫌疑人"也就变成了"被告人"，是有罪推定的复制。其二，公诉权的延伸颠倒了侦查机关与检察机关在侦查工作中的主次关系，按此说法，侦查权反而应当配合公诉权，为提起公诉而服务，但实际情况是公诉引导侦查，是引导而不是主导或领导。将其权力来源理解为侦查监督权，则很好地表明了二者的关系，即侦查机关负责侦查，而人民检察院负责引导和监督。

三、"提前介入"制度化的建议

检察机关"提前介入"有其独特的优势，是检察工作成功经验的总结，对充分发挥检察机关的职能、提高办案质量和效率等方面有着重要的意义。但是，其本身还有待完

---

① 参见余才忠、陈慧芳、房佳菊：《检警关系重塑视角下的公诉预查制度》，载《法治研究》2009年第11期。

善，而且在实际工作中，也有可能得不到有效执行。因此，在充分总结经验的基础上构建"提前介入"制度，不仅可以固定、传播成功经验，也有利于改善执行难的局面。

（一）"提前介入"的制度构建

1. "提前介入"的目标。"提前介入"的目标是构建"提前介入"制度应当首要考虑的问题，对于进一步构建"提前介入"的具体内容有着指导意义。"提前介入"的直接目标就是准确、及时地打击犯罪。通过"提前介入"，检察机关可以全面、具体地了解案件情况，对事实不清、证据不足的情况提出意见和建议，侦查机关根据这些建议来查清事实、补充证据，以保证能准确、及时地打击犯罪。"提前介入"的根本目标在于保障人权。以往检察机关对侦查机关侦查活动的监督，都是在违法事实发生后的事后监督，这种监督方式难以预防侦查活动中违法情况的发生。设立检察机关"提前介入"的制度主要目的就在于主动深入侦查机关的侦查工作之中，事前、事中监督并纠正侦查机关在侦查活动中的违法取证行为，减少错捕错诉案件的数量和因证据不足而侵犯公民人身权利和其他合法权益的风险。

2. "提前介入"的案件范围和介入时间。从理论上说，"提前介入"作为检察机关对侦查机关侦查活动的一种监督方式，其范围应该包括所有的案件；但由于检察机关人力、物力、财力的限制，不可能做到对每一个案件都提前介入。而且，从法律效率角度而言，对一些轻微的刑事案件提前介入在一定程度上也是对司法资源的浪费。因此，有必要对检察机关"提前介入"的案件范围予以明确。笔者认为，对一些重大、疑难、复杂案件"提前介入"是必要的，具体应包括以下六类案件：一是重大的团伙犯罪案件；二是如杀人、抢劫等暴力犯罪案件；三是涉嫌黑社会性质组织的犯罪案件；四是案件复杂、取证涉及面广的案件；五是案件定性有重大争议的案件；六是在当地有重大社会影响的案件。

3. "提前介入"的主体。"提前介入"的主体当然是检察机关。但是，为了提高"提前介入"的效果，应当根据人民检察院内部的组织分工来细化"提前介入"的主体。笔者以为，"提前介入"的主体应该包括检察机关的侦查监督部门和公诉部门，这两个部门应当以侦查监督部门的"提前介入"为主。

首先，侦查监督部门应当在侦查机关报捕之前主动介入或被动介入。侦查监督部门的职责就是对侦查机关的侦查行为进行监督，防止侦查机关违法侦查行为的发生，因此，赋予侦查监督部门"提前介入"的权力是对其本身职责的一种规范和落实。

其次，公诉部门作为案件起诉部门，代表国家行使公权力，应当在侦查机关报捕后"提前介入"侦查行为当中，对侦查机关的侦查取证行为予以指导，此时其负责的主要是陪同侦查机关的侦查人员讯问犯罪嫌疑人并参与案件的讨论。但是，赋予公诉部门"提前介入"的权力，也要防止其对权力的滥用，确保控辩双方平等的法律地位。所以，该权力应该仅赋予公诉部门案件承办人之外的公诉人员。

4. "提前介入"的方式。"提前介入"的方式包含两个层次的问题。第一层次的问题是检察机关是依职权介入还是申请介入侦查工作。第二个层次的问题是检察机关介入后应当以怎样的方式行使这项权力。

对于第一层次的问题，笔者认为，应当以申请介入为主、依职权介入为辅的方式来构建"提前介入"的具体方式。在当前仍然严峻的治安形势之下，如果允许检察机关随时介入侦查机关的侦查工作，反而会降低办案效率，影响检警关系。只有在情况紧急时，如有明显证据表明存在刑讯逼供时，检察机关才可依据职权介入侦查。

至于第二个问题，检察人员应该坚持自身独立的司法地位，在法律的框架内引导并监督侦查。具体包括：其一，对侦查机关提交的各种法律文书进行书面审查，发现其中存在的问题，发现错误提出纠正意见；其二，对侦查机关的取证过程进行必要介入，如可列席侦查机关的现场勘验、检查、搜查等活动；其三，旁听侦查机关讯问犯罪嫌疑人、询问被害人和证人。这里需要指出的是，检察机关"提前介入"侦查机关的侦查活动当中，我们将其定性为"检察引导侦查"，这里的引导不是领导，不能对侦查机关的侦查行为进行指挥，干预侦查机关的侦查行为。在提前介入过程当中，检察人员作为法律监督者，对侦查机关的侦查活动是否合法进行有效监督。

5."提前介入"的内容。检察机关"提前介入"作为一种刑事诉讼活动，它的内容应包括实体和程序两个方面。"提前介入"的内容的实体方面，包括侦查机关的立案情况、撤案情况、证据收集情况等。具体来说，侦查机关立案情况，包括有案不立、不应立案而立案和虽立案却不侦查等情形；证据收集情况主要在于证据是否具备合法性、关联性和真实性，这对整个案件起着至关重要的作用，不仅决定了公诉机关在法庭中能否达到有效控诉犯罪的目的，还决定了犯罪嫌疑人的权利是否能得到保障，因此，对于取证的引导和监督是检察机关"提前介入"的重中之重。

"提前介入"的程序方面的内容主要指侦查方式是否符合法定程序，包括证据的收集方式和强制措施的适用是否合法。证据的收集包括讯问犯罪嫌疑人、询问证人和被害人、勘验、检查、搜查、扣押物证、书证等是否符合法定程序，对于非法取得的证据，检察机关应决定予以排除，以保障犯罪嫌疑人的合法权利。在这一方面，"提前介入"制度与非法证据排除规则能够很好地结合起来。而强制措施的适用包括对犯罪嫌疑人拘传、取保候审、监视居住、拘留和逮捕的方式、程序等是否合法，若违反法律的规定采取的强制措施，检察机关应决定或建议予以及时撤销或变更，以防止超期羁押等问题出现。

6."提前介入"的权力制约。赋予检察机关"提前介入"的权力是为了更好地行使监督侦查行为的目的，减少侦查违法行为，提高侦查效率，降低公诉机关在庭审中败诉的风险。而这一权力如果不加以有效制约，则很可能导致权力的滥用，干扰侦查机关的正常侦查工作，侵害相关当事人的合法权益。因此，有必要对检察机关的"提前介入"行为在制度上进行制约。

在原则上，要确立检察机关介入侦查机关的侦查活动是引导而不是领导，是引导而不是主导，是建议而不是命令，是讨论而不是对抗。在微观层面上，通过具体的制度设计来达到制约检察机关"提前介入"的权力。首先，如前所述，"提前介入"应当以申请介入为主，只有在侦查机关同意的情况下才可介入。这就有效制约了侦查机关任意地行使介入的权力。同时，检察机关的"提前介入"情况要定期向上一级检察机关进行汇报，让上一级检察机关及时了解其领导下的下一级检察机关的工作情况，发现不当情况及时予以纠正并进行撤销，从而起到对检察机关"提前介入"的权力进行一定程度上的制约作用。其次，检察机关"提前介入"的法律文书应主要规定为"意见书"或"提纲"等不具有约束力的名称，只有在少数情况下才规定具有约束力的名称，以避免检察机关对侦查机关的任意干预。

（二）"提前介入"应注意的问题

1. 明确检察机关的权力界限。检察机关"提前介入"侦查机关的侦查行为当中，只是作为法律监督机关履行自身监督职责，对侦查机关的侦查行为进行监督，及时纠正其违法侦查的行为，并对侦查取证行为进行适度引导，而不能以指挥代替引导，干涉侦查机关的正常侦查活动。检察机关"提前介入"侦查活动中也不能取代侦查机关，自行进行侦查活动。为此，在未来的制度设计中，只有个案的引导是不够的，还必须建立引导制度。个案引导的优势在于充分考虑了每一案件的特点，从而能采取与之相适应的方式进行引导，但不足之处在于频繁地使用个案引导，有干预侦查机关侦查工作之嫌。

2. 检警双方要加强沟通，进行"双向互动"。"提前介入"如果只有检察机关的单向活动，那么其效果必然大打折扣，甚至使"提前介入"这一工作方法名存实亡。为此，在未来的制度设计中，应当注意除了规定检察机关"提前介入"的范围和时间，也必须要规定侦查机关要及时、主动地将案件的情况报送给检察机关，加强沟通、交流，以便检察机关能及时掌握案件的情况，对侦查机关的侦查活动提供建议，促进侦查机关下一阶段侦查取证工作的顺利进行。笔者认为，具体的互动形式主要包括两种：一是建立刑事案件的备案制度，即除国家秘密以外，侦查机关在受理案件、立案、破案、报捕时，应当将案卷材料和证据抄送检察机关备案，使检察机关及时了解案情；二是建立联席会议制度，使之定期化。公检两家应当定期对一定时期存在的问题及经验进行交流，并制订未来一段时期的工作计划和应当注意的问题。

3. "提前介入"侦查活动的检察人员不得同时参与该案件的审查起诉工作。不论是侦查监督部门还是公诉部门的检察人员提前介入侦查活动中都不能再同时负责该案件的审查起诉工作。这一规定主要在于防止起诉人员对案件先入为主，对侦查机关的取证行为和证据的效力不会过多地考虑其非法性问题，在庭审中保持其不变的思维模式，影响起诉质量，同时也不利于对侦查机关的监督，最终很可能造成侵犯犯罪嫌疑人合法权益的不利后果。由负责审查起诉工作的检察人员同时担任"提前介入"的检察工作，推行"侦诉协同"机制，也"背离了《刑事诉讼法》的立法原意"①。并且，这也有可能与回避制度相冲突，《人民检察院刑事诉讼规则（试行）》第30条规定，参加过本案侦查的侦查人员，不得承办本案的审查逮捕、起诉和诉讼监督工作。在"提前介入"活动中，虽然检察人员没有实际参加到具体侦查取证工作中，但是，对侦查人员的取证行为进行了指导和监督。因此，"提前介入"应当注意避免采用"侦诉协同"方式进行。

"提前介入"制度的建立和完善是我国现行检警关系模式下的必然要求，我们不像大

---

① 参见傅宽芝：《提高侦诉质量途径的思考》，载《国家检察官学院学报》2002年第1期。

陆法系国家实行检察官指挥侦查的模式,检察机关能够对警察机关的侦查工作进行指挥和领导;也不像英美法系国家采取检警分立模式,警察要作为证人出现在庭审当中,对自己的取证结果承担责任。在我国现行检警关系模式下,检察机关作为一个独立的司法机关,除了自侦案件外,并不具有侦查的明确法律授权,起诉工作的质量和效果很大程度上依赖于侦查机关提交证据的完整性和合法性。完善检察机关"提前介入"制度,能够有效地减少甚至避免侦查机关取证行为中的违法行为,提高公诉机关起诉的质量,实现"惩罚犯罪、保障人权"的最终目标。

检察机关听取意见的实践路径与方法

刘 旭*

听取意见制度是现代国家民主体系的有机组成部分，司法活动公正度的达成，以政治及社会的民主参与、民主监督为依托和条件，司法本质上仍建立在公众表达及社会开放性审视、监督之下。以公开、透明、公众参与、意见沟通为内涵的检察司法听取意见制度，是检察权监督制约和公众权利保障的内在要求，是构建公正、廉洁、效能检察制度体系的必然选择。当下中国正处于社会变革转型时期，社会关系纷繁复杂，多元利益格局不断调整，公众利益表达和政治参与意识增强，与之相适应，检察司法部门要不断推进为民司法、开放司法、互动司法的建设步伐，积极主动地探求、听取、吸纳包括网络、媒体意见在内的公众意见，在检察司法的各个阶段与环节，尤其要通过听取民意、普遍的司法参与、执法协商沟通、司法民主与公开以及分布在每个部门的信访与投诉渠道，实现公民意志与利益传递充分而且畅通。

一、检察机关听取意见制度的理论依据

在新的时期，司法的功能定位涵盖了更多丰富的内涵，司法的人民性本质和沟通解决的功能角色不断彰显。检察听取意见制度与人民主权及保障人权的价值基础相吻合，人民司法理念是检察机关听取意见的精神实质和价值内核，检察听取意见就成为检察机关追求公信力的直接体现，检察司法的人民性和公信力体现在对公民言论自由、批评建议、控告申诉、听证动议等基本权利的尊重和维护。

（一）检察机关听取意见是实现人民司法本质的客观要求

新中国成立以来，我们党的思想路线经历了"以阶级斗争为纲"、"以经济建设中心为中心"和"以人为本，全面建设小康社会"三大阶段。司法机关的功能定位也由原来的实现统治阶级意志、巩固其统治的工具，转变为公民权利的"保障者"和社会和谐的"维护者"。① 检察司法的功能定位转型也是如此，伴随着司法环境发生的深刻变化，公民的利益诉求不断出现新情况、新问题，越来越多的矛盾诉求、申诉控告寻求检察机关解决，检察机关的职能观、检察官的角色定位都在经历转换。当前，为人民检察、满足人民法律监督需求已经成为检察机关的政治、法律和社会责任。检察活动必须把关注民生、改善民生作为加强和改进工作的着力点，加强与社会公众的良性沟通，不断满足民众权利维护和权力监督的需求，妥善处理涉及人民切身利益的矛盾纠纷。

---

* 河南省社会科学院政治与法律所副研究员。
① 张海光：《当代中国社会转型下的司法转型问题》，载《福建法学》2006 年第 2 期。

听取意见制度来源于法治的民主性,是否愿意倾听公民诉求并设置健全的制度保障,关系到任何一项国家体制的合法性基础和正当性前提。司法的人民意志立场在法律实施的具体阶段,就表现在对当事人申辩表达权利,对公民及社会组织意愿及呼声的关注和重视,公民诉求导向是促使司法行为符合法律权威规范的基本主线。检察司法的原则与制度体现民主的品格与价值,允许公民在检察权运行的各个环节进行公开的质疑、申辩和讨论,使检察司法过程经历充分的意见表达和交换。检察司法不能成为少数职业群体垄断、神秘排外的法律实践,更要摆脱地区利益、部门利益以及群体利益的束缚,不同地域、职业、社会群体的成员不分贫富、性别、民族,都有公平的权利均等参与检察司法过程,检察司法只有开展立体性、全方位、多途径的社会意见沟通,才能深深扎根于最广大民众最广泛的社会需求,获得宽广厚重的支持与认同力量。

(二)检察机关听取意见是创造检察司法公信力的关键制度构成

检察机关听取意见所蕴含的是,对作为政治主体的公民自身所拥有的表达、对话要求的尊重,以及对包括当事人在内的社会公众知情权、参与权和监督权的确证和维护,是检察正义和检察公信力的根本构成所在。检察司法立足于实现法治正义和公平,目的也是要通过法律的运用和实施,满足公众的利益诉求和法律需求,展现检察监督的公正、信用和权威,获取社会对检察权行使过程和结果的信任。检察官在处理事务的过程中合理地把握裁量尺度,尊重公众感情需要和社会价值取向,在决定中融合法律执行和社会效果,以使检察行为更具有大众说服效果,努力取得社会公众认可的公信、公平的良好结果。

听取意见是检察机关加强外部监督、完善权力制约机制的关键举措,所谓监督者更要受监督的理念,体现在制度实践中就是检察机关在阳光透明的环境下运用权力,公众对检察行为、检察人员及检察制度的批评和质疑,能够得到认真、及时、有效的对待和反馈,通过构筑遏制权力任性、恣意、滥用的严密防护网,纠正体质弊端和缺陷,消除权力不规范和腐败现象,塑造清正廉明、公正公信的检察司法体系。在检察决定与普通公众的需要之间,通过诉诸法律的目标、精神和逻辑体系,持久完善公民意见参与、监督及沟通的机制,而检察机关按照开放沟通、透明执法的要求不断锤炼检察司法的品质,深化对检察制度流程的认知和定位,将社会公众对司法的感受和评价,作为改进检察制度、规范检察行为的重要导向,以此彰显检察司法的权威性和公信力。

(三)检察机关听取意见与检察权独立行使的核心价值相一致

围绕检察机关听取意见的理论分歧集中表现在公众意见表达及社会舆论与检察权独立行使之间的关系处理。作为现代司法共同承载的普遍价值取向,以开放的态度听取公众意见与司法独立的运作原则并无矛盾对立,二者作用于司法活动中的不同范畴及领域。检务工作者要依据法律及公平正义的精神,排除金钱、权势等非法因素的影响。这是检察权独立行使的基本要义。但围绕检察权运作而形成的检察制度设置、检察人员行为表现,依然要放置到公开透明的司法场域、对等抗辩的诉讼结构,接受公众及舆论的审视和开放性的监督。检察司法不仅应当是理性中立裁断事实、适用法律的法治中心,而且要努力担当实现法治对话、传播法治精神的角色。检察权威和检察公信力的获取,要依靠详尽的释法答疑和法治宣传,扩大检察与社会公众、群体及媒体的对话和交流,促进检察活动与社会价值观念的有机互动。

　　检察机关听取意见是国家政体民主化的重要体现，它需要有民主的政治及社会环境相配合。检察自身也要在规范导向、制度立场上确立民主的根本价值，通过举证、质辩等诉讼权利的保障、检察公开的实施，确保检察程序的公开性和民主性。检察机关听取意见并非意味着检察听命于或受控于各种形式的公众意见表达，检察司法的性质排斥各种情绪化、非理性的、非程序化的民意表达。面对纷繁复杂的社会纠纷，检察工作者要树立开阔的眼界和开放的心态，包容来自民间社会的不同意见声音，推动思维的更新和检察方式的改进，不断提升应对公民诉求的能力水平。在司法制度层面，更要依靠科学周密的制度构造，以满足公众司法需求、革除制度弊病、提升制度运行效率为中心，完善检察为民务实清廉体系建设的流程设计，强化检察决策民主及检务公开的保障机制，实现检察制度体系的科学、公正和高效。

二、检察机关听取意见的表现形态

　　从根本上来说，现代司法体系是建立在国家民主制度的基础之上，司法要通过法治正义获取公众的支持，建立并维护司法的权威，而司法机构及司法工作人员无法处在封闭的环境，他们要与社会公众、公共舆论保持开放式的接触及对话，才能做出反映时代发展及社会演进的正确决定。因而，检察机关听取意见既表现在以宪政架构、权力机关监督、公众直接参与等全方位的审视和监督所构成的正式制度途径，也表现在检察部门及其工作人员与公众及舆论就意见表达、意见传递及对话沟通等形成的非正式制度途径，在传媒技术平台日益发达的今天，网络形式的检察机关听取意见平台及表现形式同样要引起我们的重视。

　　（一）检察机关听取意见的政治途径

　　民主制度是汇集公众意见的政治实现途径，公众的意志由其选举产生的代表承载、凝聚，进而传递给政治进程，以此主导和控制全体国家机构的运作。在现代民主国家，代议制度及其相关的制度安排是集合与反馈公众意见的政治途径，民意代表的意见与代议机构的决定对包括司法机关在内的其他国家机构都产生直接而显著的影响。在中国，宪法确立了以人大制度为根本的政治架构，通过听取报告、视察检查、意见质询与特别问题调查等制度手段，人大履行对司法权的监督与制约职能。人民代表大会制度吸取的民意，以法律制定、权力监督等方式反映到司法中来，成为民意融入和参与司法，创造司法公信力的重要渠道。当然，检察司法也不能脱离民主体制及民主因素而孤立存在，获得广泛推行的人民监督员制、检察司法流程中权利导向的诉讼架构以及检察司法全过程都要遵循的司法公开和信息公布，都是检察机关体系自身听取意见制度的证明。

　　（二）检察机关听取意见的社会途径

　　检察机关听取意见的社会途径是在正式的民主政治及检察司法制度以外，以信息交流、对话协商以及社会舆论形式出现的意见沟通形态。社会舆论与检察司法独立有着共同的社会价值和目标，舆论对话和沟通实际上发挥着对检察司法独立的保障作用。以哈贝马斯所提倡的"对话—沟通"理论来解释，社会舆论这一民间性质的权力监督资源，站在公众的立场上与强大的公权力沟通和对话，有助于寻求一种更加具有合理性的正义，推动实体法律制度在全部参与者的对话中日趋完善。① 在检察司法中，检察权独立行使不能被理解为法律是自足的、独立于社会的，检察司法和利害相关人及公众的相互对话和理性协商，给检察决定提供大量有益的信息，使之更深刻地理解民意和法意，更好地履行自由裁量和法定职责，创造有公信力的检察决定。

（三）检察机关听取意见的网络途径

在现代社会，作为信息和观点的集散地，互联网正日趋成为承载公民意见的基本平台。网上民意调查、门户网站、专业论坛、要闻 BBS 等各种形式的网络阵地，是网络意见形成的重要发源地。网络突破了信息传播中的渠道限制，促进社会成员发表意见自由的实现，成为弱势群体反映心声的便捷渠道。随着我国互联网产业的发展和网民数量的增加，网络已经改变了民众参与检察司法的形态，及时、全面地把握网络意见已经成为深化检察工作职能、构建检察司法公信力的必经之路。网络意见是社会诉求的组成部分，借网络途径，检察司法机构可以进一步向公众打开窗口，收集开展检察监督的线索信息，听取来自各方对检察工作的意见，推动检察机关全面有效地履行法律监督职责，提升检察司法的公信力和权威度。

三、检察机关听取意见的实践路径与操作方法

在社会变革、法治建设日益深入的背景下，检察机关听取意见的实践应当依托一定的制度模式和可操作的程序设计，使公众参与、知情、表达以及监督权利的行使遵从既定法律渠道、法律程序，以"法治参与"的形式进入司法场域。伴随社会公众对检察司法公诉、监督等职能履行状况的关注越来越多，围绕检察司法进程及结果的评论日益成为热点，因此，有必要加强检务公开、申诉投诉处理、意见平台建设的力度，优化人民监督员制的作用方式和功能，改进检察体系内部的民主化管理，又要加强对公众表达的沟通和反馈，在检察权与公众、社会舆论之间建立起恰当的对话和疏通渠道，实现检察制度和队伍建设与社会意见的良性互动。

（一）检务工作的公众意见探求机制

检察机关听取意见的内涵不仅表现在检务司法遵循由人民利益和意志凝结而成法律体系，而且要求在检察侦查、公诉、监督以及内部管理的工作中摒弃关起门来办案的方式，主动探求、倾听公众意见及社会诉求。只有准确而敏锐地探求、把握公众意见，才能为公众了解检察、理解检察、认同检察开辟畅通渠道。当前，检察司法过程中的意见沟通渠道并不十分顺畅，检察官对社会意见的关注和了解也确有不足，检察司法进程常常陷入检务流程与公众认知、评判的隔膜状态。为了最大限度地避免检察内部的制度程序设计与公众需求脱节的现象，需要用公共关系管理及维护的视角，建设专门的意见探求机制，把社会意见的价值和情感纳入制度改进及人员素质提升的考量范围，促进社会经验与检察经验的交流，增进检察活动的亲和力和公信力。

---

① ［德］哈贝马斯：《在事实与规范之间》，童世骏译，三联书店2003年版，第144页。

检察机关进一步完善深入基层、深入社会、深入群众倾听意见的机制，变被动接受为主动收集，通过定期、不定期的走访、抽样调查，掌握第一手信息资料，获取民众对于检察工作满意度的意见，及时了解人民群众的司法需求；要完善社会舆情汇集工作机制，并建立意见甄别筛选机制，对公众意见进行合法性检测，听取并吸收符合正义原则与法律精神的意见，而将盲动的意见排除在司法判决之外。为此，应当确定一个内设部门，如检察机关内部的政工部门，负责广泛收集、整理民意。对一些有重大影响涉渎、涉贪的案件，要主动深入案发地，调查了解案发地的社情民意，查明人民群众对查办案件和检察监督工作的意见或建议。

更加科学全面而又准确地把握公众意见，包括引进独立的社会民意监督机制，由依法设立的社会机构针对检务日常活动、检察人员职业素养以及检察机关制度建设收集意见，及时反映社会民众对检察活动的看法。日益蓬勃的民间组织、研究机构是促进检察机关广泛收集吸取意见，与民众形成良性互动的极佳途径，检察司法加强与民间组织、研究机构的沟通和联系，有助于此类案件审判的公正和权威。在涉及社会利益、国家利益的案件中，可以邀请中立、专业、权威的专家学者向检察机关提供与案件有关的事实或者适用法律方面的意见，并在检察决定中予以列明，以此提升检察司法的专业度和公信力。

（二）检务工作的公众意见反馈机制

公开透明是实现检察机关听取意见、创造司法公信力的根本保障。向民众公开，就是接受民意的检验，就是体现民意。检察与民意沟通的实践路径，天然地包含通过便捷有效的渠道将各个诉讼环节的信息公布于众，促进公众对案情及处置进度的了解，保障民众的知情权和监督权，抑制非理性民意的滋生与传播。开诚布公是消除隔阂与猜忌的起点，是增进检察司法公信力和塑造法律信仰的前提。公众对检察司法的不信任，基本上来源于对检察司法不透明的反感。实施更加畅通的意见反馈，要求进一步落实检务公开原则，深入实施法规公布、权利告知、主动公开、定期通报等"阳光检务"办法，提升检务信息公开的内容质量，简化公民申请信息公开的手续，通过建构更加公开透明的检务司法运作机制，让检务信息成为社会公知、共享的信息。

以检察机关听取意见推进司法公信力建设，要求在准确探求公众意见的基础上，实施释法说理、新闻发布、媒体沟通等措施，有效引导和反馈民意。检察文书是社会公众对检察司法公正权威与否作出评价的根据，是彰显检察公正性、传播检察公信力的重要载体。检察与公众的相互交流，首先就要加强检务文书的说理性，发挥检务文书说服大众、引导民意的作用。公开陈述理由是检察文书的灵魂，没有依据和理由，就无法杜绝决定的任意性。应该在文书中详细说明适用相关规范的理由以及所适用规范的具体内容，包括法律依据和事实，说明事实的证据，并进行必要的逻辑推理和论证。检察官作出的决定只有说理透彻，才能够说服当事人和文书的其他潜在读者，从而被当事人和公众尊重和信赖。

与媒体建立和谐互动的合作关系，是完善检察听取意见机制、增进与民意沟通的关键环节。检察机关应当主动与媒体建立协调合作机制，邀请新闻媒体参加座谈会或者新闻发布会，公布案件事实及可公开的证据材料，对检察决定的理由进行详细的剖析和释明，通过细致的法律宣传和法律解答，促进检务活动在更大范围透明公开。对于媒体登载的质疑或不同声音，检察机关应给予及时的、有针对性的解释，正确引导民意并使其理性化。检察司法善于借助媒体、法律专家、法律职业圈等外部力量，抵制对民众非理性、非正义性的倾向性意见，消除社会群体对检察活动的误解，引导民意理性对待检察司法。

（三）检务工作的人民监督机制

从 2003 年试点以来，人民监督员制度成为检察机关听取监督意见、接受社会监督的专门渠道，这种由群众直接实施监督的制度形式，是检察机关加强自身建设、提升检察形象的有益举措，为检察与民意的结合互动开辟了路径。我国建立的人民监督员制对于推进检察机关听取意见进程发挥了重要作用，然而，自创立之日起，围绕这一制度的性质、定位、监督范围、监督方式都存在一些质疑，人民监督员制度实践中也暴露出监督效力弱、监督流于形式等问题。① 作为强化检察机关体外制约、预防监察权力滥用的关键制度设计，人民监督员制度有必要在今后的改革中进一步增强监督刚性，完善监督手段和监督程序，提高监督结果的权威性及监督效能，促使这一制度成为规范化、制度化、程序化的外部监督机制。

保证人民监督员提出意见的客观、专业、准确，应当从增强人民监督的独立性入手，在监督员选任、工作方法、监督意见的执行等方面维持其社会参与及公众主持的性质，法规可以对选任条件作出规定，要求监督员具有一定的学历条件、专业知识及品行操守，但选任进程及监督进程的主导权要由人民监督员行使，这样从根本上增进人民监督的直接性、主动性、非受控性和制度刚性。人民监督的范围并不限于"三类案件"、"五种情形"，而可以就检察工作人员廉洁奉公及工作纪律执行情况，检察机关控申受理、案件查办的制度设置及执行情况实施全面监督。人民监督员制度发挥实效，以人民监督意见具有法律效力为前提，针对检察机关批捕、公诉、自侦、民行、控申业务中的不作为及乱作为现象，增设上级机关复核启动权、强制起诉及强制监督启动权，以人民监督集体意见为依据，对发现的事实及法律方面的问题及时启动复核程序，对应起诉经复核而不起诉、应监督经复核而不监督的行为启动强制起诉及监督程序。

（四）检务工作的网络意见疏通机制

网络话语权的行使，有利于加强公众对权力的监督和制约，起到伸张权力、纠察腐败、促进改革的积极作用。通过对网络讨论的监测和分析，可以帮助检察部门收集举报申诉线索，把握对某问题的民意主流倾向，分析研究民众对检务司法活动的认知和评判，发现并捕捉开展案件受理及检察监督的切入点。为了全面收集、听取网络意见，检察部门要采取网上公示、网上接访、网上查询工作手段，着力构建网络信息发布和网络便民服务平台，形成网络举报申诉信息处置机制，加强与公众的信息化沟通联络。通过对网络意见的实施有效的引导与规制，既充分发挥行使网络话语权对检察工作的监督和促进作用，同时又避免部分盲从、躁动的网络表达可能造成的负面影响。

为了推动有效吸收和疏通网络意见表达，要通过检务文书上网、新闻发布、网络互动等多种方式，完善对网络民意的分析处理，形成网络意见的收集和反馈机制。检察机关密

---

① 高一飞：《人民监督员制度改革研究》，载《南京师大学报》（社会科学版）2009 年第 4 期。

切关注、及时跟踪各大网站、论坛、博客上涉及检察工作领域的舆情动向，将随机的、不确定的调查收集意见工作，转化为确定的、常态化的制度。各基层检察机构加强网络技术力量，建立起本院的电子网站，对于不涉及国家安全、个人隐私、商业秘密的案件全部实现网上信息公开，拓宽民众知情、参与和意见表达的媒介渠道，最大限度地实现公民知情权、监督权的行使。要充分利用借助网络平台的即时性、交互性与易检性等技术特质，扩大检务信息公开的范围、减少查询手续的烦琐性，使检务公开的制度价值和社会需求得到最大限度的实现。对于引起社会关注的热点案件，利用网络平台表达聚集的功能，吸引广大网民对案件中涉及的法理和相关法律问题，展开热烈深入的探讨，以此将社会热点案件与学术讨论挂钩，加深民众检察司法的信息沟通，探索并形成检察吸纳与融合网络意见的新模式。

谈检察机关执法方式转变

张书华*

执法方式是执法者在长期执法活动中根据程序制度和工作经验形成的执法行为习惯和工作模式。传统的执法方式是传统执法理念的制度呈现和习惯行为。执法方式转变,是应对执法理念的变化而对执法方式作出相应的调整。这种转变是对原有执法方式的扬弃。如以口供为中心的取证方式,有违现代执法理念,应代之以客观证据为中心构建证据体系;如程序的独立价值受到应有的重视,应完善原有的执法方式,在执法中更加注重程序正义的体现。检察机关是国家的法律监督机关,检察机关是以参与诉讼的形式实现其职能。因此,检察机关的执法方式不仅对于规范自身执法活动,而且对其他执法主体的活动也具有重要的影响。

需要强调指出的是,在我们重视执法理念转变的时候,往往忽略对执法方式转变的推进,认为只要观念转变了,执法方式甚至执法行为会自然而然的转变。须知思想付诸行动是一个过程,这个过程需要有序推进。不仅需要新的制度设计,更重要的是通过转变执法方式形成新的执法机制和办案模式,从而在更高的基础上实现公平正义,提高执法效率。

一、执法方式必须转变

(一) 司法改革推动执法方式改变

我国已进入改革发展的关键时期,经济体制深刻变革,社会结构深刻变动,利益格局深刻调整,思想观念深刻变化。从总体上看,我国的司法体制与政治经济和基本国情是相适应的。但随着近几年社会转型期的不断深入,我国仍处于刑事犯罪高发期和社会矛盾凸显期,新型犯罪特点突出,刑事犯罪总量仍在高位运行,犯罪分子采取极端暴力行为、报复社会的恶性案件时有发生,黑恶势力犯罪活动仍然比较活跃,侵财犯罪和涉众型经济犯罪持续增多,反腐败任务仍然艰巨。检察机关作为法律监督机关,人民群众对检察机关提出了更高的要求。当前旧的执法方式不仅有碍于公平正义的实现,而且为执法者滥用执法权创造了机会和条件,导致社会对司法公正的质疑。人民群众对公共安全、国家安全、公平正义的期待,转变为对司法公正的关注,执法公信力也受到了前所未有的挑战。

特别是伴随着互联网时代的不断发展,人们已走出信息闭塞的时代,"人人都是麦克风,人人都有话语权"的自媒体时代已经来临,人民群众的法治意识、维权意识不断增强,一个案件引起全民关注甚至大讨论已不是什么新鲜事。如何保障人权,真正体现执法为民;如何以法治方式调处社会矛盾,通过公正执法使矛盾得以化解;如何以规范的执法

---

* 吉林省人民检察院检察员,全国检察业务专家、全国检察机关公诉咨询专家、全国优秀公诉人。

行为提升检察机关执法亲和力和公信力，已经成为检察机关急需解决的问题。

因此，加快转变执法方式，从而使执法者在执法新机制和条件下，形成新的执法模式，养成良好的执法习惯。实践证明，以专政和暴力强制为理念基础形成的执法方式已经不能满足现代法治社会条件下人们对法律公正公平的渴望，通过深化司法体制改革，优化司法职权配置，规范司法行为，建设公正高效权威的社会主义司法制度，不断调整转变执法方式已成必然趋势。

（二）执法观念转变要求执法方式转变

传统观念中，"官本位"思想根深蒂固，执法往往被定义为管理，官僚主义、形式主义比较突出。随着大局观的明确，司法为经济社会发展、为民生、民权、民利服务的要求凸显出来，就需要执法机关调整定位，重塑形象。曹建明检察长对检察机关的人员提出了"大局观、核心价值观、执法官、业绩观、权力观、发展观"，即"六观"要求，推动了执法方式的转变。同时，伴随着司法体制改革的不断深入，转变当前不合时宜的旧有观念，树立理性、平和、文明、规范执法的现代执法理念，转变现有机械执法、就案办案的执法方式，对于确立新型检察工作机制是极为迫切的。近年来我国法律不断完善，尤其是"两法"（新刑事诉讼法和新民事诉讼法）的修改给我们进一步转变执法理念提供了契机，修改后的"两法"对"人权保障"、"证据裁判"、"程序正义"等提出了一系列新的执法理念，更好地适应了我国经济社会发展形势，妥善解决了司法实践中迫切需要解决的一些现实问题，对于更加有效地惩治犯罪、保障人权、维护社会和谐稳定具有重大意义。但也给检察机关带来了新的机遇和挑战。例如，修改后的"两法"更加注重当事人诉讼权利的保障；更加注重客观证据的作用；更加注重律师执业保障；更加注重诉讼公开；更加注重程序正义；更加注重发挥检察机关在诉讼监督中的作用。从而使检察机关在自身执法和诉讼监督两个方面的工作责任更加凸显。为了保持检察工作健康、持续、平稳发展，做到公正执法，不违法办案，检察机关亟须转变执法理念。

当前迫切需要解决旧执法方式与新执法理念冲突的窘境，要以制度设计、工作管理等方面对执法方式进行调整；要以执法方法、办案思路方面对执法行为进行规范，促进检察工作机制全面转型，切实提升司法机关的执法公信力和形象。

（三）司法民主化进程，促进执法方式转变

人民群众对公平正义的需求最后往往集中体现在司法方面。近些年我国司法体制"职业化"不断深入，执法理念不断更新，在"职业化"的影响推进下，公众参与司法监督的"民主化"也越来越突出重要作用，我国目前已架构了一系列司法民主制度，司法公开制度、人民陪审员制度、人民监督员制度、律师制度、法律援助制度、人民调解制度等，因此，在执法理念不断更新的前提下，如何在社会公众的有效监督下公开、公平、公正的执法，成为对执法机关的新考验。我们是真心实意地接受人民监督还是虚情假意地接受人民监督，我们是主动转变执法方式还是被动转变执法方式就成为我们需要认真对待的问题。

（四）处理执法方式的相关关系

1. 从执法理念与执法方式的关系看，更新执法观念是转变执法办案方式的前提。执法理念的更新，是执法方式转变的先决条件，是表与里的关系。执法方式直接反映执法理念的先进与否。而执法理念对执法方式的指导和规范作用无疑是十分重要的。在执法办案实践中能否充分发挥、体现正确的执法理念，是执法方式创新的先决条件。一要坚持惩治犯罪与保障人权并重理念。修改后刑事诉讼法强化了人权保障，在执法办案中，要大力推行"人性化"办案方式，在发挥好惩治犯罪职能的同时，真正实现执法为民、执法利民、执法惠民。二要坚持程序公正与实体公正并重理念。检察机关要保证司法以透明的形象展现在公众视野当中，就必须严格依照程序、规则办事，始终坚持全面客观收集证据，确保执法办案的每个环节都符合法律规定，从源头上预防随意执法、粗放执法问题的发生。三要牢固树立理性、平和、文明、规范的执法理念。检察机关应切实做到"以法为据、以理服人"，融"法、理、情"于执法办案过程和执法结果之中，让人民群众真正感受到司法的人文关怀。四要坚持执法的法律效果与社会效果、经济效果、政治效果的有机统一。坚持依法办案与化解矛盾统筹推进，积极探索多渠道解决争端的新机制，合理配置执法办案力量，改进执法方式，明确办案中教育与惩处相结合的重要性，真正做到案结事了，使办案推行稳定，执法促进发展，不断提高检察机关维护司法公正的能力和水平。

2. 从执法方式与执法行为的关系看，二者相互影响。执法方式具有习惯性和模式化的特点，而且在执法的各专业领域和执法机构中具有共通性和传习性的作用。常常是对同类问题自觉适用同类工作模式和方法，调整和转变执法方式往往是一个困难甚至艰苦的过程。因此，执法方式不是简单的手段问题，而是执法者执法理念和执法习惯的反映。不可否认的是，少数执法者至今依然遵循一种简单生硬的执法逻辑：我是执法者，你违法了，我就可以采用法律授权的任何方式收拾你，不需要讲究什么方式；至于造成违法的原因、执法对象的感受、执法的效果等问题，则往往很少去考虑。显然，这些执法者忽视了一个基本前提，即究竟是为谁执法。如果一个执法机关的某些执法行为被多数群众难以接受，其值得反思的就远不止这种执法方式本身。同时执法方式还是衡量执法者执法水平的重要尺度，是一个部门及其执法人员法律素质的综合表现。维护并保障广大公民的合法权益是所有执法机关的法定职责，采用什么措施及时有效地维护群众的合法权益，以及维护的程度如何，反映了执法者的执法水平。即便是出于维护社会公共利益或者考试大收集整理维护其他公民合法权益的需要而必须对违法公民进行处罚时，也不能逾越法律的界限。倘若逾越了这个界限，就势必构成滥用职权。所以要实现规范执法行为的目标，不仅要以转变执法理念入手，更要在转变执法方式上下功夫，用气力想办法、谋出路。

二、执法方式如何转变

（一）执法方式转变的目标

1. 执法过程要"理性"。检察机关最根本的职能在于法律监督，在这一过程中，理性应是其最大的特征。只有秉持中立客观的态度，树立理性监督的理念，才能确保其评判的客观公正，才能树立检察机关的法律监督权威。这种"理性"不仅要求我们有非常高的法律意识，而且要有强烈的大局意识、政治意识、责任意识，坚决克服就案办案、机械办案的倾向，从维护稳定的大局出发执法，从科学发展的长远着眼办案，切实做到依法办案与服务发展相统一。

2. 执法态度要"平和"。理性是平和的基础，首先必须是理性地执法，才能真正做到执法时的平和。作为法律监督机关我们要以公心、诚心和耐心解决人民群众的诉求，疏导和化解社会矛盾，最大限度地增加和谐因素。我们要以一种平和的心态，冷静应对，理性倾听，依法处置。要积极适应执法环境的新变化，设身处地为当事人考虑，为困难群众着想，主动做好化解矛盾纠纷、疏导群众情绪的工作，避免因执法态度问题引发各种矛盾甚至酿成群体性事件。

3. 执法方式要"文明"。"文明"就是要使办案方式方法体现现代文明的要求，坚决纠正简单执法甚至粗暴执法的问题，用群众信服的方式执法办案，使人民群众不仅感受到法律的尊严和权威，而且能感受执法的人文关怀。文明执法应该包括理念文明、方法文明、手段文明、仪表文明、语言文明、气度文明等内容。适应这一要求，必须根除特权思想、蛮横态度、粗暴行为、体罚虐待等与司法文明要求相悖的思想和行为，树立与现代法治精神相一致的文明、公开、透明、人性化等执法理念，增强文明意识和责任感、使命感，自觉消除执法中的官僚主义，努力提高执法效率。

4. 执法行为要"规范"。执法过程中要做到行为举止规范，使用规范用语，不该说的话不说；要在完善执法管理上下功夫，细化办案规程，完善业务流程，规范办案环节，力求使每个执法环节都有章可循；要严格按照法定程序办事，充分保障当事人知情权、辩护权、申诉权等诉讼权利，实现实体公正与程序公正的有机统一；要着力加强执法责任体系、考评体系和监督体系建设，不断推进检务公开；要坚持以公开促公正，增强司法工作的透明度、公信度，实现执法和谐。

"理性、平和、文明、规范"是执法方式的外在表现形式，只有做到这一点，才能赢得群众的理解和支持，使执法效果真正达到法律效果、政治效果和社会效果的有机统一。

（二）建立健全规范执法的长效机制

检察机关规范执法行为机制建设的重点应放在明确、细化、具体、严格办案流程上，尽可能地缩小执法者自由裁量的空间和权利。要更加细化地执法办案流程，同时，人大、纪检监察、新闻媒体应加大对不规范执法行为的查处和监督力度。使最新的司法制度在具体作用中得以体现；使先进的执法理念在具体规则总得以贯彻；使新的执法模式在规范执法中逐渐得以形成。有了规范执法行为的长效机制，检察队伍综合素质的提高就成为必然。

（三）建立新的执法管理模式

加强案件管理是转变执法办案方式的必然要求。近些年来，检察机关加强了案件集中管理工作，通过对案件的立案归口、流程控制、质量监管和内部监督制约，以确保诉讼程序严格执行，防止司法不公。执法管理要注重办案流程的节点控制和办案效果的时候评价，要不断完善办案责任制，突出检察官在执法办案中的主体地位和作用。加强执法办案考评科学化，加强监督制约，以确保司法公正和效率，实现检察机关执法办案工作的科学管理。

三、执法方式转变的十个重点

执法方式的转变是执法理念的转变的必然结果，而执法方式转变更具有实践性。由于检察机关的法律监督地位，执法方式转变对推动所有执法机关执法方式的转变具有广泛深刻的影响力，当前执法方式的转变应突出以下十个方面的重点内容。

（一）由注重维护社会秩序向注重修复社会关系的转变

依法打击刑事犯罪活动，是维护社会和谐稳定、保证人民群众安居乐业的重要手段。在当前构建和谐社会的时代背景下，检察机关既要依法打击各种刑事犯罪，全力维护社会稳定，更要树立恢复性司法理念。犯罪所破坏的社会关系主要表现是使被害人的权益遭受直接损害，修复这些受损害的社会关系是从微观层面减少犯罪危害。因此，我们要加倍关注犯罪行为所直接侵害的社会关系和对这些社会关系的补救与修复，补偿物资损失，抚慰精神伤害，化解行为人与被害人之间的矛盾，获得最佳社会效果。要通过办案积极排查调处矛盾纠纷，最大限度地增加和谐因素，最大限度地减少不和谐因素。要认真贯彻落实宽严相济的刑事司法政策，积极探索刑事和解制度。要坚持以人为本，着力保障民生，高度重视涉检信访问题，促进社会和谐，努力营造和谐稳定的社会氛围。

（二）由注重惩罚犯罪向注重化解社会矛盾的转变

长期以来，由于我们习惯性地将检察机关的职责定位为"严格依法办案"，将绝大部分精力投入办案工作，并在长期的"严打"实践中，形成重打击轻化解的工作惯性和执法偏差。新形势新任务要求我们不仅要承担惩罚犯罪的职责，更要承担化解社会矛盾的重任。要把化解社会矛盾贯穿执法办案的始终。把单一的办案目标转化为办案和化解社会矛盾的双目标，要在理性、文明、平和、规范的执法办案过程中解决矛盾纠纷，协调各方的利益关系。要深化宽严相济刑事政策落实机制，探索建立宽严标准适用指导意见，积极推行未成人犯罪案件品行调查、分案起诉、回访帮教等制度，完善公诉环节继续羁押必要审查、轻微犯罪案件快速办理机制，真正做到当严则严、当宽则宽。要深化法律监督说理机制，全面推行法律文书释法说理制度，不断提高执法公信力。要深化检调对接工作机制，进一步明确适用范围、程序和规则，将调解工作贯穿于执法办案各个环节，坚持诉前调解、诉中和解、诉后化解，引导当事人以平和方式解决矛盾纠纷。要深化"事前防范、事中处置、事后修复"的三段式涉检信访处理机制，完善首办责任、检察长接访、刑事救助等制度。要探索引入信访听证程序，邀请人大代表、政协委员及信访人所在单位代表等参加听证，搭建起平等对话、多方参与的平台，促进信访事项终结。要真正做到被追究者认罪服法，受害者得到抚慰，矛盾双方打开心结。

（三）由注重追求震慑效应向注重减少社会振动的转变

当前，各种社会矛盾的关联性、复杂性、敏感性明显增强，给我们驾驭复杂局势带来了新的考验。在执法办案中要始终坚持执法促进发展、办案确保稳定、监督保障民生、服务提升效果的工作要求，正确处理侦查措施与强制措施的关系，严格落实"不得强迫任何人证实自己有罪"的规定，既要依法获取犯罪嫌疑人供述，又要注重收集物证书证、视听资料、电子证据等。慎用或少用查封、冻结、扣押企业账目、银行账户、企业财产等强制措施。在对管理岗位或关键岗位人员采取强制措施时，及时与有关部门通报情况，做好衔接工作，不影响生产经营活动。注意办案方式，为当事人保守商业秘密，尽量避免给企业形象和产品声誉造成负面影响。严格遵守中央"八项规定"，严禁借服务之名推销产品、吃拿卡要、插手工程项目管理活动，严禁倚仗检察职权违法插手经济纠纷。同时，执法部门要根据各自的执法规律建立执法风险评估机制，在执法的各个敏感环节都要考虑每个执法决定和执法行为可能带来的负面效应，制定化解风险的预案，避免执法不当、执法不慎酿成不良后果。要切实改进办案方式方法，最大限度兼顾各方面利益诉求，最大限度兼顾法、理、情。要结合执法办案和履行各项法律监督职能过程中发现的社会管理方面存在的问题，善于从党和国家工作大局着眼，及时向党委、政府提出创新管理机制、加强社会管理的对策建议。

（四）由注重打击犯罪向注重打击犯罪与保障人权并重的转变

尊重和保障人权，是新形势下社会主义法制建设和政治文明的内在要求，也是新刑事诉讼法贯穿的一条主线内容。保护犯罪嫌疑人和被告人的合法权益，既是一个社会文明进步的标志，也是实现和谐社会的必然要求。在自侦环节，我们要通过严格规范办案程序、一案三卡制度、同步录音录像、慎用强制措施和侦查措施等办法，严防刑讯逼供等违法行为的发生，依法保障犯罪嫌疑人的诉讼权利、人身权利和财产权利；在侦查监督和公诉环节，严把事实、证据、程序、人权和效果关，既注重审查有罪、罪重的证据，又注重审查无罪、罪轻的证据，实行非法证据排除规则，同时加强对侦查活动的监督，保护犯罪嫌疑人、被告人的人格不受侮辱和人身安全、合法财产、诉讼权利不受侵犯，并认真听取犯罪嫌疑人、被告人的辩解，被害人的陈述，重视辩护人、诉讼代理人的意见，为辩护人依法履行职责创造条件、提供便利，通过对诉讼当事人诉讼权利和实体权利的维护，体现司法关怀；在审判监督环节，加强对审判活动的监督，保护被告人的各种诉讼权利，既要加强对有罪判无罪、重罪轻判的监督，又要加强对轻罪重判、无罪错判的监督，保障被告人从程序和实体上都获得公正的对待；在刑罚执行监督环节，加强对监管机关执行情况的监督，加大定期检查的力度，依法对该释放未释放、该减刑未减刑，以及超期羁押、克扣伙食、增加劳动强度、体罚虐待被监管人员和利用"小卖部"等载体高额向被监管人员卖送物品等违法现象及时提出纠正意见，并建立羁押期限届满提示制度，保护被监管人员的合法权益，从而通过理性的司法人文关怀，促进犯罪人反思、悔过、自新，达到救济人心、恢复人性的目的。

（五）由注重封闭式办案向开放式办案的转变

隐性执法、"暗箱操作"必然有损公正。新刑事诉讼法将律师辩护提前到了侦查阶段，从而使整个侦查工作打破了过去的神秘，要在律师的眼皮底下开展工作，因此，必须学会并习惯在律师参与下进行执法办案。要树立以公开促公正、以透明保廉洁的观念，大力推行"阳光检务"，增强执法透明度和公信力。进一步充实检务公开内容，除法律规定不能公开外，执法依据、程序、流程、结果都要向社会公布。采取检察开放日、建立检察接访大厅、依托检察门户网站强化公开。探索实施依当事人申请予以公开的制度，完善当事人权利义务告知制度，建立健全不立案、不批捕、不起诉、不抗诉案件答疑说理制度和重信重访案件公开听证制度，建立健全逮捕必要性证明制度和捕后变更强制措施说理释法制度，切实保障人民群众对检察工作的知情权、参与权、监督权。同时要积极争取主动权和话语权。深入开展党的群众路线教育实践活动，在为群众提供法律帮助的同时，广泛征求社会各界和人民群众的意见建议。积极稳妥地推行人民监督员制度工作，改进选任方式，调整监督范围，规范监督程序，增强监督实效。不断从人民群众的新要求新期待出发改进检察工作，确保人民赋予的检察权始终为人民谋利益。

（六）由注重单一环节办案向各诉讼环节交互介入的转变

目前，检察机关内设侦查、侦查监督、公诉部门依据刑事诉讼法规定的"分工负责、互相配合、互相制约"的原则定位，形成了"三道工序"式的诉讼模式，在一定程度上呈现出诉讼权利分散、责权不对等的情况。因此，要彻底摒弃以口供为中心的证据观念，坚持在收集、审查、使用证据过程中以客观性证据为重点，构建证据体系，要在侦查、审查逮捕、审查起诉等工作环节加强对证据来源合法性的审查，确保证据"确实充分"。

侦查监督和公诉部门要以保证侦查活动合法为重点，深化介入侦查、引导取证工作机制，强化对刑讯逼供、暴力取证等的监督，排除非法证据。侦查部门要强化控诉意识，严格按批捕、起诉证据标准全面收集各种证据。要正确认识赔偿与错捕、错诉的关系，实事求是地评价审查批捕、审查起诉工作，防止出现因怕赔偿而该捕不捕或不应起诉而勉强起诉的现象。

（七）由注重获取口供向注重构建客观证据体系的转变

实行非法证据排除对我们的侦查和公诉工作带来了严峻挑战。客观地讲，在过去的检察执法中，对我们习惯的一些执法方式和方法，当事人、律师和审判机关是有不同看法的，如纪检委调查期间形成的证据转换、过分依赖"口供"的言词证据的证明力等，其合法性都面临新的考量。我们必须在执法办案中切实增强合法证据意识，高度重视证据以及证据来源的合法性问题，注重证据体系的构建。要严格执行证据裁判规则，确保证据客观、真实、合法。要严格执行法定程序，收集、审查、核实和认定证据必须依法按程序进行，不能违规收集证据。要坚决杜绝刑讯逼供、暴力取证，切实防止因不规范的执法行为留下翻供、翻证的口实，依法构建完整的证据体系。

（八）由注重查明基本案件事实向注重查明犯罪构成事实和量刑情节的转变

新的国家赔偿法和两个证据规定出台之后，我们面临着更加严峻的挑战。证明犯罪的证据标准越来越高，对检察机关的办案能力提出了更高的要求。如果检察机关取得的证据不足，或者证据的合法性存在问题，法官都可能因此宣判无罪，从而影响了政治效果、法律效果、社会效果的有机统一。因此，我们要改进侦查方式，切实转变以查明基本事实为核心的传统办案模式；既要查明时空环境下的客观事实，又要查明犯罪构成要件的法律事实；既要收集有罪、罪重的证据，又要收集无罪、罪轻的证据，坚决排除非法证据。在执法办案中，要依法对案件作出正确结论，使法律结论和决定建立在充分论证的基础上，在向当事人和社会公众公开这些执法决定和办案结论时，不仅要把决定和结论的根据说清楚，还应当注重以法律原意、以情理法的一致性方面阐释决定和结论的理由。使当事人在知情的同时，知理、知法，提升对司法权威的尊重感和认同感。防止误解、误导和疑问异议的产生,让当事人在个案中感受到法律的公正和人民检察机关公正执法的立场,以维护执法的公信力。

(九)由注重人力投入向注重办案谋略和科技手段应用的转变

当今的时代是信息化时代,信息技术作为最前沿的科技已经深深地植根到了人类社会的方方面面,对各个行业的发展变革都起到了不可忽视的作用。因此,加快推进侦查信息化建设,是实现侦查方式转变的内在要求,也是实施新刑事诉讼法和提高查办职务犯罪能力的必由之路。要加快侦查信息共享机制建设,加强与公安、交通、税务、房产和组织人事等公权力部门,证券、保险、电信等经营部门以及供水、供电、供气等公共服务部门的沟通配合,将户籍、房籍、车籍、税务登记、人事任命、出入境等社会管理信息尽可能多地纳入查询平台中来,提高侦查部门信息化办案的能力;要把提高侦查科技含量作为转变侦查方式的重要途径,配强、用好侦查技术装备,抓紧抓好侦查装备的现代化建设。要进一步用好、用活测谎仪等现有的技术装备,使之在办案过程中发挥更大的作用。要严格区分技术侦查手段与侦查技术。技侦手段要按照规定严格审批,商请有关部门协助使用,对其他侦查技术,只要国家的法律、政策没有明令禁止,就可以积极探索,合理使用。同时,要注重提高检察人员执法素能建设,以专业化、职业化为目标,建立具有鲜明专业特色和执法办案能力的职务犯罪侦查队伍、公诉队伍、民事行政检察队伍、侦查、审判、执行监督队伍。提高执法办案中执法谋略的运用。提高在突破案件、应对庭审意外情况以及发现和纠正刑事侦查、审判、民事行政审判及判决执行等环节违法行为的技巧和能力。

(十)由注重常规性监督向注重构建和谐司法关系的转变

检察机关在司法机关互相配合、互相制约的权力结构和运行机制中,具有法律监督的独特地位。履行监督与配合监督是实现司法一体化的一体两面,履行监督是检察机关的法定职责,配合监督是要引导被监督机关全面履行被监督的各项义务。建立监督与被监督的长效机制,推行和谐司法监督机制。要在通过法律监督促进形成侦查、起诉、审判执行各方对法律法规的共同理解,执法的共同标准。要以沟通为前提、预防为载体、协作为主体,强化执法情况通报、回馈查办结果等机制,形成对司法权的监督制约。实行法律监督说理机制,拓展检察建议的使用范围,深化法律文书说理改革,在立案监督、侦查监督、审判监督、民行监督和执行监督中运用说理方式,增强监督功能。运用信息化促进和谐监督,包括职务犯罪侦查全程录音录像、示证系统、审讯及监管场所监控等手段,提高监督的说服力和效率。需要强调的是,和谐司法监督重在监督,重在扩大监督效果,促进被监督部门树立接受监督的意识,形成监督与被监督者间的良性互动。绝不能为了追求部门之间所谓的"和谐",而弱化监督甚至放弃监督职能。要切实做到敢于监督、善于监督、依法监督、规范监督,促进诉讼监督工作的深入发展。

执法理念的更新和执法方式的转变,对检察机关的执法工作提出了新的要求与挑战。转变传统的执法方式,在执法中既要体现执法的严肃性,又要体现司法的人文关怀;既要注重惩治犯罪,又要注重保障人权,使人民群众在检察机关的执法活动中感受到司法的权威和温暖。检察机关及检察工作人员只有迎难而上、与时俱进,才能更好地适应我国法治建设的要求,促进检察事业的繁荣发展。

非法证据排除规则对公诉工作的影响及应对

金 石[*]

修改后刑事诉讼法确立了我国的非法证据排除制度,包括排除非法证据的范围、程序以及证据合法性的证明等,对整个司法活动的公平、公正开展具有重要意义,体现了司法的文明和进步。非法证据排除涉及的观念变革与制度更新也给检察机关公诉工作带来了很大挑战,只有正确理解有关非法证据排除规定的内容,把握其对公诉工作的影响,采取有效措施积极应对,才能确保非法证据排除规则在公诉实践中得到有效适用。

一、准确理解非法证据排除规定的内容

(一) 准确理解非法证据

证据原本只是一种用于证明案件事实的材料,其本身并没有合法非法之分。合法非法之说,是就证据的收集方法而言,是基于收集方法的不同而对证据所作的一种人为划分。所谓非法证据,就其本质而言,指的是使用非法手段获取的证据材料。[①] 修改后刑事诉讼法第54条规定的"非法证据",可以从实体标准和程序标准两方面来理解:从实体标准上看,非法证据包括非法的言词证据和非法的实物证据,除此之外,都不属于我国法律规定的非法证据。

这里的"非法言词证据"是指通过非法手段所获取的言词证据,不包括主体不合法、形式不合法、违反程序的言词证据。此外,本条没有规定"引诱"、"欺骗",并不意味着引诱、欺骗的取证手段就是合法的。如果采用引诱、欺骗的方法严重侵犯了被讯问人的人身权利,迫使犯罪嫌疑人、被告人不得已作出供述,并且严重损害了口供的客观真实性的,也应当予以排除。对通过上述以外的非法方法获取的言词证据,在确保真实的前提下自由裁量排除。在自由裁量时要求司法人员首先要确定所获取的证据是否客观真实。无法确定其客观真实性的,毫无疑问应当排除。如果是客观真实的,应根据非法取证行为的违法程度、对侵犯法益的危害程度和所获取的言词证据的价值权衡利弊,确定是否排除使用。这里的非法实物证据只包括物证和书证,不包括勘验、检查笔录和鉴定意见。因为物证、书证的收集通常采取搜查、扣押等手段,这些手段违法,就可能侵犯公民的人身权利、隐私权等基本人权,而勘验、检查笔录和鉴定意见的制作不存在侵犯人权的问题,因而不属于非法实物证据排除的适用范围。

在确定是否排除以及排除的程度时,必须根据有关证据的证据价值和侦查行为的违法

---

[*] 甘肃省人民检察院民行处副处长,全国检察业务专家。
[①] 季美君:《庭审中,检察官如何适用非法证据排除规则》,载《检察日报》2012年4月20日。

程度和危害后果进行权衡，力争在惩罚犯罪与保障人权两大价值中取得最佳平衡点。在一般的案件中，以暴力、威胁等取得的实物证据应当坚决进行排除；而在一些重大的案件中，当基本人权保障和抑制重大违法行为也不得不让步于查明案件真实的需要，而以酷刑取得的实物证据所具有的价值又比较大时，就得考虑排除是否具有合理性的问题。司法实践中，在衡量一件非法取得的实物证据是否需要排除时，应当综合考虑非法取证行为偏离合法行为标准的程度；行为人主观心理状态，即主观是否故意或过失；行为人当时是否处于紧急情况，不得已为之；整个取证过程一直处于非法状态，还是个别环节处于非法状态；违法取得证据的可能性；侵害利益的性质和程度；证据形式上的违法是否可以得到弥补；案件的性质及其危害程度等因素。① 从程序标准上看，言词证据被认定为非法证据的，必须是在获取的方法上属于非法，而"非法"的程度又有轻有重。有一般的违法和严重的违法，一般违法获得的证据只能说是有瑕疵的证据，不应认定为非法证据而一律予以排除，只有那些严重违法获得的证据才属于非法证据，才应当坚决予以排除。而书证、物证，只有在其获取的方法违反法律规定的程序，且严重影响司法公正而又不能补正或者作出合理解释的，才予以排除，这是一种有条件的排除。

（二）准确理解"非法方法"

"非法方法"，一般是指违法程度和对当事人的强迫程度与刑讯逼供或者暴力、威胁相当的方法。主要包括：其一，刑讯或者其他使人在肉体上剧烈疼痛的方法；其二，威胁、欺骗；其三，使人疲劳、饥渴；其四，服用药物、催眠；其五，其他残忍、不人道和有辱人格的方法；其六，以非法搜查、扣押，非法侵入公民住宅以及其他非法方法取得实物证据。② 对侦查机关非法搜查、扣押，非法侵入公民住宅以及其他非法方法取得实物证据，原则上应予排除，但以下三种情况应为例外：第一，被告人的行为严重危害国家安全和社会公共利益的刑事案件；第二，特殊情况下未履行某种法律手续而不涉及侵害公民人身权利的或对公民人身权利侵害显著轻微，在事后能通过补办手续使证据形式上合法的；第三，以侵犯相对人权利的方法取得的实物证据，系相对人申请采用的，其合法性应当予以认定。

实践中，要注意区分"非法方法"和侦查谋略。所谓侦查谋略，就是侦查机关为求查明案情、查获证据而对法定侦查措施的一种策略性、灵活性运用。③ 侦查谋略在司法实践中的运用具有必要性。然而，侦查谋略作为一种诉讼策略或诉讼技巧，本身所具有的灵活性、便宜性特征又使得侦查谋略始终游走在规则的边缘，极易逾越底线而突破规则。因此，侦查谋略的运用又具有两面性，用之得当则为打击犯罪的工具，用之不当则为非法方法。为此，在办案过程中必须谨慎注意"非法方法"和侦查谋略的区别问题。从本质上看，"非法方法"和侦查谋略的区别主要在于这种方法是否违背法秩序、伦理道德、社会

---

① 刘向阳、迟军：《论非法证据的效力及排除规则》，载《人民法院报》2000年10月30日。
② 陈光中：《中华人民共和国刑事证据法专家拟制稿（条文、释义与论证）》，中国法制出版社2004年版，第157页。
③ 万毅：《侦查谋略之运用及其底限》，载《政法论坛》2011年第4期。

公信力。在实践中,区别"非法方法"和侦查谋略的主要标准为:是否明确法律授权、是否经过了严格的审批手续以及是否出于打击犯罪的目的。总之,应当遵循利益衡量原则,即充分考虑手段是否是以打击犯罪为目的、该手段是否具有必要性、是否存在其他合法的替代性措施。

（三）准确理解"合理解释"

修改后刑事诉讼法对瑕疵证据作出合理解释的规定符合我国目前司法实践的需要。因为在刑事司法实践中,取证行为常常不可避免地出现某些瑕疵,而在中国目前不够完善的法制客观条件、质量不高的法制主观条件,且犯罪高发办案机关工作压力较大的情况下,这种瑕疵更加难以避免。因此,对于一些技术性、细节性要求,如有瑕疵,进行适当的补正和合理解释使其具备证据能力,是当下法制现实的必然要求。"合理解释"在实践中应把握以下四点:第一,"解释"所依据的事实应当有证据证明,不能把"解释"变为"找借口"。第二,"解释"应当合乎情理,有一定的说服力,牵强附会的理由或者不合情理的失误、疏漏、习惯做法等,不能认定为"合理解释"。例如,制止犯罪、缉拿罪犯的紧急情况导致的正常法律手续不全,即成为忽略瑕疵的充足理由。第三,"解释"所反映出来的情况与案内的其他证据和事实能够相互印证,不能出现不合理的矛盾。第四,允许"合理解释"的物证、书证前提必须来源确实,对来源不明的物证、书证,不能作为定案的依据。① 应当明确合理解释的范围,合理解释应仅适用于规定的瑕疵证据范围,不得随意扩大范围。

二、非法证据排除规则对公诉工作的影响

（一）对公诉人员的综合素质提出了更高要求

一是对公诉人员的证据审查判断能力提出了挑战,修改后刑事诉讼法规定在对证据收集的合法性进行法庭调查的过程中,人民检察院应当对证据收集的合法性加以证明。这就要求公诉人员加大对证据的审查力度,不仅要在证据审查中去伪存真,还要善于运用证据来证明存疑证据的合法性。二是对公诉人员的庭审应变能力提出了挑战,修改后刑事诉讼法确认了法庭排除非法证据的程序,这必然导致控辩双方在庭审环节对证据合法性的抗辩会非常激烈,对公诉人的出庭公诉能力提出了更高的要求。②

（二）加大了公诉工作的难度

一是应对出庭变化。一旦排除非法证据,将会导致整个公诉的证据削弱,后续的公诉工作也会受到影响,如果非法证据是证明案件事实的关键证据,就可能涉及罪与非罪的敏感问题。二是被动审查监督。检察机关侦查的职务犯罪案件,对于自己的侦查行为上,公诉部门在法庭上处于被审查状态,由监督者变为被监督者,庭审中的公诉人有可能处于尴尬境地。三是排除非法证据。如果案件在审判前发现有非法证据,公诉部门根据法定职权可以对非法证据直接排除,对侦查机关或部门所做的侦查活动有无违法直接认定。三种挑

---

① 赵荣:《适用非法证据排除规则须做好四项工作》,载《检察日报》2012 年 7 月 29 日。
② 刘婷:《新刑事诉讼法对非法证据排除制度的确立及对公诉工作的影响》,载广州市越秀区人民检察院网站。

战集于一体,加大了公诉工作的难度。

（三）加大了公诉工作的强度

非法证据规则的确立加大了公诉人员的工作量,不仅要审查证据,排除非法证据,也要做好瑕疵证据的审查补正和完善工作,为排除非法证据所进行的证据复核工作,也将大大增加审查起诉的工作量和工作难度。同时,修改后刑事诉讼法并未赋予检察机关调查核实非法证据的相应期限,公诉人员不得不在现有的审查起诉期限内挤出一定的时间,来完成调查核实复查取证工作,这必然加大公诉人员的办案压力。

同时,修改后刑事诉讼法第187条规定,控辩双方对证人证言有异议,且该证人证言对案件定罪量刑有重大影响,人民法院认为有必要的,证人应当出庭作证。这在一定程度上改变了公诉方仅凭证人证言笔录即高枕无忧的局面,使控辩双方有了直接交锋的机会,使律师可以对证人证言的证明效力及证明力直接加以质疑,甚至可能直接影响指控犯罪的效果。

三、非法证据排除规则的应对措施

（一）及时发现非法证据

这就需要公诉人在审查起诉阶段做好以下工作:一是仔细审查全部案件材料。在案件由侦查机关移送审查起诉后,公诉人要全面、仔细地审查全部案件材料,包括侦查机关的办案程序是否合法、收集的证据材料是否符合证据"三性"的要求。在程序上,犯罪嫌疑人是如何到案的,到案后采取了何种强制措施,犯罪嫌疑人的供述是否自然客观、翻供是否合理,提押证上的提押时间、还押时间、提押地点是否客观真实等。在审查讯问笔录时,要注意讯问的时间、地点是否符合法律规定,是否写明讯问的开始和结束时间,是否有两名侦查人员签名,首次讯问有没有履行告知事项,讯问笔录有没有指供嫌疑,笔录的重要涂改处有没有捺印等。发现问题后要及时补正,有些细节看似不重要,但一旦存在问题,很可能在庭审中就受到辩护人的质疑。[①] 二是细致审查同步录音录像。公诉人除了审查犯罪嫌疑人是否遭受到刑讯逼供的事实外,还要注意一些细节:核对案卷材料中制作笔录的时间、地点与同步录音录像中是否一致;核对笔录中签名的侦查人员和同步录音录像中的侦查人员是否一致;核对案卷材料中犯罪嫌疑人供述的内容和同步录音录像中其供述的内容是否一致。三是及时讯问犯罪嫌疑人、被告人。公诉人在讯问犯罪嫌疑人时,应首先明确告知犯罪嫌疑人及其法定代理人和他们委托的人有权提出非法证据排除请求。进而应直接发问有无这类控告,是否提出申请。同时,检察机关应当明确告知犯罪嫌疑人及其法定代理人、委托人有权就犯罪嫌疑人遭受刑讯逼供等事实,提供涉嫌非法取证的人员、时间、地点、方式、内容等相关线索或者证据。当然,这些线索或者材料只要能对非法取证产生合理怀疑即可,并不要求完整、准确。四是慎重复核关键言词证据。对于直接影响定罪量刑和证据体系建立的证人、被害人的言词证据,在复核过程中,首先应明确告知被害人、证人办案人员不得采取暴力、威胁等非法方法收集证人证言。被害人陈述的法律规

---

① 王林才、王梦翔:《公诉人如何落实非法证据排除规定》,载《检察日报》2012年8月10日。

定，其次直接提问原证言和原陈述是否存在暴力、威胁等非法现象。同时，在复核中要关注原证言或陈述形成的时间、地点、环境、背景，从中发现可能存在的非法取证现象。

（二）认真调查非法证据

根据非法证据收集线索的不同分别展开调查。一是调查被害人。可以通过被害人对受害时间、地点、过程、情节、后果的陈述，进一步甄别非法取证行为是否存在。二是调取相关书面资料和视听资料。主要是如前所述的在羁押场所的犯罪嫌疑人入监、体检、提讯、看守所干警和驻所检察人员与在押人员的谈话记录、日志、监控视频等资料，侦查机关实施侦查措施的内卷资料。三是调查知情人。主要包括看守所干警、羁押场所干警、负责同步录音录像的工作人员、犯罪嫌疑人的辩护律师、犯罪嫌疑人的同监人员及其他知情人。四是伤情检查鉴定和现场调查。针对刑讯逼供或暴力威胁取证所留下的伤痕，及时进行现场调查并照相或摄影，对于被害人留有血衣或其他物证，及时提取固定保全。五是直接询问以非法方法收集证据的行为人或违法讯问、询问和严重违法实施侦查措施时的在场人。

（三）严格排除非法证据

经过对非法证据的调查之后，依不同类型的非法收集证据的行为，选择与此相适应的程序分别处理。一是经审查或调查，有证据证明"犯罪嫌疑人、被告人供述"系采取刑讯逼供等非法方法所收集的，"证人证言"、"被害人陈述"系采取暴力、威胁等非法方法所收集的，应当直接认定并予排除。二是对是否属于应当依法排除存有争议的，可先要求侦查人员对证据收集的合法性作出说明，然后依其必要听取辩护人和犯罪嫌疑人或者证人或者被害人的意见，能够排除合理怀疑的，承办人可以直接决定采信该证据；如果不能排除合理怀疑的，可举行听证，由犯罪嫌疑人或相关人提出线索或者材料，侦查人员提供与收集证据合法性相关的证据、理由，相互进行质证和辩论，然后作出判断；如果仍然不能排除合理怀疑的，应予依法排除。①

（四）努力补正瑕疵证据

一是完善证据。有些瑕疵证据的出现，仅仅是因为记录的内容不完整或者是有遗漏。如没有填写询问人、记录人、法定代理人姓名或者询问的起止时间、地点的；收集调取的物证、书证，在搜查笔录，提取笔录，扣押清单上没有侦查人员、物品持有人、见证人签名或者物品特征、数量、质量、名称等注明不详的。这类瑕疵证据的补正，可以对其中的错误或遗漏之处进行补填或修改。但是修改的过程应当遵守法律的规定，必须保证其修改的内容客观真实。否则，修改后的证据属于虚假证据，不具有证据的资格。二是重新取证。有时虽然取证行为已经结束，但是证据的载体仍然存在。如证人仍然可以找到，并且愿意就先前事实再次作证。在必要的时候，检察机关可以自行取证，这属于刑事诉讼法规定的补充侦查，因为重新取证获得的证据，并未侵犯公民的程序性权利，也不存在违法之处，因而重新取得的证据可以作为认定案件事实的依据。三是替代取证。有些情形下，证据是可以替代的。如多名证人目睹了同一事实，但是侦查人员仅对个别证人进行了询问，

---

① 卢乐云：《非法证据排除：公诉承载的期待及其实现》，载《检察日报》2012年6月18日。

形成证人证言。不仅证人证言可以进行替代取证，其他证据形式也存在替代取证的可能性。就案件事实而言，同一事实并不一定仅有一个证据可以证明，有可能存在多个证据可以证明该事实。一旦其中一个证据出现瑕疵，就要提取其他证据来证明该事实。

（五）细致部署庭审策略

一是在庭审中，当被告人或辩护人突然提出非法证据排除时，公诉人应仔细聆听其提出非法证据排除的理由，判断其提出的理由是否符合新刑事诉讼法的相关规定，是否明确指出遭到刑讯逼供的时间、地点、人员、方式、内容等线索或者证据，如果认为不符合相关规定，建议法庭不启动非法证据排除程序。二是有的被告人捏造侦查人员刑讯逼供等非法取证的事实、情节，一些辩护人也会和被告人一起企图利用非法证据排除规则混淆视听，达到排除合法证据逃避罪责的目的。对于这些情况，公诉人在庭审中，要坚决以事实为根据予以还击，维护司法机关的权威，对于恶意攻击侦查机关及其人员违法取证、情节严重的，应当依法追究其法律责任。三是如果被告人或辩护人突然提出非法证据排除，法庭根据相关规定启动非法证据排除程序，而公诉人没有准备相关的证据材料，此时公诉人可以需要调取相关证据为由向法庭申请休庭，延期审理该案。法庭启动非法证据排除程序并休庭后，公诉人应从以下几方面调取相关的证据材料证实其证据的合法性。第一，要求侦查机关就证据收集的合法性作出合理解释或补正。如在一些案件中，针对辩护人提出被告人有疾病没有得到治疗的情况，公诉人可以和侦查机关沟通，由侦查机关聘请的医生出具24小时全程监护的情况说明等材料。第二，调取看守所等羁押场所的相关证明材料。当被告人或辩护人提出遭受到殴打等刑讯逼供的行为时，可以调取看守所的体检证明，并向看守所管教民警核实被告人在羁押前和羁押后的身体状况等情况，向同监号的在押人员了解是否存在非法取证的间接证据，向狱医或检察技术人员了解是否有身体检查结论或鉴定结论。第三，申请法庭当庭播放同步录音录像。通过全程、同步、全部录音录像，证实取证行为的合法性，通过犯罪嫌疑人作有罪供述时的悠闲、自然神态来驳斥犯罪嫌疑人、被告人提出的证据非法性抗辩的虚假性。

四、进一步健全完善相关配套制度措施

（一）进一步加强公诉引导侦查的力度

侦查阶段是产生非法证据的源头，侦查不当往往直接导致非法证据排除的启动，所以在实施非法证据排除规则时，必须切实加强公诉引导侦查的力度，着重源头治理。在退回补充侦查中，检察机关针对存在的证据问题列出详细的、有针对性和指导性的退补提纲，所列事项必须具有必查性和可查性。在一些故意杀人、抢劫等恶性暴力案件以及重大、疑难、复杂的团伙案件，公诉部门可以选定1~2名业务能力强、认真负责的干警提前介入侦查，应在发案时与侦查人员一起在第一时间赶赴现场，提出具体可行的指导性意见，并做好记录、汇报工作。同时，检察机关可以对某一阶段审查起诉时自行发现或从审判机关反馈的带有普遍性问题进行系统总结分析，然后由公诉部门以文件形式反馈给侦查部门，加强对类案引导。

（二）建立公诉人员与诉讼参与人、辩护人的交流机制公诉部门在工作中,应当增强人权保障意识,维护辩护人和犯罪嫌疑人的诉讼权利,注意认真听取犯罪嫌疑人的申诉和辩护人的意见,仔细审查其提供的无罪证据、罪轻证据、不负刑事责任的证据,与被告人的辩护人、被告人的家属以及其他利害关系人之间强化信息沟通与交流,及时发现、排除非法证据,确保办案质量。

（三）完善内部沟通衔接机制

加强与侦监、反渎职侵权、监所检察等部门的合作,完善情况通报、案件线索发现、证据移送、案件查办等环节相互协调的工作机制,进一步提高对刑讯逼供、暴力取证等违法犯罪的发现能力和查办水平,通过对违法犯罪的及时有效追究,切实遏制非法取证等违法行为。尤其是侦监部门发现审查逮捕案件可能存在非法证据排除的问题,在审查逮捕期限内来不及查清的,要及时移送到公诉部门,由专人受理,并及时介入调查。对于需要补充、完善、查证的证据,侦监部门要及时向侦查机关提出补充侦查提纲,并及时移送公诉部门。公诉部门在审查证据的合法性时,要注重发挥驻所检察官的作用。

（四）构建公诉与审判之间的对接机制

加强与审判机关的联系,了解被告人及其辩护人有无提出新的意见和材料,有针对性地做好庭前准备工作。注意了解审判人员对证据合法性的看法,一旦出现认识分歧需要补正或作出合理解释的,及时要求相关办案人员做好补正或合理解释。注意加强与审判人员的沟通,在被告人提出非法证据难以确定,而公诉、侦查部门对证据合法性举证没有达到确实充分程度的情况下,可以使用其他证据定案,以防止由于排除有关证据而放纵犯罪的可能。还要利用"合议庭对证据有疑问的,可以调查核实的规定",充分发挥审判机关核查非法证据的作用。加强与审判机关的沟通协调,通过联席会议研究分析证据在收集、审查、判断、运用中出现的问题,共同研究解决的办法。

（五）构建涉嫌非法证据听证机制

检察机关就非法证据问题进行审查与决定,不能凭主观臆断,不仅应当充分听取犯罪嫌疑人、辩护人、被害人及其诉讼代理人的意见,而且应当听取侦查机关的意见。而上述各方面意见的提出应当在一个公开的平台上进行,防止对检察机关工作不透明的质疑,从而体现出最后决定的公正性。因此,有必要通过建立涉嫌非法证据听证程序,为侦查与辩护方就证据合法性问题发表意见提供平台。当然,所有涉及证据合法性的案件都适用公开听证程序显然不符合诉讼效率,这就要求检察机关在逐步探索的基础上,合理界定听证范围,规范听证组织和听证程序。

（六）完善瑕疵证据转化机制

检察机关从追诉犯罪的角度出发,应当完善瑕疵证据转化机制,即对不同种类的瑕疵证据建立相应的补救措施。对于客观真实但轻微程序违法的言词证据,如未尽告知义务、侦查人员未签名等,可以经相关犯罪嫌疑人、被害人、证人确认后补充完善或重新制作。对于未严格遵守法律规定收集的物证、书证等实物证据,检察机关应根据证据在案件证明中所起的作用权衡决定补充完善或重新取证。

遏制刑事"冤假错案"法治理念的再造

周 平*

刑事"冤假错案"自古有之。《史记·循吏列传》记载的"李离伏剑"就是明显的一例;自春秋至清朝沿用"失刑则刑"、"失死则刑"、"入人罪"、"出人罪"严判刑责追究的传承印记斐然。① 特别是我国刑事诉讼法确立的"保障无罪的人不受刑事追究"的刑事法律规则,已与世界各国刑事诉讼"人权至上"达成统一和共识。然而,在我国法制体系已经十分完善的今天,执法机关"冤假错案"频发值得深思和警醒。究其原因:

一、法治理念的非均衡性

"法治理念"是指一种理想的、永恒的、精神性的普遍执法范式,也称为"依法盖然优化的、相对固定的法治思维方式"。申言之,法治的思维方式,就是通过对个案或类案反映出的客观事实和客观证据的表象,依法律规格的要求,在准确理解法律概念、清晰固定法律范畴、介入适格法律对象的基础上,所进行的法律分析、法律综合、法律判断、法律推理等,是执法人员一种特有的思维认识过程和外化的规范行为。追根溯源,"冤假错案"的发生主要源于对刑事证据资格的认证、证据证明力的判断、证据证明标准的确定在各个诉讼阶段的诉讼要求不同,导致司法产品的残、次品比重增加,乃至出现"冤假错案"。从刑事证据的综合认证上看:刑事证据法散见于刑事诉讼法规范和司法解释之中,随着证据制度的日益完善,新刑事诉讼法将刑事证据的种类进行了深度扩容,即八大项十二个分项:除"物证"、"书证"被确定为"实物证据"外,将"证人证言"、"被害人陈述"、"犯罪嫌疑人、被告人供述和辩解"划归为"言词证据",将证据的实质性与辅助性实行了微观分离,导致了证据采信、证据证明力、非法证据排除的差异性;此外,将"鉴定意见"、"勘验、检查、辨认、侦查实验"、"视听资料"、"电子数据"确定为介于"实物证据"和"言词证据"之间的证据种类,将上述传统的无须审查的应然性证据转变为实然性审查证据,由此提升了"证据裁判原则"的功能在刑事诉讼活动中品质地位作用。从实体法与程序法的关系上看,需要转变的法治理念是,将"法律至上"的模糊概念细化为顺序上的两个维度,即牢固地树立"程序优先"、"程序至上"的法治理念;由于实体法的运用滞后于程序法,即显现出先程序后实体的刑事司法规律,故将重实体较之为重程序二者的顺序平衡度调整为"实体辅助程序"、"实体滞后程序"、"实体依附程序"的法治理念。换言之,程序错误、程序违法就意味着实体法的适用错误或执法的违法性。

---

* 新疆生产建设兵团人民检察院副检察长。
① 刘品新:《刑事错案的原因与对策》,中国法制出版社2009年版,第2页。

二、执法机关致错原因的非偶然性

法国前司法部长罗伯特·巴丹戴尔指出："人的审判是有限的，是一定会犯错的。"① 美国法学家罗尔斯在《正义论》一书中谈道，刑事审判应归类于不完善的程序正义："不完全的程序正义的例子是刑事审判。要设计出永远产生正确结果的法律程序，似乎是不可能的。即使是小心谨慎地依法办事，公平而恰当地进行诉讼活动，也可能得出错误结果。这类情况就是我们所说的误判，出现这种不正义的情况，并不是人的过错，而是由于使法律规则无法实现其目标的偶然情况的凑合。不完全的程序正义的特征就是：虽然对于正义的结果有着一种独立的标准，但确没有肯定产生正确结果的切实可行的程序。"② 由此可见，从辩证唯物主义的观点出发，理论上"冤假错案"可以杜绝，但司法实务中不可避免。通过"两难定理"的辨析，司法致错的原因有主观的诱因（非法取证、偏移供述、目击证词错误、传闻证据功能倒错、证据判断采信失误、违背诉讼规则、实体审查流于形式、辩护人不完全尽责、"有罪推定"强势于"无罪推定"、案件降等处理等）和客观的诱因（犯罪嫌疑人、被告人自愿虚假供述、欺骗性证词、侦查或审查不当行为、司法鉴定缺失或错误、刑事证据穷尽后仍不闭合、媒体炒作、社会压力、纠错追责机制或缺等）两大类。司法实践证明，"冤假错案"源头控制尤为重要，源头控制的关键是公安机关、人民检察院、人民法院对案件事实的确认、证据的采信、证明的标准掌握尺度的非均衡性。从司法产品质量的角度可以得出，公安侦查环节提供的初始产品必须消除无法弥补的证据"硬伤"；检察审查环节必须将非法证据整体剔除，剥离矛盾证据、排除合理怀疑、恪守证据资格、证据法定形式、证据证明力的集合统一、形成闭合的证据体系；审判机关的审判导向应以"无罪推定"为核心、以"疑罪从无"为辅助、以"排除合理性怀疑"为要义。

三、刑事实体、程序体系架构的完善与策略侦查、适格检察、中立审判、全程辩护的法治理念有机契合

破解"冤假错案"成因，不仅仅是为了维护个案正义，而是探寻预防"冤假错案"系统性、整体性所产生的机理，以求执法活动的良性循环，有效地遏制"冤假错案"的"自我复制"。

第一，刑事错案源头治理优于司法救济，司法规律表明，刑事诉讼活动从传统的以"侦查为中心"应然性地调整为以"审判为中心"是抑制刑事"冤假错案"的有效路径。其理由是，整个刑事诉讼活动中的不同执法主体对同一案件的证据收集、认证、确证、采信必须实行统一性的标准；初始证据的收集、固定、确认、采信，应当实行法定证据格式化标准。这意味着非法定标准的证据被及时清除于诉讼活动程序之外，以此牵制刑事案件和被追诉当事人在刑事诉讼程序上即时性的终止、终结和适格罪案的诉讼延续。

---

① 张建伟：《刑事错案原因与对策的域外观察》，载《检察日报》2013年5月2日。
② 张建伟：《刑事错案原因与对策的域外观察》，载《检察日报》2013年5月2日。

第二,"法律的实质在于实施"。除完整的法律体系、程式规则、制度保障外,执法主体之间相互监督和制约作用不可或缺。孟德斯鸠认为:"每个有权力的人都趋于滥用权力,而且还趋于把权力用至极限,这是一条万古不易的经验。"为了防止滥用权力,就必须以权力制约权力。① 从一般司法实践而言,公安机关、检察机关、审判机关对刑事案件的辩护律师采取的态度归结为"对立性"、"排斥性"的心态,除刑事诉讼程序设计的"控辩式"诉讼模式外,其普遍认为刑事辩护律师是犯罪嫌疑人、被告人的"代言人",从其执业的理念、言行、反证的收集、对委托人规避法律的追究与追诉职能大相径庭,故执法机关对其的抵制具体表现为:对刑事辩护权的漠视;对诉讼参与权的排斥;对控告、申诉权的歧视;对会见权、通信权、阅卷权的限制;对律师辩护意见的轻视等。其实不然,律师虽然是犯罪嫌疑人、被告人诉讼合法权益的维护者,同时也是执行法律的捍卫者,归根结底其是法律职业共同体的重要一员,是实现公正审判、有效防范"冤假错案"无可替代的重要力量。② 律师在执业过程中与执法机关具有相同的法律价值取向。由于律师不同的诉讼地位、诉讼功能和诉讼作用,在执业过程中极易发现案件嫌疑人、被告人无罪、罪轻、减轻的事实和证据,如果能将其纠错"动力源"充分加以利用,必将起到案件质量"质检员"的功效。将律师功能作用异化的"负能量"转化为为我所用的"正能量"的途径是:树立共同捍卫法律的公众形象;建立常态化的沟通机制、协助律师依法履职;深刻研判律师意见;依法履行客观公正义务、诉讼全程实行及时"有错必纠"战略;杜绝"疑罪从有"、"疑罪从轻"错误结论的发生。如果说刑事实体法、程序法是刑事执法的"首位规则";那么,"一个发达的法律制度还必须有一套'次位规则',这些规则为承认和执行'首位规则'确立了一种法定手段。"③ 殊不知,刑事辩护权的刑事诉讼全程灌入,实然性地发挥着"次位规则"的功能和作用,是遏制"冤假错案"不可忽视的重要支撑点。

第三,由粗犷式侦查向合法化、精细化、策略化侦查转移。现代刑事侦查要求"高、精、准"法治理念的引导。所谓的"高"就是借助高新技术侦破案件,如 DNA 检测技术、电子数据获取技术、声纹同一辨认技术等。所谓的"精"就是案件事实的查证要客观、精确;案件证据精准、适格、合法、关联;迅速及时地依法排除矛盾证据、瑕疵证据、非法证据。所谓的"准"就是通过对案件事实细致入微、脉络清晰、排除疑点的侦查,逐步恢复案件事实的原始形态,案件事实支撑的刑事证据趋于排他性、唯一性。据此,侦查机关对刑事证据的收集应当完成从"供述主义"向"实证主义"法治理念的过渡。④

第四,检察机关对刑事案件适格审查要素的诠释。检察机关的宪法定位是法律监督机关,"其司法正义的维护是由法律指导的",⑤ 这就是"规则之治"。刑事案件的事实是依

---

① [美] E. 博登海默:《法理学:法律哲学与法律方法》,邓正来译,中国政法大学出版社 2004 年版,第 63 页。
② 沈德咏:《我们应当如何防范冤假错案》,载《人民法院报》2013 年 5 月 6 日。
③ [美] E. 博登海默:《法理学:法律哲学与法律方法》,邓正来译,中国政法大学出版社 2004 年版,第 138 页。
④ [美] E. 博登海默:《法理学:法律哲学与法律方法》,邓正来译,中国政法大学出版社 2004 年版,第 160 页。
⑤ [美] E. 博登海默:《法理学:法律哲学与法律方法》,邓正来译,中国政法大学出版社 2004 年版,第 174 页。

据相应的刑事证据维系或支撑的,故对刑事证据的审查应适用证据规则细微网格进行层层筛选:第一层级是证据资格筛选;第二层级是非法证据的排除;第三层级是适格证据关联性的排序判断;第四层级适格证据闭合性审查;第五层级是完整证据体系的确认性审查。检察机关在诉讼环节的案件证据审查起到了"诉讼审查把关"、"诉讼过滤器"的作用,通过察微析疑对不符合实体要件和程序要件及证据规则的案件依法启动补充侦查程序、终止、终结诉讼程序。审查批捕的核心是逮捕的必要性,附随法定要件、社会危险性诱因考量、委托律师的意见分析、全案证据综合性审查、没有逮捕必要的依法说明等。审查起诉的要旨是运用"控制论"、"系统论"、"方法论"对无罪证据、矛盾证据的依法确认,与有罪证据的比对判断且排除合理性怀疑;瑕疵实物证据的补证和说明及非法言词证据依法排除;全案证据审查的结论决定和影响刑事诉讼的进程依法实行全程监督功能等。出庭支持公诉的要点是:公诉方举证责任的整体履行;辨认、质证、交叉询问、辩论的依法、依据、依理陈述答辩;被告人翻供、辩护人提出反证的依法、依证反驳或变更追诉;单一证据举证、分类证据举证、综合证据举证的说明及法庭当庭认证的诉求提出;对庭审活动中的违法行为依法履行当庭纠正权;符合法律规定对延期审理、终止审理的建议权等。对刑罚执行的法律监督的重点是:对死刑案件依法实行临场监督(涉及判决可能错误、有重大举报、重大立功、罪犯怀孕等情形);对刑罚执行程序实行依法监督(主要是程序性规范执行和落实);对刑罚执行地罪犯交付执行实行严格监督(罪犯余刑在3个月以上一律送劳改场所服刑);对变更刑罚(减刑、假释)实行个案监督;对暂予监外执行实行条件审查监督、程序跟踪监督、收监监督;对五类人员的社区矫正监督;对刑罚执行不当的实行检察纠正监督;对罪犯申诉的审查监督;对罪犯服刑期间漏罪、重新犯罪的追诉监督等。

第五,法院中立审判活动的要点主要包括:庭前会议的有效性,实行"四审查、四界定"规制;审判组织的合法性;回避制度的法定性;诉讼程序的合法选择性;庭审活动的公开性;审判程序的规范性;诉讼权益的保障性;证据疑问的调查核实性;举证、质证、辩论,最后陈述诉讼程序的完整性;"证据裁判原则"、"存疑有利于被告人的原则"、"无罪推定""疑罪从无"、"排除合理性怀疑"的宗旨性,依法判决的准确性;当事人依法上诉、公诉方依法抗诉司法救济性;延期审理、中止审理条件的适格性;检察机关依法审判监督的适时性。"法律的安全目的——它所关注的是坚决保护重大的需求和利益,而不是关注如何发展有序的法律技术。"① 鉴于此,审判机关对刑事个案的公正审理,在法治理念条件下的"能动观"与"谦抑观"的博弈,取决于不同社会发展阶段法律核心价值的导向;"当与束缚法官的规则的数量和压力进行比较时,法官的创造力便微不足道了。"②

第六,辩护律师全程依法执业的权能界定。我国刑事法规定,辩护人的责任是根据事实和法律,提出犯罪嫌疑人、被告人无罪、罪轻或者减轻、免除其刑事责任的材料和意

---

① [美] E. 博登海默:《法理学:法律哲学与法律方法》,邓正来译,中国政法大学出版社2004年版,第318页。
② [美] E. 博登海默:《法理学:法律哲学与法律方法》,邓正来译,中国政法大学出版社2004年版,第585页。

见，维护犯罪嫌疑人、被告人的诉讼权利和其他合法权益。契合了"法律控制应将其注意力特别集中在人身的保护与财产权的不可侵犯等问题上"①。由此不难看出，法律的刑事诉讼保障规则是以"二维"为载体的，既受益于被害人，又保障了被告人；由于刑事诉讼"控辩"架构的需求和诉讼分工，辩护律师则偏重于对嫌疑人和被告人合法权益的维护，故辩护律师依法充当了预防"冤假错案"卫士角色。辩护律师上述权能的实现无外乎必须强化"四个注重"：一是注重保障辩护律师法定权能的正常行使；二是注重辩护律师的诉讼意见，实行依法、依据及时答复制并作出合理性解释；三是注重辩护律师有利于嫌疑人、被告人的"反证"证据；四是对辩护律师的辩护意见采纳与否注重在判决书中予以释明。

四、遏制"冤假错案"必须实行"全流域治理"②

近期，中央政法委出台了《防止冤假错案的指导意见》，建立了法官、检察官、人民警察对办案质量终身负责制的长效机制。公安机关、检察院、审判机关是刑事案件依法处置的合法主体；虽然"冤假错案"的判决直接来自审判机关，但与公安机关的基础性执法以及检察机关的法律监督、检察审查存在因果关系。

从目前的司法现状可以得出，"流程性执法"模式必须实行"节点"控制，即：

首先，公安机关在侦查活动中，牢固地树立"程序前置"、"程序优先"、"证据裁判"的法治理念，有效地遏制非法证据在侦查程序中各种因素的"人为导入"；侦查机关在移送案件时，应当移交证明犯罪嫌疑人、被告人有罪或者无罪、犯罪情节轻重的全部证据，其中，包含完整的、依法封存、无剪辑的讯问嫌疑人的同步录音录像视听资料；对刑事证据的证明标准应当符合追诉有罪审判的规格，否则，不得报捕、不得移送起诉、不得作为认定犯罪的依据。

其次，检察机关坚守追诉审查的最低底线：通过对案件证据审查筛选，首先要穷尽并排除非法证据；其次确认证据资格、判断证据证明力、形成证据证明体系；再次全面审查剥离案件证据中的矛盾证据、无罪证据、瑕疵证据，固定罪轻、减轻证据；最后根据"证据裁判原则"、逮捕"必要性原则"决定是否批捕、是否起诉、是否不诉、是否补充侦查等，在刑罚执行监督方面，通过各种渠道拓宽申诉、控告、检举路径，使其合法、合理诉求尽快得以落实和解决。

再次，审判机关在刑事案件的审理中应保证：一是在审判活动的始终无干扰地、依法地适用"诉讼程序正当性原则"、"无罪推定原则"、"疑罪从无的原则"、"证据裁判原则"、"证据标准原则"、"排除合理性原则"、"保障律师辩护权原则"、"组织控辩对抗原则"、"依法中立裁判原则"。二是全程适用依法排除非法证据的规则，庭前会议程序和法庭调查程序并重，逐步完成由程序性审查向实体性审查的过渡；庭审中未排除的非法证据不得作为裁判的依据。三是证据未经当庭出示、辨认、质证等法庭调查程序查证属实的，

---

① ［美］E. 博登海默：《法理学：法律哲学与法律方法》，邓正来译，中国政法大学出版社2004年版，第267页。
② 沈德咏：《我们应当如何防范冤假错案》，载《人民法院报》2013年5月6日。

不得作为定案的依据。四是对于事实不清、证据不足的案件，适用"疑罪从无"原则，杜绝"降格处理"作出"留有余地"的判决；对于定罪证据确实、充分但量刑证据存在瑕疵或疑点的案件，应当在量刑时作出有利于被告人的处理。五是判决中立、独立裁判。对上级法院、政法委和政法各单位的个案意见只能参考，不能作为唯一的终局决定；以法律正义维护者的政治责任感，自觉地、积极地消除新闻媒体的炒作及当事人闹访和社会舆论对判决产生的负面影响，始终做到公正执法、不偏不倚。

最后，强化刑事案件辩护律师执业的诉讼保障：一是辩护律师在刑事诉讼活动中实行全程依法介入；不同诉讼阶段依法履职。二是依法保障辩护律师的会见权、通信权、调查核实权、调查取证权、阅卷权、庭审中的发问权、质证权、传唤证人到庭权、调取物证权、申请重新鉴定、勘验权和辩论权。三是辩护律师是否对受委托的犯罪嫌疑人采取逮捕的强制措施，具有提出意见的权利。四是依法保障辩护律师庭前会议发表意见的诉讼权利。五是被告人、辩护律师提出的辩解或辩护意见（含反证证据）在庭审中合议庭应当进行全面审查，在判决书中对其意见采纳与否必须进行依法说明和释明。六是对执法机关阻碍其依法行使诉讼权利的，有申诉权、控告权。七是辩护律师对使用非法方法收集的证据，有申请法庭进行依法排除的权利等。

新型检律关系研究

李晓斌[*]　　陈　晨[**]

在诉讼过程中，检察官与律师的关系始终是一个矛盾的集合本，他们之间既有对立又有统一。这不仅体现在刑事案件的侦查过程中，还贯穿于对刑事案件的批捕、起诉以及对诉讼的监督（包括刑事诉讼的监督与民行检察）和控申等工作中。可以说，检察机关的职能除了打击犯罪、保护人权以外，还承担着法律监督、预防监督的职责。特别是在刑事公诉的过程中，检察官与律师在法庭审判中既对抗又合作，共同实现着打击犯罪与保障人权的双项功能。如何形成二者的良性互动，构建新型的检律关系，是检察官与律师都一直认真思考的问题。而在诉讼中，律师的合法权益是否能够保障，是司法文明的一个重要的标准，作为法庭上另一方的检察官，在构建检律关系上承担着更多的责任。

一、现代社会检律关系的状态

（一）有助于良性检律关系建立的方面

1. 社会经济条件的发展。社会交往与经济的飞速发展，使得人们之间的矛盾纠纷增多，利益的纷争带来了诉求的增长；同时，人民群众经济条件的提高，也使得更多的人可以请得起律师。而无论是在刑事诉讼还是在民事、行政诉讼中，也无论是聘请辩护人还是委托代理人，随着社会的发展这样的情况越来越多。这就使得检察官与律师有了更多接触的机会，为构筑良性检律关系提供了基础。

2. 社会司法环境的改善。司法环境的改善是良好检律关系构建的前提。第一，现代诉讼制度的建立。2013年1月1日，新刑事诉讼法、民事诉讼法正式实施，也给检察官和律师带来了机遇和挑战，如何应对新法的实施一时成为二者共同关注的话题。最主要的表现就是二者都开始了围绕修正后法律的培训工作。第二，新的诉讼概念的确立。刑事诉讼法将"尊重与保障人权"写入法条，主张打击与保护并举、实体公正与程序公正兼顾，给检察官的办案工作以及律师的代理工作都带来了不小的冲击。如果大家都能秉承这一理念，则和谐的诉讼关系将再一次得到巩固。

3. 人们观念的转变。一是从私了到诉讼的观念的转变。人们从不愿意对付公堂、遇到纠纷以私了为主到追求诉讼渠道，这样的转变为检察官与律师的互动提供了机会，民事诉讼、行政诉讼案件增多，检察官对这些案件要进行民行检察方面的法律监督，同时，律师接受这些案件当事人的委托，作为代理人参与到案件中，代表当事人进行诉讼。这从另

---

[*] 北京李晓斌律师事务所主任。
[**] 国家检察官学院刑事诉讼监督教研部讲师。

一个角度讲，律师的工作也是一种法律监督。二是从自己主张权利到请律师作代理人或辩护人。以前的当事人往往是自己独立参与诉讼主张权利，但随着律师地位的提高和法律宣传的加强，越来越多的当事人选择聘请律师来为其代理、辩护，这使得律师的工作机会得以增加。另外，由于案情的复杂程度越来越大，检察官在这方面进行的法律监督也得以加强。同时，作为代理人、辩护人的律师通过申诉、控告也发挥着监督检察官的作用。

（二）破坏新型检律关系的现象

在检察官与律师关系建立的过程中，虽然存在上述许多有利的因素，但也面临不少问题，虽然这些问题不是检察官与律师关系的主流方面，却在一定程度上制约着新型检律关系的构建。

1. 检察官给律师工作设置"防火墙"。办案的检察官在诉讼中，特别是侦查环节，与辩护律师通常不见面、不沟通，检察官对辩护律师的工作不予配合，使辩护律师无从深入地了解案情；刑事诉讼中辩护律师会见难、阅卷难、调查取证难的问题一直困扰着律师的正常执业。检察官的不正确执法容易使更多的律师抱团取暖，酿成公开的反抗。

2. 律师办案的不规范之处影响着检律关系的良性互动。律师违规代理，使案件的处理有失公允；律师不依法了解案情，托关系、找后门打听案情，干涉办案的情况也不少；还有的律师给检察官送礼，请检察官吃饭，培养感情，互不避嫌，引起当事人的猜疑等，这些都严重制约着新型检律关系的形成。

3. 检察官动辄追究律师的伪证罪。我国的相关法律规定在刑事诉讼中，辩护人、诉讼代理人毁灭、伪造证据，帮助当事人毁灭、伪造证据，威胁、引诱证人违背事实改变证言或者作伪证的，追究其伪证罪。① 特别强调辩护人、诉讼代理人伪证罪的规定，使控辩双方不对等的诉讼地位进一步拉大。

4. 证据展示中控辩双方的不平等。检察官只注重收集展示犯罪嫌疑人、被告人有罪、罪重的证据，而不展示其无罪、罪轻的证据；常常借用辩护律师的智慧与反思的内容，对于律师展示的相应证据，用来加固自己的证据体系，这是有违检察官的客观公正原则的，与我国诉讼中实事求是的思想也是背离的。

二、问题产生的原因

（一）历史原因

中国古代所特有的监察制度，主要在整顿吏治，纠正违失，但与欧陆职司一般犯罪之检察官各有不同。我国于清朝末年法制改革后始仿效日本之制，采用检察制度。②

律师制度是西方法律文化的产物。几千年封建社会，"三纲"、"五常"成了其核心内容，民、刑不分，虽然中国古代产生了"讼师"这种类似于律师的职业，但其从来没有在法庭上履行过辩护和代理职能，实质上并不是律师。因此律师制度在我国来说，是现代文明的产物，起步较晚。

---

① 《中华人民共和国刑法》第306条。
② 李光复：《法院组织法论》，大东书局1947年版，第59页。

所以说历史上的检察官始于清末，而律师出现得更晚，使得律师发展不充分、不成熟的成分较多，二者的冲突也就在所难免。

（二）检察官理念转变的原因

检察官的办案理念，有着一个转变的过程，从实体公正转变到程序公正，从打击犯罪转变到保障人权，个别检察官还没有及时地将自己的办案理念加以转变，而律师的程序公正与保障人权的观念已完全确立起来，这使得二者在理念上冲突加剧。

（三）法律法规实施的原因

2013年，修正后的刑事诉讼法、民事诉讼法以及律师法同时开始实施，虽然只过了聊聊数月，但法律实施的情况却不尽如人意，有些地方掌握的标准也不一致，造成了司法上一定程度的混乱，比如接待律师查阅、摘抄、复制的部门有的是案管中心，有的是控申部门，而有的是案件的承办检察官，执行法律的做法不一，导致实际中很难有一个统一的标准。

（四）律师与检察官理念上差异的原因

检察官的办案以实现社会公平正义为己任，而律师则更多的是从委托人的利益出发从事代理或辩护工作，当事人的利益，特别是被告人的利益，往往与检察官追诉犯罪的立场相背离，这样就难免会产生检察官与律师之间就某一个个案利害关系的冲突：一个为追诉成功倾向于只对有罪、罪重的证据的收集；另一个为被告人的利益个别情况下丧失自己的专业性与独立性，成为仅代表被告人利益的辩护人，而不择手段。

（五）立法不衔接的原因

律师法是一部全国人大常委会制定的法律，而刑事诉讼法是一部全国人大制定的法律。有学者认为，我国的立法阶层为分宪法、法律、行政法规，所以不分基本法律和一般法律，认为律师法与刑事诉讼法是同一位阶的法律，那么律师法与刑事诉讼法之间存在的不衔接的地方，则不能通过低位法让位于高位法来确定，只能制定相关的司法解释来明确。

（六）法律职业共同体没有形成的原因

我国的法律人缺乏系统的法律学问和专门的思维方式，职业技能尚未成熟。这里有司法官入口的历史原因。但更多的是整体上司法官系统法律知识的缺失，共同的法律思维方式与职业伦理的缺失，使得我国法律人在法律认知上难以融为一体。同时，也使得我国检察官与律师难以成为职业共同体，这些都是二者恶性互动的根本原因。

1. 检察官与律师准入条件的一致性。2002年国家统一司法考试开考，标志着法官、检察官与律师的入职门槛站在了同一条起跑线上。这为检察官与律师形成职业共同体创造了条件。

2. 检察官与律师的交流渠道也是存在的。检察官去做律师"下海"的比例不小，难怪某位律师培训班上的老师说，国外都是选拔优秀的律师去做法官、检察官，而我国则是好的法官、检察官去做律师，这种职业流向上的逆向性、机制的非职业性和非制度性特点突出。虽然也有制度开创了从律师中遴选检察官的渠道，但二者的交流并没有形成良好的机制。

3. 检察官与律师的法律共同体并没有形成。虽然有上述的条件和渠道，但检察官与律师的法律共同体却未形成，主要体现在：

（1）职业道德的不同。检察官法与律师法分别就检察官、律师规定了不同的职业道德，这种对职业道德要求上的不同是二者未能构成职业共同体的首要因素。

（2）价值观念的不同。检察官与律师的价值观应当说是不同的，检察官着重的是正义的实现，而律师则是接受委托人的聘请，为委托人的利益服务的职业群体，虽然律师法也有对律师工作实现社会正义的要求，但毕竟和检察官这方面的要求不在一个层面上，律师是对个案的要求，而检察官是对整体工作的要求。

（3）体制机制的不同。检察官是社会体制内生存的法律群体，受行政化、科层制的约束；而律师在所有法律人中，是唯一不拿国家财政工资的人群，他们不向公权力要好处，靠自己的法律服务养活自己，具有更大的独立性与自由度。这是检察官与律师法律共同体难以维系的根本原因。

（4）社会地位的不同。作为司法工作者，检察官处于社会阶层中的比较高的地位，而律师作为新兴阶层，还要为寻找案源发愁，但好的律师的收入又比检察官要高出五到六倍，社会财富的占有极为不平衡，因为社会地位也是参差不齐的。两者一个体制内，另一个体制外，面临的经济压力和竞争环境都不同，这也是难以形成良性互动的一个重要原因。

三、现代检律关系构建的基本要素

（一）法律规定

1. 中国法律：我国的刑事诉讼法、检察官法、律师法对检察官与律师关系的构建奠定了立法基础，其中检察官是依法行使国家检察权的检察人员，包括最高人民检察院、地方各级人民检察院和军事检察院等专门人民检察院的检察长、副检察长、检察委员会委员、检察员和助理检察员。① 律师是指依法取得律师执业证书，接受委托或指定，为当事人提供法律服务的执业人员。②

2. 国际条约对检察官、律师的界定：《关于检察官作用的准则》第 12 条，这样界定了检察官的工作：检察官应始终一贯迅速而公平地依法行事，尊重和保护人的尊严，维护人权从而有助于确保法定诉讼程序和刑事司法系统的职能顺利地运行。并在第 13 条列举了检察官的职责。而《关于律师作用的基本原则》第 13 条列举了律师对委托人的职责。这些规定都让两者的工作有了国际条约的约束。

（二）实践中检察院的观点与努力

2013 年 7 月 16 日，最高人民检察院召开座谈会，听取律师界全国人大代表、政协委员对检察工作的意见建议。最高人民检察院检察长曹建明主持会议并强调，要着力构建检察官与律师良性互动关系，共同履行好法律职业共同体的职责使命。相隔不到一个月的时

---

① 检察官法第 2 条。
② 律师法第 2 条。

间，北京市检察院也邀请律师界的监督员提出对检律关系的建议。可见，如何建立新型检律关系，也成为检察官急于想解决的问题。

从由案管中心统一接受律师对案卷的查阅、摘抄、复印到由控申部门处理律师的控告、申诉，都是检察官们对构建新型检律关系所做的努力。

（三）来自律师界的观点与努力

律师界也积极参加了检察实务部门的会议，与会的各位律师界的代表、委员也就检律关系提出了自己的看法。北京天达律师事务所主任、北京律师协会会长李大进等律师界全国人大代表、中华全国律师协会会长王俊峰等律师界全国政协委员对密切检察机关与律师的联系等提出意见建议。律师们普遍认为，现在检察机关处于诉讼的中间阶段，职能上呈现多样性的特点，检察官处在侦审的夹缝之中，在个别案件中工作上比较被动，容易缩手缩脚；律师在诉讼中与检察官的关系还有许多不和谐的地方，有待于立法与司法的进一步完善。但重要的是要检察官们尽快转变观念，提升硬件的同时，也要提升司法软实力，包括诉讼文明和司法人格的确立。

同时，律师也努力做到绝对不迎合客户，保持自己的专业性和独立性，在必要的时候需要教育客户。在公共事件里，坚持探讨和对话，防止仇视和对抗。另外，律师也要转变观念，鼓励更多的律师参与到正确实施法律中来，避免社会矛盾走向非理性解决。

四、良好正确的现代检律关系的基本描述

（一）新型法治理念的养成

新型法治理念包括三个转变，一是从实体公正到程序公正的转变，二是从有罪推定到无罪推定的转变，三是从执法治民到执法为民的转变。一定要清楚法治思维不是法条思维，明确法治理念与党的领导的关系等方面的问题，都是新型法治理念养成的相关问题。

（二）目的都是实现社会的公平

律师应当维护当事人合法权益，维护法律正确实施，维护社会公平和正义。① 他不仅仅是为了当事人的利益而工作，同时律师的辩护具有自己独立的价值，也就是我们所说的独立性。

（三）都有着对诉讼的监督作用

检察官的地位，在我国宪法里已有明确的定位，就是国家法律监督机关的工作人员，对案件在侦查、执行及刑事审判、民事行政诉讼环节中都实施着国家法律监督的职责，分别是侦查监督、监所检察、法律监督与民行监督。而律师通过接触案件，遇到对当事人和自己不公平的对待时，可以控告与申诉，通过这样的程序，律师的工作也成为对法律实施情况进行监督的重要渠道。

（四）既有"对抗"又有合作

我国刑事诉讼法确立了"当事人主义"的诉讼模式，这种模式是一种以来自控辩双方的对抗为基础的诉讼活动方式，只有通过作为公诉人的检察官与辩护律师的对证据的相

---

① 参见律师法第2条。

互质询，才能揭示事实真相。正所谓真理越辩越明。但是这一活动中也体现着双方的合作，比如共同遵守法庭秩序，针对某几类案件召开庭前会议，等等。

（五）形成统一的职业共同体

所谓职业共同体，要具有相同的职业道德、价值观念、体制机制，而我国的检察官与律师之间，同属于法律执业者，但从这三个方面看是不同的，因此矛盾冲突往往在个案中发生。因此只有建立统一的职业共同体，才能为构筑新型检律关系提供理论前提和实践基础。

五、如何树立良好正确的检律关系

（一）制度方面进一步明晰

立法上，有些法律还没有完善的司法解释与实施细则，所以操作上有难度。比如刑事诉讼法里规定了技术侦查措施，但没有相关的实施规定，让检察官与律师掌握起来都有难度。还有些法律存在衔接的问题，同级法律法规之间规定上的不一致性也让法律的实际执行力大打折扣。

司法上，最高人民检察院对检察官的要求"三不率"不能太高，也就是不批捕率、不起诉率、撤回起诉率不能高于全国平均水平，但实践中律师却希望这"三率"高起来，以体现律师工作的价值。这就有一个平衡的问题。

（二）司法实践中，在侦查、批捕、起诉等方面的具体举措

1. 在侦查工作中，分为普通刑事案件与职务犯罪案件。无论是普通刑事案件，还是职务犯罪案件，律师在侦查阶段都可以辩护人的身份介入其中，可以为犯罪嫌疑人提供法律帮助；代理申诉、控告；申请变更强制措施；向侦查机关了解犯罪嫌疑人涉嫌的罪名和案件有关情况，提出意见。还可以凭"三证"与在押的犯罪嫌疑人会见和通信。① 这就要求检察官要确实保障辩护律师的会见权、通信权。

2. 在批捕工作中，检察官承担着审查的职责，相关司法解释将检察官的批捕权上提一级，可能出现承办案件的检察官并非审查逮捕的检察官的情况，这对律师工作也产生了很大的影响，如律师需要与检察官见面、沟通的时候，不知道该去找承办案件的检察官，还是批捕的检察官，这种情况尤其出现在职务犯罪案件的处理过程中。容易出现扯皮、推诿等问题，建议有关部门予以考虑。

3. 在起诉这一环节，检察官的审查工作显得尤为重要，他决定案件是否需要继续下去：如果作出不起诉决定，则律师就可以辩护人的身份结案；而如果作出起诉的决定，则律师也需要进一步了解案情的发展变化，起诉的理由，准备开庭等工作，特别是对于证据材料较多、案情重大复杂、社会影响重大的案件，在开庭以前，审判人员可以召集公诉人、当事人和辩护人，对案件管辖、回避、非法证据排除、是否调取新证等与审判相关问题，了解情况，听取意见。同时，审判人员还可询问控辩双方对证据材料有无异议，对有

---

① 参见刑事诉讼法第36、37条。

异议的证据，应当在庭审时重点调查；对无异议的证据，庭审时举证、质证可以简化。①这是庭前的工作。应考虑对召开庭前会议的具体范围加以细化。

4. 控申、刑事案件审判监督、民行监督方面，实践中，对于律师的控告、申诉，由承担控申职责的检察官负责；对于刑事、民事、行政案件的法律监督由检察官负责，在这个过程中，参与案件的律师同样也起到对个案进行监督的责任，二者应当相互配合、互相负责，为实现个案乃至社会的公平正义而努力。

---

① 刑事诉讼法第182条第2款及最高人民法院《关于适用〈中华人民共和国刑事诉讼法〉的解释》第183条的规定。

新型检律关系中的信任机制建设

孙光骏[*] 杨立凡[**]

建立检察官与律师之间的良性互动关系，是落实修改后刑事诉讼法的要求，也是推进刑事法治建设的重要一环。曹建明检察长在 2013 年 7 月 16 日最人民检察院听取律师界全国人大代表、政协委员意见建议的座谈会上指出："检察官和律师不是简单的诉辩关系，更不是简单的对抗关系，而是对立统一、相互依存、彼此促进的良性互动关系。"他强调要"着力构建检察官与律师的良性互动关系，共同履行好法律职业共同体职责使命"。这一讲话对建立新型检律关系作出了富有哲理的精准概括。笔者认为，从检律关系现状来看，检察官与律师之间缺乏基于职业的认同感与信任感，是一直以来检律关系存在诸多困难的症结所在。建立良性互动检律关系的关键，在于构建检律互信机制，从而使检察官与律师在维护司法公正、保障人权，发挥各自职业作用方面能够取得法治理念认同和职业情感认同。

一、检律关系中缺乏职业信任的角色心理及其危害

（一）角色防御心理助长职业隔阂

角色防御心理是指检察官与律师在从事刑事诉讼活动中，将对方视为对手，在办案信息方面采取防御性措施，通过信息不对称来保持自身在诉辩对抗中优势地位的一种心理现象。主要表现为：检察官为了保持了解案件信息方面的优势地位，在落实律师阅卷权、会见权、律师申请调取证据等方面处于消极心态，甚至有意识地设置诸如"检察官正在阅卷"、"检察官正在提审"等人为障碍，使律师在执业过程中面临诸多困难；律师在调查取证获得新证据后，不愿意在审前阶段与检察官交换证据，而是在法庭上进行证据突袭，从而占据庭审诉辩中的优势地位，导致检察官为了核实庭前未掌握的相关证据和补充侦查，常常需要申请休庭。角色防御心理助长了检察官与律师之间的互不信任、信息封锁、恶意对立的情绪，既不利于保护犯罪嫌疑人、被告人辩护权益，又浪费了原本就有限的司法资源。

（二）角色弱势心理助长相互贬损

角色弱势心理是指检察官或律师认为自己在诉讼关系中处于不利地位的主观心态。从当前刑事诉讼实践看，无论是检察官还是律师，都存在不同程度的角色弱势心理。首先，律师弱势心理明显。律师在执业实践中长期遭遇会见难、阅卷难、取证难等问题，执业挫

---

[*] 湖北省宜昌市人民检察院检察长、法学博士、全国检察业务专家。
[**] 湖北省宜昌市人民检察院检察法律政策研究室副主任。

折感加深了律师角色的弱势心理,促使他们常常为了执业保障或者胜诉走法律程序之外的渠道。最为典型的例子是,当前有一些律师将获取的办案信息不用在办案上,而是用在宣传造势上。他们热衷于在判决前不断制造新闻热点,向新闻媒体透露案件情节、诉讼信息、庭审实况等,通过媒体发布、传播倾向性观点和单方面认定事实,从而形成对自己有利的舆论形势。这种做法常常会造成"新闻媒体审判"、"社会道德审判",给司法机关依法独立办案带来很大的社会压力,同时也会对司法机关的权威性和司法公信力造成负面影响。这种做法还极易引起检察官与律师、法官与律师之间的紧张关系,加剧司法人员对律师在刑事诉讼法修改后介入提前的厌恶感。当前各地出现的法庭拘留当庭律师的事例,以及检察官制造各种理由迟延律师会见、阅卷的现象,突出反映了这种相互贬损、相互厌恶的关系现状。

其次,检察官也同样存在较严重的弱势心理。检察官作为法律监督者,在刑事诉讼中不是一方当事人,其既要履行追诉犯罪之责,又要承担人权保障之责。特别是,修改后刑事诉讼法在程序规范方面的要求越来越严格,而一些影响社会稳定的严重刑事犯罪案件,因侦查部门侦查能力不足、程序意识不强造成办案程序瑕疵、取证行为不规范等现象,检察官无力全程跟踪监督,事后监督又无法改变既定现状,这使得检察官将面临着在办案期限内如何"消化"案件、化解社会矛盾的巨大压力。在此情形下,他们往往需要权衡办案的法律效果与社会效果之间的关系,在理解和落实刑事诉讼法规定等程序法方面秉持"相对主义"的理念,注重渐进地落实法律规定。而律师作为"为当事人提供法律服务的执业人员",只需履行对当事人权利保障的责任,在落实法律规定方面奉行"完美主义",希望一步到位。

检察官与律师在办案中的这种关系,犹如"做饭"与"吃饭"。检察官办理案件像"做饭",律师办理案件像"吃饭",前者在"做饭"的各个环节都需要把握好质量标准,而后者只需要在吃饭时"挑刺",挑出前者存在的程序和实体方面的某个问题,放大局部效应,即可达到辩护目的。检察官的这种弱势心理,导致他们对保障律师权利本能地持有消极、被动心理,希望继续保持案件信息方面的优势地位,从而平衡在法庭辩护中攻防不平衡的局面。

二、检律关系缺乏信任的制度根源

无论是检察官与律师的角色防御心理还是角色弱势心理,其共同特点是对自身公正执法的高度自信,而对相对方是否严格公正遵守法律缺乏必要的职业认同和信任。具体而言,检察官根据律师会见后被告人翻供率增高的现状,对律师的职业操守持普遍怀疑的心理;律师因为在执业过程遭受会见难、阅卷难等问题,对于检察官能否客观、公正办案也常常产生怀疑。这种对于一个职业普遍不信任的根源在于,诉讼制度在诉辩双方权责分配上的不尽合理。诉讼权力运行、诉讼权利运用中的约束机制、诉讼博弈机制不够健全,使诉辩双方都无法获得诉讼过程中的安全感和信任感。突出表现在以下方面:

(一)权利约束机制不健全排斥良性互动

在现代法治社会中,国家公权力来源于公民权利的让渡,权力行使的根本目的是服务公民、保障权利。检察官与律师在刑事诉讼中的关系，也是国家公权力与公民权利博弈的重要形态。由于过去在诉讼制度设计上，过分重视对国家利益、社会秩序的保护，忽视公民权利的保护，导致诉讼工作机制上的不平衡。长期以来，对于司法人员阻碍行使辩护权没有建立法律制约机制，只能通过行业内部管理、社会监督予以规制，最终形成了检察官不够重视律师权利保障的现状，而律师执业中的"三难"问题正是加深律师对检察官不信任的根源；同时，对于律师执业行为的制度约束尚未健全，对律师执业中的滥用权利和违法行为亦无法进行监督制约。比如，根据刑法第306条规定，司法机关查处了一批辩护人、代理人毁灭证据、伪造证据和妨害作证的案件，但由于缺乏有效的取证机制，在获取证据、认定事实方面难度相当大，造成了一批疑问案件；同时，由于原刑事诉讼法没有建立执法回避机制，追究律师责任的执法机关为原案件的侦查机关或检察机关，导致追责行为缺乏公信力，从而引起了检律关系进一步恶化。部分检察官为了有效制衡极少数律师违规违法行为，对于律师执业保障采取拖延阻动行为，对此也没有相应的约束机制。上述情况导致相关制度失灵，导致检律双方各自寻求法律程序之外的潜规则来维护彼此诉讼权益。

（二）诉讼利益交换机制不健全导致恶性对抗

在刑事诉讼活动中，控辩双方基于自己独特的诉讼目的进行诉讼，分别行使不同的职能，并追逐与其职能和利益相对应的诉讼利益的最大化。控辩双方这种利益的不同是明显的，但也并不是不可调和的。司法现实中，由于制度不配套、立法不完善、执法水平不高等原因，对部分隐秘性犯罪的查办惩处难度非常大。针对转型期犯罪激增和司法资源有限等现实，设置更加合理、更加便宜的诉讼利益交换机制，提高司法效率，使司法资源的使用有所侧重，不失为一种明智之举。但是，由于诉辩双方利益交换机制缺乏或刚性不足，形成了检律互信机制建立的制度"瓶颈"。如辩诉交易制度在部分犯罪案件中的合理运用可以大大提高诉讼效率，节省司法资源，但我们往往是谈"交易"而色变。事实上，它与我国长期实行的"坦白从宽"刑事政策其实同根同源。当前刑事案件中存在的"坦白从宽，牢底坐穿，抗拒从严，回家过年"现象，说明"坦白从宽"刑事政策并未落到实处。而建立一整套的辩诉交易制度，可以使这一刑事政策更加具体化，更具可操作性。进行辩诉交易，一方面，司法机关可以解脱对部分隐秘性犯罪查处不能的窘境，并大大节约司法资源；另一方面，犯罪嫌疑人、被告人以合作换取宽大处理，使之尽快摆脱讼累，也有利于犯罪人的改造与回归。又如污点证人制度，通过对轻微犯罪的减轻或免除处罚来保证对严重犯罪的惩处，以适当牺牲小公正为代价获取大公正，均有其现实的合理性。此外，诸如诉前证据交换制度、刑事和解制度、听取律师意见制度、律师申请调查取证等制度，虽有建立，但缺乏必要的强制性规定。因上述机制的缺位和不足，导致控辩双方均不遗余力地通过掌握办案信息优势来占据诉讼中的有利地位，从而导致检律双方在刑事诉讼中的恶性对抗。

三、检律信任机制的要素分析

（一）环境要素

检律之间的信任机制属于社会职业角色信任的一种，需要在一个大社会的环境要素中去思考。一是考虑社会环境因素。在信息化高度发达到网络化社会，律师、检察官如何在办案过程中遵守职业操守，共同维护好社会主义司法制度的权威和尊严，在有利的社会环境中推进司法公正，对于双方建立良性互动的信任关系十分重要。二是考虑司法制度环境。法律职业共同体的形成，是保证检察官与律师相互尊重、相互理解、平等合作的重要环境因素。当前我国尚未形成成熟的法律职业共同体，其中，检察官与法官的交流机制、职业保障等方面初具雏形，而职业差别最大、职业壁垒较深的是律师与法官、检察官队伍之间，需要通过多方面努力去缩小这种差距。

（二）文化要素

司法文化要素主要解决检察官与律师队伍的司法和诉讼理念问题。核心问题是如何认识和保障刑事诉讼制度以及律师执业的价值功能。律师作为当事人合法权益的维护者，毫无选择地必须从有利于当事人胜诉的立场出发，积极分析和重新建构本案的事实，组织证据，寻找法律适用，从而为当事人找出罪无或罪轻的依据。律师辩护制度的存在，为检察官办案设置了一道防护网，是保障检察官少犯错误不办错案的机制保障。因此，即使律师提出的诉讼请求毫无道理，从促进诉讼活动公平公正，维护司法活动公信力角度而言，仍然具有其程序正义上的价值。修改后刑事诉讼法在多个环节规定了检察官必须听取律师意见的规定。同时，2008年修订的律师法也进一步明确了律师的价值功能。该法第2条规定，律师是为当事人提供法律服务的执业人员，应当维护当事人合法权益，维护法律正确实施，维护社会公平和正义。对其价值功能的认识上升到一个新的高度。检察官首先必须从诉讼心理上认同律师参与诉讼的价值功能；对于律师而言，如何在维护当事人合法权益的同时，维护司法公正，是律师行业需要着重解决的问题。因此，在诉讼理念层面，需要强化法律共同体意识，建立相互间的职业尊重、职业信赖；在职业行为要素方面，需要进一步加强职业伦理建设，完善职业自律机制，建立有效的职业行为规范和标准，监督和约束检察官执法、律师的执业行为。

（三）制度要素

按照社会学的观点，信任是用于减少社会交往复杂性的机制。社会信任一般可分为人际关系信任、社会角色关系信任、社会制度信任三种形式。人际关系信任是"熟人社会"中基于人格的信任关系，依靠社会道德体系的维系。社会角色关系信任是建立在被信任者所扮演的社会角色基础上的，信任的并非是某个个体独特的人格特质，而是对某种社会角色的期待和信赖。社会角色信任依靠角色伦理来维系，如需要职业伦理、职业规范来维系。社会制度信任依靠社会管理制度稳定性和周密性来维系。现代社会是人员流动迅速、交易行为频繁的"陌生人社会"，其信任机制是建立在制度保障基础之上的。其社会信任基于契约关系产生，契约关系背后是一整套保障交易安全的规范制度和程序。随着经济活动的交流加剧，人员流动的频繁，网络犯罪、异地犯罪等活动的加剧等多种因素交织，律师执法范围日益加大，律师跨省跨市异地执业日渐频繁并成为常态，原来依赖于熟人关系获得人格化信任机制逐渐不能适应律师执业的要求。在社会主义法治建设不断深入推进的过程中，检律关系中的信任机制，既有职业角色之间的信任特征，又具有制度化信任的发展要求。

（四）物质要素

物质要素是构建信任机制的物质基础。随着经济社会的发展，执法硬件、技术设备的配置，为执法规范化提供了物质技术条件，有效缓解检察官与律师在办案中的衔接困难。比如，最高人民检察院推行案件集约化管理以来，全国有2667个检察院成立案管机构，各级检察院纷纷建设律师阅卷室或网上阅卷平台，实现案件卷宗信息化扫描、电脑阅卷、数字存储，阅卷律师只需扫描"三证"，即可快速实现卷宗材料翻拍、刻录，从技术革新角度解决了律师阅卷在时间、空间上的困难，同时确保了办案卷宗的安全性。上述事例表明，检律关系的发展既需要物质技术要素的支持，同时也受物质技术条件的制约。

四、检律信任机制建设的路径思考

（一）司法文化层面的机制建设

其重点是建立和完善检律交流机制，不断强化法律职业共同体的理念。一是建立检察文化与律师文化交流机制，加强检察官协会与律师协会等行业团体之间的学术、文化交流活动，深化检律间的业务交流、思想碰撞、观念沟通，共同构筑法律职业共同体的文化氛围。二是建立检察人员与律师人员之间的交流制度。2002年起，我国开始实行统一司法考试制度，构建了检察官、法官、律师的共同准入条件，为检律人才队伍交流奠定了坚实基础。在此基础上，应逐步深化律师队伍中公开招考检察官的探索，研究探索检察官挂职公职律师的实践，使检察官、律师均有可能从事相对方职业的可能，从而加快法律职业共同体的融合。

（二）司法工作层面的机制建设

第一，建立宏观层面的检、律协作机制。加强检察机关与司法行政机关、律协和法律援中心沟通联系机制。包括：建立信息共享机制、工作会商机制、监督制约机制，会签规范性指导文件，在规划、指导，探索新型检律关系方面保持观念统一、步调一致。

第二，建立检、律工作衔接机制，包括：完善检察机关的律师接待工作工作，切实保障检察诉讼环节律师执业权利的程序和要求；严格规范听取律师意见制度，创新通过律师做好犯罪嫌疑人、被害人及相关人员工作的方式方法，探索开展律师作为法律工作者受聘于检察机关从事专业性的工作。

第三，加强行业监督与自律机制。建立、健全司法人员和律师违法、违规及犯罪问题的发现、查处机制。

（三）诉讼制度层面的制度完善

重点建立对等约束的机制，完善诉讼权力与权利博弈机制，从制度上消除律师和检察官的角色弱势心态。从检察官的视角来分析律师执业制度的缺陷，涉及以下几个问题：

第一，建立律师会见当事人全程同步录音录像制度。修改后刑事诉讼法规定检察官提讯时要进行同步录音录像，基于同等规范的原理，律师会见也需要进行同步录音录像。鉴于律师会见是基于委托关系，为犯罪嫌疑人提供法律服务，从保护辩护权的角度出发，需要对律师会见同步录音录像进行技术层面、诉讼程序层面的特殊处理。一是律师会见的录音录像由司法行政机关执行和存储。因为司法行政机关是律师的监督管理机关，同时也是律师的权利保障机构，又没有执法办案权，由其实行录音录像，可以保证录音资料与办案活动的相对隔离，不会侵犯当事人的权利。二是律师会见的录音录像不公开。在有必要情形时，经律师或公诉人申请，并由法庭决定才可以查阅，其他情形均不予公开。这既是对律师执业实质上是一种保护，同时又是一种规范。

第二，建立必要的庭前证据开示制度。在充分保障律师阅卷权的前提下，应建立必要的庭前证据开示制度。对于侦查卷宗之外的证据，对案件有重大影响的，应该向对方开示或者说明。包括检察官在审查起诉阶段、律师阅卷之后补充侦查获取的有效证据，律师在审前阶段调查获取的重要证据等；因一方违反上述规定，相对方申请休庭的，法庭应当准许休庭。

第三，完善律师执业回避制度。刑事诉讼法对于同一名律师代理同案中两人以上或者相关联的案件做出禁止性规定，但并未明确禁止同一案件的辩护律师之间交换案件信息、"会诊"案情。在共同犯罪、行贿受贿等对合型犯罪中，被告人翻供的时机及内容上的高度一致性，往往并不能让检方相信翻供的客观真实性，相反常常成为检察官对律师能否守住职业底线、维护司法公正的怀疑。

第四，明确律师会见嫌疑人的会谈原则。律师会谈时可以讲哪些内容，应该有原则性规定。具体包括：一是保护律师执法安全性，防止对刑法第306条的随意扩大解释。二是防止律师会见起到串供作用。比如，在贿赂犯罪等对合性犯罪中，受贿罪犯罪嫌疑人、行贿罪犯罪嫌疑人供述的犯罪细节本来一致的（地点、时间、数量、方式、交谈内容等），在律师的提醒下，可能会改变其中的细节，导致翻供。三是律师告知的内容应该是有选择的。例如，对一些案件中有实名举报人材料的，律师若告知犯罪嫌疑人可能会不利于对举报人的保护。

对抗与协作：我国刑事诉讼中检律关系的反思与展望

白章龙*

一、问题的提出：现行刑事诉讼模式下检律关系反思

长期以来，我国的刑事诉讼构造强调以刑事侦查为中心，以追求实体正义为刑事诉讼的最终目的，客观上限制了刑事辩护律师的职能发挥，一定程度上制约了新型检律关系的发展。新刑事诉讼法虽进一步规范了辩护律师在刑事诉讼中的权利体系，强化了控辩双方在刑事诉讼中的平等对抗，但从近年的司法实践来看，我国现行刑事诉讼模式下的检律关系仍存在两种极端的机制冲突，即"对抗失衡"与"非理性对抗"，具体表现在：

（一）检律对抗失衡

当事人主义诉讼模式以确立控辩双方平等的诉讼地位来确保辩护律师辩护权的有效行使，"控辩平等从外在的权力（利）行使目的上规范，应当包含平等对抗和平等合作，其中平等对抗是手段和现象，平等合作是目标和本质。"[1] 依据我国刑事诉讼法，代表国家行使检察权的检察官，是以国家强制力为后盾，其在刑事诉讼中拥有辩护律师无法比拟的控诉优势，控辩双方根本难以实施平等对抗。诚如有学者所言，"在我国，检察官与律师并不能进行平等的对抗，作为强者的检察官因为享有一系列'特权'而显得更加强大；而作为弱者的被告人则因为受到一系列的程序性限制而显得更加弱小"。[2] 由于我国刑事诉讼法并未对公安司法机关的刑事诉讼行为构建起科学合理的权力制衡机制，"公检法流水线作业式"的职权主义诉讼模式仍在司法实践中畅行无阻，致使规范我国侦、控、辩、审关系的诉讼程序演变成技术性和手续性的操作规程，无法起到规范制约公安司法机关的应有作用。同时，我国刑事诉讼立法对公权机关权属的设计大量采用授权性立法体例，致使司法人员的刑事诉讼行为拥有几乎不受限制的自由裁量权，且无须承担相应的程序性违法后果。作为代表国家依法履行法律监督职责的检察机关，其权力的行使也存在权力（利）制衡机制缺失的现象，凸显在检律关系中主要表现在检律对抗的失衡，被追诉人本应享有的合法权利无法得以有效保障。

新刑事诉讼法进一步强化了刑事诉讼中的控辩平等对抗，确立了律师在侦查阶段的辩护人地位，律师的权利结构更趋于合理，从而使我国刑事诉讼程序向现代式控辩平等原则迈出了坚实的一步。随着中国民主化和现代化进程的加快以及人权保障思想和现代刑事诉

---

* 湖北省十堰市人民检察院检察长。
[1] 冀祥德：《控辩平等之现代内涵解读》，载《政法论坛》2007 年第 6 期。
[2] 陈瑞华：《看得见的正义》，中国法制出版社 2000 年版，第 42 页。

讼理念的建立，检律平等对抗在中国刑事诉讼立法和司法实践中必将得到进一步的确立和完善。

（二）检律对抗非理性化

在我国宪政视域中，检察机关是国家的法律监督机关，其在刑事诉讼中不仅仅代表国家行使刑事控诉职能，同时也必须恪守客观公正理念，忠实履行法律监督职责。在刑事诉讼中，"如果将检察机关定位于法律监督机关，那检察机关就应以法律监督来统领所有职能，所有职能都应统一于法律监督，所有职能的行使如果与法律监督发生矛盾，就应服从于法律监督。在履行追诉职能时，检察机关就应受法律监督属性的规制和约束，秉持中立立场，认真履行客观公正义务，既依法追诉犯罪，又切实保障人权，从而保证国家法律的统一正确实施"①。检察官在履行检察职能过程中，"如不能充分领悟控诉职能与诉讼监督职能的深刻内涵，无法理顺两者之间的关系，就会影响到控辩平等关系、控辩救济关系的贯彻，乃至厚此薄彼，出现偏差"②。

长期以来，部分检察官将自身片面定位于指控犯罪的公诉人，未能准确理解检察官兼具控诉者与法律监督者的双重法律定位，致使在司法实践中将本应纳入法律职业共同体的辩护律师视为"麻烦的制作者"，人为地设置障碍阻碍辩护律师依法履行职责。无论是在职务犯罪侦查阶段，还是在审查批准逮捕或审查起诉、出庭支持公诉阶段，部分检察官秉持陈旧的"官本位"思想，非理性地对待辩护律师的合法履职行为。如在职务犯罪侦查阶段，依据新刑事诉讼法，自犯罪嫌疑人第一次被讯问之时起，辩护律师有权以辩护人的身份了解案件的相关情况。但在司法实践中，部分检察官不合理地利用法律的排除条款，不正当地限制辩护律师的合法权益，致使法律的授权性规定在司法实践中流于形式，严重影响到被追诉人合法权利的保障以及检察机关执法公信力的树立。

德国学者米德迈尔指出："检察官应仅力求真实与正义，因为他知晓，显露他（片面打击被告）的狂热将减损他的效用和威信；他也知晓，只有公正合宜的刑罚才符合国家的利益。"③ 在我国，检察官"为了实现司法公正，在刑事诉讼中，不应仅站在当事人的立场而应该站在客观立场上进行活动，努力发现并尊重事实真相"④。作为担负指控犯罪与法律监督双重职能的"法律守护人"，检察官在处理与辩护律师关系时，应秉持客观公正立场，在刑事诉讼中理性、平和地与辩护律师进行对抗，共同实现司法的公平、正义目标。

二、比较与分析：两大法系国家检律关系模式的考察

检律关系是刑事诉讼关系的重要方面，直接影响到诉讼结构的重塑和诉讼目的的实现，因此，无论是大陆法系国家还是英美法系国家均对此十分重视。从各国检律关系的司

---

① 朱孝清：《检察机关集追诉与监督于一身的利弊选择》，载《人民检察》2011 年第 3 期。
② 甄贞：《论中国特色的控辩关系——以新刑事诉讼法关于刑事辩护制度的规定为视角》，载《河南社会科学》2012 年第 7 期。
③ Zitiert nach Eb. Schmidt，DRiZ1957，273，276.
④ 朱孝清：《检察官客观公正义务及其在中国的发展完善》，载《中国法学》2009 年第 2 期。

法实践来看，虽然其对抗与合作程度不同，但不可否认的是，强调检律关系的协作性是各国的共识。由于社会价值观和司法传统的差异，在具体做法上，大陆法系国家与英美法系国家之间仍存在一些差别。

（一）大陆法系国家检律关系模式

大陆法系国家大多偏重于职权主义诉讼模式，随着刑事司法改革的逐步深入，被告人的诉讼地位逐渐提升，控辩双方的诉讼地位也在逐渐平衡。随着第二次世界大战结束，各国相继开展了刑事司法改革运动，由于受到国际上人权保障思潮的影响，在改革运动中充分重视犯罪嫌疑人、被告人的人权保障问题，使被告人的诉讼地位进一步提升。① 总的来说，在职权主义诉讼模式下，大陆法系国家控辩平等原则存在一定的缺失，其更倾向于限制控方权力保护辩方权利以有利于公正审判。

在德国，刑事诉讼中强调检察官的客观义务和法官对事实负责的义务来保障诉讼价值的实现。在检律关系中，检察官与律师在刑事诉讼中的合作大于对抗，具体表现在侦查和庭审中律师辩护的合作性态度。由于检察官与辩护律师在庭审中缺乏对抗，甚至出现了检察官在法庭上看小说的情况。② 检察官在德国被定位为客观的法律守护人，而非单纯的一方当事人，其在支持公诉的手段和方法上，要受到手段正当性和合乎目的性的要求。突出表现在，如果检察官在庭审中发现被告人无罪，应当当庭提出被告人无罪的意见。而德国的律师则被定位为准司法官的角色，其在保障当事人合法权益的同时，也肩负着最大限度地实现发现真实的刑事诉讼目的，律师可以违背当事人的意志而选择最有利于保护被告利益的辩护策略。

在法国，现行刑事诉讼法实施的是典型的职权主义诉讼模式。近年来，法国的司法改革试图使根源于审问制传统的诉讼程序更加充分地反映现代人权观念和国家与公民之间关系的理念，其重要目标之一就是给予被追诉人更多的诉讼参与权利。但是，法国并不打算彻底改变审问制的基本传统，即由国家来查明事实真相，找出犯罪嫌疑人出罪和入罪的证据，其真正目的在于创造一个新的比"对抗制"更加注重诉讼效率，同时更加关注双方当事人力量的平衡。在现行刑事诉讼法中，律师享有充分的会见权、阅卷权，同时为了达到控辩平衡，检察官与律师平等享有要求预审法官认定鉴定人、询问证人、进行新的调查等权力。可以说，法国的检律关在控辩平等原则不断规范逐步发展的基础上，平等、理性对抗的关系模式不断得以在司法实务中确立。

（二）英美法系国家检律关系模式

英美法系国家偏重于当事人主义诉讼模式，控辩平等是当事人主义诉讼模式的必然要求与集中体现。在英美法系国家，检察官与律师法律地位经历了由形式上的平等向实质上的平等的发展过程。由于早期未确立国家独占追诉权的体制，所以在刑事诉讼中实行完全对抗式的检律模式。随着国家独占追诉权体制的逐步确立，检察官与律师的力量乃至诉讼地位上的不平等性越来越严重，形式上的平等已经无法掩盖实质上的不平等。为了克服这

---

① 参见陈瑞华：《刑事审判原理论》，北京大学出版社1997年版，第259~261页。
② 参见龙宗智：《检察官法庭活动比较研究》，载 http://www.swupl.edu.cn/xrld/master/wz/4.html。

种实质上的不平等,在新的程序正义理论的影响下,英美法系国家在刑事诉讼程序上开始逐渐减少检律双方不必要的对抗、保证实质平等,允许在必要时进行适度的合作。

在美国,当事人主义诉讼模式推崇控辩双方权利、地位、机会平等,主张控方与辩方对抗、法官居中裁判的诉讼结构,较为关注个人权利的保障和程序的公正。美国的刑事诉讼理念注重通过正当法律程序实施实体法,运用"对抗制"刑事诉讼模式以确保审判程序的公正性,防止被追诉人受到警察或检察官不当行为或滥权行为的侵害,并以此为基础解决被告人与国家之间的正义和冲突。因此,美国检律关系的主要特征是平等对抗和合作。一方面,检察官被当事人化,其在追诉犯罪时甚至不承担客观义务,同时被追诉人被赋予极高的诉讼地位,可以与警察、检察官的权力相抗衡;另一方面,在控辩双方平等对抗以后可以在平等地位的前提下合作,以减少一些不必要的对抗,提高诉讼效率。

在英国,其刑事诉讼也是典型的当事人主义诉讼模式,采取的是"对抗制",控辩双方是刑事审判的核心、基础和运行的关键条件。英国"对抗制"的最主要特征是被动、中立的法官角色和控辩双方当事人的辩论,口头的审理和对证人的盘问都强调检察官与被告人及其辩护律师之间的平等。但在刑事诉讼程序的审前阶段,控辩平等原则有时也是受到限制的。

综上所述,大陆法系国家与英美法系国家由于政治体制和民主化进程的不同,在确立检律关系过程中的变化不尽相同,但其总体趋势却是一致的,即在检律关系对立统一的基础上,正在寻找检察官与律师平等对抗与平等合作的平衡点,尽管这种平衡也许尚需时日才能真正实现。

三、对抗与协作:我国新型检律关系的重构

通过对我国现行刑事诉讼模式下检律关系的反思以及对现代两种典型意义刑事诉讼模式下检律关系的分析,可以看出我国新型检律关系迫切地需要一种在理性、平等对抗基础上的检律协作机制的存在。通过这一机制可将大量刑事案件在刑事庭前程序中予以解决,有限的司法资源可以投入到更为复杂棘手的案件之中,同时可使控辩双方对最终的诉讼结果有一个相对确定的心理预期,以弱化刑事诉讼中对抗失衡与对抗非理性化等弊端。新刑事诉讼法规定了一系列具体的保障性机制来推进新型检律关系的深入推进,具体到检察实践中,必须结合具体的检察业务进一步规范和细化新型检律关系的保障性机制。

(一)职务犯罪侦查阶段

长期以来,检察机关过于强大的职务犯罪侦查权,使得侦查过程中的检察官与辩护律师之间的平等对抗的诉讼格局濒现困境,成为我国刑事诉讼中检律关系最为紧张的诉讼阶段。司法实践中,一些检察官出于侦查犯罪的目的,将强制措施的适用作为快速侦破案件的不二法宝,致使被追诉人的诉讼主体地位得不到应有的保障,本应对检察官的职务犯罪侦查权能够形成有效制约的辩护权无法有效实施,致使刑讯逼供、诱供等不法侦查行为难以得到有效遏制。

近年来,我国检察机关积极探索符合我国国情的职务犯罪侦查模式,不断完善被追诉人及其辩护律师合法权利的保障机制,力求构建完备的强制性侦查措施的司法审查制度,

确保国家刑罚权的运转符合人权保障的需要。新刑事诉讼法明确了在职务犯罪侦查阶段辩护律师的辩护人地位，以及辩护律师提出辩护意见和会见制度，从而确立了辩护律师在职务犯罪侦查阶段的权利主体地位，使辩护律师拥有了一定的案件知情权。可以说，新刑事诉讼法进一步强化了被追诉人的诉讼权能，一定程度上形成了检察机关与被追诉人之间平等对抗与博弈。

但是，如何使上述体现人权保障与程序正义理念的刑事诉讼法律规范在司法实践中得到不折不扣的实施，则需要职务犯罪侦查程序的参与者，尤其是职务犯罪侦查检察官与辩护律师以客观、理性的司法实践来予以保障。

对于检察官而言，新刑事诉讼法强调在履行检察职权时应切实秉持客观公正的立场，坚守"法律守护人"的神圣职责，在履职中要切实保障辩护人的合法权益，摈弃"排斥、厌恶、非难"等不良情绪，以"法律职业共同体"身份与辩护律师建立起长期交流协作机制，增进职业认同感。在司法实践中，检察官应注重保障辩护律师的会见权，尤其是要严格依照新刑事诉讼法及《人民检察院刑事诉讼规则（试行）》关于"特别重大的贿赂案件"的规定，不得为辩护律师会见被追诉人设置任何障碍；辩护律师提出的辩护意见的，检察机关应及时予以答复，不得无故迟延；辩护律师提出控告申诉意见的，检察机关应当采取公开的司法审查模式，注意听取辩护律师的意见，及时予以答复；辩护律师涉嫌犯罪的，应当严格依照法律规定，由办理辩护人所承办案件的职务犯罪侦查机关以外的侦查机关负责侦查。

对辩护律师而言，其作为重要的刑事诉讼主体，在职务犯罪侦查阶段依照法定的程序依法维护被追诉人的合法权益，以保障刑事诉讼活动合法、规范运行。在该阶段，辩护律师有权会见被追诉人并为其提供必要的法律帮助，并有权就职务犯罪侦查机关的侦查违法行为和侦查程序瑕疵依法向有关部门申诉、控告。但需要注意的是，作为"法律职业共同体"的重要组成人员，辩护律师在履行职责过程中，不得泄露在会见当事人过程中获悉的职务犯罪侦查秘密，不得帮助被追诉人隐匿、毁灭、伪造证据或串供，不得威胁、引诱证人作伪证以及进行其他干扰司法机关诉讼活动的行为以影响职务犯罪侦查活动的有序进行。

（二）审查逮捕阶段

逮捕"作为由法律指定的执法机构依照正当的法律程序，针对可能判处一定刑罚的犯罪嫌疑人、被告人采取的有时限羁押、剥夺其人身自由的最严厉的刑事强制措施"①。其既有保障刑事诉讼程序顺利运行、有效惩罚犯罪的积极效用，同时也存在被滥用危害被追诉人合法权益的现实危险，可以说，是一把名副其实的"双刃剑"。司法实践中，逮捕"具有'绑架'起诉、审判的效果，即对被逮捕的犯罪嫌疑人，检察机关往往不得不尽量做出起诉的决定，法院则要尽量宣告被告人有罪，并根据羁押期限决定判处的刑罚"②。因此，根据现代人权保障理念，为了防止逮捕的滥用，在逮捕程序中强化被追诉人及其辩

---

① 孙谦：《逮捕论》，法律出版社 2001 年版，第 150 页。
② 李昌林：《审查逮捕程序改革的进路——以提高逮捕案件质量为核心》，载《现代法学》2011 年第 1 期。

护律师的诉讼主体地位，以彰显程序正义理念，具有十分重要的意义。

在现行刑事诉讼法实施以前，检察机关的审查逮捕程序一般采取书面审查的方式进行行政审批式的间接审查，在逮捕程序中缺乏控辩双方的诉讼制衡。该情形"不仅不符合逮捕程序诉讼特征，而且使检察机关难以客观地审查犯罪嫌疑人是否具备逮捕必要性，以致忽视逮捕必要性条件的作用，造成相当数量的犯罪嫌疑人不具备逮捕必要性而被不当批捕，这成为导致批捕率居高不下的重要原因之一"①。因此，新刑事诉讼法试图引入司法化审查模式，以转变传统的间接审理、书面审理模式，增加诉讼对抗性，使逮捕程序更加公开、透明，检察机关作为逮捕程序的裁判者更加中立、客观。新刑事诉讼法在具体的逮捕程序设计中增加了被追诉人及其辩护人在逮捕程序中的诉讼参与力度，在一定程度上形成了以检察官为中立裁判者、侦查机关与被追诉人及其辩护人共同参与的司法化审查逮捕模式。但该模式与我国司法改革的目的、与刑事强制措施的人权保障、程序正义的价值目标尚存一定的差距。笔者认为，在现有司法背景下，应构建起由检察机关专司审查逮捕职责的检察官为中立裁判者，侦查机关（被害人或其近亲属）、被追诉人及其辩护人共同参与的"控、辩、裁"三方诉讼结构，并引入逮捕程序（包括羁押必要性的审查程序）的听证式诉讼模式，以实现被追诉人及其辩护律师对逮捕程序的有效参与与监督制衡，将有利于实现刑事诉讼程序公正与保障诉讼当事人的人权，有利于树立检察机关公平、公正、公开的执法新形象。

（三）审查起诉阶段

作为刑事诉讼的中间环节，审查起诉程序具有"承继性、过滤性、辐射性、论辩性、制约性等程序性特点"②。检察官在履行审查起诉职责过程中拥有一定的自由裁量权，其有决定是否向审判机关移送起诉的权力，是刑事诉讼程序中除审判机关以外可以决定被追诉人刑事责任有无的重要诉讼力量。而在我国审查起诉阶段，检察官与被追诉人及其辩护律师之间"即使是形式上的控辩平等，也未获得意识上的普遍认可以及在实践中的认可"③。新刑事诉讼法赋予了辩护律师在审查起诉阶段的阅卷权、调查取证权和会见权，并设置了必要的司法程序以保障控辩双方可以在该阶段进行充分、理性的沟通交流。相对来讲，在该诉讼过程中，检察官与律师之间更应当体现出一种理性合作的关系，以便更充分地为检察官客观、公正地决定是否提起公诉提供科学、全面的依据。笔者认为，在我国审查起诉程序中，检察官与律师在一般的程序性事项合作方面较为成熟，现阶段应重点凸显双方在诉讼证据开示以及不起诉程序中的理性合作。

对于证据开示而言，在我国现有的司法背景下引入证据开示制度，将有利于控辩双方进行充分的庭审准备，以避免庭审中的相互证据偷袭，影响诉讼程序的高效、迅捷。新刑事诉讼法明确规定了辩护律师在审查起诉阶段的无障碍阅卷权，这为我国建立一种正式的

---

① 陈瑞华：《问题与主义之间——刑事诉讼基本问题研究》，中国人民大学出版社2003年版，第22页。
② 卢乐云：《程序自觉与程序自信——基于公诉适应新刑事诉讼法之思考》，载《中国刑事法杂志》2012年第11期。
③ 龙宗智：《刑事庭审制度研究》，中国政法大学出版社2001年版，第143页。

证据开示制度提供了良好的程序基础。笔者认为，我国的证据开示制度宜在审查起诉程序结束前进行，且证据的开示必须是双向的，而非单一的由控方向辩方开示。具体而言，辩方有权向检察机关申请开示所有可能影响被追诉人定罪或量刑的证据，尤其是有利于被追诉人的证据；而辩方也有义务向检察机关开示其将在庭审中用以抗辩的证据，尤其是新刑事诉讼法第40条规定的"辩护人收集的有关犯罪嫌疑人不在犯罪现场、未达到刑事责任年龄、属于依法不负刑事责任的精神病人的证据，应当及时告知公安机关、人民检察院"，明确了辩护人对特定证据应当及时告知的义务，以利于检察官及时全面地审查案件的事实和证据，及时地纠正错误，防止冤假错案的发生，同时也可以及时解除其当事人人身自由的强制措施，维护其当事人的合法权益。

对于不起诉程序的适用而言，新刑事诉讼法规定了绝对不起诉、相对不起诉、存疑不起诉和附条件不起诉制度，构建起了我国完整的不起诉权结构，意味着我国的刑事诉讼制度注重公平与效率价值的平衡，确立了在以正当程序惩罚犯罪的同时，注重保障被追诉人的人权价值。司法实践中，检察机关在对被追诉人适用以上不起诉制度时需引入公开化的司法审查机制，尤其是要保障被追诉人及其辩护律师以及案件相关利害关系人的知情权与参与权，充分听取各方当事人的意见，在可能的情况下引入听证式的审查程序，并赋予诉讼当事人不服检察机关最终决定的权利救济途径，以实现不起诉程序适用的客观与公正。

（四）审判阶段

在当事人主义诉讼模式下，在职权主义诉讼模式中居于主导地位的法官将转变角色，其将保持客观中立，不发表任何倾向性的意见，而检察官与律师才是审判活动的主导力量，他们之间通过控辩对抗、控辩平衡来推动诉讼过程的进展。但由于长期以来职权主义诉讼模式的固化理念影响，在我国审判阶段检察官与律师的平等对抗局面仍存在一定的局限，凸显在诸如在庭审中辩护律师的活动需经审判人员的许可以及在庭审中的辩护律师申请调查取证、申请证人或鉴定人出庭等权利的维护方面受到制约干扰等情形。新刑事诉讼法进一步强化了当事人诉讼主义模式，赋予辩护律师在审判阶段与检察官平等的程序性权利，这些程序性权利包括"在法庭上提出证人、证据；申请通知新的证人到庭；调取新的物证；申请重新鉴定或勘验；向控方证人进行反询问；对控方证据进行对质以及与检察官进行平等辩论的权利"。① 除此以外，新刑事诉讼法第182条第2款规定了刑事庭前会议程序，将其作为正式庭审程序的准备程序。笔者认为，建构庭前会议程序中的新型检律关系将有利于在司法公正的前提下实现刑事诉讼效率，在最短的时间内产生公正的结果以实现诉讼程序的正当性，及时地体现刑罚的惩罚与预防功能。

正如有学者指出："现代诉讼理念从强调诉讼的对抗性转为强调诉讼的合作性，庭前准备程序被视为双方基于事实和法律之上的一个有理有据的谈判过程。丰满、完备而又宽松的准备程序为当事人提供了和平解决争端的良好的氛围。"② 依据新刑事诉讼法及相关

---

① 陈卫东、刘计划：《控辩式庭审方式中辩护律师的诉讼权利及其制度保障》，载陈卫东主编：《司法公正与律师辩护》，中国检察出版社2002年版，第234页。

② 何兵：《纠纷解决机制之重构》，载《中外法学》2002年第1期。

司法解释，控辩双方可以在庭前会议程序中解决包括案件管辖、回避、不公开审理、延期审理、适用简易程序等程序性争议问题以及就出庭证人、鉴定人及有专门知识的人的名单提出异议并交换意见，可以就证人、鉴定人及有专门知识的人是否需要出庭提出申请。可以说，将部分争议性较大的实体和程序性问题置于庭前会议程序中解决，将有利于控辩双方及时对有关事项作出处理，既可以简化庭审程序、提高诉讼效率，更可以充分体现程序公正。

同时，在庭前会议程序中将非法证据予以排除，以尽可能地排除审判人员的预断，防止在正式庭审中出现因调查、核实证据进行程序性裁判，以致影响正式庭审的顺利进行，以实现诉讼经济原则。在庭前会议程序中，控辩双方可就证据的效力发表意见，若认为可能存在非法证据的，可参照"两高三部"《关于办理死刑案件审查判断证据若干问题的规定》以及《关于办理刑事案件排除非法证据若干问题的规定》规定的程序对证据收集的合法性进行证明，需调查核实的，宜在正式开庭审理前进行。

另外，为了保证正式庭审时控辩双方能够有针对性地进行辩论，在庭前会议程序中控辩双方有必要就案件事实、证据和法律适用等部分实体性争议发表意见，双方可以进行适度的辩论。通过对案件部分实体性争议焦点的明确，审判人员可以据此整理出控辩双方协商后没有争议的内容可以在庭审程序中不再进行实质性的调查，集中精力审查控辩双方争议的焦点问题。如控辩双方对争议问题有异议且有正当理由但不能当场出示相关证据的，可以申请人民法院调取新的证据或重新鉴定。对于人民法院依法调查、核实的证据，应一并在庭前会议上展示，并分别征询控辩双方的意见。

四、结语

从权力制衡与程序正义理论的视角来审视现代刑事诉讼构造，作为国家公权力的刑事控诉权必须受到司法公权力和公民个人权利的制衡，被追诉人的诉讼主体地位必须得以确立。刑事诉讼所要获取的正义是一种程序的正义或者沟通的正义，真正的正义只能通过沟通或交流来获取。在此意义上，实现检律关系的平等对抗是刑事诉讼机制的本质要求，双方在力量上的不平等不应成为双方法律地位不平等的理由，这种力量上的不平等完全可以通过法律手段加以扭正。[①] 新型的平等对抗与平等协作的检律关系，以控制犯罪和保障人权为基本目的，以实现实体正义与程序正义为根本要求，以被追诉人受到公正审判为核心，以确立被追诉人知情权、辩护权等防御性权利为手段，彰显了现代刑事诉讼中国家公权力与公民个人权利之间的良性互动关系，将有效地遏制国家公权力的恶性膨胀，将刑事诉讼活动真正纳入法治的轨道。

---

① 参见谢佑平、万毅：《刑事诉讼法原则：程序正义的基石》，法律出版社2002年版，第222页。

新刑事诉讼法视角下检察机关如何保障律师的执业权

刘光圣[*]

2013 年 7 月 16 日，曹建明检察长在最高人民检察院举办的律师界代表委员座谈会上强调"着力构建检察官与律师良性互动关系、共同履行好法律职业共同体职责使命"。当前，新刑事诉讼法的颁布，顺应了依法治国的根本需要，也是努力构建"中国梦"、"法治梦"的题中应有之义。律师执业权利的进一步加强和深化也给检察机关提出了新的挑战，如何建立新型检律关系，加强交流与协作，更好地保障律师执业权利，促进检察机关执法办案的发展，是检察机关面临的重要问题。

一、新刑事诉讼法对保障律师执业权的新拓展

（一）扩大了律师阅卷权的范围

"阅卷难"是律师刑事辩护中反映最为突出的问题，1996 年刑事诉讼法规定，辩护律师阅卷的范围只是诉讼文书、技术鉴定材料，但是，新刑事诉讼法将律师的阅卷范围扩展到本案的所有案卷材料。这一规定有利于律师全面掌握案件事实，为其有针对性地提出辩护意见、充分行使辩护权提供保障。

（二）更加重视律师调查取证权

1996 年刑事诉讼法规定辩护律师"可以"申请人民检察院、人民法院收集、调取证据。但是，新刑事诉讼法规定了辩护律师有权申请人民法院对非法方法收集的证据依法予以排除，同时也明确规定了律师对自行收集的有利于被追诉人的证据开示义务。这说明新刑事诉讼法更加注重保护律师调查取证权。

（三）排除了律师会见权的限制

相较 1996 年刑事诉讼法，新刑事诉讼法明确了律师在侦查阶段的"辩护权"地位，并且规定律师凭"三证"即可直接会见犯罪嫌疑人、被告人，限定了看守所安排会见的时间为 48 小时，改变了会见方式，即律师会见时不被监听，排除了原有的一些限制条件，有效解决了律师会见率低、会见安排不及时等会见难问题。

（四）更加注意听取律师意见

新刑事诉讼法多处明确规定要听取律师意见，如第 86、159、240 条都规定律师提出要求的，应当听取辩护律师的意见。这表明新刑事诉讼法更加注重听取律师的意见。这有利于保护律师的辩护权利，从而保障犯罪嫌疑人、被告人的合法权益。

---

[*] 湖北省荆门市人民检察院党组书记、检察长。

(五)明确了律师权利保障的措施

新刑事诉讼法赋予了辩护人、诉讼代理人申诉控告的权利,明确了检察机关对阻碍其依法行使诉讼权利的行为实行法律监督的责任,为律师在相关权利受到侵害时设置了有效的救济途径,为律师实现辩护权提供了法律保障。同时,辩护人、诉讼代理人依法享有要求回避、申请复议及申请变更强制措施等权利。

二、司法实践中律师职权无法得到充分有效保障的原因

(一)中国权利本位思想与律师辩护制度存在冲突

目前,权力本位的观念仍然在相当多检察人员的思想中起着支配作用,致使在刑事诉讼过程中轻视甚至无视律师执业的合法权利,置律师的正当诉求于不顾的现象时常发生,影响了律师执业权利的有效落实,这也是阻碍律师在检察环节行使其合法权利的重要原因。

(二)现行法律在具体保障律师权利方面存在不足

在律师权利保障的救济措施方面,新刑事诉讼法虽然规定了辩护人在认为自身权利受到侵害时,有权向同级或者上一级人民检察院申诉或者控告。人民检察院对申诉或者控告应当及时进行审查,情况属实的,通知有关机关予以纠正。但是,该规定不够具体,如果检察机关没有规定具体的处理措施,律师权利保障很难及时得到落实。

三、检察机关保障和应对律师执业权利的思路

(一)切实转变观念,进一步完善工作制度和机制

当前,要从根本上改变现有司法实践中种种忽视或者妨碍律师权利的现象,应该首先从思想上对司法人员进行彻底的改变。故此,有必要在检察机关开展日常的司法理念培训,加强检察人员对科学司法理念的学习。要使检察干警真正认识到检察官与律师并不是对抗关系,而是共同维护法律的尊严,属于法律职业的共同体。同时,应设立专门的律师会见室,由专人负责为律师摘抄、复印提供方便,做好律师会见的安排工作,将律师会见、阅卷、调查和发表的意见进行记录,以备查证。

(二)建立与律师协会的沟通机制,加强沟通协调

检察机关和律师协会之间应当加强沟通,以增进检察官和律师之间的相互理解和尊重,及时地沟通双方有关依法保障律师执业权利和规范办理刑事案件的工作情况,互相监督。邀请律师参与检察机关举办的辩论赛、研讨会等,从而增强检察官和律师之间的理解和尊重,保障律师权利的实现。

(三)邀请律师参与案件听证,强化监督

对未成年人等作出相对不起诉决定的案件举行听证的,可以邀请犯罪嫌疑人的辩护律师和被害人的代理律师参加,听取他们的意见,自觉接受社会的监督,既有利于促进检务公开,也可以加强律师对检察官办案的了解,增强相互间的信任。

四、检察机关保障律师执法权利的具体实践

（一）积极创设条件，为律师查阅、摘抄、复制案卷提供方便

对于不需要复制仅需查阅案卷或者以拍照方式复制卷宗的，为方便安排在承办人办公室阅卷和复制，需要复印的安排检辅人员帮忙复印。如笔者所在检察机关在办理胡某等12人破坏计算机信息系统案件期间，因案件复杂案卷较多，不少辩护律师来自外地，为方便律师阅卷，办案人员提前在电话中和辩护律师约定阅卷时间，避免律师扎堆阅卷。其中一位来自北京的辩护律师先后几次在电话中同办案人员协商阅卷事宜，办案人员还为其提供来荆参考路线，同时安排专人帮忙复印，因案卷多复印需要2天时间，办案人员还为该律师提供了就近的酒店情况。该律师顺利阅卷回到北京后给办案人员寄来感谢信，表示真正看到了检察机关为律师办案提供的方便。

（二）保障律师的会见权，不在律师会见上设置障碍

目前，检察机关正在构建一套以参与、说理、投诉为特点的"沟通机制"，即让律师在行使权利受阻后，能有一个正常的反馈渠道。该机制应该以刑事诉讼法关于律师权利的保障为依据，将其具体化，使其具有可操作性、可执行性，如在律师会见受阻后主动协调或出具证明文件。以笔者所在检察机关办理的李某等两人贪污一案为例。该案辩护律师到看守所会见受阻后反映至检察机关，辩护律师认为应当正当行使自己的会见权。检察机关立即查清原因后，通知看守所，及时保障了律师的会见权。对律师反映的办案人员违法违纪情况，要及时将线索移送相关部门处理，构成犯罪的，检察机关应该及时立案侦办，依法追究刑事责任。

（三）认真听取律师辩护意见，对于疑难复杂案件做好庭审前相关工作

贯彻新刑事诉讼法中的庭前会议制度，通过庭前会议解决复杂疑难案件庭审中可能会出现的问题。积极邀请参加检察机关举办的各类座谈会、研讨会，听取律师对疑难复杂案件的处理意见。对于需要法律援助的被告人、刑事附带民事诉讼当事人及时协商法律援助中心指定辩护律师。

（四）加强同律师协会的联系，建立律师违法违规及犯罪问题处理机制

目前，部分律师在会见犯罪嫌疑人、被告人时存在诱导犯罪嫌疑人翻供情形，一定程度上干扰了司法机关的正常办案。因此，检察机关可以加强同律师协会的联系和协作，对违反职业道德的不当行为，可以由律师协会进行通报、处分；涉嫌构成犯罪的，应当报请上一级检察机关侦办或者由上一级检察机关指定其他检察机关办理，被指定管辖的检察机关应该在立案的同时书面通知其所在的律师事务所、律师协会和司法行政机关。

在构建新型检律关系中推动反贪侦查工作转型发展

毕奎明*

修改后刑事诉讼法对我国刑事诉讼中的检律关系作出了重大调整，赋予了律师在侦查阶段的辩护人身份，并相应扩大了律师在侦查阶段的执业权利，检律关系成为影响和制约侦查工作最重要的因素。反贪侦查工作是一项十分特殊的工作，特别对于贿赂案件，有效收集固定言词证据在侦破案件过程中具有十分重要的意义和作用，检律关系的新调整对侦查机关收集固定言词证据带来了大量的不确定因素，传统的以口供为中心、由供到证的侦查模式已经不能适应反贪侦查工作的现实需要，客观上需要检察机关反贪部门在积极适应新型检律关系条件下开展办案工作的新需要，实现反贪侦查工作转型发展。

一、新型检律关系主要体现为律师在侦查阶段身份与权利的新变化

修改后刑事诉讼法从加强对犯罪嫌疑人诉讼权利保障的角度出发，对律师在侦查阶段的身份和权利进行了重大修改，进一步扩大了律师在侦查阶段的执业权利。概括起来，修改后刑事诉讼法关于律师在侦查阶段身份和权利的修改有以下八个方面的变化：一是赋予了律师在侦查阶段的辩护人身份。修改后刑事诉讼法修改了1996年刑事诉讼法第96条关于犯罪嫌疑人在被侦查机关第一次讯问后或者采取强制措施之日起，只能聘请律师为其提供法律咨询、代理申诉、控告的规定，在修改后刑事诉讼法第33条中规定，犯罪嫌疑人自侦查机关第一次讯问或者采取强制措施之日起，有权委托律师作为辩护人，从而改变了律师在侦查阶段地位不明的状况，明确赋予了律师在侦查阶段的辩护人身份，进而享有法律赋予辩护人的相应权利。二是扩大了律师在侦查阶段的受托权。1996年刑事诉讼法规定，对于涉及国家秘密的案件，犯罪嫌疑人聘请律师，应当经侦查机关批准。修改后刑事诉讼法取消了这一限制性规定，任何案件的犯罪嫌疑人都有权聘请辩护律师为其提供法律帮助。三是扩大了律师在侦查阶段的知情权。1996年刑事诉讼法只规定受委托的律师有权向侦查机关了解犯罪嫌疑人涉嫌的罪名。修改后刑事诉讼法第36条规定，辩护律师可以向侦查机关了解犯罪嫌疑人涉嫌的罪名和案件有关情况，将律师从侦查机关获取案件信息的范围由"涉嫌的罪名"扩大到"案件有关情况"。四是扩大了律师在侦查阶段的参与权。按照1996年刑事诉讼法的规定，律师只能通过向侦查机关了解涉嫌罪名、申请取保候审的方式介入侦查机关的活动。修改后刑事诉讼法规定，辩护律师除了可以向侦查机关了解涉嫌罪名和案件有关情况、申请变更强制措施外，还可以向侦查机关提出意见。五是对律师在侦查阶段行使会见权的范围进行了调整。1996年刑事诉讼法规定，凡涉及国家

---

* 湖北省人民检察院反贪局干部。

秘密的案件，律师会见在押的犯罪嫌疑人，都应当经过侦查机关批准；修改后刑事诉讼法将这一范围调整为：危害国家安全、恐怖活动犯罪、特别重大贿赂犯罪案件，辩护律师会见在押犯罪嫌疑人，应当经侦查机关许可，其他案件辩护律师持相关证件或证明即可会见。六是扩大了律师在侦查阶段的会见权。1996年刑事诉讼法规定，律师会见在押的犯罪嫌疑人，侦查机关根据案件情况和需要可以派员在场。修改后刑事诉讼法取消了这一规定，且明确赋予辩护律师会见在押的犯罪嫌疑人时有不被监听的权利。七是新增了律师在侦查阶段的调查取证权。1996年刑事诉讼法没有关于律师在侦查阶段调查取证权的规定，律师只能在进入审查起诉阶段以后，依据其辩护人的身份，才能行使相应的调查取证权。修改后刑事诉讼法虽然没有明确规定律师在侦查阶段享有调查取证的权利，但是基于修改后刑事诉讼法赋予了律师在侦查阶段的辩护人身份，依据1996年刑事诉讼法第37条、修改后刑事诉讼法第41条的规定，凡具有辩护律师身份的人，都有权在经证人或者其他有关单位和个人同意的情况下，向他们收集与本案有关的材料，或者申请人民检察院、人民法院收集、调取证据。八是修改后刑事诉讼法在扩大辩护律师系列权利的同时，限制了辩护律师在侦查阶段向犯罪嫌疑人直接核实证据的权利。修改后刑事诉讼法虽然对辩护律师在侦查阶段的权利进行了扩充，但是第37条第4款却明确规定了辩护律师只有自案件移送审查起诉之日起，才可以向犯罪嫌疑人、被告人核实有关证据。这即表明，在侦查阶段，辩护律师无权向在押的犯罪嫌疑人核实有关证据。以上八个方面律师在侦查阶段身份与权利的变化，构成了侦查阶段新型检律关系的主要内容。

二、传统反贪侦查模式客观上不能适应新型检律关系下开展办案工作的需要

反贪侦查工作与其他刑事犯罪案件的侦查工作相比，既有相同的方面，也有自身工作的特殊性，反贪贿赂案件几乎没有可供勘验的现场和物证、言词证据起着决定性作用等这些特点，决定了审讯工作始终是反贪侦查的重要工作，审讯在反贪侦查中的地位和作用要远远超过其他刑事案件。修改后刑事诉讼法规定，特别重大贿赂犯罪案件，在侦查期间辩护律师会见在押的犯罪嫌疑人，应当经侦查机关许可，这为特别重大贿赂案件的顺利办理提供了便利条件。但是，司法实践中所发生的绝大多数贿赂案件都是一般贿赂案件，在侦查规律上，一般贿赂案件同特别重大的贿赂案件是完全一样的，并没有实质上的不同。这就意味着：在新型检律关系中，传统的以获取口供为中心"由供到证"的办案工作模式要受到严重冲击，不再能适应新形势下反贪侦查工作的需要。

（一）律师介入侦查必然对审讯环境造成影响，信息不对称的优势被削弱

在掌握一定证据以后，对犯罪嫌疑人果断采取拘留、逮捕等强制措施，将犯罪嫌疑人与外界隔离，制造信息不对称的优势，从而运用审讯谋略和技巧，获取犯罪嫌疑人的口供，是多年来反贪办案工作的一条重要经验，也是查办贪污贿赂犯罪的一个重要工作规律。营造审讯环境，核心在于通过对犯罪嫌疑人与外界的隔离，使之处于信息阻断状态，无法知晓外界情况与形势的发展变化，在犯罪嫌疑人与审讯人员之间营造信息不对称的环境，扩大审讯人员的心理优势，削弱并击溃犯罪嫌疑人的心理防线，促使其如实交代问题。辩护律师介入侦查以后，为犯罪嫌疑人接触外界提供了一个合法接口。除特别重大贿

赂案件以外的其他贪污贿赂案件，辩护律师会见在押犯罪嫌疑人时不需经过侦查机关批准，会见时不被监听。侦查机关对于辩护律师为犯罪嫌疑人提供了哪些法律帮助、法律咨询，是否将外界的信息传递给犯罪嫌疑人等，均难以有效掌控。犯罪嫌疑人对外界情况一无所知的状况将有所改变，对犯罪嫌疑人采取羁押措施后所营造的信息不对称优势将在很大程度上受到削弱，给审讯工作的环境造成极其不利的影响。

（二）律师介入侦查必然对审讯进程造成影响，审讯工作的不确定性增加

审讯工作有其自身的特殊规律性，犯罪嫌疑人从到案到交代问题，都要经历一个思想激烈斗争、认识不断变化的心理过程，在这种思想和认识不断变化的过程中，犯罪嫌疑人都会处于一种高度敏感和警觉的状态，犯罪嫌疑人周围环境和信息的任何改变，都有可能对其心态造成重大影响，使犯罪嫌疑人的思想认识迅速发生改变。如果环境和信息的变化，有利于审讯工作，会有效打破犯罪嫌疑人的心理防线，促使其放下包袱交代问题；如果周围环境和信息的变化不利于审讯工作，则会使前期审讯工作的效果大打折扣，甚至丧失获取口供的时机。审讯在本质上就是审讯人员与犯罪嫌疑人之间的一场心理较量。在审讯过程中，辩护律师不经过侦查机关许可，即与犯罪嫌疑人会见和通信，为其提供法律咨询等，一方面会使得审讯人员对审讯进程的把握和控制中断，另一方面犯罪嫌疑人接触辩护律师以后的心态会发生变化，这就大大增加了审讯工作中的不确定性因素，审讯进程将更难以把握和预料。

（三）律师介入侦查必然对审讯对象造成影响，犯罪嫌疑人对抗审讯的心理防线会更加牢固

犯罪嫌疑人的心理防线主要建立在：确信知情人没有交代、关键证据侦查机关没有掌握、赃款赃物没有找到、外界有人帮忙活动等基础之上。基于普遍存在的趋利避害心理，在犯罪嫌疑人坚信只要自己不交代问题，侦查机关就无法查明事实真相，就可以侥幸逃脱法律惩罚的时候，犯罪嫌疑人就会形成牢固的心理防线，拒绝向侦查机关交代自己罪行。只有当犯罪嫌疑人意识到，侦查机关已经掌握了相关的重要情况，如实交代才能减轻自己罪责，抗拒只会使自己更加被动，需要争取从宽处理的时候，其心理防线才会崩溃。在犯罪嫌疑人与外界隔离的情况下，审讯人员可以充分利用犯罪嫌疑人心理上孤立无援，对外界情况与形势的发展变化完全不知情的有利条件，通过运用审讯谋略，让其对侦查人员是否已经掌握相关重要情况产生想象性认识，从而放弃对抗，走坦白从宽的道路。辩护律师在审讯关键时期介入侦查，在不被监听的情况下与犯罪嫌疑人会见，既可以在一定程度上消解犯罪嫌疑人孤立无援的心态，又可以使犯罪嫌疑人从辩护律师处获知一些外界的重要信息，可能会使其态度更加顽固，审讯工作将会更加艰难。

（四）律师介入侦查还会对取证工作造成影响，证人如实作证的难度进一步加大

贪污贿赂案件的知情人往往与案件或案件当事人有一定的利害关系，有的可能就是案件当事人，有的可能与案件当事人之间存在亲属、部属、朋友等特殊关系，在需要其指证犯罪嫌疑人的贪污贿赂犯罪事实时，其心态往往十分复杂，要受到来自人情观念、友情观念、亲情观念、恩情观念等诸多因素的困扰和影响，普遍存在不愿意如实作证的心态，特别是不愿意让外界知道其如实作证、积极指证犯罪的心态。基于这种心态，大多数知情人

都会选择在犯罪嫌疑人已经作出相应交代的情况下,尽可能从侦查人员讯问过程中,揣摩犯罪嫌疑人已经交代的内容,从而按犯罪嫌疑人已经作出的交代提供证言,如果要促使其进一步如实作证,则往往需要侦查人员作耐心细致的工作。侦查阶段辩护律师的介入,使得辩护律师可以在侦查人员询问相关知情人之前或之后,即与相关知情人接触并开展证据材料的收集工作,有可能使相关知情人更多地了解犯罪嫌疑人的情况,进一步加大其如实作证的难度。

三、以新型检律关系为"倒逼机制"推动反贪侦查工作转型发展

构建新型检律关系客观上要求检察机关反贪部门必须转变传统办案方式,主动适应新型检律关系对开展反贪侦查工作的新要求。2012年8月17日,湖北省检察院敬大力检察长在全省检察机关职务犯罪侦查工作会议上就深刻指出,要正确处理修改后刑事诉讼法带来的机遇与挑战的关系,探索侦查办案的新模式,通过转变侦查模式推动职务犯罪侦查工作转型发展。这为刑事诉讼法修改后检察机关自侦部门查办贪渎犯罪案件工作的发展指明了方向。构建新型检律关系作为贯彻落实修改后刑事诉讼法的一个重要举措,客观上要求反贪侦查工作必须转变模式、转型发展。

(一)转变办案方式,实行开放式办案

探索推行开放式办案,就是要将公开调查与秘密调查相结合。秘密性是侦查办案工作的重要特征,职务犯罪案件大多数情况下要对案情、侦查措施、证据严格保密,但对于某些案件,尤其是大多数以事立案的反渎案件,很多内容已为社会公众知晓,秘密性已不复存在,实行公开调查、公开办案既有必然性,也有可行性;在贪渎并查的案件中要充分利用公开方式查案,收集为我所用的有力证据;要提高非羁押条件下的办案能力。要重视羁押必要性审查工作,对于客观证据已经确实充分或者间接证据已形成完整锁链的案件,不一定采取强制措施或者一押到底。对于批捕部门决定不批捕的案件,要学习、摸索非强制性条件下的办案经验,如利用技术手段、收集再生证据等继续侦查突破案件。落实通知、告知和听取意见、检务公开等制度。严格执行刑事诉讼法有关通知、告知、见证制度。职务犯罪侦查工作中要严格执行刑事诉讼法规定,告知犯罪嫌疑人有权委托辩护人,拘留和逮捕措施时出示拘留证、逮捕证并通知家属、向被搜查人或者家属出示搜查证、勘验时邀请见证人在场等,在查办有关部门职务犯罪案件时,及时将拘留逮捕决定通报发案单位及其上级主管部门,听取其意见,加强联系和协调,取得支持和配合;落实检务公开制度。在不涉及国家秘密和个人隐私的原则下,公开侦查工作职责、工作程序、犯罪嫌疑人权利义务、办案期限、立案标准、案件范围、办案人员任职资格及任职回避等事项,体现司法公开、群众路线要求;建立与新闻媒体的良性互动机制。

(二)转变侦查模式,全面提升秘密侦查的能力和水平

修改后刑事诉讼法在第二章第八节对技术侦查措施进行了规定,将技术侦查措施法律化,并明确规定人民检察院直接受理案件的侦查适用该章的规定。技术侦查措施以及由有关人员隐匿身份实施侦查、控制下交付等,对于在不惊动犯罪嫌疑人的情况下有效收集重大贪污贿赂案件信息具有十分重要的作用,技术侦查措施的使用为检察机关查办贪污贿赂

犯罪案件提供了有力武器，同时也为检察机关侦查工作拓展了一个崭新的领域。以往检察机关的办案手段十分有限，办案工作主要依赖询问、讯问、搜查等公开性调查措施，对于如何有效利用秘密侦查手段开展办案工作还处于摸索阶段，还需要加强对运用相关措施手段开展侦查工作的培训，全面提升秘密侦查的能力和水平。如乔装侦查、吸收"与案件有关或者了解案情的公民"协助调查、狱侦、控制下交付等，如果能在严格控制的情况下有效使用，不仅可以成为突破贪污贿赂案件的重要利器，还可以促进反贪侦查工作真正实现"由供到证"向"由证到供"的转变，为反贪工作科学发展提供技术上的有力支撑。

（三）创新办案管理机制，积极探索实行"前紧后松"的办案模式

现行的反贪工作机制在很大程度上扭曲了刑事诉讼法关于办案程序的法律要求，在办案工作中掌握和执行立案、撤案等法定制度脱离法律的规定，导致实践中以拘留逮捕标准作为立案标准、以起诉判决标准作为拘留逮捕标准。这种标准的"前移"造成很多符合立案条件应该立案的而不立案。修改后刑事诉讼法实施后，这种反贪工作机制一方面容易迫使侦查人员为了获取更多的信息或证据，在立案前即接触被调查对象，使得辩护律师在侦查机关还没有掌握足够证据的情况下过早介入侦查，给侦查工作造成被动；另一方面由于法律规定的技术侦查和秘密侦查措施只能在立案以后实施，这种反贪工作机制会牢牢束缚侦查工作的手脚，使得反贪侦查人员因不能立案而无法使用有效措施开展工作。基于此，必须扭转这种不利的工作局面，对现行工作机制进行大胆改革和创新，按照"前紧后松"办案模式的要求，正确理解和执行法律有关立案、撤案的规定，对于符合法律规定的立案标准的即予以立案，坚决摒弃以拘留逮捕标准代替立案标准的做法，同时，坚决纠正以往侦查工作中"立案就刑拘"的做法，把启动讯问犯罪嫌疑人程序和对犯罪嫌疑人采取强制措施程序作为反贪侦查工作的一条"高压线"，在条件不具备的情况下，不轻易启动讯问犯罪嫌疑人程序，不轻易使用拘留逮捕强制措施，而是通过立案以后运用法律规定的侦查措施开展"长线经营"，只有在条件成熟时，才果断启动对犯罪嫌疑人讯问或采取强制措施的程序，为保障辩护律师介入侦查打牢坚实基础。

（四）加强与律师之间的联系协作，不断健全完善检律关系

刑事诉讼法的修改，为更好地发挥律师的职能作用、实现当事人的辩护权、确保案件公正审理提供了有力的法律保障。最近，曹建明检察长深刻指出，我国的检察制度和律师制度都是中国特色社会主义司法制度的重要组成部分，相辅相成，共同推进中国法治建设的发展进步。虽然检察官和律师的职责任务、诉讼角色各不相同，在诉讼活动中双方的诉讼主张存在差异甚至截然相反，但从职能定位、价值目标、履职要求、职业特点看，在本质上和基本要求上都是共同的、一致的。检察官和律师不是简单的诉辩关系，更不是简单的对抗关系。特别是，我国检察机关作为国家法律监督机关，既是诉讼参与者，也是诉讼监督者，还是诉讼权利的救济者，而不是以追求胜诉为目标的一方当事人。检察官和律师之间要形成既各司其职、各尽其责，又相互尊重、相互支持；既相互信任、平等交流，又规范透明、互相监督的良性互动关系，成为更加融洽的法律职业共同体。要切实改变过去把律师置于完全对立的立场上的错误认识，从法律职业共同体的角度正确认识律师在刑事诉讼中的地位和作用，把律师作为共同维护司法公正的重要依靠力量；从有利于侦查部门

换位思考、查漏补缺，有利于保障当事人权利，有利于公正规范执法的角度更加主动、更加自觉地保障律师执业权利。反贪部门要学会与律师打交道，把握、处理好与律师打交道的界限，既不能不屑、抵触、人为设置防火墙，又要相互尊重、坚持原则、畅通渠道。

建立完善与律师良性互动的工作机制。一方面，依法保障律师执业权利，通过规范流程、明确时限、统一文书等措施，依法保障律师会见、阅卷、申请调取证据等法定诉讼权利，防止和纠正各种无故拖延、推诿甚至刁难的现象。另一方面，在依法保障律师辩护权利、监督律师违法违规行为、规范与律师的活动交往的基础上，搭建侦查人员、律师、犯罪嫌疑人三方有效沟通和配合的桥梁。充分利用律师熟悉法律知识以及与犯罪嫌疑人之间的信任关系的有利条件，积极引导律师承担部分对犯罪嫌疑人释法说理的任务。探索建立犯罪嫌疑人认罪协调机制，侦查部门要充分利用有利条件，在采取和变更强制措施、法定和酌定量刑情节的建议方面与律师进行有效沟通，争取犯罪嫌疑人如实供述。对于犯罪嫌疑人如实供述犯罪事实的，积极协调公诉部门兑现从宽处理的规定，以促使犯罪嫌疑人如实交代犯罪事实，有效减少侦查人员与犯罪嫌疑人之间的对抗。

（五）完善配套制度，加强侦查阶段涉案信息的法治化建设

国家保密法规定了"追查刑事犯罪中的秘密事项"属于国家秘密，律师法规定了律师对于在执业中获悉的国家秘密、商业秘密、当事人的隐私有保密的义务，这对于刑事侦查中的涉密工作来说是远远不够的。在刑事侦查中，犯罪嫌疑人是否作出供述、证人是否提供证言以及犯罪嫌疑人所作的供述、证人证言、已经收集到的证据和下一步需要收集的证据等都属于需要保密的范围。辩护律师可以在侦查阶段全面介入办案工作，必将掌握大量的涉案秘密，修改后刑事诉讼法只规定了辩护律师"自案件移送审查起诉之日起，可以向犯罪嫌疑人、被告人核实有关证据"，但对辩护律师执业活动中所获知的信息所负有的保密义务、义务的范围、保密责任等没有具体规定。侦查阶段涉案信息法治化建设的滞后，一是使得辩护律师难以准确把握处理相关涉案信息的分寸，如果辩护律师对掌握的这些秘密处理不当，会给侦查工作带来严重的负面影响；二是使得国家保密法关于刑事侦查秘密的规定受到严重冲击，在实践中无法很好地贯彻落实；三是使得辩护律师向犯罪嫌疑人提供法律帮助、法律咨询等正当履职行为与帮助犯罪嫌疑人串供、串证等违法行为的界限难以界定，给律师行业规范管理带来困难。客观上，需要对追查刑事犯罪中的国家秘密进行认真研究，有效加强侦查阶段涉案信息的法治化建设，堵塞刑事案件涉案信息管理上的漏洞，为侦查工作的顺利进行和律师依法履行职责提供法律上的有力保障。

构建对抗与合作的新型检律关系

尹晔斌[*]　　赵 慧[**]

检察官和律师都是中国特色社会主义事业的建设者和捍卫者，是我国法治建设的正能量。构建检察官与律师既有竞争又有合作的新型检律关系，需要我们转变观念，健全机制，共同推进法治建设的发展和进步。

一、检察官和律师要合作更要"依法对抗"

检察官和律师都是法律职业共同体成员，需要建立一种良性的交流协作关系，但这种合作关系不能庸俗化，更不能以"勾兑"代替沟通，损害法治的根基。从法治发展的意义上言，检察官与律师建立起良性的"依法对抗"关系更有助于推进法治建设。看我国近年来刑事诉讼法修改以及刑事诉讼司法体制机制改革，优化刑事诉讼结构、强化控辩双方的平等对抗、推动法官中立裁判是刑事诉讼法律发展的方向。在这种诉讼结构中，辩护律师根据案件事实和证据提出有利于犯罪嫌疑人、被告的辩护意见，从而与检察官形成一种对抗关系。检察官与律师之间的对抗是一个追求法律真实的过程。唯有对抗，才能追求法律真实，才能更好地还原案件客观事实，才能使检察官和法官能够全面了解案件事实，依法准确作出司法决定，有效避免冤假错案的发生，实现惩罚犯罪与保证人权的有机统一。是故，检察机关和律师在法庭上进行的各种举证、质证和辩论活动，都是为全面揭示案件事实而为，目的在于促成法官准确把握案件事实，依法作出客观公正的裁判。

司法实践中，尽管检察官和律师在具体案件中对于证据采信、事实认定、定罪量刑有不同看法甚至出现罪与非罪的分歧意见，但这种所谓的对抗是"依法对抗"，是法治模式容许下的正常对抗，是实现社会公平正义必要的路径。不能因为律师对案件提出了与检察官不同的意见或者看法就认为律师是给我们"使绊子"、"作对"，把律师作为"另类"、"异类"看待，对辩护律师提出的合理辩护意见置之不理，甚至故意刁难、打压律师，进而把本来的法律对抗上升为意气之争，使得这种正常的竞争关系脱离了法律轨道，这是非常不可取的。因此，我们一定要以理性平和的心态看待这种法律对抗、呵护这种法律对抗，确保这种对抗处于法律构架下良性运行。要依法尊重和保障律师履行职责的各种法定权利，依法监督纠正有关机关甚至检察机关自身阻碍律师依法执业的行为，不能以任何理由和方式"克扣"律师的权利，为律师全面、有效参与这种对抗创造条件。

---

[*] 湖北省人民检察院刑事审判监督处处长。
[**] 湖北省人民检察院刑事审判监督处副处长。

二、检察官和律师要"拆台"更要"补台"

检察官和律师由于肩负的任务不同,其在诉讼中的立场也存在一定的差异。就检察官而言,作为社会公共利益的代表,检察官代表国家指控犯罪,恢复被犯罪行为损害的社会关系,监督国家法律得到统一、正确实施。对于律师而言,尽管肩负一定的社会公共责任,如刑事诉讼法第46条规定:"辩护律师在执业活动中知悉委托人或者其他人,准备或者正在实施危害国家安全、公共安全以及严重危害他人人身安全的犯罪的,应当及时告知司法机关。"但其基本立足点是根据事实和法律提出犯罪嫌疑人、被告人无罪、罪轻、减轻或者免除处罚的材料和意见,维护犯罪嫌疑人、被告人的诉讼权利和其他合法权益。在刑事诉讼中,检察官对证据合法性、被告人的行为是否构成犯罪以及量刑问题承担举证责任,辩护律师则可以从程序与实体方面对检察机关的证据体系加以分化瓦解,最终提出被告人无罪以及从宽处理的辩护意见。这种所谓的"拆台"是实现程序正义与实体正义必然出现的附随结果,不但不会损害法治正义,反而有利于提升司法裁判的公信力。

但是,司法不能是单纯的法律技艺的竞技场,而是实现法律正义和社会正义的舞台,刑事诉讼相关制度的设计就是为了确保纠纷双方当事人能够有序参与到诉讼中来,通过保障诉讼当事人的参与权、表达权以及监督权等权利,确保正义能以看得见的方式实现。是故,检察官和律师除了对对方的诉讼主张进行事实与法律的攻击、质询外,更需要通过理性、平和的双向交流和合作,坚守法律的底线伦理,实现个案处理的公平正义。因此,检察官和辩护律师在刑事诉讼中应当加强对话沟通,共同维护法律共识和底线正义。一是要坚持双方沟通,避免诉讼偷袭行为。在司法实践中,检察机关要完善听取辩护律师意见的制度,充分保证辩护律师的会见权、阅卷权和调查取证权等权利,并坚决反对和纠正任何侵犯辩护律师诉讼权利的行为。与此同时,辩护律师也要转变"过于强调庭审效果"的观念,及时将自己掌握的有关犯罪嫌疑人、被告人定罪量刑的有关证据材料向检察机关出示,不能以证据开示属于检察机关的义务为由不予提供,更不宜以此作为证据偷袭来展示自己的辩护技能。二是要坚守法律共识。在司法实践中,检察官指控犯罪与辩护律师提出的辩护意见一定要讲事实,讲证据,要言之有物、言之有理,不能超越事实和法律,更不能编造甚至捏造莫须有的事实来混淆视听,以此来寻求案件处理结果。目前,辩护律师中存在一种言必称刑讯逼供非法取证和脱离事实进行无罪辩护的倾向,值得引起我们重视,不要让控辩关系脱离理性平台,背离法律常识,真正使刑事诉讼活动成为理性之争、法律之争。三是要确保司法权依法独立规范运行。要防止使用网络、微博等新媒体进行无厘头炒作,以及利用网络民意来干扰司法机关正常活动的行为,避免司法活动受到不当影响。要客观评价专家意见在解决案件纠纷以及推进法治建设中的作用,结合案件事实和证据,依法妥善处理各种疑难案件,促进司法公正。

三、检察官和律师要追求诉讼结果更要追求法治正义

检察官和辩护律师作为刑事诉讼的两造,不可避免地要追求案件处理结果,但要辩证地看待诉讼输赢,养成"胜固可喜,败亦欣然"的好心态。没有律师制度,就没有中国

特色社会主义的刑事司法制度。因此，检察官和律师尽管在刑事诉讼中承担的角色不同，但在实现司法公正、追求法律的价值目标方面是一致的。检察官作为社会公共利益的守护人，肩负客观公正义务，不仅要站在一个追诉人的立场上，更要站在一个法律监督者的立场上去参与诉讼，要根据案件事实和法律理性、客观提出案件处理意见，维护法治尊严和权威。检察官要尊重辩护律师提出反对意见的权利，理性看待有罪判决或者无罪判决，指控犯罪成功固然是一种诉讼胜利，发现和防止冤假错案可能对于具体犯罪指控而言失败了，却是刑事诉讼的胜利、法治司法的胜利，更值得检察官去坚守和追求。因此，在刑事诉讼中，检察官应当理性、平和、文明、规范行使检察权，坚持以事实为根据，以法律为准绳，确保办理的每一起案件都事实清楚、证据确实充分、定性准确、处理适当、程序合法，努力实现惩罚犯罪与保证人权、实体正义与程序正义的有机统一。要充分认识到辩护律师是有效防范冤假错案不可或缺的重要力量，善待辩护律师针对案件证据、事实和法律适用的异议权，确保每一个决策都经得起历史和法律的检验。要加强自身执法规范化建设，建立完善防范冤假错案的工作机制，禁止滥用检察权来掩盖自身决策失误甚至错误，努力让人民群众在每一个司法案件中都感受到公平正义。

要客观评价和重视辩护律师在案件办理中的矛盾化解作用。事实上，案件办理过程不仅仅是认定事实与适用法律的过程，更是一个协调诉讼各方利益，化解诉讼矛盾的过程。在目前司法体制机制尚不健全，司法机关的执法公信力有待提升的今天，相对检察官而言，辩护律师具有超然的法律地位和诉讼角色，其在释法说理和化解诉讼当事人之间矛盾方面具有更为优势的地位与作用。许多案件中，即使司法裁判客观公正，诉讼当事人可能对该裁判不服，进而申诉上访，而辩护律师的释法说理更有利于取得诉讼当事人的理解与支持，更便于矛盾化解。因此，我们要充分发挥辩护律师在案件矛盾化解过程中的作用，努力在具体个案上找到社会各方面利益的最佳平衡点，力争案结事了。

刑事诉讼中检察机关保障律师权利的功能定位与基本原则

张际枫* 黄福涛**

一、问题的缘起

2013年1月1日实施的新刑事诉讼法对律师权利进行了重大修改和完善，以立法形式全面确立了辩护律师在刑事诉讼中享有的包括介入权、帮助权、会见权、阅卷权、取证权、表达权、申请证人出庭权、辩论权、救济权在内的权利体系，为今后辩护律师广泛参与、充分发挥律师作用、有效保障人权提供了坚实的法律支撑，这也成为此次修法的重大亮点和重大进步之一。修改和完善后的律师权利体系，更加科学、全面、系统，为有效解决长期以来我国刑事诉讼中存在的侦查阶段无辩护，会见难、阅卷难、取证难，辩护意见不受重视，律师权利难获救济等突出问题提供了法律路径和法律保证，从而大大增强了辩护律师的诉讼权利，深入推进了侦辩关系、控辩关系的平衡和控辩审关系诉讼构造的科学化、合理化。权利对应的是义务，修改后刑事诉讼法进一步规定了司法机关的客观义务，包括法律援助、调取证据、听取意见、权利救济等，免去了司法机关普通案件会见的审批权、在场权，非法证据的免责权（举证义务），讯问过程的非录音录像权等权力，在对律师授权的同时对司法机关控权，权利的实现依托于义务的履行。

法律不被信仰等于形同虚设，法律的生命在于践行。法律被制定之后，只有及时、全面、有效地实施才能使法律内容和精神产生实际作用和影响，否则只能是形同虚设。虽然修改后刑事诉讼法规定和建构了律师权利体系，对司法机关进行了法律控权，但法律只有有效实施才能获得生命，所以法律实施的进程决定着法律实施的效果。新法修改和完善后的律师权利，在现实中一方面要依托权利主体律师自身积极、正确、主动地履行法律所赋予的各项权利；另一方面有赖于义务主体司法机关的足够尊重和切实保障，毕竟因为诉讼构造、国家公诉等制度设计，在刑事诉讼中往往是"卖方"市场，司法机关掌握诉讼的主动权，同时又掌握着国家的公权力。特别是受权力本位主义的深刻影响，相比于权利主体积极主张权利而言，在我国作为义务主体的司法机关自我控权、自我履行法律义务更为重要、更为难得，也更容易产生实际效果。此外，由于诉讼构造上的对抗与利益纠葛，司法机关在对待律师权利上往往缺少主动，也往往形成对立，容易出现侦辩、控辩、审辩关

---

* 北京市人民检察院第一分院法律政策研究室主任。
** 北京市朝阳区人民检察院法律政策研究室副主任，法学博士。

系的冲突与对立，从而在很大程度上影响律师权利实现的效果。因此，破解刑事诉讼中司法机关尊重和保障律师权利的难题是实施和贯彻刑事诉讼法修改、切实提高和改进律师权利的关键和重点，而要做到这一点除了司法机关自律之外还需要外部的他律，如人民代表大会的监督考察等。作为司法机关的检察机关，职权配置的阶段性、多元性，控诉与监督的二元性，角色定位的司法性，决定了检察机关必须积极转变理念，变被动为主动，变消极为积极，全面贯彻和落实新法规定，修改和创新工作机制、工作方法，切实尊重和保障辩护律师在刑事诉讼中的各项权利，建构新型检律关系，共同维护案件的公平正义。

二、刑事诉讼中检察机关保障律师权利的功能定位

在刑事诉讼制度的发展历史中，控辩关系或检律关系一直是诉讼构造中最为突出、最为重要的一组关系，深刻反映了各国刑事诉讼制度的发展进程。自现代刑事诉讼制度建立以来，控辩双方便成了刑事诉讼构造中必不可少的主体，控辩关系成为其中最为突出的一组法律关系。在域外，刑事诉讼构造众多诉讼主体之间的法律关系。日本学者井户田倪指出，在刑事诉讼中，诉讼主体为了达到各自的诉讼目的，必须以基本的诉讼法律关系为基础进行诉讼，而这种基本的诉讼法律关系就是刑事诉讼构造。① 我国学者早期研究认为，刑事诉讼构造是由一定的刑事诉讼目的决定的，并由主要诉讼程序和证据规则中的诉讼基本方式所体现的控诉、辩护、裁判三方的法律地位和法律关系。② 控诉权主体、辩护权主体、裁判权主体成为刑事诉讼构成的基本要素，其中由于刑事诉讼活动阶段性、交叉性，控诉与辩护成为刑事诉讼活动的主要部分，控诉方与辩护方的对抗与合作直接决定着案件的进程与最终结果正确与否，并关乎犯罪嫌疑人、被告人的人权。所以，作为三角形诉讼结构的重要两极，控方与辩方之间的法律关系基本上决定了诉讼模式是当事人主义还是职权主义，深刻反映了各国刑事诉讼制度的发展进程。

刑事诉讼法的修改标志着以合作为主、对抗为辅的新型控辩关系的正式确立。在我国，长期以来控辩失衡被认为是控辩关系最为突出的问题，控辩双方通常以对抗为主合作为辅。有学者指出，受职权主义诉讼模式的影响，我国刑事诉讼构造中的控辩关系大致呈现如下态势：第一，在侦查阶段，律师权利受到严格限制，犯罪嫌疑人处于受追诉的客体的诉讼地位；第二，在公诉阶段，辩护方权利有限且无保障；第三，在审判阶段，辩护律师权利虚化，控辩地位失衡。③ 控辩关系也成为刑事诉讼中众多诉讼主体之间矛盾最为突出、对抗最为激烈、改革最为迫切的一组对象。久而久之，检察机关作为控方的强势与辩护律师作为辩方的劣势已成为人们最深刻的印象，彼此之间的对抗大于合作，而解决的理想路径无非是控方权力的限制与辩方权利的尊重和保障。此次刑事诉讼法修改即是遵循这

---

① ［日］田口守一：《刑事诉讼法》，刘迪等译，法律出版社2000年版，第16页。
② 李心鉴：《刑事诉讼构造论》，中国政法大学出版社1992年版，第7页。
③ 傅冰、王东：《刑事诉讼构造中的控辩关系与律师权利保护——司法改革语境下的分析》，载《当代法学》2007年版。

种思路，围绕控辩关系，在增加辩护律师权利的同时，进一步科学配置了检察机关的具体权能，在授权的同时加以控权，使检察机关依托具体权能与诉讼阶段扮演不同角色，发挥不同诉讼功能。以刑事诉讼法修订为标志，冀祥德教授指出中国的控辩关系进行了两步走，第一步是从非理性对抗转向理性对抗，第二步是从对抗为主、合作为辅转向以合作为主、对抗为辅，这符合世界刑事诉讼法修改的浪潮。① 从修改后刑事诉讼法来看，以合作为主、对抗为辅的条文规定无疑成为新型控辩关系的主要内容，这其中包括控辩双方在法律援助、会见、阅卷、调取证据、听取意见、诉讼监督等方面众多合作内容。这种合作往往是相互的，如刑事诉讼法第39条规定，辩护人认为在侦查、审查起诉期间公安机关、人民检察院收集的证明犯罪嫌疑人、被告人无罪或者罪轻的证据材料未提交的，有权申请人民检察院、公安机关调取；第40条规定，辩护人收集的有关犯罪嫌疑人不在犯罪现场、未达到刑事责任年龄、属于依法不负刑事责任的精神病人的证据，也应当及时告知公安机关、人民检察院。

除了法律的硬性要求之外，司法实践中检察机关应当积极主动地尊重和保障律师权利，这是由中国特色的检察制度决定的，是由检察机关的诉讼地位与监督职责决定的。法律不被信仰等于形同虚设。刑事诉讼法规定的各项律师权利，除了权利主体律师积极主动地主张行使之外，离不开作为义务对象的司法机关的配合、支持和落实。因此，作为司法机关和宪法确立的法律监督机关——检察机关应当认真和严格贯彻和落实刑事诉讼法的规定，切实尊重和保障辩护律师的各项权利。除了法律要求之外，从中国特色的检察制度出发，检察机关也应积极主动地尊重和保障律师权利。一是尊重和保障律师权利是保证和实现案件公平正义的必然要求。律师作为拥有专业知识与诉讼技能的法律职业群体，广泛参与、积极发挥作用，能够与检察机关一同查明案件事实、还原案件真相，正确适用法律、准确定罪量刑，避免冤假错案，促进检察官忠实律师客观义务，实现公平正义。二是尊重和保障律师权利是尊重和保障人权的重要内容。律师权利的行使，能够更好地代表犯罪嫌疑人、被告人利益，也能够更好地促进检察机关纠正不法，将刑事诉讼法中的尊重和保障人权落实到检察机关的各项工作中去。三是尊重和保障律师权利是检察机关正确行使各项诉讼权力的重要保障。依照刑事诉讼法与人民检察院组织法的规定，检察机关的职能包括职务犯罪自行侦查、审查批准（决定）逮捕、审查起诉、出庭公诉等。尊重和保障律师的各项权利，有助于检察机关各项权力的正确行使，这其中包括控诉权力与司法权力。四是尊重和保障律师权利是充分发挥诉讼监督职能的必然要求。除了依法承担国家控诉职责，检察机关作为宪法规定的法律监督机关对诉讼过程与结果有法律监督责任，检察机关在刑事诉讼过程中出现的违法侦查、超期羁押、错误判决、刑罚执行等情况进行全面监督。尊重和保障律师权利，一方面有助于发现诉讼违法、促进检察机关依法监督，另一方面有助于监督和推动检察机关履行诉讼监督职责，提高监督水平与质量。正是因为这些益处，检察机关应当正确看待律师权利及律师职业群体，多寻求合作，少制造对抗；多积极主动，少消极被动；多中立客观，少偏听偏信。

---

① 参见冀祥德教授在"京华法治论坛第2期——新刑事诉讼法与控辩关系"研讨会上的发言。

三、刑事诉讼中检察机关保障律师权利的基本原则

在刑事司法活动中，检察机关要切实做到、做好尊重和保障律师权利工作，应当努力做到以下五个统一，协调和统筹好相应关系。

(一) 实体对抗与程序合作的统一

用辩证主义的逻辑思维分析刑事诉讼中的检律关系，对抗与合作并存，二者相互对立统一。只有充分对抗才能带来法官的客观居中裁判，法官才能兼听则明，才能准确认定案件事实，正确适用法律和判处刑罚。又有合作没有对抗，控辩将失去刑事诉讼构造的功能意义，致使惩罚犯罪与保障人权都成为一句空谈。反之，仅有对抗没有合作，控辩相互孤立，互不来往，彼此敌视，这样既不利于案件事实的准确查明，犯罪嫌疑人、被告人人权的及时保障，更不利于法官的居中裁判，势必大大增加冤假错案的概率，难以保障案件质量。因此，在刑事诉讼活动中，检察机关要正确处理好与辩护律师对抗与合作的关系，既不能完全对立、彼此敌视进而故意制造障碍阻碍律师行使权利，又不能过于"密切"，违反惩治犯罪、维护公平正义的职责要求，丧失原则和方向，使犯罪分子得不到应有的追究和惩罚。要正确处理对抗与统一的关系，关键是准确界定对抗与合作的范围与内容。笔者认为，检察机关与辩护律师应围绕案件事实的查明、法律的适用以及刑罚的确定等案件实体内容展开充分对抗，比如案件性质是抢劫还是盗窃、证据是非法证据还是合法证据、自由刑是轻还是重等，检察机关以代表国家追究犯罪、维护国家和社会利益出发点，辩护律师以维护犯罪嫌疑人、被告人诉讼权利与实体利益为目标，二者绝不能混同，也不能相互替代。至于合作，为实现充分对抗，检律之间在证据上互相开示，在诉讼主张上彼此明确，以便在法庭上充分辩论与对抗。所以，检律之间对抗的是案件实体内容，合作的是案件证据程序内容，前者是目标，后者是基础。在实体内容上的合作只能是辩诉交易，在证据程序上的对抗只能是控辩失衡。也因如此，以诉讼阶段划分，法庭审理前是合作多对抗少，之后应是对抗多合作少。

(二) 司法性权力与控诉性权力的统一

依照检察机关的职权配置来看并非都是控诉性权力，除了职务犯罪侦查与支持公诉之外，审查决定逮捕权力、审查起诉权力因要听取侦辩双方意见做出居中裁定，所以是一种司法性的权力、裁判性的权力。司法权是以协调、中立和判断为特征的权力。司法是在居中感知、把握案件证据的基础上，认定事实和适用法律。① 修改后刑事诉讼法进一步完善和赋予了检察机关这种权力，使检察机关的司法属性进一步彰显。具体而言，包括对非法证据的审查核实，审查逮捕阶段讯问犯罪嫌疑人、听取辩方意见，对在押犯罪嫌疑人、被告人羁押必要性的定期审查机制，对阻碍律师权利行使申请的审查纠正。检察机关在行使司法性权力时，必须做到公正客观，否则以控诉职能的有色眼镜看待侦辩双方难免失之偏颇。在审查逮捕、审查起诉、羁押必要性审查、律师权利救济审查时，要形成"小三角"的诉讼性结构，有控方有辩方，有居中裁定方，具体而言是前三项情形是侦辩检的诉讼构

---

① 王守安：《立法完善推动检察制度向前发展》，载《检察日报》2013年6月3日。

造，侦查机关与辩方要分别举证质证、发表意见，检察机关居中裁判，失败一方将承担诉讼不利后果，最后一项是阻碍律师权利一方与律师一方各自提交证据、表明诉讼主张，检察机关居中裁判，对不服裁定或决定意见的提出复议或救济。在行使司法性权力，检察机关职能部门必须扮演中立者的角色，全面听取辩护一方辩护意见，检律之间的关系也便是中立与辩护；在行使控诉性权力时，如职务犯罪侦查、公诉，检察机关职能部门扮演进攻型角色，检律之间是一种进攻与防御、指控与反驳的关系。①

（三）整体职能与具体职能的统一

检察机关是宪法规定的法律监督机关，"强化法律监督、维护公平正义"是检察机关的工作主题，法律监督是检察机关的整体职能。与此同时，在刑事诉讼中，检察机关在不同诉讼阶段享有不同具体职权以实现不同的诉讼目的。在职务犯罪侦查阶段是职务犯罪侦查权，目的是收集有罪无罪证据、查明案件事实；在审查逮捕阶段是逮捕决定权，目的是根据社会危害性与人身危险性大小确定是否对犯罪嫌疑人采取羁押措施；在审查起诉阶段是起诉决定权，目的是对侦查机关提请起诉的案件进行全面审查判断以决定是否提交法院起诉；在法庭审理阶段是公诉权，对被告人进行犯罪指控，追究刑事责任，对法院错误或不当判决进行抗诉；在刑罚执行阶段是监督权，监督刑罚执行。此外，依照修改后刑事诉讼法的规定，检察机关侦查监督部门、审查起诉部门还负有羁押必要性审查职责，目的是尊重和保障犯罪嫌疑人合法权益，避免超期羁押、错误羁押，控告申诉部门受理和审查辩护人、诉讼代理人提出的司法机关阻碍诉讼权利行使的申请，情况属实的予以纠正，目的是切实保障辩护人、诉讼代理人诉讼权利。所以，检察机关要正确处理好整体职能与具体职能的关系，整体职能是目标，内部职能是手段，离开整体职能，具体职能将各自为战，失去方向，离开具体职能，整体职能将无从落实，失去基础与内容。因此，检察机关具体职能之间既是一个整体，在法律监督、维护公平正义目标之下，相互合作、相互统一，又是一个个独立的个体，为实现整体目标，职能部门各自应依法履行职责，独立自主、客观公正，不能因同属检察机关、甚至同一检察院而丧失原则、违背法律规定。涉及检辩关系上，检察机关应当在法律监督宪法职能与保障人权总体任务下，坚持客观公正原则，坚守客观义务，以法律为准绳、以事实为依据，在每一个诉讼阶段正确处理好与辩护律师的关系，在案件实体内容上多对抗，在程序内容上多合作，最终实现案件的公平正义。

（四）自律与他律相统一

检察机关虽然是法律监督机关，但同时又是刑事诉讼中的诉讼主体，代表国家控诉犯罪、惩罚犯罪，而作为辩方的辩护律师恰恰是从犯罪嫌疑人、被告人利益出发，进行无罪、罪轻的辩护。因此，这种诉讼地位、诉讼目的、诉讼职能的天然对立使得人们往往担心检察机关在尊重和保障律师权利的主动性与积极性。为全面贯彻和落实修改后的刑事诉讼法，切实尊重和保障律师权利，检察机关除了自律外还要他律。自律，就是检察机关在

---

① 有研究者指出，根据宪法和法律所构建的整体框架以及长期的刑事司法实践，中国特色的检辩关系依相应的检察职能分别呈现出进攻与防御、中立与辩护、指控与反驳、保障与制约等多元多重关系。参见卢乐云：《中国特色检辩关系及新刑事诉讼法的完善》，载《理论视野》2013年第1期。

坚持法律监督与维护公平正义目标要求下，转变诉讼理念，客观公正行使各项检察权能，对辩护律师不敌视、不抵制、不掣肘。在职责范围内尊重和保障律师各项诉讼权利，同时创新工作机制工作方法提供相应便利条件，对违反规定损害律师诉讼权利的行为追究相应责任。2006年最高人民检察院发布了《关于进一步加强律师执业权利保障工作的通知》，对加强律师执业权利保障工作进行了部署和要求。随后各地检察机关积极落实，积极探索方式方法，如2006年山东省检察院等四家单位联合制定了《关于在刑事诉讼中保障律师执业权利和规范律师执业行为的若干规定》、2009年的《江苏省人民检察院关于依法保障律师执业权利的通知》等。他律，是检察机关之外的主体对检察机关保障律师权利情况进行监督制约。这当中除了辩护律师在刑事诉讼中监督制约之外，还包括人民代表、新闻媒体、社会公众等主体的监督，其中人民代表的监督是重要方式，积极推动检察机关保障律师权利。以北京市为例，2013年上半年，北京市人民代表大会《刑事诉讼法》执法检查组先后到北京市检察机关听取检察机关贯彻修改后刑事诉讼法情况，到北京市律师协会调研刑事诉讼中律师权利行使问题，为下一步推动此项工作做好准备。

（五）法定与现实的统一

修改后刑事诉讼法建构了律师权利体系，为包括检察机关在内的各个诉讼主体指明了方向和依据，但司法实践中遇到的问题往往是复杂多样的，法律条文的贯彻仍需要破解一个个现实难题。作为适用法律机关，检察机关在刑事诉讼中必须协调好法律规定与司法实践的关系，在依法必依的同时，开拓思路、创新方法、完善机制，解决法律适用难题，使律师权利真正落到实处。这在很大程度上考验着检察机关的决心与智慧。比如，刑事诉讼法虽然规定了律师的阅卷权，但为提高效率，可否采用复印、拍照、扫描、电子存储等阅卷形式；又如在审查逮捕、审查起诉阶段，听取律师意见后如何说明是否采纳；辩护人申请调取证据的，需要具备什么条件，是否需要审批，对不予调取决定如何救济等。

结　语

依照修改后刑事诉讼法的规定，辩护律师拥有了会见权、阅卷权、申请调取证据权等完整的诉讼权利体系，相应地，检察机关等司法机关在刑事诉讼中也承担相应的保障义务。权利的享有与义务的履行根本上都是为了实现案件公平正义与人权保障的价值目标，因此检察机关与辩护律师之间是对立统一的关系，对立是为了统一，统一是主要方面，对立是次要方面，统一的内容是程序合作，对立的内容是实体对抗。在刑事诉讼中，检察机关与辩护律师并不是单纯的控辩关系，由于内部职能司法性、控诉性、监督性的多元配置，又由于检察机关的诉讼地位与监督职责，决定了刑事诉讼中检察机关保障律师权利责无旁贷，并且应积极主动。在现实中检察机关保障律师权利，应坚持实体对抗与程序合作、司法性权力与控诉性权力、整体职能与具体职能的统一、自律与他律的统一、法定与现实五个统一，让法律规定照进现实。

参与、对话、共享：试论新型控辩关系的构建

沈广应*

十届人大二次会议将"国家尊重和保障人权"写入宪法，迈开"以宪法保护人权的重大一步"，在中国宪政史上具有里程碑意义。① 处于被追诉的弱势地位的犯罪嫌疑人、被告人获得辩护权②作为一项重要而紧迫的人权，单就立法规定的应然角度而言，辩护权似不应有任何的障碍。然而，我国刑事诉讼辩护权的实然境况却一直不尽如人意。这反映了刑事诉讼程序中，辩护人的地位和价值没有得到应有的重视。究竟如何破解，各界众说纷纭，总体上以泛泛而谈居多。笔者认为，基于参与、对话与共享机制的新型控辩关系，是解决控辩失衡的重要途径。以下试展开论述：

一、控辩关系：规范、实证与观念层面的分析

辩护权源于公平审判权，价值基础是处于追诉地位的侦查机关、检察机关，和处于防御地位的犯罪嫌疑人、被告人之间诉讼地位"天然的不平等"，获得律师帮助和辩护成为"其中的应有之义"，③ 但获得律师帮助和辩护并不意味着"天然的不平等"被彻底打破。在我国，控辩关系失衡由来已久，规范、实证和观念三个维度皆有明显表现：

（一）规范维度：立法保障不够

"从法律规范的角度来研究和完善辩护权，是使辩护权摆脱立法上软弱、空洞走向强化的关键，从权利的谎言走向权利的真实的保障。"④ 我国古代没有专门的律师职业和律师立法，代理当事人词讼的人被称为"讼师"。在阴森威严的封建衙门里，讼师不仅不敢与控方平起平坐，连最起码的法律保护也付诸阙如，反而是封建刑律重点关注和打击的对象。如唐、明、清律均规定教唆词讼罪，就连讼师收费代拟辞状，也一概以罪论处；如受雇诬告，将受反坐之罚。清末修律及民国时期，真正意义的西式律师制度才逐渐引入。

新中国成立后，旧式律师制度与国民党政府《六法全书》一并被废除，由此经历了漫长的辩护"空白期"。直至 1978 年宪法才规定"被告人有权获得辩护"，但因既无程序法条文保障，又无律师制度而难以落实。1979 年刑事诉讼法虽有辩护制度设计，但辩护

---

* 浙江省奉化市人民检察院侦查监督科副科长。
① 参见秋风：《人权入宪》，载《新闻周刊》2004 年第 9 期。
② 这里的辩护权，如无特别说明，专指获得律师提供的辩护权，而非当事人自行辩护权。——笔者注
③ 陆而启：《刑事救济程序中律师辩护：从扩大参与面到检验有效性》，载《政法论坛》2010 年第 4 期。
④ 葛同山：《法律规范意义上的辩护权》，载《政治与法律》2008 年第 6 期。

律师的活动被严格限制在审判阶段。① 此时刑事诉讼模式以职权主义纠问式为主,加之"严打"之类整治活动此起彼伏,在强大的国家权力和国家机器面前,辩方显然力不从心、软弱无力。

1996年刑事诉讼法大跨度地将律师介入时间提前到侦查阶段,但受聘律师的身份尚不是辩护人。"这一规定还是过窄,不利于犯罪嫌疑人、被告人合法权益的保护和律师行使辩护权。"② 虽然规定律师等辩护人在审查起诉阶段可以行使辩护权,但有限案卷接触还是给辩护设置了重重障碍,调查取证权等也受到诸多限制。2012年刑事诉讼法首次规定侦查阶段律师以"辩护人"身份介入,并规定提起公诉案件全案移送制,律师在审查起诉阶段即可复印案卷全部材料,但侦查阶段律师的调查取证权、证据知悉权仍无保障,侦查阶段真正意义的控辩对抗很难实现。

(二) 实证维度:法律得不到执行

1. 辩护权面临诸多阻碍。如在押时犯罪嫌疑人聘请律师的请求经常受到侦查机关的无故拖延;尽管律师法规定律师凭相关手续即可会见在押的犯罪嫌疑人,但难以对抗羁押单位以名目繁多的内部规定;约定会见时间一拖再拖,且会见时常有侦查机关人员在场"陪同";③ 1996年刑事诉讼法规定"涉及国家机密的案件"聘请律师和律师会见均须经侦查机关批准,对何为"国家机密"律师没有话语权,面对任意解释无能为力。

2. 缺乏程序性制裁。没有规定羁押性讯问的律师在场权,1996年刑事诉讼法中的法律援助没有延伸到侦查阶段;面对侦查机关拒绝律师帮助行为,没有有效的救济机制。其中突出的现象就是,当辩护权被严重侵犯时,并无严格的程序性制裁措施,追诉程序的继续进行和有罪裁判结论的最终作出几乎不受影响。也就是说,控方可以畅通无阻地完成刑事诉讼程序,即便以严重侵犯辩护权为代价。

3. 律师身份保障缺位。法律虽规定除危害国家安全、恶意毁谤他人和严重扰乱法庭秩序以外,律师在法庭上所发表的代理、辩护意见不受法律追究,但律师进行无罪辩护常常受到歧视。如案件受阻,控方不时会祭出刑法第306条大旗,对辩护律师以辩护人毁灭证据、伪造证据,妨害作证罪,即俗称的律师伪证罪追究刑事责任。④ 律师对涉嫌黑社会犯罪等严重暴力犯罪案件的辩护,也常常要受到"民意与官意的双重狙击"。如为重庆涉黑案主要嫌疑人辩护的北京律师李庄,重庆市检察机关先后两次对其以律师伪证罪发起诉讼,就是明显的例证。⑤ 由此可见,相对于控方而言,辩方明显弱势和被动。

---

① 1979年刑事诉讼法第28条,1996年刑事诉讼法第96条,2012年刑事诉讼法第33、36、37条。犯罪嫌疑人的辩护权从审判阶段前移到审查起诉阶段,经历了长达24年的艰辛历程。

② 李贵方:《辩护权视角的刑事诉讼法再修改》,载《国家检察官学院学报》2011年第2期。

③ 联合国预防犯罪和罪犯待遇大会1990年通过的《关于律师作用的基本原则》第8条规定在押犯有权在"不被窃听、不经检查和完全保密情况下接受律师来访",我国直到2012年刑事诉讼法才规定"不被监听",2012年12月公安部《公安机关办理刑事案件程序规定》进一步规定律师会见在押嫌犯时警方不得派员在场。

④ 在全国人大常委会律师法执法检查组在陕西举行的座谈会上,参与座谈的律师代表坦言此罪名是"悬在刑辩律师头上的一把随时可能落下的利剑",纷纷呼吁取消"律师伪证罪"。

⑤ 禹秋李庄案始末,载 http://news.cn.yahoc.com/20121207/147,最后访问时间2013年7月7日。其中第一次法院判处李庄有期徒刑1年6个月,第二次检方撤回起诉。

(三)观念维度:辩护权备受歧视

亚里士多德认为,"积习所成的不成文法比成文法实际上更有权威",① 这里的不成文法许多是以潜移默化的观念形态存在。相对于成文法而言,这些不成文法要更有优势且更难撼动。

中国长达两千多年的封建社会行政权力独大,行政统揽司法,公民权利微不足道,维护封建统治成为第一要务。即便是面对国家轻率发动的刑事追诉,民众除了逆来顺受外,也只能期待青天老爷明察秋毫、明镜高悬。反驳和辩解等同于大逆不道,动辄引来"大刑伺候",更遑论聘请专业人士滔滔不绝发表无罪意见了。所以辩护权一直难以萌芽成长,控辩对抗不啻天方夜谭。

另外,辩护权的不受重视,"既有历史文化传统的影响,也有人们法治意识淡薄的因素"。② 在中国传统法律思想中,"和谐"、"无讼"是占据主导地位的价值取向,视诉讼为畏途。那些极尽投机钻营之能事的古代讼师唯利是图,很大程度上与人治助纣为虐。因而长期被民众扣上"诉棍"的不雅帽子,不仅衙门官员嗤之以鼻,普通民众也避之唯恐不及。新中国成立初期,尤其是10年"文化大革命"盛行法律虚无主义,既然承担公诉职能的检察机关都被撤销,③ 逼供信轻而易举,辩护职能也就毫无存在必要。改革开放以来,又因为社会治安形势严峻危及民众安全感,严重暴力犯罪的律师辩护很难得到普遍认同,舆论往往斥之为帮凶。

综上所述,不难看出辩护权尽管在规范上的逐步得到推进,但实证意义上仍然面临诸多挑战,观念上也长期受到的歧视。这反映了辩护权的现实困境,控辩关系的对等、平等还没有完全实现。

二、参与:实质的结果影响机制

让公民广泛参与公共事务管理,实现当家做主,是民主制度的内在价值之一。当自己处于被追诉的地位,自身权益受到严重威胁时都被剥夺参与机会,那么无论多么华丽的民主原则、民主精神都只能是一句空话。因为"在强大的国家机器面前,被告人是一个弱者……一旦刑事追诉成功,更会涉及对被告人的生杀予夺……就会造成不可逆转的重大伤害"。④

(一)辩方参与关键在控方配合

控辩双方在证据调查、质证、辩论等方面应有平等的、有效的参与机会。⑤ 鉴于刑事诉讼程序作为控方的侦控机关强力发动和推进,稍不注意,嫌犯的合法权益就会受到无法挽回的侵犯。而嫌犯囿于法律知识等局限很难及时提出反对意见。这时,就需要律师作为专业人员,从专业的角度及时提供专业的帮助。这就需要控方拿出足够的姿态和诚意,让

---

① [古希腊]亚里士多德:《政治学》,吴寿彭译,商务印书馆1995年版,第199页。
② 张凤英:《律师辩护权研究》,山东大学2011年硕士学位论文。
③ 1975年刑法第25条第2款规定,检察机关的职权由各级公安机关行使。
④ 陈兴良:《为辩护权辩护(下)——刑事法治视野中的辩护权》,载《法系》2004年第1期。
⑤ 陈瑞华:《刑事诉讼的前沿问题》,中国人民大学出版社2005年版,第376页。

律师拥有参与刑事诉讼的足够途径和空间。

(二) 参与的原则

1. 参与的强制性。"国家集中全力反对被指控者，对抗这一巨大力量的是辩护律师"，律师被视为嫌犯"唯一的同盟者，一起反对让他受耻和蒙羞的国家指控"。① 对于失去自由的嫌犯而言，辩护律师可以说是其唯一的救命稻草，是否强制性地为嫌犯提供律师辩护，当仁不让成为检验一个国家司法文明程度的最佳标尺。因此，除法律另有规定的以外，羁押性讯问应允许律师在场参与，以确保供述的自主性和自愿性。

2. 参与的及时性。辩护权作为"维权之权"，作为程序性权利，从法律关系的角度看，其义务主体只能是作为公权力体现的原告（包括侦查机关、起诉机关）和法院。② 对于被羁押的嫌犯而言，最初的一段时间面临侦查人员的压力最大，迫切需要律师及时介入诉讼为其提供法律帮助。联合国《关于律师作用的基本原则》第7条将被逮捕或拘留的嫌犯与一名律师联系的时间限制在"不管在何种情况下至迟不得超过自逮捕或拘留之时起的四十八小时"。我国新刑事诉讼法第37条规定辩护律师持相关手续要求会见在押的犯罪嫌疑人、被告人的，看守所安排会见的时间"至迟不得超过48小时"。可见二者之间尚有明显的差距。

3. 参与的立体性。"律师必须在紧紧包围那个不幸之人的大网上发现漏洞和缝隙，并且尽量利用这些漏洞和缝隙以挽救这个不幸的人。"③ 立体性不仅包括确保律师在时间上全程参与刑事诉讼，也包括对犯罪嫌疑人的权益提供立体化、全方位的帮助。律师参与刑事诉讼的程度，决定了辩护的实质效果和实际价值。律师参与辩护如处处受限，辩护价值就会名存实亡。宪法有关被告人享有辩护权的规定还主要被限制在审判阶段，④ 新刑事诉讼法虽拓展到侦查阶段，但参与的深度明显不够。

4. 参与的有效性。辩护人的参与权，必须足以在事实、证据、法律适用上对侦控机关施加实质性的影响，相关意见如有理有据，应得到及时的采纳并体现在实体性、程序性结论上，而非简单驳回、弃置一旁。现代民主法治国家在刑事诉讼程序中普遍将犯罪嫌疑人、被告人视为有尊严的程序主体，让其在拥有改善自身处境的机会和手段的情况下，充分参与涉及自身权益的决定过程。陈瑞华教授认为，让那些利益可能受到裁判结果直接影响的人参与到裁判的制作过程中来，使其有机会提出自己一方的观点、主张和证据，有能力对裁判结果施加积极的影响，也是"公正审判的最低标准之一"。⑤

(三) 参与权的救济

无救济则无权利。英美法系国家法律多规定侵犯辩方参与权的，可以抗辩和申诉。对于犯罪嫌疑人、被告人提出要求律师在场或者帮助，侦控机关不予配合的，有关证据将作

---

① 参见［美］爱伦·豪切斯、泰勒·斯黛丽、南希·弗兰克：《美国刑事法院诉讼程序》，陈卫东、徐美君译，中国人民大学出版社2002年版，第3页。
② 葛同山：《法律规范意义上的辩护权》，载《政治与法律》2008年第6期。
③ 林正：《哈佛辩护：哈佛法学院MJS案例简介》，改革出版社1999年版，第1页。
④ 陈瑞华：《刑事诉讼的前沿问题》，中国人民大学出版社2005版，第180页。
⑤ 陈瑞华：《刑事诉讼的前沿问题》，中国人民大学出版社2005版，第403页。

为非法证据予以排除。如美国联邦最高法院在1966年Milanda v. Arizona一案中裁定,警察在对嫌犯实施羁押性讯问前,必须告知其有权委托律师和在经济困难情况下要求指定律师提供法律帮助的权利。如没有履行"预先告知"程序,"不论讯问多么短暂,多么有所节制,而且犯罪嫌疑人自觉自愿接受讯问,就是说即使其供述是完全出于自愿而且可信",庭审中该证据也要被排除。① 与此同时,没有履行告知义务的警方也要面临经济惩罚。如1958年美国联邦第七巡回上诉法院在Waket v. Harlib一案中,认定警察对原告实施无证逮捕,并在没有提出任何指控的情况下羁押了6天,还拒绝原告与律师联络,遂裁决警方赔偿15000美元。

三、对话:多元的协调沟通机制

"刑事诉讼中国家司法权与公民个人的权利之间发生直接的对话。"② 英国学者戴维·伯姆出于对"技术理性"统治下人类沟通问题的忧虑,创造出了基于现代社会中背景下的对话理论,该理论对新型控辩关系的构建很有参考价值。相对于长期以来控辩关系中控方一家独大、话语垄断而言,引入对话理论、提倡控辩对话显得尤为重要和迫切:

(一) 对话的情境

在不同的诉讼构造、诉讼模式下,对话情境大不相同。纠问式诉讼构造奉行实体优先、有罪推定,控诉职能与审判职能高度合一,"具有自命不凡、傲慢无理和专制集权的特征"。③ 控方犹如一棵参天大树高高在上,而辩方只能勉强算作一株弱不禁风的小草唯唯诺诺,有理也得让三分,权力意志的预先安排决定了诉讼结局。与之相对的弹劾式(对抗式、当事人主义)诉讼构造则强调程序优先、无罪推定,视控辩双方为民事诉讼的原被告,彼此如同拳击比赛场上同一重量级的选手,在诉讼程序的公开竞技场自由搏击,赢得比赛完全靠案件是事实、证据和论辩。1996刑事诉讼法一改我国长期沿用的纠问式诉讼构造,初具当事人主义雏形;2012年刑事诉讼法则更进一步,为控辩双方平等对话、公平竞技营造了较为有利的制度条件。④

(二) 对话消除碎片化

戴维·伯姆在其名著《论对话》中认为,人类目前所面临的政治、经济等方面的现代性危机,根源在于以"分离、隔绝和冲突"为特征的思维方式碎片化,对话就是为消除碎片化寻找办法。⑤ 传统的职权主义诉讼模式下,刑讯逼供成为"合法的暴力",程序保障成为一纸空文。这样的情况下,指控犯罪的证据虽不能保证客观、真实,但并不影响

---

① [加] 美国司法部法律政策司:《关于庭审前讯问的法律》,载江礼华、杨诚主编:《外国刑事诉讼制度探微》,法律出版社2000年版,第61页。
② 葛同山:《法律规范意义上的辩护权》,载《政治与法律》2008年第6期。
③ [斯洛文尼亚] 卜思天·M. 儒攀基奇:《刑法——刑罚理念批判》,何其新等译,中国政法大学出版社2002年版,第225页。
④ 如新刑事诉讼法规定公诉案件中被告人有罪的举证责任由人民检察院承担,如不能排除合理怀疑,将承担无罪的法律后果。参见新刑事诉讼法第49、53条。
⑤ 参见方新文、边林:《源自物理世界的人文构想——对戴维·伯姆对话理论的理解》,载《前沿》2010年第6期。

案件的定性处理。由此产生两个现象：其一是思维的分裂性，即只重视有罪证据，忽视无罪证据；其二是思维假定、有罪推定，即使错误也坚持到底、不达目的誓不罢休。① 辩方的意见不受重视，稍不小心就会惹祸上身，面临打击和压制。由于缺乏有效制约，司法程序中侦查、起诉和审判机关在事实认定、证据运用、结果判定的思维方式上也不约而同地出现碎片化，即便东拼西凑、杂乱无章，也会成功地将嫌犯定罪量刑、绳之以法。所以冤假错案的批量制造就成为可能。这样的结局，很显然是由于辩护的萎缩，没有形成有效控辩对话造成的恶果。

（三）对话达致理性

"如果一定要为对话找一个目的的话，那么我们的目的乃是在于真正地、流畅地对真理进行交流"。② 对话的最大功用，在于可以帮助实体理性与程序理性的发掘，及时找到案件事实证据方面存在的漏洞和问题，并及时采取有效措施以避免无谓的损害。刑事诉讼涉及作为控方的公安司法机关、作为辩方的犯罪嫌疑人、被告人，还有被害人，事实错综复杂，证据种类繁多，认为控方完全掌握理性的说法不免贻笑大方，这就需要彼此交流来消除错误和偏见。康德认为，人的理性"确实不适合于孤立自己，而适合交流"，③ 因为没有交流的情况下一方很容易先入为主并一意孤行、越陷越深。在持续不断的对话机制下，将会将不合法、不理性排除在萌芽状态，这样将极大地节约司法成本，提升司法效率，避免无谓的浪费和损失。在美国，控辩双方甚至可以就认罪答辩进行讨价还价，彼此达成交易，辩方以认罪换取较轻的指控罪名和较低的量刑建议，而法院也会予以认可。事实上，美国刑事案件有90%以上以辩诉交易结案的，这从另一个侧面显示了对话的强大魔力。④ 试想，如果所有的案件都像辛普森案那样投入巨大，那无论哪个国家，无论多么庞大的司法系统都必将不堪重负、瞬间崩溃。

（四）对抗与对话并行

控辩对抗是刑事诉讼的天然特质，失去对抗诉讼则毫无存在价值；但若仅存在对抗则诉讼也很容易异化变质，成为无所不用其极的赌场。对抗和对话的平衡相当重要。这就需要在对话中对抗，对抗中对话，在对抗与对话中建立崇尚公平正义、符合诉讼规律、有助事实发现、公正裁判的良好氛围。传统意义上的控辩关系充满火药味，控方不习惯于从程序上尊重辩护人，认为是故意搅局和找碴；律师也不愿意配合控方，常常铤而走险甚至剑走偏锋，为达目的不择手段。控方视案卷材料为独门利器，不到最后一刻不轻易示人；辩护人收集到的关键证据，即便是无罪证据也不动声色、悄悄

---

① 如近几年来媒体相继曝光的佘祥林案、赵作海案等冤假错案，其实这些案件在侦查、起诉、审判阶段并不是没有发现存在硬伤，也并非没有重大意见分歧，但偶然在"有关部门"的协调下得以追诉成功。

② [英]戴维·伯姆：《论对话》，王松涛译，教育科学出版社2004年版，第20页。

③ [美]汉娜·阿伦特：《精神生活·思维》，姜志辉译，江苏教育出版社2006年版，第108～109页。

④ 例如纽约州，相当于90%以上的案件却是通过辩诉交易等速决程序结案的。日本也同样如此，据统计，1995年大约92.6%的起诉案件是通过相当于简易程序的简略命令请求程序解决，提交普通程序审判仅占7.4%。具体请参见[日]田口守一：《刑事诉讼法》，刘迪、张凌、穆津译，卞建林校，法律出版社2001年版，第134页。试想，如果所有的案件都像辛普森案那样投入巨大，那无论哪个国家，无论多么庞大的司法系统都必将不堪重负。

雪藏，试图开庭时发动致命一击，制造轰动性效应以名利双收。这样的局面，致使彼此在缺乏信任的路上只能越走越远。

（五）对话机制的构建

1. 主体多元。有人认为，新刑事诉讼法将"对话主体从二元结构变为三元结构，确立了侦查程序中律师的辩护人地位"。① 笔者认为，问题的关键不在于律师以何种身份参与对话，而是对话权益的保障。1996刑事诉讼法的律师也可以参与程序对话，但是范围更窄，限制更多。新刑事诉讼法虽拓宽范围，放松限制，但仍远远不够。与此同时，被害人作为重要的刑事诉讼当事人之一，也应被吸纳到对话程序中来，由此构建一个尽可能确保受到程序影响的各方都能参与的对话平台。

2. 地位平等。刑事诉讼中，控辩双方的诉讼地位是平等的，任何一方在程序上不应有先天的或后天的优越感。唯有这样，才能确保彼此地位的平衡。如果一方拥有远远超出另外一方的地位，牢牢掌控"话语霸权"，那么对话就会成为"话语压制"，徒具形式而无实质意义。这时候，迫切需要控方学会以平等平和的心态来沟通交流，"随着这种没有权威的对话的持续进行，对话群体内会培植出一种友谊和信任的氛围"，② 从而最大限度服务诉讼的公平正义。

3. 坦诚沟通。任何一方都不允许抱有不可告人的目的，动机、想法、手段均符合公平竞技规则，不应有不当之处。控方听取辩护人的意见的目的，可以包括帮助自身在诉前建立起排除合理怀疑的证据体系、提高量刑建议的准确率、及时发现案件事实、证据、定性上的问题及在法庭上控辩交锋的焦点。辩方则通过对话及时获取最新的事实、证据材料，完善、调整辩护策略，恰到好处地为当事人争取应有的诉讼结果。

4. 双向互动。对话意味着彼此倾听、坦诚沟通、自由交流、兼听则明。早在2010年，最高人民检察院、公安部就规定审查逮捕"必要时，可以当面听取受委托律师的意见"。③ 2012年刑事诉讼法第170条也规定检察机关在人民检察院审查案件时应"听取辩护人意见，并记录在案"。由此听取辩护人意见成为控方的一项义务，在审查逮捕、捕后羁押必要性审查、审查起诉等程序中，控方均应随时听取辩护人意见，与辩方保持经常性的互动。但操作不当也会形成走过场的局面。这就要求控方不能仅仅一听了之，束之高阁，而应及时反馈、回复辩方意见，即便是依法不予支持，也应以理服人、有理有据，并告知其救济权利和救济渠道。

四、共享：对称的信息共享机制

刑事诉讼的推进过程，实质上就是案件信息的不断汇集和处理的过程。但信息的占有、配置在不同诉讼主体之间并不总是平衡的，这种不平衡一旦形成也很难自我调整。其

---

① 杨光普：《新〈刑事诉讼法〉下侦查程序对话模式的变化与完善》，载甄贞主编：《刑事诉讼监督的机遇与挑战——以贯彻新刑事诉讼法为背景》，法律出版社2012年版，第341页。
② 方新文、边林：《源自物理世界的人文构想——对戴维·伯姆对话理论的理解》，载《前沿》2010年第6期。
③ 参见最高人民检察院、公安部联合发布的《关于审查逮捕阶段讯问犯罪嫌疑人的规定》。

结果是垄断信息的一方往往滥用"信息溢价",进行寻租行为,从而有悖公平正义。因此,有必要建立信息共享机制,形成信息占有的合理平衡:

（一）信息不对称与司法寻租

信息不对称原指经济活动中,参与交易的各方所拥有的、可影响交易的信息不同。该理论由肯尼斯·约瑟夫·阿罗于首次提出,阿克洛夫进一步阐述,三位美国经济学家阿克洛夫、斯彭斯、斯蒂格利茨引申到信息不对称市场及信息经济学的研究成果获得了2001年诺贝尔经济学奖。之后人们又发现,不仅仅在经济领域,在社会政治、司法程序中,一些成员拥有其他成员无法拥有的信息,也会造成信息的不对称。有关方面由于拥有不对称的信息,容易逆向选择,引发寻租行为。① 在刑事侦查阶段,辩护人信息极度匮乏,控方信息独占就会无所顾忌,刑讯逼供、非法取证、超期羁押、冤假错案、人权侵犯等现象就是典型的司法寻租行为。另外,辩护人如在执业过程中获悉有关危害国家安全、社会公共安全等信息,及收集到的嫌犯不构成犯罪等证据材料,如不规定披露义务,也会在逐利动机下引发寻租行为,并对社会秩序构成侵害。

（二）信息披露与权力制衡

刑事诉讼法规定公检法分工负责、互相配合、互相制约,但很多时候我们却看到流水线式执法模式,面对违法证据、冤假错案各机关依然配合有余、制约不足,继续强力推进诉讼过程。从根本上说,其原因就在于辩方获取信息渠道受限,信息资源匮乏,因而无法进行有效的监督和制衡。"一切有权力的人都容易滥用权力,这是万古不易的一条经验。有权力的人们使用权力一直到遇有界限的地方才休止。"② 如控方及时披露相关信息,辩方就可以有针对性地展开程序上的救济,违法行为相应地就会得到很好的抑制。而通过辩护人的信息披露义务规定,也可有效规制辩护人为逐名利而不择手段的道德风险。

（三）信息披露机制

"信息披露的目标是要达到相对抗的利害关系的一种均势。"③ 通过设计合理的信息披露机制,可以在很大程度上避免控辩双方"暗箱操作"、"伏击审判"等现象的出现:

1 强制性信息披露。我国关于辩护权的宪法条文不是放在公民的基本权利中,而是放在国家机构中规定。由于我国目前宪法尚不具可诉性,与辩护权相关的信息披露的落实面临困难。对比可以适当参考域外司法实践。1991以前的加拿大普通法虽认为控方有义务披露证据,不予披露将构成"程序滥用",但控方往往拥有较大的自由裁量权。1991年R. v. Stinchcombe案中,辩方要求控方披露一份预审程序中作出的证人笔录,控方以该证人不会出庭作证,其证言也不可信为由予以拒绝。加最高法院9名法官一致裁定将该案发回重审,理由是根据加《权利与自由宪章》第7条,嫌犯有权"进行全面的辩护"（the

---

① 参见 http://zh.wikipedia.org/w/index.ldic=27018721,最后访问时间2013年7月7日。
② ［法］孟德斯鸠:《论法的精神》（上册） 张雁深译,商务印书馆1963年版,第154页。
③ ［加］琼·布鲁克曼、V. 戈登·罗斯:《公诉方证据披露和初步听审》,载江礼华、杨诚主编:《外国刑事诉讼制度探微》,法律出版社2000年版,第189页。

right to present full answer and defence）是"一项根本的司法原则……凡与此相关的证据控方必须披露，基于免证特权和证人保护需要方可例外"，① 并宣称控方掌握的证据"不是其寻求有罪判决的私有财产"。通过一系列判例，加拿大法律确立了控方开庭前信息披露的范围包括拟出庭的现场目击证人和专家证人的名单，未出庭证人书面谈话笔录等，包括补充性证据。但如过早披露会危及证人，② 或者案情尚未成熟及需要继续查证的，可暂不披露。笔者认为，我国可借鉴此规定精神，适当限定控方信息披露的范围，并可制定相关合理例外。

2. 辩方的信息披露。律师法第38条规定，律师对在执业活动中知悉的委托人和其他人不愿泄露的情况和信息，应当予以保密，但委托人或者其他人准备或者正在实施的危害国家安全、公共安全以及其他严重危害他人人身、财产安全的犯罪事实和信息除外。因而，可以看作辩护律师并无一般性信息披露义务，以信息披露为例外，不披露为常态。原因就在于除了明文规定以外，"不愿泄露的情况和信息"的解释几乎没有限制，毕竟"辩护人没有义务在案件中帮助检察官反对被告③"。"许多宪法学家认为这是被告人最重要的权利，因为正是通过辩护律师，被告人所有的其他权利被确信受到了保护"。④ 但辩护律师关系案件定性的关键证据一直秘而不宣，也会带来许多负面后果，不利司法公正和司法效率。新刑事诉讼法第40条规定了辩护人收集的"有关犯罪嫌疑人不在犯罪现场、未达到刑事责任年龄、属于依法不负刑事责任的精神病人的证据，应当及时告知公安机关、人民检察院"。从法律上明确了辩护人也负有一定的信息披露义务，不过要比控方披露范围要窄得多。

3. 法律救济。根据国外是司法实践，控方信息披露义务的恰当履行，将会带来两个直接的副产品：一是有罪答辩的增多，二是指控撤销的增多。很明显，这是信息公开透明是各方的理性选择：如控方证据确凿，辩方则没有必要顽固不化，倒不如认罪了事，换个从轻发落；对于控方而言，如已经披露的证据无法排除合理怀疑地证明嫌犯有罪，与其被法庭判决无罪，不如趁早撤销。无论哪一种结果，对司法公正都不是坏事。对于控辩双方关于信息披露的争议，普通法系国家的做法是提交司法裁决。如控方足以影响罪与非罪的某项关键证据未予披露，法庭将会裁决撤销指控；如已被定罪，处于上诉程序的将发回重审，处于执行程序的将会被撤销定罪。如控方存在恶意，则可提出索赔请求。如加拿大Milgaard一案中，Milgaard因谋杀罪入狱服刑22年后无罪获释。法官裁定他有权起诉当时承办此案的三名警察和两名检察官，理由是后者故意隐瞒相关信息，导致他无法成功上

---

① R. V. Stinchcombe,〔1991〕3 S. C. R. 326.
② R. V. Liepert,〔1993〕3 S. C. R. 202.
③ ［加］琼·布鲁克曼、V.戈登·罗斯：《公诉方证据披露和初步听审》，载江礼华、杨诚主编：《外国刑事诉讼制度探微》，法律出版社2000年版，第191页。
④ ［美］爱伦·豪切斯泰勒·斯黛丽、南希·弗兰克：《美国刑事法院诉讼程序》，陈卫东、徐美君译，中国人民大学出版社2002年版，第21页。

诉。① 我国法律没有规定控方没有及时披露证据的法律后果，即便辩方违反刑事诉讼法第40条的信息披露义务，也没有规定相关责任。笔者认为，可以参照域外做法，适当规定控方不履行信息披露义务的法律责任。对辩护人没有及时披露自己收集的无罪证据的，可由该辩护人的主管机关给予一定的纪律惩戒；根据律师法第38条，律师对执行辩护业务过程中获得的危害国家安全、社会公共安全等信息知情不举，情节严重构成犯罪的，可依法追究相应的刑事责任。

---

① ［加］琼·希鲁克曼、V. 戈登·罗斯：《公诉方证据披露和初步听审》，载江礼华、杨诚主编：《外国刑事诉讼制度探微》，法律出版社2000年版，第187页。

职务犯罪侦查权优化配置研究

——基于检察领导和管理的视角

陈马林* 刘 建** 李清立***

刑事诉讼法的实施迫切需要检察机关自侦部门转变侦查模式，强化程序意识和人权保障意识，强化内部监督和制约，达到侦查阶段的控辩平衡。职务犯罪侦查在我国检察工作中居于突出重要的地位，职务犯罪侦查权是检察权中最具威力的一项职权，在职务犯罪侦查模式中处于中心地位，起着发动、推动甚至结束司法程序的重要功能。[①] 而目前职务犯罪侦查权的配置和运行中还存在诸多问题，优化调整职务犯罪侦查权是我国反腐倡廉建设的客观要求，是我国刑事诉讼发展的客观要求，是继续深化我国检察改革的现实需要。

一、职务犯罪侦查权优化配置的基础和原则

（一）职务犯罪侦查权的性质

职务犯罪侦查权的性质是合理配置这一权力的决定性因素。从现代民主政治和法制的观念看，职务犯罪在本质上是一种滥用权力、亵渎权力的行为，是权力运行过程中发生的权力异化和失控现象，其关键是犯罪行为具有公务性，其主体具有广泛性，是国家或具有社会公共性职位或职务的严重违背职责的工作人员。[②] 职务犯罪侦查权作为检察机关实施法律监督的一项主要权能，不仅要对国家工作人员的贪污贿赂和渎职侵权犯罪行为进行查处，还要对其他利用职务之便实施违背公务职责的社会公共人员进行查处，以保障国家公务活动和社会公共活动的廉洁性和合法性，保障国家法律统一、正确实施。

因此，从权力的本质和权力的最终归属角度上说，职务犯罪侦查权具有法律监督的性质。但这还不能揭示出职务犯罪侦查权权力属性的全部。检察机关职务犯罪侦查权在形式上还具有明显的行政性和司法性的特征，这种形式上的特征包含在法律监督的本质属性之内。[③] 由于职务犯罪侦查对象的特殊性，其犯罪行为的高度隐蔽化、反侦查能力高智商化以及腐败链条的复杂化，职务犯罪侦查需要高度保密、主动出击、及时有效应对，需要对案件线索、侦查人才、侦查装备等侦查资源实行统一管理和调配，明显地表现为职务犯罪

---

* 海南省人民检察院副检察长。
** 海南省人民检察院法律政策研究室副主任、研究员。
*** 海南省人民检察院法律政策研究室助检员。
① 范海鹏：《我国职务犯罪侦查模式的反思与重构》，载《犯罪研究》2005 年第 3 期。
② 韩成军：《检察机关职务犯罪侦查权优化配置研究》，载《河南社会科学》2011 年第 1 期。
③ 陈怀安、刘继国：《职务犯罪侦查权合理配置研究》，载《中国检察》（第 17 卷），中国检察出版社 2008 年版，第 294 页。

侦查在领导和管理上的行政性特点。同时，作为刑事诉讼活动的重要内容，职务犯罪侦查要求做到全面、客观、公正、高效，依法独立行使侦查职权，具有明显的刑事司法的某些特点。

（二）职务犯罪侦查权优化配置的原则

职务犯罪侦查权的性质特征是调整、优化职务犯罪侦查权配置的基础和前提。职务犯罪侦查的行政化要求加强检察工作的领导和管理，要求实行侦查一体化，而职务犯罪侦查的司法化要求加强检察工作的独立性、客观性。职务犯罪侦查权优化配置的目标在于使权力的运行达到最佳效果，职务犯罪侦查权的优化配置应立足于检察机关法律监督的司法属性，遵循司法规律，依照以下原则进行：一是依法独立原则。检察机关是法律监督机关，其一切职权都要在宪法和法律的范围内进行，职务犯罪侦查更应严格依法，确保程序公正。职务犯罪侦查是法律与权势的较量，不仅是司法活动，更具有一定的政治意义，可能引发某些社会力量甚至权势者的干预和阻挠，[①] 这要求检察机关行使职务犯罪侦查权必须具有独立性。二是指挥有力原则。根据宪法和检察院组织法的规定，上下级检察机关之间是领导关系，在职务犯罪侦查权的配置和行使上，要上下一体，形成统一指挥，指挥渠道要畅通，指挥命令要严格执行，充分利用上下级检察机关的资源，避免各自为政。在线索、案件的交办上要迅速，及时向上级院报告进展情况，上级院要及时给予指导、协助、协调。三是集约高效原则。职务犯罪侦查具有主动性、隐蔽性、协调性等特点，必须及时迅速，避免跑风漏气，惊动犯罪嫌疑人。在职务犯罪侦查权配置和行使方面必须解决多管齐下、侦出多门的局面，必须改变对相关牵连案件的协调难问题，必须整合侦查资源，做到拳头集中，出击凛冽有效，提高整体机动作战能力。四是监督制约原则。权力若不受监督和制约，必然导致滥用和专断，在优化配置职务犯罪侦查权时，必须考虑对权力的监督制约问题，建立有效监督机制，以防止侦查人员的滥权、权钱交易、以权谋私等问题的发生。

二、职务犯罪侦查权配置和运行现状

（一）职务犯罪侦查权配置的外部二元性

职务犯罪是一个类罪概念。我国法学界目前对这一概念的认识存在较大分歧。传统的主流观点是，职务犯罪是国家工作人员利用职务之便贪污公共财物、收受贿赂或者滥用职权、玩忽职守、徇私舞弊，破坏国家工作人员职务行为廉洁性或者国家政策管理活动的行为。[②] 还有一种观点是将职务犯罪概念的外延扩大化，认为不仅应包括国家工作人员的职务犯罪，也应包括非国有公司、企业、事业单位中工作人员的职务犯罪，因为，后者也同样具有职务犯罪的内在属性和特征。这一归类方法符合国际公约和国际惯例。《联合国反腐败公约》第12条明确了11种职务犯罪行为，其中包括了私营部门内的贿赂行为和侵吞财产行为，明确不以行为人的主体身份是否为国家工作人员为定罪标准，而以其是否利用

---

① 吴玮、魏巍：《我国职务犯罪侦查权配置研究》，载《河南司法警官职业学报》2009年第2期。
② 高铭暄、陈璐：《当代我国职务犯罪的惩治与预防》，载《法学杂志》2011年第2期。

了职权、职务之便，是否侵害了职务的廉洁性和国家对公共职务的管理秩序来判断是否属于职务犯罪。而根据我国现行刑事诉讼法和六部委《关于刑事诉讼法实施中若干问题的规定》对刑事案件管辖权所作的划分，依照犯罪主体的不同将职务犯罪侦查权配备、安排给检察、公安机关分别行使。检察机关管辖贪污贿赂、渎职侵权类案件，以及监管人员殴打、体罚、虐待被监管人员案件等；公安机关管辖职务侵占、挪用资金、商业贿赂、非法经营同类营业类案件，以及国有公司、企业、事业单位人员失职、滥用职权类案件等。

这种二元制职务犯罪侦查权的简单划分，引发的问题主要有：一是割裂了职务犯罪侦查的完整性。职务犯罪具有内在的共同属性和特征，仅仅由于单位性质和犯罪主体不同而将职务犯罪侦查分割成不同部门，造成了身份的二元化和歧视化，处理结果的不公平、不对等，影响到打击职务犯罪的准确性和时效性，影响到国家司法的统一性和严肃性。二是造成了职务犯罪侦查的真空地带。近年来，随着国有公司企业改制，纯正意义的国有企业逐渐减少，从业人员的管理逐渐多元化，符合刑法第 93 条及相关司法解释规定的国家工作人员不断减少，检察机关案件管辖范围日渐缩小，而公安机关由于承担了繁重的社会管理功能和打击严重犯罪职能，无暇兼顾打击职务犯罪，出现公安机关应管而没有管，检察机关想管而无法管的监管漏洞，使民众对法律的权威产生怀疑，对司法机关的执法能力和效率产生怀疑，对国家反腐倡廉建设产生怀疑。

（二）职务犯罪侦查权配置的内部分散性

根据刑事诉讼法、检察院组织法等规定，2004 年 9 月，最高人民检察院出台了《关于调整人民检察院直接受理案件侦查分工的通知》，对检察机关内部职务犯罪侦查权的配置进行了调整：反贪污贿赂部门主要行使对贪污贿赂犯罪的侦查权；反渎职侵权部门主要行使对国家机关工作人员渎职侵权犯罪的侦查权；监所检察部门主要行使对刑罚执行和监管活动中的职务犯罪的侦查权；民事行政检察部门主要行使对民事审判和行政诉讼活动中职务犯罪的侦查权。此外，人民检察院其他业务部门在实施法律监督工作中，发现涉嫌职务犯罪行为的，报检察长同意后可以进行初查，初查后认为应当追究刑事责任的，应当移送反贪或反渎部门办理。

上述规定涉及的各部门具有平行的层次框架，工作各有分工和不同的考核评价体系。检察机关的职务犯罪侦查权由不同的内设机构分别行使容易造成侦查力量分散、侦查设备得不到有效利用，浪费侦查资源、流失案源，造成打击不力、遗漏犯罪、延误取证，影响侦查办案经验和方法的交流提高，影响到案件突破和窝串案的查处，影响到统一协调作战能力的建设，难以适应侦查一体化工作机制的要求。

（三）职务犯罪侦查权行使的掣肘性

我国检察机关职务犯罪侦查实行上级检察机关和地方双重领导体制，这种体制设置和运行符合我国人民代表制度下国家权力运行的特点，符合检察机关的宪法定位。

但由于职务犯罪侦查的行使缺乏应有的独立性，从而使其在检察领导和管理的层面受到限制：一是侦查决定权受制于地方。由于人、财、物受制于地方，检察机关职务犯罪侦查权的行使对地方具有高度依赖性。二是层级指挥受限。从省级检察院到基层检察院之间环节较多、部门较多，层层讨论研究、逐级请示汇报、领导审核把关、集体决策负责等需要协调的关系较多，侦查一体化机制运行不畅，人员的借调、设备的运用，特别是技术侦查手段的层层审批，严重影响侦查效率，不利于统一指挥协调，不利于迅速排除阻力、快速破案。三是情报信息沟通不畅。在上下级检察机关之间以及同一检察机关内部，由于没有统一的侦查线索来源，也没有共同侦查信息源，难以实现信息共享。① 由于没有统一归口领导和统一的情报信息指挥协调机构，再加上相互之间有不同的考核内容以及绩效考核的评比，兄弟检察机关之间、检察机关各部门之间往往以保密为由拒绝披露侦查资源和信息，严重影响了侦查效率。

三、职务犯罪侦查权优化配置的改革方向

（一）构建我国职务犯罪案件侦查的一元化体制

我国宪法规定，人民检察院是法律监督机关。从职能配置上看，法律监督权包括了职务犯罪侦查权、公诉权、诉讼监督权、执行监督权等相应职权。职务犯罪侦查权从属于法律监督权，是法律监督权不可分割的重要组成部分，是实现法律监督整体职能的体现。② 但从我国目前来看，无论是实践还是立法层面，对职务犯罪案件管辖的二元分割不能体现检察机关法律监督者的应然地位。从世界各国的司法实践看，独立的职务犯罪侦查机关是世界反腐行动的经验总结，是《联合国反腐败公约》的要求，这也是由职务犯罪行为人身份的特殊性所决定的，对职务犯罪案件的侦查必然需要一个独立的机构主导进行。③ 职务犯罪的关键在于犯罪行为的公务性，行为主体一般是国家或者是占据社会公共性职务的工作人员，其行为违背职责且性质严重。因此，在具体的制度设计上，应该考虑把以下几种犯罪都纳入检察机关立案管辖的范围：职务侵占、挪用资金、商业贿赂、妨害司法类案件，执业律师利用职务之便实施的犯罪案件，直接以司法人员或行政执法人员为犯罪对象的人身伤害及侵犯其他人身权利与民主权利案件，将渎职罪的犯罪主体扩大至国家工作人员。

将职务犯罪侦查权统一划归检察机关行使，其理由主要有：一是检察机关具有查办职务犯罪的独特优势。检察机关打击职务犯罪既是宪法赋予的法律监督职权，又是履行打击腐败的政治责任。长期以来，检察机关在同职务犯罪分子斗智斗勇的过程中积累了丰富的侦查经验、谋略和技能，培养了大批专业的侦查人才，打击揭露了大批腐败分子，推动了反腐倡廉工作的开展，成绩有目共睹。二是有利于法律的统一适用。现实中，大量的商业贿赂案件，非国有公司、企业、事业单位及人员包括农村基层组织人员的职务犯罪案件未能得到准确、有效、及时的查处，使民众对法律的权威产生了怀疑，对司法机关执法能力和效率产生了怀疑。检察机关统一行使职务犯罪侦查权，有利于减少在案件管辖范围上的纠缠，防止出现打击漏洞，有利于快速准确打击职务犯罪，统一法律适用，展现国家反腐败斗争的决心和廉政建设的成效。三是符合国际

---

① 童建平、九小东：《检察机关职务犯罪侦查模式探究》，载《政治与法律》2008年第6期。
② 蔡小鹏：《职务犯罪侦查权配置研究》，载《政法学刊》2006年第2期。
③ 陈海波：《职务犯罪侦查管辖问题比较研究》，载《中国刑事法杂志》2010年第6期。

惯例。《联合国反腐败公约》明确不以行为人的主体身份是否为国家工作人员为定罪标准。从 20 世纪 50 年代起，各国也把职务犯罪侦查与治安犯罪侦查分离开来。如美国检察机关直接进行侦查的案件主要包括特别重大的贪污案、行贿受贿案、警察腐败案、白领犯罪案等；日本在东京和大阪两个高等检察厅设立专门侦查白领犯罪和职权犯罪的特别搜索部，其他高等检察厅和地检察厅也有相应机构；新加坡将非公营机构的贿赂、侵吞犯罪等划归廉政公署或其他反贪机关查处。

（二）重新配置上下级检察机关的职务犯罪侦查权限

在十八大后，中央加大打击腐败力度的高要求下，检察机关要在打击职务犯罪工作方面有所作为，有大的作为，需要减轻或避免检察机关在查办职务犯罪过程中经常遇到的来自各方面特别是地方党政的压力，需要强化法律监督力度，扩大最高人民检察院、省级检察院在职务犯罪侦查方面的领导权、指挥权，对原来各级检察机关查办贪腐对象的级别上提一级，即将大案要案的标准上提一级。① 具体是：由最高人民检察院查处的职务犯罪案件主要应包括省部级以上领导干部职务犯罪案件、全国性的重大职务犯罪案件、中直机关担任厅级实职的领导干部职务犯罪案件、各地市担任党政主要领导职务的领导干部职务犯罪案件；由省级检察院查处的职务犯罪案件主要应包括地厅级以上领导干部职务犯罪案件、全省性的重大职务犯罪案件、省直机关担任处级实职的领导干部职务犯罪案件、各县区担任党政主要领导职务的领导干部职务犯罪案件；分、州、市检察院查处的职务犯罪案件主要应包括县处级以上领导干部职务犯罪案件、全市性的重大职务犯罪案件、市直机关担任科级实职的领导干部职务犯罪案件、各乡镇担任党政主要领导职务的领导干部职务犯罪案件；除法律规定只能由上级检察机关行使的职务犯罪侦查权以外的其他职务犯罪案件的侦查权，由基层检察院行使。

（三）突出省级检察机关职务犯罪侦查的地位和作用

级别管辖是检察机关内部进行的纵向权限划分，我国的检察一体化模式与职务犯罪案件侦查的公正、效率价值，意味着在不同级别的检察机关之间必然有所侧重。省级检察机关在职务犯罪案件侦查工作中扮演着承上启下的重要地位和作用，在公众心目中具有较高权威。尤其是自 2009 年将省级以下检察机关职务犯罪案件的批捕权上提一级后，省级检察机关被社会寄予了打击职务犯罪的更多期待。省级检察机关应当切实担负起本省、自治区、直辖市的职务犯罪案件侦查的组织领导责任，掌握本省职务犯罪案件线索的受理和初查情况；要带头侦查、挂牌督办案件，有重点地指导下级检察机关的侦查工作；结合本省、自治区、直辖市职务犯罪案件实际，重视侦查理论和相关法律适用问题的研究，组织下级检察机关进行职务犯罪案件侦查业务的培训，在下级检察机关请示侦查过程中的疑难问题时，能够给予及时、准确的批复。如海南根据省小、院少、大要案线索多的特点，近十年来在侦查一体化机制建设上积累了丰富的经验，成功查办了一大批在全省乃至全国有影响的大案要案。根据海南省直管市县领导体制的特点，按照侦查一体化原则，明确省检

---

① 陈怀安、刘继国：《职务犯罪侦查权合理配置研究》，载《中国检察》（第 17 卷），中国检察出版社 2008 年版，第 318 页。

察院对自侦业务指导的主体地位，分院作为对应审级的一个办案单位，一般不承担自侦业务对下指导的职责。

目前，我国检察机关实行的是以地方领导为主，上级检察机关领导为辅的双重领导制，职务犯罪侦查职能的履行或多或少都会受地方干涉，检察权的地方化不利于依法独立行使职务犯罪侦查权，不利于法制统一。因此，应当加强职务犯罪侦查工作的垂直领导，实行"上下一体化侦查机制"，即职务犯罪侦查部门上下贯通、上命下从、有效联动，形成一个独立的侦查组织系统。这与坚持党的领导不相矛盾，因为党的领导是宏观政治方向的领导，是路线、方针、政策的领导，不是对具体案件定性与处理的干涉，党的领导在宏观层面上要重视和支持检察机关独立行使职务犯罪侦查权。① 在坚持党的领导的根本前提下，在坚持宪法规定的国家权力的基本配置下，检察体制改革包括职务犯罪侦查体制的改革方向应当是实行检察机关垂直领导体制，在人事权和财政权上逐渐实现由省级检察机关配置和保障。司法体制的改革在循序渐进的原则下，从优化检察资源配置的视角看，在即将开始的下一轮的检察体制改革中可以考虑先行实行省以下检察机关为设职务犯罪侦查机构的垂直领导，下级检察机关内设职务犯罪侦查机构的负责人与检察长一样由上级检察机关提名，但只需向同级人大常委会批准任命，全省检察机关职务犯罪侦查机构的人头经费和业务经费由省级财政列支，省级检察院统一划拨管理。② 海南洋浦经济开发区检察院是基层检察院，但其一直以来都是由省检察院直接实施人事管理和财物保障，检察长和检察员都由省人大常委批准任命，对独立有效地行使检察职权特别是职务犯罪侦查权起到了非常好的保障和促进作用。

（四）加强地市级检察机关职务犯罪侦查指挥中心建设

在现有法律、法规的规定下，检察机关应建立和实行职务犯罪侦查一体化机制，充分整合自身侦查资源，调动办案单位和人员积极性，形成纵向指挥有力、横向协作紧密、运转高效有序的侦查一体化机制。地市级检察机关在检察系统内起着承上启下的作用，在职务犯罪侦查资源配置、案件办理数量等方面具有"龙头"作用，但地市级检察机关的侦查指挥中心建设一直处于滞后状态，地市级职务犯罪侦查指挥中心不是一个常设机构，而且一般建在反贪局，不利于职务犯罪侦查指挥和协作工作的开展。

建议加快地市级检察机关侦查指挥中心建设，将其作为一个常设机构，承担查办职务犯罪对下对内指挥、对外协调、对上请求协作等职能，真正发挥领办、督办、提办、交办方面的作用。地市级检察机关侦查指挥中心建设，要完善上下一体、指挥协调有力的侦查指挥和协作机制，通过上下级案件管辖权或异地管辖，强化跨地区协作，建立健全举报线索、侦查信息管理，健全各级侦查人才库，合理调配侦查力量，由地市级院的侦查指挥中心组织辖区的专项行动和专案侦查，提高职务犯罪侦查能力，保障检察机关依法独立有效行使职务犯罪侦查权。

---

① 张雪樵、王晓霞：《职务犯罪侦查制度的完善》，载《国家检察官学院学报》2010年第2期。
② 蔡小鹏：《职务犯罪侦查权配置研究》，载《政法学刊》2006年第2期。

(五)集约化基层检察院职务犯罪侦查权。

组织严密、统一协调的运行机制是发挥侦查效能的关键,建立一个有权威、统一的自侦案件侦查机构是惩治职务犯罪的客观要求。由于基层检察机关人员少,经费紧张,侦查设备配备不到位,职务犯罪侦查权分散配置引发的侦查能力不强、效率不高、资源利用率低等问题尤其突出,因此,应当从集约、高效、上令下行等方面考虑,对基层检察院的职务犯罪侦查权进行优化、整合。

建议将基层检察院的反贪、反渎部门统一整合成职务犯罪侦查局,依法受理举报、立案侦查、预防职务犯罪等,主要工作任务是:组织、指挥和协调辖区范围职务犯罪案件的举报、侦查和预防工作;组织、协调跨部门的职务犯罪案件的侦查、取证、追捕、追赃等协查工作;受理、侦查辖区范围的职务犯罪案件以及上级检察机关交办的案件;收集、存储职务犯罪信息,掌握辖区职务犯罪侦查工作情况和信息反馈,研究对策并组织实施;开展职务犯罪的社会化预防工作,倡导、推动辖区预防职务犯罪的社会宣传和教育。近几年,重庆、深圳等地成立统一办理贪污和渎职侵权案件的职务犯罪侦查局,取得了较好的资源整合的效果,积累了较好的工作经验。另外,考虑到基层检察院监所检察部门力量薄弱,并主要承担日常化的执法监督工作,开展职务犯罪侦查工作的能力、条件不足,① 因此,对于基层检察院监所部门行使的职务犯罪侦查权可以有两种优化方案:一是统一由本检察院的职务犯罪侦查局行使;二是由上级检察院的监所检察部门或监所检察院行使,监所检察部门协助实施。

(六)建立高层整合协调的职务犯罪侦查信息情报机制

当前职务犯罪侦查能力的提高迫切需要建立一个强大而卓有成效的信息情报机制,即需要建立一个强大的信息情报数据库,其必要性和重要性在信息化社会更是毋庸置疑。信息情报数据库的建立需要与其他掌握信息情报的相关单位沟通协调,这与宏观上的侦查权力配置息息相关,涉及相关单位的权力让渡,涉及面广、内容敏感,除了省级院和地市级院大力加强沟通协调外,更需要最高人民检察院从高层协调,与相关单位的最高管理部门共同制定相关基础信息收集、查询、管理、共享的机制和平台,通盘考虑解决相关问题。

基础信息建设主要应当包括以下几个方面:公安人口基础信息,如户籍、年龄等;组织人事信息,如当事人的档案信息等;金融系统信息,如银行、证券、保险等在内的与资金流动相关的信息;通讯信息,主要包括电信、移动、联通三大运营商保存的通信信息;政府经济信息,包括中央和地方各个有经济运作的单位、部门的招投标、采购信息,以及税务、地产、海关等相关职能部门保存的信息。

我国宪法赋予检察机关法律监督的地位,是法律将职务犯罪侦查权统一完整配置给检察机关行使的一个根本前提。在现行宪法体制框架内,由检察机关统一行使职务犯罪侦查权,符合人民代表大会制度下的国家权力配置和运行的现状和监督要求。职务犯罪侦查对于加强法律监督、防止和纠正权力异化起着举足轻重的作用。职务犯罪侦查权的统一行使

---

① 陈怀安、刘继国:《职务犯罪侦查权合理配置研究》,载《中国检察》(第17卷),中国检察出版社2008年版,第321页。

能保障法律的统一实施，保障打击和预防职务犯罪的整体性，突显职务犯罪的法律监督属性。

目前，职务犯罪日趋高智商化、技术化、复杂化，取证难度进一步加大，要充分发挥职务犯罪侦查在打击腐败方面的重要作用，只有顺应职务犯罪侦查权行政性、司法性的特征，通过将职务犯罪侦查权全面、完整地一元化配置给检察机关，通过优化职务犯罪侦查权在检察机关内部的纵向化配置，形成有利的内外部环境，使之由"支离破碎"转向"完整有力"，使之由分散低效走向集约化、高效化、法治化的发展道路。

职务犯罪侦查模式转变的实践思考

冯新华[*]

职务犯罪侦查是检察机关履行法律监督职能依法行使监督权的重要体现。随着刑事诉讼改革的不断深入，转变职务犯罪侦查模式，既是克服传统侦查模式的缺陷和不足的现实需要，也是适应刑事诉讼发展形势的客观要求，已成为检察机关当前面临的重要课题。本文立足于转变侦查模式的实践探索谈谈对这一问题的认识思考。

一、职务犯罪侦查模式转变的背景

党的十八大进一步强调了依法治国理念，修改后刑事诉讼法确立了尊重和保障人权原则，对侦查措施、证据制度、律师代理辩护制度等方面都作出了新的规定，给职务犯罪侦查工作带来新的挑战，同时也给职务犯罪侦查工作转变模式、转型发展带来机遇。

（一）法治进程的加快构成了职务犯罪侦查模式转变的大环境

从法治理念来讲，过去那些封闭主义、职权主义、"重实体、轻程序"等理念及"由供到证"的办案模式，与法治理念的要求相悖，必须予以摒弃，树立起与社会主义法治理念相适应的执法观念，通过积极探索符合社会主义法治理念的侦查模式，充分发挥职务犯罪侦查工作在惩治腐败和保障人权中的重要作用，更好地贯彻法治精神、维护公平正义。从法律制度设计来讲，修改后刑事诉讼法进一步确立了尊重和保护人权的原则，规定了侦查阶段的辩护权、与保障人权相一致的取证、确证制度，明确了非法证据排除规则、"不得强迫自证其罪"规定，给传统的职务犯罪侦查工作带来挑战，转变侦查模式势在必行。从诉讼现代化趋势来讲，职务犯罪侦查活动作为刑事诉讼活动的重要环节，通过刑事诉讼制度的改革，逐渐具有了可辩性、可诉性、双向性、公开性等特性，诉讼现代化的要求从应然变为实然、从制度变为现实，促使职务犯罪侦查模式必须要转型发展，才能步入诉讼现代化发展的轨道。

（二）法律规定修改的"挑战"构成了职务犯罪侦查模式转变的"底线"

此次刑事诉讼法的修改，在进一步明确尊重和保障人权总的原则之下，对检察机关自侦办案具体的挑战主要体现在以下几个方面：一是更加注重程序公正使程序对案件判决的影响更大。修改后刑事诉讼法规定了犯罪嫌疑人权利告知程序，律师建议、逮捕必要性司法审查程序，查封、扣押审批程序等，使侦查办案的程序更加完善和规范，一旦违反这些程序，将导致违法责任，甚至承担案件败诉的风险。二是辩护制度的修改使侦查更具对抗性。律师提前介入、律师可凭"三证"会见犯罪嫌疑人、会见犯罪嫌疑人不被监听、对

---

[*] 湖北省黄冈市人民检察院检察长。

违法违规行为可以提出申诉控告等,打破了以前职务犯罪侦查相对"封闭"的办案环境,增加了犯罪嫌疑人的"底气",律师这一外界因素和不确定因素的加入,使检察机关自侦办案面临更多风险、压力。三是非法证据排除规则使取证更要注重技术性和方法性。防止证据被作为非法证据排除,一方面要下更多的功夫,付出更多的人力、物力;另一方面要承担更多的注意义务。不仅要全面收集证据,收集能够证明犯罪嫌疑人有罪无罪、罪轻罪重的证据,还要客观收集证据,保证取证主体、程序的合法,证据具有法定的形式;不仅要会收集传统证据、直接证据等,还要注意收集电子证据、再生证据等。不仅要单个证据合法,具有证明力,证据之间还要能相互印证,形成证据链条,确实充分、排除合理怀疑。四是不得强迫自证其罪规定使获得嫌疑人的口供更难。因不得强迫自证其罪的规定,将可能使更多的职务犯罪嫌疑人选择沉默。检察机关自侦部门在讯问时间、手段有限的情况下,追求犯罪嫌疑人的"口供"更具有难度,更考验自侦部门的讯问能力。

(三)法律规定修改的"机遇"为职务犯罪侦查模式转变带来了有利契机

一是有条件地适当延长传唤、拘传时间。修改后刑事诉讼法基于办案实际情况,规定案情重大、复杂,需要采取拘留、逮捕措施的,传唤、拘传持续的时间可以延长至24小时,有条件适当延长了传唤、拘传时间,为侦破职务犯罪大案要案提供了非常宝贵的时间资源。二是证据种类增加。修改后刑事诉讼法将原来刑事诉讼法规定的7种证据增加为8种,与时俱进地将现在常用的侦查实验笔录、电子数据列为证据,增加了刑诉证据的涵盖范围,一定程度上增加了证明犯罪的容易度。三是侦查手段增加。修改后刑事诉讼法规定检察机关自侦办案可以使用技术侦查、隐匿身份侦查等新侦查手段,用好这些手段,将为自侦办案模式转变提供有效途径。四是行政机关收集的证据可以直接作为刑事诉讼证据使用。修改后刑事诉讼法明确了行政程序中收集的物证、书证、视听资料、电子数据等证据材料,在刑事诉讼中可以直接作为证据使用。① 此规定,为检察机关自侦部门更加及时收集有关证据,有效揭露、查办职务犯罪提供了更为便捷的条件。因此,刑事诉讼法的修改,为转变职务犯罪侦查模式、转型发展带来了契机,创造了条件。

二、职务犯罪侦查模式转变的要求

法律修改的变化,新形势的发展,促使职务犯罪侦查模式转变在探索实践过程中必须要遵循以下要求:

(一)要全面客观收集证据

一是重视初查,将侦查工作重心进一步前移,加强初查,在初查阶段收集有关证据、固定证据线索,为办案下一个环节奠定坚实的证据基础。二是坚持与讯问同时、同步进行搜查、查封,把握收集证据的最佳时机。三是注重收集证据的主体和程序合法性。四是落实分工协作,加强对信息的利用,全面客观收集有关证据,不仅收集有罪、罪重证据,也收集无罪、罪轻证据;不仅收集直接证据、原生证据、言词证据,也收集间接证据、再生证据、实物证据。尤其注重对电子数据的收集,并注意证据之间的相互印证和逻辑统一,

---

① 参见刘文峰三编:《新刑事诉讼法新增新改条文精解与立法理由》,人民法院出版社2012年版。

及时固定和保存。五是收集重要证据要注意录音录像、邀请旁证参加,注重收集和固定取证合法性的证据材料。六是注重对行政执法机关移交证据的转换和认定。七是建立完善的证据审查机制。切实改变过去重侦查轻审查的做法,在侦查中强化证据审查意识,每个案件侦查终结前,职务犯罪侦查部门内部应安排专门力量进行证据审查,对于重大复杂案件,主动邀请侦监、公诉部门提前介入,指导取证,对有关证据进行审查,排除非法证据。

(二)要规范讯问

一是讯问时严格遵守"不得强迫自证其罪"、同步录音录像、审押分离等法律规定和办案纪律,在看守所讯问,避免超时审讯,确保审讯时侦查人员与犯罪嫌疑人不得有身体接触、犯罪嫌疑人的必要饮食和足够的休息时间等。二是规范讯问语言,防止在讯问中出现侮辱、威胁、欺骗、诱供、指供等及类似问话。三是加强侦查人员讯问能力培养,提高首次讯问突破的成功率和"镜头下"讯问能力。四是通过全方位立体审讯等方式固定犯罪嫌疑人供述,使得犯罪嫌疑人不能、不想、不敢翻供。

(三)要开放办案

要由对一种人、一个群体的开放,逐渐扩大为对全社会的开放。目前,主要是要培养树立开放办案的意识和理念,畅通和维护开放办案的"窗口"和渠道,关键是要积极应对修改后刑事诉讼法律师提前介入的规定,构建新型检律关系,发挥律师在侦查工作中的"正能量"。一是理解和尊重律师,为律师依法执业提供便利,保障律师依法行使法律赋予的各项权利,赢得律师对办案的理解和支持。二是运用好律师会见批准、听取律师意见制度,加强与律师的沟通合作,做好律师的说服工作,通过律师来做犯罪嫌疑人的工作,为职务犯罪侦查创造有利条件。三是加强与律师行业主管部门和律师协会的联系沟通,定期向他们通报律师介入职务犯罪侦查的执业情况,督促、协助律师行业主管部门和律师协会加强对律师依法执业的教育和管理,加强律师执业道德建设,规范律师执业行为,防止律师滥用执业权利。

(四)要完善执法办案风险和效果评估及预警、处置、防范工作体系

一方面,要做好评估工作。高度重视风险评估,根据案件具体情况,对可能产生的政治风险、社会风险、法律风险、办案人员安全风险及其程度作出准确判断。高度重视效果评估,综合考虑案件性质、涉案范围、发生领域、经济社会影响等因素,着眼于努力实现法律效果、政治效果、社会效果的有机统一,指导执法办案工作开展。另一方面,要完善执法办案风险预警、处置、防范"三位一体"工作体系。将执法办案风险预警、处置、防范工作意见落实到每一起案件、每一个环节,着力完善、认真落实预警、处置、防范的程序、机制和措施。①

三、职务犯罪侦查模式转变的实践探索

面对刑事诉讼法修改等新形势,各地检察机关都在积极探索符合刑事诉讼法规定要求

---

① 参见 2013 年 2 月 27 日,敬大力检察长在推进检察机关执法办案工作转变模式、转型发展座谈会上的讲话。

的职务犯罪侦查模式。根据湖北省检察院的统一部署,黄冈市检察机关在职务犯罪侦查工作转变模式、转型发展上做了一些有益尝试,取得了较好的成效。办案规模逐年上升,黄冈市 2012 年立案查办职务犯罪案件人数比 2011 年上升 20%,2012 年 1～6 月同比上升 23.16%;办案质量稳步提高,黄冈市 2012 年立案查办职务犯罪案件起诉率达 93.1%,同比上升 25.5 个百分点,没有无罪判决案件;办案效果明显提升,既凸显服务职能,党委政府满意,又回应人民群众关切,人民群众满意,检察工作报告连续两年获全票通过。

(一)严格规范办案,尊重保障人权

一是牢固树立规范执法理念,为修改后刑事诉讼法实施奠定思想基础。坚持不懈地开展执法规范化教育,引导干警在思想上形成共识,心灵中产生共鸣,行动上步调一致,真正把规范执法的要求融入干警血脉,促使广大干警牢固对立人权保障意识和规范执法观念,实现了执法办案从被动规范到积极、主动规范的根本性转变。这种执法观念的转变,正是尊重和保障人权基本原则的重要体现,契合了修改后刑事诉讼法"尊重和保障人权"的立法宗旨和精神。二是严格落实规范执法要求,为修改后刑事诉讼法实施奠定工作基础。坚持把最高人民检察院、省检察院出台的一系列规范执法的要求贯穿于整个执法办案全过程,确保程序规范实体公正。切实规范讯(询)问行为,严格执行传唤、拘传时限规定,严格实行审押分离、审录分离,做到讯问犯罪嫌疑人全程全面全部同步录音录像,对拘留、逮捕的犯罪嫌疑人一律在看守所讯问,询问绝不限制被询问人的人身自由。切实规范证据采信,坚决实行违法违规讯问笔录排除入卷制度,凡提讯没有同步录音录像的讯问笔录,一律排除入卷。三是健全规范执法长效机制,为修改后刑事诉讼法实施奠定制度基础。注重发挥机制的基础性、根本性和长远性作用,建立健全了业务部门监督制约机制、检务督察机制、上级检察院对下级检察院监督制约机制,以制度机制确保规范执法。四是加强规范执法硬件建设,为修改后刑事诉讼法实施奠定物质基础。黄冈市检察机关全面落实湖北省检察院推进规范执法 24 项任务,投资 1280 余万元对办案工作区进行了标准化升级改造,在全市 10 个看守所建成标准化职务犯罪案件讯问室 15 间,配置办案工作区和看守所讯问室视频监控全覆盖系统,实现了办案工作区强制物理隔离和审讯全程同步录音录像,奠定规范执法物质基础,通过运用现代信息技术"倒逼"规范执法。

(二)高度重视初查,做到先证后供、证供结合

按照"系统分析,理性初查"的思路,坚持"系统抓、抓系统",将侦查工作的重心前移,把收集证据材料、发现犯罪事实的重点前移到初查环节,做细做实初查工作。一是注重案件线索研判,积极对全市查办的个案和所收集到的线索进行综合分析,注重研究职务犯罪案件发生的规律、特点,避免初查工作的盲目性。二是制定周密的初查方案,做到初查人员、初查任务、初查范围、初查方法"四个明确",始终抓住主要问题,在"快捷"、"准确"、"周密"上下功夫,及时迅速固定证据,提高初查质量和效率。三是有效开展风险评估。成立自侦案件风险评估小组,重点对案件线索能否成案、是否会诱发不稳定因素两个方面进行评估,既把握好初查、立案时机,又确保案件初查质量。通过侦查重心前移,务实初查、风险评估,使案件线索在完成初查时已经形成案件"半成品",为侦

查决策、侦查工作深入开展奠定良好的基础。2012年以来，黄冈市职务犯罪案件初查成案率达到98.1%，充分证明了这种初查工作的高效性和有效性。

（三）着力强化信息化建设，探索信息引导侦查

在大力推进侦查信息化平台建设的基础上，着力在提高职务犯罪办案视野上下功夫，构建"耳聪目明"的自侦办案格局。工作机制方面，黄冈市由市检察院反贪局明确指导科科长为信息管理员，各基层院明确一名情报信息员，信息工作直接受局长领导，形成局长和信息人员共同负责信息工作的机制。信息收集方面，涵盖了媒体中涉嫌职务犯罪的资源和检察机关内部的简报网站通报的办案信息，政策、法规的出台对相关行业领域产生的影响，本地区重大项目的建设、重大资金走向以及相关政策规定的情况，审计、监察、公安、工商、税务等行政执法部门办理的案件情况，历年在办案中发现而未初查的线索等。信息处理方面，首先对搜集的信息进行甄别，然后汇总、整理、整合，分门别类地录入，建立信息库，供分析利用。信息利用方面，对有关信息进行评估和综合分析后，形成若干案件信息资源，为侦查决策提供信息支撑和服务。2012年1~6月，共受理网上举报线索6件，网上自行发现案件线索4件，利用侦查信息平台进行通讯查询160余批次、房产信息查询30余批次、人口信息查询20余批次，利用有关信息顺利查办大要案80余件。信息的力量为职务犯罪案件侦查工作提供了强有力的支持。

（四）努力构建新型检律关系，实现检律良性互动

转变传统对待律师的思维，将律师提前介入作为助推侦查工作开展的有效手段。一是通过与律师的沟通，进一步明确侦查思路。在充分听取律师有关意见的过程中，及时发现和纠正办案中的偏差，适时调整侦查方向，通过及时了解律师的辩护思路，有针对性地调整侦查思路。二是通过律师会见，了解犯罪嫌疑人思想状况，为审讯工作创造良好条件。犯罪嫌疑人往往对所聘请的律师比较信任，能够向律师坦陈思想动向。因此，把律师会见作为我们了解犯罪嫌疑人真实思想动态的重要途径，促进讯问工作有的放矢。三是通过律师做好犯罪嫌疑人的思想工作。侦查人员与律师之间进行良好沟通，将讯问要达到的目的用律师的语言适当适度表达给犯罪嫌疑人，往往能收到事半功倍的效果。2012年，黄冈市所查办的贪污贿赂犯罪案件，均及时安排了律师会见，与律师之间形成了良好沟通，丝毫没有影响案件的侦查工作，有的案件通过律师沟通，助推了案件的突破。因此，通过建立新型检律关系，可以有效提升执法办案的效果，节约侦查资源。

（五）不断深化"检察工作一体化"机制，提升侦查工作效率

在"检察工作一体化"机制下构建大自侦格局，有效整合侦查资源，促进部门之间、上下之间的联动，最大限度地排除干扰和阻力，提升办案的整体合力。一是上下一体，统一指挥，联动作战。对于重大贪污贿赂案件，市检察院统一指挥，人员统一调配，赃款赃物统一追缴，案件处理统一研究，全市协同作战，形成强大的办案攻势。二是横向协作、侦捕诉监协同作战。在办案中，侦查部门主动与侦监部门沟通，共同把好审查逮捕的关口，为使用好强制措施，扩大战果奠定基础；公诉引导侦查，把好案件证据关口，提升办案效率和案件质量；与监所部门探索开展狱侦措施，有效利用"线人"、"耳目"等特侦

手段为突破案件创造条件。三是根据特点实行反贪、反渎联合办案,或以渎查贪、贪渎并查。针对贿赂案件与渎职案件相融合的案件变化趋势,注意将渎职案件纳入反贪办案的视野,实现贿赂案件与渎职案件同办的互补效应。近几年,黄冈市检察院成功查办的拍卖领域等系列案件就是上述机制成功运行的典型,通过成立反贪、反渎联合专案组,建立了"统一指挥、分合有序"的办案运行模式,贪渎并查,大胆利用狱侦手段破案,同时实现了快侦、快捕、快诉的办案效果。

(六) 认真落实宽严相济政策,实现"三个效果"有机统一

在严厉打击职务犯罪的同时,坚持宽严相济的刑事政策,该宽则宽,该严则严,宽严有度,消除社会矛盾,实现执法办案法律效果、政治效果和社会效果的有机统一。一是在侦查中审慎使用强制措施。对主观恶性较小、主动认罪的犯罪嫌疑人尽量不使用羁押性强制措施;对于情节较重,无悔改表现,对社会造成重大危害的犯罪嫌疑人不吝于采用羁押性强制措施。二是在处理方式上"以人为本"。根据犯罪情节、主观恶性、认罪态度区别处理,做到以事服人、以理服人、以法服人,真正制服犯罪。对于有自首、立功情节的,及时予以认定;能依法使用简易审的尽量建议使用简易审,既使犯罪嫌疑人接受审判,又要照顾到其"面子",最大限度地减少法律的对立面。在宽严相济刑事政策的感召下,2012年以来,有15名"问题人员"经过结果权衡,选择向市检察院投案自首,黄冈市检察院依法对13人立案侦查,其中县处级干部2人、执法人员1人。

四、职务犯罪侦查模式转变的建议

职务犯罪侦查模式转变是一个系统复杂的工程,涉及刑事诉讼改革、检察改革方方面面。当前,可从以下几个方面着手,积极推动职务犯罪侦查模式转变。

(一) 强化对职务犯罪侦查模式转变的引导

要自上而下地加强转变侦查模式的理念教育,形成顺应形势发展、不得不转模式的自觉氛围。要加强领导和指导,搞好顶层设计和模式转变的路径探索研究,引领下级检察院侦查办案模式转变的实践探索。要加强调查研究,找出当前侦查模式转变存在的问题、找准关键点和重点,及时提出解决对策和应对方案。

(二) 深化对职务犯罪侦查格局改革的探索

要科学研究当前贪污贿赂案件与渎职侵权案件相互交织、系统窝串案、重大复杂疑难案多发的态势,把握职务犯罪的规律和特点,积极在检察改革中探索职务犯罪侦查工作转变模式、转型发展,努力构建"检察工作一体化"机制下的大侦查格局。

(三) 实化对职务犯罪侦查工作的人力、财力保障

要着力解决当前侦查办案难度大、压力大、案多人少的矛盾,将检察机关的人才、骨干、年轻力量尽量充实到一线侦查部门,满足侦查办案的需要;要畅通检察官"入口"制度,为侦查岗位引进侦查专业人才、法律人才、讯问及取证人才;要积极争取对职务犯罪侦查工作的经费保障,建立完善专案经费机制,满足侦查工作需要。

(四) 细化有关职务犯罪侦查的法律依据

要对法律有关规定进一步具体化。例如,修改后刑事诉讼法和《人民检察院刑事诉

讼规则（试行）》刑诉规则都规定了检察机关自侦办案可以使用技术侦查措施，但没详细规定技术侦查的种类、审批程序、执行机关、救济措施等，增加了自侦部门使用技术侦查措施的难度；① 没有建立侦查人员讯问犯罪嫌疑人时，犯罪嫌疑人"不如实回答"的制约机制，增加了侦查人员获取犯罪嫌疑人口供的难度；等等。因此，应该对检察机关自侦办案使用技术侦查、进行逮捕必要性审查、听取辩护律师意见、查封扣押涉案款物等法律规定进一步完善和细化，增强有关规定的科学性和可操作性。

---

① 参见徐超：《细化技术侦查措施适用的四个建议》，载《检察日报》2012年8月13日。

完善职务犯罪案件办理机制研究

——以职务犯罪案件一审判决同步审查工作为契机

杜国伟[*]

近年来,全国检察系统连续推出了一系列的改革举措,如职务犯罪案件审查逮捕权"上提一级"、[①] 职务犯罪案件一审判决上下两级检察院同步审查等。这些改革,紧紧围绕优化检察职能,加强内部监督展开。对职务犯罪案件一审判决实行上下两级同步审查制度(以下简称同步审查[②])是更有效地发挥检察机关法律监督职能的有益尝试和探索。

一、职务犯罪案件同步审查制度的价值

(一)检察机关内部自我监督的强化

同步审查是检察机关法律监督职能的有效延伸。同步审查是立足于刑事诉讼法的现行制度,以原有的工作方式为基础而确定的。在原有的制度中,下级院提请抗诉,上一级人民检察院必须要进行审查以确定是否支持抗诉。现在实行同步审查方式,虽然将这种审查的范围和时间进行了改变,但是却将被动审查改为主动审查,将事后审查改为同步审查。[③] 制度设计层面上,实现内部监督的加强完善,弥补监督缺失,实现正当程序诉求。"通过强化检察机关自身内部监督制约,更好地贯彻落实曹建明检察长'把强化自身内部监督制约放到与强化法律监督同等重要的位置,用比监督别人更严格的要求来监督自己'的要求,增强检察机关执法公正性和公信力。"[④] 作出一审判决法院的同级检察院是同步审查的主要责任主体,上一级检察院负督促和制约的责任。

(二)配套职务犯罪审查案件审查逮捕"上提一级"制度

2008年,中央明确提出要完善检察机关职务犯罪案件审查逮捕程序,目的是进一步加强对办理职务犯罪案件的监督制约,以确保检察权特别是职务犯罪侦查权的依法正确行

---

[*] 天津市人民检察院第一分院研究室干部,法学博士生。
[①] 最高人民检察院2010年9月2日发布实施《关于省级以下人民检察院立案侦查的案件由上一级人民检察院审查决定逮捕的规定(试行)》,该规定系上级人民检察院对下级人民检察院直接受理案件侦查工作的监督,是对内的监督。
[②] 最高人民检察院2010年12月印发、自2011年1月1日起试行《关于加强职务犯罪案件第一审判决法律监督的若干规定(试行)》,是最高人民检察院推行的一项司法创新措施,有力强化监督、促进公正廉洁执法。该规定共13条,其中"明确了对法院作出的职务犯罪案件第一审判决的法律监督实行上下两级检察院同步审查",在此处,笔者为行文方便简称"同步审查"。
[③] 方工、刘涛:《对职务犯罪一审判决两级检察院同步审查研究》,载《中国检察官》2011年第6期(上)。
[④] 参见徐日丹:《强化内部监督、提高职务犯罪侦查水平——"职务犯罪案件审查逮捕权上提一级"改革回眸》,载《检察日报》2010年2月22日。

使。检察机关行使职务犯罪案件逮捕权的"上提一级"方案更具有现实合理性。改革前，检察机关行使侦查权与侦查监督部门彼此独立性不足、利害关系密切，这一弊端导致比公安机关的侦查权更容易走向专断。改革后，初步实现了职务犯罪侦查权与侦查监督权的合理分配。职务犯罪案件的不逮捕比率①较改革前明显上升，从而加强了职务犯罪批捕的监督力度。这是上级检察机关作为审查逮捕决定者相对于原决定逮捕的侦查监督部门具有较中立地位的应然结果；同时，国家赔偿制度的存在，使得上级检察机关在享有决定逮捕权时，同时应考虑自身的"隐性"责任——"错捕"的国家赔偿性，这样自侦案件的审查势必会严格，对逮捕条件、尺度、有无逮捕必要性的理解和把握上更加客观、全面。在将审查逮捕权赋予上级检察机关的同时，增加了上级检察机关对于自身决定逮捕案件结果的知情权，维护自身权威以及避免责任承担风险。

（三）维护司法公正及权威

据统计，2005 年至 2009 年 6 月，全国被判处有罪的职务犯罪被告人中，被判处免刑和缓刑的共占 69.7%，其中渎职侵权犯罪案件判处免刑和缓刑的高达 85%，而同期检察机关对职务犯罪案件的抗诉数却仅占已被判决职务犯罪案件总数的 2.68%。② 如果这种免刑和缓刑数量与抗诉数量不成比例的现象任其发展，有效地惩治和遏制职务犯罪就成为一句空话。人民群众更关心如何保障和实现司法公正，遏制司法腐败，确保权力的制约，在全社会实现公平与正义。同步审查制度加强了对职务犯罪案件的监督，也能有效地消除地方权力对检察机关法律监督职能的干扰。这种延伸的目的是及时了解案情，对刑事诉讼程序中存在的严重违法行为进行纠正，以及对一审法院作出的确有错误的裁判及时抗诉，终极目标层面上更好地实现公正为内核的公信力和司法权威。

二、职务犯罪案件同步审查制度的运行现状

"同步审查"实施一年多来，取得了一些成效，但也反映出一些存在的问题。可以说，制度的落实总体上是好的，但是存在不同程度的问题，影响了制度设计的初衷。具体可归纳为以下几个方面：

（一）下级检察机关上报不及时

同步审制度的价值在于及时审查，及时发现问题，问题发现的越迟，诉讼成本越高，公正及时性便会影响司法的权威。虽然这一制度已经推行了一段时间，但很多下级检察机关对于报送案件的范围仍然认识不清。有的认为只有起诉时认定为贪污等案件的才应当报送；有的认为，检察机关侦查的案件，如果起诉时变更了罪名，就不再报送；有的认为按照简易程序审理的案件就不用报送；还有的认为案件在移送起诉后，如果认定事实和证据出现变化，相关补充材料就不用及时报送。不及时的原因大致该概括为如下几个方面：一

---

① 据笔者调研统计，某直辖市人民检察院 2007~2010 年（每年 9 月至次年 6 月）的同比职务犯罪统计数据逮捕率明显下降。职务犯罪案件"上提一级"审查逮捕后，报捕的人数锐减，由改革前的 100 多人减至如今的 65 人；同时，犯罪嫌疑人的逮捕率有明显下降，由 93.6%、90.6%、下降到改革后的 86% 左右，表明职务犯罪案件审查逮捕监督制约力的显著增强，吻合改革设定的预期目标。

② 方工、刘涛：《对职务犯罪一审判决两级检察院同步审查研究》，载《中国检察官》2011 年第 6 期（上）。

是思想上的不重视,没有充分认识到制度的价值;二是行动上的迟缓,因工作量大或者疏忽所至;三是人为因素地故意迟延、设法避免被监督,这种情形就不难让人怀疑承办机关的不法行为或者前期办案存在程序或者实体上的瑕疵或者违法,而这恰恰是制度价值实现的关键。

(二) 下级检察机关上报不全面

部分检察机关在落实上并没有重视同步审查工作,没有认真学习最高检相关文件,而仅是将其当作增加工作量,并未认真领会"同步审查"的重要意义,也未认真思考如何加强职务犯罪的惩治工作,更多的时候仅是应付差事。只有全面地了解案情、办理程序等事项,才能做到准确、有效监督;否则,对案件进行有选择的上报或者一个案件材料之有上报结论而无上报卷宗,这种形式主义的倾向必将动摇该项制度的根基。上报不全面的因素大致可分为:一是案卷诉讼的程序的跨时性,导致上报素材难以全面;二是部分案卷涉嫌保密等事项,不能上报;三是案卷存在程序、实体上的问题,为规避监督而部分选择性地上报。

(三) 上下级检察机关审查沟通机制不畅通

下级检察机关上报案件,上级检察机关承办人对案件予以审查,发现案件问题之后,审查沟通机制不畅通,难以机制解决问题,这势必造成审查的形式化倾向。在同步审查工作中,各下级检察机关及时按要求报送案件是同步审查的前提,也是上级检察机关了解职务犯罪案件情况的最重要方式。沟通指施不畅通的制约因素在于:一是原有工作思路难以适应新的工作要求;二是下级检察机关不愿意被监督的思想在作怪;三是工作机制确实缺失,没有完整的工作机制,仅靠个别的自觉难以落实;四是怕监督得罪人的思想尚存在部分工作人员思维意识中。

(四) 上级检察机关审查部门人员配备待加强

二审监督部门的职责主要是二审上诉或者抗诉,在职务犯罪审查逮捕"上提一级"后,实施了职务犯罪一审判决上下两级院同步审查改革,同步审查改革规定将该业务归属于上级检察机关的二审监督部门。二审监督部门在原有工作人员数量基本不变的情形下,对新增加的业务①难免存在人员不足、素质不适应甚至当过且过的工作态势。

三、同步审查工作中发现职务犯罪案件办理机制问题

通过办理职务犯罪案件同步审查工作实践,我们发现职务犯罪案件,从立案到审查逮捕直至诉讼终结等程序中不同程度地存在问题。

---

① 据统计,2010 年度上海市北片地区职务犯罪案件共计 168 件 178 人,其中法院决定开庭审理的上诉案件 19 件 21 人(该数字与 2008 年 16 件、2009 年 21 件基本处于持平状态)抗诉案件 1 件 1 人,不诉回批 18 件 18 人。假设 2011 年北片地区的职务犯罪数额于上诉、抗诉、不诉审批基本持平的状态下,二审部门参与审查的案件数将增加 130 件左右。参见李小文:《职务犯罪案件第一审判决同步审查的相关问题的思索》,载北京市人民检察院第一分院主办:《新世纪检察》2012 年第 4 期。

（一）职务犯罪的缓刑率①比较高，审查侦捕机制需要检讨

高的缓刑率是审查逮捕部门办案质量问题的体现，在审查逮捕工作中，承办人一般不会细致把握"逮捕必要性"条件。逮捕作为最严厉的一种强制措施，其适用效果如何直接关系到宽严相济刑事政策的落实。在审查逮捕的过程中，贯彻落实宽严相济刑事政策的关键在于如何把握逮捕的必要性，其考量因素主要包括犯罪事实是否清楚、犯罪行为的轻重程度与具体情节、是否妨碍刑事诉讼的顺利进行、是否存在社会危险性、主观恶性如何、犯罪主体自身的特殊情况、证据的收集情况等。在办案中对上述事项予以考量的相对甚少。审查逮捕的案件质量有一定问题，如阅卷不细，逮捕必要性把握不严等。比如，有的案件比较注重言词证据的收集，而忽视了一些不可变的证据的提取，使证据收集得不够全面完整；有的案件言词证据之间许多矛盾，而又没有进行必要的排除，使证据不具有排他性。当然，我们都知道自侦案件尤其是贪污贿赂案件，证据构成主要是言词证据，而言词证据具有可变性且容易存在矛盾点，这是客观存在的。但是怎么通过侦查工作尽可能有效地排除这些矛盾点，全面真实地反映案件事实，这是今后工作中需要进一步加强的。另一方面，有的案件犯罪嫌疑人的主体身份无法确定、有的案件是利用职务便利还是工作便利不好区分。真正意义上的国有公司、企业越来越少，对国家控股公司人员犯罪怎样认定、对受国有公司委派从事公务人员的犯罪怎样认定，这需要我们侦捕两家进行很好的沟通，力求达成共识，确保在严格遵守法律的前提下，达到惩治犯罪保证诉讼顺利进行的目的。

（二）职务犯罪的罪名变更率较高，职务犯罪案件考核机制需完善

据统计，2011年某直辖市分院在职务犯罪案件一审判决上下两级同步审工作中，通过审查已报送案件，发现一审法院改变起诉定性的占30.2%，判缓刑案件占62.2%，呈现改定性和判缓刑的"双高"现象。在判缓刑案件中，又有45.4%的案件系非国家工作人员犯罪，这些均说明下级院在职务犯罪案件立案、起诉阶段存在掌握标准不一、把关不严问题，亟待规范统一。从事司法事务，尤其是犯罪侦查机关对管辖问题应该认识最清楚、最有敏感性，为审查有这么多的罪名变更，不能完全归结于审查机关的定罪有问题。在侦查部门办案中，我们立案首先是犯罪事实，也可以说首先映入头脑的是主体是否属于国家工作人员。我们初查的绝大部分精力放在这个方面，同时我们的司法解释比较多、同时司法解释多半有高院独立或者牵头出台，对理解偏差予以合理性考量的情形下，我相信不会出现这么高的不一致性。同时，一个职务犯罪案件经历侦查部门侦查、审查逮捕部门审查决定逮捕、公诉部门提请公诉三个部门历时半年以上的办理，对主体问题难道就发现不了问题？可见审查逮捕部门有必要从严把握。考核机制的不合理助长了这种现象，今后

---

① 2008年1月至2010年12月，烟台市两级法院已判决检察机关立案侦查的职务犯罪案件482件602人，占同期立查案件的91%，非监禁刑适用比例偏高。在已判决的482件602人职务犯罪案件中，判处缓、免刑的454人，约占判决总人数的75.4%，其中判处缓刑的324人，占53.8%；判处免刑的130人，占21.6%。同期烟台市其他刑事犯罪案件判处缓、免刑比例为47.8%，贪贿和渎职侵权案件缓、免刑比例高出近28个百分点。参见高鹏祥：《关于2008年以来全市职务犯罪案件判决情况的调研报告》，载http://jcy.yantai.gov.cn/JCYJCYJ/2011/04/24/562471.html，访问时间2013年5月11日。

有必要改变相应的考核，在充分考量案情的前提下对改变主体从而改变定性的司法现象加以规则。

（三）职务犯罪案件监督难度大，办案协调抗诉机制需改进

职务犯罪案件较一般案件抗诉难度提高。首先，体现在层级的错落，导致难以沟通协调。其次，在部分案件中因各种因素，导致监督难以及时提出意见，事后发现又难以启动相关程序。一方面，变更罪名、情节认定导致量刑①差异很大。另一方面，极端案例的问题，如主动变更罪名同时削减罪名起诉问题的程序纠正。从而导致上级决定逮捕的检察机关审查逮捕部门作为国家赔偿的责任主体，在捕后难以及时跟踪自救的风险。笔者认为：二审部门发现一审诉判一致的案件确有错误，最高人民检察院虽未作出相应的明确规定，但应该加强监督，实施再审抗诉。

四、职务犯罪案件办理机制的完善措施

（一）完善沟通协调机制提升上级检察机关主动监督能力

《关于加强对职务犯罪案件第一审判决法律监督的实施办法（试行）》规定，上下两级人民检察院审查职务犯罪案件第一审判决应各司其职，各负其责，认真审查。同时上下两级人民检察院应加强沟通、联系，共同做好对职务犯罪案件的法律监督工作。作出一审判决人民法院的同级人民检察院公诉部门是同步审查的主要责任主体，上一级人民检察院的二审监督部门负有督促和制约的责任。这一规定强调了上下两级人民检察院应互相配合、加强沟通的重要性，而人员配置和物质保障是加强配合与沟通的前提。一方面，要节省大量的在途报送时间以及重复的文字录入工作；另一方面，应加快推进信息化建设工作，实现上下级检察机关之间信息传递与沟通，充分发挥远程视频讯问、在线讨论案件等新途径的作用，实现检察系统网状的信息沟通与资源共享。今后更应加强对错误判决的抗诉力度尤其是量刑畸轻案件的抗诉力度，充分发挥检察机关的抗诉职能，逐步扭转职务犯罪案件轻刑化的状况。同时，还应继续积极推进量刑规范化改革，统一量刑幅度，纠正同案不同判的现象。

（二）严格逮捕的入门机制切实保障"上提一级"改革成效

一方面，严格执行审查逮捕程序规则，充分落实"宽严相济"的刑事政策。具体应做到以下方面：一是审查逮捕阶段与犯罪嫌疑人见面必须全部提审犯罪嫌疑人，除听取其有罪供述和无罪辩解外，还应该重点考查犯罪嫌疑人的认罪态度、有无真诚悔罪表现、能否保证诉讼顺利进行；二是建立审查逮捕案件的集体讨论制度，对案件证据进行集体分析论证，促进批捕工作的客观化、科学化以及规范化。② 另一方面，推行审查逮捕说理制度，尤其是针对"逮捕必要性"的阐释。需要审查逮捕部门从犯罪事实、证据认定、法律适应等方面做全面的分析，特别关注犯罪嫌疑人主观恶性并影响宽严相济刑事政策适用

---

① 职务犯罪案件尚无量刑建议标准，恐难以规范监督法院量刑。实践中，存在检察机关或者没有对案件提出量刑建议，或者提出的量刑建议只有承办人以经验来权衡，如果单纯对法院量刑不当提出抗诉，总显得底气不足。

② 参见朱晶：《宽严相济刑事政策在批准逮捕程序中的实际运用》，载《法制与经济》2008年第6期。

的证据，注意审查犯罪嫌疑人是否具有法定或者酌定从轻情节以及在共同犯罪中所处的地位和作用等，从而认定"逮捕必要性"问题。说理的过程可以施行集体讨论制度、分级说理制度或者听证制度，切实实现职务犯罪审查逮捕的有效制约价值。

（三）建立立捕诉协调一体的合理考核机制

检察业务考评标准的目的就是为了实现检察工作所追求的价值目标，使检察权的功能得到最大限度的发挥，这也是检察业务考核标准所追求的价值取向。由于过分强调提高批捕率、起诉率，降低不补率、不诉率，致使法律规定的不捕、不诉制度难以发挥应有的作用，逮捕起诉的法定必要性规定被虚置，使得轻缓刑事政策在审查逮捕、起诉中面临名存实亡等危险，难以落实"宽严相济"、"惩办与宽大"、"打击与挽救"的刑事政策，既影响审查逮捕、审查起诉工作质量，也导致大量司法资源的浪费。职务犯罪侦查逮捕考评机制的现行某些业务考评办法未能体现科学发展要求，应积极构建科学合理的侦查逮捕业务考评制度，合理设置考评项目，形成立案、逮捕、起诉协调一致的考评机制。

（四）从严把握犯罪数额认定、自首等从宽情节的证据适用机制

对缓刑案件予以分析，可以发现导致大量缓刑的原因如下：一是自首情节的滥用。一方面表现为自首的从宽把握；另一方面自首的错用，从而导致量刑的轻型化现象。二是立案数额、批准逮捕数额同公诉数额的差距过大。一方面，立案机关往往好大喜功，为了完成指标而夸大立案数额，将没有任何证据作证的数额纳入而上报审查决定逮捕。侦查监督部门在审查案卷中，在仅仅认定最低构罪数额的前提下，不考量其他证据因素是否能够实现的前提下，决定逮捕。在后续的侦查程序不进行相应的跟踪与督促，致使侦查部门不加大侦查力度，案件到期便以相应认定数额提起诉讼。另一方面，证据难以核实，职务犯罪侦查中侦查部门同犯罪嫌疑人做实事上的"辩诉交易"或者说类似"诉辩交易"的侦查交易，让犯罪嫌疑人承认部分犯罪事实，而放弃对其他犯罪事实的侦查。三是部门基层公诉部门对案件事实予以有选择的公诉，而对部分犯罪事实以事实不清、证据不足不予公诉。一方面确实存在证据不足的情形；另一方面侦查部门、侦查监督部门以及公诉部门的空间、层级隔离减弱了监督的效力，同时对相关的证据标准、法律适用难免存在不一致的分歧，当然也不排除对下级检察机关公诉、法院审判机关工作的人为影响。对此，应从严把握犯罪数额认定、自首等情节的证据适用机制。

今后职务犯罪案件检察工作的发展将趋于如下方向：一方面将实现以信息化为基础的上下级检察机关的监督与协作。在信息化发展的前提下，将更好落实以审查逮捕为基础的侦查监督的同时，充分有效实现介入侦查、引导取证、一审判决监督的协作。另一方面，在逮捕环节，将实现内部监督与外部监督的有效结合。加强司法民主建设，引入人民监督员制度、逮捕异议制度充分实现犯罪嫌疑人的权利以及律师制度的价值，引入部分案件的听证程序，同时拓宽检察机关的内部监督渠道，防止错捕，提高逮捕质量。

完善检察机关与纪检监察机关协调配合机制研究

梁 莉*

在我国当前的反腐败领导体制和工作机制下,检察机关与纪检监察机关无疑是惩治腐败、防止公权力肆意滥用的最核心的两种力量。我国目前执行的是"党委统一领导、党政齐抓共管、纪委组织协调、部门各负其责、依靠群众支持和参与"的反腐败领导体制和工作机制。那么,在这一总体框架下,检察机关如何与纪检监察机关加强协调配合,实现惩治腐败的共同合力,是当前需要研究的重要现实问题,本文试从厘清两机关的关系,明晰各自职责,促进二者的协作配合,发挥各自优势,形成合力的角度进行论述,求教于各方。

一、在惩治腐败体系中,检察机关与纪检监察机关的职能定位剖析

反腐败是一项长期而复杂的工作。在我国现阶段,形成了符合自身实际的反腐败领导体制和工作机制,在查办具体腐败案件上,基本格局是由中国共产党的纪律检查机关及行政监察机关、检察机关共同负责,具体而言,党内是纪律检查机关,政府部门是行政监察机关,司法部门是检察机关。由于我国纪律检查机关与行政监察机关是合署办公,因此形成反腐合力的关键就是处理好纪检监察部门与检察机关在反腐败工作中的关系,使二者资源整合、优势互补,形成打击腐败的长效机制与合力。

(一) 纪检监察机关的职能定位

党的纪律检查机关是对党的组织、党员遵守纪律的情况进行监督、检查的职能机关;监察机关是人民政府行使监察职能的机关。可见,纪检监察机关主要承担对违反党章党纪,违反行政监察法规的党的组织、党员干部和国家机关、国家工作人员实施监督的职能,履行查处违规违纪党员干部和国家工作人员的重任,是维护党的纯洁性、先进性,清除党内毒瘤的重要职能部门,也是促进行政机关依法行政、防止行政不作为或滥作为的职能部门。

中国共产党章程及纪律处分条例明确规定,坚持在党的纪律面前人人平等的原则,任何党员和党的组织违反党的纪律都必须受到追究。中华人民共和国行政监察法规定,监察工作在适用法律和行政纪律上人人平等。因此,任何违反党纪政纪的党员或者国家工作人员都是纪检监察机关查处的对象。纪检监察机关在维护党风政纪方面发挥着不可替代的重要作用。而且,在反腐败体系中,纪检监察机关起着重要的组织协调作用,协调各方形成反腐倡廉的合力。

---

* 湖北省人民检察院侦查指挥中心办公室主任。

（二）检察机关在反腐败中承担的职能

我国宪法规定检察机关的性质是国家的法律监督机关，是国家机构中一个独立的系统。人民检察院在反腐败体系中的地位与作用来自于它的职权之一，即刑事案件侦查权，检察机关对国家公职人员的职务犯罪行使刑事案件侦查权。

所谓职务犯罪，是国家工作人员在其职务权限内，以作为或不作为的形式表现出来的一种触犯刑律的行为。职务犯罪是一个类罪概念，可以定义为国家工作人员利用职务之便贪污公共财物、收受贿赂或者滥用职权、玩忽职守、徇私舞弊，破坏国家工作人员职务行为的廉洁性或者国家机关正常管理活动的行为。职务犯罪无疑是最严重最典型最集中最突出最猖獗最危险的腐败，正是因为如此，检察机关在维护国家公权力正当、依法行使方面承担重要职责，成为反腐败的一支重要力量。按照我国法律的规定，检察机关的侦查权主要适用于贪污贿赂犯罪，国家工作人员的渎职犯罪，国家机关工作人员利用职权实施的非法拘禁、刑讯逼供、报复陷害、非法搜查的侵犯公民人身权利的犯罪以及侵犯公民民主权利的犯罪。可见，检察机关管辖并直接立案侦查的职务犯罪包括贪污贿赂犯罪与渎职犯罪，涉及刑法规定的 57 个罪名，其中反贪局管辖的案件涉及 13 个罪名，反渎职侵权局管辖的案件涉及 44 个罪名。当然，对于国家机关工作人员利用职权实施的其他重大的犯罪案件，需要由人民检察院直接受理的时候，经省级以上人民检察院决定，也可以由人民检察院立案侦查。

（三）检察机关与纪检监察机关在查办腐败案件工作中的异同

纪检监察机关与检察机关的职能分工不同，纪检监察机关对违纪违规行为进行查纠调查，检察机关对职务犯罪案件进行立案查处。

1. 检察机关与纪检监察机关在查办案件中的不同之处

第一，查处的对象不同。一般而言，纪检监察机关负责对党员、行政监察对象违纪违规行为的调查处理；检察机关负责对国家工作人员职务犯罪案件的侦查、公诉。当然，很多违纪违规的党员、行政监察对象的行为不仅违反党纪政纪，还涉嫌触犯刑法，对于这些对象，两部门查处的对象又是一致的。

第二，依据的法律法规不同。检察机关查办职务犯罪案件的法律依据来自于宪法的授权，来自于刑事诉讼法的规定，直接依据刑法和刑事诉讼法及相关司法解释办案。纪检监察机关查办违纪行为依据的法规是党纪政纪和行政监察法等行政法规。如《中国共产党的党章》、《党政领导干部廉政从政纪律》、行政监察法等。

第三，工作手段、方式不同。检察机关主要是运用刑事侦查及提起刑事诉讼的方法行使其法律监督职权，即对国家工作人员和公民的违法犯罪行为进行刑事追究，提起公诉，以维护法律法规的正确实施。这种特殊的方法是纪检监察机关所没有的，纪检监察机关对监督对象违纪行为的调查与检察机关对犯罪案件的侦查也是不同的。检察机关一旦对犯罪嫌疑人立案，法律赋予检察机关可以采取多项侦查措施和强制措施，包括对物的强制措施，如搜查、扣押、冻结涉案款物、也包括对人的强制措施，如拘留、逮捕、监视居住等。而纪检监察机关的措施相对有限，纪检监察机关的调查只能依照党章党规及有关法律、法规的规定，采取党纪监察措施，如责令违纪嫌疑人员在指定的时间、地点就违纪事项所涉及的问题作出解释和说明。

第四，工作措施的强制程度不同，产生的法律后果不同。检察机关立案侦查的职务犯罪案件，可以使用各项侦查手段和措施，这些侦查措施和强制措施都以国家强制力作后盾，具有国家强制性的特征，相关单位和个人必须执行，否则要承担相应的法律后果。而纪检监察机关对调查对象的"双规"、"两指"措施，虽然有强制性，但程度上低于检察机关侦查措施和强制措施。所以纪检监察机关在办理一些大要案过程时，一般都要抽调检察、公安等机关予以协助，主要目的就是通过借助强力机关的一些合法必要措施来突破案件。

第五，办理案件的后果不同。纪检监察机关查办违纪案件的结果有三种：一是被调查人员不存在违法违纪的事实，结束行政监察；二是被调查人员不仅构成违法违纪事实，而且其违法违纪事实严重，涉嫌构成职务犯罪，纪检监察机关将相关对象移送司法机关处理（一般是移送检察机关处理）；三是被调查人员构成违纪违规事实，但严重程度尚不构成犯罪，应作出党纪政纪处分。由此可见，纪检监察机关直接作出的处罚是党、政纪处理，如需追究刑事责任，还需移送司法机关处理。而检察机关查办案件后有三种结果：一是犯罪嫌疑人构成犯罪，移送公诉部门审查起诉，直至向法院提起公诉，法院予以刑事惩罚；二是犯罪嫌疑人构成犯罪，但作不诉处理，对相关违纪问题移送纪检监察机关处理；三是不构成犯罪，如有相关违纪问题移送纪检监察机关处理。

2. 检察机关与纪检监察机关在查办案件中的共同之处

第一，查办案件的必然性。两部门都是我国目前反腐败的核心力量，在维护公权力的正确行使，促进反腐倡廉建设方面目标一致。只要有违纪违规事实，纪检监察机关必然查处，对于构成刑法确定罪名的职务犯罪案件，检察机关都有权查处，而且必须查处。

第二，查办对象的外延有重合或交叉。有些被查对象既有违纪违规问题，又有违法问题，纪检监察机关查处的违纪违规对象有可能成为下一步检察机关查处的违法对象。

第三，严格遵循法律法规履职。惩治和防范职务犯罪等公共权力腐败，推进党和国家的廉政建设，其中一个价值目标就是保护法治尊严。所以，不论是纪检监察机关还是检察机关，在履行职责过程中，必须依法进行，执法执纪单位首先自己要维护法律尊严。检察机关依据的是刑事实体法和程序法，依照法律规定的程序，收集、审查证据，揭露、证实犯罪，查获犯罪嫌疑人并采取必要的强制措施。纪检监察机关对违纪案件的办理也要按照党纪和行政法规履职。

第四，工作中有相同的聚焦点、交集点和临界点。相同的聚焦点是指两部门都是要查处相关人员的违法违纪事实，收集相关证据；临界点为相关人员的行为已构成职务犯罪，符合职务犯罪案件的构成要件；工作的交集点为纪检监察机关将违法线索移送检察机关办理。检察机关依法展开初查，如相关事实和证据已明确指向对象构成职务犯罪，检察机关决定立案侦查，并采取相应的侦查措施和强制措施。检察机关侦查终结后，将查办情况向移送线索的纪检监察机关反馈，由纪检监察机关对相关人员予以相应的党政纪处分。

二、检察机关与纪检监察机关协作配合模式现状与评析

基于以上分析,检察机关和纪检监察机关在反腐败工作中是重要的合作伙伴,正是这一整套反腐败机构和机制的有效运转,严惩了腐败分子,狠刹了歪风邪气,维护了人民群众的切身利益,保证了党和国家的机体健康,也是反腐败斗争深入开展并不断取得新成效的根本保证,但也要逐步完善。

（一）检察机关与纪检监察机关协作配合模式现状分析

目前,检察机关和纪检监察机关的配合协作主要体现在两个方面,一是对腐败官员的接力查处。有的被查处的官员是违纪违法问题并存,纪检监察机关先进行违纪调查,如构成职务犯罪案件,再移送检察机关进入司法程序查处,予以相应刑事处罚。二是两部门在反腐败工作中各有优势,需要取长补短,形成工作合力。检察机关和纪检监察机关具体如何配合协作,全国各地模式形式不一,总体而言,有单一模式和合作模式两大类,合作模式又可细分为四种,概括起来如下:

1. 单一模式。此模式即检察机关、纪检监察机关各自独立启动调查或初查工作,具体办理中也没有任何交织。检察机关按照法律规定对涉嫌职务犯罪案件的对象直接初查、侦查;纪检监察机关对违纪对象立案,并进行调查,如没有涉嫌职务犯罪问题,按照调查核实的违纪违规问题直接决定给予党政纪处理。

2. 合作模式。查办的主要是既有违纪违规行为,又有职务犯罪行为的党员或国家工作人员。具体有以下四种合作模式:

其一,流水线模式。纪检监察机关先对违纪对象立案进行调查,调查完毕,如构成职务犯罪案件,移送检察机关进入司法程序查处。

其二,提前介入模式。纪检监察机关先对违纪对象立案进行调查,实施"双规",纪检监察机关需要检察机关的提前介入。检察机关应邀提前介入。目前该模式较普遍。检察机关对法律、司法解释具有较深的理解,有较强的证据意识,检察机关介入调查,有利于第一时间获取重要证据,有利于案件下一步进入司法程序拓展。

其三,同时立案模式。纪检监察机关与检察机关同时对相关对象启动立案程序,纪检监察机关对被调查对象实施"双规"措施,检察机关对犯罪嫌疑人立案后迅速采取相应的侦查措施,如搜查、冻结、扣押涉案款物等。该模式的优势是可以充分发挥各自的职能、措施优势,检察机关立案后可采取搜查等侦查措施,可迅速调取相关书证、电子数据等关键证据,控制和掌握相应的赃款赃物,而纪检监察机关立案调查后可采取"双规"措施,对调查对象进行调查问话有优势。

其四,协商应急模式。如检察机关对犯罪嫌疑人立案传唤到案后,发现犯罪嫌疑人为人大代表和政协委员,需有相应的时间启动法律许可程序,协商由纪检监察机关先立案双规,待许可程序完毕后,再移送检察机关办理。

以上协作配合模式中,因单一制不存在协作问题,无须评价;在双方合作模式中,第一、二种模式较普遍,第三、四种模式较少。

（二）检察机关与纪检监察机关协作配合模式的不足

总体而言，检察机关与纪检监察机关协作配合模式符合当前反腐败斗争的需要，但从人们群众对查办腐败案件的期望来看、从当前经济社会发展中存在的腐败现象来看，两部门的配合协作只能加强，不能削弱。目前，两部门的配合协作中仍然存在以下问题：

1. 协作意识不强，存在单打独斗的现象。有的不愿意与其他部门多合作，除了依法依规移送案件或者线索外，两部门在其他方面没有任何交往，各自为政；有的把执纪和执法两者等同起来，认为纪检监察或检察机关自己处理过的案件就不需要其他部门再次处理。

2. 无原则地配合协作。有的检察机关与纪检监察机关协作太紧密，以致有的检察院成为纪检监察机关的下属部门，几乎放弃了法律赋予检察机关的独立侦查权。

3. 移送案件线索不规范、不及时，导致延误战机。移送案件线索较随意，存在一定程度上的本位主义，该移送不移送，造成两家对各自管辖的线索的查处不及时；有的错误地认为移送案件或不移送案件是自己的权力，想移送就送，不想移送就不送，不允许别人干涉或监督，主观随意性较大；有的移送线索不及时，延误最佳查处时机，甚至有的地方对调查对象解除"双规"若干日后才移送案件材料，导致检察机关需重新组织力量实施抓捕行动，客观上给工作带来不便。

4. 协作配合的度把握不准。有的地方两部门虽然表面配合，但实质上的协作不够，表现在该通气的不通气、该协商解决的不协商，没有形成应有的合力，反而彼此掣肘，削弱了查案力度。

三、检察机关与纪检监察机关协作配合机制的完善

反腐败斗争的任务艰巨和繁重，需要继续坚持既有的体制和机制，纪检监察机关与检察机关应在更广阔的领域进行合作，进一步规范和完善纪律和法律适用的衔接，加强协作配合，及时依纪依法追究相关人员的党纪政纪责任和法律责任，以反腐败的成果取信于民。

（一）检察机关与纪检监察机关协作配合中应具备的基本原则

不论检察机关与纪检监察机关采取哪种配合模式，双方协作配合应掌握基本原则。概括起来，主要有：

1. 线索移送原则。纪检监察机关和检察机关在受理举报工作中获得的案件线索，明显属于对方管辖范围的，应及时将有关材料和查处建议移送对方机关；纪检监察机关和检察机关在核查案件线索时，发现核查的案件线索系双方掌握的，应及时互相沟通信息，及时移送处理，以防贻误战机；加强案件移送制度的协作配合。纪检监察机关查处的违纪案件，经审查认为触犯刑律，需要追究刑事责任的，应按照刑事诉讼法有关案件管辖的规定，及时将案件和有关证据材料移送有管辖权的检察机关。对于纪检监察机关移送的案件，检察机关要积极受理，及时审查，作出是否立案的决定。检察机关决定不予立案的，应说明原因，并将案件材料退回移送的纪检监察机关。

2. 同级联系、归口衔接原则。要坚持同级联系原则，同级能够协助的，由同级协助，

需要下级协助的，由对方提出书面协作请求，同级进行审核后再安排下级院执行；坚持协调有序，明确对口联系归口管理部门，负责办案工作中的日常联系和沟通，健全协作配合长效机制。

3. 及时反馈情况原则。办案中纪委发现涉嫌职务犯罪的，将线索或案件移交给检察机关处理；检察机关查办纪检监察机关移送的线索，经立案、侦查终结后，应及时将侦查认定的事实向移送线索的纪检监察机关反馈，及时书面告知移送案件立案侦查、起诉或不起诉时等情况；检察机关与纪检监察机关可以就认定不一致的事实和证据进行商讨，直至达成共识，既可以使检察机关进一步核实、确定相关的事实和证据，又可以使纪检监察机关了解检察机关把握事实和证据的法律视角，有利于提升今后的调查工作；纪检监察机关和检察机关在案件查处过程中或结案后，需要互相提供案件的有关材料时，能移送原始资料的尽量移送原始资料，对于复印件应加盖移送机关公章并注明出处，另外还应必须办理正式交接手续，双方在受理案件后，应及时将办理情况通报对方。

4. 独立行使职权的原则。双方协作而不依赖，检察机关应始终在检察领导体系下开展办案工作，纪检监察机关办理的案件移送检察机关后，检察机关应严格按照检察机关的办案模式、规则、要求，依法独立开展办案工作，不受纪检监察机关的影响和约束，形成了在纪委组织协调下协作而不依赖的独立办案体制。

5. 统分结合的原则。既要分也要合。按照各自职能启动立案程序，这是分，纪检监察机关调查终结后，及时将涉嫌犯罪的线索移送检察机关，就是合；双方同时立案，是合，各自出具文书（检察机关出具的是法律文书），即是分；提前介入是合，介入后，检察机关核实相关证据，提出进一步核实的事实和证据，纪检监察机关进行下一步的核实即是分；同是为查清相关人员的相关问题是合，各自以检察人员和纪检监察机关身份开展工作即是分。

6. 发挥各自优势的原则。在共同立案案件的查处中，纪检监察机关可以对党员、干部采取组织措施，充分发挥纪检监察机关查办案件所特有的组织优势，采取灵活多样的组织手段和组织措施，做好耐心细致的政治思想及说服教育工作，敦促相关涉案人员主动投案自首或者坦白交代，使检察机关较早地获取其直接证据；检察机关能够对涉嫌职务犯罪的任何人进行询问、传唤、采取强制措施，弥补纪检监察机关职权上的不足，检察院要充分发挥调查取证等法律专业优势，在固证、追赃等方面有所作为；在不是同时立案案件的查处中，对于纪检监察机关立案查处的案件，检察机关要根据查办案件的具体情况及时了解案情，根据纪检监察机关的需要，同步介入，提高工作效率，也能对纪委监察机关起到一定的监督促进作用。

（二）湖北省检察机关与纪检监察机关协作配合新模式的探索与实践

针对当前纪检监察机关与检察机关执纪执法有效衔接机制还不够完善，一定程度上制约了打击腐败行为的力度和效果的问题，湖北省检察机关与纪检监察机关坚持以上协作原则，探索出一条充分发挥各自职能优势、形成查办职务犯罪案件合力的模式，共同出台了《省纪委与省检察院在办案工作中加强工作联系与协调配合的会议纪要》。协作中，坚持任务目标的共同性，检察机关与纪检监察机关都是反腐败的重要力量，只有发挥各自职能作用的最大化，才能在反腐败工作格局中形成查办案件的整体合力。具体为：一是纪检监察机关及时移送案件线索。纪检监察机关不再拘泥于"打持久战"，一旦被调查对象有一、两笔涉嫌犯罪的事实，即可移送检察机关，"深挖"工作由检察机关依法进行；二是纪检监察机关需要检察机关提前介入的案件，检察机关依职能介入，发挥检察机关善于从犯罪构成取证的优势，对调查的重点走向及关键问题提出建议，对相关证据进行核实等，为下一步接手案件做好准备工作；三是对于特别重大的案件，经双方有关主管领导沟通协商，可以同时办理立案手续，分别启动纪律检查和司法程序，以便不失时机获取关键性证据，形成查办腐败案件的整体合力；四是纪检监察机关需要检察机关对有关"两非"人员采取立案和强制措施的，检察机关核实相关事实和证据后，可以对有关"两非"人员立案侦查，为监察机关办理涉嫌收受贿赂或利益的人员提供证据或突破口。

《省纪委与省检察院在办案工作中加强工作联系与协调配合的会议纪要》执行后，效果良好，检察机关和纪检监察机关都达到职能作用的最大化。双方所办的案件的数量和质量都有很大提升，特别是办理的厅局级要案在级别和涉案金额方面都有大的变化。不仅在办案方面，而且在执法执纪方面也更加规范有序，文明、理性、平和的执法执纪理念贯穿于两部门的办案执纪部门。

（三）检察机关和纪检监察机关继续在相互协作中找准位置，正确履职

一是要继续加强工作协作配合。积极探索开展提前介入、及时移交、同时立案等工作，争取工作主动，提高协作效率，遇有特别重大的案件，经双方有关主管领导沟通协商，可以同时办理立案手续，分别启动纪律检查和司法程序，以便不失时机获取关键性证据，形成查办腐败案件的整体合力。

二是要进一步规范协作配合。坚持依法办案，依法依规审查和受理纪检监察机关移送的案件、提供协作配合；坚持分工履职，不得混淆管理审批程序、相互替代代职责、相互借用手段；坚持协调有序，明确对口联系归口管理部门，健全协作配合长效机制。

三是要加强案件证据审查，做好证据移送和转换工作，节约司法成本。

四是要充分发挥各自优势，检察机关在查办重大复杂案件或社会影响重大的案件需要纪委配合时，适时与纪委沟通协调，在解决疑难问题上争取支持；对纪检监察机关需要检察机关介入的案件，我们按照宪法和法律赋予的权能积极配合纪检监察机关办理案件；对纪委移送案件，检察机关进行认真审查，符合立案条件的，及时组织立案侦查；两部门根据案件需要适时召开案件通报会、分析会，统筹工作安排和步骤，提升办案质量；两部门定期组织人员，对共同办理案件、相互移送案件开展质量评查，防止案件移送后中途"流产"。建立办案回访机制，接受社会监督。

诉讼化：审查逮捕程序的变革与反思
——以新刑事诉讼法实施以来实践效果为视角

黄元超*

逮捕是由法律指定的执法机构依照正当的法律程序，针对可能判处一定刑罚的犯罪嫌疑人、被告人采取的有时限羁押、剥夺其人身自由的最严厉的强制措施①。按照宪法和刑事诉讼法的相关规定，我国检察机关承担着审查批准逮捕职责②。然而，实践中检察机关审查逮捕程序中呈现出的行政化、追诉化、救济虚无化等方面的问题，引起了理论界对检察机关行使审查逮捕权的正当性的广泛质疑。此次，刑事诉讼法修改，从强化犯罪嫌疑人参与权，明确律师在侦查阶段辩护权等方面对审查逮捕程序进行诉讼化改造，在刑事诉讼改革上迈出重要的一步，但就新刑事诉讼法实施以来的情况看，效果不尽如人意，值得反思和改进。

一、争论：审查逮捕程序的变革方向

自20世纪末开始，理论界开始质疑检察机关在行使审查逮捕权时，在审查批捕程序上不符合控辩双方平等对抗、控审分离、审判中立等现代刑事诉讼规则，并进而提出取消检察机关的审查逮捕权，由法院统一行使。其主要观点是刑事诉讼中承担控诉职能的检察机关行使审查逮捕权，会打破作为现代刑事诉讼核心机制的控辩平等原则，致使诉讼机制失去了的公正性，且审查逮捕权与检察机关的法律监督权不能相容，应当予以分离。而由法院行使审查逮捕权则能保证审判机关在犯罪嫌疑人与控诉机关中间处于中立的状态，与侦查、控诉机关形成相互制约、相互监督的法律关系，既符合程序正义的要求，也能保证罪与非罪的实体公正，同时又能更好实现人权保障与控制犯罪的有机统一。③

理论界的质疑引起了检察机关的强烈反响，从事检察理论研究及实务的检察官纷纷撰文予以回应，维护检察机的审查逮捕权。主要观点是审查逮捕权是法律监督权的重要组成部分，是法律监督权的体现和具体化，由检察机关这一专门的法律监督机关来行使符合逻

---

* 广东省东莞市第二市区人民检察院侦查监督科检察员。
① 孙谦：《逮捕论》，法律出版社2001年版，第150页。
② 我国宪法在公民的基本权利和义务一章中规定："中华人民共和国公民的人身自由不受侵犯。任何公民，非经人民检察院批准或者决定或者人民法院决定，并由公安机关执行，不受逮捕。"我国刑事诉讼法第3条规定："检察、批准逮捕、检察机关直接受理的案件的侦查、提起公诉，由人民检察院负责。"
③ 参见任裹：《关于在我国刑事诉讼中建立司法审查制度的构想》，载《法学》2000年第4期；郝银钟：《批捕权的法理与法理化的批捕权》，载《法学》2000年第1期；陈卫东、刘计划：《谁有权力逮捕你——试论我国逮捕制度改革》，载《中国律师》2000年第9、10期；陈瑞华：《未决羁押制度的理论反思》，载《法学研究》2002年第5期。

辑也合乎法律。审查逮捕权由检察机关行使与我国的诉讼体制和诉讼目的相适应。并进而认为由法院来行使审查逮捕权,会使法院在审判之前陷于与审判结果的利害关系之中,且由于法院决定具有终极性,犯罪嫌疑人认为审查逮捕权行使不当时无处申诉。域外审查逮捕权由法院行使,实际上审查逮捕权与审判权是分离的,而在我国,刑事审判并没有实行预审法官与审判法官分离的制度,实际上是法院的独立而不是法官独立,把审查逮捕权交由法院行使,必然导致审查逮捕权与审判权合二为一的结果。① 上述观点主要对检察机关行使逮捕权的合理性进行阐述,反对将逮捕权交予法院行使,而未能对理论界提出的审查逮捕程序诉讼化等问题予以回应。

新近有学者针对上述争论,提出一种改良的观点。认为考虑到立法的修改涉及与宪法及其他法律的协调问题,以及中国的特殊国情,不必取消检察机关的审查逮捕权,但是可以从提高逮捕的实质要件,听取犯罪嫌疑人及其辩护人意见,赋予被逮捕人及其近亲属、辩护人等就逮捕的合法性和羁押的必要性申请法院进行司法审查等方面,进行审查批捕程序的诉讼化改造。② 应该说在我国现行政体下,检察机关行使审查逮捕权有其现实合理性。审查批准逮捕程序其本质应然是司法审查程序③,也理应体现诉讼性。

二、回应:审查逮捕程序的立法改良

诚然,立法机关对检察机关的审查逮捕权争议给予了充分关注。在新刑事诉讼法修改过程中,关于检察机关批捕权处理问题,曾出现三种不同意见:一是保留检察机关对公安机关提请逮捕的批准权,通过人民监督员等制度加强内部制约;二是保留检察机关的批准逮捕权,但允许被逮捕人向法院提出申诉,法院有权在听取双方意见作出撤销逮捕的决定,同时要求检察机关在决定或批准逮捕以前必须听取犯罪嫌疑人的陈述;三是实行拘捕与羁押分离,拘捕原则上由检察机关和法院批准,但在现行犯等紧急情况下,侦查机关可以无证拘捕;羁押一律必须经过法院批准。④ 从新刑事诉讼法修改的结果看,显然吸收了部分意见,并较旧法体现出一些诉讼化特征。

(一)赋予犯罪嫌疑人诉讼主体地位,构造审查逮捕程序"控、辩、审"诉讼结构

现代刑事诉讼程序要求,司法机关就某一诉讼行为进行裁判,需要在控辩双方同时参与的情况下进行,裁判者在形成内心确信的过程中,始终要有控辩双方相伴随,并允许他们发表意见。修改前的刑事诉讼法并未要求检察机关在审查逮捕时讯问犯罪嫌疑人,检察机关单方审查公安机关提交的书面证据即做出决定,常被诟病为一种行政活动。新刑事诉讼法规定,"人民检察院审查批准逮捕,可以讯问犯罪嫌疑人;有下列情形之一的,应当

---

① 参见张智辉:《也谈批捕权的法理——〈批捕权的法理与法理化的批捕权〉一文质疑》,载《法学》2000年第5期;刘国媛:《也谈批捕权的优化配置——与郝银钟同志商榷》,载《法学》1999年第6期;刘守安:《批准逮捕权应交给法院吗?》,载《人民检察》2000年第8期。
② 孙长永:《检察机关批捕权问题管见》,载《国家检察官学院学报》2009年第2期。
③ 最高人民检察院侦监厅负责人就《关于审查逮捕阶段讯问犯罪嫌疑人的规定》答记者问中指出:审查逮捕是一种司法审查,要做到兼听则明,居中裁断。载《检察日报》2010年9月15日。
④ 孙长永:《检察机关批捕权问题管见》,载《国家检察官学院学报》2009年第2期。

讯问犯罪嫌疑人：（一）对是否符合逮捕条件有疑问的；（二）犯罪嫌疑人要求向检察人员当面陈述的；（三）侦查活动可能有重大违法行为的"①，试图让犯罪嫌疑人作为诉讼主体参与到审查逮捕的程序中。新刑事诉讼法同时规定："审判人员、检察人员、侦查人员必须依照法定程序，收集能够证实犯罪嫌疑人、被告人有罪或者无罪、犯罪情节轻重的各种证据。严禁刑讯逼供和以威胁、引诱、欺骗以及其他非法方法收集证据，不得强迫任何人证实自己有罪。"② 其中"不得强迫任何人证实自己有罪"被誉为确立了"中国式沉默权"③，是赋予犯罪嫌疑人重要的诉讼权利。

为了构建"控、辩、审"三方诉讼结构，新刑事诉讼法还进一步规定，"人民检察院审查批准逮捕，可以询问证人等诉讼参与人，听取辩护律师的意见；辩护律师提出要求的，应当听取辩护律师的意见"④，力求在审查批捕中"兼听"控辩双方诉求。

（二）明确律师侦查阶段地位，赋予律师更多权利，强化辩方力量

新刑事诉讼法规定，犯罪嫌疑人自被侦查机关第一次讯问或者采取强制措施之日起，有权委托辩护人。⑤ 明确了侦查阶段律师的辩方角色。新刑事诉讼法还增加了律师在侦查期间两项体现辩护人地位的权利：向侦查机关了解犯罪嫌疑人涉嫌的罪名和案件有关情况；在案件侦查终结前，要求侦查机关听取意见，并可以将书面意见附卷。⑥ 同时，新刑事诉讼法增加了辩护人在侦查阶段自行收集无罪证据的权利。上述规定客观上强化了辩方的辩护力量，对实现审查批捕程序诉讼化有实质意义。

（三）引入一定的辩方救济渠道，体现审查逮捕程序中对诉权的制约

新刑事诉讼法规定，犯罪嫌疑人、被告人及其法定代理人、近亲属或者辩护人有权申请变更强制措施。人民法院、人民检察院和公安机关收到申请后，应当在3日以内作出决定；不同意变更强制措施的，应当告知申请人，并说明不同意的理由。同时规定，当事人和辩护人、诉讼代理人、利害关系人对于司法机关及其工作人员采取强制措施法定期限届满，不予以释放、解除或者变更的，有权向该机关申诉或者控告，对处理不服的，可以向同级人民检察院申诉；人民检察院直接受理的案件，可以向上一级人民检察院申诉。人民检察院对申诉应当及时进行审查，情况属实的，通知有关机关予以纠正，⑦ 为审查逮捕程序中辩方提供了面对不利诉讼后果的权利救济途径。

三、反思：审查逮捕程序诉讼化的实践困境

立法回应理论争议，顺应现代刑事诉讼的基本规律，对审查逮捕程序诉讼化进行有益

---

① 详见2012年3月14修改通过的刑事诉讼法第86条。
② 详见刑事诉讼法第50条。
③ 万毅：《论"不强迫自证其罪"条款的解释与适用——〈刑事诉讼法〉解释的策略与技术》，载《法学论坛》2012年第3期。
④ 详见刑事诉讼法第86条。
⑤ 详见刑事诉讼法第33条。
⑥ 详见刑事诉讼法第37条、第159条。
⑦ 参见刑事诉讼法第95条、第115条。

的探索，然而新刑事诉讼法施行后，从实践操作的实施效果看审查逮捕程序离诉讼化还有一定距离。

（一）"控、辩、审"三方结构中，"辩"方参与诉讼明显不足

从现有规定看，新刑事诉讼法仅对是否符合逮捕条件有疑问、犯罪嫌疑人要求当面陈述等几类情形要求讯问犯罪嫌疑人，《人民检察院刑事诉讼规则（试行）》在此基础上，增加了案情重大疑难复杂；盲、聋、哑人或者是尚未完全丧失辨认或者控制自己行为能力的精神病人的等几类情形的讯问要求。实际上，上述讯问犯罪嫌疑人的范围十分狭小，大量案件并未归入上述范围①。从基层办案实践看，犯罪嫌疑人也几乎没有要求当面讯问的，即审查批捕时犯罪嫌疑人大多未能参与到三方诉讼之中当面表达"辩"方意见。

（二）犯罪嫌疑人诉讼主体地位未能有效凸显

新刑事诉讼法规定"不得强迫任何人证实自己有罪"，但之后又规定"犯罪嫌疑人对侦查人员的提问，应当如实回答"，事实上两者存在冲突。导致实践中侦查人员往往忽视前者规定，而直接引用后者，要求犯罪嫌疑人如实供述，以至于最能体现犯罪嫌疑人诉讼主体权利的"中国式沉默权"形同虚设。且检察机关在审查批捕时由于采取的是先审阅公安卷宗，再提审犯罪嫌疑人，而不是采取当面对抗式辩论的方式审查，往往使讯问程序沦为复核侦查机关要求犯罪嫌疑人"如实供述"后得到的证据，而不是为了听取犯罪嫌疑人的辩护意见，犯罪嫌疑人依然是上述程序的客体，而非主体。

（三）控辩双方力量对比悬殊，无法形成诉讼中的平等对抗

新刑事诉讼法实际上对侦查机关力量并未削弱，反而加强了。如规定侦查机关拘传的时间由12小时延长至24小时，实践中侦查机关一般先对犯罪嫌疑人强制拘传24小时再予以拘留，而拘传往往与拘留类似，变相延长了公安机关强制措施的时间。而对犯罪嫌疑人而言，大多缺乏相应的法律知识，在处于侦查机关的强制措施下，其弱势地位十分明显。由于新刑事诉讼法并未规定律师在侦查机关讯问犯罪嫌疑人时的在场权，既无法第一时间为犯罪嫌疑人提供必要的法律帮助，也不能有效对侦查机关的讯问活动进行制约，犯罪嫌疑人的弱势地位得不到弥补。同时，新刑事诉讼法虽然规定了律师在侦查阶段可以向侦查机关了解犯罪嫌疑人涉嫌的罪名和案件有关情况，但是并不包括查阅案件材料，了解案件证据，以至于在检察机关审查批捕阶段，不能有针对性地发表"辩"方意见。从目前笔者所在院审查逮捕的情况看，上半年批捕案件852件，其中律师提出意见案件6件，仅占案件的0.7%，这与律师对案件证据等情况了解甚少不无关系。

（四）犯罪嫌疑人缺乏有力的救济途径

"无救济即无权利"，虽然新刑事诉讼法规定犯罪嫌疑人在被逮捕后有权申请变更强

---

① 按照新刑事诉讼法及《人民检察院刑事诉讼规则（试行）》的规定，检察机关在审查逮捕时对下列情形应当讯问犯罪嫌疑人，即对是否符合逮捕条件有疑问的；犯罪嫌疑人要求向检察人员当面陈述的；侦查活动可能有重大违法行为的；案情重大疑难复杂的；犯罪嫌疑人系未成年人的；犯罪嫌疑人是盲、聋、哑人或者是尚未完全丧失辨认或者控制自己行为能力的精神病人的。从笔者所在院办案数据看，2012年本院共批准逮捕犯罪嫌疑人3637人，其中430人判处无期徒刑以上刑罚（案情重大），占11.8%，不捕共279人（疑难复杂、是否逮捕有疑问的），占7.1%，未成年人及盲聋哑人、未完全丧失控辩能力人共282人，占7.8%，上述各项总计26.7%，不计算各项的包含关系，共约73.3%的犯罪嫌疑人未能接受当面讯问。

制措施,但是由于是向原作出逮捕决定的检察机关申请,在没有明显的证据变化的情况下,为了维护本部门的权威,很难作出变更强制措施的决定。同时,法律只规定对不批准逮捕的案件要向侦查机关说理,并未要求检察机关对犯罪嫌疑人在作出逮捕决定时,向犯罪嫌疑人说明批准逮捕的理由,这也导致犯罪嫌疑人只知道被逮捕,却不知道被逮捕的具体理由、依据,以致无法提出有力的辩解为自己申请变更强制措施。

四、进路:构建审查逮捕听证程序

(一)域外审查逮捕程序考察与路径选择①

以美国为例,一般情况下,在法官审查时,先由警察说明构成逮捕所必需的合理根据,之后法官传唤被捕者到庭进行听审。羁押庭审理时,法官要告知被捕者被起诉的罪名、依法所享有的保持沉默权等权利,同时法官将根据被捕者具体情况对其作出是否保释的决定②。与英美法系国家相同,大陆法系国家未决羁押的执行也需要经过相应司法机构的审查和授权后才可以进行。例如,在法国,其未决羁押通常由预审法官应检察官的请求,经控辩双方言辞辩论程序后决定。在命令羁押之前,预审法官必须告知被审查人有权委托律师或者要求指定律师帮助,而被审查人的辩护律师可以当场查阅案卷,并且可以自由地同当事人交换意见。辩论程序开始后,先由检察官陈述意见,然后由被审查人陈述意见;有律师的,还应当听取被审查人律师的意见。如果预审法官最终裁定予以羁押,应当具体说明羁押的理由,并口头通知被审查人,之后应当签发书面的羁押证。③

两大法系审前羁押程序均体现出明显的诉讼化特性,包括:程序的公开透明性,这里主要体现在裁判结果通过说理的形式获得"实质的公开";程序的多方参与性,即裁判者在形成内心确信过程中,始终有控辩双方相伴随;程序的亲历性,要求裁判者必须以口头的方式直接审理,又称"直接和言辞原则"④。

根据上述特征,我国有学者提出可以在审查逮捕程序上引入听证程序,即在作出逮捕决定前,由人民检察院派专人主持听取侦查人员、被害人、犯罪嫌疑人及其他诉讼参与人对案件事实与证据进行陈述、质证、辩论,并最终作出处理决定⑤。我国最先在法律上确认听证地位的是行政处罚法。事实上听证制度作为一项合理性、公开性、公正性较高的制度,具有参与的广泛性、程序的民主性、执行过程的透明性等特点,其精神内核与诉讼程序具有共通性,不失为一种较好的程序选择。

(二)构建审查逮捕听证程序的实体性权利基础

1. 明确犯罪嫌疑人诉讼主体地位,确实赋予其诉讼权利。取消关于"犯罪嫌疑人对侦查人员的提问,应当如实回答"规定,在现有"不得强迫自证其罪"规定的基础上,进一步明确赋予被追诉人在侦查程序以及刑事诉讼的全过程享有沉默的权利和自由,保障

---

① 域外逮捕是一种强制到案的方法,相当于我国的拘留,而到案后的羁押审查相当于我国的审查逮捕。
② 陈瑞华:《问题与主义之间——刑事诉讼基本问题研究》,中国人民大学出版社2004年版,第166页。
③ 周宝峰:《刑事被告人权利宪法化研究》,内蒙古大学出版社2007年版,第212页。
④ 陈瑞华:《问题与主义之间——刑事诉讼基本问题研究》,中国人民大学出版社2004年版,第166页。
⑤ 刘林呐:《对审查逮捕听证制度的几点思考》,载《晋中学院学报》2007年第2期。

犯罪嫌疑人的诉讼防御权利，增强其对国家追诉权行使的诉讼防御能力。同时，要求对所有案件均要讯问犯罪嫌疑人，依直接言辞原则听取犯罪嫌疑人意见和辩解，确保每个案件均能体现"控辩审"三方共同参与。

2. 赋予律师更多实质性权利，确保控辩双方平等对抗。首先是赋予律师侦查讯问时的在场权。规定侦查人员在讯问犯罪嫌疑人之前，应告知他有获得律师帮助的权利，如果犯罪嫌疑人要求律师在场，则讯问必须在律师到场后方可开始，如果犯罪嫌疑人放弃这一权利，侦查人员必须告知其可能产生的诉讼影响和后果，而且犯罪嫌疑人必须是自愿、明智放弃。其次，确保律师的案件知情权，不只是了解罪名和案件相关情况，应当明确为辩护律师可以随时申请查阅侦查机关制作的案卷材料，充分掌握侦查阶段的证据情况。

（三）审查逮捕听证程序的制度设计

1. 听证的案件范围。对案件范围的确定上应当遵循广泛、自愿原则。应当对所有犯罪嫌疑人进行讯问的基础上，讯问前告知其有申请听证的权利，并告知其选择的不利后果，由犯罪嫌疑人自行决定是否进行听证程序。

2. 听证的主体。参与的主体应当体现诉讼中的三方构造，具体参考法院审判方式，可以由三名检察官组成评议团居中担任裁判的中立机构人员，提请采取羁押强制措施的侦查人员和犯罪嫌疑人及其辩护人居于平等的两端。犯罪嫌疑人因身体疾病等原因不能参加的，其律师可以代为发表辩护意见。被害人可自主选择是否参加听证，其委托的诉讼代理人可以代为参加。在需要的情况下双方还可以传唤证人、鉴定人到场参与。

3. 听证的启动。结合当前的司法实践，听证的启动可以由承办案件的检察官启动，具体可以规定检察机关受理案件后，承办案件的检察官先征求犯罪嫌疑人意见，确定是否进行听证，如犯罪嫌疑人主张听证，检察官则通知侦查机关、犯罪嫌疑人、辩护人以及相关证人听证的具体时间和地点，对已被羁押的犯罪嫌疑人，可以在看守所提审犯罪嫌疑人时，一并开展听证程序。对未被羁押的犯罪嫌疑人，可以通知侦查机关人员、犯罪嫌疑人及辩护人到检察机关展开听证。

4. 听证的过程及效力。在听证程序开始后由控方即侦查机关人员提出犯罪嫌疑人符合逮捕条件的事实、证据及法律依据。然后，由犯罪嫌疑人及其辩护律师就控方提出的事实、证据及相关法律依据进行质证和反驳。"双方可以就羁押措施的适用及相关证据发表意见，并可以相互辩论。"① 当评议团认为情况合适时，可以终止辩论和质证的环节，进入评议团的评议阶段，并根据少数服从多数的原则作出决定；将决定的理由、依据以及对双方证据采用的情况，以书面的形式向控辩双方送达。

5. 听证结果的救济。赋予犯罪嫌疑人及其辩护人相关的复议复核权，应当规定犯罪嫌疑人及其辩护人对听证结果不服，可以在决定作出后3日内向检察机关提起复议、对复议结果不服可以在3日内向上一级检察机关提请复核；对结果仍持有异议的，则可以允许其向提请人民法院对逮捕进行审查，由法院采取开庭的方式作出维持或者撤销逮捕的决定。

---

① 叶青、周登谅：《关于羁押性强制措施适用的公开听证程序研究》，载《法制与社会发展》2002年第4期。

不断转变侦查方式 努力提高侦查能力
推动反渎职侵权工作科学发展

肖元院[*]

随着时代的发展，网络的普及，职务犯罪中的侦查工作也出现了许多新情况、新问题。社会和人民群众对查办职务犯罪工作的规范性和透明度要求越来越高。转变侦查方式，提高侦查能力已成为一个时代课题摆在我们每一名检察官的面前。对于履行法律监督职能的检察机关，这既是一次挑战，也是一次自我发展的机遇。只有牢固树立与时俱进的思想，紧紧抓住时代发展的脉搏，适应形势发展的要求，不断转变侦查方式，提高侦查能力，积极应对这些挑战，才能把握机遇，求得发展。转变侦查方式，提高侦查能力，可以从以下方面着手：

一、积极适应形势发展的新要求，不断转变反渎办案的侦查方式，推动反渎工作深入发展

如今，职务犯罪日趋科技化、智能化、隐蔽化、复杂化，我们反渎部门的传统侦查方式尚不能很好地适应时代发展要求和查办职务犯罪工作的需要。切实转变反渎办案的侦查方式，有效破解制约办案工作的瓶颈问题，迫在眉睫。

（一）要实现由依赖举报查办案件向主动发现犯罪转变

渎检案件线索具有一定的隐蔽性、行业性和系统性，对于我们处在一线的侦查干警来说，就必须要主动出击，发现线索、发现证据，由原来的等案上门转变为主动进攻、主动发现犯罪，进而侦破案件，从根本上化被动为主动。如何实现这种转变，除了传统的发现犯罪方式方法外，我们还要对案件深挖细查，发现新线索推动案件向纵深发展，扩大战果。同时还要不断加强信息化建设，保证可以随时调集相关信息，及时发现职务犯罪线索，从而实现向主动发现犯罪转变。

（二）要实现由供到证向由证到供的转变

要把调查工作放在接触犯罪嫌疑人之前，拉长初查的时间，在接触犯罪嫌疑人之前把应该获取的证据尽量收集到，从而减轻审讯的压力，保证审讯规范合法，取得应有的效果。要实现这种转变，就要将侦查重心前移，争取在初查阶段获取主要犯罪证据，而不是仅仅把希望寄托在讯问时获取口供上。注重初查是侦查方式转变的一个重要方面，我们要提高初查活动中调查取证能力和突破案件能力，从证据入手推动全案。

---

[*] 湖北省孝感市人民检察院反渎职侵权局副局长。

(三)要实现由各自为阵、孤军作战方式向检察一体化转变

当前职务犯罪窝案串案增多,案中有案、案外有案,纵横交错,侦查工作往往涉及面广,需要迅速调配多方资源,整体协同作战。在这种情形之下,仅靠以往那种二人一组、一个侦查部门甚至一个检察院单兵作战的传统侦查模式,很难适应现时职务犯罪侦查工作的实际需求。因此必须依托检察工作一体化机制,按照"上下联动、横向协作、内部整合、总体统筹"的要求,形成纵向指挥有力、横向协作紧密、资源调配科学、运转有序高效的大侦查工作格局。实行中应该从以下四个方面入手:一是要上下一体。线索统一管理,所有线索由省市院上提一级集中管理;侦查统一指挥,省市县三级联动,上级检察院指挥辖区内所有办案力量;诉讼统一协调,批捕、起诉、判决等,上级检察院要主动协调。二是要区域联动。案情涉及的所有地区为一个办案整体,各地区都有义务给予侦查协作和支持,配合帮助调查取证。三是要整合资源。主要是整合信息、设备和专业资源等。信息资源整合,主要是把大量侦查信息整合联网到省市检察院,通过分析、研判指导侦查;设备资源整合,主要是重点加强省市检察院侦查装备建设,实现装备的互联、互用、互通,充分发挥效用;专业资源整合,主要是发挥各个院办理行业案件的优势,把本区域内专业人才整合起来,带动办案。四是要协调高效。上级检察院要加强对侦查的组织领导和指导,主动指挥协调,下级检察院要树立全局观念和"一盘棋"思想,服从指挥,听从指导,实现省、市、县、区检察院侦查资源共享,做到整分结合、优势互补、密切配合、快捷高效。

(四)要实现由讯问策略为主向取证策略为主的转变

在加强研究新形势下的审讯策略的同时要更注重研究调查取证策略。在现有条件下,审讯策略用得越多,那么存在的歧义就越大,导致所取得的证据很容易不被采信,我们要在获取口供以外的证据上下功夫。要实现这个转变,就要求我们要把精力放在研究取证策略上。一个职务犯罪线索掌握之后,就要认真分析要收集哪些证据、怎么收集。我们必须充分建设好、运用好信息网络平台,要通过这个平台既能发现犯罪线索,又能引导侦查工作深入开展。笔者认为,未来的渎检侦查工作,一方面要加强侦查一体化,但另一方面更重要的是要加强取证策略研究,把握侦查方向、及时作出决策。

二、狠抓队伍建设,不断在提高侦查能力上下功夫,切实提高渎侦队伍的素能

反渎侦查能力不仅仅是指查案能力,它还包括发现案件线索的能力、调查取证的能力、指挥协调的能力、正确运用法律政策的能力、营造良好执法环境的能力。对在一线工作的侦查干警,特别要注重加强发现线索的能力、查办案件的能力的建设;对各单位的领导干部,要注重加强对组织指挥的能力建设、营造良好执法环境的能力建设、正确运用法律政策的能力建设。

(一)要提高发现和捕捉线索的能力

侦查具有主动性、秘密性、灵活性、快速性和科学性的特征,作为渎职犯罪存在行业性、部门性,社会对渎职犯罪的容忍度高,查办渎职案件"三难一大"现实问题仍然存在。这些因素都是目前制约渎检工作持续发展的"瓶颈"。要解决这个问题,不仅需要分

析其原因、寻找对策，更需要我们广大的反渎干警在反渎查案工作中切实正确履行查办渎职侵权犯罪的法律职责，深入分析职务犯罪的特点和规律，加强案件线索管理，掌握工作的主动权。不断提高思想认识，转变执法观念，努力提高自身政治素质和业务素质，提高执法水平，加大办案力度，克服消极等待不思进取的思想和畏难情绪，发挥主观能动性，集思广益，创新办案方法和获取线索的新机制，突破案源"瓶颈"的制约，才能多办案，办好案。要提高这种能力，要从以下三个方面入手：

1. 要善于从基础工作中去搜集线索，做一个细心人。就是在日常工作中，以侦查人员对信息、线索的敏锐感知为基础，结合预防部门开展的各类预防活动，尽可能收集、熟悉与反渎职侵权工作密切相关的国家机关特别是行政执法机关的工作职责、业务流程、规章制度等方面的资料，分析发生在这些单位与渎职相关的各类重大问题，防止其中有价值的线索流失。

2. 要善于从已发生的案件中去深挖线索，做一个有心人。首先是要在其他院查办的案件中发现渎职案件线索，其次是本院其他部门立办的案件中发现线索。要善于分析这些案件中规律性的内容，对照本辖区实际，从中寻找类似的案件线索。对于本辖区内已发生的非渎职案件，也要有选择地排查。如有的贪污案件背后隐藏着相关财务人员的失职行为；有的合同诈骗、贷款诈骗案件背后隐藏着工商、房管人员的渎职行为等。

3. 要善于从相关信息中去深挖线索，做一个有心人。这既包括从信访部门、纪检监察部门等国家机关获取的信息，也包括从新闻媒体的宣传报道及亲戚朋友的日常闲聊中所获取的信息。

（二）要提高获取、固定、鉴别和使用证据的能力

1. 在收集固定证据的时机上要突出一个"早"字。在证据收集时机选择上，应在第一时间获取与固定，渎职侵权案件证据的数量与质量是由取证时机决定的，找准时机是关键，越早获取的证据越真实，越有说服力。

2. 在收集固定证据的范围上要突出一个"广"字。证据收集既要围绕渎职侵权犯罪的构成要件，又不能局限于犯罪构成。一般来说，围绕犯罪构成的证据收集较为直接与高效，但由于渎职侵权涉案对象的狡猾，作案手法的隐蔽，决定了此类案件在收集、固定证据方面不能拘泥于常规范围。实践中，特别是案件的初查阶段，有些证据看似与犯罪构成无关，却能借以发现涉及犯罪构成的核心证据；有些证据看似与本案认定无关，却能借以深挖涉案对象的其他罪行；还有些证据看似与案件事实无关，却能借以戳穿口供或证词中的某些谎言，给侦查带来转机。

3. 在收集固定证据的手段和方式上要突出一个"多"字。既要综合运用司法鉴定、录音录像、特情狱侦、化装侦查等特殊手段，又不能忽视用传统手段去挖掘新的内容，应针对案情和收集证据的要求灵活使用。

（三）要提高"镜头"下审讯的能力

随着公开公正的观念越来越深入人心，侦查人员必须从习惯于不在外界介入的封闭状态下的审讯，转向习惯于律师的无障碍会见、接受内外部多重监督的"镜头"下的审讯。提高"镜头"下的审讯能力。

1. 审讯前要把初查的功课做扎实。要注重审讯前的外围准备工作。要认真细致地做好初查工作，熟悉与案情有关的法律、法规和规章制度，分析犯罪嫌疑人心理状态，制定详细的审讯提纲。

2. 审讯中要恰当运用策略和技巧。要注重灵活运用审讯策略和技巧。要遵循"依法、有据、有理、有利、有节"的原则，突破犯罪嫌疑人心理防线，引导其如实供述犯罪事实。

3. 审讯中要把法律法规拿捏准确。要严格区分审讯技巧与非法审讯、审讯谋略和疲劳审讯的界线，严禁刑讯逼供和以威胁、引诱、欺骗以及其他非法方法收集证据。

4. 审讯技巧的培训要贴近实战。通过邀请审讯专家专题授课、办案人员交流办案体会，开展岗位练兵、业务竞赛、组织对典型的录音录像资料进行点评等方式，分析讯问中存在的缺陷和不规范之处，使侦查人员尽快熟练掌握"镜头"下的讯问规律，提高讯问水平。

（四）要提高系统分析、理性初查的能力

坚持"系统分析、理性初查"的工作方法是在对职务犯罪侦查工作特点和规律进行深入思考的基础上得出的必然结论。近几年来，我市坚持运用"系统分析、理性初查"的方法指导办案工作，先后查办了农机补贴领域、国土领域以及国税领域的一系列案件，在社会上引起了很大的反响，渎检侦查工作成效明显。通过总结，我们认为"系统分析、理性初查"的工作方法在渎侦工作中有很强的针对性和实用性。

1. 要强化初查工作的计划性，做到准备充分，谋定而后动。在正式调查之前，要做好相关行业领域的知识储备，熟悉相关行业领域渎职犯罪发案的重点部位、工作流程，做到不出手则已，一出手就能够抓住关键，一举突破案件。

2. 要强化系统分析的观念，坚持"系统抓、抓系统"。办案中要自觉运用普遍联系的观点、系统论的观点，把线索纳入其所涉及的系统整体中进行分析，不能就线索谈线索、就案办案。要根据渎职犯罪的规律性，善于从多个监管部门、各个监管环节来查找责任人，区分责任范围，使办案工作由点到线、由线到面，整体推进。

（五）要提高信息化条件下运用科技手段侦查的能力

信息技术日新月异，各级检察机关职务犯罪侦查部门要应对职务犯罪发展新形势，实现职务犯罪侦查工作质的飞跃和创新发展，就必须顺应时代潮流，全面加强侦查信息化工作。通过加强侦查信息化建设，收集、分析、研究和利用各种信息资料，及时了解和掌握犯罪动向、特点及规律，通过信息引导侦查，准确研判侦查方向、侦查重点，能有效提升侦查能力，有的放矢地开展侦查工作，实现职务犯罪侦查工作的科学发展。

1. 要加强侦查信息基础数据库建设，实现侦查信息综合利用。要重视各类案件信息的收集整理，建立门类齐全、内容准确、检索便利的职务犯罪侦查信息数据库。运用科技手段加强对涉案信息的审查评估和综合分析利用，为突破案件、拓宽案源、判断发案部位和领域、选择侦查方向、作出侦查决策等提供信息支撑和服务，并从中分析职务犯罪动态、规律、趋势和特点，提高运用信息技术从宏观上驾驭反渎办案工作的能力。

2. 要不断拓宽信息化应用领域和范围。坚持以应用促建设、以应用促发展，注重运用信息技术的新成果满足检察工作的新需求,着力把信息化应用向基层延伸、向一线拓展,切实以信息化提高检察工作质量和效率,以信息化提升管理能力、决策能力、应急处理能力和公共服务能力,以信息化促进执法规范化、队伍专业化、管理科学化和保障现代化。

　　3. 加大培训力度,提高广大检察人员整体应用水平。"科技强检"是一项全面性的工作,没有一个具有一定科技素养的应用群体,光靠技术人员的努力是远远不够的。广大检察人员应当清醒地认识到一支笔、一张纸、一部电话的工作模式已远不能适应当前的工作需要,具备较好的软件系统操作应用能力已是正常履职的必然要求,要克服畏难情绪,消除依赖思想,主动学习、主动应用新技术、新手段。各级检察机关应当加大信息化培训力度,针对检察人员在应用过程中的薄弱环节,开展强化培训,提高整体应用水平。

摒弃零和思维 构建合作博弈的新型检律关系

邱文华* 吕晓斌**

一、问题的提出

刑事诉讼法历经两次重大修改，一种新型检律关系已在立法层面确立。但是，对这种新型检律关系如何定位，以及在实务层面如何实现，尚未达成共识。笔者从事法律实务工作20余年，现拟根据长期从事实务工作之体会，借鉴博弈学之理论，就这一新型检律关系的定位及构建发表管见，求教于同仁。

二、现行立法中检律关系的定位

本文所研究的检律关系与控辩关系略有不同。控辩关系即控诉方与辩护方的关系。广义的控诉方包括公诉机关、自诉人、侦查机关乃至被害人；广义的辩护方包括犯罪嫌疑人、被告人及辩护人；而辩护人又包括律师及普通公民；故广义的控辩关系比较复杂。为讨论方便，本文主要研究检察院刑检部门与辩护律师的关系，也包括检察院案件管理部门与辩护律师的关系，但不包括检察院自侦部门与辩护律师的关系。

（一）现行立法中检律关系的现状剖析

在1979年刑事诉讼法中，检律之间的法律关系只到审判阶段才产生；到1996年刑事诉讼法，检律之间法律关系的产生时间提前至审查起诉阶段；而2012年刑事诉讼法更将检律之间法律关系的产生时间提前至侦查阶段。要厘清检律之间法律关系的本质，需要从三个不同的诉讼阶段分别剖析。

1. 侦查阶段检律关系的性质。在侦查阶段，辩护律师与检察机关发生关系的领域主要是对批准逮捕提出意见以及对违法侦查活动的申诉。根据刑事诉讼法第86条之规定，检察机关在审查批准逮捕时，可以听取辩护律师的意见；辩护律师提出要求的，应当听取辩护律师的意见。根据刑事诉讼法第115条之规定，辩护律师发现侦查活动违法的，有权向侦查机关申诉或者控告；对侦查机关的处理不服的，可以向检察机关申诉。

无论是对批准逮捕提出意见，还是对违法活动提出申诉，检律之间的关系显然没有对抗性质，双方应该是一种合作协助关系。

2. 审查起诉阶段检律关系的性质。审查起诉阶段，检律关系首先体现在检察机关为律师阅卷提供便利，保障辩护律师及时、完整地查阅卷宗；其次是听取辩护律师对案件

---

* 湖北文理学院应用法学研究所所长，兼职律师。
** 湖北省襄阳市襄州区人民检察院反渎职侵权局副局长。

的意见。在这一阶段,检律之间的关系也没有对抗性质,双方也是一种合作协助的关系。

3. 审判阶段检律关系的性质。审判阶段,检律双方分别代表刑事诉讼原告方和被告方,其对抗性质是明显的。但二者并不是单纯的对抗,并不是不存在任何共同的利益。就检察机关而言,其基本职能是指控犯罪,但法律要求检察机关必须全面客观提供被告人罪重、罪轻的材料和意见,保证法律的正确实施,而不是一味地追求对被告人严惩。就辩护律师而言,其职责是根据事实和法律,提出对被告人有利的材料和意见,维护被告人的合法权益,也不是无原则地为被告人开脱罪责。由此可见,审判阶段的检律关系虽然主要表现为对抗关系,但二者的职能职责以及工作原则仍存在许多相通之处。在职能职责上,都有责任维护当事人的合法权益、维护法律的正确实施、维护社会的公平正义;在工作原则上都要求以事实为根据,以法律为准绳。这些共同点要求双方在对抗中讲究协作,在对抗中恪守法治的基本原则。因而审判阶段检律关系是一种既对抗,又协助的关系。

除此之外,根据刑事诉讼法第47条之规定,辩护人认为司法机关及其工作人员阻碍其依法行使诉讼权利的,有权向检察机关提出申诉。在这种情况下,检察机关是律师诉讼权利的救济者,双方是一种协助与被协助关系。

(二)现行立法中检律关系的合理定位——合作博弈关系

"合作博弈"是博弈论中的一个概念,其与"零和博弈"相对。"合作博弈"与"零和博弈"是被广泛借鉴的一组概念。其中"零和博弈"是指参与博弈的各方,在严格竞争下,一方的收益必然意味着另一方的损失,博弈各方的收益和损失相加总和永远为"零",双方不存在合作的可能。而"合作博弈"是指博弈双方的利益都有所增加,或者至少是一方的利益增加,而另一方的利益不受损害,因而整个社会的利益有所增加。① 借鉴博弈论的有关概念和理论,笔者认为将现行立法中的检律关系定性为合作博弈关系可能更为准确。理由如下:

1. 现有学说均不能准确界定检律关系。关于检律关系的定位,学界曾有不同主张。有人认为属于对抗关系,可称之为对抗说;有人认为属于协作关系,可称之为协作说;更多的人则认为属于既对抗又协作的关系,可称之为折衷说。②

对抗说、协作说及折衷说都各有道理,但用其概括现行立法中的检律关系都有失偏颇。对抗说不能解释检律之间合作、协助的一面;协作说不能解释检律之间对抗的一面。折衷说虽然看到合作与对抗两个方面,但没有阐明二者之间的关系。

2. 合作博弈说可以较为准确地界定两者关系。从以上分析可以看出,现行立法关于检律关系的构造是复杂的,其定位也是比较困难的。站在辩护律师角度看检方,他既是自己审判阶段的对手,又是逮捕、起诉的决定者,同时是自己诉讼权利的保护者,是一种三位一体的关系。将检律之间的关系定位于合作博弈关系能够较好概括这种关系的本质。

其一,合作博弈说可以全面概括检律关系的三个层面,如:前所述,检律关系包含三个层面,即对抗层面、合作层面、共赢层面。合作博弈说可以全面概括这三个层面,即检

---

① 中国社会科学院经济研究所编:《现代经济词典》,江苏人民出版社2005年版,第664页。
② 郭元军:《我国刑事诉讼控辩关系的理性反思与重构》,载《河南社会科学》2004年第3期。

律作为博弈的双方,存在竞争和对抗。但这种竞争和对抗不是敌对和零和关系。一方受益并不导致另一方受损,双方存在共同的利益和目标,存在合作的空间。检律之间的博弈可以让双方共同受益;至少是一方受益,但另一方并不受损,即利人但不损己。通过这种博弈,最终实现公平正义,使整个社会受益。

其二,合作博弈说能够准确反映检律关系的本质。"合作博弈"的结果是"合作共赢","合作博弈"经常被"合作共赢"这个词替代。将检律关系定位于"合作博弈"关系,可以清晰表达合作、博弈、共赢这三者之间的辩证关系,即检律之间既有对抗博弈,又有合作协助。但对抗与合作是手段而不是目的,通过对抗与合作达到共赢才是目的。所谓共赢,就是实现了维护法律正确实施、维护社会公平正义的共同目标。

三、如何实践新型检律关系

新型检律关系已在立法层面建立。但要在司法层面予以落实和实现,还有一段漫长的路要走。关于新型检律关系的实践路径,有学者提出"三步走"战略,颇有见地。即"第一步应从非理性对抗转向理性对抗,第二步应从理性对抗转向以对抗为主、合作为辅,再转向以合作为主、对抗为辅"。① 笔者认为,当前要实践新型检律关系,最根本的是要摒弃零和思维,彻底更新司法理念。

(一) 必须摒弃零和思维模式

"零和思维"是从博弈论中"零和博弈"演变过来的概念,现在被广泛应用于政治、经济以及外交领域。胡锦涛同志 2011 年访美期间,就提出要"抛弃零和博弈的冷战思维"。习近平同志最近在会见联合国秘书长潘基文时也指出,"零和思维已经过时,我们必须走出一条和衷共济、合作共赢的新路子"。

零和思维的基本逻辑是一方的收益必然意味着另一方的损失,双方只存在对抗,不存在合作的可能。在检律关系上,零和思维有很大的市场。长期以来,由于"敌我矛盾"观念的影响,以及职业立场的不同,导致检律关系对立的问题比较突出。不少检察人员基于有罪推定的传统思维,把犯罪嫌疑人当作"犯罪人",把辩护律师视作"犯罪人"的代言人和法律上的"异己分子"。在诉讼活动中,对律师"横眉冷对",百般刁难。在法庭上,检律双方更像"仇人相见,分外眼红",检律冲突屡屡出现。检律双方不沟通、不合作,在法庭上不留情、硬碰硬,使简单的问题复杂化,导致很多案件付出高昂的诉讼成本,却不能获得圆满的结局。因此,构建新型检律关系,必须摒弃零和思维。

(二) 必须转变单纯以案件胜败论英勇的传统理念

在传统观念中,公诉人和辩护律师往往把法院判决的结果,以及自己意见被采纳的多寡作为案件成败的标准。这种认识有一定合理性。但是,实践中存在单纯以案件胜败论英雄的观点就很有危害。就辩护律师而言,单纯追究案件胜诉,就有可能出现罔顾事实、曲解法律进行辩护的情况;甚至伪造证据、串供诱证。就公诉人而言,如果单纯追究案件胜诉,就有可能对有罪证据无限放大,对无罪证据视而不见,甚至制造冤假错案。

---

① 喻建立:《新刑事诉讼法视野下控辩关系的拓展与协调》,载《人民检察》2012 年第 21 期。

无论从立法层面还是世界各国的司法实践来看,都没有把追求胜诉作为检律双方的最高和最终目标。

　　1. 追求胜诉不是检察机关的终极目标。关于检察机关在刑事诉讼中的任务,《人民检察院刑事诉讼规则（试行）》第2条有完整表述,即"立案侦查直接受理的案件、批准或者决定逮捕、审查起诉和提起公诉、对刑事诉讼实行法律监督,保证准确、及时地查明犯罪事实,正确应用法律,惩罚犯罪分子,保障无罪的人不受刑事追究,保障国家刑事法律的统一正确实施,维护社会主义法制,尊重和保障人权,保护公民的人身权利、财产权利、民主权利和其他权利,保障社会主义建设事业的顺利进行"。可见,从立法层面来讲,检察机关的职责并不是单纯地打击犯罪,而要做到打击犯罪与保障人权的统一。其终极目标还是维护法律正确实施、维护公民合法权益。

　　检察机关的根本属性属于法律监督机关,其虽然履行控诉职能,但更重要还是法律监督职能。"如果将检察机关定位于法律监督机关,那检察机关就应以法律监督来统领所有职能,所有职能都应统一于法律监督,所有职能的行使如果与法律监督发生矛盾,就应服从并服务于法律监督。在履行追诉职能时,检察机关就应受法律监督属性的规制和约束,秉持中立立场,认真履行客观公正义务,既依法追诉犯罪,又切实保障人权,从而保证国家法律的统一正确实施。"① 基于检察机关的法律监督机关的性质,当然不能将追求案件胜诉作为唯一目标或最终目标。

　　2. 追求胜诉也不应是辩护律师的终极目标。律师法第2条规定,"律师应当维护当事人合法权益,维护法律正确实施,维护社会公平和正义"。即律师的任务是"三个维护",而不是仅仅"维护当事人合法权益"这"一个维护"。而且这一个维护,也仅限于维护"合法"权益,并不是一切权益。因此,追求案件胜诉,追求当事人利益最大化也不是辩护律师终极目标。实际上,世界上没有任何一个国家将追求案件胜诉作为辩护律师的终极目标。即使在美国,也规定"合众国律师不是争议的普通一方当事人的代表,而是主权的代表,他负有行使职权的义务,但同时也必须公正地行使职权。所以,他在刑事诉讼中的利益不是赢取案件,而是保证司法的公正"。②

　　由此看来,构建新型检律关系,必须树立正确的案件胜败观。即不能单纯以诉讼结果论成败,不能以观点采纳多少论输赢;而应该以正义是否伸张、公平是否维护来衡量案件成败。杜培武、佘祥林等冤案,虽然形式上控方在原审胜诉了,但由于让无罪者蒙冤,检、律、审三方实际都失败了。同样的道理,如果辩护律师通过不正当手段让犯罪嫌疑人逃脱了罪责,其虽然在形式上赢了官司,但实际上损害了社会公平正义,让"法律之师"的美誉蒙羞,是实际的失败者。

　　3. 必须以维护公平正义为出发点和落脚点,正确处理检律关系。检律之间既有合作,又有对抗。但无论合作还是对抗,都要以维护公平正义为目标,不能偏离这个目标搞无原

---

① 朱孝清：《检察机关集追诉与监督于一身的利弊选择》,载《人民检察》2011年第3期。
② ［美］爱伦·斯黛丽、南希·弗兰克：《美国刑事法院诉讼程序》,陈卫东、徐美君译,中国人民大学出版社2002年版,第230页。

则的合作、无节制的对抗。

其一，检律对抗不能偏离维护公平正义这一目标。检律对抗不能影响案件正确处理，不能人为降低诉讼效率，不能偏离维护公平正义这一目标，否则就会走上歧路。

在司法实践中，检律之间非正常对抗的现象比较普遍，下面略举几例：

第一，证据突袭。为了赢得好的庭审效果，控辩双方往往都喜欢留一手。公诉人不移送主要证据，辩护人也以种种理由不及时提供收集的证据。双方在法庭上搞证据突袭，让对方无法应对。其结果虽然满足了突袭一方的表现欲望，但导致庭审延误，影响案件的正确处理。

第二，不交流意见。1996年刑事诉讼法已明确规定了审查起诉阶段听取辩护人意见制度。但辩护人往往不愿在此阶段将自己的意见和盘托出，担心庭审没有看头。其结果往往导致错过案件提前纠错的机会，增加纠错的难度和司法成本。

第三，庭审中相互攻击，质证时吹毛求疵。笔者办理的一起偷税案件，对是否构成犯罪争议较大。检察院起诉后又主动撤诉，后因新司法解释出台明晰了相关政策而重新起诉，但检方因工作疏忽没有更换起诉书。对这一疏忽，个别辩护律师抓住不放，滔滔不绝讲了半个小时，赚足了眼球。但对被告人的行为是否构成犯罪这一关键问题却轻描淡写，没有展开论述。这样庭审虽然看起来很热闹，但却对法庭查明案件事实、正确适用法律没有多大帮助。

第四，执业报复。全国律协调查显示，从1997年刑法第306条出台至2007年这十年间，全国有103名律师因妨害作证被追诉，而最终被认定有罪的仅为32起。另对23个"律师伪证罪"的案例进行统计分析时，11个案件涉嫌的律师被无罪释放或撤案，6个获有罪判决，1个被免予刑事处分，5个尚未结案，错案率50%以上。

现代诉讼制度设计的控辩对抗模式，是为了更好地查明案件事实，更准确地适用法律，进而维护社会公平正义。上述事例说明，控辩对抗不能偏离其制度设计初衷，不能为对抗而对抗，为反对而反对；否则，控辩对抗就会误入歧途，甚至擦枪走火，走向恶意对抗的邪路。其结果必然是两败俱伤，令法律蒙羞，令正义受损。

其二，检律合作也不能偏离维护公平正义这一目标。目前法官与律师的关系饱受诟病。随着检律交往的密切，合作的加深，也要防止另外一种倾向，即检律之间的勾兑。检律之间一旦形成物质利益同盟，刑事诉讼的整个架构就会崩塌，其后果更不堪设想。故在构建新型检律关系的初期，就应该在检律之间安装适当的隔离带和防火墙，防止违法的"诉辩交易"。

构建和谐检律关系是贯彻落实刑事诉讼法的一项重要内容。这既需要准确定位现行刑事诉讼法新型检律关系的实质，也需要摒弃零和思维，更新司法理念。除此之外，有关部门要采取切实措施，致力于法律职业共同体的建设。当传统"公检法"是一家的思想改变为"公检法律"是一家时，控辩审关系必然出现和谐有序的局面。

刑事诉讼法修改对量刑建议带来的转变

张国轩*

一、检察机关开展量刑建议的直接法律依据

（一）刑事诉讼法修改之前开展量刑建议的依据

最高人民检察院公诉厅2010年2月23日印发的《人民检察院开展量刑建议工作的指导意见（试行）》不仅明确了量刑建议的存在，而且涉及量刑建议的属性、遵循的原则、具备的条件、具体的建议要求、量刑评估、审批程序、制作量刑建议书、举证顺序、在法庭辩论阶段时提出、庭审中的调整、建议书的送达、救济方式、提高质量等内容。如第1条规定，量刑建议是检察机关公诉权的一项重要内容，第3条规定，人民检察院对向人民法院提起公诉的案件，可以提出量刑建议。2010年9月14日最高人民法院、最高人民检察院、公安部、国安部、司法部联合制定印发《关于规范量刑程序若干问题的意见（试行）》，明确引入了量刑建议制度，强化了量刑的调查取证，强化了律师的量刑辩护等。第3条第1款规定："对于公诉案件，人民检察院可以提出量刑建议。量刑建议一般应当具有一定的幅度。"第5条规定："人民检察院以量刑建议书方式提出量刑建议的，人民法院在送达起诉书副本时，将量刑建议书一并送达被告人。"最高人民检察院2010年10月12日印发的《关于积极推进量刑规范化改革全面开展量刑建议工作的通知》指出，检察机关对公诉案件提出量刑建议，是依法履行法律监督职能的重要内容，全面开展量刑建议是一项新的工作，要以量刑建议改革为契机，提高公诉水平。可见，在刑事诉讼法修改之前，检察机关开展量刑建议虽然在法律上没有明确的规定，但是在司法解释中则是有明确、具体的规定和具体的实施要求。

（二）刑事诉讼法修改后开展量刑建议的依据

1. 量刑建议应属刑事诉讼法第193条的题中应有之义。2012年3月14日修改的刑事诉讼法第193条第1款规定："法庭审理过程中，对与定罪、量刑有关的事实、证据都应当进行调查、辩论。"本款内容与修改前相比发生了较大的变化。王守安所长认为，新刑事诉讼法第193条的上述规定，是近年来检察机关量刑建议改革和法院量刑规范化改革经验在立法上的巩固和升华，是对检察机关公诉权中量刑建议权的立法确认。①郎胜等认为，其规定的意图，是要表达在法庭审理中，不仅要对与定罪相关的事实、证据进行调

---

* 江西省人民检察院副检察长，法学博士。
① 参见王守安：《立法完善推动检察制度向前发展》，载《检察日报》2013年6月3日。

查、辩论,对与量刑有关的事实、证据也要调查、辩论,从而为量刑规范化提供了法律依据。① 陈光中等认为,本款强调对与定罪有关的事实、证据和与量刑有关的事实、证据的全面调查和辩论,充分关注了定罪与量刑各自的特殊性,符合法庭定罪量刑的规律,有利于量刑的科学化、规范化。② 此外,根据刑事诉讼法第 279 条的规定,公诉方对达成和解协议的案件,也有权根据案件情况提出从宽处罚的量刑建议。

2. 人民检察院刑事诉讼规则对量刑建议作出了明确、具体的规定。《人民检察院刑事诉讼规则(试行)》在第十一章审查起诉、第十二章出席法庭、第十三章特别程序中都有量刑建议的直接规定。如第 376 条第 2 款规定:"办案人员认为应当向人民法院提出量刑建议的,可以在审查报告或者量刑建议书中提出量刑的意见,一并报请决定。"第 399 条规定:"人民检察院对提起公诉的案件,可以向人民法院提出量刑建议。除有减轻处罚或者免除处罚情节外,量刑建议应当在法定量刑幅度内提出。建议判处有期徒刑、管制、拘役的,可以具有一定的幅度,也可以提出具体确定的建议。"第 400 条规定:"对提起公诉的案件提出量刑建议的,可以制作量刑建议书,与起诉书一并移送人民法院。量刑建议书的主要内容应当包括被告人所犯罪行的法定刑、量刑情节、人民检察院建议人民法院对被告人处以刑罚的种类、刑罚幅度、可以适用的刑罚执行方式以及提出量刑建议的依据和理由等。"此外,最高人民检察院 2013 年 2 月 6 日印发的《检察机关执法工作基本规范(2013 年版)》也对上述相关内容作出了规定。

因此,在新刑事诉讼法开始施行以后,检察机关提出和出庭支持量刑建议不仅有法可依,而且必须是有法必依,控方不能再以无法无据为由不开展量刑建议,法庭也不能再以无法无据为由在庭审中对控方的量刑建议置之不理。此外,复旦大学法学院谢佑平教授认为,西方法治国家检察官的控诉,不仅针对是否定罪提出,还就如何量刑作出建议,这就是所谓的量刑建议权。法官在量刑时,应该斟酌检察官的量刑建议,如果不予考虑的话,应该明确论证理由。③

二、当前开展量刑建议的基本情况

(一)修改刑事诉讼法的实施并没有对检察机关的量刑建议工作产生必然的影响

从新刑事诉讼法实施一年的情况看,量刑建议的开展并没有引起检察机关的足够重视,量刑建议是否开展以及如何开展并没有与刑事诉讼法的修改和实施产生必然的联系,也就是说,新刑事诉讼法的实施并没有直接带来检察机关量刑建议工作的正常开展,量刑建议的数量并没有明显的增加。江西省检察机关 2013 年度,共起诉 19981 件 29539 人,提出量刑建议 10305 人,占起诉总人数的 34.89%,采纳量刑建议 8812 人,采纳率 85.51%。其中,各市分院共起诉 555 件 1287 人,占总人数的 4.36%,但提出量刑建议仅

---

① 参见郎胜主编:《中华人民共和国刑事诉讼法释义(最新修正版)》,法律出版社 2012 年版,第 421 页。
② 参见陈光中主编:《〈中华人民共和国刑事诉讼法〉修改条文释义与点评》,人民法院出版社 2012 年版,第 280 页。
③ 参见《检察日报》2008 年 11 月 26 日。

19人，仅占市分院起诉总人数的1.48%，采纳量刑建议9人，采纳率47.37%；各基层院共起诉19426件28252人，占总人数的95.64%，提出量刑建议10286人，占基层院起诉人数的36.41%，采纳量刑建议8803人，采纳率85.58%。其具体分布情况见表1、表2。全省检察机关提出量刑建议的比重和量刑建议采纳率都低于全国的数据。2013年度，全国检察机关共起诉1324404人，提出量刑建议665445人，占起诉人数的50.24%，采纳率为89%。

表1 2013年度全省检察机关量刑建议基本情况表

地 区	起诉（件/人）	提出量刑建议		采纳量刑建议	
		数量（人）	占起诉人数比重（%）	数量（人）	采纳率（%）
南 昌	3661/5274	1280	24.27	1064	83.13
景德镇	1110/1671	152	9.10	71	46.71
萍 乡	1039/1788	391	21.87	335	85.68
九 江	2133/2923	106	3.63	88	83.02
新 余	700/1155	991	85.80	899	90.72
鹰 潭	588/979	143	14.61	102	71.33
赣 州	2870/4162	2005	48.17	1621	80.85
吉 安	2009/2893	1313	45.39	1197	91.17
宜 春	1933/2974	1503	50.54	1453	96.67
抚 州	1272/1718	693	40.34	503	72.58
上 饶	2550/3854	1610	41.77	1387	86.15
南 铁	116/148	118	79.73	92	77.97
合 计	19981/29539	10305	34.89	8812	85.51

表2 2013年度分市院、基层院量刑建议基本情况表

地 区		起诉（件/人）	提出量刑建议		采纳量刑建议	
			数量（人）	占起诉人数比重（%）	数量（人）	采纳率（%）
南 昌	市 院	116/288	3	1.04	3	100
	基层院	3545/4986	1277	25.61	1061	83.09
景德镇	市 院	35/78	0	0	0	0
	基层院	1075/1593	152	9.54	71	46.71
萍 乡	市分院	25/57	0	0	0	0
	基层院	1014/1731	391	22.59	335	85.68
九 江	市 院	46/80	0	0	0	0
	基层院	2087/2843	106	3.73	88	83.02
新 余	市 院	22/55	15	27.27	5	33.33
	基层院	678/1100	976	88.73	894	91.60
鹰 潭	市 院	21/36	0	0	0	0
	基层院	567/943	143	15.16	102	71.33
赣 州	市 院	90/161	0	0	0	0
	基层院	2780/4001	2005	50.11	1621	80.85

(续表)

地区		起诉（件/人）	提出量刑建议		采纳量刑建议	
			数量（人）	占起诉人数比重（%）	数量（人）	采纳率（%）
吉安	市 院	27/82	0	0	0	0
	基层院	1982/2811	1313	46.71	1197	91.17
宜春	市 院	55/144	0	0	0	0
	基层院	1878/2830	1503	53.11	1453	96.67
抚州	市 院	28/70	0	0	0	0
	基层院	1244/1648	693	42.05	503	72.58
上饶	市 院	86/224	0	0	0	0
	基层院	2464/3630	1610	44.35	1387	86.15
南铁	市 院	4/12	1	8.33	1	100
	基层院	112/136	117	86.03	91	77.78
合计	市分院	555/1287	19	1.48	9	47.37
	基层院	19426/28252	10286	36.41	8803	85.58

（二）新刑事诉讼法实施后有相当多检察院的量刑建议工作反而不正常

与往年的量刑建议比较，2013年的量刑建议工作变化不明显，有的检察机关的建议数量不升反而下降，并且下降幅度还很大。如南昌市的量刑建议虽然每年有所增加，但是总体比例都不高，同时其下辖的部分基层院提出的情况也参差不齐，特别是2013年上半年，有的达到100%，有的只占百分之十几。具体分布情况参见表3、表4。

表3　南昌市检察机关2010年至2013年上半年提出量刑建议数统计表

2010		2011		2012		2013	
提出数①	比例②	提出数	比例	提出数	比例	提出数	比例
385/551	13.88%	802/1110	26.17%	1307/1748	35%	668/910	42.85%

表4　南昌市所辖县区检察院③2010年至2013年上半年提出量刑建议数统计表

县区院	2010		2011		2012		2013	
	提出数	比例	提出数	比例	提出数	比例	提出数	比例
新建县	5/3	2.3%	6/7	3.7%	16/26	2.5%	16/18	6%
南昌县	25/54	6.25%	264/350	55%	202/280	35%	35/45	17%
安义县	38/62	90%	74/117	92%	61/85	93%	44/87	93%
进贤县			16/16	6.8%	178/280	70%	119/176	100%

---

① 单位：件/人。
② 占当年公诉案件比例数。
③ 缺少青山湖区检察院和经济技术开发区检察院的统计数据。

（续表）

县区院	2010		2011		2012		2013	
	提出数	比例	提出数	比例	提出数	比例	提出数	比例
东湖区	63/85	16.3%	216/295	50.34%	455/527	82.17%	172/213	86.4%
西湖区	60/62	8.20%	43/48	1.60%	50/62	5.90%	35/38	11.7%
青云谱区	259/391	100%	242/375	100%	300/437	100%	147/179	100%
湾里区	43/78	100%	37/60	100%	69/102	100%	16/21	100%
高新区			48/61	100%	127/183	100%	44/72	100%

赣州市检察机关2010年提出量刑建议的案件数为1528件2424人，占公诉案件总人数的61.90%；2011年共提出量刑建议1816件2673人，占总人数的68.98%；2012年共提出量刑建议2498件3712人，占总人数的72.99%。2013年1至10月赣州市检察机关共起诉2057件2938人，提出量刑建议1586人，占起诉人数的53.98%。九江市所辖的两个检察院的量刑建议工作也是如此，九江县检察院2010年19份、2011年110份、2012年140份、2013年上半年19份。共青城市检察院2010年2份、2011年8份、2012年8份、2013年上半年1份。

从其他有关省市来看情况也差不多，如四川省检察机关1至6月共起诉25894人，提出量刑建议9466人，占36.56%；北京市检察机关1至6月共起诉10267人，其中提出量刑建议6518人，占63.48%；山东省检察机关1至6月共起诉34239人，提出量刑建议15238件；广东省检察机关1至6月共起诉56736人，提出量刑建议17676件次；湖北省检察机关1至6月共起诉19178人，提出量刑建议10983件。[①]

三、当前开展量刑建议必须实现的几个转变

（一）从以定罪为主的公诉到定罪和量刑并重的公诉的转变

长期以来，检察机关在履行公诉职责时，无论是在审查起诉阶段还是在出庭支持公诉阶段，主要是以对犯罪行为和犯罪事实的罪质指控为主，涉及罪与非罪、此罪与彼罪、一罪与数罪等犯罪性质问题。而对罪态问题——刑罚适用标准的问题，亦即应不应适用刑罚和如何适用刑罚的问题，则明显重视不够。也就是说，公诉基本上是以定罪为主的公诉模式，或者说是以定罪为主兼顾概括性求刑的公诉模式，并且案件承办人办案的主要时间和精力也花在了对案件是否定罪以及如何定罪方面。2013年开庭审判的刘志军受贿、滥用职权案，检察机关在起诉和出庭支持公诉时，虽然当庭提出刘志军有坦白情节，滥用职权造成的损失和受贿赃款基本已挽回，可从轻处罚，但是仍然没有提出明确、具体的量刑建议。薄熙来案件的起诉和出庭支持也没有提出明确、具体的量刑建议。但是，从实体法来看，刑法是关于犯罪、刑事责任和刑罚的法律，由于罪责刑是刑法典的有机整体，其中犯

---

① 由于收集的范围有限，其他省市的情况和全国的情况未作统计。

罪是前提，刑罚是后果。因此，检察机关在适用刑法时，应当将罪和刑统一适用，不可偏废。再从程序法来看，由于刑事诉讼法已对量刑规范化的成果直接进行了确认，这就必然要求检察官在公诉中同时承担定罪与量刑并重的起诉和支持模式，只有这样，公诉权才算完整、充分。《人民检察院刑事诉讼规则（试行）》第435条规定："在法庭审理中，公诉人应当客观、全面、公正地向法庭出示与定罪、量刑有关的证明被告人有罪、罪重或者罪轻的证据。定罪证据与量刑证据需要分开的，应当分别出示。"

（二）从粗放式量刑建议到精细化量刑建议的转变

总体而言，在开始量刑建议试点以前，检察机关在起诉书或者出庭支持公诉时的量刑建议具有概括性、粗放性等特征。如在起诉书或者公诉词中有关对被告人判处刑罚的建议多表述为："请依法对被告人追究刑事责任"、"请依法对被告人判处刑罚"、"由于被告人是累犯，请依法从重处罚"、"由于被告人是未成年人，请依法应当从轻或者减轻处罚"、"由于被告人有自首情节，请依法可以从轻或者减轻处罚"，等等。在检察机关开展量刑建议试点的后期阶段开始，特别是中央政法各家参与量刑规范化改革以来，以及在修改后刑事诉讼法施行之后，检察机关的量刑建议必须从概括性、粗放性转向特定性、精细化，也就是说，当前检察机关的量刑建议必然具有特定性，必须转向精细化。

（三）从选择性量刑建议到规范性量刑建议的转变

在量刑规范化开展之前，检察机关的量刑建议突出表现为选择性开展。《关于规范量刑程序若干问题的意见（试行）》第3条第1款规定，对于公诉案件，人民检察院可以提出量刑建议。《人民检察院开展量刑建议工作的指导意见（试行）》第3条规定，人民检察院对向人民法院提起公诉的案件，可以提出量刑建议。但事实上《关于规范量刑程序若干问题的意见（试行）》的适用范围，原则上可以适用于所有的刑事案件，既包括可能判处有期徒刑以下刑罚的案件，也包括可能判处死刑、无期徒刑的案件。①

在新刑事诉讼法施行后，选择性量刑建议仍然在相关规定和司法实践中大量存在：第一，《人民检察院刑事诉讼规则（试行）》对量刑建议的提出规定的不是"应当"而是"可以"。第二，应当慎重建议判处死刑、无期徒刑的案件。第三，量刑建议主要在基层检察院开展，市级检察机关基本不开展。这一特点从前文表1和表2的数据可以得到很好的反映。因为市分院起诉的案件属于重刑犯，不宜提出量刑建议。第四，从起诉的案件类别看，自侦案件提出的量刑建议比例相当低。从江西省2013年1至10月的量刑建议来看，对检察机关侦查的职务犯罪案件提出量刑建议226人，占职务犯罪案件起诉人数的18.18%；对公安机关侦查的案件提出量刑建议7985人，占公安机关侦查案件起诉人数的36.91%。笔者认为，对职务犯罪开展量刑建议并以此加强量刑监督，可以有效降低职务犯罪案件的轻刑化、特别是适用缓刑、免刑偏多的现象，还可以全面地、充分地体现检察机关在查办和惩处贪污贿赂犯罪和渎职侵权犯罪的作用。因此，我们必须高度重视当前存在的选择性量刑建议问题，必须规范地、严格地、全面地实施量刑建议，《关于积极推进量刑规范化改革全面开展量刑建议工作的通知》也涉及全面推进量刑建议工作、以量刑

---

① 参见李玉萍：《程序与实体并行的量刑规范化改革》，载《人民法院报》2010年9月22日。

建议改革为契机提高公诉水平、确保量刑建议的质量和效果、加强协调配合促进量刑规范化、深入开展量刑建议等内容。根据新刑事诉讼法第193条第1款的规定，法庭调查和辩论都应当涉及量刑有关的事实和问题。根据《人民检察院刑事诉讼规则（试行）》第399条的规定，人民检察院对提起公诉的案件，可以向人民法院提出量刑建议。也就是说，凡是人民检察院向人民法院提起公诉的所有案件，都可以提出量刑建议。① 检察机关在起诉和出庭支持公诉时，都应当提出量刑建议，否则与量刑有关的事实和问题的法庭调查和辩论就无法展开。

（四）从被动督促法院规范量刑活动到积极主动履行量刑建议职责的转变

在开展量刑规范化改革时，检察机关的量刑建议多具有被动地督促法院规范量刑活动的作用，所以建议的罪名和刑罚标准多与法院量刑指导意见的罪名和刑罚一致，这就使量刑建议工作受到极大的限制，并且检察院的量刑建议就表现为督促法院严格执行法院内部文件的工作，其存在价值就会被大打折扣。目前除了少数检察院对起诉的犯罪全部开展量刑建议外，多数检察院在开展量刑建议的罪名上，仍然过多地依赖法院确定的量刑指导意见的罪名，所以建议范围极其有限。如果再继续这样下去，量刑建议的价值仍然会削弱，必须尽快改变这一现状。当前，在司法实践中，适用量刑建议的罪名应该不限于法院确定的量刑规范化的15个，有的检察院在这方面也作出了许多努力。九江市永修县检察院2011年起诉的罪名共31个，提出量刑建议有19个罪名，占提起公诉案件所涉罪名的61.2%；2012年提出量刑建议的罪名有22个罪名；2013年上半年提出量刑建议有18个罪名。江西省婺源县检察院2013年前10个月实际提出量刑建议的罪名已经达到了32个，包括了贪污罪、受贿罪、挪用公款罪、行贿罪、盗伐林木罪、滥发林木罪等。因此，作为履职要求，检察机关对办理的每一起案件提出量刑建议应当是原则，不提出量刑建议应当是例外。

（五）量刑建议的形式从不规范、不统一到规范、统一的转变

作为与定罪的起诉形式、手续同样的量刑建议也必须具有相同的形式要件。由于对案件的量刑建议是以检察机关的名义向法庭提出或者在法庭提出的，因而其必须履行相关的审批手续。形式具备、手续齐全，需要办案人员增强责任感，不能随意提出量刑建议，更不能乱提量刑建议。一旦提出就必须履行相关的手续，并承担由此而产生的相关责任。我们认为，量刑建议的形式必须规范、统一。其书面形式包括：第一，独立存在的量刑建议书；第二，存在于起诉书中的量刑建议；第三，存在于公诉意见书中的量刑建议；第四，存在于抗诉书中的量刑建议。口头提出量刑建议一般在法庭辩论阶段，公诉人在发表公诉意见时提出或者修改、完善起诉时的建议标准。当然，由于法庭审理的严肃性，所以采取口头方式在庭审中提出的应当尽量少用、慎用，并且还应当在庭审笔录中记录。

（六）简易程序从不出庭、不开展到应出庭、应开展的转变

由于以往简易程序的案件都不出庭，一般也不提出量刑建议。过去江西省每年简易程序案件逾4000件，检察院基本上不出庭，也不提出量刑建议。根据新刑事诉讼法的要求，

---

① 参见孙谦主编：《〈人民检察院刑事诉讼规则（试行）〉理解与适用》，中国检察出版社2012年版，第317页。

简易程序检察院都应当出庭,都应当提出量刑建议。

四、量刑建议与量刑规范化的关系

从新刑事诉讼法实施的情况看,在量刑规范化进程中,不少法庭在审理案件时仍然存在参与主体的不完整性、适用标准的不公开性、产生过程的静态性、程序适用的不完全性等问题。① 也就是说,在庭审中承担量刑职责的仍然多表现为法庭一方,没有将控方的量刑建议和辩方的量刑辩护同时进入庭审程序;对主要罪名的量刑适用标准,只有法院一家作出内部规定,不是由多方共同制定并且将其公开;对被告人量刑标准的产生,不是在通过庭审量刑调查和辩论的动态环境下确定的,而是在庭审后由合议庭通过比照内部文件的静态环境中评判出来的;对于量刑规范化的适用程序多在一审开庭中体现,而在二审、再审等程序中则明显不被重视等。

2013年10月9日最高人民法院公布的《关于建立健全防范刑事冤假错案工作机制的意见》第11条规定:"审判案件应当以庭审为中心。事实证据调查在法庭,定罪量刑辩论在法庭,裁判结果形成于法庭。"切实遵守法定诉讼程序,强化案件审理机制。庭审是事实、证据调查的核心环节。为防范冤假错案,要树立"审判中心"和"庭审中心"的观念,并完善相关的制度机制。② 2013年11月25日,最高人民法院在京召开实施量刑规范化工作座谈会。会议传达了最高人民法院的重要决定:从2014年1月1日起在全国法院全面实施量刑规范化工作;各地法院要按照最高人民法院的工作部署和要求,认真研究制定实施方案,积极开展工作,确保量刑规范化工作全面、顺利实施;要全面贯彻执行《人民法院量刑指导意见》及其实施细则,保证量刑公开、公平、公正;各高级人民法院要根据法律的规定,结合当地实际,研究制定《人民法院量刑指导意见》实施细则;上级法院要切实加强指导、及时研究解决实践中遇到的问题和困难,保证量刑规范化工作全面稳妥推进。要进一步深化对量刑方法、量刑基准、量刑机制、量刑程序等问题的理论研究,推动改革实践的深入发展。③

因此,笔者认为,新刑事诉讼法确立的量刑规范化及其进程,应当包括参与主体的多元性、适用标准的公开性、产生过程的动态性、审判程序的完整性,并且这四个方面是统一的,构成四位一体,其中主体的多元性、标准的公开性是前提,产生的动态性是关键或者根本,程序的完整性是保障。检察机关只有全面地、充分地、具体地履行量刑建议职责,才能有效地推动、促进量刑规范化的健康发展。如果检察机关仍然对量刑建议采取选择式、被动式执法,这不仅不符合履行公诉职责的要求,而且还会阻碍量刑规范化的正常开展。因此,各级检察机关必须高度重视量刑建议工作,并以新刑事诉讼法的实施为动力,全面提高公诉工作的水平。

---

① 参见张国轩:《量刑建议问题研究》,载孙谦主编:《检察论丛》(第15卷),法律出版社2010年版,第550页。
② 参见《最高人民法院刑三庭负责人答记者问》,载《人民法院报》2013年11月22日。
③ 参见《人民法院报》2013年11月26日。

检察机关独立执行技术侦查措施可行性研究及制度构建
——以检察机关侦查模式转变为视角

何 刚*

随着我国改革的不断深入和经济社会的快速发展,司法观念及价值取向也相应变化。检察机关由供到证的职务犯罪侦查模式,因其对犯罪嫌疑人口供的较强依赖性,易导致侦查权的滥用,不利于人权保障,已不符合法治中国建设的要求。近几年来,虽然检察机关执法办案更加规范和法治化,但是受简单侦查手段和落后取证、固证水平的限制,以口供为中心的办案模式没有得到根本性转变。"如果禁止逼供式的侦查,就必须依托现代科技来变革侦查模式"。① 2012年,全国人大通过修改后的刑事诉讼法,赋予了检察机关一定的技术侦查措施使用权。但是,该使用权并不完整,在适用技术侦查措施时必须交有关机关执行,这使得检察机关处于尴尬境地。实践中,成本低、效率高的技术侦查措施没有得到充分使用,检察机关侦查手段简单、落后的现状也没有得到明显改善。因此,只有赋予检察机关完整的技术侦查措施使用权,独立执行技术侦查措施,才能充分发挥技术侦查措施在职务犯罪侦查中的重要作用,有效提高检察机关自侦部门侦查能力与水平,积极推进侦查模式从由供到证向由证到供或供证结合转变。

一、检察机关执行技术侦查措施独立性的缺失

(一)检察机关技术侦查措施的使用无法满足实际需要

技术侦查措施是指侦查机关根据侦查犯罪的需要,依法经过严格的批准手续,借助现代技术方法和设备,秘密对侦查对象进行调查、取证、追捕的一种特殊侦查措施,② 包括记录监控、行踪监控、通信监控、场所监控等措施。③

职务犯罪因其主体的特殊性以及犯罪行为与职务的密切联系,"使得职务犯罪的侦查比一般刑事犯罪的侦查存在更大的困难",④ 具体表现为线索发现难、证据收集难、证据固定难、深挖扩大难等。面对职务犯罪的以上特点,采取一般的侦查措施是难以取得成效的,而利用技术侦查的自身优势,却能够针对职务犯罪的特点,提高职务犯罪侦查能力。

---

* 江西省抚州市人民检察院检察长。
① 任慧华:《职务犯罪侦查实务》,中国检察出版社2010年版,第402页。
② 2013年2月1日北京市公安局、北京市高级人民法院、北京市人民检察院联合制定《关于刑事诉讼中适用技术侦查措施有关问题的解答》。
③ 《公安机关办理刑事案件程序规定》,载《刑事诉讼法及司法解释汇编》,法律出版社2013年版,第413页。
④ 朱孝清:《职务犯罪侦查措施研究》,载《中国法学》2006年第1期。

刑事诉讼法第148条规定,人民检察院立案后,对于以下案件及犯罪嫌疑人、被告人可以使用技术侦查措施:一是重大的贪污、贿赂犯罪案件;二是利用职权实施的严重侵犯公民人身权利的重大犯罪案件;三是追捕被通缉或者被批准、决定逮捕的在逃犯罪嫌疑人、被告人。① 但是,办案实践中,检察机关技术侦查措施使用并不多,使用范围较窄。以抚州为例,该市、县两级检察院2010年至2012年,共立案侦查贪污贿赂犯罪案件197件287人,采取过技术侦查措施的犯罪嫌疑人仅10人,占立案总人数的3.49%。修改后刑事诉讼法实施以来,即2013年1~7月,已立案66件83人,其中仅对3人采取过技术侦查措施。据统计,抚州市基层检察院没有申请适用过技术侦查措施,市检察院也仅用于紧急追逃犯罪嫌疑人,上述13人适用的目的都是追逃犯罪嫌疑人。

与此相对,长期以来,检察机关办案设备简陋,侦查手段较为缺乏,"一张嘴、一台电脑、一辆车"就是所有的办案设备;案件线索来源渠道狭窄,案源缺乏;证据收集手段不多,口供获取十分艰难。2012年,抚州市检察院共收到举报信94件,经评估其中成案可能性较大,进行了分流,要求各地认真开展调查的线索有56件,但最终成案的仅12件,占分流线索数的21%②。线索成案率不高的原因固然是多方面的,但是办案手段不足、关键证据难以获取、案件突破困难是主要原因之一。

"在当前腐败现象仍然相当严重,而国家赋予侦查机关的手段却明显不足的情况下,为了改变对职务犯罪打击不力的状况,维护必要的社会政治秩序,纪检监察机关不得不实际承担了司法机关的某些职能,并较多地适用'两规'、'两指'措施。"③ 甚至,为有力打击腐败犯罪,有些侦查干警有时忽视了检察官的客观义务,单纯将追诉犯罪作为侦查的最终目的,抱着有罪推定心理,滥用法定侦查权,采取威胁、引诱、欺骗的手段获取口供,以拘迫供、疲劳战术、变相体罚等现象也有发生。

"中外刑事诉讼的历史已经反复证明,错误的审判之恶果从来都是结在错误的侦查之病枝上的。"④ 刑事诉讼法修改后,加入了"尊重和保障人权",规定了非法证据排除规则及不得强迫自证其罪规则,赋予了律师在侦查阶段以辩护人身份介入的权利,这些都对职务犯罪侦查提出新的更高要求,职务犯罪侦查中不符合法治要求的办案手段必须摒弃。检察机关迫切需要更加有效的技术侦查措施来提升自侦部门的犯罪侦查能力。

(二)"借用"有关机关技术侦查措施的弊端

实践中,检察机关技术侦查措施使用较少,使用效率也不高。究其原因不是检察机关不需要使用,而是因为没有独立执行权,在使用过程中存在较多不便和问题,实际使用的效果并不明显。具体来说,主要存在以下几点:

1. 审批程序复杂,容易贻误战机。修改后刑事诉讼法规定采取技术侦查措施前必须"经过严格的批准手续",但对于采取什么样的批准手续没有具体规定。实践中,检察机

---

① 詹复亮:《新刑事诉讼法与职务犯罪侦查适用》,中国检察出版社2012年版,第196页。
② 其中包括案件在办过程中,群众因获知相关信息而进行举报的线索,约4件。
③ 朱孝清:《试论技术侦查在职务犯罪侦查中的适用》,载《国家检察官学院学报》2004年第1期。
④ 李心鉴:《刑事诉讼构造论》,中国政法大学出版社1992年版,第179页。

关办理技术侦查措施的审批手续，主要遵循公安机关的相关要求，由检察机关制作"实施技术侦察审批表"并签字和审批。这一签字审批程序较为繁琐，需要几个单位多个部门同意。被侦查对象的职务、职级不同，办理的手续也不相同。职级越高，所需手续越繁杂，批准部门级别越高。无职级人员，只需检察机关内部审批及公安机关技侦单位审批即可，对县级干部，就要由省公安厅和省委等单位、部门盖章审批。2013年5月，抚州市院反贪局对一名副县级干部采取技术侦查措施，办案人员跑了4个部门，在"实施技术侦察审批表"上盖了7个章，才办好审批手续。查办案件中，侦查时机十分重要，侦查效率必须保证。待一个一个签字审批手续办完后，案件信息十分容易泄露，相关人员可能早已潜逃或建立攻守同盟，最佳侦查时机已经过去，侦查难度进一步加大。如果检察机关拥有独立执行权，公安机关审批环节可以免除，可少跑2个部门和少盖4个公章，不仅节约时间，提高效率，同时可降低案件信息泄露的风险。

2. 有关执行机关内在动力不足，影响侦查效率。修改后刑事诉讼法规定，检察机关适用技术侦查措施要"按规定交有关机关执行"，但没有规定公安机关或其他机关应当协助检察机关执行。公安机关自身侦查任务繁重时，自然会将不属本系统工作的检察机关技术侦查请求放到从属地位。一般情况下，公安技侦部门工作繁忙时，不会接受检察机关技侦协助请求。只有待其工作任务不忙时，才会协助检察机关进行技侦。甚至有时候，检察机关还要依靠领导亲自出面联系才能较为顺利地得到协助。同时，技术监听、监控等工作需要花费大量时间和精力，如果工作中精神稍有放松很容易遗漏关键信息。实际工作中，申请公安机关协助采取技术侦查措施后，公安机关有时会因工作忙不能及时上措施或上措施后长时间没有成效，这在一定程度上限制了检察机关技术侦查措施的有效使用。

3. 沟通协调不畅，影响侦查成效。案件侦查前期，信息保密十分重要。检察机关与公安机关为两个独立系统，在检察机关需要公安机关协助开展技侦时，出于案情保密需要，检察机关不方便将关键案情透露，只能将侦查对象及其家庭成员等亲朋好友的身份信息、联系方式告知。由于交流沟通的不顺畅，也影响了公安机关技术侦查的开展，常常将有用的信息当作无关信息放弃。例如，检察机关要求的是追逃，公安机关就重点关注藏匿地，对侦查中获知的有关案件的其他信息不关注，或得知了也不知道需要告知检察机关。另外，公安技侦部门出于保障人权的规定，不会将所收集到的相关信息直接移交检察机关。在抚州，公安技侦部门一般只会根据自己的判断，将有关信息整理、汇总后，通过电话告诉检察机关。双方信息交流的不畅，在相当程度上影响了技侦效果。

二、检察机关独立执行技术侦查措施的可行性

新形势下，赋予检察机关独立的技术侦查措施执行权不仅可以改善检察机关适用技术侦查措施的现状，也符合我国反腐工作的发展趋势。但刑事诉讼法二次修改时没有赋予检察机关完整的技术侦查措施适用权，经归纳原因主要有以下几点：一是受到"党内不能搞技术侦查措施"论断的影响;① 二是因技术侦查措施的实施对侦查对象存在人权的侵犯,允许使用的单位越多,滥用可能性越大;② 三是出于建设成本的考虑。

但是,笔者认为,允许检察机关独立执行技术侦查措施,从外部环境来说,国际公约已有相关规定,国外经验也有借鉴;从内部环境来说,我国检察机关长期"借用"有关机关的技术侦查措施,对技术侦查工作有一定了解,同时检察机关这几年一直开展侦查信息化和装备现代化工作,在侦查技术设备等方面具备了一定基础。可以说,检察机关独立执行技术侦查措施不但已具备良好的外部条件,而且内部环节也准备充分。

1. 检察机关拥有独立执行技术侦查措施的基础——职务犯罪侦查权。技术侦查措施是一种特殊的侦查手段,主要作用是通过先进的科技手段获取其他侦查手段无法或难以获取的证据,达到提高侦查效率,成功侦破案件的目的。因此,技术侦查措施的运用是以侦查权为基础的,只要拥有侦查权就具备独立使用技术侦查措施的先决条件。根据刑事诉讼法规定,在我国享有侦查权的主体主要为公安机关、检察机关、国家安全机关。其中,公安机关和国家安全机关,分别由人民警察法和国家安全法赋予了独立运用技术侦查措施的权力。"从对侦查措施的需要讲,检察机关侦查的职务犯罪同公安、安全等机关侦查的普通犯罪和危害国家安全犯罪相比,其隐蔽性和侦查难度更大,更需要技术侦查措施。"③ 但是,在一定范围内拥有和公安机关、国家安全机关相同侦查权的检察机关,技术侦查措施却不得不交有关机关执行。

2. 《联合国反腐败公约》为检察机关独立执行技术侦查措施提供了一定的法律依据。2003年10月31日,联合国通过《联合国反腐败公约》,其明确规定:"各缔约国均应当在其本国法律制度基本原则许可的范围内并根据本国法律规定的条件在其力所能及的情况下采取必要措施,允许主管机关在其领域内酌情使用控制下交付和其认为适当使用诸如电子或者其他监视形式和特工行动等其他特殊侦查手段,并允许法庭采信由这些手段产生的证据"④。中国作为缔约国之一,必须履行公约的规定。因此,我国'担负反腐败重要职责的检察机关,按照公约的规定,理应在职务犯罪侦查中享有采用技术侦查措施的权利,从这一意义上讲,《联合国反腐败公约》为检察机关独立运用技术侦查措施提供了国际法上的依据。"⑤

3. 严格的党内审批程序能有效防止检察机关因有拥有独立技术侦查措施执行权而卷入政治权力斗争。1982年10月4日,彭真同志在中央政法委员扩大会议上明确提出"党内一律不准搞窃听、搞技术侦查"。虽然,修改后刑事诉讼法已赋予检察机关一定的技术侦查措施适用权,但是党内仍有不少领导干部受该观念的影响⑥,认为检察机关拥有法定

---

① 李润华:《职务犯罪侦查中技术侦查的法律规制》,载《河北公安警察职业学院学报》2012年第1期。
② 李润华:《职务犯罪侦查中技术侦查的法律规制》,载《河北公安警察职业学院学报》2012年第1期。
③ 朱孝清:《职务犯罪侦查措施研究》,载《中国法学》2006年第1期。
④ 陈光中主编:《〈联合国反腐败公约〉与我国刑事诉讼法再修改》,中国人民公安大学出版社2006年版,第361页。
⑤ 宁建新、李韦华:《职务犯罪案件应允许采用技术侦查措施》,载《人民检察》2007年第6期。
⑥ 笔者在公安支侦支队调研中了解到,在党内有不少同志对该观念较为认同。

的职务犯罪侦查职权，如果再赋予其独立的技术侦查措施执行权，十分容易被卷入政治权力斗争。然而，这种观念已十分落后，"曾经的'运动式'惩治腐败及'人整人'等斗争解决矛盾的模式与依法惩治职务犯罪已不可同日而语，在特定历史时期形成的在当时有一定积极意义的禁止使用'特殊侦查措施'的观念已经滞后于时代发展的要求"①，现阶段敌我战争、政治运动早已退出历史舞台，经济建设成为我国发展的主旋律，赋予检察机关独立技术侦查措施执行权，可以提高检察机关打击腐败的能力，不仅不违背党内不准搞技术侦查的政治纪律，同时可以有力维护党的执政基础。另外，我国遵循的是人民代表大会制度下"一府两院"政治结构，检察机关不属于政府机关，并与法院、政府相对独立。在这一层面来说，相较于公安机关，检察机关卷入政治权力斗争的可能性更小。同时，通过设定严格的党内审批程序可以较为有效地防止检察机关的技术侦查措施被少数人利用而带来的消极后果。

4. 检察机关作为法律监督机关在执行技术侦查措施时能够做到自我约束、规范和监督。众所周知，技术侦查措施在控制犯罪的同时也对公民权利造成一定侵犯。因此，对技术侦查措施的使用，都有较为严格的限制。公安机关等机关在使用技术侦查措施时，都要经过严格的审批程序。当然，打铁还需自身硬。近几年来，最高人民检察院十分重视自身队伍建设。曹建明检察长在2014年全国检察长会议上的讲话中提出，"全国检察机关要坚持从严治检，坚持用制度管权管案管人，严格规范权力行使，确保按照法定权限和程序行使权力，防止检察权的滥用"，并一再强调在贯彻实施修改后刑事诉讼法过程中要强化"五种意识"、坚持"六个并重"。经过这些年来狠抓队伍的思想政治建设、职业道德建设和业务能力建设，检察干警的综合素质和工作水平有了较大幅度提高，完全能够规范适用技术侦查措施，杜绝技侦手段的滥用，防止人权侵犯。

5. 检察机关已具备执行技术侦查措施的实践经验和物质条件。一方面，长期以来，检察机关在查办重大职务犯罪案件中常"借用"有关机关技术侦查措施，对技术侦查措施的了解和运用已积累一定的经验。另一方面，近几年来，检察机关积极推动侦查信息化和装备现代化建设，有效提高了侦查队伍的专业化水平，为检察机关独立行使技术侦查权打下一定物质基础。以抚州市为例，2011年起全市检察机关积极贯彻"两化"建设要求，筹建了侦查指挥系统、远程讯问系统、侦查信息中心等。2013年已与房管、电信、工商、公安等部门达成协议，进行联网，需要相关资料时，可以直接在市院侦查指挥中心进行调取，极大地提高了办案效率。

6. 检察机关独立执行技术侦查措施所需的人员配置和建设成本在承受范围之内。从人员配置来看，笔者曾到抚州市公安机关技侦支队调研，该支队共有人员30人，每年承担技侦任务230~270件案件，同时还要承担情报和控制任务，工作量趋于饱和。而抚州市检察机关2012年共查办职务犯罪案件111件143人，其中涉案金额10万元以上的重大

---

① 王金贵：《用法治的眼光看待职务犯罪的特殊侦查》，载《人民检察》2010年第6期。

贪污、贿赂犯罪案件及利用职权实施的严重侵犯公民人身权利的重大案件①，共23件23人，按技侦支队人员比例，如果一年20~30件案件技侦任务，配备3~4人足以完成。从建设成本来看，现在大部分技侦手段已建成全省统一、公安国安等侦查部门共享的平台，如果检察机关要使用，只需联网接入即可，而联网接入所需费用并不高。

7．国外技术侦查措施的运用模式和经验为我国提供了域外实践经验。在国外，无论是大陆法系还是英美法系，技术侦查措施都被广泛用于职务犯罪侦查中。如美国1968年《综合犯罪控制与街道安全法》第3条规定，对于贿赂罪、金融诈骗罪、有组织犯罪等严重犯罪案件，可以采取秘密监听和录音录像的侦查措施。2001年《俄罗斯联邦刑事诉讼法典》第186条第1款规定："如果有足够的理由认为，犯罪嫌疑人、刑事被告人和其他人的电话和其他谈话可能含有对刑事案件有意义的内容，则在严重犯罪和特别严重犯罪案件中允许监听和录音。"② 这里的"严重犯罪和特别严重犯罪"应当包括职务犯罪案件。国外技术侦查措施的运用模式和经验，对我国技术侦查措施的适用具有较大借鉴价值。

三、检察机关独立使用技术侦查措施的制度构建

没有规矩不成方圆。技术侦查措施是有效的侦查手段，同时又存在对侦查对象人权的侵犯。因此，检察机关要独立使用技术侦查措施，必须有一套健全的制度进行规范。

（一）检察机关独立执行技术侦查措施的执行主体、适用范围、条件和期限

1．执行主体。根据基层院适用技术侦查措施不多的情况，以及出于便于管理和节约国家资源的目的，赋予市级及以上检察院独立执行技术侦查措施的权力，在其院内设立技术侦查部门独立执行技术侦查措施，具有较大可行性。

2．适用案件范围。对于技术侦查措施的适用范围应遵循重罪原则，"即只有对严重的犯罪才能使用技术侦查措施"③。对于什么样的犯罪属于严重犯罪案件，有的国家以可能判处的刑期为标准，如《法国刑事诉讼法典》第100条规定，具有可能判处2年或2年以上监禁的重罪或轻罪案件才能适用通讯截留手段④；有的直接列举罪名，如美国1968年《综合犯罪控制和街道安全条例》列举间谍罪、叛国罪、劳动敲诈罪、谋杀罪、绑架罪、抢劫罪、敲诈勒索罪、贿赂政府官员罪、贩毒等12种严重犯罪，可以适用监听措施。而我国2012年《人民检察院刑事诉讼规则（试行）》（以下简称《诉讼规则》）以涉案金额加列举罪名的形式来界定，规定"涉案数额在十万元以上的重大贪污、贿赂犯罪案件……可以采取技术侦查措施"。

因对于犯罪行为可能判处什么样的刑罚，在立案侦查初期还不能作出准确判断，而我国《诉讼规则》的规定不仅较为直观，容易判断，又重点突出了社会危害较大的职务犯罪，可以参照。《诉讼规则》规定以下案件可采取技术侦查措施：涉案金额在10万元以

---

① 根据2012年《人民检察院刑事诉讼规则（试行）》第263条关于人民检察院可以适用技术侦查措施的案件范围的规定。
② 《俄罗斯联邦刑事诉讼法典》，黄道秀译，中国政法大学出版社2003年版，第145页。
③ 朱孝清：《试论技术侦查在职务犯罪侦查中的适用》，载《国家检察官学院学报》2004年第1期。
④ 《法国刑事诉讼法典》，余叔通、谢朝阳译，中国政法大学出版社1995年版，第51页。

上的重大贪污、贿赂犯罪案件；涉案金额50万元以上的重大挪用公款案件；利用职权实施的严重侵犯公民人身权利的重大犯罪案件；追捕被通缉或批准、决定逮捕的在逃犯罪嫌疑人、被告人。

3. 适用条件。一是遵循必要性原则，"即只有在采用一般侦查措施收效甚微甚或无收效时，才可使用技术侦查措施"①。也就是说只有在其他侦查手段无法或难以查清犯罪事实或收集犯罪证据，迫不得已的情况下才能适用技术侦查措施。二是有充分证据证明或有理由相信侦查对象存在犯罪行为。为了保护公民权利，应当有充分理由相信被采取技术侦查措施的对象存在犯罪行为或者与案件有关。一旦确定其与案件没有关联，应立即停止。上面两个条件要同时具备才能适用技术侦查措施。

4. 适用期限。《诉讼规则》规定的期限是3个月以内有效，复杂、疑难案件可以申请延长。侦查实践中，采取技术侦查措施所需时间具体案件有所不同，有的案件中侦查对象反侦查能力强，经常换手机、住所，有时3个月还不能结案，因此，《诉讼规则》3个月并可以延长的规定比较符合办案实际。

（二）检察机关独立执行技术侦查措施的适用程序

1. 申请。技术侦查措施申请主体主要为检察机关自侦部门。形式以书面形式为主，一般不能口头申请。在十分紧急的情况下，也可以先口头申请。在不能书面申请的情形消失后应及时补办书面申请手续，最迟不能超过48小时。

申请要填写申请表，内容应包括申请部门、技术侦查对象及其相关情况、与侦查对象有关人员及基本情况、技术侦查目的、案情介绍等内容。

2. 审批。可以参照逮捕上提一级的方式，要求下级检察院将有关材料报送上级检察院对口部门进行审查。报送的材料包括：经本院检察长审批的申请表、立案请示报告及必要的证据材料。上级检察院进行书面审查，有疑问可与办案部门联系。审查最迟应在一天内完成。

要严把审批关。从公安机关现行的审批手续看，其不仅要求上级机关审批，对有职级人员还要求经过党委审批同意。借鉴公安的审批程序，可做出如下规定：无职级人员需本院检察长同意并经上级对口部门审批；科级干部要经本院检察长同意、上级对口部门审批、市级检察院检察长同意并报设区市市委批准；县处级干部应经本院检察长同意、上级对口部门审批、省级检察院检察长审批并报省委批准；厅级以上干部应经省级检察院检察长同意、最高人民检察院检察长审批并报中央批准。

3. 执行。由市级及以上检察院技术侦查部门执行。基层检察院申请市级检察院技术侦查处执行。执行过程中应遵守保密原则和人权保障原则。对执行技术侦查过程中获知的国家秘密、商业秘密及个人隐私应当保密。不得利用技术侦查措施执行过程中获知的信息，从中获取利益。技术侦查部门在执行过程中，应当与侦查部门及时沟通，加强信息交流，避免出现贻误战机现象。

4. 结束。追逃犯罪嫌疑人或被告人的，在犯罪嫌疑人被抓获后，技术侦查措施即结

---

① 万毅：《西方国家刑事侦查中的技术侦查措施探究》，载《上海公安高等专科学校学报》1999年第4期。

束。获取犯罪证据的，一般在侦查对象归案并如实供述犯罪行为，没有翻供或发现新罪的，对该侦查对象的技术侦查措施应及时解除。在技术侦查措施到期而没有延长的，应及时解除。技术侦查措施结束后，与案件无关的材料应及时销毁，与案件有关的材料应按规定移送审查。

（三）检察机关独立执行技术侦查措施获取证据资料的证据效力

首先，只要是严格依照法律规定程序，采用技术侦查措施所获得的证据材料都具有证据能力，可以在诉讼中直接作为证据使用，不需转换。① 为确保证据材料的效力，采取技术侦查措施收集的物证、书证及其他证据，技术侦查人员应当制作相应的说明，写明获取证据的时间、地点、数量等相关信息并签名。

其次，遵循非法证据排除规则。我国修改后刑事诉讼法仅规定对非法收集的言词证据予以排除，对物证和书证不能补证或作出合理解释的予以排除，对其他种类证据没有明确规定。而技术侦查措施收集的证据大部分为视听资料、电子数据等其他类型证据。鉴于技术侦查措施存在侵害人权的可能性，对于通过技术侦查措施收集的证据的审查应当参照物证、书证非法证据排除规则的规定。对收集不符合法定程序或其他可能严重影响司法工作的，应要求予以补正或者做出合理解释；不能补正或者做出合理解释的，对该证据应当予以排除。

（四）对检察机关独立执行技术侦查措施的监督及公民权利的保障和救济

1. 监督。主要有以下几种监督的方式：

一是上级检察机关对下级检察机关的监督。下级检察院在适用技术侦查措施前要报上级院审批，上级检察院技术侦查部门亦应采取定期或不定期方式对下级技术侦查部门的工作进行检查，发现违反规定侵犯人权或利用技术侦查措施收集的信息从中获利的，及时移送纪检监察部门处理。

二是案件管理部门的监督。案件管理部门应当在固定期限内，对本单位技术侦查措施的适用情况进行检查。对检查出不符合法律规定的应及时要求整改。

三是纪检监察部门的监督。纪检部门在接到相关反映后应向党组汇报，并要求办案部门和人员进行情况说明，对存在违法违纪行为的侦查人员应给予相应的纪律处分。构成犯罪的，按照司法程序移送查处。

2. 权利救济。如果侦查对象认为办案人员在适用技术侦查措施过程中，存在侵犯人权或程序不合法问题，或者利用获取的相关信息损害了自己的权益，可向有关检察机关请求停止损害、赔礼道歉或给予补偿等。其代理律师也可以向检察院提出申诉，有关检察院接到申诉后，应迅速进行调查，并及时回复申诉人。

---

① 出于保护办案人员和保密的目的，对通过技术侦查措施获得的相关证据不要求必须进行法庭质证。其进行法庭公开质证应遵循重大性原则和关键性原则，即只有在重大案件中，在该证据对犯罪分子定罪量刑具有关键性作用时，可以进行法庭公开质证。

结　语

检察机关侦查手段不全是检察机关现行侦查模式的缺陷之一。① 赋予检察机关独立的技术侦查措施执行权，对推进侦查模式的转变具有至关重要的作用。由于 2012 年我国刑事诉讼法才完成第二次修改，赋予检察机关独立的技术侦查措施执行权可能需要一个长期过程。在此期间，检察机关可以探索派技术人员或侦查干警到有关机关技侦部门参与办理检察机关申请采取技术侦查措施的案件，以此有效扩大技术侦查措施的使用范围，增强使用效果，同时可以为检察机关独立执行技术侦查措施积累经验，培养相关人才。

---

① 施正矛：《职务犯罪侦查模式的完善》，载《江苏法制报》2011 年 8 月 22 日。

平衡与合作：新型检律关系的建构路径

谢 健* 刘 毅**

以刑事诉讼法为主体规范所架构之刑事司法制度，在接受人权保障和诉讼效率两大价值目标的磨砺中正发生着日益深刻的变革。刑事诉讼法的修改与施行，提出了对作为控辩关系核心的检律关系进行重新审视的要求，同时也为构建新型检律关系思考的展开提供了一个绝佳的契机。

一、检律关系发展路径考察

在新型检律关系的构建中，历史研究与规范比较可以为相关思考的深入提供有益资鉴。前者主要是在对不同历史阶段诉讼模式沿革的分析中进行，且不以国界和法域为缚；后者则是以相关法律规范的演变作为分析对象，利用规范之间的冲突与契合展开比较探讨。

（一）视角一：诉讼模式沿革之路径考察

尽管在纠问式诉讼模式中，检察官和律师尚未形成，然而这并不妨碍从这一阶段的考察中把握检律关系的发展规律。具而言之，这一视角下的考察将从纠问式、职权主义以及当事人主义三种诉讼模式展开。

1. 检律虚无：纠问式诉讼模式下的状态。行政司法不分下的权力极端集中，是纠问式诉讼的最主要特色。这也就决定了作为诉讼制衡力量的检察官和律师缺位的必然。在此情况下，对权利的保护和救济唯有在被追诉者所享有的微弱无力的辩解和控审合一的审判官强大攻势的夹缝中寻得侥幸的机会。从某种层面检视，这一无奈的状态甚至在我国1979年刑事诉讼法之前的某些司法活动中还投下了阴影。

2. 一权独大：职权主义诉讼模式下的检律关系。纠问式诉讼模式向职权主义诉讼模式的转型期亦即检察官的源生期。职权主义模式下控辩审三方的经典组合"吸取了纠问程序中国家官方对犯罪追诉的原则，同时又保留了中世纪的无告诉即无法官原则，并将这两者与国家公诉原则相联结，产生了公诉人的职位：检察官"。①"职权主义"词义本身似乎决定了被追诉者未获取刑事诉讼之平等参与者地位，这也直接影响到律师在强有力的检察权前全面抗衡的展开，一权独大成为检律关系的突出特色。

3. 检律相峙：当事人主义诉讼模式下的检律关系。从对抗性的层面而言，刑事案件的

---

* 江西省吉安市人民检察院检察长。
** 江西省永新县人民检察院公诉科干部。
① ［德］拉德布鲁赫：《法学导论》，米健等译，中国大百科全书出版社1997年版，第123页。

被追诉人在这一诉讼模式中获得了当事人地位;从地位的平等性而言,作为控诉主要力量的检察官也坐在了相对谦逊的席位上。这一将检察机关人格化的做法相对提升了律师的地位,形成对检方有效的对抗和制衡力量。在此基础上,分别代表控辩力量的检察官和律师不仅可以拥有平等的话语权,甚至更能够在尊重事实和恪守法律的基础上展开有效的合作。

伴随着诉讼模式从纠问式的兴废到职权主义、当事人主义分别成为主导大陆法系或英美法系的诉讼结构,检律关系亦从虚无走上对抗,进而走向合作。

(二)视角二:法律规范承继之路径考察

1. 各法律文本关于律师权利的规定。刑事诉讼法和律师执业规范无疑是深刻影响检律关系最为基础的两种法律文本。而对检律关系的思辨,归根结底还是要回到检律力量对比的考察立场上来。根据先后颁行的三部刑事诉讼法以及三种律师执业法律文本,笔者绘制出涉及检律关系的律师权利对照表如下:

表1 三部刑事诉讼法关于律师权利的规范比较①

	各时期刑事诉讼法文本 相关权利	1979年	1996年	2012年
	律师责任	维护被告人的合法权益	维护犯罪嫌疑人、被告人的合法权益	维护犯罪嫌疑人、被告人的诉讼权利和其他合法权益
律师权利	会见、通信权	有(被告人)	有(犯罪嫌疑人、被告人)	有(犯罪嫌疑人、被告人)
	侦查期间会见权	无	无	有(特殊案件经许可)
	安排会见期限	无限制	无限制	48小时内
	会见是否受监听	受监听	受监听	不受监听
	取保候审申请权	无	有	有(含申请变更强制措施、获答复权)
	申请证人到庭、调取新的物证、申请重新鉴定勘验权	有	有	有
	发问权(被告人、证人)	有(经许可)	有(经许可)	有(经许可)
	发问权(鉴定人)	无	有(经许可)	有(经许可)
	申请专家证人出庭权	无	无	有
	质证权	有	有	有
	辩论权	有	有	有

---

① 从某种意义上而言,彼方之义务即为己方之权利,表格中部分律师权利的名称确定以此为基础。

续表

各时期刑事诉讼法文本相关权利		1979年	1996年	2012年
律师权利	阅卷权（诉讼文书、技术性鉴定材料）	无	有（自审查起诉之日起）	有（自审查起诉之日起）
	阅卷权（犯罪事实材料）	无	有（自法院受理之日起）	
律师权利	自主调查取证权（证人）	无	有（经同意）	有（经同意）
	自主调查取证权（被害人）	无	有（经同意和许可）	有（经同意和许可）
	申请调取遗漏无罪、罪轻证据权	无	无	有
	申请调查取证权（证人）	无	有	有
	申请证人出庭权	无	有	有
	申请警察、鉴定人出庭权	无	无	有
	侦查阶段介入权	无	有（特殊案件经许可）	有
	侦查阶段会见权	无	有（特殊案件经批准、受监听）	有
	侦查阶段的提供帮助权、代理申诉控告	无	有	有
	侦查阶段罪名案情知情权	无	有	有
	侦查阶段意见获听取权	无	无	有条件
	侦查阶段书面意见附卷权	无	无	有
	控告、申诉权	未规定	未规定	有
	保守秘密权	未规定	未规定	有（特殊性秘密除外）
	审查起诉意见获听取、附卷权	未规定	无附加条件	无附加条件
	申请非法证据排除权	未规定	未规定	有
辩护律师介入阶段		审判阶段	审查起诉阶段	侦查阶段
法律服务律师介入阶段		无	侦查阶段	
法援律师介入阶段		审判阶段	审查起诉阶段	侦查阶段

从上述规范比较不难看出，刑事诉讼法的立法沿革史也正是律师权利在细化中得以强化的过程。这一规律同样在律师执业法律文本上得以完全展现（见表2）：

表2 三种律师执业法律文本关于律师权利的规范比较

规范文本 相关规范		《律师暂行条例》 （1980年）	《律师法》 （1997年）	《律师法》 （2007年）
职业属性		国家的法律工作者	为社会提供法律服务的执业人员	为当事人提供法律服务的执业人员
律师责任		维护委托人利益、国家、集体利益	维护当事人合法权益	维护当事人合法权益
律师权利	阅卷权	有	有	有
	阅卷权（诉讼文书和案卷材料）	未明确	未明确	有（自审查起诉之日起）
	阅卷权（所有材料）	无	未明确	有（自法院受理之日起）
	会见、通信权	有	有	不受监听
	调查权	有	有	有（申请变更强制措施、获答复权）
	申请调查取证权	无	无	有
	自主调查取证权	无	无	有（无限制）
	申请证人出庭权	无	无	有
	保密权	有	有（个人隐私、国家秘密、商业秘密）	有（特殊性秘密除外）
	辩论权	未规定	有	有
	出庭参与诉讼权	未规定	有	有
	其他权利	未规定	诉讼法律规定的其他权利	有（经许可）

可以看出，从20世纪80年代制定的《律师暂行条例》到1997年第一部律师法的出台，立法并未对律师权利的享有和行使给予实质性的规范指引；直至1996年刑事诉讼法颁行10年后，有感于律师权利式微下检律力量的失衡，2007年律师法才在细化律师权利的规定时投来了较之刑事诉讼法更为超前的眼光。

2. 冲突与调和：检律关系之变迁规律。第一，纵向的规范传承。细化和丰富无疑是律师权利发展中最为鲜明的两个特征。律师权利正逐步向刑事诉讼程序的每一个角落渗透，在有涉当事人利益的公权力参与的场合，律师的作用越来越被重视。最具说服力的例证当属侦查环节律师的介入。侦查预示着当事人开始进入公权力关注的视野，危及当事人合法权益的因素亦在此阶段开始潜伏。尤其是在职务犯罪案件侦查中，如何监督检察官依法开展自侦活动，便是不容立法者忽视的问题。同样掌握法律知识和技能的律师正是在此背景下获取了相关权利。对类似问题的思考，使得规范传承之中便蕴含了扩大律师权利以平衡检律力量的立法旨趣。

第二，横向的规范冲突。值得注意的是，以所举六部法律文本的通行期间为观察，不难感受到并行于一时的规范之间的冲突。这类冲突集中体现于1996年刑事诉讼法和2007年律师法之间。如辩护律师自案件移送审查起诉之后所享有的阅卷权的范围，即是否仅以技术性鉴定材料为限？除此以外，律师会见当事人是否受监听，亦因影响到辩护作用的有效发挥而成为备受争议的问题。刑事诉讼法的修改为相关分歧提供了统一的解答。这类立法矛盾从出现到引发争辩再到解决淡弭，恰恰反映出控辩角色在权力配给层面的激烈博弈，也同样彰显出检律关系在检律力量平衡的立法大势下从冲突走向调和的发展趋势。

二、新型检律关系的提出及其内涵

无论是对诉讼模式下检律关系发展脉络的考察，还是对相关规范文本的比较反思，律师权利的扩大正逐步推动着原有检律关系的衍变，促进着新型检律关系的建立。笔者认为，所谓新型检律关系，是指在人权保障和权力制衡理念的指引下，通过律师权利的扩大与保障和检察监督职能的履行，以检律力量平衡和检律地位平等为基础而形成的检律合作关系。要言之，它涵盖以下诸方面的内涵：

（一）人权保障是新型检律关系的精神内核

无论是检察官客观义务的履行，抑或是律师实体权利的扩大和程序性保障，这一模式下的制度设计无不围绕人权保障的司法理念而展开。这些规则的制定有助于通过辩权作用的发挥而使被追诉者免遭不法侵犯，彰显出"慎刑"的刑事司法理念，体现出刑事司法在尊重被追诉者权利上的细微关怀。

（二）权力制衡是新型检律关系的法理基础

扩大律师的权利和强化检察官的职责，反映出通过尊重和保障私权的行使以形成权力相制诉讼结构的立法初衷。不受监督和制约的权力极易被滥用，这是亘古不变的一条真理。也正是在权力滥用遭到监督和禁止的前提下，检律双方才具备展开有效合作的初步条件。

（三）检察监督是新型检律关系的制度保障

检察监督的展开关系到律师权利的救济，进而决定检律平等能否在检律力量平衡的基点上实现实质性的架构。正如Mittermaier所言："检察官应力求真实与正义，因为他知晓，显露他（片面打击被告）的狂热将减损他的效用和威信。"① 因此，检察监督职能的同时兼顾将是保障新型检律关系构建的一支重要力量。

（四）检律平等是新型检律关系的结构模式

美国法学家麦克尔·D. 贝勒斯指出："即使判决并没有准确地判定过去发生的事实真相，争端双方只要确信他们受到了公正的对待，他们也会自愿接受法院的裁判结果。"② 因而，实现检律平等是实现增强司法公信下新型检律关系构建的必然要求。

（五）检律合作是新型检律关系的发展路径

律师权利的扩大不应被视为检律对抗的润滑油，而应被视作检律合作的催化剂。检律合作"在域外已经自发生成与广泛传播应用，并在我国刑事政策与司法实践中'犹抱琵琶半遮面'的事实，已经在向中国和谐社会语境下的刑事司法制度变革昭示着一种必然"③。

三、建立新型检律关系的僵局反思

从以上的分析中不难发现，律师权利的扩张无疑对检律力量的平衡和检律地位的平等起到有力的助推作用。然而，立法的进步却无法使人忽视在构建新型检律关系的过程中依然存在的困境和僵局。

（一）检律角色心理冲突还有待调和

将检察官和律师分别安置在法庭对立席的诉讼结构使得两者无可避免地产生角色上的对立和心理上的冲突。然而一种较为偏激但却广泛存在的看法是：检律冲突是一组天然不可调和的矛盾。这一点在采用职权主义诉讼模式的国家似乎更为明显。公安司法机关在侦查和指控犯罪的长期合作中所形成的亲密关系，似乎无形之中增加了作为"异己"力量的律师插足诉讼程序而获认同的难度。如律师作为辩护人介入侦查环节就偶尔会滋生个别检警内心的不自然感，似乎这一做法天然就带有阻碍的意味。而被追诉人在审查起诉或审判环节翻供在司法实践中的屡见不鲜，也会在造成检察官心理反感的基础上强化这一角色冲突，最终阻碍了法律职业共同体的有效形成。

（二）检察官之客观义务还有待重视

所谓检察官的客观公正义务，是指"检察官为了实现司法公正，在刑事诉讼中不应站在当事人的立场而应该站在客观立场上进行活动，努力发现并尊重事实真相"。④ 受指控犯罪这一基础而神圣使命的影响，对被追诉人合法权益的保障便不容易获得与前者相当的重视。从受理案件开始，起诉意见书所界定的有罪结论容易带来思想上的先入为主，进而造成了在证据审查环节重有罪、罪重证据，轻无罪、罪轻证据固化思维的出现。在检律力量和检律地位存在一定差距的情况下，检察官的客观公正义务愈不容易引起重视。有鉴

---

① 转引自林钰雄：《检察官论》，法律出版社2008年版，第3页。
② 转引自陈瑞华：《刑事审理原理论》，北京大学出版社1997年版，第44页。
③ 冀祥德、张文秀：《从对抗转向合作：中国控辩关系新发展》，载《中国司法》2011年第12期。
④ 朱孝清：《检察官客观公正义务及其在中国的发展完善》，载《中国法学》2009年第2期。

于此，我国1979年刑事诉讼法就已对检察官提出了这一严格要求。而当下新型检律关系的构建，将有效督促检察官强化对客观公正义务的重视。

（三）监督职能兼顾观念还有待强化

在控诉职能与监督职能集于检察官一身的宪法性规定下，兼顾检察监督职能的履行势将深刻影响到检律关系的和谐构建。修改后刑事诉讼法第47条规定了辩护人的申诉、控告权："辩护人、诉讼代理人认为公安机关、人民检察院、人民法院及其工作人员阻碍其依法行使诉讼权利的，有权向同级或者上一级人民检察院申诉或者控告。"由此可以看出，立法为律师辩护权的顺利行使和有效维护提供了检察监督这一救济途径。而这就必然要求检察官在公诉人之外担当起法律监督者的重任。然而，在角色冲突的场合，要求检察官必须为对方辩权的救济付出努力，无疑更需要检察官真正从内心确立监督理念。因为这一理念的牢固树立与否必然成为左右检律关系是否能够和谐构建的重要因素。

（四）相关工作机制还有待细化完善

其一，与律师权利行使相衔接的工作机制尚未尽成熟。尽管律师权利无论从介入程序抑或至救济渠道诸方面来看都获得长足的进步，但某些方面的规范设计尚不足以使具体的运作机制完全得到落实。如侦查机关滥用权力阻止律师行使会见权，或滥用监听权导致律师会见权客观上丧失的场合，律师应当如何维权？这些还缺乏与刑事诉讼法相衔接的规范指引。其二，检律合作工作机制的建立还具有一定空间。检律之间的长效沟通交流机制尚未建立，听取辩护律师意见的规定也亟待落实；此外，律师向检察机关开示证据义务的非义务化，这就可能导致检律双方各自掌握的信息尤其是无罪罪轻方面的证据信息不对称，从而使"证据突袭"大行其道，既造成司法资源的无端浪费，更严重影响到和谐检律关系的构建。

四、建立新型检律关系的致力方向

正如上文所阐释，在构建新型检律关系的过程中，无论是在司法心理、法律职业认同方面，抑或是在制度规范和权利保障层面，还存有一些亟待革除的痼疾。为此，需于以下几个层面付诸全面的努力。

（一）深化法律职业认同，促进法律职业共同体形成

1. 打破固有角色对立认识僵局。无论是检察官还是律师，不能片面地因控辩的相互针对而产生心理上的对立，而拒绝敞开检律合作的大门。相反，应牢固树立"对抗而不对立，交锋而不交恶"的职业观，正确认识到控诉职能的履行和辩护权的行使均属对方正当职责，双方只是法律职业分工的不同，而不能偏颇地视为对己方工作的干扰和阻碍，并以此为由将对方排斥在法律职业共同体之外。心怀敌对的角色意识是阻碍良性检律关系构建的顽疾，必须以法律职业共同体这一整体观念看待检律关系，进而摒除存于彼此之间的隔阂与猜忌。

2. 建立检律长期沟通交流机制。和谐源于理解，理解始于沟通。要努力搭建有效的检律交流平台，鼓励检察官与律师进行合法的交流，从而通过对彼此职能认识的深化，促进对正确把握己方角色反思的深化，实现从相互排斥到彼此接纳的有益转变。相关的探索

已在部分省份的检察机关积极展开和大力推广。如负责与律师协会进行沟通交流的专门办公室已经在北京市检察机关获批成立，在此基础上，检律联席会议、培训资源共享、检律相互授课等积极有效的交流活动得以在各区检察院有效开展，这对于促进检律相互理解，增进彼此互信进而抛弃排斥心理下的门户之见无疑具有重要的意义。

（二）重视客观义务履行，形成公正执法之检律合力

1. 重视无罪罪轻证据的收集审查。打破固有的重有罪、轻无罪的单向思维，即检察官应同时是犯罪的控诉者和权利的守护人，"在控辩双方平等对抗的同时更多地给作为公益代表的检察官增加一定程度上的客观义务，是实现控辩双方实质上平等对抗的重要条件。"① 相反，错案发生的危险容易潜藏在控诉职能的片面履行之中。与律师加强沟通合作无疑可以作为杜绝这一危险所借力的方向。辩护职能的行使决定律师更容易将目光投入到无罪罪轻证据的收集方面，因此，律师的介入客观上能够敦促检察官积极履行客观义务职责，进而有效阻断错案出现的进程，而推动公正司法的检律合力的形成。

2. 完善律师意见听取和附卷制度。对听取律师意见以及律师书面意见附卷制度，可从以下三个层次予以落实：一是完善检察文书，在收到律师提交的委托书或法律援助公函的3日以内向其发出听取意见告知书，敦促其及时行使有关权利；二是在对重大案件的讨论中如检委会对不起诉案件进行讨论时，将律师意见作为专门事项进行讨论，避免造成相关制度的流于形式，同时也体现出对律师权利和意见的尊重；三是将律师意见随案移交法庭，这也可以使一些案件中律师所提供的辩护服务延伸至因代理关系缺乏而未能介入的阶段。

（三）强化检察监督意识，切实保障律师权利之行使

1. 保障律师在自侦阶段和审查起诉阶段权利。检察官需以身作则，做好与本职工作有关的律师权利保障工作，在赢得律师认可的同时促进程序正义。其一，完善律师阅卷制度。各级检察院可以视当地案件数量和本院人力资源妥善制定相关的工作细则，或建立专门的阅卷室并由专人接待，或由案管部门统一负责，对律师阅卷权予以充分保障。其二，制定律师会见办法。既要保障律师在普通刑事案件审查起诉环节的会见权利，更要依法维护律师在职务犯罪案件侦查阶段会见权的有效行使，以期在权利维护的基础上达到实质意义上的检律平等。

2. 积极履行对侵害律师权利行为的监督职责。救济是保障的最后一道防线。其中最为紧要之处，是确保律师控告、申诉权行使的畅通无阻。一方面，细化刑事诉讼法的有关规定，明确受理律师控告、申诉的具体部门，使其"投诉有门"；另一方面，及时对所受理的控告、申诉予以核查，发现行为确系违法，则通过提出检察建议、发出纠正违法通知书等方式及时展开监督，同时做好非系违法下的解释说理工作，及时化难解疑。保障律师权利的职责"使检察机关与律师在控辩平等这一基础关系之外形成了一种衍生性的救济

---

① 程雷：《检察官的客观义务比较》，载《国家检察官学院学报》2005年第4期。

关系,这是控辩平等的延伸,也是控辩平等的保障"①。

(四) 完善相关工作机制,促进多层次检律合作开展

1. 加强审前信息沟通,探索证据开示制度。审前信息的互通有无不仅能够凝聚案件的争议焦点,避免司法成本在无关紧要之处浪费,同样也彰显出检律双方彼此互信的精神,是检律交流有序开展的前提。相较于律师在法庭上使用无罪罪轻证据作为杀手锏导致案件走向出现戏剧性的逆转而言,通过证据于审前程序的开示更能减少检察官在闭庭后的挫败感以及由此引发的与律师之间的角色冲突。这既能够给检律双方带来双赢——或赢得结果,或赢得效率;又可以有效避免检律冲突,实现检律和谐。

2. 加强检律沟通协作,发挥刑事和解功效。刑事和解作为西方恢复性司法理念在中国的引入和实践,逐渐成为开展检律合作的主要阵地之一。伴随着犯罪率和进入国家刑罚权规制范围内的被追诉者数量的不断攀升,司法成本紧张下诉讼效率的提高便引发了对刑事速决程序处理模式的思考。而以信任为基础架构的委托关系,使得律师往往更容易在晓以利害的基础上引导和促进刑事和解的达成。于是,检律合作便在"共同决定如何消除这项犯罪的后果及其对未来的影响"②的路径下得以有效展开。

3. 强化律师执业监督,确保合作有序展开。构建新型检律关系,同样也要确保作为参与者律师的素质,否则就容易使检律关系为不法所浸染甚至走向犯罪化。因此,强化对律师执业的监督也当属构建新型检律关系的题中应有之义。一方面,对于关涉损害律师职业道德的问题,及时向有关监管单位或行业组织发出检察建议,以敦促律师合法执业,警醒其勿走歪门邪路;另一方面,对于个别涉嫌引导被追诉人翻供、串供或伪造证据的律师,要在查实的基础上依法严惩,以坚决将有妨检律关系构建的害群之马清除出去。

以人权保障为核心的新型检律关系的构建和运作,需要刑事诉讼中检律双方的坦诚相待与精诚合作。运用博弈论的方法考察,偏离正常检律关系的博弈"只能是负和博弈,多方冲突和斗争的结果,只能是所失大于所得,是一种两败俱伤的博弈"③。而要获取"正和效应"的博弈结果,检律合作的全面展开就势在必行。

---

① 甄贞:《论中国特色的控辩关系——以新刑事诉讼法关于刑事辩护制度的规定为视角》,载《河南社会科学》2012年第7期。

② 冀祥德、张文秀:《从对抗转向合作:中国控辩关系新发展》,载《中国司法》2011年第12期。

③ 陈亚尔:《"赢在二审"——有害正义:刑事诉讼中的博弈关系难题》,载2012年12月《全国法院第24届学术讨论会获奖论文集》(上册),第557页。

对附条件不起诉对象监督考察帮教机制的完善

马维新* 黄 胜**

一、引言

附条件不起诉制度是检察机关对于触犯特定罪名且有悔罪表现，符合起诉条件的未成年犯罪嫌疑人，为了更好地实现教育挽救目的，暂不将其提交人民法院审判，而设定一定的考察期限，规定一定的考察条件，并根据考察结果决定是否提起公诉的制度。新刑事诉讼法第 272 条规定："在附条件不起诉的考验期内，由人民检察院对被附条件不起诉的未成年犯罪嫌疑人进行监督考察。未成年犯罪嫌疑人的监护人，应当对未成年犯罪嫌疑人加强管教，配合人民检察院做好监督考察工作。附条件不起诉的考验期为六个月以上一年以下，从人民检察院作出附条件不起诉的决定之日起计算。"可见，目前被附条件不起诉的对象是未成年犯罪嫌疑人。新刑事诉讼法在第五编第一章特别程序中相对独立规定附条件不起诉制度，使不起诉制度更具科学性，也丰富完善了未成年人刑事司法制度，充分体现了国家重视对未成年人的保护。但究竟应怎样监督考察，存在相关司法解释不具体、体系不健全、配套机制不完善等问题。

设立附条件不起诉制度的一个重要目的，是使犯罪嫌疑人有一段时间停留在刑事诉讼程序中接受考察、帮教，以督促其汲取教训，改过自新，从而更好地达到教育感化挽救效果。检察机关的法律监督性质和宪法定位决定了它具有发现、消除和预防违法犯罪行为的职能。① 从性质上说，附条件不起诉是一种结果待定状态，只有符合所附带的条件，才发生不起诉的效力。② 附条件不起诉不是一种终局性的处理，期限届满后是否提起公诉，由检察机关根据嫌疑人在考验期间的表现或履行规定条件的情况决定。执行好则不起诉，执行不到位则起诉。因此，附条件不起诉的关键就在于考验期间的监督考察，这也是与其他不起诉相区别的关键。完善长效机制，避免监督考察流于形式，直接影响着附条件不起诉的起诉与否结果，关系到能否使嫌疑人充分敬畏法律、有效改造、回归社会，转化为服务社会的有用之才。

---

* 江西省南康市人民检察院检察长。
** 江西省南康市人民检察院研究室主任，全国检察理论研究人才。
① 谢鹏程：《检察权配置的原理》，载《国家检察官学院学报》2012 年第 4 期。
② 孙谦主编：《人民检察院刑事诉讼规则（试行）理解与适用》，中国检察出版社 2012 年版，第 335 页。

二、对被附条件不起诉对象监督考察帮教存在的问题

(一) 相关司法解释和诉讼规则缺失,监督考察帮教规定有待细化与明确

对如何监督考察仅在第272条中规定被附条件不起诉的未成年犯罪嫌疑人应当按照考察机关的要求接受矫治和教育,对于监督考察的组织形式、具体程序、方法及相关的配套建设,法律规定过于原则,实践中难以把握而可能流于形式。法律虽规定了考验期限,但是每月还是每季度考察1次,要考察几次,法律只是总体的规定,执行中随意性强。从立法本意看,该款规定并不局限监督考察的方式,检察机关可以采取灵活、创新和多元化的方式,但方式的丰富和创新并不意味着监管可以无节制地进行,相反,监管方式的创新更需要相关法律及司法解释作为支撑。

(二) 检察资源配置不到位

附条件不起诉的案件主要在基层,而适用附条件不起诉导致大量案件需要监督考察与人员紧张的对比悬殊,成为基层检察院的一大难题。特别是东部沿海等发达地区的基层院,案多人少的矛盾突出,有些公诉人一年要审查起诉200余件案件,相当于每个工作日要审查起诉完毕一起案件。① 由于受机构人员编制的限制,目前多数基层院没有设立相应的未成年人犯罪案件办理、监督考察机构,而采用统一分案的方式,谁办的案件谁负责考察,案件承办人在办理大量案件的情况下还要负责监督考察,其监管的有效性必然有所影响,难以使不起诉人接受教育、真心悔过,避免再次犯罪。

(三) 监督考察帮教体系不健全

一是帮教组织不够齐备。缺少类似企业、协会等长期合作的帮教基地,部分外来打工人员、失业人员由于没有固定职业和工作单位而无法落实帮教措施。二是缺乏专门帮教机关。对在校学生案发后转学或者举家搬迁失去联系的就无法落实帮教。社区、学校等单位由于不具有法定考察帮教的职责,工作开展也没有相应的制度规范,难以保证考察帮教的质量。三是检察机关考察帮教任务重。在社区组织发达地区,尚有较多的社会力量介入,但社区组织不发达的地方,检察官需要与各方工作协调、安排帮教活动、形成考察报告等工作事必亲为,耗费大量精力,影响帮教成效。

(四) 监督考察帮教机制不完善

一是流程不明确。如何对被附条件不起诉对象进行切实有效的监督考察,还没有具体的操作流程。二是形式太笼统。从监督考察的实施方式看,有些是被监督考察的人自行报告,如按照考察机关的规定报告自己的活动情况,离开所居住的市、县或迁居,报请考察机关批准等;有些是监督考察人员的实地走访,座谈了解遵规守法、服从监督情况等。是电话、短信、书面报告,还是监护人代为报告活动情况,实地考察是不是就走访社区、家庭、学校、当地派出所等没有相应的规定。三是检察机关牵头、各行政部门社会团体协助、全社会共同参与的监督考察帮教机制没有形成。

---

① 郑利群、廖言杰:《附条件不起诉考验期内的检察监管》,载《十堰职业技术学院学报》2012年第5期。

(五) 涉罪未成年人的出路较难，实现有效监管的难度大

未成年犯罪嫌疑人主要是社会闲散与在校生两类。现实中，在校生尤其是高中生多会被学校劝转劝退甚至被开除。能重新找到接收学校的就继续上学，不能找到的只能失学，成为新的社会闲散未成年人。而这些闲散未成年人多数缺少相关职业技术培训，难以找到工作，一旦接触不良青年，就可能再次犯罪。即便在考验期内安分守己，但相关监管不力，又无事可做，其再犯可能性依然很大。所以，如何在考验期内既解决被监管人的思想问题，又解决被监管人的出路问题，这也是一大难题。

三、完善对被附条件不起诉对象监督考察帮教机制之路径

法律监督机制是实现检察权追诉职能和规制国家刑罚权运行双重职能的重要渠道。① 完善考验期内的长效监督考察帮教机制，才能确保附条件不起诉制度的预期功效。

（一）完善相关司法解释和诉讼规则，细化相关监督考察帮教规定

司法解释是贯彻刑事诉讼法的重要手段。② 完善附条件不起诉的监督考察帮教规定应符合未成年人身心特点，使检察机关能够因人施教，让涉罪未成年人能顺利回归社会。一是围绕第272条规定，细化监督考察的组织形式、方法程序、相关配套建设，进一步规范和明确检察机关监督考察的部门、内容、方式、流程和责任，以及其他相关辅助体系与机制，增强可操作性。二是建议最高人民检察院会同公安部、司法部等部门共同制定相关规定，明确责任，互相配合，联合监管帮教；与团委、教育等党委行政部门共同签署考察帮教协议，并以文件的形式下发执行。三是规定相关学校应当接收没有完成义务教育的被附条件不起诉对象继续学习，并配合检察机关的监督考察。四是完善考验期内的附加条件，进一步细化须遵守的规定。对涉罪未成年人采取宽缓的强制措施，也会给被害人带来人身安全的担忧，对此，许多采取少年观护制度的国家都对受观护者制定更为严格的规定。可借鉴日本的做法。其《犯罪者预防更生法》第34条第2款规定的少年必须遵守的事项，包括居住于固定的居住地，从事正当职业，禁止与品行不良者交往，转换住所或长期旅行时必须经过观护者的许可，此外还根据少年的具体情况，分别规定其生活目标和禁止事项等。③

（二）明确监督考察的部门

就当前而言，对没有成立未成年人犯罪案件办理机构的检察院，应由公诉部门的办案人员履行监督考察更妥。因为，办案人员通过案件的全面审查，已经对犯罪嫌疑人的犯罪动机、主观恶性、悔罪态度、家庭情况等有了较为全面的掌握，监督考察更具针对性，并在考验期满后及时作出不起诉与否的决定。从长远看，应当成立一个常设的诸如未成年人帮教中心的机构，解决好机构设置和人员配备等问题，理顺各部门之间的协作模式，并配备业务素质高、责任心强、熟悉未成年人身心特点，具有一定犯罪学、社会学、心理学、

---

① 向泽选：《检察基础理论研究前沿》，载《国家检察官学院学报》2011年第3期。
② 葛琳：《两大诉讼法修改与检察制度的完善研讨会综述》，载《国家检察官学院学报》2013年第1期。
③ 康树华、施琦：《青少年立法与少年司法制度的发展趋势》，载《青少年犯罪问题》2012年第6期。

教育学等专业知识的检察人员负责办理未成年人监督考察帮教工作,从而更好地实现监督考察帮教工作的法治化。

(三) 完善监督考察帮教体系

未成年人犯罪是社会问题,必须建立检察机关为主导,家庭与监护人尽主责,学校、社区等考察辅助单位为平台,全社会共同参与的考察帮教体系,联合政府部门、社会团体、社区工作人员和志愿者等社会资源,依靠辅助单位、犯罪嫌疑人监护人等共同完成。

1. 检察机关。作为监督考察主体,从作出附条件不起诉决定,到跟踪监督考察情况、根据考察结果作出起诉与否决定的全过程,检察机关应处于主导地位,通过定期向帮教小组、考察辅助单位、监护人了解情况等方式,掌握该未成年人在学习、生活、工作等方面的情况,并对帮教事项进行具体指导、监督、审核,使监督考察对象得到有效矫治和教育,顺利回归社会。

2. 涉罪未成年人的监护人。监护人本身就对未成年人具有抚养、教育、监管、保护的义务,而造成未成年人犯罪的重要原因之一往往也是监护人疏于管教。因此,监护人应当利用与未成年人长期共同生活的有利条件,加强沟通,切实配合检察机关做好日常的监督考察工作。

3. 考察辅助单位。包括:第一是嫌疑人居住地的公安派出所和司法所。由于犯罪嫌疑人履行规定义务、为与不为特定行为等都是以居住地为中心,为更好地整合司法资源,由在现有监外执行监督和社区矫正工作中已发挥积极作用的、犯罪嫌疑人居住地的派出所和司法所、社区矫正办公室等辅助检察机关进行具体的考察帮教工作,更便于落实帮教措施,效果也会更好。第二是可以将犯罪嫌疑人居住地所在社区(居、村委会)、学校等作为二级考察辅助单位,协助做好日常的监督、考察、帮教、矫正工作。一方面,作为基层群众性自治组织,居(村)委会组织居(村)民开展公共事务和公益事业,实现社区自治与协助政府工作是目前的主要任务;另一方面,学校要不歧视、开除或拒收重返校园的涉罪未成年人,对监督考察对象要进行有针对性的社会生活指导、心理健康辅导和青春期等教育。同时,检察机关可以在学校设置"帮教工作室"或"预防青少年犯罪工作室",指派专门的检察官负责预防青少年犯罪及被附条件不起诉对象的动态监督考察工作。第三是构建社会化监督考察帮教体系。健全社工、观护帮教等制度,引入社会力量帮教涉罪未成年人,形成未成年人刑事检察专门化与帮教预防体系社会化的衔接配合。① 附条件不起诉的部分人可以回到学校接受考察,但是多数会辍学而流入社会。而当前国家尚无足够财力全面负责,需要吸收志愿单位及个人共同参与,需要借企业社团的财力来弥补政府力量的不足。② 因此,一是检察机关应联合公安司法、乡镇街道、教委、妇联、团委等部门,建立多部门联合帮教的长效机制。二是在条件允许的地方政府可以公开招聘专门协助检察机关对考察帮教对象进行监督管理、教育疏导、矫治救助等日常事务性管理的专职人员。

---

① 朱孝清:《侦查监督、公诉工作如何实施新刑事诉讼法》,载《人民检察》2012年第13期。
② 上海市闵行区人民检察院课题组:《新刑事诉讼法框架下未成年人社会观护制度的深化和完善》,载《上海公安高等专科学校学报》2012年第5期。

三是争取社会力量的参与。近年来我国出现不少类似新起点实践中心等关注青少年的组织,① 随着社会的发展,民间社会团体将大量涌现,如何利用好这些团体,合力构建全方位的未成年人犯罪帮教预防体系,也是将来研究考察帮教的一个方向。在条件成熟时,司法机关可以而且应当逐渐退出,而由社工主导非监禁状态中未成年犯罪人的矫治工作。②

4. 聘请特约辅导员协助监督考察。检察机关可以借鉴聘请人民监督员和特邀检察员的成功经验,根据案情和矫治方式,为每名未成年帮教对象各聘请一名特约辅导员协助监督帮教,以弥补检察人员的不足。选聘原则上尽量将未成年人犯罪信息控制在最小范围,选聘对象优先考虑具有爱心和青少年工作经验的村(居)委会干部、学校老师、片区民警等。

(四) 明确监督考察的具体内容

修改后刑事诉讼法第272条第3款规定了四条应当遵守的规定,第273条规定了起诉与否的两种情形。这两款原则规定了监督考察所附条件的内容,也是不起诉人需要履行的义务,是考察机关的考察标准,但不够具体,应将考察内容细化为应为义务与禁为义务两部分:③

1. 应为义务。所谓应为义务,是指由检察机关明确要求被附条件不起诉人在考察期间应当严格遵守的行为规范。一般包括:一是严格遵守国家法律法规规定,坚决服从考察机关的监督考察,置于特定人的看护之下,定期向考察机关报告自己的思想和活动。二是充分赔偿被害人的经济损失。将受害人的损失减轻到最低,符合恢复性司法的本意。未成年犯罪嫌疑人自身有财产的应用自己财产赔偿,自身无财产的可以允许其父母或亲属代为赔偿。三是适当的精神赔偿。既弥补刑事附带民事诉讼的缺陷,也减少被害人求偿的压力。四是向被害人赔礼道歉,立悔过书等具体的悔过行为。五是向公益事业捐赠钱款。六是完成一定量的公益劳动。增设非机构性处遇——社区劳动服务和假日生活辅导,以避免单纯警告不能收效。④ 在不影响接受学校教育的前提下,可以责令涉罪对象履行一项或几项义务,完成一定时间、数量的社区义务劳动,或前往敬老院、福利院为老人、孤儿等进行公益服务。七是接受戒除毒瘾、网瘾等不良嗜好和习惯的治疗,接受心理辅导和精神治疗,矫正不健康的心理和行为。八是对有独立生活来源的未成年人处以罚款。

2. 禁为义务。所谓禁为义务,是指由检察机关明确禁止被附条件不起诉人在考察期

---

① 2012年7月4日,西城区检察院、团区委共同设立北京首家附条件不起诉未成年人考察帮教中心——新起点实践中心,检察院联合司法社工及热心公益的企业单位,为涉罪未成年人创造帮教考察条件,开展考察帮教工作。未成年犯罪嫌疑人起诉前可通过服务企业,或从事60余个小时的社工服务等实践完成检方的监督考察。通过思想教育,对"京籍和常住非京籍"的非在校嫌疑人,接受司法社工的帮教考察,进行公益劳动;对"非京籍无固定住所"的非在校嫌疑人,在企业学习必要的劳动技能,并接受心理辅导、法制教育等方式的帮教考察,促其真诚悔罪,实现零障碍回归社会。刘洋:《未成年嫌犯做社工完成考察可免诉》,载《新京报》2012年7月5日。

② 姚建龙:《未成年人犯罪非监禁化理念与实现》,载《政法学刊》2004年第5期。

③ 参见杨蕊:《附条件不起诉考察制度的构建探析——在〈刑事诉讼法〉修正案和比较法研究双重视角下》,载《天津法学》2012年第3期。

④ 武良军、童伟华:《台湾地区少年犯处遇的考察及启示》,载《青少年犯罪研究》2013年第1期。

间不能为的行为。借鉴《刑法修正案（八）》中的禁止令等规定，① 禁为义务一般包括：一是不得有新的违法犯罪行为。② 二是不得有可能影响被害人、证人及其近亲属安全和正常生活的行为。三是不得从事与本次犯罪行为有关的职业或进行相关的职业活动。四是不得与实施本次犯罪时有关联的人或者相关交际范围内的人进行接触和交往。五是不得进入舞厅、歌厅、游戏厅、网吧等场所。

（五）明确监督考察的方法与形式

检察机关应当在附条件不起诉决定书中明确规定应为和禁为的义务。在监督考察过程中，检察机关、辅助考察单位、监护人应当围绕这些应为与禁为义务的内容，严格监督犯罪嫌疑人执行，采取相应方式进行监督考察帮教。对被附条件不起诉对象在考验期，需要自行报告活动情况的必须以书面形式，每月或每季度定期主动或在监护人的陪同下到检察机关汇报思想行为、学习、遵守规定等情况。监督考察的方法与形式主要包括：

1. 全方位监督。一是通过定期与犯罪嫌疑人见面、听取思想汇报等方式，重点审查思想改造的情况；审查并督促犯罪嫌疑人积极履行应为义务，弥补因犯罪给被害人造成的经济和精神损失；是否严格执行禁为义务；是否按规定完成义务劳动或义工服务活动，是否达到规定的次数和时长；是否按照规定积极参加戒除毒瘾、网瘾等治疗活动，是否有明显效果等。二是定期走访考察辅助单位与人员，了解考察进展、听取意见建议，并制作笔录附卷。三是定期约见被考察人加强思想、法制、道德教育和心理疏导，消除心理上的障碍。四是发挥监护人监护作用。检察机关可以向监护人发出严加管教意见书，敦促监护人以健康的思想、良好的品行和适当的方法教育和影响帮教对象进行有益身心健康、养成良好行为习惯的活动，遵守监督考察内容，按照规定进行思想、行为矫治。五是可以仿照取保候审制度，设立考察期间的保证人，一般由监护人充任。保证人负有协助相关考察机构的考察、监管、矫治犯罪嫌疑人的义务。监督考察人员既要监督考察是否执行有关附条件不起诉的监督管理规定，又应当查找其犯罪的原因，然后以此为切入点，找到相应的办法进行消除，防微杜渐，加强预防。

2. 个性化帮教。个案帮教小组应因人而异制订方案，借助社区、学校等力量，落实法制教育、行为矫正、心理矫治、公益劳动等措施，有的放矢开展帮教工作。对在校生，学校和家庭应更多地在人生理想与规划、人格品格等方面给予关注，在学业课程、兴趣爱好、交友范围等方面给予引导；对社会闲散未成年人，更多地在培养专业技能、提供职业教育与就业机会等方面给予帮助。要发挥帮教小组中不同职业、身分志愿者的优势，开展有针对性的特色帮教，如老军人讲授革命传统，提升爱国主义情怀；在校大学生为在学的嫌疑人辅导功课，做好青春期教育；律师进行法制讲座，普及法律知识；心理咨询师开展心理矫治，重塑自信心，恢复健康心理等。

---

① 刑法第38条第2款规定："判处管制，可以根据犯罪情况，同时禁止犯罪分子在执行期间从事特定活动，进入特定区域、场所，接触特定的人。"

② 美国对少年犯的缓刑、假释规则都规定：不得与有犯罪记录或犯罪行为的人接触，不得有新的违法犯罪行为，必须按时到学校上课等。参见马跃：《美国刑事司法制度》，中国政法大学出版社2004年版，第454～455页。

3. 与社区矫正工作紧密结合。从法律后果讲,不起诉人不是罪犯,与适用社区矫正的"五类"人员①有本质区别,"五类人"是"已决犯",而被附条件不起诉人是"未决犯",故纳入社区矫正时应有所区别和创新。在社区矫正考察模式中,考察帮教小组可以组织社会工作者实行分类分阶段矫正,在方法上充实心理矫正、技能培训、补偿性公益劳动等内容。② 加强考察帮教的全程化无缝衔接,防止监督考察帮教脱节问题发生。

(六)明确监督考察的具体时限

为了防止考察的无期限进行,更好地实现考察效果,必须要对每一个适用附条件不起诉对象规定一个与其所犯案件性质、工作生活环境等相适应的具体监督考察期限。否则,期限过长,会导致不起诉的待定状态一直持续,不利于修复被损害的社会关系,也会导致犯罪嫌疑人心理压力过大、改造效果减弱;期限过短,则无法全面准确地对嫌疑人履行义务的情况进行考察,其悔过自新、自我约束的效果也会降低。刑事诉讼法规定6个月至1年的考验期,兼顾了惩戒作用、未成年人心理承受能力和对其悔过程度的判断。但为使考察具有一定的灵活性和变通性,可以赋予检察机关根据嫌疑人的具体表现情况缩短或延长考察期限的权力,在考验期内,检察机关监督考察两个月进行一次、特殊情况一个月进行一次比较适当,这样能更好地调动嫌疑人配合考察、真心悔过的积极性,也给不积极配合考察的犯罪嫌疑人敲响警钟。

(七)建立有效的考察帮教机制,完善监督考察流程

一是选好监督考察人员。二是承办检察官根据个案特点,制定适应该未成年人的个性化矫治方案,规定或限制其某些行为。三是建立专门的个案考察帮教小组,全面有效地对犯罪嫌疑人进行帮教。四是检察机关与考察帮教小组、监护人及考察对象签订考察协议,明确各方权利义务,选择合适的帮教方式,确定具体的考察期限。五是检察机关采取定期不定期抽查等方法主导矫治方向。通过指导和监督考察小组的工作,视情参与帮教活动;定期听取考察帮教人员的意见,不定期抽查,保证反映情况的真实性。六是建立跟踪回访机制,健全不起诉信息档案。在一定时间后跟踪了解不起诉人适用帮教措施后表现是否良好、是否再次违法的信息,对矫正后3~5年内的表现评估跟进,发现不良行为及时矫治,防止再次犯罪。

(八)完善监督考察帮教工作的配套保障

一是保障监督考察需要的人财物力。尤其要增加基层院人员编制,解决基层检察院人力不足的问题。二要加大培训力度,提高检察人员的业务水平,掌握更科学系统的青少年教育、心理疏导方法,更有针对性地做好监督考察工作。三是加强对学校等考察辅助单位与人员的保障制约。检察机关可与教育局会签文件,对接收附条件不起诉对象进行帮教的学校,在矫治期满后由检察机关作出配合情况鉴定,作为教育局对学校年终考评的依据之一。对选聘的特约辅导员在个案矫治终结后,由检察院作出配合情况鉴定,送达其主管部

---

① 从目前情况来看,"社区矫正"的适用对象主要是被人民法院判处管制,宣告缓刑,裁定假释或由人民法院和监狱管理机关批准监外执行的罪犯以及被单处剥夺政治权利或附加剥夺政治权利且正在社会上服刑的罪犯。

② 徐祯祯:《附条件不起诉制度实证研究》,西南政法大学硕士学位论文,第21页。

门，作为其年终考评和晋职晋级的参考依据之一，以激发辅助单位与人员的参与热情。四是坚持人性化监管，督促相关部门落实有关政策，帮助解决附条件不起诉对象的复学升学、职业培训、就业安置等具体出路问题。

（九）充分体现监督考察结果、效果

考察期满后，如果嫌疑人在考察期内严格履行应为和禁为义务，接受监督考察，遵守规定，行为端正，悔过态度真诚积极，各考察单位、监护人认为监督帮教效果良好，检察机关则不起诉，诉讼程序随之终止；如果在考察期内不履行规定的义务，违反相关规定，证明其无悔改之意，或者发现决定附条件不起诉以前还有其他犯罪需要追诉、有其他新的犯罪行为的，检察机关就应当撤销附条件不起诉决定，重启公诉程序，请求法院追究其刑事责任，且已经过的考察期不能用来折抵刑期。

对检察机关完善规范执法倒逼机制的思考

黄润芳*

倒逼机制，是近年来逐渐让人们司空见惯的一个概念，频频出现在日常生活和社会语境中。作为一种工作机制和工作方法，它现在广泛应用于经济、政治、社会等领域，起到了很好的发展助推作用。检察机关利用倒逼机制促进检察工作发展，在检察实践中已多有运用，但在理论研讨上却鲜有系统的论述。本文拟就检察机关运用倒逼机制理论，针对解决执法办案中存在的问题进行初步探讨。

一、倒逼机制的概念和逻辑特征

倒逼机制这一概念，据考证最早是由我国经济学家钟朋荣在 1987 年出版的《中国通货膨胀研究》一书提出的，该书对我国经济中超额货币量形成的特殊原因和特殊过程，进行了概括和描述。过去，由于国有企业对信贷资金无限制的需求，它们借助地方政府的行政力量，往往压迫商业银行不断满足其借款要求，商业银行又向中央银行申请再贷款，最后迫使中央银行增加货币供应。这种起源于国有企业借款要求的自下而上的货币供给扩张过程，就是所谓的"倒逼机制"。

在社会学领域，倒逼机制是一种有效逆推的社会法则。在逻辑学上，逆推属于求解动态博弈均衡的方法，是指博弈参与人的行动存在先后次序，并且后行动的参与人能够观察到前面的行动。其核心意思就是"向前展望，向后推理"，即首先倒推，以找出最优选择。就实践层面而言，倒逼机制可视作逻辑推理的特殊形式，属于创造性假说，即由必然性逆推引向或然性可能，设计社会实践的相近性结果，而最终的历史事实就是验证是否形成"质的飞跃"的思想实验的成败。① 由此，从逻辑学角度看，倒逼机制有两个明显的特征：

1. 以具体危机的技术处置方式，表现为节点预测和技术假说的过程推理。也即是在阶段性的社会现状面前，作为时间的一个特定节点逆推这个节点之前的每一步可能优化的状态，在让时光"倒流"的思维假想中，设计和判断更符合人自身需求的过程。② 如 2009 年哥本哈根世界气候大会，会议要求各国责任共担，就发达国家实行强制减排和发展中国家采取自主减缓行动作出了安排，尽管达成的协议不具有约束力，甚至没有提及减排目标，但作为一次被喻为"拯救人类的最后一次机会"的历史性会议，参会各国均切

---

* 江西省新余市人民检察院办公室主任。
① 张炜：《倒逼机制：作为实践逻辑的似真推理》，载《中南大学学报》（社会科学版）2012 年第 3 期。
② 张炜：《倒逼机制：作为实践逻辑的似真推理》，载《中南大学学报》（社会科学版）2012 年第 3 期。

实感觉到了气候变化的现实危机，倒逼机制由此顺势成为人类社会对自我生存的一种权威性威慑。

2. 侧重于阶段性考察的决策推理，不讲究严谨缜密。例如，国家出台严控新批土地这一"倒逼"政策，就迫使企业实现发展战略的转变，节约资源、调整产品结构和低成本扩张，成为许多企业的首选。

二、构建倒逼机制是检察机关规范执法的有效途径

检察机关是国家法律监督机关，"强化法律监督，维护公平正义"是检察工作的主题。近年来，检察机关牢固树立"立检为公，执法为民"的宗旨，强化法律监督，强化自身监督，强化队伍建设，大力提升执法能力素质和执法公信力，切实肩负起了中国特色社会主义事业建设者、捍卫者的职责使命。但是，检察事业的发展总是机遇与困难、成绩与问题相伴，总是在巩固已有成绩基础上，不断克服和修正存在的问题。我们不能只看到成绩，还要客观理性分析发展中存在的问题。近几年不断曝光的一批冤假错案，人民群众对司法机关的强烈质疑，无不暴露出包括检察机关在内的司法机关存在执法理念把握不准，工作机制不健全，尤其是在执法行为方面，存在严重违法办案的突出问题。

问题不容回避，关键是如何来克服和解决问题。倒逼机制作为一种工作机制和工作方法，它的功能主要体现在解决问题的针对性和效率性上，就是针对存在的问题和现象，采取具体措施，倒逼源头问题的控制。倒逼机制既有事后救济的功能，也有事前、事中的控制功能。采取倒逼机制，不失为检察机关解决执法规范问题的一种有效的方法和途径。

根据倒逼机制的内涵及逻辑特点，笔者认为检察机关采取倒逼机制之所以能达到有效规范执法的预期目的，主要是因为能够产生如下的效应：

1. 导向效应。在利益驱动之下，执法主体的视野是狭隘的，往往会倾向于选择直接、粗放的执法方式，追求以最低的执法成本达到最大的执法效果。如果不施以有效的引导，执法主体很难自觉地从这种模式中摆脱出来。实施倒逼机制，就是通过各种方式传递执法行为的红灯信号，迫使执法主体选择更趋司法规律和大众利益、自身利益的行为。最近，中央政法委出台首个关于切实防止冤假错案的指导意见，要求法官、检察官、人民警察在职责范围内对办案质量要终身负责，并建立健全冤假错案的责任追究机制。这一意见的出台以及责任追究机制的落实，其主旨就是要引导牢固树立底线意识和办案责任意识，倒逼执法主体自觉选择理性、平和、规范、文明的执法行为。

2. 规范效应。执法理念的转变在实质上是执法行为方式的转变，而执法行为方式的转变总是在一定的外力压迫和环境制约下发生的。从曝光的一些冤假错案看，其中办案人员在审讯环节采取刑讯逼供手段非法获取口供的问题十分突出，针对这一问题，修改后刑事诉讼法作了许多硬性规定。比如，第54条规定"采用刑讯逼供等非法方法收集的犯罪嫌疑人、被告人供述和采用暴力、威胁等非法方法收集的证人证言、被害人陈述，应当予以排除"；第121条规定"侦查人员在讯问犯罪嫌疑人的时候，可以对讯问过程进行录音

① 李乐平：《利用倒逼机制促检察工作发展》，载《检察日报》2013年6月14日。

或者录像；对于可能判处无期徒刑、死刑的案件或者其他重大犯罪案件，应当对讯问过程进行录音或者录像。录音或者录像应当全程进行，保持完整性"。这些规定的出台，有效地将办案人员的执法权关进制度的"笼子"，倒逼着办案人员在非法证据排除的压迫下、在摄像镜头的监督下，更严谨地采取严格规范文明执法的方式来获取证据。

3. 创新效应。伴随着社会进步和科技发展，各种犯罪现象不断呈现新的特点，检察机关执法办案面临着新的问题、新的挑战，以过去那种一张纸、一支笔、一张嘴的粗放型办案方式，显然已经不能适应执法办案的需要。检察机关要紧跟上时代步伐，就必须加强执法办案的理念创新、管理创新、制度创新，不断提升自身执法办案能力，切实提高装备现代化水平，以适应执法环境的日益变化，这也正是实施倒逼机制的根本目的所在。

三、检察机关规范执法倒逼机制的构建

近年来，检察机关之所以存在不规范执法办案的问题，与相关法律体系、制度规定不完备，相关执法要求、办案程序不明确固然有关，但笔者认为，究其根源，还主要是因为执法理念有偏差、法律执行不严格、办案流程不到位。因此，检察机关采取倒逼机制的手段促进规范执法，就是要以管理、监督、引导和外力压迫、环境制约等方式，来倒逼解决现存的不规范执法方面问题。从这一意义上理解，检察机关解决规范执法问题的倒逼机制，应从以下三个方面来构建：

（一）建立和完善检察权运行监督和制约机制

孟德斯鸠在其《论法的精神》一书中写道："一切有权力的人都容易滥用权力，这是万古不变的经验，防止滥用权力的办法，就是以权力制约权力。"按照决策、执行、监督的分权理念，完善的权力运行监督和制约机制，可以使决策权、执行权、监督权既相互制约又相互协调。①

从文义理解，监督是指察看并督促，反映监督主体对被监督者的一种单向作用关系，监督主体往往具有更高的权力位阶，拥有指挥和纠错的权能；制约则突出制约主体和客体之间的互动关系，强调不同事物之间的相互影响和牵制。监督和制约都是现代法治国家进行权力控制的手段。② 检察机关坚持用制度管权管案管人，严格规范执行法律，确保按照法定权限和程序行使权力，是防止检察权滥用的重要保证。

1. 加强对领导干部行使权力的监督。领导干部既是决策者、组织者，又是执行者、实践者，领导干部率先做到规范执法，在广大人民群众中具有引领示范作用。没有不受监督的权力，没有不受监督的个人。尤其是对于检察机关领导干部而言，要严格执行廉政准则和廉洁从检规定，切实加强对领导干部的日常教育、管理和监督，加强对检察长和部门"一把手"的监督，加强上级检察院对下级检察院领导干部的管理监督、考察考核，通过建立完善规范领导干部的权力运行和监督机制，做到有权必有责，用权受监督，违法必追

---

① 徐光超：《强化领导干部法治思维与法治方式的倒逼机制建设》，载《山西高等学校社会科学学报》2013年第5期。

② 杨平：《略论构建检察机关内部监督制约机制》，载2008年《第四届国家高级检察官论坛论文集》。

究,这是检察机关解决不规范执法问题的关键环节。

2. 加强内部执法监督制约。一方面是要理顺上级检察院与下级检察院、检察院纪检监察部门与其他职能部门之间的关系,强化上级检察院和纪检监察部门的监督,完善和落实检务督察制度,积极开展规范执法方面的各项专项检查工作。另一方面是要理顺检察院内部各职能部门之间的关系,在实行检察一体原则和保证执法效率的前提下,强化各执法办案环节之间的制约。当前,检察机关要以贯彻新刑事诉讼法、民事诉讼法为契机,更加科学合理配置各部门的职能设置,使之能真正产生制约关系。比如案件管理机构,这是检察机关针对多年来实践中存在执法不规范等方面问题而新设立的内部部门,建立这一内部工作制约关系,有利于加强办案流程管理和案件质量控制。

3. 自觉接受外部监督。经研究发现,在一个人从事某项活动的时候,如果有其他人在场,他就会感到一种刺激,这种刺激会促使他的活动的完成。这就是社会心理学上所谓的"优势反应强化说"。① 检察机关自觉接受外部监督,主动推进检察权运行公开化,除法律规定保密的情况外,要把执法办案的依据、程序、流程和结果及时公之于众,不断增强检察工作透明度,正是这一理论在检察实践中的具体运用。检察机关在推行网上公开、网上查询等措施,进一步完善检务公开制度,确保检察权在阳光下运行的同时,要高度重视人民群众的控告、申诉和举报,高度重视社会舆论和网络舆情反映的突出问题,高度重视社会各界的建议、批评和意见,善于及时把自觉接受外部监督转化为切实加强内部监督,不断推进执法规范化建设。

(二)建立和完善执法过错责任追究机制

"责任"一词,在《现代汉语词典》中有两层含义:一是指分内应做的事,应尽的职责或义务;二是指没有做好分内应做的事,没有履行应该履行的职责和义务,因而应当承担的某种否定性的后果。如果说建立权力运行监督和制约机制,目的是要做到流程控制,促进执法人员在执法过程中规范执法,尽职履责,那么作为一种事后责任倒查制度,建立执法过错责任追究机制,则是从一定的后果入手,倒查行为人是否具有不规范执法行为、主观上是否有过错,然后综合主客观两个方面的情况,判明行为人是否有执法过错责任及如何追究责任。倒查追责,不仅是为了减少因执法过错而造成的损失和负面影响,更是能起到以儆效尤,促进办案人员自我规范、调整执法行为的警醒作用。

最高人民检察院2007年颁布实施的《检察人员执法过错责任追究条例》(以下简称《条例》),对于推动检察机关执法规范化建设,规范检察人员的执法行为,达到既保障实体公正又保障程序合法的目的,具有重要的意义。但在贯彻执行《条例》的过程中,笔者认为应把握以下几点:

1. 把握倒查追责的对象。《条例》将执法过错责任追究的对象,由以往的错案"结果控制"演变为过错行为的"行为控制",重点定位在法律和纪律条规难以调整的对象上,是对检察人员在执法办案活动中故意违反法律和有关规定,或者工作严重不负责任,导致案件实体错误、程序违法以及其他严重后果或者恶劣影响的行为进行过错责任追究。

---

① 周军生、庄文桥:《试论提高银行服务质量的"倒逼机制"》,载《管理现代化》1995年第3期。

2. 把握启动倒查追责的程序。执法过错倒查追责,既要对事也要对人。当案件出现不良执法后果时,比如案结却事不了的,案件办结之后出现申诉、赔偿等现象的,要及时查清不规范执法的行为,启动追责程序。当通过接收举报、申诉、检查、外部监督等渠道获取有检察人员可能存在严重的不规范执法行为时,如核查属实,也应及时启动追责程序。

3. 把握对倒查追责工作的监督。对落实《条例》的情况,要设立监督和考核机制。主要是上级检察院要通过备案审查、专项检查以及日常的案件质量管理工作,建立定期情况报告和情况通报制度,加强对下级检察院贯彻落实《条例》情况的监督检查和督导,确保这项工作制度落到实处。

(三) 建立和完善执法办案绩效考核机制

绩效考核起源于西方国家文官(公务员)制度,最早是从英国对文官制度改革,建立考核制度开始。这一制度的实行,充分地调动了英国文官的积极性,大大提高了政府行政管理的科学性,增强了政府的廉洁与效能。西方国家文官制度的成功实施,使得有些企业开始借鉴这种做法。现在,绩效考核已经是现代组织不可或缺的管理工具。有效的绩效考核,不仅能确定每位员工对组织的贡献或不足,更能从整体上对人力资源的管理提供决定性的评估资料,从而可以改善组织的反馈机能,提高员工的工作绩效,更可激励士气,也可作为公平合理地酬赏员工的依据。

毋庸讳言,检察机关建立执法办案绩效考核机制,对于办案人员的思想观念、工作作风、工作方式都能起着重要的指引和推动作用,这也是采取倒逼手段促进规范执法的有效措施之一。但检察机关建立绩效考核机制,在实际操作和认识上仍存在一些误区和问题,主要表现有重办案考核、轻调研考核;重整体考核、轻个人考核;重行政考核、轻专业考核;重内部考核、轻外部考核等几个方面。[①] 具体针对执法办案行为方面的绩效考核而言,笔者认为应从以下几个方面来建立和完善:

1. 建立完善个人绩效考核机制。综观各地的考核方案,每年考核工作主要是上级检察院对下级检察院进行整体工作考核,以及本院对所属部门的工作考核,基本上没有对干警个人的考核。而对于执法行为是否规范的考核,这主要应是落实到对干警个人评价的层面。要建立完善个人绩效考核机制,这就要求各级检察院不仅要考核各部门的目标任务,而且也要对每个干警完成各自岗位的目标任务以及执行法律和规定情况进行综合考核。只有这样,才能对干警个人进行纵向评价和横向比较。

2. 设立科学合理的考核指标。这是建立绩效考核机制的关键环节。在考核指标的设定上,必须从符合司法规律出发,必须贯彻宽严相济的刑事政策,根据每个岗位不同的工作特点和要求,切实做好定性定量分析,摒弃落后的数量性、比例性指标,合理设置考评项目及评分标准,不能"唯量化论"。对于一些执法不规范问题,要考虑是主观人为过错,还是案件本身因素所致;是领导决策错误,还是干警个人不规范执法所致;是检察机关内部制约因素,还是外部干扰所致,均要综合分析,由表及里,只有这样才能形成一种

---

① 郑文:《当前检察机关考评机制的四大问题》,载《检察日报》2007年9月16日。

刚性的、禁止性的指标体系以有效压制和解决执法不规范的问题。

3. 建立干警个人执法档案。对干警个人执法行为进行考核，不能只是"秋后算账"的评价，而是过程性的引导和结果管理的统一。这就要求要切实加强经常性的案件质量评查和执法检查工作，认真做好干警个人平时执法行为的观察和记录，并形成文档，作为年终考核的依据。各级检察院可以依托检察内网，有效地运用信息化技术，为绩效管理提供一个透明的考核平台，构建动态的考评过程。实行动态化的考评管理，有利于干警之间的相互监督和比较，及时发现工作中的问题和差距，同时将考核结果公开公示。这既是考核民主化的反映，也是组织管理科学化的客观要求。

对检察机关介入侦查若干问题的探讨

——以贯彻实施修改后刑事诉讼法为视角

肖巍鹏[*]

修改后刑事诉讼法在尊重和保障人权理念的指引下,修改完善了证据、辩护、法律监督等诸多制度,对公安机关的侦查取证工作与检察机关的侦查监督工作都提出了新的要求。因此,在我国检警分立的体制下,如何使侦查取证与法律监督两项工作相得益彰,既能对接修改后刑事诉讼法保障人权的立法精神,又能体现配合制约关系,在满足打击犯罪现实需求的同时,还要符合程序正义,就成为一个亟须研究与解决的问题,而加强检察机关的介入侦查引导取证工作无疑是解决该问题的不错选项,修改后刑事诉讼法第85条及《人民检察院刑事诉讼规则(试行)》第567条也对此作出了规定,为检察机关介入侦查提供了制度保障。然而,由于在理论和实践两个层面上还存在一些问题尚待理论研究来解决,致使该项制度至今没有形成一个完整具体的操作规定,直接影响了检察机关介入侦查工作的开展。为此,本文拟对检察机关介入侦查工作的法理基础、工作模式、介入程度进行探讨,以期为司法实践提供参考。

一、检察机关介入侦查的法理基础

任何公权力的行使都必须有法理基础,否则就成为无本之木,检察机关介入侦查也不例外。尤其是在贯彻落实修改后刑事诉讼法的大背景下,厘清检察机关介入侦查的法理基础有助于确定其工作定位、主要任务、工作措施等,使之不偏离修改后刑事诉讼法的立法精神。

(一) 检察机关介入侦查的权源之争

关于检察机关介入侦查的权力来源,理论界存在以下几种不同的观点:

1. 公诉权说。该说又名职能说,即认为检察机关介入侦查引导取证是属于公诉权向侦查权的合理延伸,是为保障胜诉率而实施的一项工作,[①] 因为"从实践中来看,检察院提前介入侦查……在根本目的上都是更好地行使公诉职能"[②]。

2. 侦查监督权说。该说认为检察机关的侦查监督职权是介入侦查引导取证的理论依据。[③] 具体而言,检察机关介入侦查引导取证是法律监督在侦查阶段的一种表现形式,是

---

[*] 江西省新余市人民检察院法律政策研究室副主任。
[①] 陈泽宪:《公诉权的合理延伸》,载《检察日报》2002年7月15日。
[②] 毕赛男、杨强:《检察院提前介入侦查的制度构建——以提前介入侦查的必要性为视角》,载《重庆理工大学学报》2010年第11期。
[③] 李和仁、王治国:《引导侦查取证:周口的实践与理论碰撞》,载《人民检察》2002年第8期。

从事后监督向同步监督的转变,以"促使侦查行为的合法化,取证活动的规范化,限制日益膨胀的行政权力和警察权力,体现国家权力对公民权利的尊重,最终达到以权利来约束权力的最高理想的法治境界"①。

3. 检察权说。该说又为综合说,即认为检察机关介入侦查引导取证既有监督权的内容,又有公诉权的内容。因此,不应把检察机关介入侦查引导取证界定为侦查监督的下位概念,也不应该把它界定为公诉权的下位概念,而应界定为检察权的下位概念。②

4. 伪命题说。该说认为检察机关介入侦查引导取证本身就是一个伪命题,其主要理由为:一是强调检察介入侦查,是在强化检察机关打击犯罪职能的同时,削弱了其保障人权的职能,与现代法治精神背道而驰的;二是从现实来看,公安机关侦查人员的侦查专业水平比检察人员高,而检察机关介入侦查引导取证实质上是非专业人员引导专业人员,其结果可想而知。③

(二) 对检察机关介入侦查权源之争的评析

对于上述四种观点,有研究成果显示,在检察系统刊物上发表的论文或检察人员撰写的文章都肯定检察机关具有介入侦查权④,且多倾向于第一种观点。⑤但是,笔者认为检察权说更为妥当。

1. 对公诉权说的评析。公诉权说从刑事诉讼结构理论出发,揭示了侦查和公诉关系的本质:侦查与公诉承担的任务均是为了揭露犯罪与惩罚犯罪。因此,为了实现共同的任务,就应让侦查、公诉两家形成打击犯罪的合力,才能提高侦诉效率。

但是,公诉权说也有缺陷。首先,公诉权说不能解释检察机关介入侦查的法律依据问题,如《人民检察院刑事诉讼规则(试行)》就将介入侦查列为第十四章第二节"侦查监督"的内容。其次,检察机关介入侦查如果以公诉权说为基础,则会引起片面追求刑事诉讼效率、忽视人权保障的弊端。尤其是修改后刑事诉讼法强化了检察机关的侦查监督职能,以保障犯罪嫌疑人的合法权益。因此,随着修改后刑事诉讼法的正式实施,检察机关介入侦查不仅要解决侦诉效率问题,而且要重点解决对侦查机关监督不力的问题。

2. 对侦查监督权说的评析。该说认为检察机关介入侦查的权源是侦查监督权具有一定的合理性,这是因为侦查权具有权威性与强制性,对此犯罪嫌疑人只能服从,若侦查权被滥用,就会侵害当事人的合法权益,介入侦查作为检察机关履行监督职能的一种形式,有利于及时发现公安机关在侦查中的违法行为并加以纠正,保障当事人的合法权益。但是,侦查监督权说也有缺陷。从检察机关介入侦查的任务来看,检察机关并不单纯起纠正违法的作用,还有引导公安机关取证,加大打击犯罪力度,提高侦查效率的功能。因此,侦查监督论者只看到了介入侦查的监督职能,而忽略了其引导取证的功能。

---

① 秦炯天、蔡永彤:《"检察引导侦查"机制的反思与展望》,载《中南大学学报》(社会科学版)2009年第3期。
② 武延平:《"检察指导侦查"研讨会观点摘编》,载《国家检察官学院学报》2002年第5期。
③ 魏然:《"检察引导侦查"之质疑》,载《湖北警官学院学报》2012年第11期。
④ 张际枫:《从功能比较的视角对公诉引导侦查的几点思考》,载《法学杂志》2010年第1期。
⑤ 吕继东:《检察引导侦查取证的程序构建》,载《国家检察官学院学报》2004年第2期。

3. 对伪命题说的评析。该说显然忽视了检察机关介入侦查的本意，即在强调引导侦查取证的前提下，又对侦查活动进行同步监督，保障侦查活动合法进行，这不仅不会弱化检察机关的监督职能，相反还是一种强化侦查监督的好途径。当然，大多数检察人员的侦查专业能力不能与公安机关的侦查人员相比，但不可否认的是，检察人员比侦查人员更熟悉在法庭上指控犯罪所需证据的质与量，因此检察机关介入侦查的合理性之一就是从指控犯罪角度出发，为侦查取证提供指导性意见，使侦查工作具有针对性。

4. 对检察权说的评析。正如上述评析所言，公诉权说与侦查监督权说分别从不同的角度阐释了检察机关介入侦查的权力来源，虽有一定的合理性，但都失之偏颇。笔者认为，检察机关介入侦查任务的双重性决定了其既有侦查监督的功能，也有为指控犯罪做好前期准备的内容，其合法性来源于侦查监督权和公诉权两者的结合。正因如此，有人对检察机关介入侦查引导取证定义为强化检察监督与检警配合，而且二者并重。①

此外，坚持检察权说也是贯彻执行修改后刑事诉讼法的必然要求：一方面，修改后刑事诉讼法对辩护制度进行了完善，规定律师可以在侦查阶段以辩护人的身份介入，并解决了长期困扰司法实践的律师会见难问题，使得侦查阶段就出现控辩双方的对抗性诉讼活动，减弱了追诉方的证据优势，这就必然要求检察机关与侦查机关在侦查取证阶段加强合作，以降低指控犯罪的风险；另一方面，修改后刑事诉讼法在非法证据排除、强制措施适用等制度中强化了检察机关的侦查监督职责，这也要求检察机关有必要通过介入侦查来实现同步监督，以保障每起案件都能体现公平正义。

二、检察机关介入侦查的工作模式

目前，由于检察机关介入侦查还没有形成统一具体的制度规定，各地检察机关在前期探索中，出现了各种工作模式，因而有必要对此作一评析，以便其他检察机关在今后的实践中予以借鉴，并为全国检察机关介入侦查工作形成统一的制度提供依据。

（一）检察机关介入侦查工作模式的归类

总结全国检察机关实践运行的介入侦查方式，主要有以下几种：

第一，在公安机关派驻引导取证机构或向公安机关派出长驻人员。例如，2007年8月8日，北京市门头沟区检察院在门头沟公安分局成立"引导侦查取证办公室"；② 2010年4月，成都市温江区检察院与公安分局会签了"关于侦查监督科与涌泉派出所加强工作协作的意见"，双方以涌泉派出所为试点，开始了检察官驻所办公的新尝试。③

第二，在检察院设立引导取证机构。例如，2002年11月，武汉市汉江区检察院成立了"引导侦查检察监督室"，将引导侦查机制建设纳入了机构设置范围。④

---

① 董邦俊、操宏均、秦新承：《检察引导侦查之应然方向》，载《法学》2010年第4期。
② 武新、高键：《门头沟"引导侦查取证办公室"成立——检察官进驻公安局引导侦查取证》，载《北京晨报》2007年8月9日。
③ 卢佳丽：《检察官进驻派出所引导侦查大案疑案》，载《成都日报》2010年4月7日。
④ 卢晨育：《论检察引导侦查机制的科学建构》，载 http: //www. zjwenling. jcy. gov. cn/view. jsp? id = 210，访问时间2013年7月22日。

第三，由检察院指派负责批捕、公诉的相关人员深入各级公安机关以开座谈会、讲座的形式，对如何取证进行引导。

第四，检察机关根据案件的不同情况和需要，向公安机关临时指派检察人员，适时介入个案的侦查活动中，行使侦查监督权和引导权。

第五，在加强对重、特大案件个案引导工作的同时，将普通刑事案件的个案引导推进为类案引导，即对罪名相同或罪名相似的案件进行引导侦查取证。

（二）对各种介入侦查方式的利弊分析

对于第一种方式，其优点为：一是检察机关在公安机关派驻指导侦查机构，使检察机关的"提前介入侦查"的监督职能以更加日常化的形式、更加具体化的制度固定下来，使检方对警方的侦查监督、引导取证渗入日常工作当中；① 二是检察机关从侦监、公诉部门指派政治素质和业务水平较高、实践经验丰富的检察人员常驻公安侦查部门，人员相对固定，权、责明确到人，具体负责与公安机关的联系和沟通，参与侦查活动，及时了解和掌握侦查动态，对侦查程序违法、非法取证等现象予以指出和纠正，对证据的获取发表建议和看法，从而有效进行引导侦查取证工作。

但其缺陷也突出：一是受条件限制，由于当前检察机关大部分都存在案多人少、经费短缺现象，而长期派驻机构和人员将使这一状况更突出，尤其是修改后刑事诉讼法增加了许多新的检察职能，检察机关为此也在陆续增设一些新的内设机构，如案管部门、未成年人检察部门等，在人员编制不变的情况下，如果再为介入侦查单设一派驻机构，将使人员紧缺问题更加突出；二是派驻机构或常驻公安侦查部门的人员，在长期脱离检察机关侦监、公诉部门后，对最新的司法政策、证据要求的理解比在实践部门相对要差；三是派驻机构或常驻公安侦查部门的人员，在与侦查机关的人员长期相处中，难免会有碍情面，不利于法律监督。

对于第二种方式，在检察院设立引导取证机构不外乎有两种情形：一是在检察院内部单独设立引导取证机构；二是在检察机关的侦监、公诉部门中设立引导取证岗位。对于前者，利弊类似第一种方式；对于后者，其优点能克服前者缺陷，但其缺点也明显——由于在检察机关某部门中设立引导取证岗位，其人员必然会从自己部门角度去引导取证，没有全面性，不利于建立捕诉合一介入侦查的机制。

对于第三、四、五种方式，是目前检察机关常用方式，也普遍为警方所接受。其优点为：一是由检察机关派出法学理论基础扎实、实践经验丰富的同志以开座谈会、讲座的形式对公安机关如何取证进行引导，具有针对性。如指出公安机关在办案中存在的问题，提出改进建议和意见，阐明检察机关审查批捕、提起公诉的证据标准，提出对依法开展侦查工作、提高案件质量的看法和观点；以专题讲座的形式向广大侦查干警宣传各类型案件公诉所需证据的相关标准、侦查活动中应当避免的违法行为等内容。二是临时派出检察人员进行引导个案取证更具准确性。由于是临时派出，检察机关可视案件的不同情况和需要指派不同人员，如：对涉及新罪名的案件，则指派法学理论基础扎实的检察人员负责；而对

---

① 武新、高键：《门头沟"引导侦查取证办公室"成立——检察官进驻公安局引导侦查取证》，载《北京晨报》2007年8月9日。

重特大、复杂的团伙犯罪则选派实践经验丰富的检察人员负责。三是对普通刑事案件进行类案引导能节约司法资源，更有效率。这种方式通常是检察机关与公安机关结合本地案件的具体特点，共同总结制定各类案件的证据参考标准，为类案侦查提供依据。其最大特点便是由对每起案件进行引导，变为对罪名相同或罪名相似的案件进行引导，节约检警双方的司法资源，提高侦查效率。

其缺点在于：一是对检察人员的业务素质要求较高，非一般人所能为，因为引导取证不仅需要检察人员熟知所引导侦查案件的定性、证据规则等，还需要检察人员像侦查人员一样具备敏感的侦查意识，即在案件侦查之初就能判断出案件的基本发展方向；二是其中任何一种方式单独使用都不是最佳方案，都不能做到点面结合，全面提高侦查机关的取证能力与检察机关的监督水平。

综上分析，笔者认为介入侦查引导取证方式应当是第三、四、五种方式的组合。另外，该组合的缺陷也是可以采取一定的措施予以纾解，例如最近最高人民检察院召开的检察机关队伍建设会议上就提出了检察人员专业化建设的要求，各地检察机关也正在探索通过分类管理的方法来实现这一要求。可以预见，随着修改后刑事诉讼法的实施与司法体制改革深入推进，介入侦查引导取证所需的专业能力也将逐步具备与得以提升。

三、检察机关介入侦查的必要限度

修改后刑事诉讼法第85条规定了介入侦查范围，即人民检察院派人参加公安机关对于重大案件的讨论，可是《人民检察院刑事诉讼规则（试行）》第567条却突破了该范围，规定人民检察院可以派员参加公安机关除对重大案件讨论之外的其他侦查活动。对于介入其他侦查活动，权威的学理解释是，"参加讯问犯罪嫌疑人、询问证人活动，提前审阅有关案件材料，参加现场勘验、检查等"[①]。这就给司法实践带来一个问题，即检察机关在介入侦查时如何把握介入的程度。

对此，笔者认为，由于公安机关与检察机关在刑事诉讼中担负的职能各不相同，职权行使方式也不一样，这决定了检察机关介入侦查应当有必要的限度。具体而言，一是引导取证必须充分尊重侦查工作规律，既要授人以渔，又不能强人所难，不能对正常的侦查活动形成干扰和障碍，使侦查工作受到影响和破坏；[②] 二是不能代替和干预公安机关的侦查活动，要通过介入的形式，及时了解案情，更好地履行批捕、起诉和法律监督职能。[③] 为此，笔者建议有必要通过确定工作原则、介入范围、建议效力等来规制介入的必要限度。

（一）检察机关介入侦查的原则

笔者认为，检察机关在介入侦查时应当贯彻以下原则：

1. 依法介入原则。检察机关必须依据现行立法来介入侦查机关的侦查工作，而不能突破或者违背现行立法的规定。

---

① 孙谦主编：《〈人民检察院刑事诉讼规则（试行）〉理解与适用》，中国检察出版社2012年版，第413页。
② 耿廷利、郭蕊、刘星宽：《公诉引导侦查取证当有必要限度》，载《检察日报》2011年10月31日。
③ 孙谦主编：《〈人民检察院刑事诉讼规则（试行）〉理解与适用》，中国检察出版社2012年版，第413页。

2. 全面引导原则。介入侦查是对公安机关侦查工作的配合，也是对其侦查工作质量和程序合法性的监督制约，引导公安机关按照法律规定开展侦查取证，防止违法情形的发生。

3. 相对均衡原则。检察机关介入侦查的价值理念应当是在维护公平正义、保障人权的同时，兼顾提高办案效率、节约诉讼成本，当公正与效率不能兼得时，应当优先选择公正。

4. 适度介入原则。检察机关介入侦查并非基于"检警一体"模式下的对侦查活动的领导、指挥，因此必须注意引导的适度性，不能领导侦查，更不能大包大揽地代替侦查。

（二）检察机关介入侦查的范围

应当说，在规范检察机关介入侦查的案件范围时，"应考虑到有效利用司法资源，以及各个刑事案件的具体情况"。① 在适时介入侦查引导取证中，不能盲目地对所有案件进行引导，而要有选择、有重点地进行。具体而言，笔者认为主要包括六类案件：杀人、抢劫、绑架等严重暴力案件和涉黑、集团犯罪案件；疑难、复杂案件，尤其要注意严重破坏社会主义市场经济秩序的案件；司法解释不明确、争议大的案件；边沿踩线、介于可捕可不捕之间的案件；重大责任事故案件；检察机关和公安机关都认为有必要介入侦查的其他案件。

需要指出的是，以往检察机关在对上述案件进行引导取证时，主要存在两个问题：一是注重引导侦查机关收集有罪证据；二是引导取证通常注重证据的内容，而不是取证的合法性。修改后刑事诉讼法既要求司法机关对证据进行客观全面的收集审查判断，也规定了检察机关对证据的合法性负有证明责任，这就决定了检察机关在介入侦查时，不仅需要引导公安机关收集有罪证据，而且还要特别关注引导收集罪轻、无罪证据，同时也要加强对侦查取证合法性的指引。因此，在司法实践中，检警两家"有必要更多地探索沟通、交流有关侦查指引的平台与机制建设，促进证据全面调取，保障案件的客观真实性"。②

（三）检察机关引导取证的效力

如前所述，检察机关介入侦查引导取证包括两个方面：一是对侦查机关发现、收集、固定、保全和完善证据等工作提出意见和建议；二是对侦查机关在侦查活动中的违法侦查行为进行监督和纠正。笔者认为，针对不同的引导事项，检察机关的引导行为具有不同的法律效力。根据我国刑事诉讼法的规定，对于后一种情况，检察机关的引导行为具有拘束力，检察机关一旦向侦查机关发出纠正违法通知书，侦查机关必须加以纠正，否则要承担相应的责任。而对于前一种情况，检察机关的建议和意见只具有说服力，即只能在一定程度上影响侦查机关的取证行为，侦查机关具有是否接受与执行的权力，检察机关只能通过事后的审查逮捕和审查起诉加以制约。

概言之，只有从根本上明确检察机关对侦查机关的不同引导行为具有不同的效力，才既可以增强侦控合力，紧密检警关系，又可以保证侦查机关行使侦查权的独立性与检察机关介入侦查的相对超然性，使二者之间的关系符合法治社会的要求而良性发展，真正做到引导而不是领导、介入而不是代替、参与而不是干预、讨论而不是定论。

---

① 董邦俊、操宏均、秦新承：《检察引导侦查之应然方向》，载《法学》2010年第4期。
② 罗欣、杨赞：《避免冤错案件的四个环节》，载《检察日报》2013年7月18日。

现状、问题与对策：试论检察机关执法办案风险评估预警机制

李晓君* 余德峰**

执法办案风险评估机预警机制是检察机关深入推进社会管理创新，化解矛盾纠纷的重要途径，是检察机关贯彻群众路线的根本方法，对检察事业的健康发展具有重要的现实意义。2011年7月16日最高人民检察院下发《关于加强检察机关执法办案风险评估预警工作的意见》（以下简称《高检院意见》），对风险评估预警的重点、风险等级、工作程序都作出了原则性规定。2012年2月29日，最高人民检察院在《案件管理暂行办法》中明确规定由案件管理部门对执法办案风险评估预警工作进行组织协调和督促检查。[①] 这些制度的出台为检察机关开展执法办案风险评估预警工作提供了路径。2013年，中央政法工作会议上提出涉法涉诉涉访工作改革，对于检察机关如何构建涉检信访的工作机制，是一项新的课题，也是增强检察工作的主动性、预见性，及时处理好涉检信访案件的迫切需要。鉴于此，本文就检察机关如何构建起科学规范的执法办案风险评估预警机制作进一步探索研究。

一、检察机关执法办案风险评估预警工作现状

2012年以来，根据最高人民检察院《案件管理暂行办法》的规定，各地检察机关将执法风险评估预警工作移交至案件管理部门负责组织协助，案管部门利用其案件动态管理的优势充分履行协助督促职能，取得一定的效果。以抚州市检察机关执法办案风险评估预警工作为例[②]，自从2013年1月案件管理部门开展工作以来，1~6月组织、协调、督促全市检察机关开展执法办案风险评估预警的案件893件，评定无风险等级的案件830件，占总数的92.9%；评定一般风险56件，占总数的6.3%；较大风险2件，占总数的0.2%；重大风险案件5件，占总数的0.6%。综合运用释法说理、刑事和解、检调对接等多种方式方法修复社会关系，成功促使53件有风险案件涉案人员息诉罢访，其中一般风险化解51件；较大、重大风险化解2件，另外5件案件还在化解稳控中。没有发生进京访、冲击检察机关等恶性事件。从该市执法风险评估预警工作来看，当前检察机关执法办案风险评估预警工作存在以下特点：

---

* 江西省抚州市人民检察院案件管理办公室助理检察员。
** 江西省抚州市人民检察院研究室主任。
① 2012年2月29日最高人民检察院《案件管理暂行办法》第18条。
② 本段中数据由抚州市人民检察院案件管理办公室提供。本文其余各处引用的数据，如未注明出处，均为抚州市人民检察院案件管理办公室提供。

1. 执法办案风险评估预警机制已经初步建立。以抚州市检察院为例，自2011年以来，该院成立了信访维稳指挥中心、信访工作领导小组，制定了《涉检信访评估制度》，下发了《开展涉检信访风险评估工作的通知》、《进一步做好执法办案风险评估的通知》、《关于全市检察机关认真开展涉检信访排查化解和执法办案风险评估工作的通知》等文件，目前，形成了以案件管理部门为中心，通过风险评估预警联络员连接各业务部门的评估预警网络，初步构建起执法办案风险评估预警机制。

2. 案件评定为无风险等级的居多。抚州市下辖11个县（区）院，1～6月有3个县院的全部案件均被评定为无风险等级，6个县院评定了少量的一般风险案件，2个县院评估了有重大风险案件，评定是无风险等级的案件共计830件，占总数92.9%。

3. 重大较大风险案件化解率低。在63件有风险等级的案件中，有7件案件被评为重大或较大风险，截止到目前，化解了2件，化解数占重大较大风险案件数的29%。剩余未化解的案件主要涉及土地征收拆迁领域的敲诈勒索案、涉及公安机关追捕潜逃犯罪嫌疑人不力的故意杀人案件，这些案件风险的化解牵涉面广、难度大。

4. 部分案件存在缠访、闹访现象。在风险评估的案件处理过程中，往往存在法律上的裁决结果与涉案人员及家属的心理预期不一致的情况，涉案人员及家属以承办人执法不公、不去调查事实等无端理由进行缠访，事实上承办人的执法行为没有问题。如：某抚州市某县级院评估的一起重大风险案件——唐某缠访案，唐某之子小唐混迹于当地地痞之间，2002年两伙势力发生暴力冲突，小唐被当场砍死。当时公安机关抓到2个主要犯罪嫌疑人，1人判处并且已经执行了死刑，1人判处无期徒刑，还有1人王某逃亡。2012年王某被抓获归案，唐某听闻王某是小唐被杀的幕后主谋，要求判处王某死刑。然而，从现有证据上来看，无法判定王某是幕后主谋。唐某为此常常来市区两级检察机关缠访，并到政法部门、纪检部门控告案件承办人贪赃枉法。

5. 信息化程度不高。全市执法风险评估预警工作主要是依靠填写《执法办案风险评估登记表》、《执法办案风险预警工作预案表》、《执法办案风险事项处理情况报告表》，将纸质表格附卷、报案件管理部门备案来实现风险信息的流转，效率较低。对评估出的风险不能及时在业务部门之间传递，不利于风险预警化解。

二、执法风险评估预警机制存在的问题

通过上述数据的分析，不难发现执法风险评估预警工作还存在以下问题：

（一）责任部门和责任人员对执法风险评估预警工作的重要性认识不足

有的基层院全部案件都评估为无风险等级，这充分暴露了检察人员对该项工作的重要性认识不足。主要表现在：一是有相当多的案件承办人认为执法办案风险评估预警工作没有什么实际意义，只是走过场，徒增工作量。因为根据规定，在风险评估工作中需要填写《执法办案风险评估登记表》，有风险登记的还需要填写《执法办案风险预警工作预案表》、《执法办案风险事项处理情况报告表》，案件承办人产生畏难厌烦情绪，为避免麻烦，有的干警将所办案件全部评定为无风险等级；二是一些单位的领导责任意识不强，不愿承担风险评估化解的责任。在893件案件中，只有2件较大风险，5件重大风险，这两个风险等级的案件依照《高检院意见》规定，应当由检察长或分管检察长承担主要责任。据承办人反映，有的案件应当评为重大或较大风险，但领导不同意作主要责任人，故只能评为较大或一般风险。这些因素使得案件评定的风险登记失去意义，为案件风险的顺利处置埋下隐患。

（二）执法办案风险评估预警工作制度不够完善，缺乏可操作性

从近年来各地检察机关开展执法办案风险评估的实践来看，主要表现在：一是执法办案风险评估责任主体不确定。如北京市二分院创建了"1246"模式，规定9个业务部门对所办理的要开展风险评估。河南省汝州市检察院确立了"1+7"的保障体制和"7+2"工作模式，规定7个业务部门评估，控申、案管全程跟踪监督等。而《高检院意见》也没有明确到底哪些业务部门是执法风险评估责任部门，造成各地做法不一。二是有些规定过于原则，缺乏可操作性。如江西省人民检察院制定的《执法办案风险评估预警工作实施细则》①，规定了侦查监督部门、公诉部门、反贪污贿赂局、反渎职侵权局、监所检察部门、民事行政检察部门、控告申诉检察部门、纪检监察部门、检察技术部门9个部门为执法办案风险评估预警工作的责任部门，明确了8个部门评估的重点案件、评估时考虑的风险因素，但对检察技术部门来说，风险评估的条件、标准、风险点等内容没有涉及。三是有的规定中风险点设置不合理，如江西省人民检察院《执法办案风险评估预警工作实施细则》规定职务犯罪案件在线索受理、初查、立案、预审、取证、强制措施、追逃、侦结八个环节都要进行单独的风险评估，实务中自侦部门反映一个案子制作8份《执法办案风险评估预警登记表》，表中很多内容重复，风险点设置不合理，增加了工作量，成为不必要的负担。实际上有时案件的办理环节并不是可以分得很清，有时甚至是并进重合的，如案件线索受理时就要评估风险，这样的风险到底是检察执法办案行为带来的风险，还是执法办案行为以外的风险不清楚。以抚州市检察机关为例，涉及的案件受理这一环节的风险评估，无一例外地填写无风险。这样的风险点设置显然不合理。再如，取证贯彻执法办案过程的始终，风险点的设置应考虑相关的因素的影响，有个总体考虑评估就可以，没必要人为区分为"取证环节"。

（三）执法办案风险的"风险"内涵、外延不一致

依照《高检院意见》规定，执法办案风险评估预警是指检察机关业务部门和案件承办人员在执法办案过程中，对检察执法行为是否存在引发不稳定因素、激化社会矛盾等执法办案风险，进行分析研判、论证评估。这里明确指明办案中需化解的"风险"指检察执法行为可能引发的风险。那么对于案件中由其他执法机关引起的风险，如公安机关办理的刑事案件，当事人在公安机关闹访。公安机关将该案移送检察机关后，当事人又来检察机关闹访，检察机关要不要去化解呢？答案显然是肯定的，检察机关也一直在做这样的工作。但这并不是检察执法行为所引发的风险。根据检察工作服务社会管理创新的要求，对处于检察环节的所有风险都应当去化解，特别是评估为重大风险的案件，还需要党政机关及其他司法机关共同化解。《高检院意见》关于检察执法行为造成执法办案风险评估预警

---

① 江西省人民检察院赣检发（2012）1号文件《江西省检察机关执法办案风险评估预警工作实施细则》。

的规定与检察机关实际开展的执法办案风险评估预警所做的工作不一致。

（四）风险预警信息流转不通畅

目前案件管理部门主要是通过风险评估预警联络员与各业务部门形成了执法风险评估预警网络，但是由于基层院条件限制，承办人评估出来的风险还不能实现及时流转，不能为案件下阶段的办理及时提供预警，信息化程度不高。在风险评估预警工作中，有的案件承办部门对于所评估有风险的案件没有随时与案件管理部门沟通，导致哪些评估有风险的案件确实发生了涉检信访以及如何处理化解等，案件管理部门无法进行全面掌握和统计，从而不能有效评价评估预警工作的效果，并且监督该项工作的进一步改善提高。

（五）风险化解联动机制不完善

业务部门风险评估出来以后，对于风险的化解，大多主要是靠案件承办人、业务部门本身的力量，通过释法说理的方式去化解社会矛盾，造成较大风险、重大风险化解进度缓慢的现状。如抚州市市检察机关上半年评估出56件一般风险的案件，成功化解51件；而评估的2件较大风险，5件重大风险，到8月止，只促使了2件案件的当事人息诉罢访。没有化解的案件都是牵涉到多个部门单位，如：南城县院评估重大风险的宁某敲诈勒索案，要彻底解决涉及到国土部门、房屋拆迁部门、村民委员会、开发商等多个利益方，这需要多部门的协同努力。

（六）风险化解处理程序不规范

当前在化解风险时还缺乏一套规范的处理程序，非法律的因素影响案件处理是较为普遍的现象，特别是在涉检信访案件中，虽然涉检信访案最终结果都是以法律文书的形式出现，但是法律文书并不能够反映影响案件处理的各种因素，如邱某某非法行医案。犯罪嫌疑人的诉求是：被害人系心脏病突发猝死，其死亡与治疗行为没有关系。被害人的诉求是要求赔偿。上访的方式是被害人到检察院上访。处理结果是侦查机关先赔偿被害人20万元，被害人不上访了。① 在该案中，侦查机关先行赔付根本不合规范，同时也充分暴露出风险化解者忽视对当事人依法定程序解决问题的引导。实务中，风险化解者往往忽视对法定程序的科学性、公正性的宣传，导致依照法定程序作出的结果，当事人不接受，当事人缠访不休。没有采用法制化的手段，拒绝无理诉求。

三、完善检察机关执法办案风险评估预警机制对策

开展风险评估预警，有效化解社会矛盾纠纷，是检察机关在参与社会管理创新实现自身价值的重要途径之一。检察机关应立足检察职能，合理运用法律和政策手段，兼顾法律效果与社会效果的有机统一，不断完善和规范执法办案风险评估预警机制。

（一）更新执法理念，促使检察人员充分认识到执法办案风险评估预警工作的重要性

开展执法办案风险评估预警工作，有利于检察机关参与社会管理创新，有利于通过有效化解社会矛盾来提高公正廉洁执法水平，强化办案的法律效果、社会效果、政治效果的有机统一，有利于全面提升检察机关执法的公信力。应当从以下两个方面更新检察人员执

---

① 本案例发生在2009年，由临川区检察院提供。

法理念：

一是通过学习、研讨、案例示范等多种方式，深化检察人员对执法办案风险评估预警工作的认识，使其充分认识到执法办案风险评估预警是检察工作创新发展的重要抓手，是坚持群众路线的基本方法。开展执法办案风险评估预警工作最根本目的是通过该机制的运行规范检察人员执法办案行为，树立起执法公信力。

二是建立执法风险评估预警工作考评和责任追究制度，增强检察人员认真开展执法风险评估预警工作的自觉性。应将执法办案风险评估预警工作纳入目标管理和案件质量评查范围，案件质量评查时既要注重对依法办案的法律效果进行检查，又要注重对风险评估的社会效果的检查。对没有开展风险评估预警工作，或在工作中搞形式主义、弄虚作假、严重不负责任的，应予以通报批评；对造成不良后果的，根据情节轻重，依照规定，进行责任倒查，追究相关人员的责任。同时将执法风险评估工作纳入目标管理考评的范围，对执法办案风险评估的情况进行考评，对案件承办人的绩效进行考核。通过日常的案件质量检查和年终的目标管理考评来不断提高检察人员的思想认识，使检察人员形成执法办案风险评估预警工作的良好习惯，从而提高案件办理质量，提高检察人员的群众工作能力和执法办案水平。

（二）建立健全执法办案风险评估预警工作制度

检察机关开展执法办案风险评估预警工作时，应将执法办案风险评估预警与案件监管、分析研判等工作措施有机结合起来，加强对执法办案风险的分析研判，不断规范和完善执法办案风险评估预警工作的规定，将涉检信访纳入法制化解决轨道。

一是明确执法办案风险评估预警的定义、范围，设置合理的风险点等，以减少不必要的负累。因明确执法办案风险指的是案件办理过程中存在的各执法单位引发的不稳定因素；合理确定风险点，如检察技术部门的同录行为，就不应设定为风险点，不必纳入风险评估等。

二是加大典型案例的搜集分析，形成执法办案风险预警化解案例库，使得每种业务、每个类型的风险都有典型案例，充分发挥典型案例的指导示范作用，弥补案件承办人经验不足的问题，消除案件承办人的畏难情绪。

三是完善信访终结制度。信访终结制度是解决"重访"、"缠访"问题的法治化手段，能否建立起公开透明、刚柔结合的信访终结程序规则必然是彻底化解风险的关键所在。2005年2月16日，中央政法委颁布《涉法涉诉信访案件终结办法》；同年12月26日，最高人民检察院颁布《人民检察院信访案件终结办法》。该两项规定都是原则上明确了四种信访终结情形、省级政法部门终结决定权，但对基层检察院来说，其操作程序没有明确。当前，应将信访终结制度与执法办案风险评估预警机制衔接起来，制定出相应的操作程序，如规定对评估有风险的案件，经过处置后，案件当事人仍然缠访、闹访，而案件承办人执法行为并无不妥的，由案件承办部门提出信访终结建议，交由本院控申部门审核作出决定后，提交检委会讨论通过，并报上一级检察机关批复。同时报本院案件管理部门登记备案。对上一级检察机关批复同意终结信访的，当事人再缠访、闹访，应由公安机关按治安管理处罚法进行处罚；情节严重构成犯罪的，应追究缠访、闹访人的刑事责任。

(三)完善风险评估预警化解联动机制

我国现阶段的社会矛盾涉及多层次的社会关系、多样化的矛盾主体、多领域的利益冲突、多方面的利益诉求,对于评定为重大风险登记的案件,不是仅凭检察机关一己之力就能解决的,风险的有效控制和深层次问题的有效解决都有赖于相关国家机关的共同作用。因此,在风险评估预警机制的运行中,依靠案件承办人个人去化解所有矛盾是不现实的,应当建立风险评估预警化解联动机制:

一是完善检察机关内部风险化解联动机制。在《高检院意见》中,只规定了单个业务部门的风险评估预警责任,而没有涉及其他部门。实际上,在应对各类办案风险过程中,只有协调好包括办案质量、效率、流程、绩效管理在内的各项管理与整个检察管理的关系,形成执法办案风险化解的合力,实现从部门"各自化解"向全院协同防控的转变。如果业务部门单独化解有困难的案件,可以联合其他部门联合化解信访风险,检察技术和信息部门要加强舆情监测,法警部门加强安全防范,计财部门负责后勤保障,案管部门协调督查,形成全院联动风险化解格局。

二是完善与现有的信访维稳机制相衔接的风险化解联动机制。目前,各地检察机关为应对涉检信访案件的化解工作,基本上成立的信访维稳指挥中心、信访维稳领导小组等临时性信访化解领导机构,这种机构一般都是检察长亲自领导,其他院领导协助配合,具有较强的外部协调能力,便于较大、重大风险案件的化解。当遇到需要协调外单位合力化解的风险时,可以利用原有机制进行化解,出现重大风险可以及时向同级党委、政府和政法委报告,在党委、政府的统一协调下,与其他政法机关、行政执法单位等加强联系,联合化解矛盾。

三是构建与刑事救助、刑事和解、检调对接等相衔接的风险化解联动机制。在执法风险评估预警工作机制中,化解风险时要注意区分案件中蕴含的不同矛盾,而针对不同的矛盾,在我国法律上有不同的调处机制,案件承办人应注重引导案件当事人运用恰当的程序,通过合法的途径,解决自己的矛盾。各部门之间应加强沟通,只要符合相关条件,就可以适时启动刑事救助、刑事和解、检调对接等机制,共同化解矛盾。对涉及民事赔偿的刑事案件、民事行政申诉案件,可以委托人民调解组织先行调解后再由检察机关依法处理,解决好当事人的合理诉求等问题。

(四)把握案件办理时间节点,加强执法办案风险评估预警工作的日常监督

案管部门要积极作为,充分利用动态管理案件的职能优势,在执法办案风险评估工作中充分履职、严格把关、服务大局,通过受理排查、流程管理、动态监督、结案审核等多种途径,同步实施办案风险筛查、准确定位定级、提醒防范纠正等工作,来发现各类风险隐患,以此推动了办案风险系列工作的积极开展。

一是要严把受理关口,注重风险排查。受案时一旦发现案件可能存在办案风险,移送案件的同时即制作"执法风险预警提示单",向承办部门发出办案风险提示,建议办案部门和案件承办人做好必要的风险防范措施。

二是要紧盯案件流转环节,加强风险预警防范。利用重要诉讼节点掌控和法律文书监管的优势,案管部门可根据"一阶段一评估"的工作原则,通过《流程监控预警通知书》

551

第三专题 诉讼法贯彻实施与检察机关执法办案转型发展

的方式，在案件办结前，及时督促案件承办人作出风险评估。采用"不见评估不流转"的做法，通过统一开具法律文书、重要法律文书报备审查等日常监管手段，注重对重大敏感风险点的挖掘和把握，对业务部门进行执法办案风险评估工作的情况进行严格把控和定期巡查。特别对评定有风险等级的案件强化同步督查力度，督促相关业务部门做好风险排查防范工作。

三是要加强信息化建设，构建即时风险预警平台，实现风险信息共享互动。将对案件的流程监控与执法办案风险预警结合起来，对于存在风险的执法办案，通过检察内网、电子显示屏、案件管理系统等平台进行发布和提示，使案件承办部门和承办人随时知晓案件的风险评估预警情况，从而带动干警共同关注风险动态，及时获知预警信息，进而打造出一套全公开、全互动、全监管的办案风险预警工作机制，实现风险评估预警工作质量和效率的双提升。

提高检察机关诉讼监督实效的思考

袁向民*

近年来,加强诉讼监督已成为党中央和广大人民群众的共同期盼。特别是在社会主义法制体系形成后,加强诉讼监督、提高执法公信力已成为新时期法治建设的重要环节。不可讳言,检察机关的诉讼监督工作开展了这么多年,出台了不少法规和机制,取得了一定的成效。但诉讼监督是否达到了新时期法治社会的要求,是否取得了真正的实效?笔者认为,实际情况还是不容乐观,诉讼监督尚未充分发挥出它应有的作用,要使整个诉讼监督走向辉煌还需我们法律工作者付出更多的努力。

英国法学家约翰·奥斯丁曾言:与其说法律是确定的,倒不如说法律是神圣的。西方式法律的精髓之一就是"信仰"。而中国人虽然迷信过很多东西,但却从来没有迷信过法。这充分暴露了诉讼监督的苍白与尴尬。另外,执法与守法密切相关,为了充分执法,从最高领导到平民百姓,人人都在法律之下,人人都要守法。这才是法治(the Rule of Law)的真意。① 那种"大家都须守法,但我和我的亲属朋友除外"的关键是违背现代法治精神的。而诉讼监督就是要发挥检察机关法律监督作用,体现法治的真意。它包括对刑事诉讼、民事审判和行政诉讼的监督。改革开放以来,诉讼中执法不严、司法不公、知法犯法情况也较为突出,严重损害了有关执法、司法机关的形象和公信力,对此,党和政府高度关注,人民群众反映强烈,迫切要求加强对诉讼的监督。但目前由于种种因素的制约,在诉讼监督中还存在诸多疑难问题和薄弱环节,影响了诉讼监督效能的充分发挥,一定程度上削弱了检察机关法律监督的权威。在这样的大背景下,研究诉讼监督,如何使诉讼监督取得实效,从而充分发挥它应有的作用,无疑具有重要意义。

一、当前诉讼监督实务中存在的突出问题

当前诉讼监督中普遍存在监督意识不强、监督不到位和法律对此规定不系统、不具体,诉讼监督的渠道、方式方法、后果的规定可操作性不强等实际问题。在工作层面,诉讼监督的难点问题有观念上的问题、监督能力的问题、监督环境的问题等。具体来说,主要表现在以下几方面:

(一)监督还存在"盲区",理念上有误差

当前监督者面临两大难题:一是当规则明确的时候为什么有人屡屡违反规则,二是当规则不明确的时候又该怎么办。如赵作海这样的个案及类似案件反映出它不是偶然性事

---

* 江西省景德镇市人民检察院公诉处副处长。
① [法]孟德斯鸠:《论法的精神》(上册),张雁深译,商务印书馆1982年版,第54页。

件，它具有一定代表性。在面对这些问题的时候，检察机关还能否拿起宪法和法律武器一丝不苟地履行监督职责？检察机关的诉讼监督权限分散规定在宪法、诉讼法、组织法等十余部法律中，在理念上我们往往存在"重此轻彼"的倾向，留下许多监督的"盲区"。如在立案监督中，只注重对公安该立案不立案的监督，而忽视对不该立案而立案的监督，只注重对报捕的案件进行监督，对没有报捕的案件疏于监督；侦查监督中，只重视"防错纠漏"，而对公安适用侦查强制措施、讯问、询问、搜查、扣押、鉴定等侦查活动疏于监督；在审判监督中，只重视对法院实体判决错误的审查，疏于对审判程序违法情形的监督；只注重对量刑畸轻的法律监督，疏于对量刑畸重案件的法律监督。在刑罚执行监督中，只注重对监内在押人员的日常监管，疏于对监外执行罪犯的考察，等等。

（二）监督的程度欠深入

少数领导对诉讼监督不够重视，认为应把检察机关的工作重点放在查办职务犯罪案件上，对诉讼监督不求有功，只求无过，近年来，检察机关增设了一系列的部门，如恢复检察室、成立案管中心、反渎局，但具有诉讼监督职能部门与人员力量没有加强，反而有所削弱，从而导致一些部门和少数干警在监督中"重形式、轻效果"，对违法的现象和问题"蜻蜓点水"，缺乏"监督到底"的决心和勇气。如在立案监督中，通知公安机关立案后，对公安不立案或"立而不查、侦而不结"的问题没有跟踪监督，致使犯罪行为得不到及时追究；审判监督中，往往只重视对案件一审的监督，对二审或者抗诉后再审则缺乏监督，造成一些案件改判无罪或久拖不决；对于侦查、审判和监管活动中一些明显违法的情形，也往往止于口头提提纠正意见或发出一纸纠正违法通知书了事，不愿深入纠正和解决问题，尤其是当监督遇到阻力和干扰时，一些检察人员不敢坚持原则，不愿拉下情面，致使检察监督缺乏刚性和力度，流于形式，见不到实际效果。

（三）监督的方式欠规范，具体手段还不丰富

对诉讼活动开展监督，是一项极其严肃的司法活动，必须讲求严谨和规范，但实践中，监督行为和方式不规范的现象仍然存在，在这一严肃的问题上表现出不严肃的倾向。有的在行使监督权之前没有进行深入调查核实，也没有按程序向领导或上级请示汇报，草率提出监督意见；有的以部门的名义向同级机关发出监督文书，明显不当；有的执法尺度不严，对应该发文纠正的只口头提出纠正意见，显然不妥。目前，监督不规范的突出表现在于相关监督文书的适用和制作上，一些部门和干警还没有准确分清检察建议、检察意见和纠正违法通知书的适用范围、对象和条件，造成了应用上的混乱。同时，一些文书在制作上格式不规范、标准不统一，同时内容不严谨，经不起推敲等，客观上影响了检察监督的权威。

（四）监督环境也在日益对检察机关提出质问

近年来，全国出现了为数不少的司法错案，如浙江张氏叔侄冤案，云南杜倍武、湖北佘庭祥案等，冤假错案为何能接二连三地出现与复制？媒体及公众在考问法院审理案件的同时对检察机关的法律监督能力也提出了相当大的质问：作为宪法明确规定的具有法律监督职责的检察机关为何没有发挥应有的监督作用？诉讼监督是否只是"徒有虚名"？为何一系列事实不清、证据不足的案件通过了检察机关把守的关口，成为刑事司法机器造出的

"伪劣产品"?这些案件教训深刻,对我们检察机关的法律监督地位、检察机关能否履行好诉讼监督职责都提出了严峻的考验,导致执法公信力削弱。这充分说明诉讼监督职责没有履行好,作用没有发挥好,就会导致民众的误解,长此以往会形成一种恶性循环,从而使诉讼监督环境进一步恶化,这无疑给检察机关的法律监督工作敲响了警钟。我们不能回避,只有正视这些问题,扎扎实实地去努力开展诉讼法律监督工作,使诉讼监督取得实效,才能改变诉讼监督环境,提高执法公信力。

二、影响诉讼监督效能发挥的主要原因

诉讼监督中存在的问题和不足,其原因是多方面的,既有主观上的也有客观上的;既有自身的也有外部的;既有能力上的也有体制上的,归纳起来,主要有以下四个方面:

(一)理论上没有明确

对诉讼监督的必要性和合理性,法学界存在一些不同认识,需要加以研究和辨析;也只有从理论上搞清这些问题,诉讼监督才能健康顺利开展。有观点认为,诉讼机制犹如一架精密的仪器,具有自我净化功能,通过诉讼主体和诉讼参与人的相互矛盾运动,就能使违法和错误得到纠正,使案件得到公正处理。例如,如果侦查机关应当立案而不立案或不该立案而乱立案,则案件的被害人或被立案的当事人会提出意见;如果法院裁判有误,公诉机关(或被害人)或刑事被告人、民事当事人会提出抗诉、上诉或申诉;监管人员如果违法监管,被害人或知情人会提出意见。因此,除了内在于诉讼程序的制约机制之外,不需要对诉讼活动实施监督。还有观点认为,我国当前执法不公、司法腐败严重的主要原因是司法不独立,而不是缺乏监督,故改革的方向是推动司法独立,而不是强化诉讼监督,西方法制发达国家检察机关不搞诉讼监督却司法腐败很少就是很好的说明。这些观点虽有一定道理,但均失之偏颇。笔者认为,诉讼机制确能解决诉讼中的一些问题,但难以把问题解决至最低限度。这是因为诉讼中的某些违法和错误仅损害国家和社会公益,但不直接损害公民个人利益,公民个人包括诉讼参与人不一定会提出意见;某些违法和错误使当事人或诉讼参与人获得了不应得利益,而该情况又不为其他人知情,故他人难以提出意见。同时还要看到诉讼中的有关执法、司法机关及其人员不一定能做到知错即改。"诉讼机制具有自我净化功能"的观点是建立在所有执法、司法机关及其人员都是道德人、都能知错即改和公正、准确执法的假设之上的。然而,权力制衡理论告诉我们,任何权力都具有扩张性、腐蚀性的特点。"一切有权力的人都容易滥用权力,这是不易的一条经验,有权的人使用权力一直到遇到界限地方才休止"。① 在诉讼中,有关机关的擅权和恣意同样不可避免。对诉讼中存在的违法和错误,即使有人提出了不同意见,但由于权力本身的特性,加上有关机关及其人员在思想素质、道德水准、能力水平、利益机制、外部干扰等方面的原因,对存在的违法或错误未必都能知错即改和公正、准确执法。因而需要有一种国家权力对其实施监督,以增强监督的力度和效果。

---

① 唐晓、王春英:《当代西方国家政治制度》,世界知识出版社2001年版,第325页。

(二) 立法不够完善

客观地说，诉讼监督中存在的诸多问题，与当前诉讼立法不完善有很大的关系。法律对诉讼监督的规定过于原则、粗疏，存在知情渠道有限、监督范围存在盲区、监督措施不足、监督刚性不够等问题，严重制约了诉讼监督的开展。在刑事诉讼中，法律规定检察机关可以依法进行立案、侦查、审判和刑罚执行监督，但并没有规定监督者与被监督者的权利与义务关系，也缺乏具有约束力的保障措施，如检察机关通知立案后公安机关拒不立案该怎么办？检察机关又不能去插手公安机关的人事权，更不能直接指挥警察，因为我们不是英美法系中检察官。又如检察机关批准逮捕后公安机关变更或解除了强制措施，检察机关该如何监督呢？这些问题修改后的刑事诉讼法仍没有明确规定。又如，在民事和行政诉讼法中对于检察监督的规定更是过于原则，缺乏具有可操作性的程序规则，如民行抗诉案件调（阅）卷的问题、审级、审理时限的问题均无明确具体的规定。

(三) 理念上尚不到位

从检察机关自身来讲，一些干警乃至少数领导还没有充分认识到诉讼监督工作的意义和重要性，认为检察机关作为政法机关，打击刑事犯罪、查办职务犯罪才是"主业"，是"硬任务"，既可提高检察机关的威信，又能扩大社会影响。对诉讼活动进行监督就是"副业"，是"软指标"，还容易得罪公安机关、法院的人员，开展诉讼监督费力不讨好，也起不了多大作用，因而，对诉讼监督是"说起来重要，抓起来次要，忙起来不要"，工作中往往图应付，走过场。从被监督者来讲，也有认识不到位的因素，少数公安干警思想觉悟低，法律意识差，不能正确对待立案监督、侦查监督，认为检察监督是有意"找碴"，因而不愿接受监督。同时，在我国的人事体制上各级公安局长往往都同时兼任副市长（副县长），检察机关的诉讼监督措施公安能否真正执行到位、取得实效要打一个大大的问号。笔者从事公诉工作多年，发现相当一部分公安干警连退回补充侦查的证据都不愿意去补充取证，更何况检察建议、纠正违法通知书？实践中，检察建议等往往成为一纸空文。法院由于受"审判至上"思想的影响，认为诉讼监督使检察官"既是运动员，又能是裁判员"，成为"法官之上的法官"，直接导致审判不独立、裁判不终局，从而损害了审判权威，因而存在抵触情绪。这在民事诉讼监督工作方面体现得更为突出。这就是为什么民事检察工作开展这么多年来，难以取得真正实效的原因所在。

(四) 关系尚未完全理顺

由于我国检察机关被定位于法律监督机关而非公诉机关，故实践中无法建立起"检警一体"的体制，公安的侦查工作要服从并服务于公诉，在实践中无法形成。这就导致检察机关对公安的侦查工作实际上是无法控制的。刑事诉讼法规定，公、检、法三家分工负责，相互配合、相互制约。但具体实践中，讲配合的多，讲制约的少，讲协作的多，讲监督的少，检察机关与公安机关、与法院监督与被监督的关系并没有完全理顺。虽然检察机关对公安机关享有立案监督权、侦查监督权，但由于体制和机制的滞阻，检察机关并不能深入侦查活动之中开展同步、动态的监督，只能通过公安机关提供的有限的材料来开展事后监督，其效果必然受到影响。在与法院的关系上，同样受制，比如刑事诉讼法规定，检察长可以列席同级法院审委会，但发表的意见往往只是参考意见，决定权还是在法院审委会上，故检察机关对重大刑事案件，特别是抗诉案件的监督有时难以落实到位，对判决结果没有实质影响。

（五）我们的自身素质有待进一步加强

诉讼监督的对象是诉讼中的有关执法、司法机关及其人员，他们握有权柄、精通法律，具有丰富的经验、较高的智能和很强的抗监督能力，因而监督必须"坚决"。要有坚强的决心、坚决的态度、坚忍不拔的毅力、敢于碰硬的勇气和刚正不阿的精神。而我们检察队伍中的少数检察干警思想素质不高，业务能力不强，缺乏决心和勇气，难以胜任法律监督工作的高要求。有的宗旨意识不强，对群众反映的司法不公、执法不严等问题，态度冷漠，不去监督；有的畏惧权势，患得患失，对侵犯当事人合法权益等问题不敢监督；有的怕影响关系，怕得罪人，对违反诉讼程序的现象视而不见、见而不纠，不愿监督；有的职业责任感不强，工作中搞形式，走过场，消极监督；有的业务水平不高，对法律的理解和适用把握不准，发现不了、解决不好问题，不善监督；个别检察人员自身存在执法不严格、不文明、不清廉的现象，不敢大胆去监督别人。这些都影响到了诉讼监督工作的有效开展。

三、诉讼监督工作取得实效的途径与对策

解决当前诉讼监督工作中存在的一系列问题，固然需要通过完善相关立法、改革现行司法运行体制来提供法律和制度支撑，但从根本上说，我们应抛弃抱怨、等待、观望的思想和情绪，树立和落实科学发展的理念，立足自身、立足现实、从实际出发，着力解决自身观念上的束缚、能力上的不足和机制上的障碍，推动诉讼监督工作在力度、水平和效果上取得新进展。

（一）明确理论指导原则

列宁说过："没有革命的理论，就不会有革命的运动。"理论指导实践。同样，要使诉讼监督工作取得实效，必须在理论上有明确的指导原则。应该指出的是诉讼监督并非"包打天下"的全面监督，它必须在法律规定的框架内开展。要理性地把握诉讼监督功能价值。诉讼制度程序设计上的分权、制约是一个完整的制度体系，对此有些检察人缺乏完整的理解和系统的把握，往往不自觉地以监督者自居，却很少研究监督的方式和方法，很少关注监督的效果和监督者的自身形象。司法文明发展史告诉我们，对司法权的配置、制约，对诉讼程序设计的不断改进，尤其是刑事诉讼制度对侦查权、检察权、审判权、执行权的分配充分体现了分权、配合、制约的理念。随着司法文明化的进一步发展，又引入了监督制度，以更加有力地防范司法专权，因此制约是相互的，监督也是相互的。这种诉讼监督，固然大多体现在诉讼法的刚性规定中，但有时也表现为检察机关对诉讼制度应然要求所作的监督，因此检察机关的诉讼监督，既要实现刚性规定的要求，也要以柔性的监督实现诉讼制度的应然要求。要使诉讼监督刚柔相济，就应确定谦抑原则。这是由于：第一，检察机关的诉讼监督是整个诉讼监督体系中的一支力量，而且保证诉讼活动正常进行主要靠政法机关自身提高纠错的功能。第二，检察机关监督的效力也只是启动相应的诉讼法律程序，不应去直接纠正这些违法。同时监督本身有一个合适的问题，过度了就会适得

其反。所以在社会转型中,在法治发展过程中,检察权作为一种公权,一定要自省、内敛和谦抑;否则,检察权也是会被滥用的。这意味着检察权是有限的,监督的方式、监督的程序、监督的手段也是有限的,要起到监督效果,务必要一枪打一个眼儿,而不能以监督案件数量多少作为评价标准。谦抑原则还意味着检察监督并不是检察官凌驾于警官、法官之上,也不意味着检察官和他们过不去,我们其实都有共同的法律目标可以遵循。这样才能使诉讼监督刚柔相济,真正发挥它应有的作用。

(二)进一步完善立法

要使诉讼监督取得实效,必须要进一步完善诉讼监督的法律制度。为此对立法上有三个建议:一是建议规定有关机关应当向检察机关通报诉讼监督所必需的信息制度。如刑事案件的发案、立案及案件侦查终结后作出处理的情况与数据,强制措施变更的情况,监管改造对象增减的名单与数据,监管场所发生重大事故、事件的信息,等等。二是建议规定抗诉案件原则上由接受抗诉的法院审理。修改后刑事诉讼法和民事诉讼法都规定,接受抗诉的人民法院对于事实、证据方面有问题的案件,可以发回(或指令)下级人民法院重新审判(或再审)。而检察机关抗诉的案件,多数是涉及事实或证据的,属于适用法律错误的仅是少数。这就使多数抗诉案件被发回原审法院审理。这不仅不利于错误裁判的纠正,而且影响诉讼效率。故应当缩小发回(或指令)原审法院重新审判的范围,除少数情形(如发现有新的证据,足以推翻原判决、裁定等)可以发回原审法院外,都应由接受抗诉的法院重新审判。三是建议规定"调查违法"的措施。现行刑事诉讼法规定,检察机关发现侦查、审判、刑罚执行中有违法情形,有权通知纠正(或提出纠正意见),但检察机关要认定"违法",往往需要调查核实,但法律未对检察机关的调查权作出规定。为此,建议法律规定检察机关对诉讼中涉嫌违法的行为有权进行调查。在调查中,有权采取询问有关当事人或知情人,查阅调取或复制相关法律文书或者报案登记材料、案卷材料、罪犯改造材料,对被害人进行伤情鉴定等措施。同时要规定"建议停止执行职务"、"建议更换办案人"的监督方式。检察机关在诉讼监督中如发现有关机关的人员在办案中涉嫌职务犯罪或确有严重违法行为,不宜由该人员继续执行职务或继续办理某一案件,应当有权建议有关机关对该职务犯罪嫌疑人停止执行职务,对违法行为人正在办的案件更换办案人。

(三)更新理念,突出监督重点

上文提到,我们的执法理念上还有不到位的地方。有关机关及其人员在诉讼中存在的问题,其性质有轻重之分,危害有大小之别。在诉讼中的问题较多而监督资源又十分有限的情况下,检察机关绝不能事无大小都去启动监督程序,而必须突出重点。诉讼监督的实践也表明,突出重点是诉讼监督必须坚持的策略原则,也是确保监督质量和效果的重要措施。在三大诉讼监督中,要在继续把刑事诉讼监督作为重点的同时,加强民事审判、行政诉讼监督。长期以来,检察机关将刑事诉讼监督作为诉讼监督的重点,而对民事审判、行政诉讼的监督则较为薄弱。由于民事审判、行政诉讼中的权力制约不如刑事诉讼,基本上由法院一家说了算,人民群众对民事审判、行政诉讼不公正的反映也较为突出,因此,在继续重视和加强对刑事诉讼监督的同时,有必要加强对民事审判、行政诉讼监督,把它摆到更重要的位置，逐步形成"一体两翼"：以刑事诉讼监督为"一体"，以民事审判监督、行政诉讼监督为"两翼"。务必建成三大诉讼监督协调发展的诉讼监督格局。在刑事诉讼监督中，要把对侦查环节的监督作为重点。侦查工作所具有的进攻性、强制性、隐蔽性、机动性等特点，决定了侦查环节是刑事诉讼中容易出问题的环节，同时，遏制犯罪高涨的巨大工作压力又容易使少数侦查人员违法违规办案。故必须把对侦查（含检察机关的侦查）环节的监督包括立案监督、侦查监督以及看守所监管活动监督作为重点。

（四）进一步理顺外部关系

理顺诉讼监督的外部关系，使诉讼监督有个共同协调发展的和谐空间。因此各级检察院检察长要亲自出面与公安、法院负责人协调，向当地党委、人大汇报，求得共识，并建立健全相关工作机制，共同维护司法的权威和尊严。从工作层面上讲，一要与公安建立联系制度。定期召开联席会议，通报审查批捕、起诉工作中发现的问题，对于违法行为及时提出纠正意见和建议；积极与公安部门联系和协商，建立起立案材料审查制度，侦监部门定期对材料进行审查，看是否存在有案不立或不该立案而立案的情形。二要与法院建立工作联系制度。要发挥主观能动作用，充分协商，重点就民事行政抗诉案件调（阅）卷宗问题形成一致意见，要抓好刑事诉讼法规定的检察长列席审判委员会制度落实，对重大案件，特别是检察机关提出抗诉的案件充分陈述抗诉理由，力争抗诉获得改判。三要争取党委、人大对诉讼监督工作的支持，及时将诉讼监督工作的开展情况、存在的问题以及合理建议向党委、人大汇报，在党委、人大的领导、监督和协调下解决诉讼监督工作中的疑难、复杂和重大问题，推动诉讼监督工作深入开展。健全行政执法与刑事司法衔接（以下简称"两法衔接"）机制。行政执法与刑事司法的紧密衔接，是有力惩治破坏市场经济秩序等犯罪的必要条件，但由于种种原因，我国"两法衔接"中存在行政执法机关有案不移、有案难移、以罚代刑等突出问题，不仅影响了对有关犯罪的打击，而且损害了法律的严肃性。当前一些地方假冒伪劣、危害食品安全、侵犯知识产权、破坏环境资源等违法犯罪盛行，与此有重要关系。检察机关要强化诉讼监督，就必须督促并会同有关部门建立、健全"两法衔接"机制。2011年2月，中共中央办公厅和国务院办公厅转发了国务院法制办、中纪委、最高人民检察院等8部门《关于加强行政执法与刑事司法衔接工作的意见》，该《意见》对行政执法机关和公安司法机关各自的法定职责、如何建立衔接机制和衔接工作信息共享平台、如何加强对衔接工作的监督等内容都作出了规定。下一步，检察机关要继续协同有关部门制定实施计划和措施，以使该衔接机制尽快落到实处。

（五）着力提高监督的能力

人是决定工作成败的关键因素。要想使诉讼监督工作顺利开展并取得实际成效，必须把提升检察干警的素质放在首位。要不断加大培训力度，提升检察干警的思想政治、职业道德素质、专业素质等综合素质。作为监督主体，检察机关工作人员要自觉加强学习，经常充电，努力提高政治思想水平、职业道德水平、法律知识水平、执法能力水平，要用人民检察干警职业道德规范严格要求自己，牢固树立政治意识、大局意识、法治意识、公正意识，要使自己办的每一件案件都"问心无愧"，经得起历史检验。要加强对诉讼程序法律法规的学习，使自己具有较强的"监督能力"，成为业务精通的"行家里手"。要牢固树立监督意识，自觉抵制说情风，不能因人头熟、同在一个地域执法就放不下面子，要时刻牢记自身所担负的监督职责，树立"不依法监督就是失职甚至是渎职"的思想，只有这样，才能正确地行使监督权。

加强诉讼监督，提高能力是关键。打铁还需自身硬。如果自身业务水平不高、能力不强，就没有资格去监督别人。提高监督能力，首先，要提高发现问题的能力。发现问题，是开展诉讼监督的第一步，发现不了问题，就谈不上开展监督。检察人员除具备过硬的法律功底和业务技能外，还要娴熟被监督机关的业务知识，并具备高度的职业敏感性，善于从日常办理的案件中发现疑点，善于从群众的举报申诉中发现问题，分析和判断是否存在违法行为。其次，要提高依法纠正的能力，依法纠正是诉讼监督的目的，发现违法情形后，要本着"一要坚决、二要慎重、务必搞准"的原则，分清违法行为的性质、情节，严格依照法律规定，选用恰当的监督方式，准确进行监督，直到问题被纠正为止。最后，要提高攻坚克难的能力，对于监督中的疑点和难点问题，要深入调查研究，制定监督方案，综合运用纠正违法、检察建议、抗诉乃至启动职务犯罪侦查程序等方式，理直气壮、锲而不舍地监督到底，确保诉讼监督见到实效。

渎职侵权案件立案模式研究

邓荣平*

长期以来,检察机关依照法律规定对渎职侵权案件行使管辖权,一般先对案件线索进行初查,通过初查获取能够证实犯罪嫌疑人涉嫌犯罪的确凿事实和充分证据后,对犯罪嫌疑人进行立案侦查。即通过初查不仅要掌握足够的犯罪事实,而且要确定具体的犯罪嫌疑人。这是检察机关对自侦案件采用的较为普遍的"以人立案"方式。这种方式对立案条件把握过严,虽然立案准确率高、抢案少,但在一定程度上违背了刑事诉讼法的立法本意,且严重束缚了侦查人员的手脚,使许多有价值的线索因未及时立案并采取相应的强制措施而无法成案,造成案件当立不立的局面,降低了查办渎职侵权案件的效率,这是"以人立案"模式无法克服的弊端。虽然检察机关提出将风险决策机制①等配套机制纳入渎职侵权犯罪侦查中,依然不能解决上述问题。实践证明,单纯的"以人立案"模式不能完全适应社会转型的要求。而"以犯罪事实立案"(以下简称"以事立案")模式有利于克服上述弊端,为收集充分证据确定犯罪嫌疑人提供保证。

一、现行立案模式存在的弊端及不足

检察机关的立案模式,是指检察机关对案件线索依照管辖范围进行审查后,认为有犯罪事实存在,需要追究刑事责任,依法将其作为刑事案件交付侦查的决定,是启动刑事诉讼程序的"阀门"。根据我国刑事诉讼法第107条的规定,公安机关或者人民检察院发现犯罪事实或者犯罪嫌疑人,应当按照管辖范围立案侦查。也就是说,刑法规定了两种条件可以立案,即"以人立案"和"以事立案"。目前检察机关的侦查部门基本上是采取"以人立案"的模式,总是在查明犯罪事实并锁定犯罪嫌疑人后才决定立案,以人找事、由供到证,而采用"以事立案"模式侦查的案件相当少。但从实践中来看,这种"以人立案"模式存在着严重的弊端和先天不足,不但严重束缚了检察人员的观念和手脚,还容易导致"先破后立"、刑讯逼供等现象发生,在一定程度上影响了检察机关打击职务犯罪的力度。

---

* 江西省瑞金市人民检察院检察长。
① "风险决策"是指在查办职务犯罪中,在犯罪嫌疑人未到案或未供述犯罪事实,但有其他证据证明其有犯罪嫌疑的情况下,为进一步查清案情而及时决定立案并采取有关强制措施的办案模式。目前风险决策机制尚处于试验阶段,主要适用于以下几种情况:1. 犯罪嫌疑人未交代,但所在单位拒不配合侦查的;2. 犯罪嫌疑人未交代,但现有材料可以证实犯罪的;3. 犯罪嫌疑人未交代,但立案评估小组认为可以立案的;4. 共同犯罪中,主要犯罪嫌疑人未交代,但已有1~2名犯罪嫌疑人交代;5. 涉案人员有可能外出潜逃或毁灭证据的。黄晓华、李惠明:《渎职侵权犯罪衔接阶段工作机制研究》,载上海检察院内网。

（一）不利于全面查清犯罪事实

渎职侵权案件危害结果的产生往往都是多因一果，而不同的单位和部门在权责上划分并不是很明晰，存在重复、交叉甚至混乱的现象，尤其是行政执法领域，机构众多、执法权分散、职能交叉重叠的现象尤为严重，这就使部分渎职侵权案件危害结果发生后，在不经过立案侦查的情况下，无法确定具体的犯罪嫌疑人，如果仍然盲目坚持"以人立案"的办案模式，不仅会浪费大量的司法资源，而且很有可能导致案件事实无法有效查处，犯罪行为便得不到有效的惩罚。

（二）不利于快速突破案件

渎职侵权行为的责任具有明显的分散性和模糊性，在现实职务实施的实践中，既有决策者，也有指挥者，还有执行者。不少渎职侵权行为，有的是领导集体研究或领导班子集体会议研究作出决定的，有的是在领导指使或纵容下实施的，有的实施者认为是执行领导的指示或者经过领导批准才实施的，等等。危害结果发生后，检察机关往往针对直接实施者立案侦查，在没有对其他的责任人立案侦查的前提下，被立案的犯罪嫌疑人容易产生极端的心理不平衡，认为自己只是按照领导的意图实施正常的职务行为，不构成犯罪，认为检察机关只敢捏"软柿子"，从而形成强硬的对抗审讯的局面，给侦查活动带来很大困难和阻碍，不利于案件的快速突破。

（三）不利于全面保护法益

在"以人立案"的模式下，由于犯罪嫌疑人和危害结果皆已明确，检察人员在调查取证时，往往存在功效主义的弊病，只注意针对犯罪嫌疑人的行为与危害结果之间的因果关系收集证据，忽略掉该危害结果背后可能存在的已经被隔断因果关系的其他犯罪行为或者可能存在的其他"偶然共犯"的犯罪嫌疑人，既无法查明案件的全部真相，也无法全面保护法益。

（四）不利于最大限度排除办案阻碍

在"以人立案"模式下，犯罪嫌疑人在立案时就知道检察机关即将对自己采取侦查手段，反侦查行为几乎同时展开，为了逃避预期的惩罚，犯罪嫌疑人必会将领导牌、亲情牌、金钱牌、美色牌等一张一张打出来，毁证、串供、阻碍取证甚至是恐吓、要挟办案人员，似乎成了他们"保命保饭碗"的唯一选择，犯罪嫌疑人势必穷尽一切手段阻碍和干扰检察官办案，用他们整张的关系网对抗侦查。在这种情况下，秘密侦查就无从谈起，一些本应该很容易获得的证据也很难收集到位。侦查效率大大降低，"正义的第二种含义——也就是最普遍的含义——就是效率"①，迟来的正义不是正义，不能兑现的正义更不是正义。

二、"以事立案"模式的优越性和法律依据

"以人立案"的模式，让检察机关不能充分利用法律赋予的全部侦查手段，在一定程度上影响了渎职侵权案件的侦破和质量。随着职务犯罪日益隐蔽化、智能化、国际化，查

---

① [美] 波斯纳：《法律的经济分析》，蒋兆康译，中国大百科全书出版社1997年版，第31页。

办难度增加,"以人立案"模式弊端凸显,"以事立案"模式优越性增加,检察院在职务犯罪侦查中应大胆运用"以事立案",增强打击职务犯罪的能力,维护社会和谐安宁。

(一)"以事立案"概念和法律依据

以事立案是指人民检察院依照管辖范围,对于发现的犯罪事实,或者对于报案、控告、举报和自首的材料,经过审查认为有犯罪事实,需要追究刑事责任,犯罪嫌疑人尚未确定的案件,所依法作出的立案决定。

我国刑事诉讼法第107、110条分别规定,公安机关或人民检察院发现犯罪事实或犯罪嫌疑人,应当按照管辖范围立案侦查;人民法院,人民检察院或者公安机关,对于报案、控告、举报和自首的材料,应当按照管辖范围,进行审查,认为有犯罪事实需要追究刑事责任的时候,应当立案。从以上规定可以看出,立案必须同时具备两个条件:第一,有犯罪事实,即事实要件,是指危害社会的行为已经发生,而且危害社会的行为已达到犯罪的程度,符合犯罪构成的要件。第二,需要追究刑事责任,即法律条件,是指根据刑事法律的规定,对实施犯罪的行为人,由追究刑事责任的必要,并需要启动侦查、起诉或审判程序等。只有同时具备上述两个要件才能够立案,显然法律规定的是"以事立案"。据此,检察机关完全可以和公安机关一样对自己直接受理的案件,根据案件不同的情况既可以"以事立案"又可以"以人立案"。

同时,最高人民检察院对于渎职侵权案"以事立案"也有明确、具体的法律依据。2002年,最高人民检察院下发了《关于检察机关职务犯罪侦查部门以犯罪事实立案的暂行规定》,对职务犯罪案件以事立案的法律适用作出了具体规定,对于具有下列三种情形之一的,可以以事立案:其一,必须通过侦查措施取证的;其二,证据可能发生变化或者灭失的;其三,犯罪造成的危害后果可能进一步扩大的。另外,最高人民检察院《关于积极参与对重特大安全责任事故的调查预防工作,严肃查处国家机关工作人员渎职犯罪的通知》中指出:"对已经发生的给人民群众生命财产和国家利益造成严重损失的重大安全责任事故,凡发现其中可能涉及国家机关工作人员失职、渎职、徇私舞弊等行为的,可先依法以事立案,待查清事实后再按规定确定管辖。"

(二)"以事立案"模式在反渎职侵权案中的制度优势

1. 有利于拓宽案件线索来源。多年来,反渎职侵权工作的"发现难"问题是制约反渎职侵权工作深入开展的瓶颈,这是因为渎职侵权犯罪多数为结果犯罪,这一特点决定了渎职侵权犯罪案件的侦查工作往往是据果探因,显现出由事找责任,再由责任找到具体的责任人的规律,如果把精力集中到"人"上,势必事倍功半甚至南辕北辙,难以发现案件。转变观念,将注意力集中到日常生活、工作中发现渎职侵权案件的线索,即使一定条件下转化为"以人立案"也有很大裨益。比如,当看到因房产重复抵押而导致的诈骗案信息时,就可以想到房产部门是否存在超越职权、违规发证等滥用职权行为;当得知某地违章建筑盛行时,可以想到土地规划等部门是否有玩忽职守等行为;当有判决明显不公案件的申诉时,可以发现枉法裁判的线索;当公安机关应当立案而不立案或者不正当撤案或变更强制措施,而发现渎职行为线索等,树立"以事立案"思维,可以大大拓宽视野,从而解决"发现难"的问题。

2. 有利于开展秘密侦查，排除外界干扰。渎职侵权案件的特点决定着查办难度大、阻力大，对于这类案件，最适于采用"以事立案"的模式，对事不对人，使相关人员难以猜测到侦查意图，让反侦查活动不敢轻举妄动，滞后于侦查。侦查人员可以秘密展开侦查、收集证据，这在客观上就使得相关部门难以设置障碍、说情人难以说情，从而有效防止人为因素的干扰。

3. 有利于充分运用侦查手段。在"以人立案"的模式下，检察机关只能对立案对象采取侦查手段和强制措施，一旦在侦查过程中发现其他人有犯罪嫌疑，本可以采取强制措施的，但因为没有立案而无法采取强制措施，容易出现犯罪嫌疑人逃跑、自杀、串供、毁证的情况。推行"以事立案"模式后，就可以及时、正确地对所有相关责任人采取一定的侦查措施。

4. 有利于保护犯罪嫌疑人的合法权益。"以事立案"通过对犯罪事实进行立案侦查，没有明确的指向，在查清案件事实后，如果需要撤案的，可以让侦查办案对被调查人的负面影响降到最低，最大限度地保护人民群众的合法权益。

三、渎职侵权犯罪案件中"以事立案"的制度规范

我国的刑事诉讼法虽为"以事立案"提供了法律依据，"以事立案"模式的优越性也是显而易见的。作为一种刑事立案模式，一方面应对"以事立案"进行严格的限制，防止被滥用；另一方面要对此适当松绑。

（一）降低"以事立案"的立案标准

对于"以人立案"模式来说，撤案后或多或少会对犯罪嫌疑人产生一定的负面影响，因此，检察机关往往会采取提升立案标准的方式降低撤案率。但是对于"以事立案"来说，撤案对相关人员基本不会造成严重的负面影响，如果也适用同等的立案标准，将立案标准等同于逮捕、起诉标准，甚至等同于定罪量刑标准，会导致反渎职侵权部门不敢立案，严重影响着渎职侵权案件的查办。所以适当地降低立案标准，可以有效地提升反渎职侵权效率，对打击渎职侵权犯罪行为更为有利。

（二）明确"以事立案"的适用条件

最高人民检察院 2002 年下发的《关于检察机关职务犯罪侦查部门以犯罪事实立案的暂行规定》，对"以事立案"的适用条件作了具体规定，但由于条件规定得不具体，缺乏可操作性，笔者认为，应对条件进行进一步的细化。概括地说，适用"以事立案"模式主要包括以下三种情形：

1. 犯罪事实存在，但犯罪嫌疑人不明确的。如被刑讯逼供的对象死伤的刑讯逼供案，巨款被骗造成重大损失的玩忽职守案件、原因不明的重大责任事故案，以及理应受法律追究的犯罪分子未受到法律追究的徇私舞弊等案件。犯罪行为造成的结果已十分清楚，但因为犯罪嫌疑人尚不能确定的可"以事立案"。

2. 危害结果未达立案标准，但侵害持续发生或预期损失能够达到立案标准的。对于渎职侵权案件，法律规定只有危害程度达到一定的标准以上才可以立案侦查，对于尚未达到立案标准但危害行为仍然持续出现，不及时制止会给国家和人民的权益造成更大的损

失,情况紧急非采用立案后法律手段不可的,或者可以预见未来出现的侵害结果能够达到立案标准的,可以"以事立案"。

3. 查办阻力较大,需要秘密开展侦查行为的。由于目前社会上对渎职侵权行为的危害性认识不足,很多案件的查办容易遇到发案单位及其上级主管部门的阻力,甚至有些犯罪嫌疑人会得到人民群众的谅解甚至怜悯,对这类案件,即使可以确定犯罪嫌疑人,也可以"以事立案",更好地隐蔽侦查意图,最大限度地减少阻力。

(三)赋予"以事立案"全面使用侦查手段和强制措施的权力

按照我国刑事诉讼法的规定,立案后就可以对犯罪嫌疑人采取强制措施。但根据《人民检察院刑事诉讼执法工作规范》第126条规定,以事立案后,在确定犯罪嫌疑人前,不得对涉案人员采取强制措施,不得查封、扣押、冻结涉案对象的财产,不得采取技术侦查手段。《人民检察院刑事诉讼执法工作规范》的这条规定是为了防止检察机关滥用侦查手段和强制措施,但同时也束缚了"以事立案"后的侦查活动,等于放弃了法律赋予的"全面"的侦查权。笔者认为,"以事立案"后,不管是否确定犯罪嫌疑人,均应可以全面使用侦查手段,而对于紧急情况时或者重大嫌疑分子可以采取强制措施。但是,为了防止检察机关滥用此项权力,可以建立强制性侦查措施的司法救济程序。对侦查人员通过违反法律程序获得的证据材料,审查部门应当予以排除;审查部门未予排除的,被告人及其辩护人可以申请法庭予以排除。

论坛综述

贯彻落实修改后诉讼法 促进检察制度发展完善
——第三届中国检察基础理论论坛观点综述

匡茂华* 阮志勇**

2013年9月28日至29日，由中国检察学研究会检察基础理论委员会主办、江西省人民检察院承办的"第三届中国检察基础理论论坛"，在国家检察官学院井冈山分院召开。本届论坛以"诉讼法修改与检察制度的发展完善"为主题，来自全国各级检察机关的代表、专家学者及法律实务工作者90余人参加了会议。中国检察学研究会检察基础理论专业委员会主任、湖北省人民检察院检察长敬大力在开幕式上指出，改革创新是我国新时期最鲜明的特点和时代精神的核心所在，我国检察制度现正处于发展完善的关键时期和攻坚阶段，认真贯彻中央决策部署，进一步深化检察改革，不断推进中国特色社会主义检察制度的发展与完善，是我们面临的重大理论与实践课题。我们要进一步深化检察改革，使中国特色社会主义检察制度顺应改革开放潮流不断发展，紧随法治建设步伐不断完善，在回应人民群众对公平正义的呼唤中彰显优势。江西省人民检察院检察长刘铁流、中国检察学研究会检察基础理论专业委员会顾问、中国政法大学终身教授陈光中出席会议。

2013年是修改后刑事诉讼法、民事诉讼法正式实施的第一年，行政诉讼法的修改进入了关键期。与会代表认为，在此背景下举办的第三届中国检察基础理论论坛主题鲜明，具有很强的现实性和针对性。大家围绕"检察机关组织体系和办案组织建设"、"检察机关诉讼监督工作的制度化、规范化、程序化、体系化建设"、"诉讼法贯彻实施与检察机关执法办案转型发展"三个专题，从多元视角与层面进行深度交流，充分关注检察机关贯彻实施修改后刑事诉讼法、民事诉讼法的重点与难点问题，既交流了新鲜经验，又发现了诸多有待解答的突出问题。

一、检察机关组织体系和办案组织建设

检察机关组织体系和基本办案建设，是检察机关充分发挥法律监督职能的组织保障和重要支撑。与会代表分析指出，当前检察机关的机构设置不够科学、职能配置不够优化、检力下沉不够充分，阻碍了检察工作的科学发展。大家普遍认为，加强检察机关组织机构及其职能设置研究、加强检察机关基本办案组织研究、加强检察官办案责任制研究，不断深化实践探索和理论研究，有助于检察权的科学配置和有效行使，可为检察事业的健康发展提供动力源泉。

---

* 湖北省人民检察院批捕处处长，中国检察学研究会检察基础理论专业委员会理事。
** 湖北省人民检察院法律政策研究室副主任，全国检察理论研究人才。

深化检察官办案责任制改革，探索建立有利于突出检察官执法办案主体地位，有利于依法独立行使职权的办案组织，形成以检察官为主体的岗位管理和执法管理模式，是新一轮检察体制改革的重要内容，因此成为大家研讨的热点问题。最高人民检察院检察理论研究所副所长谢鹏程指出，所谓检察官办案责任制，是指以检察官为主体的办案组织享有一定范围的办案决定权，独立承担相应责任，并受到监督制约和职业保障的检察业务工作机制。此项改革面临着观念、法律和动力等方面的障碍和制约因素，必须与党和国家的政治体制改革协调发展，将是一个长期的、渐进的过程。为此，建议先搭建起"主任检察官"的机构框架，建立相对稳定的办案组织，逐步下放办案决定权，完善相应的职务保障和监督制约。湖北省人民检察院副检察长郑青认为，在现行法律框架内推行主办检察官办案责任制，具有合理性和必要性。实行主办检察官办案责任制，需要把握"突出办案主体作用、健全基本办案组织、优化规范办案审批、强化执法办案责任"等主旨要求，解决主办检察官的定位、组织形式、选配考评、权限划分、审批流程、监督制约、责任界限、履职保障等重点问题。湖北省嘉鱼县人民检察院检察长邓佛围以基层检察院主办检察官办案责任制实践为立足点，详细介绍了该院在职责划分、组织形式、运行机制、监督制约、选任管理等方面进行的大胆尝试，为改进基层检察院执法办案组织形式、优化基层检察院各项检察资源配置、提升检察职权运行效果提供了实践参考。上海市宝山区人民检察院检察官胡巧绒以我国台湾地区主任检察官制度为参照蓝本，通过细致分析其主要内容和运作环境及其现状，认为我国部分地区目前试点改革的主任检察官制度具有提升办案质量、提高办案效率等积极成效，但全面推行主任检察官制度改革受到立法、外部环境以及内部管理等方面的制约，需要进行配套改革。

我国宪法明确规定，检察机关依照法律独立行使检察权，这是检察权运行的基本原则，是推进依法治国的必然要求。南开大学法学院讲师高通博士分析指出，我国建立了"一府两院"的政治架构，确立了检察机关依法独立行使检察权。但受法律虚无主义、司法工具论等的影响，检察机关独立行使检察权的规定一改再改。法治思维的提出，为检察机关依法独立行使检察权原则的实现提供了契机。为此，建议从检察机关外部和内部两方面保障检察机关依法独立行使检察权。江苏省苏州市人民检察院党组成员闵钐结合检察工作实际，就检察机关如何深化依法独立公正行使检察权的制度改革展开论述，全面分析了改革意义和应当坚持的原则，建议从机构设置与职权配置、人员管理、办案组织和经费保障等方面确定制度改革的基本内容和方向。江西省鹰潭市人民检察院检察长罗庆华认为，现行上下级检察机关领导关系存在过度行政化的倾向，建议进一步明确上级检察机关的领导权能和界限，细化和区分不同的领导事项，对领导权运行进行程序化，增强上级检察机关领导权的司法属性，建立科学公正的责任追究制度，进而实现上下级检察机关领导关系的规范化。

铁路运输专门检察组织体系，是我国社会主义检察制度的特色之一。南昌铁路运输检察分院检察长丁高保回顾了铁路检察组织体系的演变过程，系统分析铁路检察机关的专门属性，梳理与检察机关专门属性相关的深层次问题；建议借鉴俄罗斯交通运输检察的组织体系，在我国设立跨区域的专门交通运输检察制度，具体论证了构建交通运输检察组织体系的法理基础与可行性。

二、检察机关诉讼监督工作的制度化、规范化、程序化、体系化建设

诉讼监督职能,是我国检察机关最具特色的一项重要职能,其旨在保障国家法律在诉讼活动中得到统一、正确实施。与会代表认为,修改后的刑事诉讼法、民事诉讼法全面强化了检察机关的诉讼监督职能,赋予了检察机关更多任务与责任,亟须强化监督观念,真正做到敢于监督、善于监督、依法监督、规范监督。特别是针对少数检察干警仍存在不敢监督、不善监督、不愿监督以及监督别人严格、监督自身则放宽要求等突出问题,以及诉讼监督规定较为原则、模糊、零散的立法现状,大多数代表指出,推进诉讼监督工作的制度化、规范化、程序化、体系化"四化"建设,是加强和改进诉讼监督工作的客观需要,有利于增强诉讼监督工作实效,提高执法公信力。

与会代表对刑事诉讼监督工作从宏观视角作了系统研究,形成了较为清晰的改进思路。中国政法大学教授樊崇义在提交的论文中指出,搞好刑事诉讼中的法律监督,首先要明确刑事诉讼的目的。人权保障已成为世界各国刑事诉讼目的的转型与变迁的核心问题。随着"尊重和保障人权"写入我国刑事诉讼法,各级人民检察院在刑事诉讼中采用什么样的措施和方法切实保障人权,是检察机关必须认真探讨的问题。他建议检察机关进一步解放思想,充分认识和估计在人权保障问题上的难度和阻力;将"人权保障"与"权力制衡"放到同等重要的位置,努力克服重权力制衡、轻人权保障的片面认识和做法;把"尊重和保障人权"作为刑事诉讼的一项重要任务;调整法律监督的手段和措施;落实法律监督的机构和人员。同时,在完善法律监督的程序方面,要加强申诉、控告的受理程序、发现违法事实的调查程序、处理结果纠正违法的程序等方面建设。湖北省襄阳市人民检察院检察长常本勇认为,诉讼监督程序应当是诉讼监督活动的参与者,按照一定规则所进行的角色分配,应当对所有的诉讼监督活动参与主体都产生约束力,而不应仅局限为检察机关的办案规则。诉讼监督程序主要包括启动监督、发现违法、确认违法、纠正违法、惩罚违法以及对诉讼监督的救济六个阶段。他建议对各类具体的诉讼监督程序进行抽象概括,以总则和分则的形式,按照诉讼监督的六个阶段,统一构建诉讼监督程序及其规则。湖北省随州市人民检察院检察长洪领先结合我国诉讼监督现状分析指出,在程序理念层面,诉讼监督限制国家权力、保护公民权利的正当程序功能未获普遍推崇,存在观念分歧;在程序规范层面,现行诉讼监督缺乏正当规范程序,存在形式化的忧虑;在程序运行层面,诉讼监督运行采用行政化运作模式,诉讼监督效果不甚理想;在程序社会评价层面,诉讼监督程序内部封闭运行,执法公信力遭受诟病和质疑。他认为,诉讼监督程序的正当性、规范性、保障性、公开性是诉讼监督工作程序化的方向和目标;建议推进诉讼监督工作程序化,进一步加强立法,完善诉讼监督程序,遵循诉讼监督规律,优化检察职权配置,科学设计运行程序,完善诉讼监督机制。北京市人民检察院第二分院李斌博士建议,法律监督统一立法应当从业务考评工作中汲取有益经验,进行细密化立法,并对法律监督手段加以补强,完善法律监督的效果评估机制,解决法律监督立法缺位、大而不当的问题。

与会代表还对刑事诉讼监督的具体制度与方式进行了深入交流，提出了不少独到见解。辽宁省人民检察院调研员周习武认为，建议更换具有渎职失职行为的司法工作人员，是检察机关更好地贯彻实施新刑事诉讼法，健全完善诉讼监督制度，防止冤假错案的重要举措，也是创新监督方式、确保司法公正的重要探索。为此，他建议明确司法人员的主体范围、更换办案人的具体情形，并将建议更换办案人的具体程序制度化、法律化。湖北省武汉市人民检察院研究室副主任罗永鑫认为，检察机关需要更新执法理念，完善死刑复核法律监督工作程序，完善与省级人民检察院一体化工作机制，完善与最高人民法院协商沟通工作机制，建立死刑复核法律监督期间听取辩护人意见工作机制，构建一整套适应死刑复核程序特点的法律监督机制。江西省南昌市人民检察院检察长徐胜平认为，检察机关对侦查活动的监督存在范围不明、信息不畅、途径单一等问题，究其原因是存在检察机关代替公安机关行使侦查权和检察机关只对侦查活动进行事后监督两种错误观念，建议建立纠正与引导两条侦查活动监督路径，从强化案件审查功能，强化质询与纠正机制，实行公检双向说理，建立信息互通平台，完善提前介入机制，建立动态跟踪监督机制入手，进一步加强和改善侦查活动监督工作。江西省新余市人民检察院监所处处长李泽新指出，修改后刑事诉讼法确立了刑罚执行变更的事中监督程序，中国特色的刑罚执行同步监督制度基本形成，但还存在一些问题，建议从扩大同步监督的范围、明确检察意见的适用条件、完善检察介入的罪犯投诉处理机制等方面加以完善。

最高人民检察院司改办二处处长张步洪分析指出，修改后民事诉讼法进一步细化了民事诉讼检察监督制度，提出了诸多新要求。基于民事诉讼法新规定研究检察权配置问题，应当明晰民事检察权与审判权界限，明确检察监督权与当事人诉讼权利的关系，确定民事检察权在各级检察院之间的配置规则。江苏省南京市玄武区人民检察院检察长陆宁平深入分析了民事执行检察监督机制构建在观念、制度、法律、实践等方面存在的现实困境，认为民事执行监督的重点对象是执行实施违法行为与执行裁判错误结果，建议根据执行行政性和司法性不同属性采取不同监督方式，完善参与过程、对应监督、协调联动、人大介入等监督机制。

三、诉讼法贯彻实施与检察机关执法办案转型发展

修改后的刑事诉讼法、民事诉讼法秉持社会主义法治理念，彰显社会主义法治精神，体现了人权保障、司法公正、监督制约等先进理念，迫切要求检察人员解决好执法思想、执法观念问题。与会代表普遍认为，在转变执法观念的同时，检察机关尚需在执法办案模式、方式和工作机制等方面加快转型发展，尽快适应诉讼法贯彻实施所提出的新要求、新任务。江西省人民检察院副检察长张国轩认为，检察机关开展量刑建议在修改后刑事诉讼法中具有明确的法律依据，公诉人在出庭支持公诉时必然要同时承担量刑建议的提出、举证、辩论等职责。但是从修改后刑事诉讼法实施以来的情况看，量刑建议的开展并不普遍，也不太规范。因此，当前开展量刑建议必须实现几个转变，即从以定罪为主的公诉到定罪和量刑并重的公诉的转变，从粗放式量刑建议到精细化量刑建议的转变，从选择性量刑建议到规范性量刑建议的转变，从被动督促法院规范量刑活动到积极主动履行量刑建议职责的转变，量刑建议的形式从不规范、不统一到规范、统一的转变，简易程序从不出庭、不开展到应出庭、应开展的转变。他还指出，修改后刑事诉讼法确立的量刑规范化及其进程，应当包括参与主体的多元性、适用标准的公开性、产生过程的动态性、审判程序的完整性，并且这四个方面是统一的，构成四位一体，其中主体的多元性、标准的公开性是前提，产生的动态性是关键或者根本，程序的完整性是保障。检察机关只有全面地、充分地、具体地履行量刑建议职责，才能有效地推动、促进量刑规范化的健康发展。吉林省人民检察院检察委员会专职委员张书华指出，"理性、平和、文明、规范"是执法方式的外在表现形式，只有做到理性、平和、文明、规范执法，才能赢得群众的理解和支持，实现法律效果、政治效果和社会效果的有机统一。检察机关执法方式转变包括十个方面的内容：由注重维护社会秩序向注重修复社会关系的转变；由注重惩罚犯罪向注重化解社会矛盾的转变；由注重追求震慑效应向注重减少社会振动的转变；由注重打击犯罪向注重打击犯罪与保障人权并重的转变；由注重封闭式办案向开放式办案的转变；由注重单一环节办案向各诉讼环节交互介入的转变；由注重获取口供向注重构建客观证据体系的转变；由注重查明基本案件事实向注重查明犯罪构成事实和量刑情节的转变；由注重人力投入向注重办案谋略和科技手段应用的转变；由注重常规性监督向注重构建和谐司法关系的转变。

检察官和律师都是中国特色社会主义事业的建设者与捍卫者，构建良性互动的新型检律关系对维护公平正义、维护社会稳定、提高执法公信力具有重要意义。江西省吉安市人民检察院检察长谢建认为，平衡与合作是新型检律关系的构建路径，建议在充分把握人权保障、权力制衡等内涵的基础上，通过深化职业认同、强化法律监督、完善工作机制等方面努力推动检律关系走向平衡与合作。湖北省十堰市人民检察院检察长白章龙认为，司法实践中存在的检律关系紧张甚至极端冲突现象已严重影响到我国司法民主化与现代化进程，建议在坚持控辩平等的基础上，构建一种在保持充分、理性、平等对抗的同时在一定范围内自愿、平等协作的新型检律关系，以实现在保证司法公正的前提下，节约司法资源、提高诉讼效益。浙江省奉化市人民检察院检察官沈广应指出，我国控辩关系失衡由来已久，新型控辩关系的构建须从参与、对话、共享三方面入手，从制度上保证辩护人全程、全面、立体化介入诉讼；通过控辩对话消除侦控过程的思维碎片化，建立互信、强化协作；构建以控方为主、辩方为补充的信息披露义务，使双方在公开透明的司法程序中公平竞争。湖北省人民检察院反贪污贿赂局副局长毕奎明结合反贪侦查工作指出，随着修改后刑事诉讼法的实施，检律关系已成为影响和制约侦查工作最重要的因素，传统反贪侦查模式客观上不能适应新型检律关系下开展办案工作的需要。构建新型检律关系，要求反贪侦查工作必须转变模式、转型发展，具体包括：转变办案方式，实行开放式办案；转变侦查模式，全面提升秘密侦查的能力和水平；创新办案管理机制，积极探索实行"前紧后松"的办案模式；加强与律师之间的联系协作，不断健全完善检律关系；完善配套制度，加强侦查阶段涉案信息的法治化建设。

与会代表指出，职务犯罪侦查模式的转变势在必行。江西省抚州市人民检察院检察长何刚指出，修改后刑事诉讼法虽赋予检察机关技术侦查措施使用权，但独立执行权的缺失使得真正适用技术侦查措施时存在较多不便。检察机关独立使用技术侦查措施具有较大的可行性，建议从技术侦查措施的定义、种类、适用范围、期限、程序、监督及公民权利的救济保障等方面来进行构建。海南省人民检察院研究室副主任刘建认为，职务犯罪侦查权在本质上属于国家法律监督权，在运行的表现形式上具有行政权和司法权的特征，独立、统一、高效是其运行的基本要求。优化职务犯罪侦查权配置关键在于从外部促进和保障检察机关职务犯罪侦查权的完整性、专业性，从检察系统内部重新调整、组合职务犯罪侦查权的配置，使其更符合检察领导和管理的特点要求，使其更加规范、更富效率。